Verhandlungen

des

Neunzehnten Deutschen Juristentages.

Herausgegeben

von

dem Schriftführer-Amt der ständigen Deputation.

Erster Band.

Berlin und Leipzig.
Commissions-Verlag von J. Guttentag
(D. Collin.)
1888.

Inhaltsverzeichniß.

Gutachten.

I.

Gutachten des Herrn Oberlandesgerichts-Präsidenten Dr. Sieveking zu Hamburg

über die Frage:

Ist die Vorschrift des Art. 797 Hand. Gef.-B. dahin zu ergänzen, daß es zulässig ist, die Taxe bei Seeversicherungen auch deßhalb anzufechten, weil die Taxe unter dem Werthe bestimmt ist?

Die Frage, ob der Versicherer berechtigt sein solle, eine Versicherungstaxe als zu niedrig anzufechten, ist bei der Berathung des Allgemeinen Deutschen Handelsgesetzbuchs nicht aufgeworfen worden. Zum Gegenstande einer ausführlicheren Erörterung ist sie zuerst von Voigt im Neuen Archiv für Handelsrecht, Bd. 3 p. 68 fgg., gemacht worden. Voigt geht von dem Satze aus, daß, wo in den Versicherungsvertrag ein Schätzungsbelauf des versicherten Gegenstandes (eine Taxe) aufgenommen worden ist, durch diesen Belauf und die von dem Versicherer gezeichneten Beträge, von besonderen (in der Praxis aber nicht vorkommenden) Vereinbarungen abgesehen, diejenige Quote sich bestimme, für welche der Versicherer Versicherung übernommen hat. Wer auf einen zu 20 000 taxirten Gegenstand 5000 zeichne, übernehme die Gefahr des versicherten Gegenstandes zu einem Viertel. (Neues Archiv für Handelsrecht, Bd. 2 S. 473), wer auf ein zu 30 000 taxirtes Casco 30 000 zeichne, die volle Gefahr des versicherten Casco. Es wird dann gezeigt, daß, wenn das Casco in der That einen die Taxe übersteigenden Werth hat, im Falle einer Beschädigung des Schiffes durch Seeunfälle der Versicherer durch die zu niedrige Taxirung benachtheiligt werde. Denn er müsse den Schaden, wie derselbe (nach Maßgabe der betreffenden gesetzlichen oder vertragsmäßigen Bestimmungen) festgestellt worden — sofern er nur die Versicherungssumme nicht überschreite — zum Vollen bezahlen, weil er die volle Gefahr übernommen habe, während er doch von Rechtswegen für die Gefahr nur in dem Verhältniß sollte aufkommen müssen, in welchem die von ihm gezeichnete Summe zu dem wirklichen Werth des Cascos stehe. So müsse er, wenn das zu 30 000 taxirte und versicherte Casco in der That 50 000 werth sei, einen Partikulairschaden am Casco, welcher auf 15 000 festgestellt sei, zum Vollen ersetzen, obwohl doch in Wirklichkeit er nur 60% des wahren Werths versichert habe, er also auch nur für diese Quote, also mit 9000 zum Ersatz des Schadens von 15 000 würde beitragen müssen.

Auch bei Havariegrosseschäden statuirt Voigt eine Benachtheiligung des Versicherers durch zu niedrige Taxirung. Er argumentirt so: Der Werth, mit welchem die die Contributionsmasse bildenden Gegenstände zur Havariegrosse beitragen, ist der wahre Werth derselben. Den hiernach ermittelten Beitrag muß der Versicherer, wenn er die volle Taxe gezeichnet hat, voll ersetzen. Voigt sieht hierin für den Fall, daß die Taxe hinter dem wahren Werth zurückbleibt, eine Verletzung des Versicherers, weil er, während er nur einen Werth geringerer Größe versichern sollte und wollte, die Beitragspflicht des in Wirklichkeit vorhandenen größeren Werthbelaufs übernehmen muß.

Diese Erwägungen haben Voigt veranlaßt, in den von ihm ausgearbeiteten Entwurf allgemeiner Versicherungs-Bedingungen der Norddeutschen Versicherungs-Gesellschaften von 1864 auf der Grundlage des Allgemeinen Deutschen Handelsgesetzbuchs im § 16 die Bestimmung aufzunehmen:

> „Der Versicherer ist befugt, eine Erhöhung der Taxe zu fordern, wenn er beweist, daß dieselbe wesentlich hinter dem wahren Versicherungswerth zurückbleibe. Das durch das Verhältniß der Versicherungssumme zur Taxe bestimmte Maß der Verbindlichkeit des Versicherers verringert sich im Falle einer Erhöhung der Taxe bis zu dem Verhältniß der Versicherungssumme zu dem an die Stelle der zu niedrigen Taxe tretenden höheren Versicherungswerth.

Dieser Vorschlag hat bei den Berathungen Sachverständiger, welche schließlich zu der Feststellung der gegenwärtig in Hamburg und an mehren anderen deutschen Seehandelsplätzen geltenden allgemeinen Seeversicherungs-Bedingungen von 1867 geführt haben, eine verschiedenartige Beurtheilung erfahren.

Entschieden entgegengetreten ist demselben von den kaufmännischen Vertretern der Hamburger Handelskammer und von der Bremischen Commission in deren Bemerkungen zu dem vorerwähnten Voigt'schen Entwurf. Letztere ging sogar so weit, auch die Ausschließung der Anfechtbarkeit der Taxe wegen Uebersetzung derselben zu empfehlen. Es wurde dafür geltend gemacht, daß, wenn auch einige Male — übrigens erst in allerneuester Zeit und nur bei Cascoversicherungen -- der Versuch einer Anfechtung der Taxe als einer übersetzten gemacht worden sei, dies doch nie Erfolg gehabt habe, weil dem Versicherer der Beweis der wesentlichen Uebersetzung nie gelungen sei. Das Recht des Versicherers, eine Herabsetzung der Taxe zu fordern, sei daher ein so unwesentliches, daß in dem Verzicht auf dasselbe ein großes Opfer nicht liegen würde. Würde es dagegen beibehalten und überdies der Versicherer noch für befugt erklärt, eine Erhöhung der Taxe zu fordern, so würde der gewissenhafte Versicherer sich durch die Rücksicht auf seine Aktionaire veranlaßt sehen, in jedem einzelnen Falle die Richtigkeit der Taxe zu prüfen, und je sorgfältiger diese Prüfung sei, desto größer werde die Zahl der daraus folgenden Processe sein. Außerdem wurde auch noch auf die große Schwierigkeit einer sicheren Werthschätzung bei Schiffen hingewiesen.

Bei den in Hamburg stattgehabten Berathungen des Voigt'schen Entwurfs wurde gegen die vorgeschlagene Bestimmung geltend gemacht, daß ein praktisches Bedürfniß zur Aufnahme derselben sich nicht herausgestellt habe, daß durch eine solche die Bedeutung der Taxe ohne Nothwendigkeit wesentlich abgeschwächt werde, daß es Sache der Versicherer sei, bei Feststellung der Taxe darauf zu achten, daß dieselbe nicht zu niedrig festgesetzt werde oder eventuell die Prämie darnach zu bemessen und daß eine solche Bestimmung leicht zu Processen Anlaß geben könne. Von Seiten der Vertreter der Handelskammer wurde gegen die Aufnahme der Bestimmung in die Seeversicherungs-Bedingungen entschiedene Verwahrung eingelegt. Die an der Berathung theilnehmenden Versicherer legten ihrerseits auf die Aufrechthaltung der Bestimmung kein Gewicht. Es wurde daher in den hamburgischen Aenderungs-Vorschlägen zu dem Voigt'schen Entwurf empfohlen, den betreffenden Passus des § 16 zu streichen und zwar mit der Motivirung, daß es nicht angemessen erscheine, dem Versicherer auch das Recht, eine Erhöhung der Taxe zu fordern, einzuräumen, zumal da bei Cascoversicherungen der Versicherer oft darüber, daß die Taxe den wahren Werth nicht erreicht, nicht im Zweifel sei und aus diesem Grunde sich eine höhere Prämie ausbedinge.

Dieser Aeußerung gegenüber bemerkten die Stettiner Seeversicherer, daß dieselbe nicht zutreffe, indem der beregte Fall, wenn überhaupt, gewiß verschwindend selten vorkomme. Sie empfahlen den von Voigt gemachten Vorschlag mit der Motivirung, daß es dem Wesen des Versicherungsvertrages durchaus entspreche, wenn dem Versicherer die Hinführung einer unrichtigen Taxe auf den wirklichen Werth gestattet sei, daß die von Voigt seinem Vorschlage gegebene Begründung zutreffe, daß nicht ersichtlich sei, weshalb die Anfechtung einer zu niedrigen Taxe dem Versicherer nicht ebensogut gegeben werden solle, wie die einer zu hohen, da doch Grund und Zweck in beiden Fällen ganz die nämlichen seien, und daß der Vorschlag auch insofern durchaus der bisherigen Praxis entspreche, als schon jetzt immer bei der Berechnung der Franchiseprocente der großen wie der besonderen Havarie der wirkliche Werth, falls derselbe die Taxe übersteigt, zum Grunde gelegt, auch in diesem Falle der zu Lasten des Versicherers kommende Schaden nicht in dem Verhältnisse der Versicherungssumme zur Taxe, sondern in dem Verhältnisse der Versicherungssumme zu dem höheren Werth ersetzt werde. Auch werde der Versicherer mit Rücksicht auf die Schwierigkeit des Nachweises von seinem Anfechtungsrechte nur in den Fällen, in denen es dringend nothwendig sei, Gebrauch machen.

Nachdem die Vorberathungen diesen Verlauf genommen hatten, ist die von Voigt vorgeschlagene Bestimmung, nach welcher der Versicherer befugt sein sollte, eine Erhöhung der Taxe zu fordern, falls dieselbe erweislich hinter dem wahren Werth erheblich zurückbleibe, in die allgemeinen Seeversicherungs-Bedingungen von 1867, nach welchen gegenwärtig die meisten Seeversicherungen in Deutschland geschlossen werden, nicht aufgenommen worden.

In seinem Werke über das deutsche Seeversicherungsrecht S. 104 fgg. ist dann Voigt nochmals in eingehender Ausführung auf den Gegenstand zurückgekommen. Unter Hinweis darauf, daß die Policentaxe den Zweck habe, nicht etwa nur den Werth der versicherten Gegenstände unter den Parteien festzustellen, sondern auch die Quote nachzuweisen, mit welcher die Versicherer für einen eintretenden Schaden zu haften haben, stellt er den Satz auf, daß eine zu niedrige Bestimmung der Taxe die Versicherer in allen den Fällen, dem Zweck des Kontrakts zuwider, in Nachtheil bringe, in welchen die dem Versicherten zu vergütende Schadenssumme nicht auf der Grundlage der Policentaxe, sondern auf derjenigen des faktischen Schadensbetrages berechnet werde, indem in diesen Fällen die Versicherer die entstandenen Schadensbeträge in einem um so viel drückenderen Maße tragen müßten, als in welchem die unrichtige Taxe ihre Betheiligungsquote ungehöriger Weise erhöht habe. Als solche Fälle werden bezeichnet bei Versicherungen auf Schiffe, Fracht und Güter, alle

Fälle von Havariegrosse, von havariegrosseartigen Einbußen und von der Beitragspflicht zu aufgewendeten Rettungs-, Reclame- und sonstigen allgemeinen Kosten, — bei Versicherungen auf Schiffe alle Fälle von Beschädigung. Dagegen wird anerkannt, daß im Falle einer Güterversicherung eine zu niedrige Taxe den Versicherern im Falle der Beschädigung nicht zum Nachtheil gereichen könne, weil, wenn die beschädigten Güter den Bestimmungsort erreichen, das Maß ihrer Werthverminderung im Verhältniß zu unbeschädigter Waare durch Verkauf ermittelt und die daraus sich ergebende Quote der Policentaxe den Versicherern zur Last gebracht werde, — während, wenn die beschädigten Güter anderswo als am Bestimmungsort zum Verkauf gebracht werden, die Versicherer den Belauf der Taxe abzüglich des Verkaufsergebnisses zu ersetzen haben.

Als den richtigen Grundsatz bezeichnet Voigt den, daß, wenn die Taxe zu niedrig ist, das Maß der Verbindlichkeit des Versicherers bis zu dem Verhältniß des gezeichneten Betrages zu dem an die Stelle der zu niedrigen Taxe tretenden höheren Schätzungssumme verringert werden müsse. Es soll also der Versicherer, welcher auf ein zu 40 000 M. taxirtes Schiff 20 000 M. gezeichnet hat, wenn die Taxe auf 80 000 M. erhöht wird, eintretende Schäden nicht im Verhältniß von 20 000 : 40 000, also mit 50 %, sondern im Verhältniß von 20 000 : 80 000, also mit 25 % bezahlen, mithin eine Beschädigung des Schiffes, welche auf 12 000 M. festgestellt ist, nur mit 3000 M., — und ebenso einen auf 12 000 M. festgestellten Havariegrossebeitrag des Schiffes nur mit 3000 M. vergüten müssen.

Um nun auf die Frage:

> „Ist die Vorschrift des Art. 797 Handels-Gesetzbuchs dahin zu ergänzen, daß es zulässig ist, die Taxe bei Seeversicherungen auch deshalb anzufechten, weil die Taxe unter dem Werthe bestimmt ist?“

eine richtige Antwort zu gewinnen, ist es erforderlich, zunächst auf einige allgemeine Gesichtspunkte hinzuweisen.

Den Gegenstand einer Seeversicherung bildet das in Geld schätzbare Interesse, welches der Versicherte daran hat, daß ein Schiff oder eine Ladung die Gefahren der Seeschifffahrt, welche der Versicherer übernimmt, bestehen (H. G. B. Art. 782). Es ist daher ungenau, wenn häufig der Ausdruck gebraucht wird, daß Schiff oder Ladung den Gegenstand der Versicherung bilden. Wenn auf ein Schiff oder eine Ladung Versicherung genommen wird, so bedeutet dies, daß der Versicherer dem Versicherten Schadloshaltung verspricht für den Schaden, welchen letzterer dadurch erleitet, daß Schiff oder Ladung von Gefahren der Seeschifffahrt,

d. h. von Gefahren betroffen werden, für welche der Versicherer die Haftung übernommen hat. Dieser Schaden ist begrifflich ein ganz anderer, als der Schaden, d. h. die Werthverringerung, welche das Schiff oder die Ladung in Folge des Umstandes erleiden, daß sie von Gefahren der Seeschifffahrt betroffen werden. Ein Schaden ersterer Art kann eintreten, ohne daß ein Schaden der letzteren Art vorliegt. Wenn z. B. ein versichertes Schiff durch Verschulden seiner Besatzung mit einem anderen Schiffe zusammenstößt und letzteres beschädigt, selbst aber unbeschädigt bleibt, so erleidet es keine Werthverringerung, — d. h. keinen Schaden der letzteren Art. Dagegen erleidet der Eigenthümer des Schiffes dadurch, daß sein Schiff von einer Gefahr betroffen worden ist, für welche der Versicherer die Haftung übernommen hat (H. G. B. Art. 824, 7), also von einer Gefahr der Seeschifffahrt betroffen worden ist, einen Schaden der ersteren Art, nämlich den Schaden, daß er, soweit seine gesetzliche Verpflichtung reicht, dem Eigenthümer des angesegelten Schiffes Ersatz leisten muß. Diesen Schaden muß ihm sein Versicherer ersetzen.

Hieraus erhellt, daß ein nothwendiger Zusammenhang zwischen dem Werth eines Gegenstandes, auf welchen Versicherung genommen wird und dem Schaden, welchen der Versicherer ersetzen muß, begrifflich nicht besteht. Der Schaden, welchen der Versicherer zu ersetzen hat, wenn das von ihm versicherte Schiff schuldvoller Weise ein anderes Schiff angesegelt und diesem einen Schaden von 20 000 M. zu vergüten hat, ist 20 000 M., einerlei, ob der Werth des ansegelnden Schiffes 50 000 M. oder 100 000 M. ist.

Selbstverständlich ist dabei nicht ausgeschlossen, daß der vom Versicherer zu ersetzende Schaden in irgend einem Verhältniß zu dem Werth des versicherten Schiffes stehen, mit diesem steigen und fallen kann. Auch in dem angeführten Beispiel kann dies der Fall sein, indem in Folge des Umstandes, daß — nach vielen Gesetzgebungen — der Eigenthümer eines Schiffes nur mit seiner fortune de mer für Ansegelungsschäden haftet der von dem Versicherer zu ersetzende Schaden durch den Werth des ansegelnden Schiffes begrenzt sein kann. Und ohne Weiteres ist klar, daß, wo das Eigenthumsinteresse an Schiffen oder Ladungen den Gegenstand der Versicherung bildet, der Schaden, welchen der Versicherer zu ersetzen hat, weil das Schiff oder die Ladung durch Gefahren der Seeschifffahrt eine Werthverringerung erlitten haben, mit dieser Werthverringerung steigen und fallen muß.

Aber auch in dem Falle, wo der zu ersetzende Schaden ausschließlich auf einer Werthverringerung des versicherten Gegenstandes beruht, würde es nicht richtig sein, zu behaupten, daß der Schaden zu dem Interesse des Versicherten immer in demselben Verhältniß stehe, wie die Werthverringerung, welche der versicherte Gegenstand erleidet zu dem Werth desselben in unbeschädigtem Zustand. Dies würde nur dann der Fall sein, wenn alle Faktoren, aus welchen sich der vom Versicherer zu ersetzende Schaden zusammensetzt, in einem constanten Verhältniß zu dem Werthe des versicherten Gegenstandes ständen. Nun hat aber beispielsweise der Versicherer, welcher das Eigenthumsinteresse an Waaren zum Vollen versichert hat, bei eintretender Seebeschädigung der Waaren und Verkauf derselben am Bestimmungsort außer demjenigen Theil seiner Versicherungssumme, welcher durch das Verhältniß des Werths der Waaren im beschädigten Zustande zu dem Werth in gesundem Zustande gebildet wird, auch die Besichtigungs-, Abschätzungs- und Verkaufskosten zu tragen (H. G. B. Art. 879). Letztere stehen zu dem Werth der Waaren nicht in constantem Verhältniß, und auch in diesem Falle ist es also nicht genau richtig zu sagen, daß der von dem Versicherer zu ersetzende Schaden in gleichem Verhältniß, wie der Werth des versicherten Gegenstandes steigen oder fallen müsse. Ebenso muß bei Versicherungen auf Schiffe dieselbe Beschädigung des Schiffes einen größeren oder geringeren Schaden verursachen, je nachdem die Reparatur in einem theuren oder weniger theuren Nothhafen bewerkstelligt wird. Dieser Unterschied kann sogar, wie die tägliche Erfahrung zeigt, ein sehr bedeutender sein.

Einen zweiten allgemeinen Gesichtspunkt, auf welchen vor näherem Eingehen auf die den Gegenstand dieses Gutachtens bildende Frage hinzuweisen ist, bietet die Betrachtung von H. G. B. Art. 796. Derselbe bestimmt, daß, wenn die Versicherungssumme den Versicherungswerth, d. h. (Art. 790) den vollen Werth des versicherten Gegenstandes nicht erreicht, der Versicherer im Falle eines theilweisen Schadens für den Betrag desselben nur nach Verhältniß der Versicherungssumme zum Versicherungswerth hafte. Ist also der volle Werth eines Schiffes 50 000 M. und der Versicherer hat 25 000 M. gezeichnet, so haftet er im Falle eines theilweisen Schadens nur für 50 % desselben.

Nach dem vorhin Ausgeführten besteht ein nothwendiger Zusammenhang zwischen dem Werth eines versicherten Gegenstandes und dem Schaden, welchen der Versicherer ersetzen muß, und besteht ein constantes Verhältniß zwischen der Werthverringerung eines versicherten Gegenstandes und dem vom Versicherer zu ersetzenden Schaden nicht. Der Grund jener gesetzlichen Bestimmung des Art. 796 kann daher nicht der sein, daß, weil der Versicherer auf ein 50 000 M. werthes Schiff 25 000 M. gezeichnet hat, seine Haftung für nur 50 % eines eintretenden Schadens eine begrifflich nothwenige Folge sei. Begrifflich möglich wäre es auch, daß der Versicherte, welcher auf ein 50 000 M. werthes Schiff 25 000 M. zeichnet, damit erklärte, daß er die Schäden, welche der Versicherte dadurch erleidet, daß das versicherte Schiff von Gefahren der Seeschifffahrt betroffen wird, bis zu dem Höchstbetrage von 25 000 M. ersetzen wolle. Jene gesetzliche Bestimmung ist daher nur eine gesetzliche Interpretation des Parteiwillens. Nicht, weil das Wesen des Versicherungsvertrages es nothwendig so mit sich bringe, sondern weil angenommeen wird, daß die Parteien es so gewollt haben, wird bestimmt, daß der Versicherer, welcher auf ein 50 000 M. werthes Schiff 25 000 M. gezeichnet hat, für den Betrag eines Schadens, welchen der Versicherte dadurch erleidet, daß das Schiff von Gefahren der Seeschifffahrt betroffen wird, nur zum Belauf von 50 % des Schadensbetrages hafte.

Andererseits wird ebenso durch die Zeichnung des vollen Werths eines versicherten Gegenstandes die Verpflichtung des Versicherers, eintretende partielle Schäden zum Vollen zu zahlen — eine Verpflichtung, welche sich ebenfalls aus Art. 796 ergibt — nicht deshalb begründet, weil solche Schäden immer einen aliquoten Theil des Werths des versicherten Gegenstandes bilden, sondern deshalb, weil die Erklärung des Versicherers: „ich zeichne den vollen Werth" gesetzlich dahin ausgelegt wird: „ich übernehme die volle Haftung für alle Schäden, welche der Versicherte dadurch etwa erleiden wird, daß der versicherte Gegenstand von Gefahren der Seeschifffahrt betroffen wird."

Da nun die Taxe nichts Anderes ist als der durch Vereinbarung zwischen den Parteien festgestellte Versicherungswerth eines versicherten Gegenstandes (H. G. B. Art. 797), so folgt aus dem eben Gesagten ohne Weiteres, daß die Zeichnung von 25 000 M. auf ein zu 50 000 M. taxirtes Schiff gesetzlich dahin ausgelegt wird, daß der Versicherer Schäden, welche der Versicherte dadurch erleidet, das das Schiff von Gefahren der Seeschifffahrt betroffen wird, mit 50 % ersetzen wolle und daß die Zeichnung von 50 000 M. auf ein zu 50 000 M. taxirtes Schiff gesetzlich dahin ausgelegt wird, daß der Versicherer erklärt, für Schäden, welche der Versicherte dadurch erleidet, daß das Schiff von Gefahren der Seeschifffahrt betroffen wird, zum Vollen aufkommen zu wollen.

Man darf also nicht aus der Bestimmung des Art. 796 die Folgerung ziehen, daß der Versicherer prinzipiell für Schäden nur in dem Verhältniß seiner Zeichnung zu dem Versicherungswerth aufzukommen habe, m. a. W., daß nach der Natur des Versicherungsvertrages der von dem Versicherer zu ersetzende Schaden zu dem Schaden des Versicherten immer in demselben Verhältnisse stehen müsse, in welchem die Versicherungssumme zu diesem Werthe steht.

Hieraus nun ergibt sich, daß die Anfechtbarkeit einer Taxe als zu niedrig nicht schon dadurch gerechtfertigt werden kann, daß der Umfang der Schadensersatzpflicht des Versicherers durch das Verhältniß der Versicherungssumme zu dem Werth des versicherten Gegenstandes bedingt sei. Es müssen vielmehr andere Gründe vorliegen, um einen Anspruch des Versicherers auf Erhöhung der Taxe zu rechtfertigen. Ob solche Gründe vorliegen, wird sich aus einer näheren Betrachtung der in der Praxis vorkommenden Fälle ergeben.

Anlangend zunächst die Totalschäden, so ist klar, daß, soweit der Totalschaden durch den Verlust des versicherten Gegenstandes absorbirt wird, von einer Benachtheiligung des Versicherers durch die zu niedrige Taxe nicht die Rede sein kann. Freilich ist der Grund der Irrelevanz des Umstandes, daß die Taxe hinter dem wahren Werthe des versicherten Gegenstandes zurückbleibt, nicht der, daß dieser wahre Werth als partiell versichert angesehen, daher auch der totale Verlust des versicherten Gegenstandes nur partiell — mit der Taxsumme — ersetzt werden müsse, der Versicherte also für einen Theil seines Interesses unversichert gewesen wäre oder — wie man es auch ausdrückt, Selbstversicherer sei. Vielmehr verspricht der Versicherer in diesem Falle, den vollen Schaden zu ersetzen, er braucht aber nur die Taxsumme zu zahlen, weil, soweit der Totalverlust des versicherten Gegenstandes den Schaden absorbirt, der Mehrforderung des Versicherten der Einwand entgegenstehen würde, daß der Werth des versicherten Gegenstandes vertragsmäßig festgestellt sei.

Nun beschränkt sich aber auch bei Totalschäden der Schaden der Versicherten keineswegs immer auf den Totalverlust des versicherten Gegenstandes. Selbst in den Fällen, wo das Eigenthumsinteresse an Schiff oder Ladung den Gegenstand der Versicherung bildet, kann der Schaden des Versicherten im Fall eines Totalverlustes von Schiff oder Ladung den Werth dieser versicherten Gegenstände übersteigen. Es wird dies sogar häufig vorkommen. So werden meistens wenigstens noch die Kosten der Verklarung hinzukommen. Es kann aber auch sein, daß noch andere Kosten aufgewendet werden, wie z. B. dann, wenn es unsicher ist, ob ein in der Nähe des Strandes verunglücktes Schiff noch gerettet werden könne oder ob es unrettbar gesunken, also (Art. 858) total verloren sei und nun der Versicherte, bezw. dessen mit Geldmitteln von ihm versehener Schiffer Kosten aufwendet, um Rettungsversuche zu machen. Erweisen sich dann diese Versuche als erfolglos, so ist ein Totalverlust vorhanden, der Schaden des Versicherten aber ist größer als der verlorene Werth des versicherten Gegenstandes. Nun kann es sein, daß der Versicherer für dieses Mehr deshalb nicht aufzukommen hat, weil die Versicherungssumme die Grenze seiner Verpflichtung bildet. Es kann aber auch, und so ist es nach H. G. B. Art. 838, Z. 4, 844, der Versicherer verpflichtet sein, die Mehrkosten, wenn sie zweckmäßig aufgewendet waren, zu ersetzen, selbst wenn die Versicherungssumme dadurch überschritten wird. Wollte man hier den Grundsatz zur Anwendung bringen, daß prinzipiell der Versicherer für den Schaden des Versicherten immer nur im Verhältniß der Versicherungssumme zu dem wahren Werth des versicherten Gegenstandes aufzukommen habe, so müßte man auch in solchem Falle des Totalverlustes dem Versicherer die Einrede der zu niedrigen Taxe mit der Wirkung einer verhältnißmäßigen Theilung der Mehrkosten gestatten. Dies wäre aber, wie vorhin gezeigt, unrichtig, und es liegt auch kein anderer Grund für solche Theilung vor. Vielmehr würden jene Mehrkosten auch bei einer richtigen Taxirung von Schiff oder Ladung in die Taxe nicht haben einbegriffen werden können, weil über den wirklichen Werth hinaus nicht versichert werden darf (Art. 790), sie würden also auch bei richtiger Taxirung erstattet werden müssen. Ferner besteht auch zwischen diesen Mehrkosten und dem Werth des versicherten Gegenstandes kein constantes Verhältniß. Die Unrichtigkeit der Taxe darf daher auf die Erstattungspflicht des Versicherers bezüglich solcher Mehrkosten keinen Einfluß haben. Der Versicherer, welcher wissen muß, daß er das Risiko dieser Mehrkosten trägt, muß und wird die Prämie für dieses Risiko unabhängig von der Prämie für den Werth des versicherten Gegenstandes berechnen.

Aus einem anderen Gesichtspunkt könnte man geneigt sein, auch im Falle eines Totalverlusts der zu niedrigen Taxe eine Einwirkung auf den Umfang der Schadenersatzpflicht des Versicherers einzuräumen. Bei Versicherungen auf Schiffe gegen Kriegsgefahr können die Reclamekosten eine sehr bedeutende Rolle spielen. Namentlich, wenn ein Schiff, bevor es aufgebracht wird, eine erhebliche Beschädigung erlitten hat, kann der Fall sich leicht ereignen, daß der Versicherte durch diese Beschädigung und durch die Aufwendung theurer Reclamekosten einen Schaden von mehr als 100 % der Taxe erleidet. Hier könnte im Falle einer zu niedrigen Taxe der Versicherer mit dem Versicherten über die Zweckmäßigkeit der Aufwendung der Reclamekosten deshalb in Meinungsverschiedenheit gerathen, weil er, und zwar mit Recht, würde geltend machen können, daß es nicht gerathen sei, die Reclamekosten aufzuwenden, um ein Schiff von so geringem Werth zu retten, während der Versicherte, und zwar ebenfalls mit Recht, die Aufwendung der Reclamekosten für zweckmäßig halten kann, weil in der That das Schiff einen höheren Werth hat, als zu welchem es taxirt ist. In diesem Falle würde man geneigt sein, dem Versicherer Recht zu geben, wenn er beansprucht, an den Reclamekosten nur im Verhältniß der Taxe zu dem wahren Werth des Schiffes betheiligt zu werden. Dasselbe kann sich bei Rettungskosten für ein gestrandetes oder sonst verunglücktes Schiff ereignen.

Allein, wenn man auch diesen Anspruch als gerechtfertigt ansehen wollte, so würde dies dennoch nicht dahin führen, daß dem Versicherer eine Anfechtung der zu niedrigen Taxe gestattet würde. Solche Anfechtung kann immer nur in dem Sinne gemeint sein, daß der Versicherer berechtigt sein solle, an die Stelle einer zu niedrigen Taxe eine richtige zu setzen und hieraus alle Folgen zu ziehen, welche sich daraus ergeben, — namentlich also die Folge, daß er nun nur als Partialversicherer anzusehen ist. In dem angeführten Falle aber würde die Taxe nicht umzustoßen, sondern es würde nur der Vereinbarung, welche ihr zum Grunde liegt, also der Vereinbarung, daß der Werth niedriger als der wahre Werth bestimmt werden solle, die Folge beizulegen sein, daß der Versicherte nun auch es sich gefallen lassen müsse, daß die Frage, ob Reclamekosten oder Rettungskosten aufzuwenden seien, nach Maßgabe des zwischen den Parteien vereinbarten Werthes des Schiffes beantwortet werde. Dies könnte offenbar behauptet werden, ohne daß die Taxe darum angefochten würde, und deshalb ergibt sich auch aus diesem Gesichtspunkt kein Grund für die Anfechtbarkeit einer zu niedrigen Taxe.

Für Havariegrosseschäden ist die Nothwendigkeit, dem Versicherer den Anspruch auf Erhöhung der Taxe einzuräumen, mit Nachdruck vertheidigt worden. Und zwar ist es als das Richtige bezeichnet worden, daß bei erheblich zu niedriger Taxe der Versicherer zu Havariegrosseschäden nur in dem Verhältniß beizutragen habe, in welchem die von ihm gezeichnete Summe zu dem nachweislichen wahren Werth des versicherten Gegenstandes stehe. Es soll also, wenn auf ein Schiff oder Ladung im taxirten Werthe von 100 000 ein Havariegrossebeitrag von 60 000 entfallen ist, der wirkliche Werth von Schiff oder Ladung aber 150 000 beträgt, der Versicherer, welcher den vollen taxirten Werth von 100 000 gezeichnet hat, den Havariegrosseschaden 60 000 nur im Verhältniß von 100 000 : 150 000, also mit 40 000 zu zahlen brauchen. So Voigt, im Neuen Archiv für Handelsrecht, Bd. 3, S. 75 und Bd. 4, S. 130, — Seeversicherungsrecht S. 540.

Wäre der Satz, welcher für die Begründung dieser Ansicht angeführt wird, — daß nämlich der Versicherer dem wirklichen Thatbestande nach nur Partialversicherer neben dem für — im obigen Beispiel — ein Drittel des Werthes nicht versicherten Betheiligten sei, richtig, so würde jene Ansicht als völlig zutreffend bezeichnet werden müssen. Allein es ist schon oben ausgeführt worden, daß jener Satz nicht richtig ist, und gerade die Havariegrosseschäden dienen zur Erläuterung der Unrichtigkeit des aufgestellten Satzes. Dies erhellt aus Folgendem:

Richtig taxirt ist ein Schiff, wenn der Werth, welchen das Schiff bei Beginn der Gefahr hat, als Taxe angegeben ist. (Art. 799.) Es werde angenommen, daß dieser Werth 150 000 beträgt und die darnach zu 150 000 vereinbarte Taxe voll gezeichnet ist. Wenn sich nun ein Havariegrossefall ereignet, so hat — nach dem Recht des Deutschen Handelsgesetzbuchs — das Schiff mit dem Werthe, welchen es in dem Zustande am Ende der Reise, d. h. da, wo sich Schiff und Ladung trennen, hat, und mit dem als große Havarie in Rechnung kommenden Schaden an Schiff und Zubehör beizutragen. Hat — um das Beispiel zu vereinfachen — das Schiff keinen Havariegrosseschaden erlitten, ist z. B. nur von der Ladung geworfen worden und hat auch das Schiff keine partikulaire Beschädigung erlitten, so ist der Werth des Schiffes und zwar des gegen den Zustand bei Beginn der Gefahr unveränderten Schiffes beitragspflichtig. Dieser Werth wird an dem Ort, wo die Reise endet, durch Sachverständige festgestellt. Die Schätzung desselben kann — bei der großen Mannigfaltigkeit der auf dieselbe influirenden Faktoren, als Ort der Schätzung, Sachkunde der Schätzenden, Verschiedenheit ihrer individuellen Auffassungen u. s. w. — eine von dem Werth, welchen das Schiff zur Zeit des Beginnes der Versicherung hatte, sehr abweichende sein, eine geringere oder höhere. Angenommen, sie fiele auf 100 000 aus, es hätten außerdem Fracht und Ladung mit 200 000 beizutragen und der Havriegrosseschaden betrüge 30 000, so würden diese 30 000, auf 300 000 vertheilt, 10% ausmachen, und der Havariegrosseschaden des Schiffes betrüge 10 0000. Würde dagegen das Schiff auf 175 000 taxirt, so würde die beitragspflichtige Masse — bei sonst gleichen Faktoren — 375 000, der Havariegrossebeitrag 8% und der auf das Schiff fallende Havariegrossebeitrag demnach 14 000 ausmachen.

Ganz dieselben Grundsätze kommen bei der Versicherung von Waaren zur Anwendung.

Richtig taxirt ist eine Waare, wenn der Werth, welchen dieselbe am Ort und zur Zeit der Abladung hatte, unter Hinzurechnung aller Kosten bis an Bord einschließlich der Versicherungskosten als Taxe angegeben ist (H. G. B. Art. 803). Ereignet sich ein Havariegrossefall, so ist nach dem Recht des Deutschen Handelsgesetzbuchs die Waare mit dem Werth beitragspflichtig, welchen sie am Ende der Reise, d. h. also da, wo Schiff und Ladung sich trennen, hat (H. G. B. Art. 721). Es leuchtet ohne Weiteres ein, daß dieser Werth von dem Versicherungswerth sehr verschieden sein kann, da er ja von den Marktverhältnissen an dem Ort, wo die Reise endet und von der Zeit, wann die Reise endet, abhängt.

Ist der versicherte Gegenstand in Havariegrosse vergütungsberechtigt, so kommt als für den Havariegrosseschaden maßgebender Factor auch der ihm in Havariegrosse zu ersetzende Werth in Betracht, weil er mit diesem auch zur Havariegrosse beitragen muß. Dieser Werth wird nach dem Recht des Deutschen Handelsgesetzbuchs (Art. 711, 712) bei Schiffen ebenfalls durch sachverständige Schätzung an dem Ort, wo reparirt wird oder wo die Reise endet, ermittelt, bei Waaren bestimmt er sich nach der Zeit, zu welcher und dem Ort, an welchem die Reise endet (H. G. B. Art. 712).

Alle diese Werthe also sind von dem Versicherungswerth unabhängig. Ihre Verschiedenheit von diesem Werth kann sich noch dadurch erhöhen, daß unter der Herrschaft auswärtiger Gesetze die Havariegrosse aufgemacht wird, indem bezüglich der beitragenden sowohl wie der zu vergütenden Werthe sehr verschiedene Rechtssätze in den verschiedenen Gesetzgebungen bestehen. So z. B. contribuirt das Schiff nach englischem und amerikaschem Recht mit seinem Werth am Ort, wo die Reise endet, nach französischem, italienischem und anderen Rechten mit der Hälfte dieses Werths.

Nun hat nach H. G. B. Art. 839 der Versicherer (vorausgesetzt natürlich, daß er zum Vollen versichert hat) den ganzen Betrag zu erstatten, zu welchem der Havariegrosseschaden in der Dispache berechnet worden ist, ohne daß namentlich der Versicherungswerth maßgebend ist, und kann andererseits der Versicherte, welcher einen zur großen Havarie gehörenden Schaden erlitten hat, nicht mehr von dem Versicherer fordern als den Betrag, zu welchem der Schaden in der Dispache berechnet ist. Der Versicherer muß also in obigen Fällen bezw. 10 000 oder 14 000 ersetzen, und zwar gleichgültig, ob das Schiff 150 000 oder weniger oder mehr bei Beginn der Versicherung werth war, wenn nur zum Vollen versichert worden ist. Der Grund dieser gesetzlichen Bestimmung ist der, daß zu den Gefahren, welche der Versicherer übernimmt, auch die Gefahr zu rechnen ist, welche dem Versicherten daraus erwächst, daß die Havariegrosse an einem fremden Ort und nach fremdem Recht, also auch auf Grund auswärtiger Werthschätzungen aufgemacht wird und daß folgeweise der Versicherer, welcher zum Vollen versichert hat, auch die Gefahr in ihrem vollen Umfang trägt, daß dem Versicherten aus einer von dem Versicherungswerth abweichenden Werthschätzung Verluste erwachsen. Dieser Satz ist auch unzweifelhaft richtig, wie er denn auch schon vor der Geltung des Handelsgesetzbuchs nach dem Hamburgischen Allgemeinen Plan, vgl. darüber Voigt, im Neuen Archiv für Handelsrecht Bd. 4, S. 120 fgg., gegolten hat und in den Allgemeinen

Seeversicherungs-Bedingungen § 86 beibehalten worden ist. Seine innere Richtigkeit erhellt insbesondere auch in seiner Anwendung auf Havariegrosseschäden, welche durch gänzliche oder theilweise Aufopferung versicherter Gegenstände zum allgemeinen Besten entstanden sind, daraus, daß solche Havariegrosseschäden begrifflich nicht bestehen in dem Verlust (sei es totalem, sei es theilweisem) des versicherten Werths. Was in Havariegrosse ersetzt wird, ist nie (in assekuranzrechtlichem Sinn) verloren, weshalb denn auch der Versicherte nicht, — bei geschehener Aufopferung des ganzen versicherten Gegenstandes zum allgemeinen Besten — neben dem durch die Havariegrossedispache festgestellten Havariegrossebeitrag und dem nach jener Dispache ihm in Havariegrosse Ersetzten — noch den etwaigen höheren Theil des Versicherungswerths von seinem Versicherer ersetzt verlangen kann. Voigt, im Neuen Archiv für Handelsrecht Bd. 4, S. 131. Ist nun aber hiernach der Havariegrosseschaden des Versicherten von dem Versicherungswerth ganz unabhängig, so erhellt, daß auch eine Vereinbarung über den Versicherungswerth, also die Taxe auf die Vergütungspflicht des Versicherers in Havariegrossefällen ganz einflußlos ist. Und deshalb liegt kein innerer Grund vor, welcher es rechtfertigen würde, daß wegen zu niedriger Feststellung des Versicherungswerths der Versicherer, welcher zum Vollen versichert hat, berechtigt sein sollte, die Erstattung des vollen Havariegrosseschadens zu verweigern.

Auch macht es hierbei keinen Unterschied, ob der Havariegrosseschaden bloß in einem Beitrage zu dem Ersatz anderer als der versicherten Gegenstände oder bloß in dem Beitrag zu dem Ersatz des versicherten Gegenstandes (wie z. B., wenn nur die versicherte Waare geworfen ist) oder in beidem besteht, da in allen diesen Fällen die Natur des Havariegrosseschadens vollkommen dieselbe und die Unabhängigkeit des Havariegrosseschadens von dem Versicherungswerth vollkommen dieselbe ist.

Voigt, im Neuen Archiv für Handelsrecht, Bd. 3, S. 75 wendet hiergegen ein, daß es „einleuchtender Weise eine Verletzung des Assecuradeurs enthalten würde, wenn, während er nur einen Werth geringerer Größe versichern sollte und wollte, er die Beitragspflicht des in Wirklichkeit vorhandenen und in der Havariegrosse-Dispache berücksichtigten größeren Werthsbelaufs zu übernehmen hätte", und dort, wie in seinem Seeversicherungsrecht S. 540 hält er für das richtige Ergebniß dasjenige, welches sich herausstellt, wenn man den Versicherten im Falle zu niedriger Taxe als nur partiell, d. h. nur in dem Verhältniß der Taxe, wie sie vereinbart ist zu der Taxe, wie sie hätte vereinbart werden sollen, versichert betrachtet.

Nach dem Vorhergesagten enthält diese Argumentation einen doppelten Irrthum, nämlich:

1. Hat der Versicherer (in dem hier vorausgesetzten Falle einer zu niedrigen Taxe) nicht „nur einen Werth geringerer Größe versichern sollen und wollen", sondern er hat das Interesse zu voll versichern sollen und wollen, welches der Versicherte daran hat, daß der versicherte Gegenstand die Gefahren der Seeschifffahrt bestehe, und

2. ist die Höhe des Havariegrossebeitrages nicht abhängig von dem Versicherungswerth, sondern von der Werthschätzung der beitragspflichtigen und der ersatzberechtigten Gegenstände am Ort der Aufmachung der Dispache.

Nun könnte man aber noch einen Einwand erheben. Man könnte beide vorstehend formulirten Sätze zugeben, aber sagen, der Versicherer werde dennoch durch die zu niedrige Taxirung benachtheiligt, weil er in Folge derselben die von ihm übernommene volle Gefahr zu einer zu geringen Prämie übernommen habe. Dieser Einwand würde freilich nicht dahin führen, daß er beanspruchen könnte, nur als Partialversicherer behandelt zu werden, weil dem der oben sub 1. formulirte Satz entgegenstehen würde, und auch nicht dahin, daß er den Havariegrossebeitrag nur in einem sonstigen geringeren Maße, etwa zu dem Betrage, welchen derselbe ausgemacht haben würde, wenn der versicherte Gegenstand in der auswärtigen Dispache zu dem Betrage der Taxe geschätzt worden wäre, zu ersetzen hätte, weil dem der oben sub 2 formulirte Satz entgegenstehen würde. Man könnte aber so argumentiren: Der Versicherer hat die volle Taxe gezeichnet, nach der Taxe hat er die Prämie berechnet, — er hat freilich damit erklärt, daß er das volle Interesse versichern wolle, welches der Versicherte daran hat, daß der versicherte Gegenstand die Gefahren der Seeschifffahrt bestehe, er würde aber, wenn er gewußt hätte, daß der versicherte Gegenstand mehr werth sei, eine höhere Prämie, nämlich die bedungene Prämie von dem höheren Werth gefordert haben. Deshalb müssen die nachtheiligen Folgen (welche diese seien, mag einstweilen dahingestellt bleiben) von ihm fern gehalten werden, welche für ihn daraus entstehen, daß er eine zu niedrige Prämie gefordert hat.

Bei der Prüfung dieser Argumentation ist ein Gesichtspunkt für die hier zur Erörterung stehende Frage, ob es zulässig sei, die Taxe als zu niedrig anzufechten, ganz bei Seite zu lassen, nämlich der der verletzten Anzeigepflicht. Unter Umständen könnte dieser Gesichtspunkt bei einer Versicherung zu einer zu niedrigen Taxe allerdings von Bedeutung werden. Wenn der Versicherte bei dem Abschlusse des Vertrages in Bezug auf einen für die Beurtheilung des Risikos erheblichen Umstand eine unrichtige Anzeige macht, so ist der Vertrag für den Versicherer unverbindlich, es sei denn, daß diesem die Unrichtigkeit der Anzeige bekannt war. Nun läßt sich nicht leugnen, daß der Werth eines versicherten Gegenstandes bei Beurtheilung des Risikos von Bedeutung sein kann. Bei einem erheblich höheren Werth eines versicherten Schiffes z. B. ist es nach vernünftigem Ermessen anzunehmen, daß das Schiff in Havariegrossefällen für einen höheren Werth beitragspflichtig werde erklärt werden. Auch ist dieser Satz im Prinzip darum nicht minder richtig, weil er praktisch kaum je zur Anwendung kommen wird, indem schwerlich Jemand, um eine geringere Prämie zu erzielen, dem Versicherer durch unrichtige Mittheilungen den Werth eines Schiffes oder einer Ladung geringer darzustellen versuchen wird, als er in Wirklichkeit ist. Allein bei der Frage, ob eine Taxe als zu niedrig solle angefochten werden können, kommt es auf die Folgen unrichtiger Anzeigen gar nicht an, sondern nur darauf, ob, ganz abgesehen von solchen unrichtigen Anzeigen, die Taxe nur und ausschließlich aus dem Grunde soll angefochten werden können, weil sie sich als zu niedrig erweist. Die bloße Aufgabe, welche der Versicherte über den Werth des versicherten Gegenstandes macht und mit welcher er den Wunsch verbindet, nach dieser Aufgabe diesen Werth durch die Taxe festzustellen, ist nun aber keine Anzeige, sondern ein Vertragsanerbieten. Dem Versicherer steht die freie Wahl zu, ob er das Anerbieten annehmen will oder nicht.

Die in Rede stehende Argumentation könnte daher nur dann auf Billigung Anspruch machen, wenn es wahr wäre, was mit ihr behauptet wird, daß der Versicherer, wenn ihm eine höhere Taxe vorgeschlagen wäre, die bedungene Prämie von dem höheren Werth oder doch sonst eine höhere Prämie würde gefordert haben, und wenn es außerdem wahr wäre, was ebenfalls mit jener Argumentation behauptet wird, daß der Versicherer um deswegen ein Recht gegen den Versicherten auf Aenderung der getroffenen Vereinbarung hätte.

Beides ist aber nicht wahr. Der einsichtige Versicherer wenigstens muß wissen, daß er, wenn er die volle Taxe zeichnet, damit erklärt, das volle Interesse versichern zu wollen, welches sich für den Versicherten an den taxirten Gegenstand knüpft, einerlei, ob die Taxe richtig ist oder nicht, und er muß auch wissen, daß es möglich ist, daß die ihm vorgeschlagene Taxe hinter dem wahren Werth zurückbleibt. In der That kommt es häufig vor, daß ein Versicherer eine ihm vorgeschlagene Taxe als zu niedrig beanstandet. Darnach also muß und wird er auch seine Prämienforderung bemessen. Mag immerhin die Prämie in Prozenten der Taxe ausgedrückt werden, so ist das ja nicht das Entscheidende. Wer die Gefahr, welche dem versicherten Gegenstand droht, zu 2 % der Taxe anschlägt, wird die Gefahr, welche dem Gegenstand der Versicherung droht, vielleicht zu 2 1/4 % oder einem sonstigen höheren Procentsatz der Taxe anschlagen, weil er weiß, daß letztere Gefahr größer ist als erstere. Dies darf um so mehr behauptet werden, als ja — wie oben angeführt wurde — die hamburgischen Sachverständigen in den „hamburgischen Aenderungs-Vorschlägen" zu dem Voigt'schen Entwurf von 1864 ausdrücklich bemerkt haben, daß bei Cascoversicherungen der Versicherer oft darüber, daß die Taxe den wahren Werth nicht erreicht, nicht im Zweifel ist und aus diesem Grunde sich eine höhere Prämie ausbedingt.

Und ebenso wenig ist das Zweite wahr.

Der Versicherer, welcher auf den ihm angebotenen Vertrag, den Versicherungswerth auf eine gewisse Summe festzustellen, eingegangen ist, hat kein Recht darauf, diesen Vertrag um deshalb anzufechten, weil er sich als unvortheilhaft für ihn ausweist. Ihm ein solches Recht einräumen, hieße erworbene Rechte seines Mitcontrahenten kränken. Warum hat er sich nicht besser erkundigt?

Gleich hier mag bemerkt werden, wie die Ansicht, daß Anfechtung der Taxe wegen wesentlicher Ueberseßung und wegen wesentlicher Untersetzung ganz auf einer Linie stehen, selbstverständlich ganz irrig ist. Jene beruht auf dem Satz des öffentlichen Rechts, welcher Versicherungen ohne Interesse verbietet. Diese soll dem Versicherer Rechte gewähren, mit welchen das öffentliche Recht Nichts zu thun hat. Vgl. die Entscheidung des Reichsgerichts, Civilsachen Bd. 11, S. 12, 13.

Aus allen diesen Gründen folgt, daß auch in Havariegrossefällen so gut wie in Fällen des Totalverlustes es ungerechtfertigt sein würde, dem Versicherer auf Schiff oder Ladung die Anfechtung der Taxe als einer zu niedrigen zu gestatten. Daß die Fälle der Art. 637, 734 des Handelsgesetzbuchs nicht anders liegen, wird keiner weiteren Ausführung bedürfen.

Was sodann die Partikulärhavarien anlangt, so sind die Fälle partikulärer Havarien an Schiffen und an Ladungen zu unterscheiden.

Dabei sollen im Folgenden zunächst die Fälle ins Auge gefaßt werden, wo das Eigenthums-Interesse versichert worden ist.

Bei Partikulärschäden auf Cascoversicherungen ist nun vor Allem der oben erläuterte Gesichtspunkt festzuhalten, daß der Schaden des Versicherten sich nicht deckt mit dem Schaden, d. h. der Werthverringerung, welche der versicherte Gegenstand erleidet. Insofern dies nicht der Fall ist, treffen die für die Anfechtbarkeit der zu hohen Taxe angeführten Argumente schon aus diesem Grunde nicht zu. Insbesondere gilt dies von Kosten, welche nothwendiger oder zweckmäßiger Weise zur Abwendung größerer Nachtheile gemacht sind, sowie von Kosten, welche zur Ermittlung nnd Feststellung des dem Versicherer zur Last fallenden Schadens erforderlich geworden sind (H. G. B. Art. 838, 3. 4). Hierher gehören auch die partiellen Schäden, welche durch schuldvolle Ansegelung anderer Schiffe und die dadurch begründete Ersatzpflicht entstanden sind und deren oben bereits Erwähnung geschehen ist. Ferner — wenigstens zum großen Theil — die partiellen Schäden, welche in Folge von Krieg oder Verfügungen von hoher Hand oder Arresten Dritter entstehen (H. G. B. Art. 824, 2. 3), wie z. B. dadurch entstandene Verluste an Kost- und Monatsgeldern der Mannschaft.

Es ist also jedenfalls klar, daß es sich nicht rechtfertigen würde, für alle Fälle von Partikularschaden auf Casco dem Versicherer die Anfechtung einer zu niedrigen Taxe zu gestatten.

Die Voigt'schen Ausführungen entnehmen nun aber das hauptsächliche Argument für die Nothwendigkeit einer Anfechtbarkeit zu niedriger Taxen den Fällen, in welchen das versicherte Casco beschädigt worden ist. In diesem Falle soll allemal die wesentlich untersetzte Taxe mit der Wirkung angefochten werden können, daß der Versicherer den Schaden nur in dem Verhältniß zu tragen hat, in welchem die Taxe, wie sie vereinbart ist, zu der Taxe, wie sie hätte vereinbart werden sollen, steht.

Voigt, Seeversicherungsrecht S. 108, 109.

Es sind hier zwei Fälle zu unterscheiden. Wenn die Beschädigung des Cascos einen gewissen Umfang erreicht, — nach H. G. B. Art. 877 dann, wenn das Schiff reparaturunfähig oder um mehr als drei Viertel seines Werths bei Antritt der Reise beschädigt ist, nach den allgemeinen Seeversicherungs-Bedingungen von 1867 § 31 nur dann, wenn das Schiff reparaturunfähig ist, — besteht der Schaden des Versicherten in dem Unterschiede des durch Verkauf des beschädigten Schiffes erzielten Reinerlöses und des Versicherungswerthes. Angenommen ein 180 000 werthes, aber zu 120 000 taxirtes und voll versichertes Casco erlitte eine Beschädigung und wäre reparaturunfähig, der Verkauf brächte einen Reinerlös von 30 000, so würde der Versicherer nach den Grundsätzen des Handelsgesetzbuchs 90 000 zu zahlen haben. Der Versicherte würde im Ganzen 120 000 (30 000 aus dem Verkauf, 90 000 von dem Versicherer) erhalten, er hätte also das Schiff, welches 180 000 werth war, verloren und erhielte nur für zwei Drittheile des Werthes Ersatz.

In diesem Falle also erleidet der Versicherer durch die zu niedrige Taxe keinen Verlust.

Anders dagegen stellt sich die Sache, wenn das Schiff nicht reparaturunfähig (oder, nach den Grundsätzen des Handelsgesetzbuchs, nicht reparaturunwürdig) ist. In diesem Falle besteht nach H. G. B. Art. 876 der Schaden in dem gehörig ermittelten Betrage der Reparaturkosten. Beläuft sich dieser letztere Betrag auf 30 000, so muß der Versicherer, welcher auf das zu 100 000 taxirte Schiff 100 000 gezeichnet hat, 30 000 bezahlen, einerlei ob das Schiff in Wahrheit 100 000 oder ob es 150 000 werth war.

Hierin liegt ohne Frage dem Anschein nach eine Unbilligkeit, weil es nahe liegt, zu behaupten, daß der Versicherte, dessen 150 000 werthes Schiff eine Beschädigung zum Betrage von 30 000 erleidet, einen Schaden von 1/5 des Werthes erlitten habe und deshalb auch nicht mehr von seinem Versicherer beanspruchen könne als 1/5 der Policentaxe. Die Unbilligkeit scheint um so augenfälliger zu sein, wenn man erwägt, daß es in der Praxis vorkommt, daß Rheder ihre Schiffe zu einer ganz niedrigen Taxe versichern — wo sie dann gegen solche Partikulärschäden doch voll gedeckt sein können — und für die Differenz zwischen der Taxe und dem wirklichen Werth eine andere Police mit der Clausel „auf behaltene Ankunft“ nehmen, welche sie dann (H. G. B. Art. 854) für die Fälle des Totalverlusis, der Reparaturunfähigkeit oder Reparaturunwürdigkeit des Schiffes deckt.

Dennoch kann auch in diesem Falle ein Anspruch des Versicherers auf Anfechtung der Taxe nicht anerkannt werden.

Die Ansicht, daß der Versicherer die Reparaturkosten nur in dem Verhältniß der Taxe zu dem wahren Werth des Schiffes zu ersetzen habe, beruht darauf, daß der Versicherer nur in diesem Verhältniß die Gefahr habe übernehmen wollen. Dieser Satz ist aber, wie oben gezeigt worden, unrichtig, und damit fällt auch jene Folgerung weg. Die Anfechtbarkeit der Taxe würde den Versicherer von der Verpflichtung entbinden, einen Vertrag zu halten, zu welchem er sich freiwillig entschlossen hat. Dies darf ihm um so weniger gestattet werden, als heutzutage die Versicherer aus den Schiffsregistern alle Details über ein Schiff zu entnehmen und also durchweg im Stande sind, über den wahren Werth eines Schiffes sich ein Urtheil zu bilden, und als überdies die Werthschätzung eines Schiffes auf so unsicheren Faktoren beruht, daß es in den meisten Fällen fast unmöglich ist festzustellen, ob eine Taxe hinter dem wahren Werth wirklich erheblich zurückbleibt oder nicht.

Uebrigens ist auch in diesem Falle nicht außer Acht zu lassen, was oben darüber bemerkt worden ist, daß der Schaden des Versicherten nicht in constantem Verhältniß zu der Werthverringerung des versicherten Gegenstandes steht. Wird die Reparatur eines beschädigten Schiffes in einem theuern Nothhafen bewerkstelligt oder abgeschätzt, so kann der Schaden größer sein als das Schiff — in Procenten des Werths ausgedrückt — an Werth verloren hat. Dieses Mehr ist eine Folge des mit dem Werth des Schiffes nicht in Zusammenhang stehenden Umstandes, daß das Schiff gerade diesen theuern Nothhafen hat aufsuchen müssen. Diese Gefahr müßte der Versicherer, welcher zum Vollen versichert hat, jedenfalls auch zum Vollen tragen. Es liegt aber auf der Hand, daß solche Unterscheidung praktisch undurchführbar ist. Man könnte vielleicht die Ansicht aufstellen, daß — analog der Behandlung der am Bestimmungsort beschädigt angelangten Waare — durch eine Schätzung des Werths des Schiffes im unbeschädigten Zustande in demselben Hafen, in welchem die Reparaturkosten ermittelt werden, und Vergleich der Reparaturkosten mit dem so ermittelten Werth des Schiffes in unbeschädigtem Zustande die Procentage des Werthverlusts ermittelt werden könnte. Allein dies würde ein unrichtiges Resultat herbeiführen, weil in der Regel oder doch wenigstens sehr häufig in den Orten, wo (wegen mangelnder Einrichtungen z. B.) die Reparaturkosten sich sehr hoch stellen, der Werth eines Schiffes (z. B. der ungünstigen Lage des Orts wegen) unverhältnißmäßig niedrig sein kann. Ebenso unrichtig und unausführbar würde der Versuch sein, auf Grund der auswärtigen Besichtigungsdocumente eine Berechnung anzustellen, wie viel die Repatur zu der für den Werth des Schiffes entscheidenden Zeit (also bei Beginn des Resikos) am Orte, wo der Risiko begann, gekostet haben würde, und darnach den Werthverlust am Schiff in Procenten festzustellen, wo dann das Mehr der auswärtigen Kosten als eine Folge des Einlaufens in den theureren Nothhafen von dem Versicherer außerdem zu ersetzen sein würde. Dies würde unrichtig sein, weil auch an dem Orte, wo der Risiko beginnt, ein Mißverhältniß zwischeu Reparaturkosten und Werth des unbeschädigten Schiffes bestehen kann, und unausführbar, weil es unmöglich ist, nach Besichtigungsdocumenten mit einiger Sicherheit festzustellen, wie viel an einem gewissen anderen Ort und zu einer anderen Zeit die Reparatur gekostet haben würde. So ist denn — praktisch sowohl wie theoretisch — das einzig richtige Mittel gegen den in diesem Falle aus einer zu niedrigen Taxe für den Versicherer sich ergebenden Nachtheil das, daß er die Taxe nicht genehmigt, oder sich eine höhere Prämie ausbedingt. Hierauf kommt denn auch Benecke, „System Bd. 4 S. 189" im Grunde hinaus, und in der Praxis, wenigstens der hamburgischen Assekuranzbörse, kommt deshalb auch die Beanstandung einer zu niedrigen Taxe bei Abschluß der Versicherung vor.

Bei Güterversicherungen ist zwischen dem Fall zu unterscheiden, wo die Waare wegen Beschädigung im Nothhafen verkauft wird, und dem Fall, wo sie beschädigt ihren Bestimmungsort erreicht.

Im ersteren Fall besteht nach H. G. B. Art. 881 der Schaden in dem Unterschiede zwischen dem (nach Abzug der Fracht, Zölle nnd Verkaufskosten sich ergebenden) Reinerlöse der Güter und deren Versicherungswerthe. Daß hier von einer Benachtheiligung des Versicherers durch eine zu niedrige Taxe nicht die Rede sein kann, ist einleuchtend und wird auch von Voigt, Seeversicherungs-Recht S. 109, Anm. 1, anerkannt.

Wenn dagegen die Waare beschädigt den Bestimmungsort erreicht, so besteht nach H. G. B. Art. 879 der Schaden in derjenigen Procentage des Versicherungswerthes (also bei taxirten Policen der Taxe), welche sich als Werthverlust an der Waare durch Vergleichung ihres Bruttowerthes im beschädigten Zustande mit ihrem Bruttowerth im unbeschädigten Zustande ergiebt. Ist z. B. der Bruttowerth im beschädigten Zustande 2000, der Bruttowerth im unbeschädigten Zustande 4000 und ist die Waare zu 4000 taxirt und versichert, so beträgt der Schaden 2000. Auch hier kann eine zu niedrige Taxe den Versicherer nicht benachtheiligen. Wenn in dem angeführten Beispiel die Waare nur zu 3000 taxirt und versichert sein sollte, so würde der Versicherte nur 1500 ersetzt erhalten, — den Verlust von 500, also von einem Viertheil des Schadens, würde er selbst zu tragen haben. Auch dieses wird von Voigt a. a. O. anerkannt.

Bei Versicherung auf Waaren ergiebt sich also für den Versicherten aus einer zu niedrigen Taxe immer die Folge, daß er den Schaden in demselben Verhältniß selbst tragen muß, in welchem er zu niedrig versichert hat. Der Versicherer ist berechtigt, die vereinbarte Werthschätzung der Schadenregulirung zu Grunde zu legen, und insoweit der Schaden in Werthverminderung der Waare besteht, liegt gar keine Veranlassung vor, die Frage der Anfechtbarkeit der Taxe aufzuwerfen. Nun kommen allerdings auch bei Waaren die Kosten der Besichtigung, der Abschätzung und des Verkaufs in Betracht, und wenn die Ansicht richtig wäre, daß der Versicherer, welcher zwar zum Vollen, aber zu einer zu niedrigen Taxe versichert hat, nur Partialversicherer sei, so müßte consequenter Weise ihm von jenen Kosten bei zu niedriger Taxe auch nur ein verhältnißmäßiger Theil zur Last gelegt werden. Theoretisch aber treffen hingegen die bereits geltend gemachten allgemeinen Gründe zu, und praktisch ist die Sache von so geringer Bedeutung, daß auch von Voigt die Anfechtbarkeit einer zu niedrigen Taxe für Partikulärschäden auf Waarenversicherungen nicht verlangt wird.

Für Frachtversicherungen bestimmt H. G. B. Art. 797, daß die Taxe in Bezug auf einen von dem Versicherer zu ersetzenden Schaden nur dann maßgebend sei, wenn dieses besonders bedungen ist. Wo letzteres nicht der Fall ist, hat also die Taxe der Fracht nur die Bedeutung, daß sich nach ihr, d. h. durch Vergleichung der gezeichneten Summe mit ihr, das Verhältniß bestimmt, mit welchem der Versicherer an eintretenden Schäden betheiligt ist. So wenigstens können — ihrem Wortlaut nach — die Bestimmungen des Handelsgesetzbuchs ausgelegt werden, indem (Art. 797, Abs. 4) die Taxe — von besonderer Vereinbarung abgesehen — für nicht maßgebend erklärt wird nur in Bezug auf einen von dem Versicherer zu ersetzenden Schaden, während Art. 797, Abs. 1, wonach die Taxe für den Versicherungswerth maßgebend sein soll, durch diese Bestimmung nicht berührt wird und also für Frachtversicherungen gilt und folglich auch das Princip des Art. 796 auf Frachtversicherungen Anwendung leidet, wonach sich das Maß der Haftung des Versicherers durch das Verhältniß seiner Zeichnung zu dem Versicherungswerth bestimmt. Dieser Ansicht ist auch Voigt — See-Versicherungs-Recht, S. 113 — wo es heißt, daß, wenn in Policen, welche zur Beurkundung von Frachtversicherungen vollzogen werden, Summenangaben unter der Benennung „Taxe" vorkommen, solche Summenangaben nur den Zweck haben können und nur denselben haben, den Belauf anzugeben, bis zu welchem dem Versicherten gehaftet werden soll, für den die Prämie entrichtet werden soll und von dessen Größe im Falle von Partialzeichnungen das Maß der Haftbarkeit der Versicherer abhängt. Und ganz mit dieser Auffassung übereinstimmend heißt es in den Allgemeinen See-Versicherungs-Bedingungen von 1867, § 137 Abs. 3:

> „Das Maß, in welchem der Frachtversicherer für den Schaden haftet, wird nach den Vorschriften der §§ 15 und 16 Abs. 5 bestimmt",

indem § 16 Abs. 5 vorschreibt:

> „Bei der Versicherung von Fracht hat die Taxe nur die Bedeutung, den Umfang der Verbindlichkeit des Versicherers zu bestimmen",

und § 15 gerade die Vorschrift des Art. 796 H. G. B. unter ausdrücklicher Hervorhebung, daß, wo eine Taxe in die Police aufgenommen ist, diese das Maß der Haftung des Versicherers bestimmt, reproducirt.

Hiernach also würde für Frachtversicherungen nach dem Handelsgesetzbuch sowohl wie nach den Allgemeinen Seeversicherungs-Bedingungen die Sache so liegen:

Ist in einer Frachtpolice die Fracht zu 16 000 taxirt und sind 16 000 gezeichnet, die wirkliche Fracht beträgt aber 24 000 und es entsteht ein Schaden von 16 000, so müßte der Versicherer 16 000 bezahlen. Denn er hat zu voll die Gefahr übernommen, indem sich das Maß seiner Haftung nach dem Verhältniß der gezeichneten Summe zu der Taxe bestimmt, in Bezug auf den zu ersetzenden Schaden aber ist die Taxe nicht maßgebend und folglich findet eine Reducirung des Schadens auf die Policentaxe nicht statt.

Und wenn in einer Frachtpolice die Fracht zu 16 000 taxirt ist und 8000 gezeichnet sind, die wirkliche Fracht aber 24 000 beträgt und ein Schaden von 16 000 entsteht, so müßte der Versicherer aus denselben Gründen 8000 bezahlen.

Gegen diese Consequenz würde auch der Art. 885 des Handelsgesetzbuchs, bezw. der demselben entsprechende § 141 der Allgemeinen See-Versicherungs-Bedingungen nicht schützen. Denn unter dem dort angeführten vollen Werthe ist der Versicherungswerth — also wenn in Bezug auf diesen die Taxe maßgebend ist, die Taxe — nicht der etwa anderweitig zu ermittelnde wahre Werth zu verstehen. Dies ergiebt sich ganz klar daraus, daß H. G. B. Art. 885 auch auf Art. 876 anwendbar ist, da es von Niemandem in Zweifel gezogen wird, daß bei Partikularschäden an Schiffen, wenn der Versicherungswerth durch Taxirung festgestellt ist, eine anderweitige Ermittlung des Werths des Schiffes in unbeschädigtem Zustand und — wenn dieselbe einen höheren Werth als die Taxe ergibt — eine Reduction des Schadens auf die Taxe nicht stattfindet.

Es kann nicht angenommen werden, daß dieses die Meinung der Verfasser der Allgemeinen Seeversicherungs-Bedingungen und des Handelsgesetzbuchs war. Vielmehr ist man, indem man die Taxe bei Frachtversicherungen für unmaßgeblich in Bezug auf einen vom Versicherer zu ersetzenden Schaden erklärte, von der Erwägung ausgegangen, daß der Betrag der Fracht im Schadensfalle immer — sei es nach Charteparthie oder Connossement, sei es (bei für Rheders Rechnung verschifften Gütern) nach den üblichen Frachtsätzen — sich leicht genau feststellen lasse und daß daher zu der Taxirung desselben ein Bedürfniß nicht vorliege. Dieselbe Erwägung hatte die Verfasser des „Revidirten Allgemeinen Plans hamburgischer Seeversicherungen" von 1853 zu der Bestimmung im § 11 veranlaßt:

> „Bei partiellen Schäden gilt die Taxe, bei Versicherungen . . . . . .
> c., auf Fracht, wenn selbige nicht im Manifeste, Connossemente oder der Charteparthie stipulirt ist, und solches bei der Versicherung ausdrücklich angezeigt worden",

wonach also bei Schadenregulirungen im Falle von Partialschäden die Taxe der Fracht nie von Bedeutung sein, vielmehr immer die wirkliche

Fracht zum Grunde gelegt werden sollte, wenn nicht (ausnahmsweise) der Betrag der Fracht aus Charteparthie, Connossement oder Manifest nicht erkennbar und hiervon bei Abschluß der Versicherung dem Versicherer ausdrücklich Anzeige gemacht sein sollte. Diese Bestimmung sollte durch H. G. B. Art. 797 Abs. 4 reproducirt und auch für auf Totalschäden anwendbar erklärt werden, so daß auch für das Recht des Handelsgesetzbuchs dasselbe gelten sollte, was der Allgemeine Plan § 105 verbis:

> „Bei der Versicherung auf die Fracht eines Schiffes ist der Versicherte berechtigt, das zu fordern, was der Empfänger der Ladung berechtigt ist wegen Seeschäden zu kürzen. Der Versicherte erhält nur das ersetzt, was er bei glücklicher Ankunft des Schiffes, durch Connossement oder Manifest erwiesen, erhalten haben würde (s. § 11)"

vorgeschrieben hatte.

Nun enthält aber der Allgemeine Plan im Anschluß an die eben angeführten Worte im § 105 die fernere Bestimmung:

> „Ist der also berechnete Werth höher als die versicherte Summe, so wird die Havarie vom Versicherer pro rata der gezeichneten Summe bezahlt",

und diese Bestimmung, durch welche das oben dargelegte Resultat ausgeschlossen wird, ist weder in das Handelsgesetzbuch noch in die Allgemeinen Seeversicherungs-Bedingungen von 1867 aufgenommen worden. Denn wenn H. G. B. Art. 882 Abs. 1 und mit demselben übereinstimmend § 137 Abs. 1 der Allgemeinen Seeversicherungs-Bedingungen bestimmen:

> „Bei partiellem Verluste der Fracht besteht der Schaden in demjenigen Theile der bedungenen oder in deren Ermangelung der üblichen Fracht, welcher verloren gegangen ist",

so ist hiermit offenbar nicht dasselbe gesagt, was die zuletzt erwähnten Worte des Allgemeinen Plans § 105 besagen. Vielmehr hätte, um den Sinn dieser Worte wiederzugeben, gesagt werden müssen:

> „Bei partiellem Verluste der Fracht besteht der Schaden in ebenso vielen Procenten der versicherten Summe, als Procente der bedungenen oder in deren Ermangelung der üblichen Fracht verloren gegangen sind."

Bei Prüfung der hiernach sich aufwerfenden Frage, ob eine Aenderung des Handelsgesetzbuchs erforderlich sei, könnte nun freilich gegen die Bejahung dieser Frage eingewendet werden, daß doch — wie dieses ja auch oben als das Richtige bezeichnet worden ist — der Versicherer, welcher die volle Taxe zeichnet, wissen müsse, daß er damit die volle Gefahr übernehme und daß es daher dem Versicherer zu überlassen sei, dafür zu sorgen, daß keine Taxe in die Frachtpolice aufgenommen werde.

Allein die Verhältnisse liegen in zweifacher Hinsicht anders bei Frachtversicherungen, als bei Versicherungen auf Schiffe.

Erstens läßt sich — bei Versicherungen auf Schiffe — wie oben gezeigt worden, der Versicherungswerth ohne Taxe nur schwer nachweisen, es liegt deshalb ein Bedürfniß zur Feststellung desselben durch Vereinbarung (Taxirung) vor. Bei Frachten ist dies, in der Regel wenigstens, nicht der Fall. Vielmehr bestimmt sich der Versicherungswerth der Fracht nach Charteparthie oder Connossement, oder im Fall der Verschiffung von Gütern für Rheders Rechnung, nach den üblichen Frachtsätzen mit genügender Sicherheit, um, in der Regel wenigstens, eine Taxe entbehrlich zu machen. Es ist daher ganz richtig, wenn das Handelsgesetzbuch die Taxe nur dann für in Bezug auf einen von dem Versicherer zu ersetzenden Schaden maßgebend erklärt, wenn dieses besonders bedungen ist.

Zweitens ist bei Partialschäden an Schiffen, wie oben gezeigt worden, das Verhältniß zwischen dem Schaden des Versicherten und der Werthverringerung des Schiffes kein constantes und läßt sich auch praktisch nicht feststellen, wie viele Procente des Versicherungswerthes im Fall einer nothwendig werdenden Reparatur verloren gegangen sind. Dagegen läßt sich bei partiellem Verlust der Fracht, weil diese immer in einem Geldbetrage besteht und auch der Verlust immer in Geld angegeben werden kann, der Verlust immer in Procenten der Fracht ausdrücken.

Nun ist es zwar — wie oben ausgeführt worden — nicht ein im Wesen des Versicherungsvertrages begründeter Satz, daß der Versicherer immer für Schäden nur hafte im Verhältniß der von ihm gezeichneten Versicherungssumme zu dem Werth des versicherten Gegenstandes. Allein, es ist doch durch H. G. B. Art. 796 das Princip aufgestellt worden, daß Versicherung eines Theils des Versicherungswerthes die Haftung des Versicherers für einen gleichen Theil des Schadens bedeute. Wenn nun bei Frachtversicherungen die Taxe entbehrlich und deshalb auch in Bezug auf den Schaden nicht maßgebend ist, so entspricht es gewiß nur der Auffassung der Parteien, wenn ferner bestimmt wird, daß — von besonderer Vereinbarung abgesehen — auch das Maß der Haftung des Versicherers sich nach dem Verhältniß der Versicherungssumme zu der wirklichen Fracht und nicht zu der Taxe richten soll. Der Versicherer, welcher gewöhnt ist zu denken, daß die Taxe der Fracht regelmäßig für ihn bedeutungslos sei, wird gewiß nicht meinen, daß er in Bezug auf das Maß seiner Haftung an die Taxe gebunden sein soll. Und ebensowenig wird dies die Meinung, wenigstens nicht die gutgläubige Meinung, des Versicherten sein.

Aus diesen Gründen erscheint es rathsam, durch eine Aenderung des Handelsgesetzbuchs dem Mißverständniß vorzubeugen, welches der jetzige Wortlaut desselben nahe legt.

Die letzten Erörterungen treffen auch in den Fällen des Totalverlusts der Fracht und der Havariegrosse zu.

Bei Totalverlusten stellt sich freilich schon jetzt die Sache nach dem Handelsgesetzbuch so, daß — abgesehen von besonderer Vereinbarung — wenn die bedungene (bezw. übliche) Fracht höher ist, als eine in die Police aufgenommene Taxe, der Versicherer, auch wenn er die Gefahr zum Vollen übernommen hat, doch nicht mehr als den Betrag der Taxe zu zahlen hat, weil er nach H. G. B. Art. 844 für den Schaden nur bis auf Höhe der Versicherungssumme haftet. Auch kann bei Frachtversicherungen der Fall nicht vorkommen, daß durch Aufwendung von Kosten der Schaden über das Maß der Fracht hinaus gesteigert wird, weil solche Kosten die Fracht nur im Fall einer Vertheilung über Schiff, Fracht und Ladung treffen können und wo die Fracht total verloren ist, auch kein Antheil an solchen Kosten auf sie fallen kann. Allein die Consequenz der obigen, für den Fall eines Partikularschadens angeführten Argumente läßt es richtig erscheinen, daß die Taxe auch für den Fall des Totalverlusts nicht zum Maßstab des Umfanges der Haftpflicht des Versicherers gemacht wird.

Bei Havariegrossefällen liegt die Sache folgendermaßen:

Nach dem Deutschen Handelsgesetzbuch wird im Havariegrossefalle vergütet derjenige Frachtvertrag, welcher für die aufgeopferten Güter zu entrichten gewesen sein würde, wenn dieselben mit dem Schiff an dem Orte ihrer Bestimmung oder, wenn dieser von dem Schiff nicht erreicht wird, an dem Orte angelangt wären, wo die Reise endet (Art. 717). Dasselbe gilt, soweit bekannt, nach allen übrigen Seerechten.

Beitragspflichtig ist die Fracht, außer mit dem in Havariegrosse zur Vergütung kommenden Betrage nach dem deutschen Handelsgesetzbuch (Art. 723) mit zwei Dritteln des Bruttobetrages, welcher verdient ist, — nach englichem Recht und den York & Antwerp Rules mit dem vollen Betrag unter Abzug der nach dem Unfall aufgelaufenen Heuer- und Hafenkosten — nach nordamerikanischem Recht in einigen Staaten mit der Hälfte, in anderen mit zwei Drittheilen, — nach französischem, belgischem, italienischem, schwedischem und anderen Rechten mit der Hälfte des Bruttobetrages.

Die Werthe, mit welchen die Fracht beiträgt, sind also nach den verschiedenen Gesetzgebungen sehr verschieden und läßt sich namentlich auch nicht sagen, daß den sämmtlichen Gesetzgebungen der Gedanke zu Grunde liege, daß die Nettofracht beitragspflichtig sei, welche dann nur, der einfachen Rechnung wegen, auf eine gewisse Quote der Bruttofracht ($^1/_2$ oder $^2/_3$) bestimmt sei. Denn nach englischem Recht und nach den York & Antwerp Rules ist der Betrag der Bruttofracht mit Abzug der Kosten, welche der Rheder erspart haben würde, wenn das Schiff durch den Havariegrosseakt nicht gerettet, sondern verloren gegangen wäre, beitragspflichtig, so daß — je näher dem Bestimmungsort der Unfall sich ereignet, desto mehr der contribuirende Frachtbetrag der Bruttofracht sich nähert.

Man muß daher auch bei Frachtversicherungen zugeben, daß der contribuirende Werth der Fracht in keinem constanten Verhältniß zu dem versicherten Werth steht. Derselbe Unfall führt einen ganz anderen Schaden an der Fracht herbei, je nachdem die Havariegrosse an diesem oder jenem Ort dispachirt wird. Es ist deshalb nicht richtig, wenn Pöhls Handelsrecht Bd. IV 1, S. 275 es als selbstverständlich bezeichnet, daß der Versicherer für die ganze Havariegrosse nur da gebunden ist, wo der ganze contribuirende Werth versichert war. Vielmehr muß z. B. der Versicherer, welcher die volle Nettofracht versichert hat, den Havariegrosseschaden auch dann voll bezahlen, wenn (wie dies z. B. bei Dispachirungen nach englischem Recht in dem Fall eines dicht vor dem Bestimmungsort sich ereignenden Havariegrosseunfalles leicht vorkommen kann) die Fracht mit mehr als dem Betrage der Nettofracht contribuirt hat. Das Princip, welches das Handelsgesetzbuch in Art. 839 aufstellt, ist auch für Frachtversicherungen vollkommen richtig.

Allein auch hier treffen die Erwägungen zu, aus welchen oben für den Fall des Partikularschadens an Fracht abgeleitet wurde, daß der Versicherer nur in dem Verhältniß haften soll, in welchem die Versicherungssumme zu dem wirklichen Werth der Fracht steht. Es muß als die Meinung der Parteien angesehen werden, daß der Rheder, welcher eine Fracht- und zwar einerlei, ob eine Bruttofracht oder eine Nettofracht — von z. B. 9000 mit 6000 versichert, nur für zwei Drittheile der vorkommenden Schäden versichert ist, wenn auch die Versicherung auf (Brutto, bezw. Netto) Frachtgelder taxirt zu 6000 geschlossen ist. Die vom Gesetz nur in Bezug auf einen von dem Versicherer zu ersetzenden Schaden statuirte Unmaßgeblichkeit der Taxe wird von den Parteien auch in Bezug auf den Versicherungswerth und folglich auf das Maß der Haftung des Versicherers angenommen. Dies ist so sehr der Fall, daß z. B. auf dem hamburgischen Dispachecomtoir das in Rede stehende Princip ungeachtet der entgegenstehenden Fassung des § 16, Abs. 5 und des § 137 der Allgemeinen Seeversicherungs-Bedingungen beständig zur Anwendung gebracht wird, ohne daß bisher jemals der Versuch gemacht wäre, im Wege des Rechtsstreites einer anderen Auffassung Geltung zu verschaffen.

Aus diesen Gründen erscheint es richtig, dem Art. 797, Abs. 4 des Handelsgesetzbuches statt der jetzigen Fassung:

„Bei der Versicherung von Fracht ist die Taxe in Bezug auf einen von dem Versicherer zu ersetzenden Schaden nur dann maßgebend, wenn dieses besonders bedungen ist",

die Fassung zu geben:

„Bei der Versicherung von Fracht ist die Taxe nur dann maßgebend, wenn dieses besonders bedungen ist".

Wird hierdurch außer Zweifel gestellt, daß — wenn nicht besondere Vereinbarung getroffen ist — die Taxe bei Frachtversicherungen auch für das Maß der Haftung des Versicherers unmaßgeblich ist, so könnte Art. 882, Abs. 1 in seiner jetzigen Fassung bestehen bleiben, indem dann aus Art. 885 die pro rata-Haftung des Versicherers, welcher weniger als die volle Fracht gezeichnet hat, sich ergiebt.

Anders liegt die Sache, wenn durch besondere Vereinbarung die Maßgeblichkeit der Taxe ausbedungen ist (H. G. B. Art. 797, Abs. 4), wie dies z. B. bei Versicherungen auf Nettofracht durch die Clausel „taxirt in Folge besonderer Vereinbarung auf . . ." oder ähnliche Clauseln häufig geschieht. In diesem Falle ist der Versicherer gegen die Nachtheile einer zu niedrigen Taxe für den Fall des Partikularschadens durch H. G. B. Art. 882, Abs. 2 ohnehin geschützt, — für den Fall eines Havariegrosseschadens aber muß er trotz zu niedriger Taxe, wenn er die volle Taxe gezeichnet hat, den vollen Schaden aus denselben Gründen ersetzen, aus welchen er dieses, wie oben ausgeführt worden, bei Versicherungen auf Schiff oder Ladung zu thun verpflichtet ist. Bei Totalverlusten aber kann ihm die zu niedrige Taxe ebensowenig zum Nachtheil gereichen, wie dem Versicherer auf das Schiff.

Als ein Grund dafür, daß es dem Versicherer gestattet sein müsse, eine Taxe als zu niedrig anzufechten, ist auch noch angeführt worden, daß die Franchise von 3 %, welche H. G. B. Art. 849 für besondere Havarien bestimmt, sowie ähnliche Franchisen wie sie häufig in Versicherungsverträgen ausbedungen werden, bei zu niedriger Taxe zum Nachtheil des Versicherers zu früh erreicht werden. Bei den Verhandlungen des internationalen Congresses über Handelsrecht, welcher im Jahre 1885 in Antwerpen stattgefunden hat, ist dementsprechend eine Resolution dahin angenommen worden, daß der Versicherer berechtigt sein solle, die Taxe anzufechten, um der Verpflichtung zur Bezahlung eines Partikularschadens, wenn dieser — mit dem wirklichen Werthe verglichen — die vereinbarte Franchise nicht erreicht, zu entgehen. Dieser Gesichtspunkt würde indessen zu einer Aenderung des Handelsgesetzbuches nur in der Richtung führen können, daß dem Art 849 ein Zusatz in dem Sinne hinzugefügt würde, daß für die Ermittlung des Versicherungswerthes in diesem Falle nicht die Taxe, sondern der anderweitig nachzuweisende wirkliche Versicherungswerth maßgebend sein solle. Allein abgesehen von den allgemeinen Gründen, welche gegen das Recht des Versicherers zur Anfechtung zu niedriger Taxen oben angeführt worden sind, möchte die hier in Rede stehende Aenderung auch deshalb sich nicht empfehlen, weil die Bestimmung einer Franchise von 3 %, wie sie Art. 849 enthält, überhaupt einigermaßen auf Willkür beruht und heutzutage, namentlich bei den hochwerthigen eisernen Dampfschiffen kaum noch dem Gesichtspunkt entspricht, welcher zu ihrer Aufstellung geführt hat, — dem nämlich, daß die Slitage dem Versicherer nicht zur Last gebracht werden soll. Es wird daher den Versicherern überlassen bleiben können, durch Vertragsbedingungen wie sie z. B. im § 97 der Allgemeinen Seeversicherungs-Bedingungen enthalten sind, gegen die nachtheiligen Folgen einer zu niedrigen Taxe in der hier in Rede stehenden Beziehung sich zu sichern.

In den Fällen, in welchen andere Interessen als das Eigenthumsinteresse, welche sich an ein Schiff oder Ladung knüpfen, den Gegenstand der Versicherung bilden, wird eine zu niedrige Bestimmung der Taxe dem Versicherer nie zum Nachtheil gereichen können. So z. B. in den Fällen der Versicherung von Provision, Commission oder Courtage, der Versicherung von Bodmerei- und Havariegeldern oder von sonstigen Forderungen, zu deren Deckung Schiff oder Ladung dienen. Auch kommt bei solchen Versicherungen eine zu niedrige Taxe in der Praxis wohl nie vor.

Schließlich bedarf noch die Versicherung auf imaginairen Gewinn einer Besprechung. Eine solche Versicherung, welche die Schadloshaltung des Versicherten gegen Seeunfälle bezweckt, durch welche der von dem Eintreffen einer Waare am Bestimmungsort erwartete Gewinn ihm ganz oder theilweise entzogen wird, kommt sowohl als abgesonderte Versicherung, wie auch in Verbindung mit der Versicherung von Waaren vor, — im letzteren Falle entweder so, daß bei taxirter Police eine gewisse

Procentage der Taxe als imaginairer Gewinn versichert oder daß mit der Clausel „incl. imaginairen Gewinn, gleichviel wie hoch (oder gleichviel wie hoch oder niedrig)" versichert wird.

Ohne Weiteres einleuchtend ist nun, daß bei einem Totalverlust auf imaginairen Gewinn, welcher (H. H. B. Art. 860) dann vorliegt, wenn die Güter den Bestimmungsort nicht erreicht haben, eine zu niedrige Taxe dem Versicherer nicht nachtheilig sein kann. Ein partieller Totalverlust hat (H. G. B. Art. 883, Abs. 2) zur Folge, daß der Versicherer so viele Procente des als Gewinn versicherten Betrages ersetzen muß, als der Werth des in dem Bestimmungsort nicht angelangten Theils der Güter Procente des Werth aller Güter beträgt. Auch in diesem Falle kann daher eine niedrige Taxe den Versicherer nicht benachtheiligen. Und ebensowenig in dem Falle eines Partikularschadens, indem dieser (H. G. B. Art. 883, Abs. 1) auch in dem Procentsatz besteht, welcher durch Vergleichung des Werthes der beschädigt angelangten Güter mit ihrem Werth im unbeschädigten Zustande ermittelt wird. Wenn z. B. Waaren zu 10 000 incl. 10 % imaginairen Gewinn taxirt und versichert sind, beschädigt am Bestimmmungsort anlangen, der Bruttowerth im unbeschädigten Zustand auf 12 000, im beschädigten Zustand auf 3000 ermittelt wird, so beträgt der Schaden 9000 und wird in dem Verhältniß ersetzt, in welchem die Taxe (10 000) zu dem Werth im unbeschädigten Zustande (12 000) steht, also mit 7500 bezahlt, wovon 6750 auf die Waare und 750 auf den imaginairen Gewinn entfallen.

Endlich kann auch in Havariegrossefällen eine dem Versicherer nachtheilige Folge zu niedriger Taxirung des imaginairen Gewinns nicht eintreten. In dem Falle, wo die Waare, auf welche imaginairer Gewinn versichert worden ist, mit einem Havariegrossebeitrag belastet im Bestimmungsort ankommt, hat der Versicherer auf imaginairen Gewinn überhaupt Nichts zu ersetzen, — den Havariegrossebeitrag erstattet der Versicherer auf die Waare. Sind aber die Waaren, auf welche imaginairer Gewinn versichert worden ist, geworfen, so ist der imaginaire Gewinn total verloren, und der Versicherer ersetzt die ganze Taxe mit Abzug dessen, was etwa über den Taxwerth der Waare in Havariegrosse vergütet worden ist (H. G. B. Art. 864), er kann also unter einer zu niedrigen Taxirung des imaginairen Gewinns nicht leiden.

Nach dieser Erörterung der einzelnen Fälle, in welchen die Frage nach den Folgen einer zu niedrigen Taxe des versicherten Gegenstandes von Bedeutung sein kann, wird sich die Beantwortung der Frage:

> „Ist die Vorschrift des Art. 797 Handelsgesetzbuches dahin zu ergänzen, daß es zulässig ist, die Taxe bei Seeversicherungen

auch deshalb anzufechten, weil die Taxe unter dem Werthe bestimmt ist?"

aus dem Gesagten dahin ergeben:

Die Frage ist zu verneinen, weil die Vereinbarung der Taxe ein Vertrag ist, welcher den Versicherer ebenso bindet wie den Versicherten und von Ersterem nicht aus dem Grunde angefochten werden darf, weil er für ihn Folgen mit sich bringt, welche nachtheiliger sind als er erwartet hatte. Um solche Folgen aber kann es sich nur handeln, da ein öffentliches Interesse, wie er für die Anfechtung übersetzter Taxen besteht, bei der hier in Rede stehenden Frage nicht in Betracht kommt.

Schon aus diesem Grunde, — überdies aber auch als mit dem Wesen des Versicherungsvertrages nicht im Einklang stehend, ist der Satz nicht zu billigen, in welchem das Princip der Anfechtbarkeit zu niedriger Taxen von Voigt, Entwurf Allgemeiner Versicherungs-Bedingungen der Norddeutschen Versicherungs-Gesellschaften auf der Grundlage des Allgemeinen Deutschen Handelsgesetzbuches von 1864 § 16 formulirt wird, der Satz nämlich:

Daß der Versicherer befugt sein solle, eine Erhöhung der Taxe zu fordern, wenn er beweist, daß dieselbe wesentlich hinter dem wahren Versicherungswerthe zurückbleibe und daß im Falle solcher Erhöhung das durch das Verhältniß der Versicherungssumme zur Taxe bestimmte Maß der Verbindlichkeit des Versicherers sich verringere bis zu dem Verhältniß der Versicherungssumme zu dem an die Stelle der zu niedrigen Taxe tretenden höheren Versicherungswerth.

Fraglich kann vielmehr höchstens sein:

1. ob im Fall der Versicherung des Eigenthumsinteresses an Schiffen bei Partikularschäden an denselben der Schaden anders bestimmt werden soll, als im Artikel 876 des Handelsgesetzbuches geschehen ist. Auch diese Frage ist aber, — aus theoretischen sowohl wie praktischen Gründen — zu verneinen.

2. ob H. G. B. Art. 849, Abs. 1 eine Aenderung erleiden soll. Auch hiergegen wird aber einzuwenden sein, daß es richtiger den Versicherern zu überlassen ist, diese Frage durch eine Bestimmung in ihren Versicherungsbedingungen zu erledigen.

Im Uebrigen ist für Partikularschäden sowie für Havariegrosseschäden einer zu niedrigen Taxe keinenfalls ein Einfluß auf das Maß der Schadensersatzpflicht des Versicherers einzuräumen.

Das so gewonnene Resultat schließt selbstverständlich die Folgen nicht aus, welche nach allgemeinen Rechtsgrundsätzen — wegen Irrthums oder

Betrugs — an die Vereinbarung einer zu niedrigen Taxe sich knüpfen oder aus allgemeinen assekuranzrechtlichen Grundsätzen — Verletzung der Anzeigepflicht, Haftung des Versicherers nur für zweckmäßig aufgewendete Kosten — sich ergeben können. Um diese Folgen eintreten zu lassen, bedarf es aber einer Aenderung des Handelsgesetzbuches nicht.

Unabhängig von der Beantwortung der zur Erörterung stehenden Frage ist ebenfalls der im Vorstehenden motivirte Vorschlag einer Abänderung des Art. 797 Abs. 4 des Handelsgesetzbuchs, welcher übrigens nur eine Klarstellung, nicht eine Abänderung des mit demselben zu verbindenden Sinnes bezweckt.

II.

Gutachten des Herrn Rechtsanwalt Dr. C. F. Reatz in Gießen

über die Frage:

Ist die Vorschrift des Art. 797 Handels-Gesetz-Buchs dahin zu ergänzen, daß es zulässig ist, die Taxe bei Seeversicherungen auch deshalb anzufechten, weil die Taxe unter dem Werthe bestimmt ist?

Der Art. 797 H. G. B., dessen Ergänzung im Wege der Gesetzgebung hier in Frage steht, stellt den Grundsatz auf, daß der Versicherungswerth des versicherten Gegenstandes auch durch Vereinbarung der Parteien auf eine bestimmte Summe (Taxe) festgestellt werden könne (taxirte Police), und daß in diesem Falle die Taxe unter den Parteien maßgebend für den Versicherungswerth sei. Er läßt jedoch von diesem Grundsatze eine Ausnahme zu, indem er dem Versicherer in dem von ihm zu beweisenden Falle, daß die Taxe wesentlich übersetzt sei, d. h. den wahren, wirklichen Werth um ein Erhebliches überschreitet, die Befugniß einräumt, die Taxe anzufechten und eine Herabsetzung derselben auf den wahren Werth des versicherten Gegenstandes zu fordern. Das gestellte Thema geht nun von der Unterstellung aus, daß das gemeine deutsche Seeversicherungsrecht nur diese eine Ausnahme kenne, und daß der Versicherer die Taxe insbesondere deshalb nicht anfechten könne, weil sie im Einzelfall den wahren Werth des versicherten Gegenstandes nicht erreiche. Wohl mit Rücksicht auf zahlreiche, in Folge der Unanfechtbarkeit einer untersetzten Taxe in der Praxis vorgekommene Unbilligkeiten, Härten und dem Zweck des Versicherungsvertrags geradezu widerstrebende schwere Benachtheiligungen der Versicherer stellt es die Frage, ob nicht ein dringendes Verkehrsbedürfniß es erheische, daß bei einer Revision des Handelsgesetzbuchs dem Versicherer die Befugniß eingeräumt werde, die Erhöhung einer untersetzten Taxe auf den wahren Werth des versicherten Gegenstandes zu fordern.

Aus der Verbindung dieser Frage mit der Vorschrift des Art. 797 darf auf die Absicht einer Beschränkung derselben in zweifacher Richtung geschlossen werden, einmal dahin, daß nur eine wesentliche Untersetzung der Taxe deren Anfechtung überhaupt rechtfertigen könne, und sodann dahin, daß im Streitfalle nicht der Versicherte die Uebereinstimmung der Taxe mit dem wahren Versicherungswerthe, sondern der Versicherer die wesentliche Untersetzung der vereinbarten Taxe zu beweisen habe. Die zu entscheidende Frage dürfte daher etwa dahin zu formuliren sein:

Soll der Art. 797 H. G. B. in einer neuen Alinea (5) den Zusatz erhalten:

> „Außerdem ist der Versicherer befugt, eine Erhöhung der Taxe auf den wahren Werth des versicherten Gegenstandes zu fordern, wenn er beweist, daß dieselbe wesentlich untersetzt sei?"

Die Frage selbst ist nicht neu; sie ist in der Praxis und Theorie, im Inland und Ausland schon einige Male, wiewohl nicht eingehend genug erörtert worden.[1])

Das Reichsgericht hat die Frage der Zulässigkeit einer Erhöhung der wesentlich untersetzten Taxe auf den wahren Werth des versicherten Gegenstandes im Falle eines Partialschadens nach dem dermalen geltenden Rechte verneint[2]) und insbesondere dahin sich ausgesprochen, daß eine Befugniß zur Taxerhöhung weder auf die Allgemeinen Seeversicherungsbedingungen von 1867, noch auf das Handelsgesetzbuch gegründet werden könne, noch auch aus der Natur des Versicherungsvertrags oder aus allgemeinen Rechtsgrundsätzen sich ergebe, ja es hat sogar, unter Hinweisung auf Brandt[3]) angenommen, daß die Nichtbefugniß zur Taxerhöhung und die Uebernahme eines größeren Risico's seitens des Versicherers für den Fall eines Partialschadens dem erklärten Vertragswillen der Contrahenten entspreche. Indem es in jeder Vereinbarung einer Taxe, mag dieselbe dem wahren Werthe des versicherten Gegenstandes entsprechen oder ihn wesentlich überschreiten oder wesentlich hinter ihm zurückbleiben, eine vertragsmäßige Feststellung

[1]) Am eingehendsten von Voigt, Neues Archiv für Handelsrecht. Bd. III. S. 68—76.

[2]) R. G. Entsch. Bd. XI. S. 14 ff.

[3]) Ueber Seeversicherung (aus dem Norwegischen übersetzt, 1878) S. 14, 15.

des ganzen Versicherungswerths des versicherten Gegenstandes erblickt, findet es insbesondere in der Vereinbarung einer wesentlich untersetzten Taxe eine dem Wesen der Versicherung nicht widerstreitende und die Schranken erlaubter Privatwillkür nicht überschreitende Vereinbarung, deren verbindende Kraft nicht einmal von der Kenntniß oder Nichtkenntniß des Versicherers von der Differenz zwischen der Taxe und dem wahren Werthe abhängig sei.

Auch Voigt[4]), der zwar der Ansicht ist, daß eine zu niedrige Bestimmung der Taxe die Versicherer in allen den Fällen, dem Zweck des Contracts zuwider, in Nachtheil bringe, in welchen die dem Versicherten zu vergütende Schadenssumme nicht auf der Grundlage der Policentaxe, sondern auf derjenigen des faktischen Schadensbetrags berechnet werde, daß ein solcher Zustand nicht gebilligt werden könne, ja bei erheblichen Unterschätzungen der Taxe unleidlich werden müsse, und der ein dringendes Bedürfniß der Berichtigung der Taxe anerkennt, hält doch dafür, daß nach den Bestimmungen des Handelsgesetzbuchs und insbesondere des Art. 797, wonach die durch Vereinbarung der Parteien bestimmte Taxe unter ihnen für den Versicherungswerth maßgebend sei, eine Erhöhung der Taxe auf den wahren Werth ausgeschlossen wäre, weshalb er diese Frage der Erörterung bei einer künftigen Revision des Handelsgesetzbuchs empfiehlt.

Daß in der That im Versicherungsverkehr für gewisse Fälle ein sehr erhebliches Bedürfniß nach gesetzlicher Zulässigkeit der Erhöhung einer wesentlich untersetzten Taxe auf den wahren Werth des versicherten Gegenstandes besteht, kann Angesichts der Zeugnisse unserer praktischen Schriftsteller wohl nicht in Abrede gestellt werden. Schon bei den Berathungen über die in die Allgemeinen Versicherungsbedingungen aufzunehmenden, den Artikeln des Handelsgesetzbuches hinzuzufügenden Bestimmungen wurde jenes Bedürfniß mit Nachdruck geltend gemacht, und es wurde im ersten und zweiten Entwurf die Bestimmung aufgenommen, daß der Versicherer befugt sei, eine Erhöhung der Taxe zu fordern, wenn er beweise, daß dieselbe wesentlich untersetzt sei (§§ 15, 51 des 1863 gedruckten Entwurfs, § 16 des 1864 gedruckten Entwurfs). Gleichwohl war die Majorität der damals Betheiligten, wesentlich aus äußeren Gründen der Meinung, daß wenigstens für die zunächst bevorstehende Feststellung der „Bedingungen" dem Antrag auf Erhöhung der Taxe keine Folge zu geben sei[5]).

---

[4]) Das Deutsche See-Versicherungsrecht, S. 104 ff.

[5]) R. G. Entsch. Bd. XI. S. 11 ff. Voigt, das heutige Seeversicherungsrecht S. 104.

Bereits Benecke[6]) hatte es unbillig gefunden, daß im Fall ein zu 20 000 M. taxirtes und versichertes Schiff, das jedoch einen Werth von 40 000 M. habe, eine dessen Hälfte vernichtende Havarie erleide, der Versicherer diese mit 20 000 M. bezahlen solle, da dieser Verlust für ihn ebenso nachtheilig sei, wie ein totaler. Er schlägt daher vor, man solle nicht bloß die Größe des vorgefallenen Schadens zu Gelde anschlagen, sondern zugleich bestimmen, der wievielte Theil des ganzen Schiffs als vernichtet anzusehen sei, bezw. wie viel Procente der Schaden wirklich betrage, und müsse dann der Versicherer ebensoviel Procente von der versicherten Summe bezahlen, als der Verlust im Verhältniß zu dem ganzen Werth des Schiffes betrage. Auch Tecklenborg[7]) erachtet die Nothwendigkeit der Erhöhung der zu niedrigen Taxe vom praktischen Standpunkte aus als selbstverständlich.

Und in der That, das practische Bedürfniß nach Erhöhung der wesentlich untersetzten Taxe auf den wahren Werth des versicherten Gegenstandes läßt sich für gewisse Fälle sehr wohl begreifen, wenn man Folgendes erwägt. Es liegt unzweifelhaft im wohlverstandenen Interesse beider Versicherungscontrahenten, die zu bestimmende Taxe nach Möglichkeit dem wirklichen Versicherungswerthe gleichzustellen und sie nicht auf eine hinter demselben weit zurückbleibende Summe herabzudrücken. Denn der Versicherte bringt sich dadurch in die Lage, für den vollen Werth seines zur Versicherung angetragenen Gegenstandes, beispielsweise seines Schiffes, Versicherungen zu nehmen und im Fall des Totalverlusts vollkommenen Schadensersatz zu erhalten, während er bei zu niedriger Taxe in Mißachtung kaufmännischer Vorsicht und in Verkennung der durch das Institut der Versicherung gewährten Vortheile einen Theil des Schadens, die Differenz zwischen Taxe und vollem Werth, selbst tragen müßte. Ueberdies setzt er sich durch Verschweigen des wahren Werthes dem vertrauensvollen Versicherer gegenüber dem Verdacht der Unredlichkeit und eines strafbaren Eigennutzes aus. Will er wirklich einen Theil des Risicos selbst tragen, so mag er, der Wahrheit entsprechend, den vollen Werth angeben und nur einen Theil desselben unter Versicherung bringen. Aber auch die Motive der bewußten wesentlichen Unterschätzung eines Schiffes Seitens des Versicherungsnehmers sind nicht zu billigen. Denn wenn derselbe, wie es ja vorkommt, die Höhe der für die Vollversicherung zu zahlenden Prämie scheut und sich etwa mit dem Gedanken tröstet, daß das Schiff wohlbehalten seine Reise vollenden

[6]) System des Assekuranz- und Bodmereiwesens Bd. 4, S. 188.

[7]) System des Seeversicherungswesens S. 112 f., 371 f.

werde, daß er aber im schlimmsten Fall doch einen seiner gezahlten Prämie entsprechenden Theilersatz erhalten werde, so muß er sich doch bei einiger Ueberlegung sagen, daß er eigentlich nur eine Theilversicherung eingehe und einen Theil des Risicos seines Schiffes selbst übernehme. Wozu dient ihm also hier die Verschleierung des wahren Werthes durch Vorspiegelung eines unwahren Werthes? Seine Bücher und seine Kasse werden es ihm nach eingetretenem Totalverluste schon sagen, daß seine, den vollen Werth seines Schiffes angeblich repräsentirende Taxe eitel Fiction war, und daß er in Wahrheit nicht den Taxwerth von 50 000, sondern einen effectiven Werth von 100 000 verloren habe. Fürchtet er aber mit Rücksicht auf den Erfahrungssatz, wonach in der bei weitem größten Anzahl von Fällen die Schiffe nicht gänzlich verloren gehen, sondern nur Beschädigungen erleiden, keinen Totalverlust, sondern nur einen partiellen Schaden, und gedenkt er diesen dem Versicherer nach Möglichkeit gänzlich zuzuweisen, indem er die Taxe wesentlich untersetzt und durch Versicherung deckt und so scheinbar jedes eigene Risico ausschließt, weil nach dem dermalen geltenden Rechte der Versicherer für die gesammten Reparaturkosten (von einigen Abzügen abgesehen) lediglich im Verhältniß der gezeichneten Summe zur Taxe und nicht zum wahren Werthe einzustehen habe, so handelt er bei der Verschweigung des wahren Werthes gegenüber dem vertrauensvollen Versicherer, der in der Taxe den wahren Werth zu erblicken das Recht hat, geradezu betrügerisch. Denn ein Schiff im Werth von 100 000 M. ist in vielen Beziehungen ein wesentlich anderes und größeres Gefahrobjekt, als ein solches von 50 000 M., und ein und derselbe Seeunfall verursacht bei einem werthvollen Schiffe einen erheblich höheren Partialschaden, wie bei einem weniger werthvollen Schiffe. Aber auch die Resultate einer solchen Versicherung mit wesentlich untersetzter Taxe widersprechen der gewöhnlichen Logik doch gar zu sehr. Erleidet nämlich ein Schiff mit einem wahren Werthe von 100 000 das jedoch nur auf 50 000 taxirt ist, einen Schaden im Betrage von 50 000, so wäre der Verlust der natürlichen Hälfte gleich den Verlust des vereinbarten Vollwerthes, oder der Verlust der Hälfte gleich dem Verlust des Ganzen, und der Versicherte, der mit der Zahlung von 50 000 den vereinbarten ganzen Werth seines Schiffes empfängt, behält auch noch die andere Hälfte seines Schiffes und hat sonach an Stelle seines Vollwerthes von 50 000 nicht bloß diesen, sondern auch noch die Hälfte seines natürlichen Werthes mit weiteren 50 000, oder er hat an Stelle des einmaligen Vollwerthes zwei Vollwerthe mit je 50 000.

Die im Vorstehenden angeführten Momente sind, vom rein practischen Standpunkte aus betrachtet, allerdings geeignet, Stimmung dafür zu erzeugen, daß der Vereinbarung einer, dem Versicherungsnehmer oder Versicherten oder beiden bewußt oder unbewußt wesentlich untersetzten Taxe eine durchaus bindende Kraft nicht beigelegt werden dürfe, daß vielmehr im Falle eines Partialschadens eine Erhöhung auf den wahren Werth zulässig sein müsse. Erfreulicherweise befindet sich dieses Ergebniß nicht nur nicht im Widerspruch, sondern in vollkommener Uebereinstimmung mit dem geltenden Rechte, d. h. mit den Bestimmungen des Handelsgesetzbuchs, mit der Natur des Seeversicherungsvertrags und mit allgemeinen Rechtsgrundsätzen.

Bei den Berathungen der Handelsrechts-Commission wurde unsere Frage nicht besonders aufgeworfen. Der österreichische Entwurf schlug vor, daß im Falle vertragsmäßiger Bestimmung des Werthes des versicherten Gegenstandes der Versicherte von dem Beweise desselben enthoben sei, daß jedoch dem Versicherer, selbst wenn er darauf verzichtet gehabt hätte, der Beweis offen bliebe, daß der Werth unrichtig angegeben sei, wogegen auf Begehren des Versicherten eine Berichtigung des Werthanschlags nicht stattfinde. Der preußische Entwurf enthielt in seinen „Allgemeinen Grundsätzen“ von der Versicherung die Bestimmungen: „Eine Versicherung, welche den Betrag des Werthes übersteigt, gilt nur bis zu diesem Betrage. Unter Werth wird der wirkliche Werth verstanden“ — (Art. 332). — „Ist eine Versicherung nicht auf den vollen Werth geschlossen worden, so haftet der Versicherer nur nach Verhältniß der Versicherungssumme zum ausgemittelten Werthe“ (Art. 334). — „Bei der theilweisen Beschädigung eines versicherten Gegenstandes haftet der Versicherer nach Verhältniß des Schadens zum ganzen Werthe. Ist bei der theilweisen Beschädigung der Gegenstand nicht zum vollen Werthe versichert, so haftet der Versicherer für jenen Betrag nur nach Verhältniß der Versicherungssumme zum Werthe“ (Art. 335). — „Ist der Werth des Versicherungsgegenstandes in dem Versicherungsvertrage nicht angegeben, so muß der Versicherte erweisen, welchen Werth derselbe zur Zeit der Beschädigung oder des Verlustes hatte. (Art. 340.) Ist der Werth in dem Vertrage angegeben, so kann der Versicherer den Beweis des Uebermaßes führen. Der Versicherte muß den angegebenen Werth rechtfertigen, wenn der Versicherer Umstände nachweist, aus welchen sich die Wahrscheinlichkeit für das Uebermaß der Werthangabe ergiebt“ (Art. 341). Im Titel von der Versicherung gegen die Gefahren der Seeschifffahrt hatte der preußische Entwurf folgende, hier einschlagende Bestimmungen aufgenommen: „Die versicherte Summe bezeichnet entweder den Werth des versicherten Gegenstandes in Folge der Vereinbarung zwischen dem

Versicherten und dem Versicherer (taxirte Police), oder den höchsten Betrag des noch zu ermittelnden Werthes des versicherten Gegenstandes (offene Police). — Gegen die Taxe steht dem Versicherer die Beweisführung zu, daß sie zu seinem Nachtheile wesentlich übersetzt sei." (Art. 612.) — „Bei partiellen Schäden an Schiff oder Gütern zahlt der Versicherer aus einer taxirten Police den Betrag des Schadens bis auf Höhe der Taxe, aus einer offenen Police so viel Procente der versicherten Summe, als der Schaden Procente des versicherten Werthes des Schiffes oder der Güter beträgt." (Art. 660.)

In der Sitzung vom 30. Mai 1859 brachte der Referent eine Reihe von Abänderungsvorschlägen ein, von welchen nachfolgende hier von Interesse sind: § 14. (Art. 334 des Entw.) „Ist eine Versicherung nicht auf das volle, den Gegenstand der Versicherung bildende Interesse genommen worden, so haftet der Versicherer nur nach Verhältniß der Versicherungssumme zum Interesse." — § 16. (Art. 335 des Entw.) „Im Falle eines theilweisen Schadens haftet der Versicherer nach Verhältniß des Schadens zum versicherten Interesse. Er haftet für diesen Betrag nur nach Verhältniß der Versicherungssumme zu dem den Gegenstand der Versicherung bildenden Interesse, wenn das volle Interesse nicht versichert ist." — § 17. (Art. 612 des Entw.) „Wird der Betrag des den Gegenstand der Versicherung bildenden Interesses in dem Vertrag angegeben, so wird im Zweifel vermuthet, daß die Angabe nur die Bezeichnung des höchsten Betrags des seinem Betrage nach noch zu ermittelnden Interesses bezwecke (offene Police). Liegt der Angabe aber eine Vereinbarung der Parteien über die Höhe des Interesse zu Grunde (taxirte Police), so steht dem Versicherer gleichwohl der Beweis zu, daß die Taxe zu seinem Nachtheil wesentlich übersetzt sei." In der Sitzung vom 17. Juni 1859 wurde zwar die Frage der Discussion unterstellt, ob und unter welchen Voraussetzungen dem Versicherer das Recht zur Anfechtung einer vertragsmäßig festgesetzten Taxe zustehen solle, allein man beschäftigte sich doch lediglich mit der Frage der Anfechtung einer wesentlich oder übermäßig übersetzten Taxe (Prot. S. 3064—3069) und nicht mit der der Anfechtung einer wesentlich untersetzten Taxe.

Nach den Beschlüssen der ersten Lesung erhielten obige Vorschläge folgende Fassung: Art. 683 (332). „Die Versicherungssumme kann den vollen Werth des versicherten Gegenstandes nicht übersteigen. Soweit die Versicherungssumme den Werth übersteigt (Ueberversicherung), hat die Versicherung keine rechtliche Geltung." — Art. 688 (334. 335). „Wenn die Versicherungssumme den vollen Werth des versicherten Gegenstandes nicht erreicht, so haftet der Versicherer im Falle eines theilweisen Schadens für den Betrag derselben nur nach Verhältniß der Versicherungssumme zum Werth des versicherten Gegenstands." — Art. 689 (607. 612). „Wenn die Parteien über den Werth des versicherten Gegenstands sich einigen (taxirte Police), so ist der vereinbarte Werth unter den Parteien als der Versicherungswerth zu betrachten. Der Versicherer ist jedoch befugt, eine Herabsetzung der Taxe zu fordern, wenn er beweist, daß dieselbe übermäßig übersetzt sei." — Art. 759 (661). „Bei einem partiellen Schaden am Schiff besteht der Schaden in dem nach Vorschrift der Art. 610 und 611 zu ermittelnden Betrag der Reparaturkosten."

Bei der zweiten Lesung brachte ein Mitglied in der Erwägung, daß in den folgenden Titeln sehr häufig der Ausdruck: „Versicherungswerth" angewendet sei und eine Erklärung wünschenswerth erscheine, folgende Fassung des Art. 683 in Vorschlag: „Der volle Werth des versicherten Gegenstandes ist der Versicherungswerth. Die Versicherungssumme kann den Versicherungswerth nicht übersteigen." Nach kurzer Discussion, deren Inhalt die Protocolle leider nicht angeben, wurde dieser Antrag mit 6 gegen 4 Stimmen angenommen. Das Resultat der zweiten Lesung war zunächst die Aufnahme dieses Artikels vom Versicherungswerth und von der Versicherungssumme unter § 359 (332. 683), sodann § 365 (334. 335. 688): „Wenn die Versicherungssumme den Versicherungswerth nicht erreicht, so haftet der Versicherer im Fall eines theilweisen Schadens für den Betrag desselben nur nach Verhältniß der Versicherungssumme zum Versicherungswerth." — § 366 (607. 612. 689): „Wird durch Vereinbarung der Parteien der Versicherungswerth auf eine bestimmte Summe (Taxe) festgestellt (taxirte Police), so ist die Taxe unter den Parteien für den Versicherungswerth maßgebend. Der Versicherer ist jedoch befugt, eine Herabsetzung der Taxe zu fordern, wenn er beweist, daß dieselbe wesentlich übersetzt sei."

Die dritte Lesung und das aus ihr hervorgegangene Gesetz hat an diesen Beschlüssen der zweiten Lesung nichts geändert.

Aus vorstehender Darlegung ergiebt sich nun zunächst, daß die Frage der Erhöhung einer wesentlich untersetzten Taxe auf den wahren Werth des versicherten Gegenstandes weder unmittelbar, noch mittelbar erörtert oder gar entschieden worden ist. Man kann daher jedenfalls nicht behaupten, daß die Erhöhung der Taxe mit den Ansichten und Beschlüssen der Commission im Widerspruch stehe. Wohl aber kann jener Darlegung entnommen werden, daß die Commission, namentlich am Anfang der Berathungen, von der Idee beherrscht war, daß, wenn die Versicherungssumme den vollen, wahren, wirklichen Werth des versicherten Gegenstandes nicht erreiche, einerlei ob eine Taxe vereinbart sei oder nicht, der Versicherer für einen theilweisen Schaden stets nur im Verhältniß der Versicherungssumme zu jenem vollen, wahren, wirklichen Werthe, dem eigentlichen Versicherungswerthe, haften solle. Wenn man von der verbindlichen Kraft der vereinbarten Taxe die Ausnahme machte, daß der Versicherer die wesentlich übersetzte Taxe anfechten könne, so wollte man damit, wie die Protocolle des Näheren darthun, zur Vermeidung von Mißverständnissen nur dem selbstverständlichen Satze Anerkennung verschaffen, daß eine Versicherung ohne Interesse ungültig sei, man wollte damit aber keineswegs aussprechen, daß die Anfechtung einer wesentlich untersetzten Taxe ausgeschlossen sei. An einen solchen Fall hat man vielmehr gar nicht gedacht. Kommen schon, nach dem Zeugnisse einiger Commissionsmitglieder, Fälle der wesentlich übersetzten Taxe nicht häufig vor, so sind die Fälle wesentlich untersetzter Taxe, namentlich bei Schiffen, noch viel seltener, da, wie oben gezeigt, das wohlverstandene Interesse beider Versicherungscontrahenten zu einer möglichsten Gleichstellung der Taxe mit dem vollen und wirklichen Versicherungswerthe führt.

Ganz entscheidend für unsere Frage ist aber der Satz des Art. 790: „Der volle Werth des versicherten Gegenstandes ist der Versicherungswerth." Dieser Satz ist der präcise Ausdruck einer wissenschaftlichen Wahrheit und ist sowohl für die Wissenschaft, wie für unser positives Seeversicherungsrecht geradezu ein Dogma. Der Beweis seiner Richtigkeit ist unschwer zu führen. Geht man von dem vulgären Begriff des versicherten Gegenstandes aus und denkt sich etwa ein Schiff, welches voll und ganz im unbeschränkten Eigenthume des Rheders steht, so sieht man, daß dasselbe nicht blos einen gewissen gemeinen Werth, sondern auch einen gewissen individuellen Werth für den Rheder hat. Dieser Werth ist eine natürliche Eigenschaft des Schiffs, wie etwa die Beweglichkeit oder die Unbeweglichkeit einer Sache. Zwar ist dieser gemeine und individuelle Werth hinsichtlich seiner Größe allerlei Schwankungen unterworfen, die sich je nach Zeit und maßgebenden Oertlichkeiten ergeben, und ebenso können sich bei der Ermittelung der Größe dieses Werths verschiedene Ansichten der Schätzer geltend machen, denen zu Folge der eine Schätzer das Schiff zu 100 000, der andere auf etwas mehr, und wieder ein anderer auf etwas weniger taxirt, allein immerhin ist und bleibt dieser Werth eine natürliche Eigenschaft des Schiffs, und er ist seiner Größe nach an einem bestimmten Orte und zu einer bestimmten Zeit ein einziger und bestimmter, und es ist logisch undenkbar, daß er unter ganz bestimmten Verhältnissen gleichzeitig ein größerer oder geringerer sei. Hat das Schiff am Ort und zur Zeit seiner Abreise für den Rheder einen Werth von 100 000, so kann es für ihn zur selben Zeit und an demselben Orte nicht einen Werth von 50 000 oder von 150 000 haben. Dies wäre eine natürliche Unmöglichkeit, und es ergiebt sich hieraus für den Rheder die rechtliche Unmöglichkeit, seinem Schiffe, das in Wirklichkeit einen Werth von 100 000 für ihn hat, nur einen Werth von 50 000 beizulegen, geradeso wie es eine rechtliche Unmöglichkeit ist, einer unbeweglichen Sache vertragsmäßig die Eigenschaft einer beweglichen Sache beizulegen.

Dieser individuelle Werth des Schiffs als natürliche Eigenschaft desselben ist nun vom Seeversicherungsrecht zum Gegenstand der Versicherung erhoben worden. Nicht das Schiff als solches ist Gegenstand der Versicherung, sondern das in Geld schätzbare Interesse des Rheders an seinem Schiffe, m. a. W. dessen Geldwerth, der mit diesem den Gefahren der Seeschifffahrt ausgesetzt wird, oder der s. g. Versicherungswerth. Dieser Versicherungswerth als Gegenstand der Seeversicherung ist eine unkörperliche Sache und wird rechtlich als solche behandelt. Seine Größe, sein quantitativer Umfang ist identisch mit der natürlichen Eigenschaft des Schiffs, mit dem Werthe, den es für den Rheder hat, und aus dieser Identität folgt dann, daß stets sein voller (wahrer, wirklicher) Werth den Versicherungswerth bildet. Eine natürliche Veränderung des Versicherungswerths ist möglich, wenn das Schiff in andere äußere, zeitliche oder örtliche Verhältnisse gebracht, oder wenn seine Substanz verändert wird, eine blos vertragsmäßige Veränderung aber ist rechtlich unmöglich. Würden die Contrahenten den vollen Werth eines Schiffes von 100 000 vertragsmäßig auf 150 000 setzen, so gäben sie demselben einen Mehrwerth von 50 000, der gar nicht existirt, und würden sie ihn von 100 000 auf 50 000 herabsetzen, so würden sie einen Werth von 50 000 vernichten wollen, der durch Wille und Worte allein sich nicht vernichten läßt und nach wie vor existirt. Angesichts dieser Erwägungen muß man daher zu dem unumstößlichen Satz kommen, daß eine vertragsmäßige Veränderung und insbesondere eine vertragsmäßige Herabsetzung des Versicherungswerths, als des vollen Werths eines versicherten Gegenstandes, rechtlich unmöglich, und sonach eine desfallsige Vereinbarung der Versicherungscontrahenten absolut ungültig ist.

Mit diesem Satze scheint nun der positive Satz des Art. 797 im grellsten Widerspruche zu stehen. Denn dieser Artikel bestimmt: „Wird durch Vereinbarung der Parteien der Versicherungswerth auf eine bestimmte Summe (Taxe) festgestellt, so ist die Taxe unter den Parteien für den Versicherungswerth maßgebend.“ Hiermit ist, so wird man sagen, in der bestimmtesten Weise ausgesprochen, daß es den Parteien freistehe, eine ganz beliebige Summe an Stelle des vollen Werths des versicherten Gegenstandes zu setzen, und daß die so vereinbarte Summe in allen Beziehungen als der eigentliche Versicherungswerth unter den Parteien angesehen werden müsse. Darnach wäre insbesondere die vertragsmäßige Herabsetzung des, 100 000 betragenden, vollen Werths auf 50 000 oder noch weniger vollkommen rechtsgültig. Dieser Widerspruch des Art. 797 mit Art. 790 ist indessen nur ein scheinbarer, beide Artikel widersprechen sich in Wahrheit nicht, nur ist Art. 797 nicht in so absoluter Weise zu verstehen, wie er isolirt und lediglich dem Wortlaute nach verstanden werden könnte. Schon seine Entstehungsgeschichte widerlegt diesen absoluten Character und beweist, daß sein Wortlaut nur mit allerlei Vorbehalten verstanden werden soll. Art. 341 Preuß. Entw. behandelt die Angabe des Werths des Versicherungsgegenstandes im Versicherungsvertrag nur vom Standpunkt der Beweis- und Beweislastfrage aus, und Art. 612 dess. Entw. erblickt in der Angabe der versicherten Summe entweder die Bezeichnung des Werths des versicherten Gegenstandes in Folge Vereinbarung oder die Bezeichnung des höchsten Betrags des noch zu ermittelnden Werths des versicherten Gegenstandes, läßt also die Frage, in wie weit und mit welcher Wirkung eine solche Vereinbarung überhaupt getroffen werden könne, offen. An diesem Stand der Frage änderte auch der vom Referenten eingebrachte Antrag des § 7 nichts. Bei der Discussion dieses Paragraphen wurde die Frage besprochen, ob ein Vertrag der Parteien darüber, wie hoch im Fall eines Unglücks der Werth des Versicherungsobjects angenommen werden solle, zulässig sei oder nicht. Ueber ihre Bejahung ergab sich keine Meinungsverschiedenheit, aber über die Grenze, bis zu welcher man solchen Verabredungen Raum lassen dürfe, waren die Ansichten getheilt. Ein Theil der Abgeordneten hielt dafür, solche Vereinbarungen dürften nur bezüglich des Werths körperlicher Sachen (Schiff und Ladung) zugelassen werden, aber nicht bezüglich aller anderen Interessen. Denn abgesehen davon, daß es in den meisten Fällen an und für sich unmöglich sei, sogleich beim Abschluß der Versicherung zu ermitteln und festzustellen, wieviel solche anderweitige Interessen werth seien, und daß die Zulassung von Vereinbarungen über die Höhe des vom Assecuradeur zu ersetzenden Interesses voraussichtlich fast nur zur Verdeckung unstatthafter Ueberversicherungen benutzt werden würde, genüge es dem Bedürfnisse, wenn man den maßgebenden Werth der der See anvertrauten körperlichen Sachen ein für alle Mal durch Vertrag festsetzen dürfe, weil man dadurch die nöthigen Grundlagen für die spätere Berechnung des Werths derartiger spezieller Interessen gewinne und dadurch den Zweck der fraglichen Vereinbarungen vollständig erreiche. Ein anderer Theil der Abgeordneten wollte eine Vereinbarung über den Werth auch für andere Interessen gelten lassen, und schließlich einigte man sich dahin, daß die vertragsmäßige Festsetzung des Werths des Gegenstands der Versicherung statthaft und daß in diesem Sinne als Gegenstand des Versicherungsvertrags insbesondere auch unkörperliche Sachen, wie z. B. die Fracht, Commissionsgebühren u. s. w. anzusehen sein sollten. Bemerkenswerth ist hierbei, daß man die Statthaftigkeit einer Vereinbarung über den Werth des versicherten Gegenstandes stets mit dem Zweck motivirte, den Schwierigkeiten und Weiterungen zu begegnen, welche mit der Werthsermittelung nach eingetretenem Schaden verbunden wären, während man die Parallele von der Freiheit der Kaufcontrahenten in Bestimmung der Größe des Kaufpreises ohne Rücksicht auf Verletzung über die Hälfte als für die Seeversicherung überhaupt nicht zutreffend zurückwies. (Prot. VII S. 3061 bis 3067.) Gerade auf Grund dieser Erwägungen gelangte man bei der ersten Lesung zu dem Satze: „Wenn die Parteien über den Werth des versicherten Gegenstandes sich einigen, so ist der vereinbarte Werth unter den Parteien als der Versicherungwerth zu betrachten.“ Damit war offenbar aber mehr gesagt, als man eigentlich sagen wollte. Dem Wortlaut nach ist gesagt, daß der vereinbarte Werth schlechterdings als der Versicherungswerth anzusehen sei, während man doch einerseits den Willen der Parteien in Ansehung der Bestimmung der Größe des Versicherungswerths keineswegs für durchaus souverän erklären wollte und andrerseits der Werthsvereinbarung nur die Bestimmung beilegte, die Schwierigkeiten einer nach eingetretenem Schaden nothwendigen Werthsermittelung zu beseitigen, Schwierigkeiten in dieser Beziehung man aber jedenfalls da nicht annehmen konnte, wo der vereinbarte Werth in ganz erheblicher Weise und augenscheinlich hinter dem wirklichen Werthe des versicherten Gegenstandes zurückblieb. Diese Ungenauigkeit des Ausdrucks und die nicht beabsichtigte größere Tragweite des Wortlauts hatte man deshalb nicht bemerkt, weil man, wie schon oben erwähnt, an den Fall einer wesentlichen Untersetzung der Taxe gar nicht gedacht hatte. Auch bei der zweiten Lesung ergab sich nichts, was an die Ungenauigkeit der Fassung jenes Satzes erinnert, oder die Unrichtigkeit seiner Motive in erster Lesung dargethan, oder dem Willen der Parteien in Ansehung der Werthsbestimmung eine größere Kraft beigelegt hätte. Die hier aufgetretenen Meinungsverschiedenheiten betreffen zwar die Zulässigkeit der Werthsvereinbarung und ihr Gebiet, indem ein Abgeordneter die Fassung proponirte: „Die Parteien können über eine bestimmte Summe (Taxe) als den Betrag des Versicherungswerths sich einigen (taxirte Police)“, ein anderer die Fassung vorschlug: „Sowohl der in dem Art. 691, 693, Abs. 2, und 695, Abs. 1, bestimmte gesetzliche, als der vereinbarte Versicherungswerth kann durch Uebereinkunft der Parteien auf eine bestimmte Summe festgestellt werden (Taxe der Police, taxirte Police)“, und wieder ein anderer die Fassung für angemessen hielt: „Wenn der Versicherungswerth durch Uebereinkunft der Parteien auf eine bestimmte Summe (Taxe) festgestellt ist (taxirte Police), so ist diese Taxe in allen Beziehungen als der maßgebende Werth anzusehen", allein dem hier fraglichen Sinne nach entfernte sich doch keiner dieser Vorschläge von dem Beschlusse erster Lesung, und ebensowenig der in der dritten Lesung beibehaltene Beschluß zweiter Lesung, § 366: „Wird durch Vereinbarung der Parteien der Versicherungswerth auf eine bestimmte Summe (Taxe) festgestellt (taxirte Police), so ist die Taxe unter den Parteien für den Versichererungswerth maßgebend."

Aus dieser Entstehungsgeschichte des Artikels 797 geht hervor, daß derselbe keineswegs die Absicht hat, jeder Vereinbarung der Contrahenten über den Versicherungswerth eine absolut bindende Kraft zuzuschreiben und insbesondere eine Anfechtung der wesentlich untersetzten Taxe auszuschließen. Noch deutlicher ergiebt sich dies und zugleich die Zulässigkeit der Anfechtung einer wesentlich untersetzten Taxe nach deutschem Seeversicherungsrecht aus folgender Betrachtung.

Es ist unbestritten, daß der nächste Zweck der Vereinbarung einer Taxe dahin geht, den Versicherten für den Fall der Geltendmachung von Schadensersatzansprüchen von dem Beweise des Versicherungswerthes des versicherten Gegenstandes zu befreien. Die Beweislast soll den Versicherer treffen. Gesetzlich ausdrücklich ist dies anerkannt bei der wesentlichen Uebersetzung der Taxe, indem der Versicherer nur dann befugt ist, eine Herabsetzung der Taxe zu fordern, wenn er beweist, daß dieselbe wesentlich übersetzt sei (Art. 797, Abs. 2). Würde also nach bestehendem Rechte die Erhöhung einer wesentlich untersetzten Taxe zulässig sein, so könnte der Versicherer sie nur dann fordern, wenn er die wesentliche Untersetzung der Taxe bewiese. Solange er dies nicht bewiesen hat, ist, um mit den Worten des Art. 797 zu reden, die Taxe unter den Parteien für den Versicherungswerth maßgebend.

Der zweite Zweck der Vereinbarung einer Taxe ist der, die bei der Ermittelung des wahren Werthes des versicherten Gegenstandes naturgemäß entstehenden und sonst nicht leicht zu begleichenden Differenzen zu beseitigen. Handelt es sich um die Ermittelung des wahren Werthes eines Schiffes zu einer bestimmten Zeit und an einem bestimmten Orte durch zwei oder mehrere Sachverständige, so ist es gar nicht zu vermeiden, daß diese Sachverständigen, und wären es die kenntnißreichsten und gewissenhaftesten Leute, zu, ihrem Resultate nach, verschiedenen Schätzungen gelangen. Jeder schätzt das Schiff nach sorgfältigster Prüfung des Werthes seiner einzelnen Bestandtheile mit Vergleichung der in der letzten Zeit für Schiffe gleicher Größe und Güte erzielten Kaufpreise und unter Berücksichtigung der Handelsconjuncturen, der eine auf 100 000, der andere auf 101 000 und wieder ein anderer auf 99 000. Welche Schätzung ist nun die richtige, welcher Experte hat sich eines Fehlers und welches Fehlers schuldig gemacht? Dies ist meistens gar nicht festzustellen; jeder Schätzer hat recht, keiner unrecht. Jedes Schiff hat eine oberste und eine unterste Werthsgrenze, einen Gebietsstreifen, innerhalb dessen sein wahrer Werth liegt, ohne daß man diesen auf Mark und Pfennig berechnen kann. Jede Schätzungssumme, die in diesem Gebiete liegt, repräsentirt den wahren, vollen Werth, die es überschreitende Summe enthält eine Ueberschätzung, die unter ihm bleibende Summe eine Unterschätzung. Zur Beseitigung der Verschiedenheit der Schätzungssummen auf jenem Gebiete des vollen Werthes eignet sich nun die Vereinbarung der Contrahenten über eine bestimmte Summe, die vertragsmäßige Selbsttaxation, ganz vorzüglich, und die so vereinbarte Summe, die Taxe, ist dann, um mit den Worten des Art. 797 zu reden, unter den Parteien für den Versicherungswerth maßgebend.

Die Aufgabe der Selbsttaxation ist also nicht die, in's Blaue hinein eine Summe festzustellen, welche nichts weniger als eine Schätzungssumme ist, sondern die, den wahren und vollen Werth des versicherten Gegenstandes zu ermitteln, und die hierbei unvermeidlichen Differenzen über die Höhe des wahren und vollen Werthes durch Vereinbarung einer Schätzungssumme zu beseitigen. Zwar kann es im Einzelfall recht schwierig werden, festzustellen, ob die vereinbarte Taxe dem Gebiet des vollen Werthes angehört, oder ob sie dasselbe überschreitet oder unter ihm zurückbleibt, allein dieselbe Schwierigkeit kann auch bei der Taxation durch unparteiische Sachverständige eintreten, und es wird sich in jedem Fall die oberste und unterste Grenze finden lassen, selbst auf die Gefahr hin, daß das Gebiet des vollen Werthes dadurch ein sehr ausgedehntes wird.

Der Einwand, daß es der handelsrechtlichen Freiheit der Contrahenten entspreche, den Versicherungswerth auf eine, ihnen beliebige und namentlich untersetzte Taxe zu veranschlagen, ist durchaus unbegründet. Es liegt im eigensten Wesen der Seeversicherung, daß der Versicherungswerth durch den vollen, wahren, wirklichen Werth des versicherten Gegenstandes bestimmt wird. Eine Ueberversicherung ist, weil gegenstandslos, ungültig. Bei einer Theilversicherung bleibt die durch Versicherung nicht gedeckte Quote des Versicherungswerthes auf Gefahr des Versicherten, oder dieser ist, wie man zu sagen pflegt, bezüglich dieser Quote Selbstversicherer. Eine künstliche Retraction des ganzen Versicherungswerthes auf eine Quote mit der Bestimmung, daß diese als ursprünglicher ganzer

Versicherungswerth anzusehen sei, gelingt aber der weitest gehenden privatrechtlichen Freiheit der Contrahenten nicht.

Daß die Vereinbarung einer Taxe nur die Tragweite der Bestimmung einer im Gebiet des wahren Werthes liegenden Schätzungssumme haben kann, ist oben dargethan. Dasselbe läßt sich aber auch aus dem wohlverstandenen Wortlaut des Artikels 797 folgern. Das Gesetz definirt im Artikel 790 den Versicherungswerth als den vollen Werth des versicherten Gegenstandes. Dies ist die einzige Definition, die es vom Versicherungswerthe giebt, und es sagt insbesondere nicht: Versicherungswerth ist die von den Parteien beliebig vereinbarte Taxe, und in Ermangelung einer solchen der volle Werth des versicherten Gegenstandes. Liegt nun lediglich jene eine Definition vor, welche zudem ein auf dem eigensten Wesen der Seeversicherung beruhendes Dogma darstellt, so darf mit Fug und Recht angenommen werden einestheils, daß der Gesetzgeber die Absicht nicht haben konnte, in einem der nächsten Artikel dieses Dogma völlig umzustoßen und an Stelle des vollen Werthes des versicherten Gegenstandes einen geringeren Werth desselben als Versicherungswerth zuzulassen, und anderntheils, daß der in den nachfolgenden Artikeln und insbesondere im Artikel 797 gebrauchte Ausdruck: „Versicherungswerth“ in dem Sinne verstanden werden solle, wie er durch die vorausgegangene Definition bestimmt worden ist. Darnach wäre Artikel 797 so zu umschreiben: „Wird durch Vereinbarung der Parteien der volle Werth des versicherten Gegenstandes auf eine bestimmte Summe festgestellt, so ist die Taxe unter den Parteien für den Versicherungswerth maßgebend.“ Es hat schon an sich Sinn und practische Bedeutung, wenn der nach Mark und Pfennig unzweifelhafte Werth eines versicherten Schiffes durch eine Taxe vertragsmäßig festgestellt wird. Eine wesentlich höhere Bedeutung aber erhält die Taxenvereinbarung, wenn das Gebiet des vollen Werthes eines Schiffes nach seinen Grenzen hin ein schwankendes ist. Daß die Commissionsmitglieder im vollen Besitz der Kenntniß dieser Dinge waren, dürfen wir gewiß unterstellen, und kommen wir daher zu dem Resultate, daß auch nach dem Wortlaut des Art. 797 der Gesetzgeber nicht die Vereinbarung einer jeden beliebig niedrigen Taxe, sondern nur die Vereinbarung einer dem Gebiet des vollen Werthes des versicherten Gegenstandes angehörenden Summe als unter den Parteien für den Versicherungswerth maßgebend erklären wollte. Die Kehrseite dieser gesetzlichen Bestimmung ist die, daß jede diesem Gebiete nicht angehörende Taxe, mag sie es überschreiten oder nicht erreichen, oder, was dasselbe besagen will, mag sie wesentlich übersetzt oder wesentlich untersetzt sein, im Schadensfall vom Versicherer angefochten, und dort ihre Herabsetzung und hier ihre Erhöhung auf den wahren Werth des versicherten Gegenstandes gefordert werden kann.

Das Reichsgericht hat sich unter Adoptirung einer Bemerkung von Brandt[8]) dahin ausgesprochen, daß allerdings bei Vereinbarung einer Taxe unter dem wahren Werthe des versicherten Gegenstandes der Versicherer ein größeres Risico übernehme, indem derjenige, welcher in dieser Weise Versicherung genommen, im Falle eines partiellen Schadens einen zu großen Ersatz bekomme und mithin einen nicht so großen Theil des Verlustes zu tragen habe, wie dem Verhältnisse des eingetretenen Schadens zu dem Werthe des versicherten Gegenstandes entspreche, daß aber dies sehr wohl contractmäßig bei der Versicherung bestimmt werden könne, und deshalb eine Vereinbarung dieses Inhalts, solange nicht wegen Betruges oder aus anderen Gründen der Vertrag selbst angefochten werden könne, für den Versicherer als bindend zu betrachten sei. Daß aber in der Vereinbarung einer den wahren Werth nicht erreichenden Taxe die Uebernahme dieses Risicos ohne Weiteres zu finden sei, lasse sich mit Grund nicht bezweifeln, wenn man den Inhalt einer solchen Vereinbarung näher in Betracht ziehe.

Das Gesagte ist nicht überall richtig, und es ist zur Beurtheilung unserer Frage nothwendig, auf dasselbe des Näheren einzugehen.

Vor Allem fragt es sich, was zur Vereinbarung einer Taxe gefordert wird. Man hat hierüber, namentlich in den Verhandlungen der Commission (Prot. VII, S. 3068) viel gestritten; mit Unrecht, denn die irgendwie erklärte Willensübereinstimmung der Contrahenten, daß die als Taxe angegebene Summe den Versicherungswerth bilden solle, ist Taxvereinbarung. Wird insbesondere in Policen über Cascoversicherungen das Schiff vom Versicherungsnehmer auf eine bestimmte Summe taxirt und erklären sich die Versicherer durch Unterschrift bereit, die Schäden, welche es auf seinen Fahrten treffen sollten, ein Jeder nach Maßgabe der von ihm gezeichneten Summe zu ersetzen, so liegt eine vollkommene Taxvereinbarung vor, die für die Richtigkeit der Taxe so lange maßgebend ist, bis der Versicherer beweist, daß dieselbe wesentlich übersetzt sei.

Bezüglich des Umfangs der vom Versicherer einzugehenden Schadensersatzverbindlichkeit können die verschiedensten Bestimmungen getroffen werden[9]). Man kann beim Abschluß des Vertrages den Versicherungswerth des zur Versicherung angetragenen Gegenstandes feststellen oder

---

[8]) Ueber Seeversicherung S. 14, 15 (S. oben Not. 3).

[9]) Näheres bei Reatz, Die Seeversicherung, in Endemanns Handbuch des Deutschen Handels-, See- und Wechselrechts Bd. 4, S. 416 ff.

noch offen lassen (taxirte und offene Police), der Versicherer kann den Ersatz des ganzen demnächst eintretenden Schadens oder nur eines Theiles desselben (nach Bruchtheilen, Procenten oder nach Verhältniß der Versicherungssumme zum Versicherungswerth) versprechen (Vollversicherung und Theilversicherung), und diesen Schadensbetrag unbeschränkt oder nur bis zum Belauf einer bestimmten Summe. Nach dem Wesen der Seeversicherung und Gesetz sind solche Vereinbarungen zulässig, allein im Versicherungsverkehr werden sie nicht alle geübt. Die Cascoversicherung insbesondere tritt regelmäßig mit festbestimmtem Versicherungswerth und mit einer oder mehreren bestimmten Versicherungssummen als Voll- oder Theilversicherung auf. Liegt Vollversicherung durch einen einzigen Versicherer vor, so hat dieser nach eingetretenem Totalverlust den ganzen Versicherungswerth, bei eingetretenem Partialschaden diesen ganz zu ersetzen, und der Versicherte ist durchaus schadenfrei. Die Theilversicherung kann sich in verschiedener Weise vollziehen. Der Versicherer versichert nur einen ideellen Theil des Versicherungswerthes und verspricht damit nur den Ersatz eines entsprechenden Theiles des eintretenden Total- oder Partialschadens, während der andere Theil auf Gefahr anderer Versicherer oder des Versicherten selbst steht. Die Bestimmung jenes ideellen Theiles kann in zweierlei Ausdrucksformen geschehen; der Versicherer übernimmt die Gefahr entweder nach Bruchtheilen bezw. Procenten, oder nach Verhältniß der gezeichneten Versicherungssumme zum festgestellten Versicherungswerth. Letztere Form ist im Versicherungsverkehr gang und gäbe, fast ausschließlich. Sie zeigt mittelbar, aber unzweideutig den Bruchtheil bezw. den Procentsatz der übernommenen Gefahr und des Schadensantheils des Versicherers an.

Diese Teilversicherung ist, falls nichts Entgegenstehendes vereinbart wird, eine Prorata-Versicherung. Mit dieser hat es folgende Bewandtniß. Wenn in Folge eines äußeren Unfalles der Geldwerth einer körperlichen Sache vernichtet oder nur vermindert wird, so trifft dieser Verlust den früheren Geldwerth gleichmäßig in allen seinen ideellen Theilen. Nehme man ein Schiff im Werthe von 100 000, zerlege denselben in zehn ideelle Theile von je 10 000 und denke sich einen Schaden von 50 000, so trifft dieser Verlust den ganzen Geldwerth gleichmäßig und jeden Theil mit 5000, so daß zehn Theile mit je 5000 Werth übrig bleiben. Sind dann zwei oder mehrere Versicherer vorhanden, deren gezeichnete Gefahrantheile (Bruchtheile, Procente oder Versicherungssummentheile) den ganzen Werth erreichen, oder bleibt nach ihren Zeichnungen noch ein Theil des Versicherungswerthes auf Gefahr des Versicherten (als Selbstversicherers) übrig, so vertheilt sich der eintretende Schaden pro rata der übernommenen und verbliebenen Gefahrantheile, und es hat weder der Versicherte als Selbstversicherer vor den Versicherern, noch haben diese vor jenem oder unter sich einen Vorzug. Sind auf ein Schiff im Werthe von 100 000 von A 10 000 ($^1/_{10}$), von B 20 000 ($^2/_{10}$) und von C 30 000 ($^3/_{10}$) gezeichnet, und es tritt ein Schaden von 50 000 ein, so hat A $^1/_{10}$ mit 5000, B $^2/_{10}$ mit 10 000 und C $^3/_{10}$ mit 15 000 zu zahlen, während der Versicherte selbst bezüglich seiner ungedeckt gebliebenen 40 000 den Schaden mit $^4/_{10}$ = 20 000 zu tragen hat, und er kann nicht etwa fordern, daß der ganze Schaden von 50 000 vorzugsweise von den Versicherern nach Verhältniß ihrer Versicherungssumme mit $^1/_6$, $^2/_6$ und $^3/_6$ getragen werde und er von jedem Schaden frei bleibe.

Diese Ratenversicherung kann, wenn nach Bruchtheilen oder Procenten versichert wird, eine Modification dahin erleiden, daß der demnächstigen Schadensersatzsumme eine Grenze nach oben gesteckt, daß sie limitirt wird, und der Ratenversicherer nur bis zum Belauf einer bestimmten Summe haften will. Man nehme den Fall, daß bei einem Versicherungswerth des Cascos von 100 000 der Versicherer den demnächstigen Schaden zu $^1/_3$ mit limitirter Schadensersatzsumme von 15 000 übernimmt; tritt ein Schaden von 21 000 ein, so hat er $^1/_3$ davon mit 7000 zu zahlen, tritt dagegen ein Schaden von 51 000 ein, so betrüge sein Antheil daran $^1/_3$ mit 17 000, er hat aber wegen der Limitation der Schadensersatzsumme nur 15 000 zu ersetzen.

Neben dieser Ratenversicherung mit limitirter Haftverbindlichkeit giebt es aber auch eine Solidarversicherung mit limitirter Haftverbindlichkeit. Um dies anschaulich zu machen, denke man sich folgenden Fall. Der Eigenthümer eines Schiffes im Werthe von 100 000 will dasselbe gegen Totalverlust zur Hälfte mit 50 000 versichern, und den etwaigen Verlust der anderen Hälfte auf sich nehmen. Allein er möchte gern den das Schiff etwa treffenden Partialschaden mindestens bis zu demselben Betrage von 50 000 einem Versicherer ganz zuweisen, während er den diesen Betrag überschreitenden Schaden auf seine Rechnung nehmen will. Die Legalität dieses Wunsches ist nicht zu bestreiten. Er findet einen Versicherer, mit dem er dies vereinbart. Welche Natur hat diese Versicherung? Sie ist eine Theilversicherung, und zwar bezüglich des Totalverlustes eine Ratenversicherung, denn wenn das Schiff total zu Grunde geht, so haftet der Versicherer für die Hälfte dieses Verlustes mit 50 000, während der Versicherte als Selbstversicherer die andere Hälfte mit 50 000 verliert. Bezüglich des Partialschadens jedoch ist sie eine Solidarversicherung, eine Versicherung des Gesammtwerthes des versicherten Gegenstandes, jedoch mit Beschränkung der Schadensersatzsumme auf einen bestimmten

Betrag [10]). Beträgt der Schaden weniger als 50 000, so trägt ihn der Versicherer ganz, und nicht etwa, wie bei der Ratenversicherung im Verhältniß von 50 000 zum Gesammtwerth von 100 000. Beträgt der Schaden mehr, wie etwa 80 000, so trägt ihn der Versicherer auch nicht zur Hälfte mit 40 000, sondern bis zur limitirten Ersatzsumme von 50 000, und der Versicherte bekommt den Mehrbetrag von 30 000 nicht ersetzt. An der Gültigkeit einer solchen Versicherung kann nicht gezweifelt werden, und insofern haben das Reichsgericht und Brandt ganz recht, wenn sie sagen, daß mittelst Bestimmung einer gewissen Versicherungssumme der Versicherer ein höheres Risico übernehmen könne, als er übernehmen würde, wenn er dieselbe Versicherungssumme auf den wahren Werth zeichnete. Entschieden unrecht aber haben sie, wenn sie sagen oder sagen wollen, daß in der bloßen Vereinbarung einer Taxe, auch wenn sie in wesentlicher Weise unter dem wahren Werthe des versicherten Gegenstandes zurückbleibt, die Uebernahme jenes höheren Risicos ohne Weiteres zu finden sei. Die gewöhnliche Form einer solchen Vereinbarung ist die, daß auf das „Casco eines Schiffes taxirt zu so und so viel" eine bestimmte Summe gezeichnet wird. Dem vom Reichsgericht entschiedenen Falle der Versicherung auf das Casco eines Dampfschiffes lag eine Police zu Grunde, in welcher „eine Million Mark mit dem Beisatze: auf Grundlage gegenseitiger Vereinbarung ohne weiteren Beweis — als Werth des Schiffes angegeben war", worauf die beklagte Versicherungsgesellschaft 630 000 M. gezeichnet hatte. Eine nähere Erläuterung des Inhalts dieser Taxvereinbarung, namentlich dahin, daß trotz des wirklichen Werthes des Schiffes von 1 200 000 M. dennoch nur ein Werth von einer Million Mark angenommen werden solle, hatte nicht stattgefunden. Die Clausel: „auf Grundlage gegenseitiger Vereinbarung" besagt nicht mehr, als daß eine Taxe vereinbart sei, und die Clausel: „ohne weiteren Beweis" befreit nur den Versicherten von dem ihm sonst obliegenden Beweise des Werthes des versicherten Gegenstandes, schließt aber den Gegenbeweis der Nichtübereinstimmung der Taxe mit diesem Werthe nicht aus, und beide zusammen können von der vertragsmäßigen Bestimmung des innerhalb des vollen Werthsgebietes des versicherten Gegenstandes liegenden wahren Werthes verstanden werden. Zu einer über diese Schranken hinausgehenden Auslegung jener Gesammtclausel fehlt jeder begründete Anlaß. In den erwähnten Formen der Vereinbarung einer Taxe und Versicherungssumme kann die Vereinbarung, daß der Ver-

---

[10]) Dies ist bereits von Voigt, Neues Archiv für Handelsrecht Bd. II (1860) S. 475, 481 (mit Bezug auf Art. 253 Holl. G. B.) Bd. III S. 70 geltend gemacht.

sicherer den, den versicherten Gegenstand demnächst treffenden Schaden bis zum Belauf der Versicherungssumme ganz ersetzen wolle, nicht gefunden werden, was sich aus folgender Betrachtung der möglichen Arten von Fällen klar ergiebt. Man nehme

1. den Fall, daß der Versicherungsnehmer den Werth des zur Versicherung angetragenen Schiffes auf 50 000 taxirt, während dasselbe in Wahrheit einen Werth von 100 000 hat; man nehme ferner an, der Versicherungsnehmer habe das Bewußtsein von dieser wesentlich untersetzten Taxe, und zugleich die Absicht, vermittelst der Erhebung der Hälfte des Werthes seines Schiffes zum künstlichen vollen Werth desselben die Vertheilung des künftigen Schadens von dem wirklichen Gesammtwerth abzuwenden und auf jene Hälfte als Ganzes zu übertragen, während diese Absicht weder in der Police selbst, noch in den Vorverhandlungen irgend einen verständlichen Ausdruck gefunden hat. Hat der Versicherer, dem diese Police zur Zeichnung vorgelegt wird, keine Kenntniß von dem wahren Werthe des Schiffes, so kann er nach Lage der Sache nichts Anderes annehmen, als daß die Schätzung des Schiffes durch den Versicherungs-Antragenden auf Wahrheit beruhe, zum Mindesten ist er zur Annahme berechtigt, daß jene Schätzung des Werthes das Resultat der sorgfältigen Prüfung eines mit den werthsbestimmenden Umständen und Verhältnissen des Schiffes völlig vertrauten Mannes sei, und auf Grund dieser wohlberechtigten Annahme schätzt er die Größe seines Risicos und zeichnet, wenn ihm Alles zusagt, die Versicherungssumme von 50 000. Er erblickt in dieser Summe den wirklichen vollen Werth des Schiffes, während sie in Wirklichkeit doch nur die Hälfte des Werths desselben darstellt; er glaubt, daß der größte Schaden, den das Schiff überhaupt erleiden könne, den Werth von 50 000 nicht übersteige, während in der That doch ein Schaden von 100 000 möglich ist; er denkt sich nichts Anderes, als daß ein Partialschaden nur über einen natürlichen Werth von 50 000 sich erstrecke, während sich derselbe in Wirklichkeit auf einen Werth von 100 000 vertheilt, und er gedenkt, ein geringes Risico zu übernehmen, während ihm durch die objectiv unrichtige, falsche Schätzung des Versicherungsnehmers ein entschieden höheres Risico angesonnen wird. Schon das gewöhnliche bürgerliche Recht kommt ihm in dieser Beziehung zu Hülfe. Nach diesem kann bei Vertragsabschlüssen die ergänzende Bezeichnung der von einem Contrahenten vorzunehmenden Leistung dem Ermessen einer Partei überlassen werden, worunter das Ermessen eines rechtschaffenen und erfahrenen Mannes zu verstehen ist, der unter Berücksichtigung aller einschlagenden Verhältnisse seine Entscheidung trifft. Hat aber diese Partei, das ihr geschenkte Vertrauen mißbrauchend, absichtlich oder aus

grober Nachlässigkeit eine, dem Ermessen eines rechtschaffenen und erfahrenen Mannes widerstreitende Bestimmung getroffen, so ist dieselbe unwirksam, und die Gegenpartei kann eine anderweite Bestimmung im Prozeßwege durch das richterliche Ermessen erwirken.[11]) Dies Alles findet auf unseren Fall Anwendung. Der Versicherer, welcher nicht selten von dem Werthe des zur Versicherung ihm angetragenen Gegenstandes, namentlich eines Schiffes, keine Kenntniß hat, nimmt die Schätzung des Versicherungsnehmers auf Treu und Glauben als richtig hin (Prot. VII. S. 3066), und wenn er durch dessen falsche Taxation getäuscht wird, so kann er eine neue, sachverständige und gerechte Schätzung, m. a. W. die Erhöhung der Taxe auf den wahren Werth des versicherten Gegenstandes verlangen, damit dieser der Berechnung seines Antheils am Schaden zu Grunde gelegt werde.

2. Nimmt man den Fall der bewußten und absichtlichen Unterschätzung der Taxe seitens des Versicherungsnehmers, wie er im ersten Satze der pos. 1 des Näheren dargestellt ist, und nimmt man auch weiter an, daß der Versicherer auf anderem Wege Kenntniß von dem wahren Werthe des Schiffs erlangt habe, so liegt in seiner bloßen Zeichnung einer Versicherungssumme noch lange nicht eine stillschweigende Zusage, daß er eintretenden Falls den ganzen Schaden bis zum Belaufe seiner Versicherungssumme zahlen wolle. Weiß er doch noch gar nicht, ob eine solche Versicherung dem Willen des Versicherungsnehmers entspricht; er kann allerlei vermuthen und annehmen, zunächst einen Irrthum des Versicherungsnehmers in Bezug auf die Taxe, sodann dessen Absicht, nur eine Quote des Versicherungswerths (d. h. des vollen Werths) zur Versicherung zu bringen, den Rest unter Selbstversicherung zu stellen oder in einer zweiten Police zu versichern. Eine Verpflichtung zur näheren Erforschung der eigentlichen Absicht des Versicherungsnehmers besteht für den Versicherer nicht. Er acceptirt nur so, wie thatsächlich offerirt worden ist, nicht so, wie der Versicherungsnehmer hätte offeriren müssen, wenn es in dessen Absicht gelegen hätte, ihn zum Ersatz des ganzen Schadens zu verpflichten. Es liegt sonach auch hier eine vertragsmäßige Uebernahme eines erhöhten Risicos nicht vor, und er kann im Schadensfall die Erhöhung der unrichtigen Taxe auf den wahren Werth des Schiffs behufs Berechnung seines Antheils am Schaden verlangen.

Beträgt in beiden unter pos. 1 und 2 genannten Fällen die Versicherungssumme weniger als die angesetzte Taxe, so wird zunächst der ein-

---

[11]) Windscheid, Lehrbuch des Pandektenrechts. Bd. II § 254. Reatz, Das Gemeine deutsche Civilrecht. Bd. II. Obl. Recht. § 27. 28. 33.

getretene Schaden auf den vollen Werth repartirt, und der auf die vereinbarte Taxe entfallende Antheil dem Versicherer nach Verhältniß seiner Versicherungssumme zur Taxe zugewiesen. Würde z. B. der volle Werth 100 000, die Taxe 50 000, die Versicherungssumme des A 20 000, die des B 30 000, und der Schaden 30 000 betragen, so hätte der Versicherte als Selbstversicherer $^{5}/_{10}$ desselben mit 15 000, A $^{2}/_{10}$ mit 6 000 und B $^{3}/_{10}$ mit 9000 in Summa 30 000 zu tragen.

Aus Vorstehendem ergiebt sich nun, daß die Vereinbarung einer wesentlich untersetzten Taxe mit der Wirkung, daß diese an Stelle des vollen Werths (Versicherungswerths) trete, schon nach geltendem Rechte ungültig ist und daß in einem solchen Falle der Versicherer die Erhöhung der Taxe auf den wahren Werth des versicherten Gegenstandes verlangen kann, daß dagegen die Vereinbarung, wonach der Versicherer den gesammten, einen versicherten Gegenstand treffenden Schaden bis zum Belauf einer bestimmten, unter dem Versicherungswerth wesentlich zurückbleibenden Summe tragen solle, gültig ist. Eine Veränderung des bestehenden Gesetzes ist daher nicht geboten. Da jedoch das Reichsgericht die entgegengesetzte Ansicht angenommen hat, und das Handelsgesetzbuch zur Vermeidung von Mißverständnissen sogar dem selbstverständlichen Satz von der Herabsetzung der wesentlich übersetzten Taxe eine Aufnahme gewährt hat, so dürfte es sich empfehlen, bei der Revision des Handelsgesetzbuchs dem Art. 797 den Zusatz beizufügen:

„Außerdem ist der Versicherer befugt, eine Erhöhung der Taxe auf den wahren Werth des versicherten Gegenstandes zu fordern, wenn er beweist, daß dieselbe wesentlich untersetzt sei, es wäre denn, daß vereinbart worden, der Versicherer solle trotz untersetzter Taxe den gesammten, den versicherten Gegenstand treffenden Schaden bis zum Belaufe der Taxe bezw. nach Verhältniß der Versicherungssumme zur Taxe ersetzen."

III.

Gutachten des Königl. Ministerialrathes Dr. Otto Freiherrn von Völderndorff zu München

über die Frage:

„Welche Bestimmungen empfehlen sich zur Aufnahme in das Allgemeine bürgerliche Gesetzbuch bezüglich der Gewährleistung für Viehmängel?"

I.

Die Frage, welche Bestimmungen bezüglich der Gewährleistung für Viehmängel sich zur Aufnahme in das Allgemeine bürgerliche Gesetzbuch empfehlen, läßt sich eigentlich nur dann erschöpfend behandeln, wenn man die Grundsätze kennt, von denen das Gesetzbuch bei Feststellung seiner Vorschriften über die Gewährleistung überhaupt ausgeht. Denn hiervon muß es zunächst abhängen, ob besondere Bestimmungen über Viehgewährschaft nothwendig, sind und in welchen Punkten diese vom allgemeinen Rechte abweichen sollen.

Bei dem mystischen Dunkel, in welches sich die Civilgesetz-Commission mit ihren Arbeiten bisher einzuhüllen beliebt hat, ist man nun aber in obigem Punkte auf Vermuthungen angewiesen, und man muß einstweilen annehmen, daß das neue Gesetzbuch die römisch-rechtlichen Sätze über diese Materie, wie sie das Aedilitische Edikt aufgestellt hat, und wie sie von da in so ziemlich alle modernen Ligislationen herübergenommen sind, gleichfalls wiederbringen wird.

Legt man dieß der Betrachtung zu Grunde, so ergiebt sich Folgendes als die vermuthlichen allgemeinen Sätze über Gewährleistung:

1. Vor Allem beschränkt sich die Pflicht zur Gewähr der Mängel auf die entgeltlichen Geschäfte; für Viehveräußerungen hierin eine Ausnahme zu machen, erscheint nicht angezeigt; einem geschenkten Gaul soll man, nach althergebrachtem Gebrauche, nicht in das Maul schauen.

2. Wer aber gegen Entgelt an einen Anderen eine Sache veräußert, muß so handeln, daß er das Entgelt auch mit Recht erhält. Er haftet also vorerst dafür, daß der neue Erwerber die Sache haben darf, denn außerdem wäre das Entgelt ein ganz unverdientes.

Jede Entäußerung, sei sie eine völlige — weil ein Anderer Eigenthümer der veräußerten Sache ist — sei sie eine theilweise — weil auf der veräußerten Sache Pfandrechte oder sonstige dingliche Lasten ruhen, welche bei dem Erwerbsgeschäfte außer Berechnung geblieben sind — muß die Gewährleistung des Veräußerers zur Folge haben. Die in dieser Hinsicht aufgestellten allgemeinen Grundsätze lassen sich vollständig auch auf die Veräußerung von Vieh anwenden; es besteht also — meines Erachtens — gleichfalls kein Anlaß, in dieser Richtung besondere Bestimmungen für den Kauf, Tausch u. s. w. von Pferden, Rindvieh, Schafen u. s. w. zu schaffen.

3. Das Entgelt wäre aber auch dann ein unverdientes, wenn der Erwerber zwar die ihm veräußerte Sache haben darf, aber nicht so haben kann, wie es dem Entgelt entspricht. Der Veräußerer muß also haften dafür, daß die veräußerte Sache so beschaffen ist, wie er sie dargestellt hat, daß sie die von ihm zugesicherten Eigenschaften besitzt. Auch in dieser Hinsicht besteht kein Grund, bezüglich der Viehveräußerung besondere, anders lautende Vorschriften zu geben. Dies ist schon jetzt allgemein Rechtens; nach sämmtlichen (mir bekannten) Gesetzgebungen haftet der Veräußerer von Pferden u. s. w. — abgesehen von der Spezialgewähr — jedenfalls für das sogenannte dictum et promissum.

4. Wenn nun aber besondere Zusicherungen nicht in Frage stehen, so ist als Absicht der Parteien anzunehmen, daß die veräußerte Sache so beschaffen sein solle, wie gewöhnlich eine jede derartige Sache beschaffen ist; daß sie keine Mängel und Fehler habe, welche den regelmäßigen Werth mindern oder die Tauglichkeit zum regelmäßigen Gebrauch aufheben; daß sie diejenigen Eigenschaften besitze, welche man in der Regel bei den Sachen dieser Art vorfindet. Diese Absicht erscheint als ausgeschlossen, wenn dem Erwerber bekannt war, daß die Sache nicht so wie üblich beschaffen ist, denn dann hat man Grund anzunehmen, es sei das Entgelt

mit Rücksicht auf diese Kenntniß bereits bemessen. Für Mängel, welche der Erwerber zur Zeit des Vertragsabschlusses gekannt hat, haftet also der Veräußerer nicht. Das Recht geht aber noch einen Schritt weiter; nach dem gleichfalls sprüchwörtlichen Satze: „wer die Augen nicht aufthut, muß den Beutel aufthun" werden solche Mängel, welche bei Anwendung der gewöhnlichen Sorgfalt zu erkennen waren, auch als vom Erwerber wirklich gekannt angesehen.

An und für sich wäre nun kein Grund vorhanden, bei Geschäften über Vieh diese vorstehend bezeichneten Grundsätze auszuschließen oder zu modifiziren. Man könnte daher, sofern das neue Gesetzbuch, wie zu erwarten ist, die allgemeine Gewährpflicht in der oben bezeichneten Weise regelt, von Spezialbestimmungen absehen wollen und es als Sache der konkreten Beweiserhebung erachten: festzustellen, ob das erkaufte Pferd, die eingetauschte Kuh u. s. w. so beschaffen ist, wie Thiere dieser Gattung beschaffen sein müssen, um in der üblichen Weise in Gebrauch genommen zu werden.

Auf diesem Standpunkte stehen, soviel mir bekannt, die Thierärzte; die Veterinär-Wissenschaft[1]) hatte sich, schon zur Zeit, als ich bei der Bearbeitung des Bayerischen Gesetzentwurfes von 1859 Hülfe leistete, dahin ausgesprochen, „daß es durchaus willkürlich sei, die hergebrachten sogenannten „Nachtkrankheiten" und die statutarischen Mängel als die Gewährspflicht bestimmend bei den Hausthieren aufzustellen. Es sei bei diesen Thieren ebensowenig wie bei sonstigen Sachen möglich, alle verborgen bleibenden, erheblichen Fehler aufzuzählen, welche den regelmäßigen Gebrauch des Thieres aufheben oder mindern; noch viel weniger sei es möglich, mit Sicherheit festzustellen, ob ein innerhalb einiger Zeit sich zeigender Fehler schon zur Zeit des Vertragsabschlusses bestanden habe oder nicht." In etwas eingeschränkterer Weise hat sich bekanntlich auch der zweite internationale thierärztliche Kongreß zu Wien im Jahre 1865 ausgesprochen[2]), indem derselbe im Großen und Ganzen auf obigen Principien stehen blieb und nur neben der allgemeinen Haftpflicht die Festsetzung einer speziellen Gewährszeit für gewisse näher zu bezeichnende Mängel zugeben wollte. Auch in der zu Berlin im Jahre 1875 abgehaltenen Versammluug fiel die Majorität des deutschen Veterinärrathes derselben Ansicht zu[3]), und ein im Jahre 1876 erstattetes Gutachten der

[1]) Vgl. auch Gerlach, Handbuch der Gerichtlichen Thierheilkunde. Zweite Auflage 1872. S. 26 ff., 32 ff., 37 ff.

[2]) Vgl. dessen Verhandlung. Wien 1865. S. 22.

[3]) Amtlicher Bericht. (1876) S. 5 ff., 82 ff.

königl. preußischen technischen Deputation für Veterinärwesen[4]) vertheidigte dieselbe gleichfalls.

Wenn nun aber auch — wie Eingangs erwähnt — dem ersten Anscheine nach kein Grund besteht, diese für die allgemeine Gewährpflicht als recht und billig erachteten Grundsätze beim Viehhandel nicht anzuwenden, und wenn sich überdies, wie gezeigt, gerade die mit der thierärztlichen Wissenschaft Vertrauten gegen eine von den übrigen Geschäften verschiedene Behandlung der Veräußerung von Thieren aussprechen, so muß doch von vornherein Bedenken erregen, daß sich das praktische Leben so sehr gegen die römisch-rechtlichen Sätze gesträubt hat. Selbst der in der Alles nivellirenden Revolutionzeit geborene Code Napoléon hat in seinem Artikel 1648 sich bemüßigt gesehen, hinsichtlich der vices redhibitoires und ihrer Fristen auf den usage de lieu zu verweisen und hier (wie bei der Miethe) demnach das alte Recht anzuerkennen[5]). Wenn daher von den Anhängern der Ansicht, es bedürfe bei den Viehmängeln keiner besonderen von der allgemeinen Gewährpflicht abweichenden Vorschriften, angeführt wird[6]): „nur diese Rechtsgestaltung entspreche dem Rechtsgefühle im Volke und den praktischen Bedürfnissen; das deutschrechtliche Princip verletze das Rechtsbewußtsein und erleichtere unredliche Geschäfte", so wird dies durch die Thatsache widerlegt, daß gerade im Volke das althergebrachte deutsche Recht nicht auszurotten ist.

Nach meiner Ansicht ist es eben im deutschen Charakter begründet, den alten schon oben citirten Satz: „wer die Augen nicht aufthut, muß den Beutel aufthun" mit aller Schärfe festzuhalten. „Selbst ist der Mann", das ist der Grundsatz, welcher dem wehrhaften deutschen Manne zu Gesicht stand[7]), und wer eine Sache besehen und dann in seine Gewahre gebracht hat, der hat sie eben so wie sie ist[8]). Daß man beim Viehkauf die Frist zum „Besehen" bezüglich gewisser Mängel verlängert, ist somit nicht — wie man jetzt in Folge des römischen Rechts annimmt — eine Erschwerung für den Erwerber (der ja nach diesem Rechte eigentlich wegen aller Mängel innerhalb der ganzen Verjährungszeit Gewähr fordern könnte), sondern eine Begünstigung für denselben, und

[4]) Abgedruckt in den Landwirthschaftlichen Jahrbüchern. (1876) Bd. V. Anhang.

[5]) In der bayerischen Pfalz gelten deshalb bis zum Gesetze von 1859 in diesem Punkte noch Fürstbischöflich Speyrer, Gf. Leiningensche und eine Anzahl anderer Rechte. Vgl. Amtsblatt für den Rheinkreis vom Jahre 1836 S. 412—436.

[6]) Vgl. das oben citirte Gutachten der k. preußischen technischen Deputation.

[7]) Lex Bajuvar. XV. 9.

[8]) Betrug des Veräußerns natürlich vorbehalten.

zwar eine in der Natur der Sache begründete. Denn bei Thieren ist der Erwerber selbst bei der größten Sorgfalt nicht im Stande, sofort beim Kaufsabschlusse deren ganze innere Beschaffenheit zu erkennen; erst ein längerer Gebrauch öffnet ihm die Augen. Andererseits der Veräußerer, welcher das Thier so und so lange in seinem Gebrauche hatte, weiß oder sollte wenigstens bei ordentlicher Sorgfalt wissen, ob dasselbe mit Fehlern oder Mängeln behaftet ist. Also ist es nur ganz billig, wenn das, was der Erwerber kurz nach dem Erwerbe sieht und rügt, als beim Geschäfte selbst gesehen und gerügt erachtet wird. Natürlich nicht alles und jedes, was dem Thiere etwa fehlt. Nur was man als einen Hauptmangel ansehen kann, was das Thier wirklich und dauernd unbrauchbar macht, kann beachtet werden; was sonst im Kleinen fehlt, da muß es mit Recht beim allgemeinen deutschen Grundsatze bleiben: „warum hast du deine Augen nicht besser aufgemacht.“

Aber noch ein Weiteres muß in Betracht gezogen werden. Die Fehler, welche in der Anschauung des Volkes als Hauptmängel der Hausthiere gelten, entstehen nicht plötzlich; sie sind eine kürzere oder längere Zeit vorhanden, ehe sie allgemein sichtbar werden und eben deshalb ist es keine Abweichung von dem allgemeinen Gewährsrecht, sondern nur eine Konsequenz aus demselben, wenn die innerhalb gewisser Zeit zur äußeren Erscheinung kommende Erkrankung auf den Zeitpunkt des Geschäftsabschlusses zurückbezogen wird.

Stellt man sich nun vollends auf den Standpunkt des praktischen Lebens, so kann kaum ein Zweifel obwalten, welchem der beiden Systeme der Vorzug zu geben sei. Müßte in jedem einzelnen Falle ein Proceß darüber geführt werden, ob ein sich nachträglich zeigender Fehler als ein solcher anzusehen sei, welcher den Gebrauch behindere oder aufhebe, und müßte dazu auch jedesmal erst Beweis erhoben werden, wann die betreffende Krankheit entstanden, wie lange sie im Thiere verborgen gesteckt sei, so wäre im Verkehr jeder Chikane Thür und Thor geöffnet, die Rechtsunsicherheit eine maßlose und beide Parteien stets der Gefahr eines Verlustes ausgesetzt. Denke man sich nur, wie die Arzneiwissenschaft in ihren Ansichten wechselt, wie verschieden selbst Autoritäten im konkreten Falle gutachtlich sich zu äußern pflegen; und nun erst, wenn man auf dem Lande, wie so häufig, auf einen unerfahrenen, ungenügend ausgebildeten Veterinär angewiesen ist!

II.

Aus dem bisher Erörterten ergiebt sich, daß, wenn das neue Gesetzbuch sich nicht ohnehin von der schwächlichen Gestaltung der Gewährspflicht nach Maßgabe des späteren römischen Rechtes frei macht und eine gesunde, dem wehrhaften deutschen Bewußtsein entsprechende allgemeine Regelung dieser Lehre vornimmt, wenigstens für den Viehhandel am alten deutschen Systeme festgehalten werden und die Haftung des Veräußerers — anderweitige Vereinbarung vorbehalten — auf bestimmte Fehler eingeschränkt, bei diesen wieder auf eine bestimmte Frist festgesetzt, falls aber beides zusammentrifft, dann die Haftung auch unbedingt gelten soll.

Es fragt sich nun weiter: welche Fehler und welche Fristen sollen im Gesetzbuch aufgenommen werden. Denn daß dieselben Gegenstand der einheitlichen Reichsgesetzgebung sein müssen, darüber hege ich keinen Zweifel.

Zwar ist sogar, wie bereits erwähnt, der gewaltig aufräumende Code Napoléon hier stehen geblieben und hat sich nicht getraut, der zähen Bauern-Gewohnheit entgegenzutreten, und man könnte wohl daran denken, in Schonung althergebrachter Sitten und um es beim eingebürgerten Rechte zu belassen, auch im neuen Gesetzbuche lediglich den Grundsatz aufzustellen,

> daß der Veräußerer nur für die üblichen Mängel und nur innerhalb der üblichen Fristen hafte,

während das, was Mangel solcher Art und in welcher Frist die Haftung begründet sei, den bisherigen Gebräuchen, Lokalstatuten und Partikulargesetzen festzusetzen überlassen bleiben würde. Allein eine solche Gestaltung des Rechtes wäre sehr zu beklagen.

Ich spreche hier aus Erfahrung; in Bayern bestanden, ehe das bereits erwähnte Gesetz vom Jahre 1859 erging, achtzig verschiedene Partikularbestimmungen in dieser Materie. Eine solche Verschiedenheit hatte in früherer Zeit weniger nachtheilige Folgen. Solange nämlich dem Verkehre noch nicht jene Wege eröffnet waren, welche jetzt die Völker verbinden, solange eigentlich nur der Nachbar mit dem Nachbarn handelte, war die Verschiedenheit der Rechte nicht so sehr fühlbar. Jeder wußte, was in jenem Landesbezirke, in welchem er ein Stück Vieh kaufte oder verkaufte, bezüglich der Gewährsmängel und der Gewährsfristen gesetzliche Norm sei, und wenn er das Gekaufte auch wieder weiter verkaufte, so entstand hierbei noch keine Rechtsunsicherheit, da sich das Geschäft stets in engeren geographischen Grenzen bewegte.

Anders hat sich dies gestaltet mit Errichtung der Eisenbahnen. In Folge des beschleunigten Transportes gelangt jetzt ein Stück Vieh auf dem Wege des Handels rasch in verschiedene Hände; die Nachtheile der gesetzlichen Verschiedenheiten der Gewährsmängel und deren Fristen würden sofort hervortreten, indem der Verkäufer seinem Käufer je nach der Ortsgesetzgebung oft auf eine längere Zeit haften müßte, als ihm sein Vorverkäufer haftet; er könnte unter Umständen mit der Klage wegen eines Gewährsmangels in Anspruch genommen werden, für welchen ihm sein Veräußerer nicht zu haften hätte, und umgekehrt. Diese Nachtheile würden um so drückender sein, als die Rechtsverschiedenheit innerhalb Deutschlands nicht blos nach größeren Bezirken, sondern nach Ortschaften (in Bayern mitunter sogar nach den einzelnen Häusern) besteht; überdies die Bezeichnung der Gewährsmängel häufig veraltet, vieldeutig und je nach dem örtlichen Sprachgebrauche unverständlich ist, und was die bloßen Ortsgebräuche betrifft, dieselben sowohl hinsichtlich der als Hauptmängel erklärten Krankheiten, wie der dafür aufgestellten Gewährsfristen nicht dem Stande der heutigen Wissenschaft entsprechen.

Zwar ist die Schwierigkeit, die verschiedenen Normen so zu sagen „unter einen Hut zu bringen“, nicht zu unterschätzen; die einzelnen Gebräuche sind fest mit dem Volke verwachsen und der Landbewohner hängt besonders zähe an seinem Gebrauche. Allein wenn man sogar in Frankreich dazu gedrängt worden ist, den Code Napoléon zu verbessern, weil die Unsicherheit, Unklarheit und Verworrenheit, welche der Artikel 1648 geschaffen oder vielmehr zurückgelassen hatte, allzuschwer empfunden wurde, so wird man wohl auch in Deutschland damit zu Stande kommen, eine Einheit zu schaffen.

Anfänglich schien es auch uns in Bayern absolut unmöglich, die erwähnten 80 Rechte in eines zusammenzuschmelzen; als ich aber erst die Tabelle entworfen und ausgefüllt hatte, welche sie übersichtlich darstellte, überzeugte man sich rasch, daß eine principielle Verschiedenheit eigentlich nicht besteht, daß gewisse Mängel immer wieder als Hauptmängel auftreten, andere dagegen ganz vereinzelt dastehen; insbesondere aber, daß die eigentliche Buntschecktigkeit meist erst aus dem Ende des vorigen Jahrhunderts stammt, demnach kaum als althergebrachtes Recht angesehen werden kann.

Ich glaube daher mein Gutachten auf einheitliche Regelung nicht besser motiviren zu können, als indem ich am Schlusse eine Zusammenstellung der zur Zeit in Deutschland gesetzlichen Mängel und Fristen anfüge, weil aus derselben zu entnehmen ist, daß die Divergenz der Bestimmungen eine äußerliche bleibt und nicht auf den Kern der Sache eingeht. Der Tabelle ist auch das österreichische und schweizerische Recht einverleibt. Mir scheint nämlich dasjenige, was oben zur Begründung der Ausgleichung des Rechtes innerhalb Deutschlands vorgebracht wurde, zu einem weiteren Schritte zu drängen. Der Handel bindet sich gerade, was das Vieh betrifft, längst nicht mehr an die Landesgrenze; das Verkehrsgebiet für diese Waaren umfaßt entschieden ganz Mitteleuropa, und damit ergiebt es sich als internationale Aufgabe:

> durch eine zwischen Deutschland mit möglichst vielen Nachbarstaaten abzuschließende Vereinbarung die Gewährsmängel und Gewährsfristen zu regeln.

Im Gesetzbuche wäre dann lediglich auf diese internationale Vereinbarung hinzuweisen und eine solche Fassung zu wählen, daß der freien Bewegung der vollziehenden Gewalt keine allzugroße Schranke gezogen wäre.

Eine Aeußerung über die einzelnen Mängel und über die dafür festzusetzenden Fristen dürfte kaum vom Juristentage abzugeben sein, weshalb ich auch einer gutachtlichen Beleuchtung derselben mich enthalten darf.

Nur eine Frage könnte allenfalls als juristische sich darstellen, jene über die sogenannten Nachtschäden oder Nachtkrankheiten.

In einzelnen Rechten nämlich:

> Preußisches Landrecht Th. I. Tit. XI. § 199, § 202,
> Oesterreichisches Gesetzbuch § 924,
> Sächsisches Civilgesetzbuch § 925,
> Hessisches Gesetz von 1858 Art. 5,
> Waldeckisches Gesetz von 1836 Art. 4, Ziff. 2 u. 5,

gilt der Satz:

> wenn ein Stück Vieh binnen 24 Stunden nach der Uebergabe erkrankt oder stirbt, so wird vermuthet, daß es schon vor der Uebergabe krank gewesen ist.

Diese Vermuthnng ist aber keineswegs richtig; im Gegentheile unmittelbar nach der Uebergabe des Thieres ist große Gefahr vorhanden, daß es durch den Wechsel der Behandlung, anderes Futter, den Transport, den Aufenthalt in ungewohnten Räumen u. s. w. erst den Keim der Krankheit in sich aufnimmt. Die meisten Rechte haben daher jenen Satz fallen lassen, und dafür möchte ich mich auch aussprechen.

III.

Ueber die Bedeutung der für die Gewährsmängel bestimmten Gewährsfristen lassen sich zwei Systeme denken. Die älteren Statuten nehmen durchweg die Fristen als peremtorische. Zeigt sich der Fehler innerhalb der gesetzlichen Frist, so haftet der Veräußerer unbedingt; zeigt er sich nach dem Ablauf derselben, so hat der Erwerber keinen Anspruch.

Anders die modernen Gesetzgebungen. Sowohl im preußischen wie im österreichischen Rechte haben die Fristen nur Einfluß auf die Beweislast. Zeigt sich der Fehler innerhalb der Frist, so hat der Veräußerer zu beweisen, daß derselbe zur Zeit des Vertragsabschlusses nicht bestanden habe; zeigt er sich nach Ablauf der Frist, so steht dem Erwerber der Beweis offen, daß er schon zur Zeit des Vertragsabschlusses bestanden habe.

Meiner unmaßgeblichsten Ansicht nach haben wir seiner Zeit in Bayern den richtigen Weg eingeschlagen, indem wir von beiden Systemen je ein Stück nahmen. An und für sich haben offenbar die modernen Legislationen das Princip des deutschen alten Rechtes nicht richtig aufgefaßt. Die Fristen haben nämlich (wie schon mehrmals angedeutet) die Bedeutung einer befristeten Besichtigung. Der Erwerber hat die Befugniß, was er in der gesetzlichen Frist sieht, als noch rechtzeitig gesehen zu behandeln, und der Fehler des erworbenen Stückes, welcher innerhalb der gesetzlichen Frist angesagt wird, gilt als angesagt beim Geschäft selbst. Daraus ergiebt sich aber mit Nothwendigkeit, daß, sobald einmal die Frist verstrichen ist, ein Anspruch nicht mehr bestehen kann, denn der Beweis als solcher kann nicht Mehr bewirken als Thatsachen in ihrer Existenz darzuthun, aber niemals kann der bloße „Beweis" rechtliche Folgen der bewiesenen Thatsache erst schaffen. Dasselbe Resultat ergiebt die Prüfung des Satzes nach der wissenschaftlichen Basis. Die thierärztliche Wissenschaft sagt: „wenn der und der Fehler nicht innerhalb der und der Zeit nach dem Geschäfte zum Vorschein kommt, so hat er zur Zeit des Geschäftes keinesfalls bestanden". Folglich kann man auch keinen Beweis mehr zulassen, daß er demohngeachtet bestanden habe. Doch argumentirt die Wissenschaft nicht ebenso umgekehrt; sie sagt nicht: „wenn der und der Fehler innerhalb der und der Zeit nach dem Geschäfte zum Vorschein kommt, so steht es außer allem Zweifel, daß er schon zur Zeit des Geschäftsabschlusses bestanden hat"; nur so viel hält sie für gewiß, daß er wahrscheinlich schon bestand. Während nämlich der Veräußerer Nichts dazu thun kann, daß ein Mangel, welcher zur Zeit des Geschäftes bestanden hat, innerhalb der gesetzlichen Frist nicht zum Vorschein komme, lassen sich verschiedene Umstände denken, welche bewirken, daß innerhalb der gesetzlichen Frist ein Mangel sich zeigt, der zur Zeit des Geschäftes nicht bestand, z. B. in Folge Vernachlässigung des Thieres, Ansteckung und Aehnlichem.

Hieraus ergiebt sich, daß die Frist für den Verlust des Anspruches auf Gewährleistung peremtorisch wirken muß; zeigt sich der Mangel innerhalb der gesetzlichen Frist nicht, so war das Thier im entscheidenden Momente gesund und der Veräußerer ist jeder Haftung entledigt, ohne daß der Erwerber zum Beweise zuzulassen wäre, der später erschienene Mangel habe schon zur kritischen Zeit bestanden. Anders, wenn der Mangel innerhalb der gesetzlichen Frist zum Vorschein kommt; in diesem Falle ist zwar (um es populär auszudrücken) zehn gegen eins zu wetten, daß das Thier bereits krank war, aber ganz gewiß ist es nicht, und es muß also dem Veräußerer der Gegenbeweis offen gelassen werden.

Von wann an soll die Frist laufen? Diese Frage ist sehr schwer zu beantworten. Zwar scheint es ganz einfach zu sagen: von da an, wo die Gefahr auf den Erwerber übergeht; allein abgesehen davon, daß sich dies praktisch schon deshalb nicht empfehlen würde, weil damit eine absolute Unsicherheit über den Beginn des Fristenlaufes geschaffen und dieser je nach der Natur des Geschäftes ein völlig verschiedener wäre, würde auch diese Gestaltung dem oben ausgeführten inneren Grunde des Rechtssatzes nicht entsprechen. Denn, da derselbe nach diesem Grunde eine „befristete Besichtigung" zugesteht, müßte die Frist nothwendig nach dem Zeitpunkte des Geschäftsabschlusses sich richten. Dies wäre aber in der praktischen Anwendung nahezu unmöglich.

Wir haben uns in Bayern daher seiner Zeit mit einem „kühnen Griffe" geholfen, indem die Fristen zwar von der Uebergabe an gerechnet, die Vermuthung aber auf den Vertragsabschluß zurückbezogen wurde. Es läßt sich allerdings nicht verkennen, daß dadurch die Schlußfolgerung eine theoretisch entschieden falsche wird. Nehmen wir z. B. an, für Koller ist die Frist drei Wochen; der A verkauft am 1. Januar, der B am 1. Februar, beide übergeben am 1. März. Zeigt sich nun das Pferd am 15. März mit Koller behaftet, so wird im ersten Falle vermuthet: das Pferd habe den Mangel schon am 1. Januar, im zweiten: es habe denselben erst am 1. Februar gehabt. Also ohne inneren Grund für eigentlich Gleiches ungleiche Fristen. Dieses theoretische Bedenken aber darf doch nicht abhalten, der praktischen Nützlichkeit wegen, der im bayerischen Gesetze angenommenen Aufstellung beizutreten.

Es versteht sich hierbei von selbst, daß, sofern ein Verzug in der Empfangnahme stattfindet, hierdurch der Säumige keine Verlängerung der Frist erlangen darf, da ihm aus seinem Verzuge kein Vortheil zugehen kann, während natürlich umgekehrt, wenn die Uebergabe verweigert wird, dieß auf den Beginn des Fristenlaufes ohne Einfluß bleibt und dieser eben in Folge des Verzuges des zur Uebergabe Verpflichteten später eintritt.

IV.

Welches soll nun die gesetzliche Folge der Gewährspflicht sein?

Das römische Recht kennt eine doppelte: entweder Auflösung des Geschäftes oder Minderung des Entgeltes. Die letztere ist nach einem

Dafürhalten eine ebenso unrichtige wie unbillige und unpraktische Maßnahme.

Die Rechtsgestaltung, wonach wegen später entdeckter Mängel eine einseitige Minderung des vereinbarten Entgeltes gewährt wird, ist schon in ihrem inneren Principe unlogisch und daher unrichtig. Der Kauf setzt gegenseitige Willenseinigung über Waare und Preis voraus, zeigt sich, daß die Waare nicht so ist, wie sie nach dem Willen des Erwerbers und nach der Erklärung des Veräußerers sein mußte, so kann man allerdings sagen: eine Willenseinigung hat nicht stattgefunden und also ist der Vertrag nichtig. Aber der Schluß: weil eine Willensübereinstimmung über die Waare nicht zu Recht besteht, ist anzunehmen, daß die Parteien einen anderen als den bestimmten Preis gewollt haben, ist ein absoluter Trugschluß. Weil die Sache, welche ich z. B. um 100 verkauft habe, einen Mangel hat, welcher bewirkt, daß sie nicht 100 werth ist, deshalb habe ich sie noch lange nicht um 50 verkauft. Mein Wille ging immer nur auf Verkauf um 100; es kann sein, daß diesem Willen keine Folge gegeben wird, daß das nicht zulässig ist, was ich gewollt habe; aber niemals kann aus der Unzulässigkeit dieses Willens mir ein Wille octroyirt werden, der gar nicht der meinige war. Der Richter kann nicht für mich „wollen"; jede Rechtsgestaltung, die darauf hinausgeht, und das geschieht bei der Minderungsklage, ist ein logisches Unding.

Die Minderungsklage ist aber auch unbillig. Denn es muß doch unter allen Umständen dem Eigenthümer freistehen, ob er sein Eigenthum aufgeben will oder nicht. Muß aus Billigkeitsgründen einerseits dem Erwerber gestattet werden, deshalb, weil eine von ihm erworbene Sache Mängel hat, den geschlossenen Vertrag nicht anzuerkennen, so erfordert andererseits dieselbe Billigkeit, daß dem Veräußerer dann die gleiche Befugniß zusteht. Weiter kann auch die distributive Gerechtigkeit nicht gehen, als den beiden Contrahenten zu sagen: „so wie ihr contrahirt habt, geht es nicht; einigt Euch auf etwas Anderes oder laßt das Geschäft bleiben." Aber dem Eigenthümer, weil die von ihm um diesen oder jenen bestimmten Preis, und nur um diesen, weggegebene Sache weniger werth ist, sie ihm nun um einen geringeren Preis wider seinen Willen abzunehmen, dies ist ein direkter Eingriff in das Eigenthumsrecht, eine Tyrannei, und daher ist die Minderungsklage die kolossalste Unbilligkeit.

Sie ist endlich höchst unpraktisch. Man muß doch annehmen, daß die Menschen im Allgemeinen ihren Vortheil am besten selbst verstehen. Ist es wirklich an dem, daß der A die von ihm um 100 verkaufte Sache in Folge ihrer Mangelhaftigkeit nur um 50 anbringen kann, so wird er sich ohnehin mit dem Erwerber verständigen; dazu braucht dieser keine

Klage. Aber die Möglichkeit, daß der Erwerber die Sache behalten darf und wegen angeblicher Mängel den Preis dafür mindern kann, veranlaßt denselben nothwendig zu Chikanen. Jeder, den das Geschäft zwar nicht reut, der aber meint, er könnte unter Umständen noch mehr gewinnen, wird Fehler und Mängel entdecken und daraufhin auf Preisminderung klagen. Der eigentliche Handel hat sich denn auch nie mit der actio quanti minoris befreundet. Wenn der Käufer die übergebene Waare beanstandet, so muß er sie dem Verkäufer zur Verfügung stellen; ob dieser sie ihm dann um einen geringeren Preis läßt, ist seine Sache. Der Käufer hat hierauf — nach Ansicht des Handelsstandes — kein Recht; er kann nur die Waare zurückschlagen und das Geschäft als nicht geschlossen behandeln [9]).

Sofern also nicht etwa, wie zu hoffen ist, das neue Gesetzbuch die Minderungsklage wegen Mängel der Waare ohnehin allgemein abschafft, wäre jedenfalls für den Viehhandel an dem alten deutschen Rechte [10]) festzuhalten, wonach der gesetzliche Fehler kurz und gut den Handel rückgängig macht. Selbst die mitunter [11]) zugelassene Ausnahme bei den zum Zwecke des Schlachtens verkauften Thieren halte ich für unpraktisch. Es ist dieser Ausschluß der Minderungsklage beim Viehhandel in der überwiegenden Zahl der Partikulargeletze auch jetzt schon ausgesprochen, und im Gebiete des preußischen Rechtes, wo dies nicht der Fall, zeigt die Erfahrung, daß in Folge hiervon chikanöse Processe und Frivolitäten aller Art entstehen [12]).

V.

Zum Schlusse sollen noch einige nach meiner Ansicht im Gesetzbuche bei dieser Materie nicht zu übergehende Puntte Erwähnung finden.

A. Daß die Gewährleistung, im Falle der Erwerb bei einer Zwangsversteigerung stattfindet, nicht einzutreten hat, wird wohl als allgemeiner Satz aufgestellt werden und somit eine desfallsige besondere Bestimmung

---

[9]) Daß in manchen Fällen umgekehrt Usance ist, es dürfe wegen geringer Qualitätsdifferenz der Waare nicht ganz allgemein refusirt werden, sondern müsse unter Refaktie behalten werden, bestätigt nur die Regel. Vgl. Gareis, Das Stellen zur Disposition, S. 153.

[10]) Heise u. Cropp, juristische Abhandlung Bd. I S. 169, Note 12b. Gerber, Deutsches Privatrecht, § 174 und E. Stobbe, Deutsches Privatrecht, Bd. III S. 415.

[11]) Z. B. Bayerisches Gesetz, Art. 4.

[12]) Gutachten der K. Preußischen Deputation für das Veterinärwesen (1876), S. 18 ff.

für den Viehhandel nicht nothwendig werden. Dagegen wird wohl der Fall Erwähnung finden müssen, daß das fehlerhafte Thier nicht für sich allein veräußert worden ist. Zwar werden im zukünftigen Gesetzbuche sicherlich auch im Allgemeinen Sätze für die Gewährleistung bei Geschäften über Sachengesammtheiten oder über mehrere Sachen mit einen Gesammtpreis u. s. w. aufgenommen werden; allein sowohl die Schwierigkeit der Anwendung solcher allgemeinen Sätze auf die einzelnen Fälle, wie auch die Nothwendigkeit hier von vornherein ganz klar zu sehen, machen es wünschenswerth, wenigstens die drei Hauptmodalitäten solcher verbundener Viehhändel konkret gesetzlich zu entscheiden und nicht der Rechtsprechung die Anwendung der allgemeinen Sätze auf den Einzelfall zu überlassen.[13])

Die drei Entscheidungen, welche ich meine, sind:

a) wenn das fehlerhafte Thier Bestandtheil eines Gutsinventars war. Hier muß die Gewährpflicht wegfallen;

b) wenn das fehlerhafte Thier den Theil eines Gespannes, Zuges oder Paares bildet. Hier muß die Fehlerhaftigkeit des einen Thieres die Auflösung des ganzen Geschäftes zur Folge haben;

c) wenn das fehlerhafte Thier sich in einer veräußerten Heerde befindet. In solchem Falle wird es wohl auf die Beschaffenheit des Fehlers anzukommen haben; denn wenn derselbe ein ansteckender ist, dann ist in der ganzen Heerde Nichts mehr sicher.

B. Das alte deutsche Recht hatte den Anspruch auf Gewährleistung von der sofortigen „Ansagung“ des Fehlers abhängig gemacht. Diese Gestaltung des Rechtes ist dann auch in verschiedene neuere Gesetzgebungen übergegangen und zwar sogar so, daß — neben dem Ansagen an den Veräußerer binnen ganz kurzer Frist (meist 24 Stunden) — noch eine Verpflichtung zur Veranlassung einer Besichtigung durch Sachverständige binnen einer etwas weiter bemessenen Zeit, und endlich die Pflicht zur Klagestellung innerhalb einer noch etwas längeren Frist vorgeschrieben wird.

Ich erachte diese Rechtsgestaltung für zu verwickelt. Allerdings liegt es im Begriffe der „Rechtsvermuthung“ und in dem damit zugelassenen Rechte des Gegners auf Führung eines Gegenbeweises, daß diesem Gegner nicht durch Verschleppung der Geltendmachung des Gewähranspruches die Möglichkeit, sich seine Gegenbeweismittel zu sichern, entzogen oder geschmälert und erschwert werde. Allein hierzu genügt es, wenn eine kurze Verjährungsfrist aufgestellt wird. Daß diese Verjährung nur durch Klage-

---

[13]) Erfahrungsgemäß bildet sich dann doch eine kasuistische Jurisprudenz in solchen Dingen, welche nur den Nachtheil hat, daß sie von Zeit zu Zeit plötzlich wechselt.

stellung bei Gericht unterbrochen werden darf, ist ein praktisches Bedürfniß. Die bloße Anzeige an den Veräußerer oder die Angehung von Sachverständigen ersetzt nicht das allein zum Austrage der Sache führende gerichtliche Verfahren. Ich wäre daher der Ansicht, daß es vollkommen genügen würde, wenn man dem Erwerber die Pflicht auferlegt, längstens innerhalb 14 Tagen nach Ablauf der gesetzlichen Frist die Sache bei Gericht auszutragen. Ob er dann zur Sicherung seines Beweises alsbald nachdem er selbst den Fehler entdeckt hat, die §§ 447 ff. der Civilprozeßordnung anwenden will und ob er, bevor er den Weg der Klage betritt, auf gütlichem Wege seinen Veräußerer, indem er ihm den Fehler ansagt, zur Zurücknahme des Thieres veranlassen will, kann ihm überlassen bleiben. Nur dürfen diese letzteren Wege ihn von der Pflicht, falls sie nicht vorher zum Ziele führen, Klage zu stellen, nicht entbinden.

	Pferde. (In Bayern, Elsaß, Frankfurt, Sachsen auch Esel, Maulesel, Maulthiere, in der Schweiz: Thiere des Pferdegeschlechts, in Oesterreich: Pferde und Lastthiere.)												Rin		
	Dampf (Asthma, Herzschlägigkeit)	Drüsen (verdächtige)	Fallsucht (Epilepsie)	Koller (Dummkoller)	Koppen (i. Baden, Württemberg und Hohenzollern ohne Abnutzung d. Zähne)	Mondblindheit (Periodische Augenentzündung)	Räude	Rotz	Schwindel	Staar (Schwarzer Staar, Schönblindheit)	Stätigkeit	Wurm	Chronische Fallsucht (Epilepsie)	Lungenseuche	Lungensucht (Tuberkulose Schwindsucht)
Baden .... Ges. v. 23. April 1859.	14 Tage	—	28 Tage	21 Tage	8 Tage	40 Tag e	—	14 Tage	Kommt nur in einigen alten Statuten als Hauptmangel vor.	8 Tage	—	14 Tage	28 Tage	14 Tage	14 Tage
Bayern .... Ges. v. 26. März 1859.	14 Tage	—	40 Tage	21 Tage	8 Tage	40 Tage	—	14 Tage		8 Tage	—	14 Tage	40 Tage	40 Tage	14 Tage
Elsaß .... Ges. v. 20. Mai 1838.	9 Tage	—	30 Tage	9 Tage	9 Tage	30 Tage	—	9 Tage		—	—	9 Tage	9 Tage	—	9 Tage
Frankfurt ..... Ges. v. 9. Dez. 1869.	14 Tage	14 Tage	28 Tage	21 Tage	8 Tage	42 Tage	—	14 Tage		8 Tage	5 Tage	—	28 Tage	42 Tage	14 Tage
Sachsen-Gotha ..	—	—	14 Tage	14 Tage	—	14 Tage	—	14 Tage		—	—	14 Tage	—	—	—
Hamburg ...... Marktverordnung vom 3./5. Juli 1836.	4 Tage	—	—	4 Tage	5 Tage	—	—	6 Tage		—	—	6 Tage	—	—	—
Hessen .... Ges. v. 15. Juli 1858.	14 Tage	—	28 Tage	28 Tage	8 Tage	28 Tage	—	14 Tage		8 Tage	14 Tage	14 Tage	28 Tage	—	14 Tage
Hohenzollern ... Ges. v. 5. Juli 1863.	14 Tage	—	28 Tage	21 Tage	8 Tage	14 Tage	—	14 Tage		8 Tage	—	14 Tage	28 Tage	—	14 Tage
Sachsen-Koburg . Ges. v. 7. Juli 1869.	14 Tage	—	40 Tage	21 Tage	8 Tage	40 Tage	—	14 Tage		8 Tage	—	14 Tage	40 Tage	40 Tage	14 Tage
Meiningen .... Ges. v. 6. Juli 1849.	14 Tage	—	40 Tage	21 Tage	8 Tage	40 Tage	—	14 Tage		8 Tage	—	14 Tage	40 Tage	40 Tage	14 Tage
Preußen ...... L.-R., Theil I, Art. XI, § 199 ff.	4 Wochen	—	—	4 Wochen	—	4 Wochen	14 Tage	14 Tage		4 Wochen	4 Tage	—	—	—	—
Sachsen .... §§ 924—929.	15 Tage	15 Tage	—	15 Tage	—	50 Tage	15 Tage	15 Tage		15 Tage	5 Tage	15 Tage	—	30 Tage	30 Tage Lungen u. Leber-Tuberkulose oder Fäule.
Württemberg ... Ges. v. 26. Dez. 1861.	14 Tage	—	28 Tage	21 Tage	8 Tage	40 Tage	—	14 Tage		8 Tage	—	14 Tage	28 Tage	Zweifelhaft	14 Tage
Waldeck .... Verord. v. 10. April 1836.	4 Wochen	—	—	4 Wochen	—	4 Wochen	14 Tage	14 Tage		4 Wochen	4 Tage	—	—	—	4 Wochen
Oesterreich ..... Allg. Bürg. Gesetzbuch v. 1871, § 922 ff.	15 Tage	15 Tage	—	30 Tage	—	30 Tage	—	15 Tage		30 Tage	30 Tage	30 Tage	—	—	—
Schweiz .... Konkordat vom 22. April 1853.	20 Tage	20 Tage	—	20 Tage	—	—	—	20 Tage		—	—	20 Tage	—	30 Tage	20 Tage (Abzehrung)

		Schafe.						Schweine.			
Rinderpest	Vorfall (Tragsack-Scheide-vorfall)	Anbruch	Klauenseuche (Bösartige)	Lungen-Würmer	Magen-Würmer	Pocken	Räude	Finnen	Lungen-Tuberkulose	Trichinen	Allgemeine Bemerkungen.
—	8 Tage	14 Tage	—	—	—	14 Tage	—	28 Tage	—	—	
—	14 Tage	14 Tage	14 Tage	—	—	14 Tage	—	8 Tage	—	—	
—	9 Tage	—	—	—	—	9 Tage	—	—	—	—	
—	8 Tage	42 Tage	—	42 Tage	42 Tage	8 Tage	14 Tage	28 Tage	—	—	
—	—	—	—	—	—	—	—	—	—	—	
—	—	—	—	—	—	—	—	—	—	—	
—	8 Tage	—	—	28 Tage	—	8 Tage	—	8 Tage	—	—	
—	8 Tage	14 Tage	—	—	—	—	14 Tage	28 Tage	—	—	
—	14 Tnge	14 Tage	14 Tage	—	—	—	14 Tage	8 Tage	—	8 Tage	
—	14 Tage	—	—	—	—	—	—	—	—	—	
—	—	—	—	—	—	8 Tage	—	8 Tage	—	—	
—	—	30 Tage	—	30 Tage	—	16 Tage	15 Tage	30 Tage	30 Tage	—	
—	8 Tage	14 Tage	—	—	—	14 Tage	—	28 Tage	—	—	
—	—	—	—	—	—	8 Tage	—	8 Tage	—	—	
—	—	2 Monat	—	2 Monat	—	8 Tage	8 Tage	—	—	—	
—	—	—	—	—	—	—	—	—	—	—	

Deutsch-rechtliche Statutenbestimmungen gelten nicht: in Braunschweig, Lippe-Detmold, Mecklenburg-Schwerin und -Strelitz, Oldenburg (ausgenommen der Stadt), Schaumburg-Lippe, Schleswig-Holstein (einige Distrikte ausgenommen), Schwarzburg-Rudolstadt, Sachsen-Weimar.

Solche Statuten nur für den Pferdehandel bestehen: in Anhalt, Bremen, Lübeck, Sachsen-Altenburg und Gotha, Schwarzburg-Sondershausen (bei Rindvieh, Schafen und Schweinen bleibt es also auch in diesen Staaten beim Römischen Rechte).

In Belgien ist ein deutsch-rechtliches Gesetz vom 28. Januar 1850, in Luxemburg vom 18. April 1851 in Geltung.

In Preußen gilt für das Gebiet des Landrechtes zwar im Allgemeinen das Römische Prinzip (vgl. L.R. Th. I, Tit. XI, § 192—198), doch wird für einzelne Krankheiten eine Rechtsvermuthung zugelassen (vgl. die Tabelle). Im Bezirk des Oberlandesgerichtes Köln gilt das Gesetz vom 3. Mai 1859 (Römisches Recht mit 12 tägiger Verjährungsfrist), im Bezirk Ehrenbreitstein das Gesetz vom 27. März 1865 (ebenso). In Hannover gilt größtentheils das Römische Prinzip; doch ist die Colmbergische Pferdeordnung von 1697 und das Lüneburger Recht abweichend. Für Nassau gilt die Viehhandelsordnung v. 24. Oktober 1791 und für Hessen-Homburg das Gesetz v. 15. März 1864, im Oberhessischen das Gesetz v. 23. Oktober 1865.

IV.

Gutachten des Herrn Oberbürgermeister Dr. André zu Chemnitz

über die Frage:

„ob es rathsam ist, das Strafgesetzbuch dahin zu ergänzen, daß der Verrath von Geschäfts- und Fabrikgeheimnissen als Vergehen strafbar ist."

I.

Durch einen Aufsatz, welcher im Jahre 1883 in dem Schmoller'schen Jahrbuch für Gesetzgebung, Verwaltung und Volkswirthschaft im Deutschen Reich — Bd. 7 Heft 2, Seite 229 — erschien, wurde der Erlaß strafrechtlicher Bestimmungen zum Schutz des Geschäfts- und Fabrikgeheimnisses von dem Landgerichtsrath Dr. Ortloff angeregt. Die Frage ist seither in verschiedenen Zeitschriften besprochen, u. a. in der Chemiker-Zeitung, der Zeitschrift für die chemische Industrie, in der Zeitschrift des Vereins deutscher Ingenieure, in der deutschen Industrie-Zeitung. Man trat theils für strafrechtlichen Schutz ein, theils sprach man sich dagegen aus. Der erstere Standpunkt wird vorzugsweise von den Geschäftsinhabern, der letztere von den beschäftigten Technikern vertreten. Aber auch viele Geschäftsinhaber sprechen sich gegen den Erlaß strafrechtlicher Bestimmungen aus, wie umgekehrt Angestellte dafür. Naturgemäß wird die Auffassung durch den Standpunkt, welchen dem Einzelnen die Lebensstellung anweist, bis zu einem gewissen Grade beeinflußt, weil dadurch eine gewisse Befangenheit leicht hervorgerufen wird. — Besonders lebhaft ist das Interesse für den straftrechtlichen Schutz des Geschäfts- und Fabrikgeheimnisses in den Kreisen der chemischen Industrie, weil in diesen Kreisen die Anwendung und hinlängliche Ausnutzung des Patentgesetzes die meisten Schwierigkeiten macht. Der Verein für chemische Industrie befürwortete in einer Eingabe an den Fürsten Reichskanzler strafrechtliche Bestimmungen, und der Fürst Reichskanzler nahm Veranlassung, die Handels- und Gewerbekammern zu einer desfallsigen Berichterstattung zu veranlassen. Ueber den Inhalt dieser Berichte findet man Mittheilungen in der deutschen Industrie-Zeitung 1886 Seite 101, verbunden mit einer Auslassung über die Räthlichkeit des fraglichen gesetzlichen Einschreitens und dem Entwurf einer desfallsigen Vorschrift von Dr. Frühauf. Gegen den Schutz spricht sich eine Eingabe des Vereins deutscher Ingenieure aus. Neuerdings hat der Hof- und Gerichtsadvokat Brunstein in einer 1887 in Wien bei Manz erschienenen Denkschrift die Frage eingehend erörtert und zwar sowohl vom civilrechtlichen wie strafrechtlichen Standpunkt; er ist für den Schutz des Geschäfts- und Fabrikgeheimnisses.

Um dem Leser die Uebersicht über das thatsächliche Material und die Ansichten der betheiligten Kreise zu erleichtern, habe ich, da die Berichte der Handelskammern nicht Jedermann leicht zugänglich sind und die Fachzeitschriften der Techniker dem Juristen ebenfalls nicht immer gleich zur Hand sind, in den Anlagen einige Berichte der Handelskammern (Berliner Aeltesten-Collegium, Mannheimer Handelskammer, Münchener Handelskammer, Leipziger Handelskammer) beigefügt und wegen der Bedeutung der beiden Vereine und ihres entgegengesetzten Stanpunktes auch die Eingaben des Vereins für chemische Industrie, sowie des Vereins deutscher Ingenieure. Man findet in diesen Anlagen eine Reihe gesetzlicher Vorschriften, welche vor Erlaß des deutschen Strafgesetzbuches in einzelnen deutschen Staaten bestanden, außerdem die einschlagenden Bestimmungen des Code pénal. Ueber die in den Ländern des französischen und englischen Rechts geltenden Bestimmungen kann man sich aus Brunstein a. a. O., aus einzelnen Stellen in Kohler's Markenrecht, aus einem Aufsatze des Privatdocenten Dr. Mayer in Straßburg (in der Zeitschrift für das gesammte Handelsrecht — Bd. 26 Seite 363) und aus der von diesen Schriftstellern angezogenen Litteratur unterrichten. Ueber das englische Recht hielt ich für zweckmäßig, selbst eine Erkundigung durch Vermittelung meines in London ansässigen Bruders einzuziehen. Ich füge die eingegangene Antwort mit meiner Anfrage bei.

II.

In den betheiligten Kreisen der Industrie herrscht darüber, ob ein strafrechtlicher Schutz des Geschäfts- und Fabrikgeheimnisses rathsam sei, kein Einverständniß und ebensowenig darüber, in welchem Umfange ein solcher Schutz eintreten soll. Ein strafrechtlicher Schutz findet in den Ländern des englichen Rechts nicht statt, wohl aber ein civilrechtlicher; in dem Gebiete des französischen Rechts giebt es einen solchen Schutz durch besondere Strafbestimmung. Diese Strafbestimmung ist aber beschränkt auf den Schutz des Fabrikgeheimnisses und beschränkt auf den während der Anstellung begangenen oder doch eingeleiteten Verrath und ist im Ganzen selten zur Anwendung gekommen. Vgl. das Gutachten des Berliner Aeltesten-Collegiums.

Daß Fälle vorkommen, in denen Geschäfts- und Fabrikgeheimnisse von Angestellten verrathen werden, ist nicht zu bezweifeln; auch nicht, daß in einer Anzahl solcher Fälle das Gefühl für eine Genugthuung spricht. Andererseits muß man sich hüten, die Fälle, welche nach einer — auch einer thunlichst weit gefaßten — strafrechtlichen Vorschrift gerechterweise würden zu bestrafen sein, für zahlreicher zu halten, als sie wirklich sind. Wären diese Fälle wirklich so zahlreich und das Verlangen nach einer strafrechtlichen Vorschrift so allgemein und so weit verbreitet, wie es nach einigen Auslassungen derer, welche besondere strafrechtliche Bestimmungen befürworten, scheint, so würden nicht mehrere Handelskammern, wie in den Berichten derselben zu lesen, auf die Anfragen bei ihren Mitgliedern gar keine oder ganz vereinzelte Antworten erhalten haben. Auch giebt zu denken, daß die englische Industrie, die denn doch eine sehr große Ausdehnung besitzt, bislang ohne besonderen strafrechtlichen Schutz ausgekommen ist, und die deutsche Industrie durch den seit Erlaß des deutschen Strafgesetzbuches bestehenden Mangel eines solchen Schutzes in ihrer Entwicklung schwerlich einen Hemmschuh gefunden hat.

Ueberhaupt darf man aussprechen, daß dem öffentlichen Interesse mit der Geheimhaltung von Erfindungen und geschäftlichen Fortschritten nicht gedient ist. Im Gegentheil soll die Gesetzgebung diese Geheimhaltung thunlichst bekämpfen. Von diesem Gesichtspunkt soll auch die Patentgesetzgebung vorzugsweise ausgehen. — Allerdings behandelt die französische Rechtswissenschaft das Patentrecht vom Standpunkt eines an und für sich durch die Natur der Dinge gegebenen und nicht erst gesetzlich zu schaffenden geistigen Eigenthums. Allein dieser Standpunkt ist wohl auch in Frankreich thatsächlich weniger maßgebend bei Schaffung des Patentrechts gewesen, als vielmehr der der praktischen Nützlichkeit. — Der praktische Nutzen des Patentschutzes besteht nun zwar nicht allein darin, daß die patentirten Erfindungen Gemeingut werden und die Heimlichkeit aufhört; das Patentrecht hat noch andere nützliche Folgen, unter anderen die, daß der Patentinhaber seine Erfindung sicherer und deshalb besser ausbilden kann, da er, der sicheren Grundlage beraubt, außer Stande ist, erhebliche Geldmittel ohne Gefahr für die Vervollkommnung und die Einführung der Erfindung aufzuwenden. Wesentlich aber bleibt immer beim Patentrecht die Bekämpfung des Geheimnisses. Insofern es sich nun um eine Erfindung handelt, welche unter das Patentgesetz fällt, hat derjenige, welcher diese Erfindung in seinem Geschäft gemacht hat und benutzt, ohne sie patentiren zu lassen, keinerlei Grund, für seine Erfindung auch noch den Schutz der Geheimhaltung zu fordern. Hält er sie geheim und meldet er sie nicht zur Patentirung an, so thut er das auf seine eigene Gefahr. — Der Gesetzgeber würde, wenn er beides zuließe, mit sich selbst in Widerspruch kommen. Bei wirklich patentirten Erfindungen liegt das auf der Hand. Bei wirklich patentirten Erfindungen kann es sich überhaupt nur darum handeln, die Lücken, welche das Patentgesetz in der Bekämpfung des Geheimnisses zeigt, zu beseitigen.

Das deutsche Patentrecht hat zur Zeit den Grundsatz, das Geheimniß zu bekämpfen, in den Vorschriften über die Abfassung der Patentbeschreibung und über die Nichtigkeitsklage nicht genügend durchgeführt. Es ist bekannt, daß bei Abfassung von Patentbeschreibungen sehr häufig versucht wird, die Beschreibung so abzufassen, daß ein wesentlicher Theil der Erfindung geheim bleibt. Sowohl die französische wie die englische und amerikanische Gesetzgebung bekämpfen diesen Uebelstand. Das deutsche Patentgesetz zeigt hier eine üble Lücke.

Ist also ein Patent ertheilt, so kann von Schutz des Geheimnisses nicht die Rede sein. Aber man muß weiter gehen. Man kann sich durchaus nicht auf den Standpunkt stellen, daß es gleichgültig ist, ob der Industrielle seine Erfindung patentiren läßt oder aber sie geheim hält. Soweit ein Patentschutz möglich ist, muß der Gesetzgeber wünschen, daß davon Gebrauch gemacht und die Geheimhaltung vermieden wird. Der Fortschritt der Industrie hängt von der Beseitigung des Geheimnisses ab und dieses ist daher vom Standpunkte des öffentlichen Interesses ein Uebel, nicht ein Vortheil. Zu einem weiteren Schutz, als er unmittelbar durch die Anforderung der Gerechtigkeit geboten ist, soll daher der Gesetzgeber sich nicht bestimmen lassen.

Nun ist die theoretische Möglichkeit einer Patentirung freilich nicht gleichbedeutend mit der thatsächlichen Anerkennung der Patentfähigkeit durch Ertheilung des Patents. Auch in einer relativ vorzüglichen Gestaltung werden jedem Patentgesetze Mängel anhaften. Es wird im Vorprüfungsverfahren immer vorkommen, daß Jemand ein Patent erhält, der es nicht erhalten sollte, und ebenso, daß Jemand ein Patent nicht erhält, der es bekommen sollte. Jeder nun, der durch Nichtertheilung des Patents für eine nach seiner Meinung patentfähige Erfindung sich geschädigt fühlt, ist geneigt, in einen Vertreter des Fabrikgeheimnisses sich zu verwandeln. Von diesem Gesichtspunkte aus könnte man dem Anmeldeverfahren gegenüber dem Vorprüfungsverfahren in der That eine gute Seite abgewinnen. Wenn Jeder, sofern er die äußeren Formalitäten erfüllt, innerhalb gewisser weit gezogenen äußeren Grenzen sich, was er für eine neue Erfindung hält, patentiren lassen kann, sogar die Quadratur des Zirkels, falls ihn das Geld nicht verdrießt, — so ist er freilich kaum noch im Stande, für den Schutz der Geheimhaltung zu kämpfen. Allerdings läuft das Anmeldeverfahren, bei dem dies der Fall ist, auf eine Täuschung hinaus; denn ein Patent, welches im Anmeldeverfahren ertheilt wird, gewährleistet nichts; es ist nur ein Erlaubnißschein, vor Gericht durch Prozeßführung den Patentschutz für die angebliche Erfindung zu erstreiten. Eine weitergehende sachliche Bedeutung hat ein Patent im Anmeldeverfahren nicht. Es wird ja auch in Frankreich „sans garantie du gouvernement“ ertheilt und muß dessen zum Zeichen stets die Buchstaben s. g. d. g. mit sich führen. Ich bin meinerseits ein Anhänger des Vorprüfungsverfahrens, welches dem deutschen Patentgesetz zum Grunde liegt, und mit dem wir es daher zu thun haben, da wir von Deutschland sprechen. Freilich kann nun diese Vorprüfung mangelhaft sein. Aber diese Mängel muß man mit in den Kauf nehmen, wenn man einmal die Vorprüfung will. Man kann nichts weiter thun, vorausgesetzt, daß man auf dem Standpunkte des Vorprüfungsverfahrens steht, als den Apparat des Gesetzes thunlichst vervollkommnen, worauf denn ja auch gegenwärtig die Bestrebungen derer hinausgehen, die unter Beibehaltung der Grundlagen des jetzigen Gesetzes eine Verbesserung anstreben. Gänzlich beseitigen kann man freilich die Mängel niemals. Wird nun aber das Patent abgelehnt, weil die Vorprüfung ungünstig ausfällt, so muß sich der Erfinder dessen bescheiden. Einen Anspruch auf Schutz seines Geheimnisses kann ich ihm auch dann nicht zusprechen, weil dieser Schutz über die Patentfähigkeit hinaus meines Erachtens überhaupt nicht zu formuliren ist, über die Patentfähigkeit aber eben die Patentbehörde entscheidet und diese Frage nicht zum zweiten Male vor dem Strafrichter bei Gelegenheit eines Strafverfahrens erörtert werden kann. Nur dann könnte von einem strafrechtlichen Schutz die Rede sein, wenn über den Begriff der Patentfähigkeit hinaus ein solcher Schutz gewährt werden soll. Dann müßte man den Gegenstand dieses Schutzes im Gegensatze zur Patentfähigkeit besonders und selbstständig beschreiben. Nun sagen die Vertheidiger eines strafrechtlichen Schutzes des Fabrikgeheimnisses, bei jeder Erfindung sei eine gewisse, mitunter lange Zeit erforderlich, um sie reif zu machen zur Patentirung. In dieser Zwischenzeit von dem ersten Auftauchen des Gedankens und den ersten Versuchen der Ausführung bis zu der patentfähigen Gestaltung sei die Erfindung — gewissermaßen der Embryo der Erfindung — dem Verrath schutzlos preisgegeben. Sie verlangen also für diese Zwischenzeit einen besonderen Schutz, weil der Schutz durch das Patentgesetz noch nicht möglich ist, da die Erfindung der Reife und Vollständigkeit ermangelt. Gewiß giebt es bei vielen Erfindungen derartige Zwischenzustände, in denen der erfinderische Gedanke noch mit dem Stoß ringt, in denen er zur vollständigen Reife noch nicht ausgetragen ist. Wenn ein solcher Gedanke in diesem Vorbereitungszustande einem Dritten bekannt wird und nun dieser rascher und glücklicher als der erste Erfinder ihn zur Vollendung und zur Reife bringt, so kann das ein sehr beklagenswerther Nachtheil für den ersten Erfinder sein. Irgend eine Möglichkeit sehe ich aber nicht, das dadurch abzuwenden, daß man eine noch nicht fertige Erfindung als ein der rechtlichen Behandlung fähiges selbstständiges Rechtsobjekt behandelt.

Man sagt ferner, der Patentschutz sei nicht immer ausreichend, um Nachbildungen auszuschließen, besonders in der Chemie sei dieser Schutz vielfach so sehr eine Täuschung, daß man dem Chemiker nicht zumuthen könne, sich darauf zu verlassen, weil der Chemiker häufig viel besser fahre, wenn er sein Geheimniß für sich behalte. Dieser Grund richtet sich gegen die obigen Bemerkungen über die Aufgabe des Gesetzgebers, das Geheimniß durch das Patentgesetz zu bekämpfen. Aber aus der Mangelhaftigkeit des Patentschutzes für die Gegenstände der Chemie kann man zunächst nur ableiten, daß diese Mängel beseitigt werden sollten. Soweit man sie beseitigen **kann**, mag man sie beseitigen, soweit das nicht möglich ist, muß man sich eben bescheiden. Ein Grund für den Gesetzgeber, der überhaupt einmal überzeugt ist, daß im öffentlichen Interesse es besser ist, keine Geheimnisse zu haben, liegt in der Unmöglichkeit, weiteren Schutz durch Ausbildung desselben auf dem Gebiete des Patentrechts zu gewähren, dafür, daß er nur dazu übergehe, das Geheimniß zu schützen, keineswegs begründet. Das öffentliche Interesse bleibt das nämliche.

Nun giebt es Vertheidiger des strafrechtlichen Schutzes, welche überhaupt das Fabrikgeheimniß ohne alle Rücksicht auf den patentrechtlichen Begriff einer neuen Erfindung, und überhaupt jedes Geschäftsgeheimniß unter strafrechtlichen Schutz stellen wollen.

Ueber den Begriff der patentfähigen Erfindung hinaus vermag ich aber nicht so zu beschreiben, was ein Fabrik- und Geschäftsgeheimniß ist, daß dies für die strafrechtliche Verfolgung der Sache ausreicht. Es kann ja die Frage entstehen, ob beispielsweise die Vorschriften über das Eröffnen von Briefen und Urkunden erweitert werden können, dergestalt, daß z. B. überhaupt das unerlaubte Entnehmen aus verschlossenen Behältern für strafbar erklärt wird. Nach derartigen einzelnen Richtungen hin läßt sich immerhin das Strafgesetzbuch einer Prüfnng dahin unterziehen, ob der Begriff einzelner strafbarer Handlungen erweitert werden kann. Darum handelt es sich aber hier nicht. Hier handelt es sich um eine strafrechtliche Vorschrift des Inhalts, daß der Verrath eines Fabrik- und Geschäftsgeheimnisses durch einen Angestellten oder Arbeiter allgemein als Vergehen bezeichnet wird. Eine solche Vorschrift halte ich für unzulässig, weil es dem Begriffe des Fabrik- und Geschäftsgeheimnisses an der nöthigen strafrechtlichen Greifbarkeit fehlt. Diese kann auf dem Gebiet des Strafrechts durch das Gutachten eines Sachverständigen nicht ersetzt werden. Der Sachverständige muß für sein Urtheil Anhaltspunkte haben, wenn er nicht willkürlich verfahren will. Mit dem Begriff des Fabrik- und Geschäftsgeheimnisses allein kann der Sachverständige ebensowenig etwas anfangen, wie der Richter. Er wird den Begriff des Gehörigen und Ungehörigen hineinziehen und sich die Frage vorlegen, ob nach seiner Auffassung des geschäftlichen Lebens die Handlungsweise des Angestellten oder Arbeiters eine ungehörige war oder nicht. Er wird die Bestimmung dahin auslegen, daß der „ungehörige" Verrath von Dingen, die in einem Geschäfte oder einer Fabrik zur Sprache kommen, strafbar ist. Dadurch tritt aber thatsächlich der Sachverständige an die Stelle des Gesetzgebers und Strafrichters, und das ist meines Erachtens auf dem Gebiet des Strafrechts ebensowenig zulässig, wie die schiedsrichterliche Entscheidung an Stelle der Entscheidung des ordentlichen Richters. Es geht nach meinem Rechtsgefühl zu weit, in dieser Weise die strafrechtliche Verurtheilung eines Angeklagten von dem Ermessen des Sachverständigen abhängig zu machen; der strafende Staat bedarf zu der Bestrafung vielmehr einer objektiv gegebenen sicheren Grundlage.

III.

Ich bin demnach der Ansicht, daß von einem strafrechtlichen Schutz des Fabrik- und Geschäftsgeheimnisses abgesehen werden sollte. Ich bin um so unbedenklicher dieser Ansicht, als nach meiner Meinung ein wesentlicher Nutzen durch die strafrechtliche Verfolgung überhaupt nicht erzielt werden kann.

Wenn ein Angeklagter vor dem Strafrichter steht, so kann er verlangen, daß er nur dann verurtheilt wird, wenn seine Schuld erwiesen ist. Jeder Zweifel muß ihm zu gute kommen. In der Auswahl seiner Vertheidigungsmittel darf man ihn nicht beschränken. Auf diese Art ist Sonne und Schatten zwischen Ankläger und Angeklagten nicht gleichmäßig vertheilt. Es kann also sehr wohl der Fall eintreten, er muß sogar eintreten, daß öfter der Angeklagte freigesprochen wird, weil nicht genügendes Beweismaterial vorliegt, obschon er materiell schuldig ist. Zugleich erlangt die ganze Angelegenheit eine mitunter recht unerwünschte Oeffentlichkeit. Der Geschäftsinhaber, welcher den Antrag auf Bestrafung stellt, wird sich sagen, daß unter Umständen das Strafverfahren für ihn ein größeres Uebel ist als der Verrath selbst. Er wird sich in den meisten Fällen von der allgemeinen Abneigung der Geschäftstreibenden gegen eine öffentliche Verhandlung über ihre geschäftlichen Angelegenheiten abhalten lassen, Strafanträge zu stellen; in den Fällen aber, die wirklich zur Anzeige kommen, wird es durchaus nicht immer thunlich sein, den Angeklagten zu überführen. Kurz, das Ergebniß wird ein sehr geringes sein. Dabei ist die Möglichkeit gegeben, daß eine derartige Vorschrift bewußt zu ungerechtfertigten Angriffen benutzt werden kann gegen Angestellte nicht bloß, sondern auch gegen selbstständige Geschäftstreibende, mit einem Worte zu Erpressungsversuchen. Diese liegen in der That sehr nahe und um so näher, je dehnbarer die Bestimmung ausfällt, welche in das Strafgesetzbuch aufgenommen werden soll. Es ist eine eigenthümliche, psychologisch mir nicht ganz erklärliche Thatsache, aber es ist eine Thatsache, daß ein anständiger Mensch höchst selten daran denkt, daß er selbst einmal vor den Strafrichter gestellt werden könnte. Gewöhnlich denkt man nur an den umgekehrten Fall, daß man in die Lage kommt, die Strafbestimmung zum eigenen Schutze gegen ungerechtfertigte Handlungen Dritter zu verwenden. Wäre das nicht so, würde der umgekehrte Fall ebenso genau in Erwägung gezogen, so könnte nicht unbemerkt bleiben, daß eine Bestimmung der fraglichen Art große Gefahren für den anständigen Geschäftsmann in sich trägt. Fast jedes einigermaßen ausgedehnte Geschäft bedarf der Angestellten, der höhergebildeten Kaufleute, Techniker, Ingenieure sowohl, wie geschulter Arbeiter und kann sich nicht mit nirgends beschäftigt gewesenen Leuten begnügen. Wo ist nun die Grenze in der Ausnutzung des Erlernten? Sie ist nirgends anders zu ziehen als durch den Begriff des Gehörigen und Ungehörigen, d. h. durch einen Begriff von so schwankendem Charakter, daß er auf dem Gebiete des Strafrechts sehr wohl dahin führen kann, den Unschuldigen in Strafe zu bringen. Ist einmal in erster Instanz begutachtet und auf Grund des Gutachtens vom Richter als thatsächlich festgestellt angenommen, daß ein fremdes Fabrik- und Geschäftsgeheimniß ungehöriger Weise verletzt ist, so ist dann die

Möglichkeit, daß der Geschäftsinhaber hingegen aufkomme und sein vielleicht ganz gerechtfertigtes Vorgehen wirklich rechtfertige, sehr gering. Mit einer Begnadigung ist in solchen Fällen nicht geholfen. Die Scheu vor einem solchen Ausgang, überhaupt vor der bloßen Thatsache, als Anklagter vor einem Strafgericht zu stehen, auch wenn man einer Freisprechung ziemlich sicher zu sein scheint, ist mit Recht sehr groß. In den Augen der Meisten ist schon die bloße strafrechtliche Verhandlung ein schweres Uebel. Diese Scheu nun läßt sich in geschickter Hand recht gut verwerthen. Die Folge einer strafrechtlichen, besonders einer unbestimmten strafrechtlichen Vorschrift kann daher leicht eine ungerechtfertigte Belästigung des Geschäftsverkehrs sein, so daß die nachtheiligen Folgen einer strafrechtlichen Bestimmung die wohlthätigen überwiegen.

Mit großem Takt schränkt die französische Rechtswissenschaft die Bedeutung des Art. 418 des Code pénal dahin ein, daß nur der Verrath während der Dauer der Anstellung oder Beschäftigung strafbar bleibt. Ein Verrath, der zur Zeit der Anstellung oder Beschäftigung überhaupt noch nicht eingeleitet ist, fällt nicht unter die Strafbestimmung. Damit wird dann freilich auch deren Wirksamkeit eingeengt. In den wichtigeren Fällen, überhaupt in den meisten Fällen, in denen der betreffende Angestellte mit Ueberlegung vorgeht, wird es ihm aber nicht schwer halten, den Beweis, daß er schon zur Zeit der Anstellung den Verrath eingeleitet habe, unmöglich zu machen.

Mir scheint die Bestimmung des Art. 418 im Code pénal mit den in Frankreich durch die Rechtswissenschaft festgestellten Einschränkungen mehr theoretischen als praktischen Werth zu haben, ohne diese Einschränkungen und wohl gar mit der allgemeinen Ausdehnung auf den nach Beendigung der Anstellung begangenen Verrath eine Schutzwaffe sehr zweifelhaften, ja gefährlichen Charakters zu sein.

IV.

Die Stellung der Angestellten eines Privatgeschäfts wird ab und zu mit der Stellung öffentlicher Beamter verglichen. Letztere werden auf dem Disciplinarwege zur Verantwortung gezogen, wenn sie die Pflicht der Amtsverschwiegenheit verletzen. Selbstverständlich ist hierbei nicht der Gesichtspunkt des Eingriffs in ein Recht der Behörde auf gewisse Geschäftsgeheimnisse maßgebend, sondern es kommt lediglich in Frage, ob der betreffende Beamte die ihm ertheilten Vorschriften unbeachtet gelassen hat. Ganz ebenso hat der Arbeitgeber es in der Hand, seinen Angestellten Verschwiegenheit in Bezug auf das, was sie über das Geschäft, in dem sie angestellt sind, erfahren, zur Pflicht zu machen — natürlich mit der Beschränkung, daß sich diese Pflicht zur Verschwiegenheit auf Mittheilungen über unerlaubte Handlungen nicht erstrecken kann. — Das Mittel, eine desfallsige Vorschrift durchzuführen, liegt in der Handhabung der dem Arbeitgeber zustehenden Füglichkeit, sein privatrechtliches Verhältniß zu seinen Angestellten in einer dem gedachten Interesse zweckmäßig Rechnung tragenden Weise zu ordnen. Er kann in der That auf diese Art ähnlich vorgehen, wie die Behörde gegenüber dem Angestellten, mitunter rascher und schärfer. Ein vernünftiger Grund, ihn hierbei durch gesetzliche Strafvorschriften zu unterstützen, kann meiner Ansicht nach in der vergleichenden Hereinziehung der Disciplinarbefugnisse einer öffentlichen Behörde gegen ihre Angestellten nicht gefunden werden.

Ueber diese hinaus giebt es für besondere Kategorien öffentlicher Beamter besondere Strafbestimmungen zum Schutz von öffentlichen oder Privatinteressen gegen Amtsmißbrauch. Als ein Amtsmißbrauch muß es beispielsweise angesehen werden, wenn ein Fabrikinspektor dasjenige, was er bei dem Besuche einer Fabrik erfährt, zum Nachtheil des betreffenden Fabrikbesitzers in seinem oder eines Dritten Privatinteresse verwendet. Auch dieser Fall ist herangezogen, um vermöge der Analogie zur Aufstellung strafrechtlicher Vorschriften gegen Angestellte des Arbeitgebers zu gelangen. Offenbar mit Unrecht, ebenso mit Unrecht zu dem Zwecke, um eine strafrechtliche Bestimmung gegen den Verrath durch dritte Personen zu verlangen, welche aus Anlaß eines vorübergehenden Vertragsverhältnisses, also z. B. als Bauunternehmer, Maschinenfabrikanten u. dergl. geheim gehaltene Verhältnisse eines Geschäfts erfahren. In allen diesen Fällen handelt es sich stets im Gegensatz zu den öffentlichen Beamten um ein rein privatrechtliches, durch den freien Willen des Geschäftsinhabers herbeigeführtes Verhältniß, während es sich bei öffentlichen Beamten um die Ausübung einer Amtsbefugniß handelt. Der Staat, welcher den Einzelnen zwingt, diese Amtsbefugniß anzuerkennen, hat gegen deren Mißbrauch den Einzelnen natürlich zu schützen. Handelte es sich darum, zu prüfen, ob die desfallsigen Vorschriften genügen oder nicht, ob sie alle Personen genügend treffen, welche auf die Autorität des Staats hin die Anlagen eines Geschäftsinhabers betreten oder von dem, was er geheim zu halten wünscht, Kenntniß erhalten können (z. B. auf Vorstände, Sachverständige, welche gelegentlich einer Unfallsverhandlung zugezogen werden), so läßt sich darüber reden, ob hier oder da eine Lücke vorhanden ist. Hier führt uns das indeß abseits vom Wege; hier kann dieses öffentlich rechtliche Verhältniß nicht in Betracht gezogen werden; hier muß man vielmehr bei den Privatangestellten und Arbeitern des Geschäftsinhabers und bei denen, welche er selbst vermöge vorübergehender Vertragsverhältnisse zuzieht (Bautechniker u. s. w.) stehen bleiben. Man hat meiner Ansicht nach unbedenklich festzustellen, daß der angeregte Gesichtspunkt der Vergleichung dieser Personen mit öffentlichen Beamten strafrechtliche Vorschriften nicht rechtfertigt.

V.

Der Verein für die chemische Industrie sagt in seiner Eingabe von 1884: „Der Weg der Civilklage auf Entschädigung ist ein so unsicherer, umständlicher und kostspieliger, daß wohl die Meisten vor diesem Mittel zurückschrecken." Dieser Grund käme für den Fall in Betracht, daß man sich für Schutz des Geschäfts- und Fabrikgeheimnisses überhaupt entschließt, um dann die Wahl der strafrechtlichen anstatt einer civilrechtlichen Bestimmung zu rechtfertigen. Ich kann aber diese Anschauung des Vereins nicht gelten lassen. Die Verfolgung privatrechtlicher Interessen ist nun einmal Sache des Einzelnen. Wenn der Einzelne es zu unsicher, umständlich und kostspielig findet, selbst seine Interessen zu vertreten, so berechtigt ihn das durchaus nicht zu dem Verlangen, daß der Rechtsschutz verändert und die Rechtsverfolgung der Staatsanwaltschaft übertragen werde. Der Standpunkt, auf den sich die Eingabe des Vereins für chemische Industrie hier stellt, ist derselbe, welcher bei Erlaß des Patentgesetzes von vielen Technikern eingenommen wurde. Man versprach sich von der Verfolgung der Patentverletzungen auf strafrechtlichem Wege durch die Staatsanwaltschaft alles Mögliche. Der Erfolg hat die Erwartungen keineswegs gerechtfertigt, und die Vernachlässigung der civilrechtlichen Seite neben der strafrechtlichen rächt sich meines Erachtens schwer, wie das Alles freilich seiner Zeit vorhergesagt ist. Die Abgrenzung des Strafrechts und der Polizei gegenüber dem Civilrecht und dem ordentlichen Prozeßverfahren läßt sich eben nicht beliebig verschieben; sie beruht auf dem inneren Wesen der Sache. Die Staatsanwaltschaft ist dazu berufen, das öffentliche Interesse zu wahren, nicht dazu, Privatstreitigkeiten auszutragen, und eine strafrechtliche Verhandlung ist dazu da, die Schuld oder Unschuld eines Angeklagten darzuthun, nicht dazu, Streitfragen über Mein und Dein zu entscheiden. Patentrechtliche Streitigkeiten unterscheiden sich — insofern nicht *besondere* Umstände hinzutreten, welche die Patentverletzung ähnlich wie den Diebstahl aus der Sphäre der bloßen Eigenthumsverletzung herausheben — nicht von anderen Streitigkeiten über Mein und Dein, sind auch durchaus nicht einfacher zu beurtheilen, sondern nicht selten verwickelter Natur. Ganz dasselbe gilt von dem Geschäfts- und Fabrikgeheimniß, nur mit dem Zusatze, daß das Recht auf Wahrung desselben viel nebelhafterer Natur ist als das Recht auf Patentschutz.

Das einzelne Patentrecht, das Recht auf das einzelne Geheimniß ist ein Privatrecht, an dessen Aufrechterhaltung der Staat ebensowenig ein Interesse hat, wie an der Frage, ob A oder B Eigenthümer eines bestimmten Grundstücks ist, obschon der Staat das Patentrecht im Allgemeinen ebenso wie das Privateigenthum als eine im öffentlichen Interesse nothwendige Einrichtung schützt.

Die Unsicherheit, Umständlichkeit und die Kosten können daran nichts ändern, oder will man behaupten, daß es gerecht sei, Jemanden vor den Strafrichter zu stellen, weil man „sicherer" bei dem Strafrichter mit Hülfe der Staatsanwaltschaft eine Verurtheilung erzielt, als im Prozeßwege vor dem Civilrichter? Kann die Justizpflege in der That eine solche Kritik als richtig gelten lassen, ohne sich selbst bloßzustellen?

VI.

Wenn ich vorhin gesagt habe, daß eine Strafbestimmung zum Schutze des Fabrik- und Geschäftsgeheimnisses darauf hinauslaufen würde, die Entscheidung von dem Begriff der „Ungehörigkeit" abhängig zu machen, und daß das im Strafrecht unzulässig sei, weil dieser Begriff zu unbestimmt erscheine, so bezieht sich dieser Grund auf das Strafrecht, aber nicht auf das Civilrecht. Das Civilrecht hat eine andere Aufgabe als das Strafrecht, und deshalb sind auch die Anforderungen, welche im Strafrecht zu stellen sind, andere als die, welche für das Civilrecht passen. Auf dem Gebiete des Civilrechts wäre es meines Erachtens an sich zulässig, dem Richter die Frage zur Entscheidung zu überlassen, ob der Beklagte „ungehöriger" Weise fremde Geheimnisse benutzt habe. Wir sind allerdings gewohnt, auch für das Civilrecht große Schärfe der gesetzlichen Begriffsbestimmungen für ein notwendiges Erforderniß zu halten; die Regel omnis definitio in jure periculosa findet bei uns nur sehr bedingt Anklang. Das ist aber keineswegs überall so. Die englische Rechtswissenschaft, weil sie vorzugsweise das Ergebniß von Präjudizien ist und an deren Hand von Fall zu Fall fortschreitet, hat etwas der Thätigkeit des römischen Prätors Aehnliches als ein starkes Element der Rechtsbildung sich erhalten und dadurch trotz des in anderer Richtung hervortretenden Klebens am Buchstaben die Berücksichtigung des praktischen Lebens und der neuen Bedürfnisse einer stets fortschreitenden Entwickelung in hohem Maße erleichtert. Als einen Mangel gegenüber der deutschen Rechtswissenschaft möchte ich das nicht bezeichnen. Die Mängel der englischen Civilrechtspflege gegenüber der deutschen liegen meines Erachtens in anderen Dingen, vorzugsweise wohl in der außerordentlichen Kostspieligkeit, welche die Durchführung englischer Processe selten macht und die Erledigung auf anderem Wege besonders durch Schiedsrichter als Regel erscheinen läßt. Auch das französische Recht hat gegenüber der deutschen Rechtsentwickelung dem Richter eine große Freiheit der Bewegung gewahrt, trotz äußerer Formen, in denen sich der Gang der Rechtspflege bewegt. Ein Drehen und Wenden der Worte, mit denen der Gesetzgeber einen Begriff umschrieben hat, ein Ableiten der Entscheidung aus dem Wortlaut ist deshalb weniger möglich, weil es überhaupt Grundsatz der französischen Rechtswissenschaft ist, daß gesetzliche Begriffsbestimmungen den Richter nicht unbedingt binden; sie werden mehr als wissenschaftliche Anleitung betrachtet. Dinge, deren Formulirung uns die größte Mühe, das stärkste Kopfzerbrechen macht, werden infolge dessen einfach der praktischen Entwickelung überlassen. Ich erinnere mich, daß ich vor Einführung des mündlichen Verfahrens über die Grundsätze des französischen Rechts mit einem sehr unterrichteten rheinischen Anwalt mich unterhielt. Dieser meinte, daß man in Deutschland den vergeblichen Versuch mache, in spanischen Stiefeln spazieren zu gehen. Mir erscheint freilich die französische Auffassung in der schroffen Weise, in der der rheinische Jurist sie gegenüber unserer Art zum Ausdruck brachte, als Willkür. Aber etwas Wahres liegt denn doch zu Grunde. Wir gehen in unserem Bestreben, alles und jedes durch Worte genau abzuzirkeln, wie mir scheint, zu weit und möchten uns zu Zeiten des vorhin gedachten römischen Ausspruches erinnern. Vielleicht hat der römische Jurist nicht so Unrecht. Der Gesetzgeber kann in der That selten alle Fälle, welche er treffen möchte, mit einem Blick übersehen und mit einem Worte so umfassen, daß nichts außen bleibt, was hinein soll, und nichts hineinkommt, was außen bleiben möchte. Ist aber der Gesetzgeber nicht ganz sicher, daß das Wort keiner Mißdeutung fähig ist, so thut er meiner Ansicht nach besser, diese Sachlage einzugestehen und eine Fassung zu wählen, welche durch ihre Unbestimmtheit die Lösung der Praxis überläßt. Der Charakter der Wissenschaftlichkeit leidet darunter nicht, daß der Richter auf diese Art gezwungen ist, den Bedürfnissen des praktischen Lebens näher zu treten und seine ars boni et aequi unmittelbar am lebendigen Körper zu versuchen. Will man daher auf dem Gebiete des Civilrechts einen Schutz des Geschäfts- und Fabrikgeheimnisses suchen, so mag man die Entwickelung der Praxis überlassen uud die Rechtsregel so kurz wie möglich darauf stellen, daß der Schwerpunkt in der Ungehörigkeit der Handlungsweise des Beklagten liegt. Wenn eine „ungehörige" Benutzung fremder Geschäfts- und Fabrikgeheimnisse zum Schadenersatz verpflichtet und den Richter in den Stand setzt, sie für die Zukunft zu untersagen, so kann sich der Verletzte in der That nicht damit ausreden, daß es ihm zu unsicher, umständlich und kostspielig erscheine, diesen Weg zu betreten, und daß er es vorziehe, sich der Staatsanwaltschaft behufs Verfolgung seiner Interessen zu bedienen.

Mit dieser einfachen Erwägung wird es freilich auch auf dem Gebiete des Civilrechts nicht abgethan sein. Man wird vor allen Dingen den Zusammenhang des Einzelnen mit dem Ganzen zu erwägen haben und sich die Frage vorlegen müssen, ob und wie eine Auffassung dieser Art in das System des Civilgesetzbuches für Deutschland, dessen neuer Entwurf ja nun vorliegt, hineinpaßt, ob man überhaupt eine Specialbestimmung der fraglichen Art vereinzelt treffen kann, ob es nicht vielmehr nöthig ist, sie mit den Erwägungen über den Schutz gegen concurrence deloyale in Zusammenhang zu bringen. Derartige Erwägungen würden nach mehreren Seiten anzustellen sein; es muß dabei stets im Auge behalten werden, daß ein öffentliches Interesse hier nicht in Frage steht, daß es sich vielmehr nur darum handelt, ob die Gerechtigkeit den Schutz des Privatinteresses und bis zu welchem Grade fordert.

Indessen gehe ich auf die civilrechtliche Seite der Sache nicht näher ein. Es handelt sich hier um den strafrechtlichen Schutz; nur über diesen ist meine Aeußerung verlangt. Diesen strafrechtlichen Schutz kann ich nicht befürworten. Eine strafrechtliche Bestimmung läßt sich nicht so treffen, daß sie sowohl praktisch brauchbar als auch hinlänglich genau ist. Soll sie so genau sein, wie es das Strafrecht fordert, so ist sie praktisch bedeutungslos. Wenn sie praktisch brauchbar sein soll, fällt sie dagegen so aus, daß sie die Rechtssicherheit gefährdet und die Entwickelung der Industrie behindert.

Anlage I.

Eingabe des Vereins zur Wahrung der Interessen der chemischen Industrie Deutschlands an den Fürsten Reichskanzler aus dem Jahre 1884.

Euer Durchlaucht

beehrt sich der ehrerbietigst unterzeichnete Verein einen Nothstand darzulegen, der, obschon die Gewerbtreibenden der verschiedensten Industriezweige angehend, doch ganz besonders lebhaft von der chemischen Industrie empfunden wird. Dieser Nothstand besteht darin, daß die Besitzer von Geschäfts-, Gewerbe- und Fabrikgeheimnissen, soweit letztere aus irgend einem Grunde nicht unter Patentschutz stehen, eines hinreichenden Schutzes dieses ihres geistigen Eigenthums gegen Ausbeutung und Entfremdung von Seiten der Concurrenten entbehren.

Nach den Erfahrungen, welche dem Verein vorliegen, lassen sich die unrechtmäßigen Aneignungen von Resultaten fremder Geistesthätigkeit auf dem Gebiete der chemischen Industrie in drei Klassen sondern, welche durch die Arten resp. Mittel der Erlangung bestimmt werden.

In die erste Gruppe sind die Fälle einzureihen, in welchen Arbeiter und Beamte, welche eine Zeit lang in einer Fabrik beschäftigt gewesen, die dort erlangte Kenntniß von den Besonderheiten des betreffenden Betriebes nachher einem Concurrenzunternehmen mittheilen.

Die zweite Gruppe bilden die Fälle, in welchen noch im Dienste befindliche Arbeiter und Beamte die ihnen in dem Geschäft bekannt gewordenen Fabrikations- und sonstigen Geschäftsvortheile in gewinnsüchtiger Absicht dem Concurrenten preisgeben.

Der dritten Gruppe endlich gehören die Fälle an, in welchen Personen, welche, ohne Angestellte der Fabrik zu sein, durch ihre Berufsthätigkeit als Maschinenfabrikanten, Ingenieure 2c. Kenntniß von derartigen Geheimnissen erhalten, Copien der ihnen gelieferten Zeichnungen 2c. dem Concurrenten ihres Auftraggebers zum Verkaufe anbieten oder Personen zufällig oder in der Absicht der gelegentlichen Geheimnißerforschung in das Geschäft kommen und dieses oder jenes Geheimnis erspähen und stehlen.

In diesen verschiedenen Fällen mißbräuchlicher Verwerthung von Fabrikgeheimnissen ist die Triebfeder ebenso oft in den eignen Impulsen der betreffenden Verräther als in den Verleitungen seitens der Speculanten zu suchen.

Den unterzeichneten Verein haben die Erfahrungen, daß die Betroffenen seiner Industrie einen hinreichenden Schutz gegen solchen Verrath nach Lage der Gesetze von den staatlichen Organen nicht erlangen konnten, zu einer eingehenden Untersuchung geführt, wie diesem Nothstande abzuhelfen.

Der gesetzliche Schutz, so wurde zunächst constatirt, deckt nur die Erfindungen, für welche ein Patent erlangt ist und sichert auch diese nur innerhalb gewisser räumlicher und zeitlicher Grenzen.

Die räumliche Beschränkung des Patentschutzes auf die Grenzen des Staates, in welchem das Patent ertheilt ist, bedeutet aber für den Erfinder den Nachtheil, daß er für den im Inlande gefundenen Schutz sein Geheimniß ohne Noth der ausländischen Concurrenz preisgegeben hat. Und wenn er nun auch seine Erfindung in allen möglichen Ländern patentiren läßt, einzelnen Staaten, wie der Schweiz gegenüber bleibt er schutzlos. Sodann erweisen sich durchaus nicht alle Erfindungen patentfähig oder lassen es dem Erfinder wünschenswerth erscheinen, sie an die Oeffentlichkeit zu bringen. Für eine große Zahl von Hilfsmitteln der Industrie, auf welche weder ein Patent noch auch der Musterschutz nachgesucht werden kann, fehlt der gesetzliche Schutz gänzlich.

In diesen Fällen ist der betreffende Inhaber allein auf die Geheimhaltung seiner Geschäftsvortheile angewiesen. Nun bedingt aber der Gebrauch eines solchen geistigen Besitzes, daß der ausschließliche Besitz aufgegeben und den Personen mitgetheilt werden muß, deren Mitarbeit zur Verwerthung desselben nöthig ist. Also die strengste Geheimhaltung ist meist nicht möglich, und die Mittheilung solcher Geheimnisse der Bereitung, Verarbeitung oder sonstigen Gewinnung von gewerblichen Erzeugnissen an die Angestellten schließt die Gefahr in sich, daß die Angestellten theils aus sich selbst heraus, theils durch Geschenke und Versprechungen Anderer verführt, die so gesammelten Kenntnisse der Concurrenz preisgeben und dadurch den Fabrikanten um die Früchte seiner Arbeit bringen. Welch unsäglicher Schaden dadurch den Fabrikanten erwächst, liegt auf der Hand, denn häufig genug hängt die vermögensrechtliche und persönliche Existenz des Besitzers eines solchen Geheimnisses, das er sich mit Mühe und Arbeit nach langem Studium und unter Aufwendung bedeutender Kosten erworben hat, von der Wahrung desselben vollständig ab, oder es beruht doch zum wenigsten auf derselben ein großer Theil seines Gewinnes und des Lohnes für seine Arbeit.

Die aus dem Geheimnißverrath resultirenden Zustände sind so schreiender Art, daß die schleunige Abhilfe durch gesetzliche Schutzmaßregeln zur zwingenden Nothwendigkeit geworden ist. Denn abgesehen davon, daß durch den Verrath der Geschäftsgeheimnisse der wirthschaftliche Ruin des Unternehmers und größerer Kreise von Arbeitern herbeigeführt werden kann, müssen auch die nachtheiligsten Einwirkungen auf die wirthschaftlichen Verhältnisse des Staates selbst befürchtet werden.

Während auf anderen Gebieten der Schutz des geistigen Eigenthums hinreichend gewährt ist, entbehrt ihn das Gewerbe für diese Art von Geschäfts-, Gewerbe- und Fabrikgeheimnissen gänzlich. Dem nicht durch Patent geschützten Erfindungsbenutzer bleibt bei dem gegenwärtigen Stand der Gesetzgebung zunächst nichts anderes übrig, als sich seinen, mit dem Geheimniß thatsächlich bekannt gewordenen Beamten und Arbeitern gegenüber auf dem Wege des Vertrages gegen concurrirende Geheimnißausnützung zu schützen.

Allein alle Mittel und Wege der Selbsthilfe bleiben, wie der unterzeichnete Verein sich überzeugen mußte, unzureichend.

Die Selbsthilfe auf dem Wege privater Vereinbarungen der Industriellen untereinander ist unausführbar, weil diejenigen Fabrikanten, welche aus dem Verrath von Fabrikgeheimnissen Vortheil ziehen wollen, sich einer solchen Convention überhaupt nicht anschließen.

Zu weitgehend erscheint die von verschiedenen Seiten in Vorschlag gebrachte und wohl auch zur Anwendung gekommene Abmachung, wonach Beamte und Arbeiter nur mit Zustimmung ihrer früheren Chefs anderweitige Stellung finden sollen. Die ersteren werden dadurch in der Ausnutzung ihrer Arbeitskraft dadurch in unbilliger Weise beschränkt. Von anderer Seite hat man die Forderung aufgestellt, daß der Angestellte sich binde, bei eventuellem Austritt nicht oder nur innerhalb bestimmter Frist in eine ähnliche Fabrik überzugehen oder seine etwa erworbenen Kenntnisse nicht zu seinem Vortheile zu verwerthen. Aber der Clausel, auf welche man so oft bei Verträgen stößt:

> „Betreffender verpflichtet sich, innerhalb einer gewissen Zeit nicht in eine ähnliche Fabrik überzutreten",

ist als einer in einseitigem Interesse getroffenen, die persönliche Freiheit des Individuums unterdrückenden und deshalb unverbindlichen Stipulation die richterliche Anerkennung häufig genug versagt worden. Und nicht mit Unrecht; denn es muß als ein unbedingtes Postulat der persönlichen Freiheit gelten, daß ein Jeder berechtigt ist, den Inhalt seines auf rechtmäßige Weise erworbenen Wissens frei zu verwerthen. Das Fortkommen der Betreffenden und ihre weitere Ausbildung, an der auch die Industrie ein lebhaftes Interesse hat, würde sonst auf die empfindlichste Weise geschädigt werden.

Ebenso ungenügend ist die Sicherung, welche sich Fabrikanten dadurch zu verschaffen suchen, daß sie ihre Angestellten durch ehrenwörtliche Verpflichtung oder durch Stipulirung von hohen Conventionalstrafen binden. Ein anderer Vorschlag geht dahin, das Versprechen, das Geschäftsgeheimniß zu wahren, sich als Sicherheitsbestellung eidlich vor Gericht versichern zu lassen und solchen Eidbruch unter die Strafbestimmung des § 162 R. St. G. B. zu stellen. Allein abgesehen davon, daß es fraglich ist, ob überall die Behörden auf Abnahme eines solchen Cautionseides eingehen werden, sind wohl unter jenen eidlichen Angelöbnissen vor Gericht nur die von Amtswegen erforderten zu verstehen, so daß diese Bestimmung nicht ausgedehnt werden kann auf eidliche Versprechen, welche auf Wahrung eines Fachgeheimnisses gerichtet sind. Ist aber hierauf kein Strafgesetz anwendbar, so bleibt ebenso wie gegen Ehrenwortbruch, kein anderer Schutz übrig als öffentliche Brandmarkung, ein Mittel, das den gegenüber, welche aus dem Geheimnißverrath ein schmachvolles Gewerbe machen, völlig unwirksam ist. Endlich der Weg der Civilklage auf Entschädigung ist ein so unsicherer, umständlicher und kostspieliger, daß wohl die Meisten vor diesem Mittel zurückschrecken.

Es bleibt also als einziger Ausweg nur die gesetzliche Regelung übrig und zwar durch Erweiterung des Strafgesetzbuches dahin, daß der Vertrauensbruch, wie er oben näher präcisirt ist, der Geschäftsgeheimnißverrath, unter die Vergehen des gemeinen Strafrechts aufgenommen wird.

Die obigen Ausführungen dürften das dringende Bedürfniß nach strafrechtlichen Schutzbestimmungen hinreichend nachgewiesen haben. Ein solcher staatlicher Schutz ist geradezu eine Bedingung des gesicherten Fortbestehens und Fortentwickelung der Industrie und Technik, so daß zur Begründung dieser Forderung an sich kein Wort hinzugefügt zu werden braucht. Wohl aber fragt sich, wie und an welchen Punkte des Strafgesetzes der Hebel einzusetzen ist.

Es wird zu prüfen sein, ob ein Unterschied in der Verschuldungsart des Vertrauensbruches zu machen und in der gesetzlichen Terminologie des Geschäftsgeheimnißverraths auszudrücken ist. Der Geheimnißverrath kann nämlich fahrlässig, durch leichtsinniges, unüberlegtes Ausplaudern, sowie vorsätzlich, durch absichtlichen, berechneten Verrath verübt werden. Erblickt man das Strafbarkeitsmoment lediglich in der unbefugten Offenbarung von Geheimnissen, gleichgiltig, welches die Triebfedern zu dem Vertrauensbruch bilden, so ist kein die Verschuldungsart erwähnender Zusatz zu machen. Alsdann würde sich die benöthigte, strafrechtliche Bestimmung wohl am besten in den Abschnitt 25 des Strafgesetzbuches einreihen, welcher handelt vom „strafbaren Eigennutz und Verletzung fremder Geheimnisse.“ Dort ist nämlich im § 300 die unbefugte Offenbarung von Geheimnissen in ausdrücklich namhaft gemachten, eine Ausdehnung nicht zulassenden Verhältnissen unter Strafe (Geldstrafe bis 1500 M. oder Gefängnisstrafe bis zu 3 Monaten) gestellt. Im Anschluß hieran würde in einem Zusatzparagraphen 300 d Platz für die Strafthat der unbefugten Offenbarung von Geschäfts-, Gewerbe- und Fabrikgeheimnissen sein.

Die Strafbarkeit dieses Vergehens liegt dann in der Verletzung der Verpflichtung zur Treue derjenigen Personen, welchen durch ihre geschäftliche Stellung zu den Geschäftseigenthümern das Geheimzuhaltende als Geheimniß bekannt geworden und welche nichtsdestoweniger dieses Geheimniß an andere mittheilen.

Aus diesem in einer Beziehung weiten Genus der Strafthat würde dann als Species der Fall herauszuheben sein, wo ein gemeiner Beweggrund (Schadenfreude oder schnöde Gewinnsucht) die unbefugte Offenbarung von Fabrik- 2c. Geheimnissen veranlaßt hat. Es würde dies als qualificirter Verrath oder Verrath unter erschwerenden Umständen anzusehen sein. Da der Geschäftsgeheimnißverrath nicht selten die Folge von Verleitung seitens der Concurrenten ist, so ist die Strafbestimmung nicht allein gegen Beamte und Arbeiter, sondern gleichzeitig und vornehmlich gegen solche Fabrikanten zu richten, welche es für erlaubt halten, die Angestellten ihrer Concurrenten durch Versprechungen zur Untreue zu verleiten. Es muß dies deshalb mit einer besonderen Strafrechtsnorm bedroht sein, weil der strafrechtliche Begriff der Anstiftung, welcher allemal ein angewandtes Mittel voraussetzt, nicht alle Verleitungshandlungen deckt und ganz sicher nicht den doch ebenso straffälligen Versuch eines Dritten begreift, sich in den Besitz von Geschäftsgeheimnissen durch den strafbaren Verrath eines Eingeweihten zu setzen. Endlich muß auch besonders unter Strafe gestellt werden die Aneignung von Geschäftsgeheimnissen, welche durch solche Personen vermittelt worden ist, welche nicht in einem persönlichen Geschäftsverhältniß zu dem Inhaber stehen. Erst wenn das Strafgesetzbuch alle diese Handlungen als straffällig hinstellt, kann von einem wirksamen und wirklichen Schutze gegen mißbräuchliche Verwendung und Entfremdung von Fabrikgeheimnissen die Rede sein. Glaubt dagegen der Staat den Schutz durch Strafgesetze nur dann eintreten lassen zu müssen, wenn der Geheimnißverrath vorsätzlich, d. h. in rechtswidriger Absicht begangen worden ist, sei es, daß der Thäter die Absicht hatte, Jemand zu schaden, sei es, daß er die Absicht hatte, sich oder einem Dritten einen rechtswidrigen Vermögensvortheil zu verschaffen, so würden die diesbezüglichen Strafbestimmungen sich besser in den Abschnitt 22: „Betrug und Untreue" einreihen und dem § 366 anschließen.

Bei Schädigung von Geschäftsinteressen müßte natürlich die Zulässigkeit der Verhängung einer Geldbuße ausgesprochen sein.

Der unterzeichnete Verein will es nicht auf sich nehmen, den gesetzlichen Bestimmungen, welche er zum Schutze des geistigen Eigenthums an Fabrikgeheimnissen für nothwendig erachtet, eine bestimmte Formulirung zu geben, vielmehr glaubt sich derselbe damit begnügen zu müssen, auf die hauptsächlichsten dabei in Betracht kommenden Punkte aufmerksam gemacht zu haben, nur will er nicht unterlassen, auf die, seine Wünsche ziemlich deckenden Artikel 285 und 320 des früheren durch die Einführung des deutschen Reichsstrafgesetzbuches aufgehobenen thüringischen Strafgesetzbuches hinzuweisen, Diese lauten:

Art. 285: Eindringen in fremde Geheimnisse:

Wer unbefugter und eigenmächtiger Weise an einen Anderen gerichtete Briefe oder Urkunden, Handelsbücher oder sonstige Papiere eines Anderen, welche geheim gehalten zu werden pflegen, eröffnet, liest, abschreibt oder abschreiben läßt, oder sich in gleicher Weise Kenntniß von den geheimen Einrichtungen eines Anderen bei einem Gewerbebetriebe verschafft, wird bestraft auf Antrag des Betheiligten mit Gefängniß bis zu 6 Wochen oder verhältnißmäßiger Geldbuße, und wenn der Thäter die Absicht hatte, Jemand zu schaden oder sich oder einem Dritten einen rechtswidrigen Vermögensvortheil zu verschaffen, mit Gefängniß bis zu 4 Monaten oder verhältnißmäßiger Geldbuße.

Art. 320. „Verletzung pflichtmäßiger Verschwiegenheit." Staatsdiener und andere öffentlich angestellte Personen, ingleichen Privatdiener und Personen, welche in Fabriken oder anderen gewerblichen Unternehmungen beschäftigt sind, werden mit Gefängniß bis zu 4 Monaten oder mit verhältnißmäßiger Geldstrafe belegt, wenn sie dasjenige, was ihnen vermöge ihres Amtes, ihrer Stellung oder ihres Dienstes bekannt oder anvertraut ist und sie geheim zu halten verpflichtet sind, an Andere mittheilen.

Diesen Artikeln entsprechende Schutzbestimmungen erscheinen als ein ebenso unabweisbares wie unbestreitbares Bedürfniß.

Euer Durchlaucht beehrt sich der gehorsamst unterzeichnete Verein die Bitte vorzutragen, hochgeneigtest dahin wirken zu wollen, daß der Industrie gesetzlicher Schutz des geistigen Eigenthums an Fabrik- und Geschäftsgeheimnissen baldmöglichst zu Theil werde.

Wir verharren Eurer Durchlaucht

ehrerbietigster

Verein zur Wahrung der Interessen der chemischen Industrie Deutschlands.

Anlage II.

Gutachten der Handelskammer zu Leipzig,

betr. den Schutz der kaufmännischen Geschäfts- und der Fabrik-Geheimnisse. Dem Königlichen Ministerium des Innern erstattet unter dem 28. März 1885.

Zufolge der Verordnung des Königlichen Hohen Ministeriums vom 3./8. d. M., Nr. 482, III. A., den Schutz der Fabrik- und Geschäftsgeheimnisse betreffend, haben wir die Betheiligten unseres Bezirks mittels öffentlichen Aufrufs zur Mittheilung ihrer Erfahrungen und Wünsche aufgefordert; neun Firmen haben dieser Aufforderung entsprochen, und wir beehren uns im Nachstehenden den wesentlichen Inhalt der Eingaben derselben dem Königlichen Hohen Ministerium zu unterbreiten und unser gutachtliches Urtheil daran anzuknüpfen. Wir müssen dabei von vorn herein zwischen kaufmännischen Geschäftsgeheimnissen und Fabrikgeheimnissen unterscheiden.

1.

Was die kaufmännischen Geschäftsgeheimnisse anlangt — dahin rechnen wir aber auch diejenigen, welche sich auf den kaufmännischen Betrieb einer Fabrik beziehen —, so ist uns zunächst ein Fall mitgetheilt worden, in welchem eine in einem Geschäftsbriefe enthaltene ungünstige Aeußerung über einen Concurrenten diesem von einem früheren Angestellten des Briefschreibers nach seinem Abgange aus dessen Geschäft unter Angabe der Seite des Copirbuchs wörtlich mitgetheilt worden ist und der Betroffene darauf Verleumdungsklage erhoben hat (übrigens ohne Erfolg, da die fragliche Aeußerung als wahrheitsgetreu erwiesen wurde). Wir gehen indessen wohl nicht fehl in der Annahme, daß nicht die Absicht besteht, einen derartigen Vertrauens-Mißbrauch, bei welchem die Beziehung zum kaufmännischen Geschäft überhaupt untergeordneter Art ist, durch das etwa zu erlassende Gesetz mit zu treffen.

Ein Fall, welcher häufig vorkommt und auch in einer der vorliegenden Eingaben erwähnt wird, ist der, daß ein Handlungsgehülfe nach seinem Abgange in ein Concurrenz-Geschäft eintritt, obgleich er sein Ehrenwort gegeben hatte, dies innerhalb eines gewissen Zeitraums nicht zu thun.

Verwandt ist der in einer anderen Eingabe berichtete Fall, daß zwei Angestellte sich die Kunden- und die Bezugsquellen-Verzeichnisse ihres Principals abschreiben und dann gemeinschaftlich ein Concurrenzgeschäft begründen.

Auch der Fall wird angeführt, daß ein Angestellter von einem Concurrenten unter Anbietung höheren Gehalts aufgefordert wird, in sein Geschäft überzutreten und Kundenverzeichnisse und dergl. mitzubringen.

So empfindlich derartige Erfahrungen für den Betroffenen sind und so begreiflich der Wunsch ist, daß der Wiederkehr derselben durch Strafbestimmungen vorgebeugt werde, so halten wir es doch nicht für ausführbar, auf dem Wege der Special-Gesetzgebung einen wirksamen Schutz dagegen zu gewähren, ohne zu sehr bedenklichen Folgerungen zu gelangen. Die Grenze des Erlaubten ist nicht allgemeingültig zu bestimmen. Auch spricht sich eine der vorliegenden Eingaben geradezu gegen besondere Schutzvorschriften aus, während die Behauptung, in anderen Ländern bestehe ein solcher Schutz, ohne nähere Begründung geblieben ist. Bekannt ist uns, daß in Frankreich der Begriff der concurrence déloyale sehr weit aufgefaßt wird und daß die Gerichte Anträgen auf Zubilligung von Schadensersatz ohne Schwierigkeit Gehör geben. Unseres Wissens beruht dies aber lediglich auf dem einfachen Satze des Code civil, Art. 1382, welcher auch dem Schadensersatz bei Fabrikunfällen in Frankreich zu Grunde liegt:

> Tout fait quelconque de l'homme, qui cause à autrui un dommage, oblige celui, par la faute duquel il est arrivé, à le réparer.

Die im Vergleich zu deutscher Rechtsprechung sehr weite Auslegung dieses Grundsatzes gewinnt noch dadurch an praktischer Bedeutung, daß die Kundschaft, achalandage („un ensemble de relations suivies, qui se sont établies entre un industriel et les consommateurs"), in Frankreich schon längst als ein Vermögensobjekt anerkannt worden ist: „une valeur aussi digne de protection que la propriété matérielle" (Waelbroek, cours de droit industriel). Nachdem die formellen Hindernisse, welche die früheren Proceßgesetze in Deutschland einer solchen Rechts-Entwickelung entgegensetzten, hinweggefallen sind und namentlich die Verfolgung von Schädenansprüchen wesentlich erleichtert ist, wird es auch bei uns besonderer gesetzlicher Vorschriften zum Schutz der kaufmännischen Geschäftsgeheimnisse nicht bedürfen.

Gegen die Gefahr insbesondere, daß Handlungsgehülfen ihrem Principal später Concurrenz machen, kann dieser — selbstverständlich nur innerhalb vernünftiger Grenzen — sich durch geeignete Vertragsbestimmungen, zu deren Sicherung Conventionalstrafen zu empfehlen sind, wohl schützen.

2.

Ueber Mißbrauch und Verrath von Fabrikgeheimnissen sind uns ebenfalls verschiedene Erfahrungen mitgetheilt worden.

Was zunächst die chemische Industrie, von welcher die Anregung zu der gegenwärtigen Vorlage ausgegangen ist, und die verwandten Geschäftszweige anlangt, so klagt der hiesige Inhaber einer außerhalb des Bezirks gelegenen Farbenfabrik, daß der Verwalter einer seiner Zweigniederlassungen, nachdem er den Betrieb mit seinen auf vielfachen Versuchen beruhenden Vortheilen genau kennen gelernt, seinem Versprechen zuwider in der Nähe, und zwar mit fremdem Capital, ein Concurrenz-Unternehmen begründet habe; einen deshalb angestrengten Proceß habe er zwar gewonnen, es werde aber von dem Verklagten kaum etwas zu bekommen sein. Ferner berichtet der Inhaber einer Fabrik vulkanisirter Kautschuk-Stempel, bei welcher die besondere Art der Herstellung der vulkanisirten Kautschuk-Platten auf Geheimniß beruht, daß auswärtige Concurrenten die Specialarbeiter seiner Fabrik durch Versprechen höherer Löhne zum Eintritt in ihre Geschäfte zu veranlassen versucht haben. Dagegen behauptet der Verfasser der schon unter 1 erwähnten, dem Erlaß gesetzlicher Vorschriften grundsätzlich abgeneigten Eingabe, welcher früher eine Lackfabrik besessen hat, dem wir aber ein maßgebendes Urtheil über die chemische Industrie in ihren sonstigen Zweigen doch nicht zugestehen können, Geschäftsgeheimnisse, welche eines Schutzes bedürften und solchen verdienten, seien überhaupt in der chemischen Industrie nicht vorhanden, nöthigenfalls könne man sich durch Vertrag schützen und für wirkliche Neuerungen biete das Patentgesetz den erforderlichen Schutz.

Aus anderen Industriezweigen liegen noch drei Eingaben vor. In der einen wird geklagt, daß Zeichner in Maschinenfabriken nicht selten Zeichnungen und Entwürfe mittels Pausen oder Copien vermöge Bestechung an Concurrenten verrathen; ein Mitglied des mit der Vorberathung betrauten Ausschusses theilte dazu mit, daß Copien von Zeichnungen aus berühmten Maschinenfabriken von unbefugter Seite geradezu zum Kauf ausgeboten werden. Ein weiterer Mißbrauch besteht darin, daß Modelle, welche einer Gießerei zur Anfertigung von Abgüssen anvertraut worden sind, von dieser zugleich zu Abgüssen für unberechtigte Dritte benutzt werden. — Ferner berichtet der Inhaber einer Gravir-Anstalt, ein Gehülfe habe sich eine Musterkarte von Abdrücken gravirter Platten, darunter von Neuigkeiten, die im Auftrage eines Dritten angefertigt wurden, zusammengestellt und daraufhin theils für sich Bestellungen gesucht, theils die Neuigkeiten einem Concurrenten verrathen, der nun dem Besteller zuvorgekommen sei. Nach den von uns herbeigezogenen Akten ist der Gehülfe in erster Instanz wegen Diebstahls zu 14 Tagen Gefängniß verurteilt, in zweiter Instanz aber freigesprochen worden, weil theils den fraglichen Abdrücken ein Vermögenswerth nicht zuerkannt, theils die zum Begriff des Diebstahls erforderliche Absicht der Zueignung vermißt worden ist. Ein ähnlicher Fall wird von dem Inhaber einer Koffer-Fabrik mitgetheilt: zwei Angestellte haben mit Benutzung seiner auf Grund mehrjähriger Versuche hergestellten Modelle von für den Export geeigneten Koffern, seiner Calculationen u. s. w. auswärts ein Concurrenzgeschäft begründet. Aus Besorgniß vor ähnlichem Mißbrauch des Vertrauens, fügt derselbe hinzu, sehe er sich an der Einführung einer Verbesserung, die weder für Patent- noch für Musterschutz geeignet sei, behindert.

Hier liegen nun Interessen vor, welche unseres Erachtens besonderen Schutz erheischen. Das sächsische Gewerbegesetz vom 15. October 1861 enthielt in § 72 eine darauf abzielende Bestimmung:

> Arbeiter oder in Fabriken Angestellte, Factore und dergleichen, welche Muster (Karten, Modelle, Schablonen, Stick- oder Nähreste, Klöppelbriefe 2c.) oder Verfahrungsweisen, die ihnen von den Arbeitgebern unmittelbar oder mittelbar, auch ohne ausdrückliche Verpflichtung zur Geheimhaltung mitgetheilt sind, ohne Genehmigung der letzteren Anderen mittheilen, copiren oder copiren lassen . . ., verfallen — sofern nicht im einzelnen Falle die Voraussetzungen der strafrichterlichen Competenz vorhanden sind — in eine Strafe bis zu fünfzig Thalern oder vier Wochen Gefängniß. Den oben angedrohten Strafen unterliegen auch Personen, welche sich an den bezeichneten Vergehen durch Anstiftung, Beihülfe oder auch bloß durch Annahme der verbotenen Mittheilung oder sonst betheiligt haben, nach Maßgabe ihrer Theilnahme oder der geleisteten Hülfe.

Diese Bestimmung erscheint wohl geeignet, zum Anhalt für eine gesetzliche Regelung der fraglichen Verhältnisse genommen zu werden. Nach dem gegenwärtigen Stande der Industrie wird die Darlegung des Thatbestandes vielleicht etwas zu erweitern sein: namentlich verdient auch der oben erwähnte Fall des Mißbrauchs von Gußmodellen Berücksichtigung. Ebenso wird das Strafmaß höher zu greifen sein; daß auf Gefängnißstrafe nicht bloß im Unvermögensfalle erkannt werden könne, ist jedenfalls zweckmäßig.

Unser Gutachten geht hiernach dahin,

daß ein besonderer gesetzlicher Schutz der kaufmännischen Geschäftsgeheimnisse nicht ausführbar erscheint, daß dagegen der Erlaß gesetzlicher Vorschriften zum Schutz der Fabrikgeheimnisse, und zwar nach Art derjenigen in § 72 des sächsischen Gewerbegesetzes vom 15. October 1861, jedoch unter Berücksichtigung der veränderten Verhältnisse der Industrie, zu empfehlen ist.

Unter Beifügung eines Auszugs aus dem Sitzungs-Protokolle verharren wir in größter Ehrerbietung.

Leipzig, 28. März 1885.

Die Handelskammer.

A. Thieme, stellv. Vorsitzender. Dr. Gensel, S.

Anlage III.

Den Schutz des Gewerbegeheimnisses betreffend.

An das

Großherzogliche Ministerium des Innern in Karlsruhe.

Was vor Allem die wohl am meisten in Betracht kommende **chemische Industrie** betrifft, so weist ein hiesiges Etablissement nachdrücklich auf die Licht- und Schattenseiten einer solchen Gesetzgebung zugleich hin; man schreibt: „Es kann kein Zweifel darüber bestehen, daß dem Unfug der technischen Diebstähle wirksam nur durch eine stramme Gesetzesschranke Einhalt geboten werden kann; solange ein diesbezügliches Gesetz, welches sowohl die Verräther von Fabrikationsgeheimnissen als namentlich denjenigen, welcher dieselben zum Verrathe verleitet, scharf bestraft, nicht besteht, ist keine Besserung zu erhoffen. Eine Konventionalstrafe von wenigen Tausend Mark hindert eine Aktiengesellschaft, die über Millionen verfügt, nicht, einen Betriebsbeamten zum Uebertritt in ihren Dienst und damit nothgedrungen zum technischen Diebstahl zu verleiten; hat der verleitete Beamte nicht die Mittel, jene Konventionalstrafe zu entrichten, so besorgt dies die verleitende Gesellschaft; denn der so Gewonnene ist mit seinen Zeichnungen und sonstigen oft auf Jahrzehnte zurückreichenden Betriebserfahrungen in allen Fällen mehr werth. Diese Art Vertrauensbruch wird namentlich zwischen neuen Anlagen und unerfahrenen Betriebsbeamten kultivirt, und beide Theile befinden sich wohl dabei. Beide Theile sind zwar straffällig, die moralischen Vorwürfe werden aber auf der einen Seite durch bedeutend erhöhtes Einkommen, durch Titulaturen (Direktor u. s. w.), auf der andern Seite durch Ersparung enormer Geldopfer, die in Folge von Unkenntniß der einzuhaltenden Verfahrungsweisen u. s. w. unabweislich eintreten müßten, aufgewogen. Das Geschäft, dem der junge Betriebsdirigent weggenommen wurde, hat ja diese Opfer bereits gebracht und der fragliche Dirigent dabei eine vortreffliche Schule genossen. Trotz aller Vertragsklauseln wird solchem Unwesen ohne gesetzliche Strafe nicht gesteuert werden." Aber auch die Kehrseite der Medaille fehlt nicht: „Ein Geschäft hat einen strebsamen Mann großgezogen, d. h. er ist gewissermaßen mit dem Geschäfte groß geworden und hat neben seiner persönlichen Ausbildung diejenige des Geschäfts mitgemacht; derselbe hat zweifellos für das Geschäft einen großen Werth, aber man verweigert ihm eine Stellung oder eine Behandlung, die er verdient zu haben glaubt, auch besser wie mancher andere ausfüllte und würdigte; die Folge der Zurücksetzung, meint unser Gewährsmann, wird sein, daß derselbe bei genügender Energie suchen wird, die verdiente Anerkennung anderwärts zu finden." Aber hier liegt unseres eigenen Ermessens auch der Keim zu Schlimmerem: ein Strafgesetz wird unter Umständen leicht zu einem hartgefühlten Monopol in der Hand von Fabrikanten, welche mit dem Strafgesetze den Uebertritt des vielleicht absichtlich Zurückgesetzten in verwandte Geschäfte vereiteln können, — und nur in solchen kann ja dieser wieder Ersatz für seine bisherige Thätigkeit finden und suchen. Gerade in Anknüpfung an letztere Gedanken schreibt man uns aus einer andern, sehr bedeutenden chemischen Fabrik im Handelskammerbezirke: „Es ist auch zu berücksichtigen, daß Betriebe die Ausbildung von Fabrikationsverfahren ebenso oft den Angestellten als den Unternehmern verdanken, daß es also im übelverstandenen eigenen Interesse ist, wenn Unternehmer durch Auferlegung maßloser Bedingungen, die den Zweck haben sollen, wirkliche oder vermeintliche Geheimnisse zu schützen, die Entwicklung ihrer Angestellten hemmen." Aus demselben Etablissement wird uns weiter mitgetheilt, daß in den 70er Jahren von einem Spezialdirektor Pläne der Fabrik copirt und die Copien zur Erbauung einer neuen Fabrik verwendet worden seien. Die solcherweise hergestellte Fabrik sei aber nach wenigen Jahren eingegangen, „ein Beweis," fügt unser Berichterstatter bei, „daß schablonenhaftes Copiren einer gut rentirenden Anlage das Gedeihen der Copie selbst nicht garantirt." Von derselben Firma wird überhaupt am Schlusse ihres Berichts geäußert, daß, so wünschenswerth es auch ist, daß Gewerbegeheimnisse den richtigen gesetzlichen Schutz genießen, doch die Gefahr nahe liege, daß die Gesetzgebung auf diesem Gebiete eine zu einseitige, engherzige werde und auf die freie Entwicklung von Handel und Gewerbe einen lähmenden Einfluß ausüben kann. Diese Anschauung ist von der Voraussetzung getragen, daß durch eine glückliche Fabrik-Organisation, ferner durch Einrichtung eines Enthaltungsjahres bei aus der Fabrik Austretenden, durch Herstellung von Theilen einer schützenswerth erachteten Maschine in verschiedenen Fabriken u. s. w. gar Manches geschehen könnte; zum Belege wird auf die Etablissements Krupp, Gruson, Solvay, die Spiegelmanufaktur Waldhof im Handelskammerbezirke verwiesen. — Von einer Seifenfabrik wird uns mitgetheilt, daß der Mißbrauch von Gewerbegeheimnissen heute derartig in Deutschland organisirt sei, daß es längst Bureaux gebe, welche sich ein Geschäft daraus machen, Fabrikationsgeheimnisse 2c. zu erspähen oder von Werkführern und Arbeitern zu erwerben, um dann darnach Recepte zu fabriciren. Auch der weitere Verdacht sei begründet, daß solche Bureaux im Auftrage Anderer spioniren und, wenn das Feld bearbeitet, auch Fachzeitungen in irgend einer Weise gegen Entgelt versorgen.

Aus der **Maschinenbranche** erhielten wir von einer größeren hiesigen Fabrik folgende Mittheilung: Im Frühjahr 1883 wurde derselben von einem auswärtigen Concurrenzgeschäft ein anonym an dieses abgesendeter Brief vorgelegt, der die Offerte enthielt, gegen Zahlung einer Provision alle Anfragen, welche an die hiesige Firma gelangten, sowie alle Offerten, welche von derselben gemacht werden, mittheilen zu wollen. Der beschädigten, bezw. mit Schaden bedrohten Firma blieb kein anderes Repressionsmittel als die sofortige Dienstentlassung des Schuldigen, nachdem es ihr gelungen war, denselben zu entlarven. Die Gefahr, wird zugefügt, bezüglich solcher technischen Diebstähle, wachse mit der Genußsucht der jungen Leute.

* * *

Wenn wir nun nach diesen thatsächlichen Mittheilungen der Frage selbst unsererseits näher treten, so besteht wohl zunächst darüber, ob ein Bedürfniß bestehe, kaufmännische und Industriegeschäfte in Bezug auf all dasjenige, was in ihren Etablissements wirklich individualrechtlicher Natur sei, gegen frivole Ausbeutung durch Dritte, seien sie unmittelbar Thäter oder nur Anstifter, Begünstiger und Gehülfen, sicher zu stellen, prinzipiell kaum irgendwo ein Zweifel. Die Schwierigkeiten beginnen erst bei der Frage, I. was ist unter die Individualrechte zu subsumiren? und ferner II. welcher Weg ist einzuschlagen, der civil- oder der kriminalprozessuale Weg oder beide? und III. unter Zuhülfenahme welcher Garantien gegen Urtheile, welche die thatsächlichen geschäftlichen Verhältnisse ignoriren?

I.

Die Bejahung der Frage des Schutzes im Allgemeinen ist auch keineswegs neu; wenn auch alle unsere modernen Lehrbücher, Enzyklopädien und Monographien der Volkswirthschaft und der Rechtssprechung der Aufschlüsse über diese Frage entbehren, so haben doch die früheren in Folge der Schaffung eines Reichsstrafgesetzbuches derogirten Strafgesetzbücher der einzelnen deutschen Staaten darüber sich mannigfach verbreitet.

Am meisten bekannt sind die Artikel 285 und 320 des Thüring'schen Strafgesetzbuches.

> „Art. 285: **Eindringen in fremde Geheimnisse:** Wer unbefugter und eigenmächtiger Weise an einen Andern gerichtete Briefe oder Urkunden, Handelsbücher oder sonstige Papiere eines Andern, welche geheim gehalten zu werden pflegen, eröffnet, liest, abschreibt oder abschreiben läßt, oder sich in gleicher Weise Kenntniß von den geheimen Einrichtungen eines Andern bei einem Gewerbebetriebe verschafft, wird bestraft auf Antrag des Betheiligten mit Gefängniß bis zu 6 Wochen oder verhältnißmäßiger Geldbuße, und, wenn der Thäter die Absicht hatte, Jemand zu schaden oder sich oder einem Dritten einen rechtswidrigen Vermögensvortheil zu verschaffen, mit Gefängniß bis zu 4 Monaten oder verhältnißmäßiger Geldbuße."
>
> „Art. 320: **Verletzung pflichtmäßiger Verschwiegenheit:** Staatsdiener und andere öffentlich angestellte Personen, ingleichen Privatdiener und Personen, welche in Fabriken oder andern gewerblichen Unternehmungen beschäftigt sind, werden mit Gefängniß bis zu 4 Monaten oder mit verhältnißmäßiger Geldbuße belegt,

wenn sie dasjenige, was ihnen vermöge ihres Amtes, ihrer Stellung oder ihres Dienstes bekannt oder anvertraut ist und sie geheim zu halten verpflichtet sind, an Andere mittheilen."

Aber auch das sächsische Gewerbegesetz vom 15. Oktober 1861 enthielt in § 72 folgende Bestimmung:

„Arbeiter oder in Fabriken Angestellte, Faktore und dergleichen, welche Muster (Karten und Modelle, Schablonen, Stick- oder Nähreste, Klöppelbriefe ꝛc.) oder Verfahrungsweisen, die ihnen von den Arbeitgebern unmittelbar oder mittelbar, auch ohne ausdrückliche Verpflichtung zur Geheimhaltung, mitgetheilt sind, ohne Genehmigung der letzteren Anderen mittheilen, copiren oder copiren lassen, ... verfallen — sofern nicht im einzelnen Falle die Voraussetzungen der strafrichterlichen Competenz vorhanden sind — in eine Strafe bis zu 50 Thalern oder vier Wochen Gefängniß. Den oben angedrohten Strafen unterliegen auch Personen, welche sich an den bezeichneten Vergehen durch Anstiftung, Beihülfe oder auch bloß durch Annahme der verbotenen Mittheilung oder sonst betheiligt haben, nach Maßgabe ihrer Theilnahme oder der geleisteten Hülfe."

Nicht minder enthielt das Badische Strafgesetzbuch vom 6. März 1845 in § 544 folgende Bestimmung:

„Gehülfen in Fabriken, welche die ihnen im Berufe anvertrauten Fabrikgeheimnisse zum Nachtheil ihres Dienstherrn unbefugter Weise Andern offenbaren, werden auf Anzeige des Beschädigten, ohne Unterschied, ob solches während des Dienstverhältnisses oder nach dem Austritt aus demselben, geschah, mit Gefängniß bestraft."

Das Württembergische Strafgesetzbuch vom 1. März 1839 bestimmte Folgendes:

VIII. **Beschädigung durch Verletzung fremder Geheimnisse.**

Art. 369. Wer, um Jemand zu schaden, oder um sich oder einem Dritten einen rechtswidrigen Vortheil zu verschaffen, in fremde Geheimnisse dadurch sich eindrängt, daß er eines Andern Briefe, Urkunden, Akten, Handelsbücher oder andere Papiere erbricht, liest, abschreibt, erbrechen, lesen oder abschreiben läßt, soll auf Klage des Verletzten mit Gefängniß bis zu drei Monaten, und, wenn er seinen rechtswidrigen Zweck ganz oder zum Theil erreicht hat, mit Kreisgefängniß bestraft werden.

Art. 370. Gleiche Strafen treffen, auf Klage der Beschädigten, die in Fabriken oder in Handelshäusern angestellten Gehülfen, welchen in Beziehung auf ihren Beruf oder ihre Beschäftigung Geheimnisse anvertraut worden, wenn sie ein solches Geheimniß Anderen unbefugter Weise mittheilen.

Endlich das Bayerische Strafgesetzbuch vom 10. November 1861 in §§ 337 und 338.

Art. 337: Wer fremde Briefe, Urkunden, Handelsbücher, oder andere Papiere unbefugt erbricht, liest oder abschreibt, um mittelst der dadurch erlangten Kenntniß einem Anderen zu schaden, oder sich oder einem Dritten einen rechtswidrigen Vortheil zu verschaffen, soll mit Gefängniß bis zu sechs Monaten oder an Geld bis zu 400 Gulden bestraft werden. Ist der beabsichtigte Schaden oder Vortheil ganz oder theilweise bewirkt worden, so kann die Gefängnißstrafe mit der Geldstrafe verbunden und letztere bis zu 1000 Gulden erhöht werden.

Wer ohne die Absicht, einem Dritten zu schaden oder einem Dritten einen rechtswidrigen Vortheil zu verschaffen, unbefugt fremde Briefe erbricht, ist an Geld bis zu 50 Gulden oder mit Arrest bis zu 14 Tagen zu bestrafen.

Art. 338: Wer unbefugt fremde Handels-, Fabrik- oder Gewerbsgeheimnisse, deren Kenntniß er vermöge seines Berufes oder durch rechtswidrige Mittel erlangt hat, für sich benützt oder einem Andern mittheilt, soll mit Gefängniß bis zu drei Jahren oder an Geld bis zu 500 Gulden bestraft werden.

Im Falle eines verursachten Schadens ist auf Gefängnißstrafe nicht unter drei Monaten zu erkennen, womit Geldstrafe bis zu 1000 Gulden verbunden werden kann.

Eigenthümlicher Weise hat das deutsche Reichsstrafgesetzbuch den Gedanken dieser Partikulargesetze durchaus ignorirt, wir finden in den sep. Motiven, weder in dem Abschnitt „Betrug und Untreue“ noch unter jenem über „strafbaren Eigennutz und Verletzung fremder Geheimnisse“ auch nur die leiseste Erinnerung daran. Der Schlüssel dazu ist freilich leicht gefunden; das preußische Strafgesetzbuch, welches zunächst dem deutschen Strafgesetzbuche als Unterlage diente, stand stets auf einem andern Standpunkte, wie die erwähnten partikularen Gesetze. Berner (Lehrbuch des deutschen Strafrechts, Leipzig 1868) sagt darüber: „Die Untreue bloßer Privatbeamten, überhaupt die Untreue derjenigen Personen, bei denen die Verpflichtung zur Treue lediglich aus Privatverhältnissen entspringt, hat das preuß. Strafgesetzbuch nicht besonders bedroht. Man ging davon aus, daß es Privatsache desjenigen sei, der Privatverträge schließt, sich selbst vorzusehen; der Staat habe die Untreue nur bei den Personen zu strafen, die unter öffentlicher Autorität wirken und von dem Staate dem Publikum zur Besorgung gewisser Angelegenheiten besonders bezeichnet werden." Noch andere Momente mögen freilich 1870 mitgewirkt haben, statt den Faden der Entwicklung in den einzelnen deutschen Strafgesetzbüchern aufzunehmen und denselben entsprechend den veränderten industriellen und kommerziellen Verhältnissen weiter zu vervollkommnen, denselben mit rauher Hand, ohne auch nur ein Wort zu verlieren, abzuschneiden: die damals ziemlich geringschätzige Anschauung von der Gesetzgebung des geistigen Eigenthums, — die allzu weit gehende individualistische Auffassung, welche dem Einflusse und der Sorge des Einzelnen einen zu großen Spielraum gestatten zu müssen glaubte. Wir gedenken hier nur der von uns unterstützten Eingabe des Marken- und Musterschutzvereins deutscher Tabakindustrieller in Bezug auf eine Reform der unter den gleichen Einflüssen zu weitgehenden Bestimmungen des Markenschutzgesetzes.

Ganz anders in den Ländern, in welchen schon seit langen Jahrzehnten das geistige Eigenthum Schutz und Stätte gefunden hatte. Wir greifen hier nur auf das Mutterland dieser Bestrebungen, auf Frankreich. Art. 418 des Code Pénal sagt:

> „Tout directeur, commis, ouvrier de fabrique qui aura communiqué ou tenté de communiquer à des étrangers ou à des Français résidant en pays étrangers des secrets de la fabrique où il est employé, sera puni d'un emprisonnement de deux ans à cinq ans et d'une amende de cinq cents francs à vingt milles francs. Il pourra, en outre, être privé de droits mentionnés en l'article 42 du présent Code pendant cinq ans au moins et dix ans au plus à compter du jour où il aura subi sa peine. Il pourra aussi être mis sous la surveillance de la haute police pendant le même nombre d'années. Si ces secrets ont été communiqués à des Français résidant en France, la peine sera d'un emprisonnement de trois mois à deux ans et d'une amende de seize francs à deux cents francs. Le maximum de la peine prononcée par les paragraphes 1 et 3 du présent article sera necessairement appliqué, s'il s'agit de secrets de fabriques d'armes et munitions de guerre appartenant à l'Etat (Loi 13 Mai 1866)."

Daß hier der Nachdruck mehr auf den Verrath von Geschäftsgeheimnissen an's Ausland gelegt ist, liegt in der Zeit der Entstehuug dieses Gesetzbuches begründet. Es ist bezeichnend genug, daß Belgien, welches wie andere romanische Länder früher unter der Herrschaft des Code pénal gestanden hatte, unterm 31. Mai 1866 ein Spezialgesetz erlassen hat, welches den Unterschied zwischen In- und Ausland vollständig fallen ließ:

Art. 1. Celui qui aura méchemment ou frauduleusement communiqué des secrets de la fabrique dans la quelle il a été ou est encore employé, sera puni d'un emprisonnement de trois mois à trois ans et d'une amende de cinquante francs à deux mille francs.

Diese Bestimmungen sind in Belgien bezw. Frankreich noch heute aufrecht erhalten.

Daß sich auch die deutsche Gesetzgebung übrigens selbst der Nothwendigkeit nicht verschließt, in dieser Frage einen Schritt vorwärts gehen zu müssen, beweist eines unserer allerneuesten sozialen Gesetze, das Unfallversicherungsgesetz vom 6. Juli 1884 §§ 107 und 108, welches Mitglieder der Vorstände der Genossenschaften, deren Beauftragte und die Sachverständigen, wenn sie unbefugt Betriebsgeheimnisse offenbaren, welche kraft ihres Amtes oder Auftrages zu ihrer Kenntniß gelangt sind, oder gar absichtlich zum Nachtheil der Betriebsunternehmer Betriebsgeheimnisse offenbaren oder geheim gehalten, Betriebseinrichtungen oder Betriebsweisen, welche kraft ihres Amtes oder Auftrages zu ihrer Kenntniß gelangt, solange sie Betriebsgeheimnisse sind, nachahmen, mit Geldstrafe bis zu 1500 Mk. oder mit Gefängniß bis zu drei Monaten, bezw. mit Gefängniß, ev. Aberkennung der bürgerlichen Ehrenrechte und daneben Geldstrafen bis zu 3000 Mk. bedroht. Wir selbst haben s. Z. bei Begutachtung des dritten Unfallversicherungsgesetzentwurfes auf den engen Zusammenhang dieses Gesetzes mit der Frage des Schutzes der Gewerbegeheimnisse hingewiesen. Seltsamer Weise finden wir nun zu eben diesen Bestimmungen des Unfallversicherungsgesetzes, welche erst von der Reichstagskommission aufgenommen wurden, keine näheren Erläuterungen weder im Kommissionsbericht noch in der zweiten und dritten Lesung des Reichstags.

Wir sollten meinen, daß zunächst an diesen gesetzgeberischen Gedanken angeknüpft werden sollte und müßte. Wir sagen „müßte", weil sogar diese Bestimmungen des Unfallversicherungsgesetzes selbst mangelhaft sind; sie übersehen gerade dasjenige Organ, welches am lebhaftesten mit den einzelnen Betrieben verkehrt, den Vertrauensmann, sie übersehen aber auch die Beamten dieser Berufsgenossenschaften. Es läßt sich zugleich aber nicht leugnen, daß die Fassung dieser Bestimmungen einen erheblichen Fortschritt gegen die früher erwähnten Bestimmungen partikularistischer Gesetze zeigen, soweit wenigstens industrielle Betriebe in Frage kommen. Es sind unterschieden: Betriebsgeheimnisse, Betriebseinrichtungen, Betriebsweisen, solange als diese, also die Einrichtungen und die Verfahren, Betriebsgeheimnisse sind. Damit ist einmal eine schärfere Differirung herbeigeführt, zum Andern der Begriff der Neuheit besonders betont. Gerade darin liegt aber ja eine große Schwierigkeit der Formulirung des hier vorliegenden gesetzgeberischen Gedankens und zugleich eine gewisse Zweischneidigkeit desselben. Beide Momente führen uns aber von selbst an den unerläßlichen Ausgangspunkt für die ganze Erwägung: der verlangte Schutz kann legislativ nur behandelt werden als die natürliche Ergänzung der bestehenden Gesetzgebung des geistigen Eigenthums überhaupt, deren nothwendiges unentbehrliches Korrelat er bildet. Wenn dieses eines besonderen Beweises bedürfte, so lassen sich aus dem deutschen Patent- und Musterschutzgesetz die Beweise sofort erbringen. Das erstere Gesetz will und kann nur in sich abgeschlossene, fertige Erfindungen schützen, wenn der letzte Zweck aller Patentgesetzgebungen, baldige Bereicherung der Allgemeinheit mit den geistigen Schöpfungen des Einzelnen, vollkommen erreicht werden will. Diesem Bestreben in dem Gesetze Ausdruck zu geben, genügt aber nicht, wenn nicht Kontrolen geschaffen werden. Es ist daher nothwendig, daß in dem vorbereitenden und vorbereifenden Stadium der Erfinder wenigstens einigen Schutz gegenüber seinen Arbeitern, Gehülfen, Konkurrenten erhält, sonst wird man sich beeilen, unreife Erfindungen patentiren zu lassen, was besonders in der chemischen Industrie erleichtert ist, da dieselben im Patente nicht in irgend einem Laboratorium auf ihre Zutreffendheit geprüft werden. Je geringer aber der Schutz in den Vorstadien der Erfindung ist, desto mehr wird man sich beeilen, noch unfertige Erfindungen, soweit das immer möglich ist, patentiren zu lassen, — eine nicht nur vom Gesetzgeber nicht gewollte, sondern geradezu zu perhorreszirende Wirkung. Bezüglich des Musterschutzgesetzes ist zu beachten, daß in Folge der reichs- und s. Z. reichsoberhandelsgerichtlichen Rechtssprechung, — was freilich nur mit dem Geiste des erwähnten Gesetzes vereinbarlich ist — die sogen. Nützlichkeits- und Zweckmäßigkeitsmuster schutzlos bleiben und nur die sogen. Schönheitsmuster, welche also ein ästhetisches Bedürfniß befriedigen wollen, geschützt werden. Auch hier ist für Modelle, die bloße Nützlichkeit aufweisen können, zum Mindesten ein allgemeiner Schutz irgend welcher Art geboten.

Auch sonst hat man gleichen Schritts mit der Entwicklung unserer Industrie und unseres Handels noch gar manche Lücken entdeckt, welche bei diesem Anlasse der Erledigung dringend harren. Die Reproduktion von illustrirten Preiscouranten ist wiederholt in treffendster Weise vorgenommen worden und haben die Kontrefakteurs dadurch erhebliche Kosten mit dem bloßen Nachdruck gespart. Die Richter bezw. das Sachverständigen-

Kollegium für das künstlerische Eigenthum haben sich aber nicht dazu erheben können, diese Art „technischen Diebstahl“ als Verletzung des literarischen Urheberrechts anzuerkennen.

Die Anschließung der, wie wir schon ausgeführt haben, prinzipiell gebotenen Gesetzgebung auf dem vorwürfigen Gebiete an jene des geistigen Eigenthums rechtfertigt sich aber auch noch aus einem anderm Grunde. Es ist dann leichter zu verhüten, daß der zu beschaffende Schutz so weit geht, daß er die beabsichtigten Wirkungen des Patentgesetzes selbst kontrekarrirte. Unseres unmaßgeblichen Ermessens handelt es sich bei all' den in Frage stehenden Mängeln überhaupt nur um ein Schutzgesetz minderer Ordnung, welche nur die Lücken ergänzen soll, welches jede Gesetzgebung des geistigen Eigenthums zurücklassen wird, nicht Konkurrenzgesetze zum Patente, Muster-, Marken- und Autorrechte schafft. Das Patentgesetz z. B. hat eine Art vertragsmäßigen Charakter: Das Reich gewährt dem Erfinder einen gesicherten Schutz auf bestimmte Dauer, dessen Gegenleistung in der sofortigen Veröffentlichung der Erfindung und der Ueberlassung derselben nach Ablauf der Patentfrist an die Allgemeinheit besteht. Ein zu weitgehender Schutz der Betriebsgeheimnisse würde daher die Patentirung überflüssig machen und die Geheimthuerei und das Denunciationswesen fördern.

Der Anschluß an die Gesetzgebung des geistigen Eigenthums führt ferner dazu, die Grenze des Beginns dessen, was Betriebsgeheimniß ist, schärfer zu ziehen: eine gewisse Neuheit, eine gewisse Originalität und endlich eine gewisse Beziehung auf eine gewerbliche Verwerthung werden schwer vermißt werden können. Der Einredebeweis, daß es sich in einem bestimmten Falle nur um in weiteren Kreisen der einschlägigen Industrie längst bekannte Einrichtungen und Maschinen und Mechanismen handle, darf kaum verschränkt werden: damit wird von selbst in der Hauptsache der Gefahr vorgebeugt, daß die Verwerthung der allgemeinen, in keiner Weise in das Individualrecht des Lehrherrn oder des Geschäftsherrn zu fallen geeigneten Kenntnisse eines Lehrlings, Gehülfen, Kommis u. s. w. in anderen Geschäften nicht unter das Gesetz fallen kann. Es kann ja nicht übersehen werden, daß das gewünschte Gesetz, so wohlthätig es auf der einen Seite wirken kann und wird, auch eine recht häßliche Kehrseite an sich trägt; die dadurch einem inhumanen, selbstsüchtigen Arbeitgeber in die Hände gelegte Macht zur dauernden Unterdrückung tüchtiger strebsamer Kräfte, deren Uebertritt in andere ähnliche Geschäfte mit der Drohung staatsanwaltschaftlicher Untersuchung ständig zu verhindern oder doch bis zum Aeußersten zu erschweren.

Bisher waren meist die sogen. Betriebsgeheimnisse industrieller Unternehmungen in Frage; aber auch in Bezug auf die sogenannten kaufmännischen Geheimnisse wird man eine gewisse Schutzberechtigung nicht absprechen können, mag es sich hier auch empfehlen, das Maß der Reaktion geringer zu greifen; auch die industriellen Betriebe selbst werden ja in ihrer kaufmännischen Abtheilung hart betroffen. Geringer kann der Schutz hier schon deshalb sein, weil gegen illoyale Konkurrenz derart überhaupt ein wirklicher Schutz weit schwerer zu beschaffen sein wird, und keine Gesetze nützen sich schneller ab als jene, welche am leichtesten umgangen werden können. Es ist vorgekommen, daß auf den Eisenbahnen, auf Schiffen, auf den Lagern und Packhöfen die Adressen der Empfänger von Erzeugnissen einer Firma von in Konkurrenzfabriken Beschäftigten abgeschrieben wurden. Wie schwer ist also überhaupt derartiges unbefugtes Eindringen in die Konkurrenzverhältnisse fern zu halten? Wir sollten meinen, daß Art. 337 Absatz 1 und 2 des früheren bayer. Strafgesetzbuches bezw. die Bestimmung Art. 369 des württb. Gesetzbuches hier durchaus genügen dürfte.

II.

Mochten die bisherigen Bemerkungen ausreichen, im Allgemeinen den Rahmen anzugeben, innerhalb dessen das wirklich gesetzlich zu Schützende zu sichern sein möchte, so ist nun des Weiteren zu untersuchen, welchen Weg man zur Reaktion beschreiten will, bloß den bürgerlich-rechtlichen oder den öffentlich-strafrechtlichen.

Wir sollten meinen, daß hier ähnlich wie etwa im Markenschutzgesetze zwischen absichtlicher, wissentlicher und zwischen bloß widerrechtlicher Verletzung unterschieden werden müßte; nur im ersteren Falle dürfte eine strafrechtliche Reaktion angezeigt erscheinen; selbstverständlich würde auch hier das Bußeverfahren mit der kriminellen Behandlung zu verbinden sein.

Ein Moment des objektiven Thatbestandes des fraglichen Punkts müßte aber trotz der allgemeinen Bestimmungen unseres Strafgesetzbuches ganz besonders betont und besonders intensiv geahndet werden: die Anstifterschaft, die Theilnahme und die Begünstigung. Die Fälle, in welchen Jemand zu seinem eigenen Nutzen in fremde Betriebsgeheimnisse unberechtigt eindringt, sind bei dem heutigen Stande unserer technischen Wissenschaften seltener. Die Regel ist, daß Arbeiter, Handlungsgehülfen, Techniker u. s. w. von unreellen, bequemen Konkurrenten verführt und gedungen werden, das Geschäft des Andern auszuspionieren, oder daß sogar, wie wir gehört haben, förmliche Bureaux bestehen, welche aus der

Verwerthung derartiger unsauberer Errungenschaften einen besonderen Erwerb machen. Ohne solche Anstifter und gewerbsmäßige Vermittler würde diesem traurigen Geschäft illoyalster Konkurrenz, dieses Strebens dort zu ernten, wo Andere Jahre lang gesäet haben, der Boden in der Hauptsache entzogen sein. An dieses Grundübel muß daher die Axt des Gesetzes gelegt werden und ist man hier auch meist sicher, daß eine entsprechende Geldstrafe häufig exekutirt werden kann.

Auch ein weiteres Moment des objektiven Thatbestands des fraglichen Delikts verdient volle Beachtung, welches gerade das frühere badische Strafgesetzbuch besonders betont hat: ohne Rücksicht auf die Thatsache, ob der Verrath während oder nach der Dienstzeit geschehen ist, wenn auch im letzteren Falle eine Verjährungszeit nicht entbehrt werden kann. Ueber das Subjekt des Delikts dürfte endlich im unserem vielgestaltigen, raschlebigen Zeitalter eine möglichst weite Fassung sehr am Platze sein. Ein Beispiel aus dem Leben dürfte das am besten beweisen: ein stattlicher Fabrikinspektor, dem, solange er im Amt war, alle Thüren von Fabriken offen standen, hat sich in den Civilstand zurückgezogen und soll aus den Früchten seiner früheren dienstlichen Erfahrungen jetzt reichliches Kapital schlagen.

III.

Eine letzte Frage ist es, welche Garantien müssen geboten werden, damit die richterlichen Urtheile in solchen rein geschäftlichen Fragen auch dem Handel und der Industrie wirklich helfen. Kohler, das Recht des Markenschutzes, Würzburg 1884 u. 1885 pag. 98 hat gewiß Recht, wenn er sagt: „So glücklich sind wir in Deutschland nicht, daß wir auf eine so stetige, reich entwickelte Jurisprudenz (wie England und Frankreich auf dem Gebiete der concurrence déloyale, die unfair oder not honourable competition) zurückblicken könnten"; — und an anderer Stelle: „Sollte unsere actio doli (Entschädigungsklage wegen Arglist) so unvollkommen sein, daß der kleine Taschenbetrüger dadurch getroffen würde, aber derjenige, welcher durch die niedersten Täuschungskünste den ehrlichen Arbeiter um seinen Absatz und damit um den verdienten Lohn seiner Leistungen bringt, diesem seinem Opfer mit gekreuzten Armen in's Gesicht schauen dürfte." Die Erfahrungen, welche bei dem Marken-, Muster- und Patentgesetze, bei dem Urheberrechtsgesetze in geschäftlichen Fragen, bei dem Nahrungsmittelgesetze gemacht wurden, mahnen jedenfalls zur Vorsicht. In Frankreich und England sind die Gerichte mit geschäftlichen Fragen seit langen Jahrzehnten befaßt gewesen, sie haben zu einer Zeit, als die Industrie noch in den ersten Anfängen stand, schon geschäftliche Verhältnisse zu beurtheilen gehabt und sind mit der Komplizirung dieser Verhältnisse auf Grund des Emporblühens von Handel und Industrie in gleichem Schritte vertrauter geworden.

In England ist es z. B. keine Seltenheit, daß Richter gefunden werden, bei denen man zweifelhaft sein kann, ob sie mit Bezug auf Patentstreite bedeutender in der chemischen oder in der Rechtswissenschaft sind. In Deutschland spielen derartige Prozesse, bei welchen geschäftliche Fragen besonders in den Vordergrund treten, erst seit verhältnißmäßig kurzer Zeit in reicherem Maße vor unsern Gerichten. Um so nothwendiger ist also die regelmäßige Erholung von Gutachten aus sachverständigen Kreisen, wie dieses ja auch für Musterschutz- und Urheberrechtsprozesse längst organisch vorgesehen ist.

Wir erlauben uns daher auf die Handels- bezw. Handels- und Gewerbekammern zu verweisen. Daneben sollen aber freilich einzelne Sachverständige keineswegs ausgeschlossen erscheinen, und um so weniger, als möglicherweise in einer bestimmten Handels- bezw. Handels- und Gewerbekammer gerade diejenige Konkurrenz vertreten ist, der durch Uebertragung der Entscheidung am allerwenigsten die Kenntnißnahme eines gewissen Betriebsgeheimnisses eröffnet werden will.

Ein sehr beliebtes Schutzmittel gegen den Verrath von Betriebsgeheimnissen und gegen den Verrath der gesammten Organisation und Einrichtung eines bestimmten Betriebes (Gewerbegeheimniß in einem weiteren Sinne) ist bekanntlich der Abschluß von Verträgen mit Angestellten unter einer mehr oder minder hohen Konventionalstrafe. Würde nun speziell hier gesetzlich ein Riegel vorgeschoben werden können, um die nur zu häufig vorkommenden „Ausspannungen" von Technikern und Vertrauensposten bekleidenden Angestellten zu vermeiden, so wäre das nach der Anschauung der Handelskammer ein wesentliches Mittel, um in der Frage der Gewerbegeheimnisse überhaupt Wandel zu schaffen, wobei man sich keineswegs verhehlt, daß derartige Bestimmungen auch für die „Beschäftigten" der Zweischneidigkeit nicht entbehren. Soll dieser Zweck erreicht werden, so muß auch hier vor Allem der intellektuelle Thäter zur Verantwortung gezogen werden: derjenige Geschäftsinhaber, welcher bewußt oder in der Möglichkeit des Wissens kontraktbrüchige Angestellte engagirt. Höhere Gehalte, bessere soziale Stellung u. s. w. werden im einzelnen Fall von selbst Indizien bieten. Wir glauben in der deutschen Gewerbeordnung § 125 [1]) einen ganz analogen Fall vor uns zu haben,

[1]) Anmerkung. Derselbe lautet: Ein Arbeitgeber, welcher einen Gesellen oder Gehülfen verleitet, vor rechtsmäßiger Beendigung des Arbeitsverhältnisses die

hier wie dort handelt es sich um die Mithaftung Dritter für Kontraktbrüche Anderer. Gewisse Einschränkungen können freilich auch hier nicht entbehrt werden: einmal dürfen nur sittlich nicht beanstandenswerthe Verträge vorliegen. Die Rechtssprechung des Reichsoberhandelsgerichts und des Reichsgerichts ist in dieser Beziehung ziemlich konstant, sie giebt (VII. pag. 421 R. O. H. G.) zu, daß ein solcher Vertrag unter Umständen das Publikum schädigen kann: „Die Eigenthümlichkeit und Seltenheit eines so gedeckten Gewerbebetriebes, das Fehlen genügender Kommunikationsmittel, das Darniederliegen der gewerblichen Thätigkeit, die Besonderheit lokaler Verhältnisse, die örtliche, persönliche oder zeitliche Ausdehnung des Schutzes kann zu thatsächlichen Monopolen führen, welche nur auf Kosten des durch Gewerbefreiheit zu fördernden Interesses gedeihen.“ Ferner in Bd. II pag. 121 des R. G. ist gesagt: „In den meisten bisher zur Entscheidung der höchsten Gerichtshöfe gelangten Fällen lautet die angefochtene Vertragsbestimmung dahin, daß der eine Kontrahent ein bestimmtes Gewerbe während eines bestimmten Zeitraumes oder in einem örtlich bestimmten Bezirke nicht oder nur mit Beschränkungen betreiben dürfe. Allein durch eine solche örtliche oder zeitliche Begrenzung der vertragsmäßigen Beschränkung des Gewerbebetriebes des einen zum Vortheil des andern Kontrahenten ist die Rechtsverbindlichkeit solcher Stipulationen keineswegs bedingt. An sich ist eine solche vertragsmäßige Beschränkung, welcher der eine Kontrahent dem andern Kontrahenten gegenüber sich unterwirft, ohne daß eine Begrenzung nach Art und Zeit hinzufügt wird, der Regel nach nicht rechtsungültig, solange nicht ein öffentliches Interesse, welches die Gewerbeordnung schützen will, dadurch verletzt wird. Daraus wird man aber im Allgemeinen schließen dürfen, daß örtlich oder zeitlich begrenzte Abstinenzverträge im Allgemeinen zulässig sind. Aber auch nur bei wissentlicher Verletzung solcher Verträge wird sich die Hafterklärung des Geschäftsinhabers, welcher den kontraktbrüchigen Angestellten engagirt, empfehlen. Des Weiteren sollte die Haftbarkeit auch nur überall da eintreten, wo durch eine besondere Solennität des Vertragsabschlusses dem Angestellten auch das Bewußtsein der von ihm übernommenen Verpflichtungen nahe gelegt ist; hierzu kann jedoch das Gebot der bloßen Schriftlichkeit genügen, die einfache mündliche Verweisung und Verpflichtung auf die Fabrikordnung genügt hierzu aber nicht. — Was endlich die Personen selbst betrifft, deren Kontrakt-

Arbeit zu verlassen, ist dem früheren Arbeitgeber für den dadurch entstehenden Schaden als Selbstschuldner mitverhaftet. In gleicher Weise haftet ein Arbeitgeber, welcher einen Gesellen oder Gehülfen annimmt oder behält, von dem er weiß, daß derselbe einem andern Arbeitgeber zur Arbeit noch verpflichtet ist.

bruch die Haftbarkeit zur Folge haben soll, so kann es sich dabei doch nur um Angestellte mit einer Art Vertrauensposten handeln; es ist aber freilich schwer, diese Art Personen gesetzlich zu fixiren; auch die Gehaltshöhe ist ein zu unsicheres Moment; man glaubte deshalb besser auf den Umstand eines festen Gehaltes hinweisen zu sollen, der von selbst bloße Tag- und Wochenlöhner von dieser Bestimmung ausschließt.

* * *

Zum Schlusse brauchen wir kaum darauf hinzudeuten, daß wir keineswegs der Meinung sind, daß mit dem Erlasse eines Gesetzes, mag es civil- oder kriminalrechtlich oder beides sein, allzuviel geholfen sein wird. Der Schwerpunkt liegt auch ferner in der glücklichen Organisation und der Disziplin der einzelnen kaufmännischen und industriellen Betriebe. Wenn übrigens nach einer Notiz öffentlicher Blätter das Aeltesten-Kollegium der Kaufmannschaft in Berlin darauf hingewiesen hat, daß der oben wiedergegebene Artikel 418 des Code pénal in 20 Jahren nur zu 36 strafrechtlichen Anklagen und zu 16 Verurtheilungen geführt hat, so ist das immerhin noch lange kein Beweis gegen jede gesetzliche Regelung dieser Frage überhaupt. In Folge der fast ein Jahrhundert alten Gesetzgebung Frankreichs über diese Frage, kraft der dortigen äußerst produktiven Rechtssprechung hat sich längst eine gewisse Sitte ausgebildet, ist es mit dem Charakter eines anständigen Geschäftsmannes schwer vereinbar, auf solche Weise Geschäfte zu erobern. Als das Musterschutzgesetz in Deutschland eingeführt wurde, wollte man auch im Elsaß oberstrichterliche Entscheidungen aus neuerer Zeit erheben; man fand sie aber aus demselben Grunde dort nicht, weil die Richter nur selten in diesen Fragen angerufen werden. Auch sind in der obigen Statistik Frankreichs vielleicht nur oberstrichterliche Urtheile angezogen, während hiefür mehr auch die unteren Instanzen in Betracht kommen.

Wir bitten darnach in den Grenzen, in welchen das Vorstehende ausgeführt ist, die Reichsregierung von der Nothwendigkeit des Erlasses eines Spezialgesetzes zum Schutze von Geschäftsgeheimnissen zu überzeugen, versuchen zu wollen.

Wir selbst resumiren unsere vorstehenden Ausführungen in folgenden Resolutionen:

I. **Es ist bedauerlich, daß die in einer Reihe partikularrechtlicher früherer Strafgesetze vorgesehene Bedrohung der Verletzung von Betriebsgeheimnissen in industriellen und kommerziellen Geschäften mit Vermögens- und Freiheitsstrafen in dem deutschen Reichsstrafgesetzbuche keine Berücksichtigung bezw., soweit sich die wirthschaftlichen Verhältnisse seitdem geändert haben, keine entsprechende Weiterbildung gefunden hat.**

II. Angesichts der allseitig zunehmenden Arbeitstheilung und der Massenfabrikation erscheint ein Schutz der Betriebsgeheimnisse innerhalb bestimmter Grenzen umsomehr geboten, seitdem auch in Deutschland im letzten Jahrzehnt das Gebiet des geistigen Eigenthums, der sogenannten Individualrechte, gepflegt wird, als dessen natürliche Ergänzung die fragliche Gesetzgebung zu betrachten ist. Gleichzeitig könnten damit auch verschiedene Lücken des Patent-, Muster-, Marken- und Urheberrechts ausgefüllt werden, wie etwa die volle Schutzlosigkeit der Zweckmäßigkeitsmuster (z. B. Maschinenmodelle u. s. w.) und der illustrirten Preiscourante, die Ergänzung der §§ 107 und 108 des Unfallversicherungsgesetzes vom 6. Juli 1884 u. s. w.

III. Als Betriebsgeheimnisse können nur jene Betriebseinrichtungen und Betriebsweisen angesehen werden, welche neu, originell und für Industrie und Gewerbe von Wichtigkeit sind.

IV. Für die Verletzung industrieller Betriebsgeheimnisse tritt, wenn sie eine widerrechtliche ist, nur eine civilrechtliche, wenn sie aber eine wissentliche, absichtliche, auf Bereicherung berechnete ist, eine kriminalrechtliche Verantwortlichkeit ein, bei welch' letzterer das Bußverfahren Anwendung finden kann. Für kaufmännische Betriebsgeheimnisse empfiehlt sich jedoch mit gleicher Unterscheidung eine dem früheren bayerischen und württembergischen Strafgesetzbuche analoge Gesetzesbestimmung.

V. Die Theilnahme an einer absichtlichen 2c. Verletzung der Betriebsgeheimnisse (Anstifter, Begünstiger u. s. w.) ist ganz besonders mit Strafe und Entschädigung zu bedrohen.

VI. Die Thatsache, ob der Verrath von Betriebsgeheimnissen während oder nach der Dienstzeit geschehen ist, sollte ohne Belang für die Verantwortlichkeit bleiben.

VII. Aehnlich wie bei den Urheberrechtsgesetzen und dem Musterschutzgesetze sollte der Richter befugt sein, sobald technische Fragen, von welchen der Thatbestand der Verletzung von Betriebsgeheimnissen abhängt, zweifelhaft oder streitig sind, das Gutachten von Handels- bezw. und Gewerbe-Kammern einzuholen, wenn gegen die angerufene Korporation kein Widerspruch von Seite der Parteien erfolgt.

VIII. In Fällen, in welchen ein mit festem Gehalt Angestellter für eine bestimmte Zeit oder einen bestimmten Rayon abgeschlossenen schriftlichen Verträgen zuwider in Konkurrenzgeschäfte eintritt, bezw. ein Konkurrenzgeschäft etablirt, soll der gesetzliche Vertreter des letzteren, wenn er von diesen Verträgen Kenntniß hatte, oder Kenntniß hätte haben müssen, in gleichem Sinne wie der Arbeitgeber im Sinne des § 125 der deutschen Gewerbeordnung haftbar sein.

Mannheim, 19. Mai 1885.

Die Handelskammer für den Kreis Mannheim.

gez. Diffené.

gez. Dr. Landgraf.

Anlage IV.

XXI. öffentliche Sitzung der Handels- und Gewerbekammer für Oberbayern.

München, 27. April 1885.

Zu Punkt 2 der Tagesordnung:

„Maßregeln zum Schutz- von Fabrik- und Geschäftsgeheimnissen"

referirt Herr Lismann.

Das k. Staatsministerium des Innern, Abth. für Landwirthschaft, Gewerbe und Handel hat unter dem 13. März l. J. folgende Entschließung an die Handels- und Gewerbekammer erlassen:

> Es ist neuerdings mehrfach zur Sprache gebracht worden, daß gewerbliche Unternehmer nach Lage unserer Gesetzgebung nicht genügend gegen den Verrath von Fabrik- und Geschäftsgeheimnissen gesichert seien. Der Verein zur Wahrung der Interessen der chemischen Industrie Deutschlands hat hervorgehoben, daß unter jenem Mangel der Gesetzgebung insbesondere die chemische Industrie zu leiden habe. Zugleich hat derselbe für den Erlaß strafgesetzlicher Bestimmungen sich ausgesprochen, welche die vorhandene Lücke ausfüllen. Die Eingabe unterscheidet drei Fälle des Vertrauensmißbrauchs, indem entweder Arbeiter und Beamte eines gewerblichen Unternehmens (Geschäft oder Fabrik), solange sie darin noch angestellt sind, oder Arbeiter und Beamte nach ihrem Ausscheiden aus dem Verbande des Unternehmens, oder endlich dritte Personen, welche, sei es vermöge ihrer Stellung (wie Baumeister, Ingenieure, Maschinenfabrikanten), sei es aus anderem Anlaß von den inneren Verhältnissen des Unternehmens Kenntnis erlangt haben, über die bis dahin geheim gehaltenen Einrichtungen, Geschäftsbeziehungen u. s. w. an Andere eine unbefugte Mittheilung machen. Während in manchen Fällen diese Mittheilungen nur auf Unbedachtsamkeit zurückzuführen seien, soll ihnen in anderen Böswilligkeit oder eine eigennützige Absicht zu Grunde liegen; wo letzteres zutreffe, sei in der Regel ein zweiter Unternehmer, durch das eigene Interesse verleitet, als Anstifter betheiligt.
>
> Es wird anzuerkennen sein, daß die bestehende Gesetzgebung nicht ausreicht, den Benachtheiligungen vorzubeugen, welche in

den angedeuteten Richtungen dem Inhaber eines gewerblichen Unternehmens erwachsen können. Es fragt sich nur, ob daraus Mißstände von solcher Schwere und Ausdehnung sich ergeben haben, daß das Einschreiten der Gesetzgebung gerechtfertigt werden kann. Für die Beurtheilung dieser Frage wären nähere thatsächliche Mittheilungen erwünscht, weshalb die Handels- und Gewerbekammern hiermit veranlaßt werden, über ihre bezüglichen Wahrnehmungen Bericht zu erstatten und sich dabei gegebenen Falls insbesondere darüber zu äußern, in welchen Arten gewerblicher oder kaufmännischer Unternehmungen, sowie unter welchen besonderen Umständen jener Vertrauensbruch hauptsächlich hervorgetreten ist."

Referent giebt diese Entschließung, sowie eine in gleicher Angelegenheit an die Kammer gelangte Zuschrift des Präsidenten des k. Landgerichts München I bekannt und fährt fort:

Das Schreiben des k. Staatsministeriums wäre zunächst dahin zu beantworten, daß die Kammer nicht in der Lage sei, über bezügliche Wahrnehmungen Bericht zu erstatten.

Es wurde im Texte verschiedener Tagesblätter auf die der Kammer vorliegende Frage aufmerksam gemacht, es wurden ferner Firmen speziell eingeladen, sich über dieselbe zu äußern. Auf beide Anregungen ist, mit Ausnahme eines einzigen Schreibens, keinerlei Mittheilung eingelaufen, was um so bedauerlicher ist, als die Kammer wohl zu der Erwartung berechtigt sein dürfte, gerade in dieser Angelegenheit einiges Material von außen zu erhalten. Jener einzige Einlauf kann einen Schaden aus eigener Wahrnehmung nicht berichten, behauptet jedoch, daß Vertrauensmißbräuche häufig vorkommen und daß sich ein Gesetz gegen dieselben wohl empfehle.

Was nun den Erlaß derartiger strafgesetzlicher Bestimmungen betrifft, so erscheint es für die Kammer, obwohl hierüber nicht befragt, immerhin angezeigt, dieser Frage näher zu treten, um zu erörten, ob und event. in wie weit sie dem Antrage des Vereins der chemischen Industriellen zuzustimmen in der Lage ist.

Es muß zu diesem Zwecke unterschieden werden zwischen Maßregeln zum Schutze von kaufmännischen Geschäftsgeheimnissen und zwischen solchen zum Schutze von Fabrik- resp. Fabrikationsgeheimnissen.

Wollte der Gesetzgeber einen wirksamen Schutz gegen erstere — die Geschäftsgeheimnisse — erstreben, so würde er auf bedeutende Schwierigkeiten stoßen, da ohne genaueste Spezialisirung aller nur denkbaren Fälle das Gesetz keinen Werth hätte und außerdem die Anschauungen über das, was im gewöhnlichen kaufmännischen Leben als Geschäftsgeheimniß anzusehen ist, und was nicht, weit auseinander gehen dürften.

Das Anstreben gesetzlicher Bestimmungen zum Schutze kaufmännischer Geschäftsgeheimnisse empfiehlt sich daher nicht.

Hingegen erscheint es angezeigt und auch thunlich Strafe darauf zu setzen, wer in böswilliger oder eigennütziger Weise über Fabrikseinrichtungen und Fabrikationsverfahren Anderen in unbefugter Weise Mittheilung macht, sowie wer zu einer solchen Handlung Andere verleitet.

In den früheren Gewerbe- und Strafgesetzbüchern einzelner deutscher Staaten befanden sich ähnliche schützende Vorschriften, das allgemeine deutsche Strafgesetzbuch beschränkt sich auf Art. 299, welcher die Verletzung des Brief- und Urkundengeheimnisses untersagt, und auf Art. 300, der Rechtsanwälte, Notare, Vertheidiger, Aerzte ꝛc., welche Kraft ihres Amtes ihnen anvertraute Privatgeheimnisse unbefugt offenbaren, mit Strafe bedroht.

Es steht nun außer Zweifel, daß Fabrikanten, welche sehr werthvolle Betriebsgeheimnisse besitzen, durch deren Verrath die größte Vermögensbeschädigung erleiden können, ohne daß es ihnen möglich ist, bei der häufigen Vermögenslosigkeit der Verräther, sich an denselben auf dem Civilwege schadlos zu halten.

Es sind dies Mißstände, welche ein Einschreiten der Gesetzgebung in der Weise gerechtfertigt erscheinen lassen, daß im Falle eines solchen Verrathes auf entsprechende Gefängnißstrafe, und zwar nicht bloß bei Unvermögenden, erkannt werden kann.

Es ergeht daher Antrag dahin, die Handels- und Gewerbekammer für Oberbayern wolle sich bei Erledigung des ministeriellen Reskriptes vom 13. März l. J. neben dem Berichte über den Mangel an bez. Wahrnehmungen gutachtlich dahin äußern, daß ein besonderer gesetzlicher Schutz der kaufmännischen Geschäftsgeheimnisse nicht ausführbar erscheine, daß sich dagegen der Erlaß gesetzlicher Bestimmungen zum Schutze der Fabrik- und Fabrikationsgeheimnsse empfehle.

Schließlich erwähnt Referent noch einige im Ausschuß gegen den Antrag geltend gemachte Bedenken und bemerkt, daß nach einer vorliegenden Mittheilung die Handelskammer Leipzig sich auf denselben Standpunkt gestellt, wie der eben vertretene.

Herr Billing fragt: Ob unter „Geschäftsgeheimnissen" lediglich die patentirten verstanden werden oder Geschäftsgeheimnisse im Allgemeinen? Wenn das letztere der Fall sei, würde er sich unbedingt gegen Erlaß von Strafbestimmungen aussprechen, denn das führe zu unerträglichen Konsequenzen. Es werde womöglich jeder Apotheker, der z. B. eine besondere Art hat, Räucherkerzchen zu fabriziren, dies als sein Geschäftsgeheimniß betrachten.

Herr Weidert erwidert, daß es sich nicht nur um patentirte Geschäftsgeheimnisse handle.

Herr Maison steht auf dem entgegengesetzen Standpunkt des Referenten und glaubt, daß in diesem Fall der Ausschuß nicht allzu glücklich verfuhr. Die Handels- und Gewerbekammer ist über ihre Wahrnehmungen gefragt worden. Wir haben nun aber gar keine Beweise für die Nothwendigkeit eines strafrechtlichen Schutzes von Geschäfts- und Fabrikgeheimnissen. Die Handelskammer Leipzig hat allerdings einige Beweise beigebracht, aber sehr schwache. Der eine Fall spreche sogar unbedingt gegen den Erlaß von Strafbestimmungen. Man könne das Gesetz, wenn es zu Stande komme, nicht besser bezeichnen als ein Polizeigesetz, das die Arbeiter noch weiter schnürt. Wofür halte man Lehrlinge, wenn bei dem ersten Schritt, den ein Lehrling macht, um das anzuwenden, was er in den Werkstätten gesehen und gelernt, unter Umständen Strafverfolgung wegen Verraths von Geschäftsgeheimnissen zu gewärtigen habe? Eine Unterscheidung zwischen kaufmännischen und Fabrikgeheimnissen sei nicht möglich. Für einige wenige Industrielle mache man aber keine Gesetze. Der Begriff „unbefugt“ sei gar nicht zu fixiren. Wenn der Arbeitgeber das Recht haben soll, daß Dinge, die er selbst den Arbeitern gelehrt, von letzteren nicht später verwerthet werden dürfen, so müsse eine Einrichtung getroffen werden, daß die Arbeiter auch an dem finanziellen Ertrag eines solchen „Geheimnisses“ theilnehmen. Andernfalls sei der beabsichtigte Schutz eine ganz ungerechtfertigte Verstärkung der Macht des Kapitals. Redner beantragt, in diesem Sinn dem Ministerium Bericht zu erstatten.

Herr Radspieler ist nicht der Ansicht des Vorredners. Es handle sich hier um den Schutz von Erfindungen, bei welchen unter Umständen ein bedeutender Schaden entstehen könne, wenn z. B. ein Arbeiter, der von der Erfindung Kenntniß hat, dieselbe einem Concurrenten mittheilt. Eine andere Frage sei allerdings, ob es möglich sei, ein Gesetz zu formuliren. Redner erinnert an seine Erfahrungen als Mitglied des Sachverständigenvereins für Musterschutz. Auch bei einstimmigem Urtheil des Vereins, daß eine Nachbildung vorliege, spreche der Richter regelmäßig frei. Aehnliches werde sich auch bei Feststellung des Thatbestandes der Fabrikgeheimnisse ergeben.

Herr Billing schließt sich dem Antrag Maison an. Nachdem wir ein Patent-, Muster- und Markenschutzgesetz haben, sei kein derartiges Gesetz nöthig. Wir kommen damit auf den Weg der Chicane, so daß niemand mehr weiß, was er in seinem Geschäft ausüben darf und was nicht.

Herr Kustermann unterstützt gleichfalls den Antrag Maison. Die Patentgesetzgebung gewähre einen ausreichenden Schutz.

Der Sekretär macht darauf aufmerksam, daß im früheren bayrischen Strafgesetzbuch ein Artikel enthalten war, welcher den Verrath von Fabrik- und Geschäftsgeheimnissen unter Strafe stellt. Er verliest den Artikel und bemerkt, daß es wohl von Interesse wäre, zu wissen, ob der Artikel häufig in praktische Anwendung gekommen.

Herr Attenkofer hat im Ausschuß für den Referatsantrag gestimmt, da er der Meinung ist, daß die Handels- und Gewerbekammer sich nur über die Bedürfnißfrage auszusprechen habe und die Formulirung eines Gesetzes der Regierung überlassen könne. Redner ist der Meinung, daß es doch sehr viele Fälle giebt, in denen ein strafrechtlicher Schutz von Fabrik- und Geschäftsgeheimnissen denkbar und wünschenswerth sei.

Herr Weidert giebt zu, daß im geschäftlichen Leben häufig Vertrauensmißbräuche vorkommen. Die Geschäftsinhaber aber suchten sich in der Regel gegen solche durch Verträge zu schützen. Da entstehe nun freilich meistens die Frage, ob der Schädiger in der Lage ist, eine Schadenersatzsumme zu zahlen. In den meisten Fällen wird der Geschädigte nicht zu seinem Recht gelangen. Trotzdem sei er gegen die projektirten Neuerungen. Chicanöse Anzeigen würden sich häufen. Der Schaden eines solchen Strafgesetzparagraphen werde größer sein als der eventuelle Nutzen.

Nach einer kurzen Debatte zwischen Herrn Radspieler, welcher Erfahrungen aus seinem eigenen Geschäftsbetrieb mittheilt, und Herrn Maison, welcher wiederholt betont, daß ein derartiges Gesetz eine ungerechtfertigte Verstärkung der Macht des Kapitals sei, und das beste Remedium gegen Vertrauensmißbräuche die moralische Hebung des Arbeiterstandes sein werde, bemerkt Referent zum Schluß:

Das Ministerium sagt in seiner Entschließung ausdrücklich, daß eine Lücke im Gesetz bestehe. Was heute gegen den Erlaß von neuen Bestimmungen gesagt worden, habe er auch bedacht. Der Hinweis auf den Patentschutz sei nicht genügend. Man denke z. B. an einen kleinen Gewerbsmann, der nicht in der Lage ist, eine Erfindung patentiren zu lassen. Prozesse aus Chicane befürchte er nicht. Es werde sich stets nur um ganz präcise Sachen handeln. Referent wiederholt seinen Antrag.

Die Abstimmung ergiebt, daß der Antrag, wonach ein gesetzlicher Schutz für kaufmännische Geschäftsgeheimnisse für unthunlich erklärt wird, einstimmig angenommen, der Antrag, daß der Erlaß strafgesetzlicher Bestimmungen zum Schutz der Fabrikgeheimnisse sich empfiehlt, mit allen gegen 4 Stimmen abgelehnt wird.

Das Präsidium des Landgerichts München I soll von diesem Beschluß Kenntniß erhalten.

Anlage V.

Sicherung von Fabrik- und Geschäftsgeheimnissen.

Mehrfache in neuer Zeit über den Verrath von Fabrik- und Geschäftsgeheimnissen geführte Klagen lassen es angezeigt erscheinen, nachstehende diese Frage betreffende Correspondenz zu veröffentlichen.

Von dem Herrn Minister für Handel und Gewerbe ist das Aeltesten-Collegium unter dem 7. März 1885 davon in Kenntniß gesetzt worden, daß Zweifel darüber erhoben würden, ob die bestehende Gesetzgebung ausreichend sei, um den Benachtheiligungen vorzubeugen, welche aus dem Verrathe von Fabrik- und Geschäftsgeheimnissen Fabrikanten und Händlern erwachsen könnten. Der Erlaß geht davon aus, daß diese Nachtheile verursacht werden können durch

1. Arbeiter und Beamte eines gewerblichen Unternehmens (Geschäft oder Fabrik), so lange dieselben noch darin angestellt sind,
2. Arbeiter und Beamte nach ihrem Ausscheiden aus dem Verbande des Unternehmens,
3. dritte Personen, welche, sei es vermöge ihrer Stellung (wie Baumeister, Ingenieure, Maschinenfabrikanten), sei es aus anderem Anlasse, von den inneren Verhältnissen des Unternehmens Kenntniß erlangt haben.

Zur Beurtheilung über die in Rede stehende Frage forderte der Herr Minister das Aeltesten-Collegium zur berichtlichen Aeußerung auf. Behufs Erledigung dieser Aufforderung hat das Aeltesten-Collegium bei hiesigen Geschäftstreibenden eine Umfrage veranstaltet und das Resultat derselben dem Herrn Minister mittelst Berichtes vom 15. Mai 1885 unterbreitet, welcher im Nachstehenden im Auszuge abgedruckt wird:

Die Ausbeute aus der dieserhalb gehaltenen Umfrage ist immerhin als eine nicht unbeträchtliche zu bezeichnen.

Von einem bedeutenden Etablissement der Kupfer- und Messingbranche wird uns allerdings berichtet, daß in dieser Branche Fälle des gedachten Verrathes nicht in dem Maße vorgekommen seien, um eine Aenderung der betreffenden Gesetzesbestimmung nothwendig erscheinen zu lassen.

Eine der bedeutendsten Maschinenfabriken äußert sich in ähnlichem Sinne; sie fügt hinzu, daß in Maschinenfabriken die Anstellung jüngerer Techniker, welche den erfahrenen Construkteuren für untergeordnete Arbeiten zur Hülfe beigegeben werden, nicht zu vermeiden sei. Diese jungen Leute betrachten derartige Stellungen als Durchgangsstationen, in denen sie die auf den Akademien gesammelten Kenntnisse ausbilden und auf die Praxis anwenden lernen. Es sei allerdings häufig unbequem, daß von den auf diese Weise gesammelten Kenntnissen und Erfahrungen anderweitig Gebrauch gemacht werde, indeß könne dies als ein Vertrauensbruch oder als eine Verletzung von Geschäfts- oder Fabrikgeheimnissen nicht bezeichnet werden.

In ganz gleicher Weise äußert sich eine Brauerei-Aktiengesellschaft.

Als Beispiele von Fällen, die als Vertrauensbruch angesehen werden, erlauben wir uns folgende hervorzuheben, indem wir die Fälle unter die drei Kategorieen, welche in Ew. Durchlaucht hohem Reskripte vom 7. März cr. unterschieden werden, subsumiren.

Kategorie 1. Verrath von Geschäftsgeheimnissen durch Arbeiter und Beamte eines gewerblichen Unternehmens, solange sie noch darin angestellt sind.

a. Der Berichterstatter hat zu einer Ausstellung eine neue Maschine construiren lassen. Der mit Ausarbeitung der Detailzeichnungen betraute Ingenieur hat von denselben heimlich Copieen angefertigt, sie seinem Vater, einem Maschinenbauer, eingeschickt und Letzteren dadurch in die Lage gesetzt, die neue Maschine nicht nur genau nach den Zeichnungen zu bauen, sondern sie auch auf derselben Fachausstellung vorzuführen, auf welcher sein Chef die neue Maschine ausstellte.

b. Der Berichterstatter hat für die Herstellung von glashartem Stahl, der eine gewisse Elasticität besitzen sollte, nach langen, kostspieligen Versuchen ein Verfahren herausgefunden, welches sich bewährt hatte. Der diesen Fabrikationszweig leitende Untermeister ließ sich bestechen, nicht nur das gesammte Verfahren, sondern auch einzelne Proben einer Concurrenzfirma seines Chefs zu überlassen.

c. Der Berichterstatter ließ durch einen Ingenieur seiner Fabrik Patentzeichnungen für eine zur Patentanmeldung einzureichende

Maschine anfertigen. Dieser Ingenieur stellte einem seiner Bekannten das gesammte Material zur Verfügung, und von Letzterem wurde die betreffende Maschine zeitiger zum Patent angemeldet, als dies von dem Erfinder selbst geschehen konnte.

d. In der Textilbranche ist es nothwendig, zu jeder Saison eine neue Collection in Genres und Mustern anfertigen zu lassen. Bei Vorlegung einer solchen Collection an die Kunden passirte es dem Berichterstatter, daß ein concurrirendes Etablissement mit ganz gleichen Genres in ähnlichen Mustern bei der Kundschaft Aufträge suchte. Eine angestellte Recherche ergab, daß von den Musterstücken, welche der Berichterstatter für die Collection angefertigt hatte, bereits in rohem Zustande von einem Angestellten Proben abgeschnitten und — wahrscheinlich indirect durch Vermittelung eines Angestellten des andern Etablissements — Letzterem zugänglich gemacht worden waren.

e. In einem andern Falle waren die Muster der fertigen Collection, bevor der Berichterstatter dieselben ausgegeben hatte, durch einen Beamten entwedet und einem Concurrenten zugänglich gemacht worden, so daß die Hauptgenres, welche der Berichterstatter zur Saison brachte, von dem Concurrenten imitirt waren.

f. Ein Handlungsgehülfe hatte die Kundenliste seines Principals sich verschafft bezw. sich selbst heimlich eine Kundenliste zusammengestellt, demnächst aber aus der Liste Geschäfts-Concurrenten seines Principals Mittheilung gemacht.

g. Der Betriebsführer einer Kohlengrube des Berichterstatters hat, während er noch sich in seinem Dienstverhältniß befand, ohne Vorwissen des Principals die Schurfarbeiten für ein in der unmittelbaren Nachbarschaft liegendes Concurrenzgeschäft geleitet, und ist dadurch dem Principal ein großer und dauernder Schaden erwachsen.

h. Ein fest angestellter Maurerpolier einer chemischen Fabrik hat nach Mittheilung des Berichterstatters einen Erholungsurlaub dazu ausgenutzt, um eine seinem Principale zu jener Zeit eigenthümliche und sehr werthvolle Ofenconstruction nach dem Muster der Fabrik, in welcher er angestellt war, für ein Concurrenz-Unternehmen auszuführen.

i. Ein Reisender der Wäscheconfection kündigte seine Stellung per 3 Monate, benützte aber diese 3 monatliche Frist, während deren er auf Kosten seiner Firma im Auslande reiste, dazu, um die

Agenten seiner bisherigen Chefs für die Concurrenzfirma, in die er demnächst eintrat, zu gewinnen.

Kategorie 2. Verrath von Geheimnissen durch Arbeiter und Beamte nach ihrem Ausscheiden aus dem Verbande des Unternehmens.

a. Ein von dem Berichterstatter entlassener Buchhalter ließ sich von einem Concurrenzgeschäft engagiren. Letzteres veröffentlichte kurze Zeit nachher in einem Fachblatte Anzeigen, denen die Maschinenabbildungen des Berichterstatters beigefügt waren. Die Recherche ergab, daß der Buchhalter bei dem Xylographen seines früheren Principals die betreffenden Clichés hatte anfertigen lassen, indem er diesen in den Glauben versetzte, er sei noch bei dem früheren Principal in Stellung und handle in dessen Auftrage.

b. Der Reisende einer Maschinenfabrik bewarb sich um eine Stelle bei dem Berichterstatter, während er noch seine bisherige Stelle inne hatte, und führte zu seiner besonderen Empfehlung an, daß er bei einem event. Engagement in der Lage wäre, dem neuen Prinzipal sofort einige größere Bestellungen zuzuführen, deren Abschluß er im Begriffe wäre, für seine jetzige Firma zu vermitteln.

c. Während der Principal einer Wäschefabrik auf einer Geschäftsreise sich im Auslande befand, copirten der Buchhalter und der Confectionär sämmtliche Muster und Modelle der Fabrik, verzeichneten alle Bemerkungen über Qualität der Stoffe, Preise und Conditionen auf den Modellen, machten aus allen Büchern Auszüge und eigneten sich alles dies an. Der Buchhalter etablirte darauf ein Concurrenzgeschäft, engagirte dazu den Confectionär sowie sämmtliche Directricen und Arbeiter seines bisherigen Principals, soweit Letztere sich dazu überreden ließen, und nützte nunmehr Muster, Modelle und Notizen, die er von seinem bisherigen Principal sich angeeignet hatte, dahin aus, die Kundschaft zu sich hinüber zu leiten. Nach erhobener Strafanzeige wurde der Confectionär, weil er das zur Abzeichnung der Modelle erforderliche Papier aus den Vorräthen seines Principals entnommen hatte, mit einer Gefängnißstrafe von sechs Tagen belegt, wobei die Gerichte auf den concurrirenden Vertrauensbruch, welcher im Uebrigen wegen Mangels einer Strafbestimmung ungesühnt bleiben mußte, Rücksicht genommen hatten. Eine von dem oben erwähnten Buchhalter engagirte Directrice, welche vor ihrem Austritt aus dem Geschäfte des Berichterstatters zugeschnittenen Stoff sich angeeignet hatte, wurde wegen Unterschlagung verurteilt, der Buchhalter aber, welcher den gesammten Hergang angestiftet hatte, ging straffrei aus.

d. Im Jahre 1883 erschien ein Handbuch, welches die Bleicherei, Druckerei, Färberei und Appretur der baumwollenen Gewebe behandelt. Unser Berichterstatter bezeichnet das Buch als zum großen Theil aus Recepten bestehend, welche Eigenthum seiner Fabrik und ohne seine Zustimmung zur Veröffentlichung gelangt sind.

e. Ein Chemiker, welcher in einer Berliner chemischen Fabrik angestellt war, verpflichtete sich in einem Reverse vom 6. Novbr. 1881, die Fabrikation verschiedener individuell bezeichneter Präparate, darunter des kohlensauren Ammoniacs, fünf Jahre nach seinem Austritte aus der Fabrik dergestalt als Eigenthum der Firma N. N. anzusehen, daß er diese Fabrikation weder selbst betreiben noch Andere im Betriebe derselben unterstützen wolle. Trotzdem erwarb er laut Circular vom 1. März 1885 eine Ammoniacfabrik und bezeichnete durch Circular vom 29. März 1885 als eine Specialität den Salmiacgeist und das kohlensaure Ammoniac.

f. Ein Ingenieur, der in einer Dachpappen- und Asphalt-Fabrik angestellt war und daselbst Berichte aus dem Auslande kennen gelernt hatte, welche die Fabrik mit bedeutenden Geldopfern beschafft hatte, und welche für die Firma nahezu die Existenzfrage in sich schlossen, verwerthete diese Kenntniß zum großen Nachtheile der Fabrik dadurch, daß er seine Stellung aufgab und in Gemeinschaft mit Anderen die gewonnene Einsicht selbstständig ausnutzt.

Kategorie 3. Verrath von Geheimnissen durch dritte Personen, welche, sei es vermöge ihrer Stellung, sei es aus anderem Anlasse, von den inneren Verhältnissen des Unternehmens Kenntniß erlangt haben.

a. Berichterstatter stand wegen des Verkaufs einer neu konstruirten Maschine mit einem Tuchfabrikanten in Unterhandlung. Derselbe wünschte die Maschine zuvor in der Fabrik besichtigen zu dürfen. Dies wurde gestattet, und der Kauflustige erschien in Begleitung eines Herrn, welchen er als seinen Director vorstellte. Wie sich später ergab, war dieser Herr indessen keineswegs ein Angestellter des betreffenden Geschäfts, sondern ein Maschinenfabrikant, der die besichtigte Maschine nachbaute und dem Reflectanten lieferte.

b. Bei dem Berichterstatter, welcher einen Specialartikel führt, bewarb sich der Meister einer Concurrenzfabrik um die vacante Meisterstelle und wurde wegen der besonders guten Empfehlung des Hauses, bei dem er bisher gearbeitet hatte, engagirt. Nach 14 Tagen gab er seine Stellung auf, ging zu dem früheren Geschäfte zurück und die Nachforschungen ergaben, daß er während der 14 Tage in beständiger Verbindung mit dem früheren Geschäfte geblieben war und die Stellung beim Berichterstatter nur zum Schein angenommen hatte, um die Fabrikationsweise des Letzteren kennen zu lernen.

c. In der kunstgewerblichen Industrie sind die Fabrikanten gezwungen, ununterbrochen Neuheiten zu schaffen, kostbare Modelle herstellen zu lassen und keine Opfer zu scheuen, um mit immer veränderten Dessins und Formen den Markt zu beschicken. Die großen Etablissements lassen alle dazu erforderlichen Arbeiten in ihren eigenen Räumen durchführen, der kleinere Fabrikant aber muß für seine Vorarbeiten sich eines Gießers, eines Modelleurs, eines Ciseleurs bedienen, der außerhalb der Fabrik steht. Aus diesen Kreisen wird viel Klage darüber erhoben, daß der Gießer oder Modelleur die Vorlagen vervielfältigt und sie, meistens mit nur sehr geringen Abweichungen, anderen Concurrenten zuführt, ehe der Erfinder des Musters im Stande ist, es schützen zu lassen.

Im Uebrigen klagen auch die großen Etablissements der kunstgewerblichen Branche darüber, daß sie nicht im Stande sind, sich dagegen zu sichern, daß Arbeiter die Gipsmodelle, welche ihnen behufs Vervielfältigung eines Erzeugnisses anvertraut werden müssen, copiren, um sie früher oder später in eigenem Nutzen zu verwenden.

d. Es ist hier endlich auch des Falles zu gedenken, welcher in den Verhandlungen über Reform des Submissionswesens unseres Wissens zur Sprache gebracht worden ist und darin gipfelt, daß der Besteller sich bei einer Fabrik ein Object anfertigen läßt, und demnächst nach diesem, vielleicht nach vielen Mühen und mit Aufwendung vieler Kosten hergestellten ersten Objecte die Beschaffung seines Bedarfquantums im Submissionswege an andere Fabrikanten vergiebt.

Wenn wir uns nun erlauben dürfen, nach Darstellung dieser Fälle, unsere Ansicht darüber auszusprechen, ob derartigen Vorgängen gegenüber mit Erlaß strafrechtlicher Bestimmungen vorzugehen sei, so geht dieselbe dahin, daß solche Strafbestimmungen zwar nicht von der Hand zu weisen sind, insbesondere nicht rücksichtlich der Fälle der Kategorie 1, welche die gröbste Form des Vertrauensbruchs darstellen, daß sie aber mit großer Vorsicht redigirt werden müssen, damit nicht etwa durch sie auch diejenige Concurrenz betroffen wird, welche sich noch innerhalb loyaler Grenzen bewegt. Das oben angeführte Beispiel von den jungen Technikern, welche in einer Maschinenfabrik ihre theoretischen Kenntnisse zur Praxis um- und ausbilden, giebt einen Fingerzeig dafür, daß man es dem Fabrikanten nicht unmöglich machen darf, Leute zu engagiren, welche in anderen Fabriken schätzbare Kenntnisse erworben haben, und daß man diese letztgedachte Kategorie von Industriellen auch nicht hindern darf, sich selbstständig zu machen und dabei ihre bei Anderen gewonnenen Kenntnisse zu verwerthen. Das französische Recht (Artikel 418 code pénal und Gesetz vom 13. Mai 1860) hat seine Strafbestimmung auf die Fälle der obigen Kategorie 1 beschränkt, stellt also unter Strafe nur den Vertrauensbruch, welcher verübt wird, während der Thäter noch im Engagementsverhältnisse steht.

Wir haben uns die officiellen Ziffern des französischen Justizministeriums über die Anwendung des Artikels 418 code pénal resp. des Gesetzes vom 13. Mai 1860 verschafft und beehren uns dieselben wie nachsteht mitzutheilen.

Jahr	Zahl der		Angeklate	
	Fälle	Angeklagten	freigesprochen	verurtheilt
1863	3	9	7	2
1864	—	—	—	—
1865	2	2	2	—
1866	1	2	2	—
1867	1	2	2	—
1868	—	—	—	—
1869	—	—	—	—
1870	—	—	—	—
1871	—	—	—	—
1872	—	—	—	—
1873	1	1	—	1
1874	—	—	—	—
1875	2	2	1	1
1876	2	4	1	3
1877	1	3	3	—
1878	6	8	1	7
1879	1	2	1	1
1880	—	—	—	—
1881	—	—	—	—
1882	—	—	—	—
1883	1	1	—	1
Summa	21	36	20	16
			56 %	44 %

Die Zahl der Fälle, in welchen in Frankreich von der strafgesetzlichen Ahndung des Verraths von Fabrikgeheimnissen Gebrauch gemacht worden ist, stellt sich also als eine verschwindend kleine heraus, obschon anzunehmen ist, daß die Fabrikanten, welche einen Verrath Seitens ihrer Angestellten während der Dauer des Anstellungsverhältnisses, also eine moralisch entschieden recht verwerfliche That, festzustellen vermochten, mit der Strafanzeige nicht zurückhaltend gewesen sein werden. Das Verhältniß, welches zwischen den Freisprechungen und den Verurtheilungen obwaltet (von 36 in 20 Jahren Angeklagten sind 20 freigesprochen und nur 16 verurtheilt), deutet vielmehr darauf hin, daß die Geschäftsherren die Ueberzeugung, sie müßten von einem Angestellten verrathen worden sein, sehr leicht gewonnen haben mögen.

Hieraus erhellt für uns, daß das Strafgesetz allein den Zielen der Petenten, welche sich an Ew. Durchlaucht gewendet haben, nicht sehr förderlich sein wird. Es versteht sich, daß das Strafgesetz, welches gegen den Angestellten einer Fabrik gerichtet würde, auch denjenigen treffen müßte, welcher als Anstifter und Theilnehmer des Delikts (im technischen Sinne der Worte) zu betrachten ist. Man würde aber auch bei uns nicht weiter gehen dürfen, als nach dem Zeugnisse der codes annotés die französische Jurisprudenz in der Anwendung des Art. 418 code pénal geht, d. h. man würde als Komplicen des beschuldigten Angestellten niemals denjenigen ansehen können, welcher von einem Angestellten oder Arbeiter das Fabrikgeheimniß eines Anderen, ohne sich seinerseits eines Anstiftungsaktes oder einer direkten Betheiligung bei der Entwendung des Geheimnisses schuldig zu machen, einfach in Erfahrung bringt.

Die Strafbestimmung gegenüber den Anstiftern würde also mit doppelter Vorsicht redigirt werden müssen, soll sie anders nicht die Gefahr mit sich bringen, daß leichtfertig Strafanzeigen gegen verhaßte Konkurrenten erfolgen. Das Strafrecht gegen den Konkurrenten hat außerdem die Unvollkommenheit, daß es nicht über die Grenze des Reiches hinausreicht. Dem von dem Petenten berührten Falle der Ausbeutung von Geheimnissen deutscher chemischer Fabriken durch Fabrikanten in Basel würde schwerlich durch eine strafrechtliche Bestimmung Deutschlands wirksam vorgebeugt werden können.

Wenn wir sonach annehmen, daß durch ein Strafgesetz den Wünschen der Petenten keineswegs für alle von ihnen ins Auge gefaßte Fälle, und überhaupt vornehmlich nur durch die abschreckende Wirkung des Strafgesetzes abgeholfen werden würde, so glauben wir, die betheiligten Kreise würden besser thun, wenn sie ihr Augenmerk nicht allein auf das Strafgesetz richteten, sondern dem Beispiele der französischen Kaufleute und

Fabrikanten folgten, welche die Entschädigungsklage aus der concurrence déloyale durch energische Geltendmachung derselben fast zu einem besonderen Rechtsinstitute ausgebildet haben. Ein Fabrikant, welcher Fabrikgeheimnisse seines Konkurrenten in illoyaler Weise erschleicht und ausbeutet, begeht eine Handlung, welche ihn unseres Erachtens nach den Rechten aller Kulturstaaten zur Entschädigung dessen verpflichtet, dessen Fabrikgeheimniß er illoyal ausgebeutet hat. Vor dem Inkrafttreten der deutschen Civilprozeß-Ordnung war es allerdings unmöglich, vor deutschen Gerichten eine solche Entschädigungsforderung durchzusetzen. Seit aber § 260 der Civilprozeß-Ordnung den Satz festgestellt hat, daß über die Frage, ob ein Schaden entstanden sei und wie hoch sich der Schaden oder ein zu ersetzendes Interesse belaufe, das Gericht unter Würdigung aller Umstände nach freier Ueberzeugung zu entscheiden hat, ist diese Möglichkeit gegeben, und erscheint es deshalb gewiß der Erwägung werth, ob der Civilrechtsweg der Schadensklage nicht noch wirksamer den Wünschen der Petenten zu Hülfe kommt, als dies eine strafrechtliche Vorschrift zu thun vermag.

Anlage VI.

Eingabe des Vereins deutscher Ingenieure an das Königl. Preußische Ministerium für Handel und Gewerbe, betr. den Schutz der Fabrikgeheimnisse.

Berlin, den 18. Oktober 1886.

Einem hohen Staatsministerium
beehren wir uns, ganz ergebenst Folgendes vorzutragen:

Die Verfügung des Herrn Ministers für Handel und Gewerbe vom 7. März 1885, in welcher derselbe die Handelskammer ersucht hat, sich darüber zu äußern:

> „in welchen Arten gewerblicher und kaufmännischer Unternehmungen und unter welchen Modalitäten durch Vertrauensbruch von Seiten der Arbeiter oder Beamten dem Inhaber eines gewerblichen Unternehmens Benachtheiligungen erwachsen seien, und in welcher Form dieser Vertrauensbruch hauptsächlich hervorgetreten sei,“

hat auf den Wunsch mehrerer Handelskammern dem Verein deutscher Ingenieure Veranlassung gegeben, sich mit der Frage des Schutzes der Fabrikgeheimnisse zu beschäftigen.

Nachdem diese Frage in unseren dreißig Bezirksvereinen in ihrer Anwendung auf die verschiedenartigsten Industriezweige und örtlichen Verhältnisse einer eingehenden Erörterung unterzogen worden ist, hat der Gesammtvorstand und in Uebereinstimmung mit ihm die XXVII. Hauptversammlung unseres Vereins in ihrer Sitzung am 24. August nahezu einstimmig beschlossen, zu erklären:

„daß der Erlaß strafrechtlicher Bestimmungen über Verrath von Fabrik- und Geschäftsgeheimnissen sich keineswegs genügend rechtfertigen lasse und zu Uebelständen führen würde, welche die Gesammtindustrie schädigen könnten.“

Diesem Beschlusse lagen im Wesentlichen folgende Erwägungen zu Grunde:

Bei der Berathung des Patentgesetzes vom 25. Mai 1877 ist es als dessen Aufgabe anerkannt worden, durch den Patentschutz das Geheimwesen in den Fabriken zu beseitigen, weil solches Geheimwesen der Entwickelung der Industrie hinderlich sei. Das Aequivalent für den Schutz der Erfindungen durch das Patent ist die Veröffentlichung derselben im Interesse der Industrie. Eine Verschärfung der Gesetze zum Schutze der Fabrikgeheimnisse würde mit diesen Anschauungen im Widerspruch stehen; denn sie würde im Einzelfalle dem Erfinder vor die Erwägung stellen, ob nicht die durch strenge Gesetze geschützte Geheimhaltung der Patentirung vorzuziehen sei.

In Fällen, wo das Privatinteresse im Gegensatze zu dem die Veröffentlichung begehrenden Allgemeininteresse dem Industriellen die Geheimhaltung von Einrichtungen und Verfahren gebietet, kann es nicht Aufgabe des Staates sein, diese Privatinteressen durch Strafgesetze zu schützen; in solchen Fällen muß sich der Industrielle durch Verträge mit seinen Beamten und Arbeitern zu schützen suchen; der Staatsanwalt kann nur einschreiten, wenn das allgemeine Interesse gefährdet ist.

Eine unzulässige Härte und Beschränkung der persönlichen Freiheit würde es sein, wenn mit dem Hinweis auf gesetzliche Strafbestimmungen in einem Vertrage dem Arbeitnehmer die Bedingung auferlegt werden dürfte, zum Schutze des Fabrikgeheimnisses während einer Reihe von Jahren und selbst nach Ablauf des eingegangenen Abhängigkeitsverhältnisses nicht in einem Konkurrenzunternehmen Stellung zu nehmen. Er würde dadurch gehindert, gerade in demjenigen Betriebszweig, in welchem er Erfahrungen und Geschicklichkeiten gewonnen hat, und der sich deshalb zu seinem Lebensberufe eignet, seine Kenntnisse zu verwerthen. Eine moralische Rechtfertigung solcher Freiheitsbeschränkung dürfte schwerlich nachzuweisen sein, und ein materielles Aequivalent derselben sich auszubedingen, wird in den seltensten Fällen dem Arbeitnehmer möglich sein.

Ganz unbestimmt und für die Anwendung strafrechlicher Bestimmungen keineswegs genügend festgestellt ist der Begriff des Fabrikgeheimnisses; die Feststellung desselben bietet ganz erhebliche Schwierigkeiten. Es würde deshalb, so lange eine solche Definition fehlt, eine Bedrohung der Verletzung des Fabrikgeheimnisses mit Strafe eine große Unsicherheit des Rechtsbewußtseins, eine peinliche Trübung des Verhältnisses zwischen Arbeitgeber und Arbeitnehmer und zugleich eine Lähmung des technischen Fortschritts herbeiführen. Denn der Beamte würde in seiner Ungewißheit über die Tragweite des Begriffs „Fabrikgeheimniß" lieber gänzlich auf den Austausch der Ansichten und Erfahrungen im Kreise der Fachgenossen und durch die Litteratur verzichten, als sich der Gefahr der Strafe aussetzen.

Diese Unsicherheit des Begriffes würde ferner leicht dazu Veranlassung geben, den Beamten, den Arbeiter der Untreue zu bezichtigen und ihn in Anklage zu versetzen, obwohl derselbe redlich seine Pflicht gethan zu haben glaubt; selbst ein freisprechendes Urtheil würde die ihm zugefügte Schädigung nicht ausgleichen können.

Sehr gering ist die Zahl der bisher bekannt gewordenen Fälle, in denen thatsächlich Untreue und Verrath von Fabrik- und Geschäftsgeheimnissen von Seiten der Beamten und Arbeiter stattgefunden hat; in den meisten derselben lag dann zugleich Verleitung zu solcher Untreue durch einen Konkurrenten vor. Die Verhältnisse, in denen sich in solchem Falle die betheiligten Personen meist befinden, die Ueberlegenheit des Verführers an materiellen und geistigen Mitteln, lassen dessen Unrecht meist größer erscheinen, als das des Verführten. Bevor man also daran denkt, den Verrath von Fabrikgeheimnissen mit Strafe zu bedrohen, sollte man die Verleitung zu solchem Verrath unter Strafe stellen.

Im Allgemeinen kann nur der Satz aufgestellt werden, daß der Arbeitnehmer dem Arbeitgeber zu Treue verpflichtet ist, solange das gegenseitige Verhältniß besteht; während dieser Zeit hat der Arbeitnehmer das Interesse des Arbeitgebers zu fördern und zu schützen. Gleiches von ihm zu verlangen, ist der neue Arbeitgeber berechtigt. Machen besondere Verhältnisse ein außergewöhnliches Maß der Verschwiegenheit erforderlich, so ist es Sache des Arbeitgebers, die zu seinem Schutz erforderlichen Maßregeln zu treffen, wobei vor allen Dingen die vorsichtige Auswahl und die der Vertrauensstellung entsprechende Behandlung der Personen von Wichtigkeit ist.

Die Frage gipfelt in der Erwägung, ob der Staat verpflichtet oder auch nur berechtigt sei, durch strafgesetzliche Verfolgung neben dem bestehenden Patentgesetze Fabrik- und Geschäftsgeheimnisse zu Gunsten des Einzelnen zu schützen; diese Frage ist zu verneinen und Derjenige, welcher sich geschädigt glaubt, auf den Weg der Civilklage zu verweisen.

Indem einem hohen Königlichen Staatsministerium von diesem Beschlusse Kenntniß zu geben wir uns erlauben, verharren wir

Ehrerbietigst

Der Verein deutscher Ingeniere.

Der erste Vorsitzende: R. Wolf.

Der Generalsekretär: Th. Peters.

Anlage VIIa.

Ich habe übernommen, für den deutschen Juristentag ein Gutachten über die Frage abzugeben:

> ob es rathsam ist, das Strafgesetzbuch dahin zu ergänzen, daß der Verrath von Geschäfts- und Fabrikgeheimnissen als Vergehen strafbar ist.

Bei Beantwortung dieser Frage ist es für mich von Interesse zu wissen, wie sich zu der gedachten Frage die französische und englische Gesetzgebung stellt.

Ueber die französische Gesetzgebung bin ich unterrichtet. Dieselbe enthält Strafbestimmungen über den Verrath von Fabrikgeheimnissen, sofern dieser Verrath während der Dauer eines Dienstverhältnisses erfolgt, also von Angestellten (directeur, commis, ouvrier de fabrique), während der Zeit verübt wird, in welcher der Betreffende in der Fabrik oder dem Geschäfte angestellt war, deren Geheimnisse er verräth. Art. 418 des Code pénal. Außerdem enthält die französische Rechtswissenschaft Grundsätze über die „concurrence de loyale". Diese Grundsätze, welche sich an den Artikel 1382 des Code civil anschließen, verbieten die ungehörige, d. h. diejenige Concurrenz, welche sich ungehöriger Mittel bedient; im Englischen würde man sagen: sie verbieten „unfair competition." Auf die hier vorliegende Frage findet das Verbot der concurrence de loyale keine Anwendung, sondern lediglich die obigen Grundsätze des Code pénal.

Was ich nun wissen möchte, ist:

1. giebt es im englischen Rechte, sei es bei den courts of common law, sei es bei den courts of equity Grundsätze, welche den Benachtheiligten in den Stand setzen, civilrechtlich (oder auch straf-

rechtlich) wegen „unfair competition" vorzugehen, und worin bestehen im Allgemeinen diese Grundsätze, wenn es solche giebt?

2. Giebt es im englischen Rechte Strafbestimmungen für den Fall, daß ein Angestellter oder Arbeitgeber Geschäfts- oder Fabrikgeheimnisse seines Geschäftsherrn verräth, sei es,
   a) daß dieses während der Dauer seines Dienstes, oder
   b) nach Beendigung desselben geschieht?

   werden für die Strafbarkeit außer den obigen noch besondere Voraussetzungen gemacht? und welches sind die Strafen? treffen sie fraglichen Verrath?

3. Kann die unter 2 hervorgehobene Strafbarkeit auch gegen den Dritten geltend gemacht werden, welcher in seinem Interesse den betreffenden Angestellten oder Arbeiter zu dem Verrath angestiftet, etwa ihn dafür bezahlt hat?

4. Ist es zulässig, daß der Arbeitgeber sich gegen den unter 2 gedachten Verrath durch privatrechtliche Verträge mit seinen Arbeitern schützt und kann er in diesen Verträgen sich die Zahlung von Conventionalstrafen bedingen? Geschieht die Verfolgung der Ansprüche aus solchen Verträgen vor den Civilgerichten im Civilproceßverfahren?

Zu obigen Punkten würde es mir erwünscht sein, außer der Beantwortung einige literarische Nachweisungen zu erhalten. Ich werde dann versuchen, mir die betreffenden Bücher in Deutschland zu verschaffen.

Chemnitz, im September 1887.

Anlage VIIb.

1. I do not quite understand what is meant by „unfair competition" in this question, but there are no express provisions of English Law or Equity on the subject of enquiry.

2. There are no provisions by Statute on the subject but
   a) the betrayal of trade or family secrets by an employé during the time of his employment has been in decided cases treated as a breach of an implied obligation on the part of the employé to his employer. See Beeston v. Collyer Q. C. & p. 607 per Best C. J. - East Anglian Rail Co. v. Lythgoe Q. L. M. & p. 221 and Mercer v. Whall 5. 2. B. 447. See also Macdonell on Master and Servant p. 210.
   b) I know of no authority on this point: in my opinion each Case would have to be decided on its own merits; the obli-

gation would vary with the nature of the trade and of the secret.

The betrayal of secrets though it may entail a civil liability towards the Employer is not a penal or criminal offence. The Employers remedy would be a civil one either by way of damages if he could prove that the betrayal had caused him pecuniary loss or by summary dismissal and forfeiture of current wages, though as regards the latter it would be a mixed question of Law and fact depending upon the circumstances of the particular case whether the misconduct was sufficiently grave to justify dismissal.

3. A third party who induces an employé to misconduct himself in any way is liable to the Employer for any damages which he may thereby sustain; and the betrayal of secrets would be such misconduct. See Bowen v. Hall 6 Q. B. D. 333. But the instigating or attempting to bribe a Servant to betray his Employers is not a criminal or penal offence. Compare R. v. Daniell 6 Mod, 99, 182 where it was held that for enticing away an Apprentice or Servant from his Master an Action would not lie: it being only a private injury, which might be redressed by a Civil Action.

On the other hand if a third party agreed with the employé for the betrayal of the Master's secrets, which he was bound by express or implied obligation not to disclose with the view to depriving the Employer of the benefit of his secret this would make them both guilty of the criminal offence of conspiracy entailing a liability to fine or imprisonment, though practically it would be very difficult to obtain a Conviction in such a Case. A conspiracy is defined as being inter alia an Agreement between two or more persons wrongfully to injure or prejudice a third party in any manner. See Archbold's Criminal Law 20th Ed. p. 1087.

4. An employer may certainly so protect himself. It is a common form of Covenant in Articles of Apprenticeship that the Apprentice will not diclose his Master's secrets: and it is quite clear that an Action for damages would lie if such could be proved.

The rule of English Law prohibiting Contracts in restraint of trade does not extend to prohibiting Contracts not to disclose or make use of secret processes of manufacture and the like. — See Leather Cloth Co. v. Lorsont L. R. 9 Eq. 345. Bryson v. Whitehead 1 Sim & St. 74.

It should be understood that, where there are no special statutory enactments, the Law of England is to be gathered from the decisions of Judges in actual Cases which have come before them: and there are no more specific Authorities on the subject than those I have cited above.

Robert G. Arbuthnot.

Temple 18. Oct. 1887.

V.

Gutachten des Herrn Professor Dr. Max Seydel in München

über die Frage:

„Empfiehlt es sich, die Prüfung der Wahlen für gesetzgebende Körperschaften als eine richterliche Thätigkeit anzuerkennen und deshalb der Rechtssprechung eines unabhängigen Wahlprüfungsgerichtshofes zu unterstellen?“

I. Rechtliche Natur der Legitimationsprüfung.

Wenn die Gesetzgebung eines Staates es unternimmt, darüber zu bestimmen, wie das Recht der Mitgliedschaft bei einem gewählten Parlamente soll erworben werden können, wird sie genöthigt sein, ein große Zahl von Rechtssätzen aufzustellen.

Diese Rechtssätze werden theils dem Gebiete des materiellen Rechtes angehören, theils organisatorischer Natur sein, theils endlich das Verfahren betreffen.

Die materiell rechtlichen Bestimmungen werden sich auf die Voraussetzungen beziehen, an welche das Recht auf Theilnahme an der Wahl, sowie der Erwerb und der Bestand des Mitgliedschaftsrechtes geknüpft sein sollen.

Die organisatorischen Bestimmungen werden von der Zahl der Abgeordneten, von der Bildung der Wahlkreise u. s. w. zu handeln haben.

Die Bestimmungen über das Verfahren endlich werden die Vorbereitung und den Gang des Wahlgeschäftes in allen seinen Abschnitten, sowie die Feststellung des Wahlergebnisses regeln müssen.

Die schließliche Bezeichnung einer Person als des gewählten Abgeordneten eines Wahlkreises ist hienach das Ergebniß einer Reihe von Handlungen, die unter Einhaltung und Anwendung einer Summe von Rechtsvorschriften sich zu vollziehen haben.

Diese Handlungen stellen sich, was die Wähler anlangt, als Ausübung eines persönlichen öffentlichen Rechtes dar. Inhalt dieses Rechtes ist, durch freien Willensakt eine gesetzlich hierzu befähigte Person in der gesetzlichen Form als Abgeordneten zu bezeichnen.

Ich fasse dabei der Vereinfachung halber nur die unmittelbaren Wahlen ins Auge.

Neben diesen Handlungen der Rechtsausübung treten bei dem Wahlgeschäfte noch eine Mehrzahl von Handlungen zu Tage, welche diese Rechtsausübung zu ermöglichen und zu regeln bestimmt sind.

Solche Handlungen, seien sie nun an Organe des Staates und der Gemeinden oder an Privatpersonen im Ehrenamte übertragen, haben die Natur staatlicher Verwaltungshandlungen.

Für sie gilt, wie für alle staatlichen Verwaltungshandlungen, der Satz, daß sie unter Beobachtung der Gesetze zu geschehen haben.

Hat nun die vollzogene Wahl ein Ergebniß geliefert, ist dieses Ergebniß festgestellt und hat der Gewählte die Wahl angenommen, so ist die Rechtslage die, daß der Gewählte mit dem öffentlichrechtlichen Anspruche auftritt, Abgeordneter zu sein, d. h. gesetzmäßigen Antheil an der Thätigkeit der Kammer zu nehmen, für welche er gewählt ist.

Der Gesetzgeber könnte möglicher Weise hiermit abschließen.

Er könnte sagen, daß mit Verkündung und Annahme der Wahl formales Recht für den Gewählten geschaffen sei.

Der Gesetzgeber thut dies auch aus praktischen Gründen bis zu einem gewissen Maße, indem er ein solches formales Recht zwar nicht endgiltig, aber vorläufig entstehen läßt.

Dagegen wird der Gesetzgeber aus den triftigsten Gründen Bedenken tragen, den Bestand dieses Rechtes jeder weiteren Anfechtung zu entrücken. Denn er würde Gefahr laufen, unter Umständen formales Recht auf Kosten des materiellen Rechtes zu gewähren.

Es ist möglich, daß der wirklich zum Abgeordneten Gewählte von Rechts wegen gar nicht Abgeordneter sein kann, weil ihm die gesetzlichen Eigenschaften hierzu fehlen. Diesem Falle entspricht der andere, daß späterhin ein gesetzlicher Grund des Verlustes der Parlamentsmitgliedschaft eintritt.

Es ist ferner möglich, daß der angeblich zum Abgeordneten Gewählte in Wirklichkeit nicht gesetzmäßig gewählt ist. Der Wahlvorgang kann ganz oder zum Theile mit Fehlern von solcher Erheblichkeit behaftet sein, daß das Wahlergebniß sicher oder möglicher Weise dadurch ein anderes geworden ist, als es ohne diese Fehler geworden wäre.

Für die Zwecke dieser Erörterungen ist es nicht nöthig zu untersuchen, welche Fehler hier denkbar sind oder thatsächlich vorkommen.

Jedenfalls würde, so viel ist gewiß, der Gesetzgeber das öffentliche Rechtsbewußtsein in erheblichem Maße schädigen, wenn er nicht dafür Sorge trüge, daß Niemand Abgeordneter bleibt, der es nach Recht und Gesetz nicht sein oder bleiben soll.

Der Gesetzgeber muß daher Mittel darbieten, demjenigen die Abgeordneteneigenschaft abzuerkennen, welchem sie gesetzmäßiger Weise nicht zukommen soll.

Der Gesetzgeber kann seiner Fürsorge zur Wahrung der Rechtsordnung nach dieser Richtung eine größere oder geringere Ausdehnung geben.

Die Bedeutung der öffentlichen Function der Abgeordneten kann den Gesetzgeber dazu bewegen, eine allgemeine und nothwendige Prüfung sämmtlicher Abgeordnetenwahlen in der Art zu verfügen, daß die zur Prüfung berufene Instanz unter gewissen Voraussetzungen die Wahl zu vernichten, beziehungsweise die Abgeordneteneigenschaft abzuerkennen befugt ist.

Der Gesetzgeber kann aber auch davon ausgehen, daß die Gesetzmäßigkeit der Wahl zunächst zu vermuthen ist, und demgemäß eine Untersuchung und, je nach dem Ergebnisse, Vernichtung der Wahl nur für den Fall anordnen, daß deren Rechtsgiltigkeit angestritten wird. Er wird alsdann bestimmen müssen, wem die Befugniß zustehen soll, eine Wahl mit der Wirkung anzufechten, daß eine Untersuchung ihrer Giltigkeit nothwendig wird.

Mag aber der Gesetzgeber so oder so verfahren, für alle Fälle ist es zweifellos, daß die Anerkennung oder Aberkennung der Abgeordneteneigenschaft nicht bloß die Lösung einer Frage des öffentlichen Rechtes, sondern daß sie geradezu die Entscheidung über einen behaupteten Anspruch des öffentlichen Rechtes enthält. Diese Entscheidung hat also materiell die Natur eines richterlichen Urtheiles.

Man könnte dieser Auffassung vielleicht Folgendes entgegen halten.

Es fehle im vorliegenden Falle an der Voraussetzung für die Annahme eines Urtheils.

Ein Urtheil könne es nur geben, wo ein Rechtsstreit zu schlichten sei. Ein Rechtsstreit aber sei nur denkbar, wo zwei Parteien seien. Daran fehle es bei der Legitimationsprüfung von Amts wegen gänzlich; bei der

Wahlanfechtung aber streite derjenige, welcher die Anfechtung erhoben habe, mit dem Abgeordneten nicht um sein Recht, er spiele mehr die Rolle des Denuncianten. Wo vollends, wie dies die Regel sei, durch die betreffende Kammer selbst die Legitimation der Abgeordneten geprüft werde, da handle es sich lediglich um eine innere Geschäftsangelegenheit der Kammer, welche das Recht habe, über die Reinheit ihrer Zusammensetzung zu wachen.

So möchte man etwa sagen. Aber man hätte damit Gegengründe vorgebracht, deren Widerlegung meines Erachtens nicht schwer ist.

Daß ein Urtheilsspruch im landläufigen Sinne des Wortes nur denkbar ist, wo ein Streit war, und daß zu einem Streite zwei gehören, ist sicher. Der bürgerliche Rechtsstreit wird sich auch immer so abspielen daß der Richter zwischen einem leibhaftigen Kläger und einem leibhaftigen Beklagten Recht spricht.

Aber auf dem Gebiete des öffentlichen Rechtes ist es nicht nothwendig ebenso. Der öffentliche Rechtsstreit setzt allerdings, wie jeder Rechtsstreit, zwei streitende Theile voraus, von denen einer einen Anspruch erhebt, der andere ihn leugnet. Die beiden Streittheile können möglicher Weise auch Proceßparteien sein, aber nothwendig ist dies nicht. Im verwaltungsgerichtlichen Verfahren verzichtet der Staat oft auf die Rolle einer Proceßpartei, indem er diese seine Parteirolle und die Rolle des Richters in dieselbe Hand legt. Dessenungeachtet ist der Ausspruch, der den Streit erledigt, hier zweifellos ein richterliches Urtheil.

Aber die processuale Parteirolle, die der Staat im verwaltungsgerichtlichen Verfahren mitunter sich selbst versagt, kann er möglicher Weise auch dem anderen Theile versagen, um dessen Recht es sich handelt. Diese Möglichkeit war in ausgedehntem Maße Wirklichkeit, solange vor Einführung einer Verwaltungsrechtspflege in Deutschland die Verwaltungsbehörden öffentliche Rechtsstreitigkeiten, die sie selbst erhoben hatten, im Verwaltungswege entschieden. Sie ist noch Wirklichkeit, soweit eine Verwaltungsrechtspflege fehlt.

Das „Object“ jener Rechtsprechung im Verwaltungswege hat sich keineswegs der Rechte einer Proceßpartei zu erfreuen. Aber wenn nun z. B. die Steuerbehörde erkannt hat, daß X. schuldig sei, so und so viel Steuer zu bezahlen, so ist damit dem X. zweifellos ein Urtheil gesprochen, es ist nicht eine Angelegenheit der Finanzverwaltung erledigt worden. Die Form mag der Verwaltung gehören, der Inhalt gehört der Rechtspflege.

Und genau ebenso liegt die Sache auch in unserem Falle.

Man wird gewiß keinen irgendwie haltbaren Gegengrund gegen die Behauptuug vorbringen können, daß da, wo der Gesetzgeber einer Kammer das Recht zuweist, die Legimitation ihrer Mitglieder zu prüfen, diese Prüfung eine Geschäftsangelegenheit der Kammer ist. Aber lediglich eine innere Angelegenheit der Kammer ist diese Prüfung bloß dann, wenn das Ergebniß nur das sein kann, daß das Recht auf Mitgliedschaft anerkannt oder angestritten werde, wenn diese Prüfung nur zur Feststellung führen kann, daß kein Streit oder daß ein Streit bestehe. Dagegen ist der Umkreis der inneren Angelegenheiten der Kammer überschritten, wenn die Legitimationsprüfung ihren Abschluß in einer maßgebenden Entscheidung darüber findet, ob das Mitgliedschaftsrecht des Abgeordneten zu Recht besteht oder nicht. Denn die Entscheidung über den Bestand oder Nichtbestand des Rechtes eines Anderen mit objectiver Wirkung ist ihrem Wesen nach niemals eine innere Angelegenheit der entscheidenden Instanz, sie ist stets ein Urtheilsspruch. So wenig in jenem vorhin beispielsweise erwähnten Falle die Finanzbehörde, welche über eine Steuerpflicht Entscheidung trifft, einen Verwaltungsakt, so wenig hat in diesem Falle die Kammer einen Akt der Geschäftsordnung vorgenommen. Der Gesetzgeber, der ja souverän ist, vermag viel. Er vermag zu bestimmen, daß das Verfahren zur Findung eines Urtheilsspruches dasselbe sein soll, als ob es sich um eine Verwaltungssache handle. Er kann dem Betheiligten rechtliches Gehör, die Gewährleistung unparteiischer Sachwürdigung, Rechtsmittel, kurz Alles verweigern, was als naturgemäße Ausstattung der Rechtspflege gilt. Aber Eine Schranke für den Gesetzgeber besteht. Er kann die Natur der Dinge und die wissenschaftliche Logik nicht umstoßen. Er vermag die Wahrheit nicht zu beseitigen, daß die Entscheidung darüber, ob Jemand ein Recht hat oder nicht hat, ein Richterspruch ist.

Man darf nur, wenn man von Richterspruch redet, nicht Form und Wesen verwechseln. Nicht das macht den Richterspruch aus, daß derjenige, der ihn fällt, die Stellung besitzt, die man gemeinhein für einen Richter als angemessen erachtet, nicht das, daß der Spruch nach einem Verfahren geschöpft wurde, wie es gewöhnlich für eine gute Rechtspflege als nothwendig gilt: all das sind Formen, die der Sache dienen, und die auch für andere Zwecke als die der Rechtspflege Verwendung finden können. Das Wesentliche des Richterspruches bleibt stets sein Inhalt und seine Wirkung: Entscheidung über strittiges Recht unter Anwendung der objectiven Rechtsnorm, Setzung der Rechtssicherheit an Stelle des Rechtsstreites für den einzelnen Fall.

Das Ergebniß unserer Voruntersuchung kann wohl als ein solches bezeichnet werden, das keine begründete Anfechtung vom Standpunkte der

Rechtswissenschaft zu befürchten hat. Die Entscheidung über die Legitimation des Abgeordneten ist ein Urtheil.

II. Der Stand der Gesetzgebung über die Legitimationsprüfung.

Ueber das Gebiet des Staatsrechtes hinaus in jenes der Politik führt die Würdigung der Frage, wen der Gesetzgeber dazu berufen soll, über die Wirksamkeit oder Unwirksamkeit, Giltigkeit oder Ungiltigkeit einer Abgeordnetenwahl zu entscheiden.

Es wird zweckmäßig sein, ehe wir selbst an die Beantwortung dieser Frage gehen, in Kürze zu betrachten, wie die verschiedenen Gesetzgeber bisher die Frage beantwortet haben, sodann uns danach umzusehen, welche Ausbeute die wissenschaftlichen Erörterungen über unsere Frage gewähren.

Drei Möglichkeiten bieten sich bezüglich der Gestaltung des Legitimationsprüfungsverfahrens überhaupt dar: Entscheidung durch die Kammer selbst, Entscheidung durch die Verwaltung, Entscheidung durch einen Gerichtshof.

Wollte man sich einfach an das Ansehen derjenigen Meinung halten, welcher die Mehrzahl der Gesetzgebungen constitutioneller Staaten gefolgt ist, so würde man sich zu Gunsten des Wahlprüfungsrechtes der Parlamente zu erklären haben.

In dem Staate, welcher als das Musterbild parlamentarischer Verfassung zuerst den Franzosen und dann den anderen Culturvölkern unseres europäischen Festlandes vorgeführt worden ist, Großbritannien, war vor dem Jahre 1770 zur Prüfung der Abgeordnetenwahlen das ganze Haus der Gemeinen zuständig. Es entschied darüber nach dem Ausdrucke von Sir Thomas Erskine May, „wie über jede Parteifrage, an der man die Kräfte der Parteien prüfte."

Frankreich folgte diesem Beispiele und ist dabei geblieben. Auch das jetzt geltende Recht (Art. 10 des Gesetzes vom 16. Juli 1875) bestimmt: „Chacune des chambres est juge de l'éligibilité de ses membres et de la régularité de leur élection."

Trotzdem dieses Gesetz gleich einer Reihe früherer Bestimmungen die Kammern als „Richter" in Bezug auf die vérification des pouvoirs erklärt, hat es in Frankreich an wissenschaftlichen Stimmen — von der Praxis zu schweigen — nicht gefehlt, welche das Urtheil der Kammern nicht nur als ein formell, sondern auch als ein materiell vom Gesetze unabhängiges angesehen wissen wollten. Allerdings ist diese Auffassung nicht ohne Widerspruch geblieben. Sie wird mit besonderer Lebhaftigkeit von A. Batbie in seinem traité théorique et pratique de droit public et administratif (2. Auflage III. p. 32) bekämpft. Die Deputirtenkammer, so sagt er, sei allerdings „juge souverain de la validité de l'élection."

„Mais de ce que la décision de la chambre est sans appel, il ne faut pas conclure qu'elle soit sans règle." „La chambre ne doit pas oublier qu'en cette matière, elle remplit un rôle de juge, qu'elle n'a par conséquent pas la même liberté qu'une assemblée politique. Elle a devant elle non des adversaires, mais des justiciables, et le député, s'il veut écouter sa conscience, sonsidérera que son adversaire politique est, pour la vérification des pouvoirs, ce qu'une partie est pour le juge."

Auf demselben Standpunkte wie Frankreich steht die gesammte Gesetzgebung Deutschlands, des Reiches wie der einzelnen Bundesstaaten. Dabei darf es wohl als unbestritten ausgesprochen werden, daß das deutsche Rechtsbewußtsein von den Parlamenten die Handhabung ihres Wahlprüfungsrechtes in richterlichem Sinne fordert.

Ich kann davon absehen, die große Zahl der übrigen Staaten anzuführen, welche demselben Systeme huldigen. Ein Hinweis auf die Uebersicht in Heinrich Jaques' trefflicher Schrift „über die Wahlprüfung in den modernen Staaten" (S. 17 ff.) wird genügen.

Die Verbreitung des Systems der parlamentarischen Wahlprüfung erklärt sich leicht, wenn man die Zeit in's Auge faßt, zu welcher auf dem europäischen Festlande die Lehren des Constitutionalismus sich verbreiteten und in verfassungsmäßigen Einrichtungen Gestalt gewannen.

Das System der parlamentarischen Wahlprüfung ist entstanden, weil man das zweite der oben als möglich bezeichneten Systeme, Wahlprüfung durch die Organe der Regierung, nicht wollte, und weil man in der parlamentarischen Wahlprüfung eine Schutzwehr gegen Beeinflussung der Wahlen durch die vollziehende Gewalt suchte. Die Spitze des Systems der parlamentarischen Wahlprüfung richtet sich also bewußter Weise zunächst gegen die Wahlprüfung im Verwaltungswege, nicht gegen die Wahlprüfung im Rechtswege.

Den Gedanken einer richterlichen Wahlprüfung konnte insbesondere diejenige Gesetzgebung, welche für die festländischen Staaten Europas leitend war, die Gesetzgebung Frankreichs nicht wohl fassen. Aeußere Umstände, wie der Stand der französischen Rechtsentwicklung, hinderten dies. Darauf, diese Angelegenheiten an die bürgerlichen Gerichte zu verweisen, konnte man kaum verfallen. Lagen doch solche Dinge völlig außerhalb des Rahmens der gerichtlichen Zuständigkeit. Und dazu kam noch das in Frankreich bis in die neueste Zeit nicht überwundene politische Mißtrauen gegen die Gerichte. Dieses Mißtrauen zeigte sich schon, als im Jahre 1790 von der Nationalversammlung die Umgestaltung der Verwaltung in Angriff genommen wurde. „En effet“, sagt Dareste (la justice administrative en France p. 164), „l'ordre judiciaire s'était rendu suspect, et bien loin d'étendre ses attributions, l'assemblée ne songeait plus qu'à l'amoindrir.“

Ebenso wenig war nach der Lage der Verhältnisse der Gedanke damals möglich, die Legitimationsprüfung an die Rechtspflege des öffentlichen Rechtes zu weisen. Von einer mit richterlicher Selbstständigkeit gehandhabten öffentlichen Rechtspflege war nicht die Rede, das contentieux administratif ein Anhängsel der Verwaltung. Man hätte durch Ueberweisung der Wahlprüfungen in die voie contentieuse gerade das bewirkt, was man vermeiden wollte, die Unterstellung der Entscheidung über die Wahlen unter den maßgebenden Einfluß der Verwaltung.

In Deutschland lag zu seiner Zeit die Sache nicht anders wie in Frankreich. Eine selbstständige Rechtspflege des öffentlichen Rechtes oder, wie man sie gewöhnlich nennt, eine Verwaltungsrechtspflege ist die, überdies noch nicht volle Errungenschaft der neueren Zeit. Vorher bot sich dem Gesetzgeber innerhalb des bestehenden Organismus der Rechtspflege kein Organ dar, dem er die Wahlprüfung als eine, dessen sonstigem Wirkungskreise homogene Aufgabe hätte anvertrauen können.

Daß nun trotz der seither eingetretenen Aenderungen in den Verhältnissen und Rechtsanschauungen das System der parlamentarischen Wahlprüfung da, wo es Geltung hat, bis vor Kurzem so wenig Anfechtung erfuhr, darf nicht Wunder nehmen. Denn Parlamente sind, wie sie auch sonst gesinnt sein mögen, sehr conservativ in Bezug auf diejenigen Einrichtungen, welche ihnen als Grundlage ihrer Machtstellung gelten. Die öffentliche Meinung ferner, gewohnt in den Parlamenten die Beschützer der Volksrechte gegenüber den Regierungen zu sehen, wird Bestrebungen, welche auf Abminderung der parlamentarischen Rechte abzielen, stets mit Mißtrauen betrachten; sie wird auch nach den einleuchtendsten Beispielen nur schwer von der Unzweckmäßigkeit eines solchen Rechtes oder von dem Mißbrauche desselben sich überzeugen. Eben diese Unvolksthümlichkeit derartiger Abänderungsvorschläge aber wird die Regierungen gemeinhin abhalten, damit hervorzutreten.

Die Erfahrung indessen, daß jener „juge“, der über die Giltigkeit von Abgeordnetenwahlen zu erkennen berufen ist, nicht immer sich als Richter benommen hat, daß das Bewußtsein seiner „Souveränetät“ ihm für sein Richteramt gerade so gefährlich geworden ist, wie dem aus dem

Cabinete richtenden Könige, diese Erfahrung konnte doch nicht völlig unbeachtet bleiben.

Dem Bestreben, unter grundsätzlicher Aufrechthaltung des parlamentarischen Wahlprüfungsrechtes, dessen Handhabung im richterlichen Geiste mehr zu sichern, sind jene Einrichtungen entsprungen, die eine Art Uebergang vom System der parlamentarischen zum System der richterlichen Wahlprüfung darstellen.

Das erste Beispiel einer solchen Einrichtung bietet England mit der Grenville Acte von 1770, wonach die Aburtheilung von Wahlbeschwerden einem Ausschusse des Hauses der Gemeinen übertragen wurde. Die Maßregel, zuerst vorläufig, 1773 dauernd getroffen, bewährte sich, wie May bezeugt, nicht besonders. Ein verbesserndes Gesetz kam 1839 zu Stande.

Eigenartig sind die Bestimmungen der Geschäftsordnung (Regolamento) der italienischen Abgeordnetenkammer vom 28. November 1868 (Kap. III).

Nach dieser Geschäftsordnung besteht ein Wahlprüfungsausschuß (giunta delle elezioni) von 12 Abgeordneten, die der Kammerpräsident ernennt. Die Ernannten können nicht ablehnen.

Der Ausschuß hat zweierlei Aufgaben: Die Prüfung der Wahlen und die Prüfung der Wählbarkeit der Gewählten.

Eine Prüfung der Wahlen findet nie von Amts wegen, sondern nur bei Wahlanfechtung statt.

„Perchè un' elezione venga annullata per vizio delle operazioni elettorali, bisogna che sia presentata protesta alla camera, e che sia pronunciato su di questa giudizio favorevole.“

Eine Abgeordnetenwahl kann angefochten werden:

1) von Wählern des betreffenden Wahlcollegiums,
2) von Candidaten, die bei der Wahl Stimmen erhalten haben.

Die Sache wird vor der Giunta öffentlich und contradictorisch verhandelt.

Als Streittheile können persönlich oder durch Vertreter die Unterzeichner des Wahlprotestes und der gewählte Abgeordnete auftreten.

Zeugen können von den Parteien vorgeschlagen und von Amts wegen vernommen werden.

Der Ausschuß kann ein Untersuchungscomité von drei Mitgliedern aus seiner Mitte wählen, das Erhebungen auch an Ort und Stelle vornehmen kann.

Bis hieher trägt, wenn man von den Personen absieht, die den Ausschuß bilden, Alles das Gepräge des gerichtlichen Verfahrens. Die

Giunta faßt ihre Beschlüsse (conclusioni) mit Stimmenmehrheit; Stimmengleichheit wird zu Gunsten der Giltigkeit der Wahl gerechnet.

Aber nun heißt es: „Le sue conclusioni motivate saranno comunicate alla camera, che delibererà.“

Desinit in piscem. Der mit so vielversprechender richterlicher Miene aufgetretene Wahlgerichtshof verwandelt sich in einen gewöhnlichen, an das Plenum berichtenden Prüfungsausschuß.

Die Prüfung der Wählbarkeit der Abgeordneten ist Amtssache der Giunta. Hier verhandelt sie nicht öffentlich und contradictorisch; aber sie erkennt als Gericht.

„La giunta delle elezioni esamina tutti i processi verbali, e qualora riscontri che nell' eletto manchi alcuna delle condizioni richieste dall' art. 40 dello statuto e delle qualità richieste dalla legge, ancorchè non vi sia protesta, dichiara nulla l'elezione.“

Ich habe diese Bestimmungen des italienischen Regolamento etwas eingehender dargelegt, weil sie mir sehr beachtenswerthe Gedanken zu erhalten scheinen, auf die später noch zurückzukommen sein wird.

Ich wende mich nunmehr zu derjenigen Gruppe von Gesetzgebungen, nach welchen wirkliche Gerichte zur Ausübung einer Gerichtsbarkeit in Wahlprüfungssachen berufen sind. Diese Gruppe ist sehr klein.

Von dem Gesetze, welches für Ungarn versprochen, aber noch nicht erlassen ist, darf ich absehen. Ebenso wird es genügen, hinsichtlich Finnlands und Bulgariens auf dasjenige zu verweisen, was Jaques darüber berichtet.

In Großbritannien hat die neuere Gesetzgebung (1868, 1879, 1881, Election Petitions and Corrupt Practices at Election Act, Parliamentary Elections and Corrupt Practices Act) für die Entscheidung von Wahlanfechtungen an die Stelle des früheren Wahlausschusses Gerichtshöfe gesetzt.

Damit ist aber eine allgemeine und ausschließliche gerichtliche Zuständigkeit zur Entscheidung über die Abgeordnetensitze nicht eingeführt. Das Haus der Gemeinen bleibt nach wie vor zuständig, hierüber zu entscheiden, soweit Wahlbeschwerden nicht angebracht sind.

Auch das schwedische Staatsrecht kennt eine gerichtliche Rechtsprechung in Reichstagswahlangelegenheiten und zwar gleichfalls nur bei Wahlanfechtungen. Daneben besteht das Recht der Kammern zur Prüfung der Vollmachten ihrer Mitglieder. Die Grenzen zwischen diesem Rechte und der gerichtlichen Zuständigkeit sind nicht ganz klar, wie aus der Darstellung Aschehoug's in Marquardsen's Handbuch des öffentlichen Rechtes der Gegenwart (Band IV, 2 Abth. 2, S. 52 f.) ersichtlich ist.

Ein näheres Eingehen auf diesen Rechtsstand würde für unsere Zwecke nicht lohnend sein. Denn derselbe weist nichts auf, was nachahmenswerth oder auch nur belehrend wäre.

Das Ergebniß unseres vergleichenden staatsrechtlichen Ueberblickes scheint derjenigen Auffassung sehr wenig günstig zu sein, welche für den Ausspruch über das Recht auf einen Abgeordnetensitz die parlamentarische Zuständigkeit verwirft, eine gerichtliche Zuständigkeit fordert. Die überwiegende Mehrzahl der Staaten hat für die erstere Zuständigkeit sich entschieden; für die letztere Zuständigkeit haben nur wenige Staaten und davon die bedeutenderen nur theilweise sich erklärt.

Indessen darf dieser Stand der Dinge kein Vorurtheil einflößen. Wo es sich darum handelt, neu auftretende Gedanken im Gebiete des Staatsrechts oder der Politik auf ihren Werth zu prüfen, da kann es nicht darauf ankommen, wie weit sie verbreitet, sondern nur darauf, wie weit sie richtig sind.

III. Der Stand der wissenschaftlichen Ansichten über die Frage der Legitimationsprüfung.

Die Forderung, daß den Parlamenten bezw. den Wahlkammern die Entscheidung über das Mitgliedschaftsrecht ihrer Angehörigen völlig und grundsätzlich entzogen und daß diese Entscheidung einem Gerichte übertragen werde solle, ist, in dieser Schärfe gestellt, eine ziemlich neue.

An Aeußerungen der Kritik über die Handhabung des Rechtes der Legitimationsprüfung durch die Parlamente hat es natürlich schon früher nicht gefehlt. Auch nicht an Hinweisungen auf den Rechtsweg, besonders nachdem das englische Beispiel vorlag. Aeußert doch sogar ein französischer Schriftsteller, der bereits erwähnte Batbie (a. a. O. III S. 33):

„Des faits trop nombreux ont prouvé qu'il est difficile à un homme de s'abstraire de ses préoccupations quotidiennes et de ne pas céder à la tentation d'user de sa toute-puissance contre un adversaire. Aussi les Anglais ont-ils renvoyé aux tribunaux le jugement des vérifications, et l'exemple est à imiter, car c'est offrir une trop belle occasion à l'injustice que de remettre à un adversaire irresponsable et souverain, le pouvoir de juger, sans appel, un débat contentieux dont l'issue peut avoir un grand intérêt pour ce juge d'un jour."

Abgesehen von derartigen gelegentlichen Bemerkungen und einigen nicht sehr tief gehenden Erörterungen Robert von Mohl's (Zeitschr. für die ges. Staatswissenschaft 1874 S. 528 ff.) ist die Frage, die uns hier beschäftigt, zuerst in den 1885 erschienenen Schriften eines österreichischen

Rechtslehrers und eines österreichischen Politikers förmlich als staatsrechtlich-politisches Problem aufgestellt und erörtert worden. Die Frage ist von diesen Schriftstellern, ich möchte sagen, nicht so fast aufgegriffen, als ihnen durch die politischen Wirren ihres Heimathstaates aufgedrängt worden.

Ich will über den Inhalt beider Schriften in Kürze berichten, und zwar überhaupt nur so weit, als er auf unsere Frage Bezug hat, hier nur so weit, als er theoretischer Natur ist.

Die Vorschläge zur Aenderung des bestehenden Rechtes, mit welchen die beiden Schriftsteller hervortreten, sollen später ihre Würdigung finden.

Die Abhandlung von Professor Dr. Georg Jellinek in Wien, im Januar 1885 erschienen, hat das Verdienst zu beanspruchen, unsere Frage zuerst einer grundsätzlichen wissenschaftlichen Betrachtung unterstellt zu haben.

Georg Jellinek beginnt seine Abhandlung über einen Verfassungsgerichtshof in Oesterreich mit folgenden Betrachtungen:

Die Geschichte des constitutionellen Staates erklärt es, wie die Frage des Schutzes der Verfassung mit der Frage nach dem Schutze der Verfassung gegen die Regierung zusammenfallen konnte. Solange sich der Kampf um den constitutionellen Staat gegen das unumschränkte Königthum richtete, das nur widerwillig und schrittweise aus seiner Stellung wich, ist Mißtrauen gegen die Regierung das Kennzeichen der parlamentarischen Geschichte. „Toute institution qui ne suppose pas le peuple bon et le magistrat corruptible, est vicieuse," sagte Robespierre.

Die Schutzwehren gegen einen Machtmißbrauch der Regierung sind heut zu Tage, soweit möglich, in den Verfassungen enthalten. Will man aber den Rechtsstaat aufrichtig, so ist es nunmehr auch nothwendig, zu untersuchen, ob ebenso genügende Sicherheiten gegen den Machtmißbrauch desjenigen Organes geboten sind, das man als den Beschirmer der constitutionellen Ordnung anzusehen gewohnt ist. Es ist die Frage aufzuwerfen: Können die Parlamente verfassungswidrig handeln? Und wenn es ein parlamentarisches Unrecht giebt, wie schützt man die Rechtsordnung vor demselben?

Man darf diese Frage nicht damit ablehnen, daß man die Fiction, der König könne nicht Unrecht thun, auf die Gesammtheit der Factoren ausdehnt, welche den sog. pouvoir législatif ausmachen. Es ist ein Irrthum, eine Scheidung der Gewalten in dem Sinne für möglich zu halten, daß die Staatsthätigkeiten nach Organen glatt getrennt wären. Und so haben auch die Parlamente nicht bloß an der Gesetzgebung Theil zu nehmen, sondern auch zu verwalten und zu richten. Jede Verwaltungshandlung uud jeder Richterspruch steht aber unter dem Gesetze. Daher ist jedes Organ, welches zu verwalten oder Recht zu sprechen hat, an das objective Recht gebunden. Es begeht ein Unrecht, wenn es an die Stelle der Forderung der Rechtsordnung sein freies Ermessen setzt. Sobald anerkannt wird, daß eine solche Fähigkeit, Unrecht zu thun, bei den Kammern vorhanden ist, ist die Aufgabe gestellt, auf Abhülfe zu denken.

Was nun die besondere Frage der Entscheidung über bestrittene Wahlen anlangt, so ist Jellinek der Meinung, es könne hier die Beseitigung der Möglichkeit parlamentarischen Unrechts nur darin gefunden werden, daß man den Parlamenten ein Amt abnehme, zu dessen Versehung sie nicht geeignet seien. Ein Kammermitglied sei so wenig wie ein Verwaltungsbeamter unparteiischer Richter.

„Eine unparteiische Cognition über bestrittene Individualrechte kann nur von einer richterlich organisirten Institution erwartet werden. Der Satz der Verfassung, daß Niemand seinem gesetzlichen Richter entzogen werden dürfe, schließt in sich den Befehl an die Gesetzgebung, jedem Individualrechte, also auch dem politischen, den Richter im wahren Sinne des Wortes zu geben. Wenn streitige Privatrechte der definitiven Judicatur der Verwaltungsbehörden entzogen worden sind, wenn die politischen Rechte im (österreichischen) Reichsgerichte einen richterlichen Schutz gefunden haben, wenn über Eingriffe der Verwaltung in die individuelle Rechtssphäre ein Verwaltungsgerichtshof judicirt, so fordert es die juristische Consequenz, daß ein Streit über das Recht der zur Reichsvertretung Gewählten nicht von einem inappellablen Collegium entschieden werde, das zu sehr de lege ferenda beschäftigt ist, um stets Gerechtigkeit de lege lata üben zu können.“

Unmittelbar nach Jellinek hat sich dann der österreichische Reichstagsabgeordnete Dr. Heinrich Jaques mit unserer Frage beschäftigt. Jellinek erörtert sie im Zusammenhange mit anderen Fragen, die ihm von verwandter Natur scheinen. Die Schrift von Jaques dagegen behandelt, von einem Anhange abgesehen, ausschließlich unseren Gegenstand, wie schon der Titel zeigt: „Die Wahlprüfung in den modernen Staaten und ein Wahlprüfungsgerichtshof für Oesterreich.“

Jaques beginnt mit Betrachtungen über Montesquieu's Lehre von der Gewaltentheilung, deren Grundgedanke, wie er meint, so sehr er insbesondere von der deutschen Wissenschaft angefochten sein möge, bei Weitem nicht als ein überwundener angesehen werden könne.

Es erscheint für unsere Zwecke nicht erforderlich, über diese Frage des allgemeinen Staatsrechtes eingehender uns zu verbreiten. Es genügt zu bemerken, daß man Jaques jedenfalls in der Hauptsache beistimmen kann, wenn er sagt:

„Die heutige Grundansicht wird sich wohl dahin charakterisiren lassen, daß man die staatliche Thätigkeit für das Gesammtwohl, also dasjenige, was mit dem allgemeinsten Ausdrucke als Fürsorge für die öffentlichen Interessen, für die der Gesammtbevölkerung zu bezeichnen ist, zu trennen habe von der staatlichen Fürsorge für Alles, was als erworbenes Recht der Einzelnen oder Mehrerer, der Gemeinschaften oder Corporationen, sich darstellt, und daß man jenes erstere Gebiet öffentlichen Wirkens der Gesetzgebung und Verwaltung, das zweite dagegen der Gerichtsbarkeit, der Judicatur zuzuweisen habe."

Wenn nun, sagt Jaques, auf dem ganzen Gebiete staatlicher Wirksamkeit die Rechtspflege, als Wahrerin der Einzelrechte, der Gesetzgebung und Verwaltung gegenüber gestellt sei, so müsse folgerichtig auch die Entscheidung über den Bestand der durch Wahlen geübten oder erlangten politischen Rechte der Rechtspflege anheimfallen. Eine Kammer eigne sich hiezu so wenig wie eine Regierungsbehörde. Denn es obwalten „bei Parteifreunden und Parteigegnern desjenigen, um dessen Wahlverification es sich im concreten Falle handelt, geradezu all diejenigen Perhorrescenzgründe, welche sämmtlichen Civil- und Strafprozeßordnungen zu Folge den Ausschluß eines Richters von der Ausübung seiner Funktionen zur unausbleiblichen Folge haben müssen."

Außerdem wird hervorgehoben, daß der Mehrzahl der Parlamentsmitglieder die Kenntnisse und die Uebung fehlen, welche zur Wahrnehmung des Richteramts nöthig sind. Das Wahlprüfungsrecht der Parlamente sei nichts anderes als parlamentarische Cabinetsjustiz.

So weit die Aeußerungen der Schriftsteller.

IV. Die Legitimationsprüfung durch das Parlament.

Wenn ich nun meinerseits daran gehe, mich über die Frage zu verbreiten, ob es sich empfehle, den Parlamenten die Legitimationsprüfung zu Gunsten eines Gerichtshofes abzunehmen, so habe ich vor Allem folgende allgemeine Bemerkungen vorauszuschicken.

Die Frage ist meines Erachtens die gleiche für sämmtliche Fälle der Legitimationsprüfung: also für die Fälle bestrittener wie unbestrittener Wahl, für die Untersuchung, ob die persönliche rechtliche Fähigkeit, Abgeordneter zu sein, bei der Wahl vorhanden war, wie für die Untersuchung, ob ein Rechtsgrund des Verlustes des Abgeordnetensitzes später eingetreten ist. Man kann folgerichtiger Weise nur für alle diese Fälle gleichmäßig entweder zu Gunsten der parlamentarischen oder zu Gunsten der gerichtlichen Zuständigkeit sich entscheiden. Denn der zu fällende Ausspruch hat überall dieselbe rechtliche Natur. Es handelt sich stets um den Bestand des nämlichen Rechts, nur die Anlässe der Untersuchung und die zu würdigenden Verhältnisse sind verschieden.

Des Weiteren bin ich der Meinung, daß die Frage nicht so fast vom Standpunkte irgend einer staatsrechtlichen Theorie, als vielmehr vom praktischen Standpunkte aus zu lösen sei. Auf dem Gebiete praktischer Erwägungen liegt auch in der That das Schwergewicht der Ausführungen, die bisher zu Tage getreten sind.

Der Umstand für sich allein, daß die Hauptaufgabe der Parlamente in der Mitwirkung bei der Gesetzgebung besteht, könnte keinen zureichenden Grund abgeben, denselben die Legitimationsprüfungen abzunehmen. Die sog. Gewaltentheilung ist noch nirgends auf der Welt vollständig durchgeführt worden und wird es nie werden. Berechtigt ist nur die Forderung, daß man den staatlichen Organen nicht verschiedenartige Aufgaben zuweist, denen sie gleichzeitig nicht gerecht zu werden vermögen.

Zwei Gründe wären denkbar, mit welchen man zu der Ansicht kommen könnte, daß dem Parlamente das Recht der Legitimationsprüfung zu belassen sei. Erstens nämlich der Grund, daß die Parlamente des fraglichen Rechtes zur Aufrechthaltung ihrer staatsrechtlichen Stellung bedürfen; sodann der Grund, daß sie im Stande seien, diese Nebenaufgabe befriedigend und ohne Schaden nach irgend welcher Richtung zu erfüllen. Schon der zweite Grund wäre für die Aufrechthaltung des status quo ausreichend, wenn auch der erste nicht zutreffen sollte.

Der erste Grund trifft in der That nicht zu. Der Besitz des Legitimationsprüfungsrechtes ist für die Parlamente nicht nöthig, damit sie ihre staatsrechtlichen Obliegenheiten erfüllen können.

Man mag vielleicht sagen, das Legitimationsprüfungsrecht gewährleiste die Machtstellung des Parlaments. Aber die Machtstellung des Parlaments ist nicht Selbstzweck. Das Parlament soll nur so viel Macht haben, als es für die öffentlichen Functionen braucht, die ihm übertragen sind. Das Parlament bedarf zu diesem Ende nicht mehr als ein gewisses Maß von Selbstständigkeit gegenüber der Regierung. Diese Selbstständigkeit wäre nur dann gefährdet, wenn der Regierung und ihren Verwaltungsorganen das Recht der Legitimationsprüfung zukäme. Sie ist dann nicht gefährdet, wenn die Legitimationsprüfung durch einen Gerichtshof geschieht, der zwar allerdings vom Parlamente, aber auch von der Regierung unabhängig ist und gegen etwaige Eingriffe der Regierung in die Freiheit der Wahl ebenso Front machen wird, wie das Parlament.

Daß ein solcher Gerichtshof auch vom Parlamente unabhängig ist, schädigt die Stellung des letzteren nicht. Denn der Gerichtshof darf bei der Legitimationsprüfung nicht anders verfahren, als das Parlament verfahren soll: nämlich nach Recht und Gesetz. Darauf aber hat das Parlament keinen Anspruch, daß ihm die Möglichkeit gewährt werde, über das Recht sich hinwegzusetzen.

Man könnte bei einer freistaatlichen Verfassung etwa aus der „Souveränetät" des Parlaments und aus der Lehre von der Gewaltentheilung Einwendungen ableiten. Man könnte behaupten, durch Uebertragung der Legitimationsprüfung an ein Gericht verletze man die Gleichstellung der Gewalten und setze den pouvoir judiciaire über den pouvoir législatif. Aber auch dies wäre, selbst wenn man den Ausgangspunkt der Beweisführung unangetastet läßt, nicht zutreffend. Denn die Souveränetät oder die gesetzgebende Gewalt kommt jedenfalls nur dem Parlament als Körper, nicht dessen einzelnen Mitgliedern zu. So wenig in der Unterwerfung der letzteren unter die Gerichtsbarkeit überhaupt eine Unterordnung der gesetzgebenden unter die richterliche Gewalt erblickt wird, so wenig darf auch in der Einführung einer Rechtsprechung über den Bestand der einzelnen Mitgliedschaftsrechte eine solche Unterordnung gesehen werden. Eine derartige Rechtsprechung äußert nicht den mindesten Einfluß auf die gesetzgebende Thätigkeit, sie betrifft lediglich ein individuelles Recht.

Der erste der beiden oben angeführten Gründe erscheint damit aus dem Felde geschlagen.

Aber auch der zweite Grund erweist sich als nicht haltbar. Es läßt sich ihm gegenüber meines Erachtens zweierlei darthun, nämlich, daß bei einer Legitimationsprüfung durch das Parlament das Recht, und daß das Parlament selbst zu Schaden kommt.

Ich wende mich zunächst zu dem Nachweise meiner ersten Behauptung.

Die parlamentarische Wahlprüfung weist Gebrechen auf, welche eine ordnungsmäßige Erfüllung der gestellten richterlichen Aufgabe nicht als gesichert erscheinen lassen, und welche theils nicht völlig, theils überhaupt nicht beseitigt werden können.

Um mit jenen Mängeln zu beginnen, welche die juristisch-technische Seite der Sache betreffen und die verhältnißmäßig geringeren sind, so kommt Folgendes in Betracht.

Das parlamentarische Legitimationsprüfungsverfahren, wie es gewöhnlich und insbesondere bei uns in Deutschland geregelt ist, entspricht in seinen Formen jenen Anforderungen nicht, welche sonst allenthalben an ein ordnungsmäßiges Gerichtsverfahren gestellt werden.

Die Formen der parlamentarischen Verhandlung in den Ausschüssen und im vollen Hause sind für ganz andere Zwecke wie die der Rechtspflege ausgebildet worden und demgemäß auch für letztere unbrauchbar.

Das Parlament vermag sich seinen Beweisstoff, soweit er nicht aus den Wahlakten zu entnehmen ist, nur durch Vermittlung der Regierung zu verschaffen und hat in Folge dessen nach dieser Richtung hin nur schriftlichen Proceß.

Die Hauptverhandlung ist, wenn die Sache ins volle Haus kommt, zwar öffentlich und mündlich, aber Gericht und Parteien sind nicht von einander geschieden, und contradiktorisch ist die Verhandlung gerade da nicht, wo sie es am meisten sein sollte, nämlich bei einer Wahlanfechtung aus dem Wahlkreise. Diejenigen, deren rechtliches Interesse am Streite neben dem Interesse des Abgeordneten das höchste ist, die Wähler, sind, wenn nicht der Eine oder der Andere zufällig Mitglied des Hauses ist, auf die passive Rolle von Denuncianten angewiesen. Sie können wohl schriftlich ihre Wahlbeschwerde begründen, aber auf die Gegengründe nicht antworten.

Das Gericht ferner, das in der Sache zu urtheilen hat, ist nothwendig überwiegend mit Mitgliedern besetzt, denen die juristischen Kenntnisse abgehen, welche dieses Richteramt erfordert. Die verschiedenartigen und höchst schwierigen Rechtsfragen, welche bei einer Legitimationsprüfung unter Umständen zu lösen sind, verlangen die volle Beherrschung des Staats- und Verwaltungsrechtes und Uebung in der Rechtsanwendung. Daß die Parlamentsmitglieder in ihrer Mehrzahl diese Eigenschaften besitzen, ist um so weniger zu erwarten, als sie nicht mit Rücksicht auf ihre Befähigung zum Richteramte, sondern mit Rücksicht auf andere Eigenschaften gewählt werden. So muß denn, selbst wenn man den günstigsten Fall annimmt, daß die Richter völlig unbefangen erkennen wollen, was Recht ist, nothwendig von zwei Dingen das Eine eintreten: Die große Masse der Abstimmenden wird nämlich entweder im Gefühle der eigenen Unzulänglichkeit Autoritäten folgen, und zwar natürlich jeder derjenigen Autorität, welcher er auch in anderen Dingen zu folgen gewohnt ist, oder aber sie wird statt von klarer Erkenntniß des Rechtes von einem unklaren, oft täuschenden Rechtsgefühle sich leiten lassen. Man hat hiefür den wohlklingenden Ausdruck erfunden, das Parlament sei eine Jury.

Es würde wohl ein stattliches Verzeichniß werden, wenn man sich der Mühe unterziehen wollte, eine Beispielsammlung von juristischen Fehlern anzulegen, die von Parlamenten gutgläubig bei Ausübung ihres Legitimationsprüfungsrechtes gemacht worden sind. Ich will mich jedoch begnügen, auf ein ungemein bezeichnendes Beispiel der juristischen Unsicherheit der Parlamente hinzuweisen: es ist deren höchst unklare und schwankende

Haltung hinsichtlich der Frage, ob und welche Wirkung Wahlbeeinflussungen auf die Giltigkeit einer Wahl äußern. Den Parlamenten wird es unendlich schwer, die Frage, ob derjenige, der Beeinflussung übte, ein sittliches, strafrechtliches oder disciplinarrechtliches Unrecht begangen hat, von der anderen Frage zu trennen, ob dieses Unrecht einen gesetzlichen Wahlnichtigkeitsgrund bilde.

Das Bedenklichste aber in juristisch-technischer Beziehung ist an der parlamentarischen Rechtspflege das, daß der parlamentarische Richter weder vor sich selbst noch vor der Welt Rechenschaft für sein Urtheil zu geben genöthigt ist. Der Beschluß des Parlaments über die Legitimation eines seiner Mitglieder ist ein Urtheil ohne Entscheidungsgründe. Die Nothwendigkeit, in welcher die Gerichte sich befinden, nicht bloß den Satz, sondern auch die Gründe des Urtheiles collegial festzustellen und zu verkünden, schärft in ungemeinem Maße das Gefühl richterlicher Verantwortlichkeit. Die Gerichtsmitglieder sind damit unter die gegenseitige Controle wie unter die Controle der Oeffentlichkeit gestellt. In einer Körperschaft von der Mitgliederzahl eines Parlamentes wird eine Verantwortlichkeit, die auf so viele sich vertheilt, schon an sich weniger empfunden. Um so mißlicher ist es, daß darauf verzichtet wird und wohl auch verzichtet werden muß, dem richterlichen Gewissen durch den Zwang, die Entscheidung zu begründen, zu Hilfe zu kommen.

All die Uebelstände, die im Vorstehenden geschildert wurden, können, wie das Beispiel des Regolamento der italienischen Abgeordnetenkammer zeigt, bis zu einem gewissen Grade, wenn auch nicht völlig geheilt werden, ohne die parlamentarische Legitimationsprüfung preiszugeben. Vollständig wird ein parlamentarischer Ausschuß auch nach der juristisch-technischen Seite hin niemals Ersatz für einen Gerichtshof bieten, vollends so weit nicht, als er nur eine begutachtende Rolle gegenüber dem entscheidenden Hause spielt.

Jenem schwersten Bedenken aber, zu dessen Vorführung ich nunmehr gelange, wird ein solcher Ausschuß in gleichem Maße wie das Parlament selbst unterliegen. Denn seine Mitglieder werden im Ausschusse die Haut nicht verlassen können, in welcher sie im Plenum stecken. Und vor Allem wird, da Losung ausgeschlossen ist, wenn man befähigte Mitglieder haben will, die Gefahr bestehen, daß der Ausschuß, mag er nun vom Präsidenten ernannt oder vom Hause gewählt werden, ein Geschöpf der jeweils herrschenden politischen Partei ist.

Das schwerste Bedenken gegen die parlamentarische Legitimationsprüfung ist, daß ein parlamentarischer Gerichtshof keine einzige Gewähr richterlicher Unparteilichkeit, vielmehr die sichersten Anzeigen des Gegentheiles aufweist.

Ich sehe zunächst von den Parteigegensätzen ab, welche in jedem Parlamente naturnothwendig obwalten. Schon in der Stellung des Parlaments als solchen liegen Gefährdungen der richterlichen Unbefangenheit, die, wie geschichtliche Erfahrungen zeigen, nicht gering anzuschlagen sind.

Vor Allem verfällt, wie bereits Jellinek richtig hervorgehoben hat, eine Körperschaft, die gewohnt ist, überwiegend de lege ferenda zu beschließen, sehr leicht dem Wahne, sie sei in ihrer Entscheidung an das gegebene Gesetz nicht gebunden, sie stehe über demselben. Die parlamentarische Geschichte Frankreichs liefert hierfür zahlreiche Belege, und in der That liegt auch für ein regierendes Parlament — im Freistaate und in der parlamentarisch regierten Monarchie — die Gefahr eines solchen Irrthums am nächsten. Da werden blendende Phrasen wie: „Nous n'avons pas le droit de nous élire, mais nous avons celui de nous choisir“, oder die Kammer sei die souveräne Wächterin des allgemeinen Stimmrechtes, die Trägerin einer souveraineté absolue et sans reserves als Rechtssätze geglaubt werden. Da wird das Parlament thun, was man an der Kabinetsjustiz verdammt hat, es wird, statt das Recht auf den einzelnen Fall anzuwenden, Recht für den einzelnen Fall setzen.

Aber noch etwas Anderes ist möglich, und auch hierfür giebt es Beispiele.

Wenn eine tiefgehende politische Verderbniß herrschende Klassen ergriffen hat, dann kann es sich leicht begeben, daß die Parteien sich auf den Standpunkt des veniam damus petimusque vicissim stellen und sich verwerfliche Mittel des Wahlsieges zum Schaden für das öffentliche Rechtsbewußtsein gegenseitig nachsehen. Wie soll auch wohl der ein unbefangener Richter sein, dem, während er die Klage anhört, eine innere Stimme sagt: Mutato nomine de te fabula narratur.

Was hier erörtert wurde, sind nun allerdings Möglichkeiten, die der deutsche Jurist glücklicher Weise, was sein eigenes Vaterland anlangt, nicht zu den Wahrscheinlichkeiten zu rechnen braucht.

Aber es giebt noch weitere Gründe, die parlamentarische Gerichtsbarkeit als befangen abzulehnen, die überall, nicht nur in Ausnahmefällen zutreffen, weil sie aus Verhältnissen abgeleitet sind, die dem politischen und parlamentarischen Leben nothwendig anhaften.

Diese Gründe gewinnen bei Betrachtung der neueren politischen Entwickelung der Staaten erheblich an Gewicht. Denn allenthalben zeigen sich Momente, welche geeignet sind, die Parteigegnerschaft zu verschärfen: bald sind es Gegensätze, die auf die Staatsform sich beziehen, bald solche der Nationalität, der Konfession, der wirthschaftlichen Grundanschauungen und Lebensinteressen.

Der Abgeordnete wird auf Parteiprogramme gewählt, die mitunter den civis als hostis erscheinen lassen, die jedenfalls dem politischen Gegner das denkbar geringste Maß objektiver Würdigung zubilligen. Die Hauptaufgabe des Abgeordneten besteht darin, das, was er als politisch nützlich erkennt, mittels Mehrheitsbeschlüssen durchzusetzen. Er ist dabei in seinem guten Rechte und in der Regel gewiß ein Mann von ehrlicher politischer Ueberzeugung. Aber neben dem politischen Nutzen und als Mittel zu dessen Erreichung steht der Parteinutzen. Und so wird es naturgemäß dahin kommen, daß letzterer mit dem gleichen Eifer und mit dem gleichen Gefühle der Pflichterfüllung verfolgt wird wie ersterer. Da nun aber das parlamentarische Machtmittel die Stimmenzahl ist, so ist es klar, daß das Parteiinteresse jedesmal betheiligt erscheint, wo eine Wahl zu prüfen ist, mag es nun die Wahl eines Parteigegners oder die Wahl eines Parteifreundes sein. Daß Parteiinteresse wird nur ein größeres oder geringeres sein, je nachdem auf die fragliche Stimme oder Persönlichkeit mehr oder weniger ankommt. Auf jeden Fall ist sicher, daß auch der gewissenhafteste Mann mit anderen Augen auf den Parteifreund, mit anderen auf den Parteigegner blicken wird. So wird denn der Abgeordnete als Richter über die Legitimation seines Kollegen stets entweder befangen sein oder doch, was fast ebenso mißlich ist, befangen scheinen. Man kann all dies kaum lebhafter darlegen als Jaques es gethan hat. Und er fügt mit vollem Rechte noch bei:

„Wenn wir auch bei allen Mitgliedern einer Parlamentsmajorität wie der Minorität das höchste Maß an Pflichteifer und Gewissenhaftigkeit voraussetzen wollen, ist es denn psychologisch und politisch klug, für sie Alle das denkbar weiteste Terrain der Pflichtenkollisionen zu eröffnen? Wenn der andächtige Beter im Vaterunser die tief durchdachten Worte spricht: Führe uns nicht in Versuchung und erlöse uns von dem Uebel, so leiht er damit nebst dem religiösen auch einem geradezu staatsmännischen Gedanken den schlichtesten und wahrhaftigsten Ausdruck. Man darf und soll von den Menschen niemals mehr als ein mittleres Durchschnittsmaß von Moral erheischen; und wenn man sie zwischen die zwei kategorischen Imperative stellt, entweder ihren intensivsten politischen Ueberzeugungen oder den strengsten Anforderungen des Rechtes und der Sittlichkeit zu dienen, dann gebe man es auf, bestimmen zu wollen, wohin von Fall zu Fall die Wagschale sich neigen werde.“

Diese Ausführungen sind nur allzu wahr, und da sie es sind, kann es nicht Wunder nehmen, daß dem parlamentarischen Urtheilsspruche in einer Legitimationssache dasselbe begegnet, was dem Spruche der Kabinetsjustiz und dem verwaltungsrechtlichen Erkenntnisse eines Ministers widerfährt. Selbst wo das ergangene Urtheil nach strengem Rechte zu entscheiden beabsichtigte, ja wo es wirklich hiernach entschieden hat, genießt es den Kredit des Richterspruches weder in der öffentlichen Meinung noch in der Empfindung der unterlegenen Partei. Ja, der parlamentarische Urteilsspruch ist dieser Gefahr noch mehr ausgesetzt, weil er lediglich ein sic volo enthält und durch keine Gründe von seiner Richtigkeit zu überzeugen sucht.

Meine Ansicht steht nach alledem dahin fest, daß es eine unabweisbare Forderung der Rechtssicherheit ist, den Parlamenten das Recht der Legitimationsprüfung zu entziehen und es einem Gerichtshofe zu übertragen.

Ich möchte aber noch weiter behaupten, daß diese Maßnahme nicht bloß dem Interesse der Rechtspflege, sondern dem Interesse der Parlamente selbst diente.

Der Nachweis dieser Behauptung ist zwar nicht mehr dazu nothwendig, um die Maßnahme überhaupt zu rechtfertigen: hierzu genügt schon, sie als Forderung der Gerechtigkeit dargethan zu haben. Wohl aber ist dieser Nachweis, neben der unterstützenden Kraft, die er dem Hauptbeweise leiht, geeignet, dem weiteren Satze den Boden zu bereiten, daß es sich empfiehlt, die Parlamente außer alle und jede Beziehung zur Legitimationsprüfung ihrer Mitglieder zu setzen.

Vom Standpunkte der parlamentarischen Geschäftsführung kommt zunächst eine Erwägung in Betracht, die allerdings gegenüber den schwerwiegenden Bedenken, die bisher erörtert wurden, sich minder bedeutend ausnimmt. Die Belastung der Parlamente mit der heterogenen Aufgabe, über Legitimationsfragen richterlich zu entscheiden, bewirkt einen unnöthigen Verbrauch von Zeit und Kraft, die besser den Hauptarbeiten gewidmet würden. Häufige Erfahrungen zeigen, daß bei Parlamenten, die nach einer Neuwahl zusammentreten, entweder die Hauptgeschäfte unter der Arbeitslast der Prüfung der Wahlakten leiden, oder, da man dies in der Regel vermeiden will, eine Verzögerung der Justiz eintritt. So kann manchmal die Session zu Ende gehen, ohne daß alle Legitimationsprüfungen erledigt sind. Daß bei Parlamenten mit Taggeldern die parlamentarische Justiz erheblich theurer kömmt als die gerichtliche, soll nur nebenbei bemerkt werden.

Ich lege auf all dies weniger Gewicht, um so mehr aber auf andere Uebelstände, die meines Erachtens die größte Aufmerksamkeit verdienen.

Die parlamentarische Wahlprüfung trägt in die Parlamente ein Moment persönlicher Gehässigkeit, das man zwischen Mitgliedern, die zu collegialem Zusammenwirken berufen sind, nicht aufkommen lassen sollte. Erfahrungsgemäß genügt oft schon der Gegensatz der Parteistellung, um die Mitglieder eines Parlamentes über die Grenzen des sachlichen Streites hinauszuführen. Um so näher liegt diese Gefahr da, wo persönliche Interessen im Spiele sind. Die Anfechtung der Wahl des einen Abgeordneten durch den anderen wird nothwendig das Gefühl der Collegialität schädigen.

Einen anderen Mißstand können die Parlamente bis zu einem gewissen Grade vermeiden, die Schädigung ihres Ansehens nach außen durch die Art der Handhabung ihres Wahlprüfungsrechtes. Völlig zu vermeiden aber wird dieser Mißstand nie sein. Denn sobald der Gang der Verhandlungen nur im Mindesten die Bahnen richterlicher Objectivität verläßt — und es giebt kein Mittel zu verhüten, daß dies eintritt, — ist der öffentlichen Kritik ein weites Feld eröffnet. Die Wahlentscheidungen werden, mögen sie gerecht oder ungerecht sein, beurtheilt werden nicht wie man etwa richterliche Urtheile wissenschaftlich kritisirt, sondern mit derjenigen Kritik, die man dem politischen Gegner angedeihen läßt. Wo die Sache nur irgend zweifelhaft liegt, wird die Entscheidung nicht als Entscheidung des Hauses geachtet, sondern als Machtspruch der Mehrheitsparteien mit allen Mitteln des politischen Kampfes heruntergesetzt werden. Nichts aber ist geeignet, die Achtung vor dem Parlamente mehr zu schädigen, als der Verdacht des Rechtsbruches.

Schon aus diesen Gründen allein scheint es mir besser zu sein, wenn Legitimationsfragen gänzlich von der Tagesordnung der Parlamente verschwinden. Auch Gründe der Geschäftsvereinfachung sprechen dafür.

Diese werden sich zweckmäßiger erörtern lassen, wenn ich nunmehr nach Erledigung der grundsätzlichen Frage dazu übergehe zu untersuchen, wie das Legitimationsprüfungsverfahren bei Verweisung desselben auf den Rechtsweg zu gestalten sein wird.

V. Die Legitimationsprüfung durch den Richter.

Ich beschränke mich bei den folgenden Erörterungen auf die Hauptpunkte. In Einzelheiten ließe sich nur unter Rücksichtnahme auf das Recht eines bestimmten Staates eingehen. Letzteres gilt insbesondere bezüglich der Frage, welches Gericht als zuständig erklärt werden soll.

Im Allgemeinen ist hierüber nur so viel zu bemerken, daß es sich mehr empfiehlt, einen bereits vorhandenen obersten Gerichtshof (Reichsgericht, Oberverwaltungsgericht) zu wählen, als einen eigenen Gerichtshof zu bilden. Eine einzige Instanz genügt, wie sie auch bisher genügt hat.

Hinsichtlich der Regelung des Verfahrens liegen aus Oesterreich praktische Vorschläge vor. Die Anträge der Reichstagsabgeordneten Graf Coronini und Dr. Jaques lassen indessen wesentliche Unterschiede erkennen.

Der ursprüngliche Antrag Coronini's wurde unterm 19. Februar 1885 im österreichischen Abgeordnetenhause eingebracht, kam aber in der damaligen Session nicht zur Berathung. Der Antrag wurde unterm 3. Oktober desselben Jahres mit unerheblichen Aenderungen als Antrag Coronini-Jaques neuerlich eingebracht, kam in der Sitzung des Abgeordnetenhauses vom 12. u. 16. Februar 1886 zur ersten Lesung und wurde dem Wahlreformausschusse zugewiesen. Dort ruht er seitdem.

Nach Coronini's Antrag soll das Wahlcertificat, das zum Eintritte in das Abgeordnetenhaus berechtigt, dem Gewählten vom Landeschef ertheilt werden müssen, wenn die Wählbarkeit nicht zu beanstanden ist. Wegen Mangels der Wählbarkeit kann der Landeschef das Certificat verweigern. Letzteren Falles ist die Sache zur Entscheidung durch den Gerichtshof für angefochtene Wahlen zu bringen.

Wahlen von Abgeordneten, welche das Wahlcertificat erhalten haben, sind ohne Weiteres als giltig anzusehen, wenn sie nicht rechtzeitig angefochten wurden. Berechtigt zur Anfechtung sind nur die Wähler des Wahlkreises und Personen, denen der Eintrag in die Wählerliste verweigert wurde. Die Anfechtung muß regelmäßig innerhalb einer gesetzlichen Ausschlußfrist erfolgen. Nur die Anfechtung wegen Mangels der Wählbarkeit kann jeder Zeit erhoben werden. Ueber die Wahlanfechtungen entscheidet gleichfalls der oben bezeichnete Gerichtshof, dessen Verhandlungen öffentlich sind.

Nach den Vorschlägen, welche Jaques machte, ehe er sich dem Antrage Coronini anschloß, soll ein Wahlprüfungssenat beim obersten Gerichtshofe entscheiden:

1. über Wahlakte, welche das Abgeordnetenhaus nicht ohne Debatte als giltig anerkennt oder gegen deren Giltigkeit die Mehrheit der Abtheilung, welcher sie zugewiesen wurde, Bedenken erhebt;
2. über Wahlakte, bezüglich welcher wegen eines Ausschließungsgrundes das Wahlcertificat verweigert wurde;

3. über Anfechtungen der Wahl oder der Wählbarkeit;
4. über Neuwahlen, welche das Abgeordnetenhaus nicht über den Bericht seines Legitimationsausschusses ohne Debatte als giltig anerkennt.

Das Wahlverfahren ist in dem Entwurfe von Jaques eingehend auf der Grundlage der Oeffentlichkeit und Mündlichkeit geregelt. Es soll durch Mandatsniederlegung und Tod des Gewählten nicht gehemmt werden.

Eine Einzelkritik der gemachten Vorschläge würde zu weit führen. Handelt es sich doch vorläufig mehr um den Grundsatz und um das Wesentlichste, was zu seiner Durchführung nöthig ist. In dieser Beziehung enthält, wie schon oben bemerkt, das italienische Regolamento sehr beachtenswerthe Bestimmungen.

Vor Allem ist diesem Regolamento und dem Antrage Coronini darin beizupflichten, daß eine Legitimationsprüfung von Amts wegen keinenfalls nach allen Richtungen hin erforderlich ist.

Hinsichtlich des Wahlverfahrens ist sie sicherlich überflüssig. Es ist meines Erachtens eine Zeitvergeudung, wenn sämmtliche Wahlakten eines Parlaments ohne äußere Anregung darauf untersucht werden, ob bei der Wahl irgend ein Fehler vorgefallen sei. Ist der Fehler von Erheblichkeit, so wird er in der Regel von betheiligter Seite aufgegriffen werden, ist er unerheblich, so mag er beruhen. Jedenfalls steht die Ausbeute, welche eine derartige Untersuchung gewährt, außer Verhältniß zu der Zeit, welche daran zu wenden ist. Insbesondere gilt dies dann, wenn man, was ich schon aus anderen Gründen verwerfe, das Parlament damit befaßt, und vollends dann, wenn man mit Jaques eine Debatte im Parlamente über die Giltigkeit einer Wahl genügen läßt, um die Wiederholung der ganzen Prüfungsarbeit durch das Gericht nothwendig zu machen.

Es ist mir aber auch zweifelhaft, ob eine Prüfung von Amts wegen hinsichtlich der Wählbarkeit veranlaßt ist. Der Fall, daß ein nicht Wählbarer gewählt wird, ist selten. Es wird genügen, der Regierung und den Betheiligten die Möglichkeit zu eröffnen, eine gerichtliche Entscheidung über die Wählbarkeit herbeizuführen.

Ich gebe indessen zu, daß man vielleicht Bedenken tragen kann, sich so weit von dem bisherigen Rechte zu entfernen.

Ich lege daher der folgenden Darstellung das System zu Grunde, daß die Wählbarkeit auch von Amts wegen, das Wahlverfahren nur auf Klage hin geprüft wird.

In ersterer Beziehung wäre etwa Folgendes zu bestimmen.

Dasjenige staatliche Organ, welches mit der Ausstellung des Wahlausweises betraut ist, ist befugt, den Wahlausweis zu verweigern, wenn seiner Ansicht nach der Gewählte zweifellos nicht wählbar ist.

In allen Fällen aber hat der Gerichtshof für die Legitimationsprüfung die Frage der Wählbarkeit von Amts wegen zu prüfen. Oeffentliches und mündliches Verfahren ist hier wohl nicht nöthig. Die Sache ist durch schriftliche Antragstellung eines Berichterstatters, die zur Aeußerung an die Staatsanwaltschaft geht, vorzubereiten. Ist der Wahlausweis verweigert worden, oder wird die Wählbarkeit vom Berichterstatter oder vom Staatsanwalte beanstandet, so ist der Beanstandete hiervon mit der Anheimgabe zu verständigen, innerhalb bestimmter Frist seine Gegenerklärung abzugeben.

Das gleiche Verfahren findet statt, wenn die Giltigkeit der Wahl nur wegen Mangels der Wählbarkeit angefochten ist.

Das Recht zu solcher Anfechtung steht zu

1. allen denjenigen, die zur Anfechtung der Wahl wegen Mängeln am Wahlakte befugt sind;
2. der Staatsregierung.

Wahlanfechtungen wegen Mangels der Wählbarkeit sind auch nach anerkannter Wahl statthaft, soweit sie nicht auf Gründe gestützt werden, über die der Gerichtshof bereits rechtskräftig entschieden hat. Von diesem Rechte nachträglichter Anfechtung könnten die unten unter Ziffer 3 genannten Personen füglich ausgeschlossen werden.

Die Abgeordneten selbst sind befugt, die Entscheidung des Gerichtshofes über den Fortbestand ihrer Wählbarkeit zu beantragen.

Eine Prüfung der Wahl selbst hätte meines Erachtens nur einzutreten, wenn die Wahl angefochten ist. Hierüber wäre etwas Folgendes zu bestimmen:

Zur Wahlanfechtung sind berechtigt:

1. die in die Wählerliste eingetragenen Wahlberechtigten des Wahlkreises;
2. diejenigen Personen, denen der Eintrag in die Wählerliste verweigert wurde;
3. diejenigen Personen, welche bei der Abgeordnetenwahl des Wahlkreises Stimmen erhalten haben.

Für diese Beschränkung des Anfechtungsrechtes spricht die Erwägung, daß an dem Wahlergebnisse des Wahlkreises die genannten Personen zunächst interessirt sind, und daß, falls diese das Wahlergebniß anerkennen, kein Grund zu amtlicher Untersuchung besteht.

Dabei möchte noch Folgendes anzuordnen sein. Bei den unter Ziffer 2 genannten Personen wäre zuerst zu entscheiden, ob die Verweigerung des Eintrages gerechtfertigt war oder nicht. Ist die Frage zu bejahen, so ist die Klage sofort abzuweisen.

Für die Einreichung der Klage ist eine Ausschlußfrist festzusetzen.

In der Klage müssen die Beschwerdegründe bestimmt bezeichnet sein. Der Gerichtshof kann jedoch, wenn er nicht sämmtliche Beschwerdegründe als ungerechtfertigt findet, seine Prüfung auf das ganze Wahlverfahren ausdehnen.

Das gerichtliche Verfahren ist öffentlich, mündlich und contradictorisch. Der Gerichtshof kann aber einer Mehrzahl an einer Anfechtungsklage Betheiligter die Bestellung eines gemeinsamen Vertreters auferlegen.

Ein Zwang zum Erscheinen an der Gerichtsstelle unter Androhung von Rechtsnachtheilen besteht nicht. Der Gerichtshof erkennt, wenn sämmtliche oder einzelne Betheiligte der Verhandlung fern bleiben, nach Lage der Sache.

Die Staatsanwaltschaft ist berechtigt, an der Verhandlung Theil zu nehmen und Antrag zu stellen.

Die Entscheidung des Gerichtshofes kann nur darauf gehen, daß die Wahl zu vernichten, oder daß sie anzuerkennen sei.

Die Vernichtung der Wahl hat einzutreten, wenn die Wahl mit solchen Fehlern behaftet behaftet ist, daß nicht feststeht, es würde die Wahl ohne diese Fehler dasselbe Ergebniß geliefert haben.

Die Vernichtung der Wahl kann eintreten, wenn Verstöße gegen die Bestimmungen über das Wahlverfahren vorgefallen sind, die der Gerichtshof für wesentlich erachtet.

Ich halte es nicht für angängig, dem Gerichtshofe die Befugniß einzuräumen, an Stelle des als gewählt Verkündeten einen Anderen als gewählt anzuerkennen. Es würde dies, wie Zeitungsberichten nach ein jüngst in Schweden vorgekommener Fall zeigt, unter Umständen dazu führen, daß auf formal juristischem Wege ein Ergebniß zum Vorscheine kommt, das dem Willen der Mehrzahl der Wähler geradezu widerspricht.

Es ist möglich, auszusprechen, ob die Gewißheit vorliegt oder fehlt, daß derjenige, dessen Legitimation in Frage steht, richtig gewählt sei. Dagegen kann regelmäßig, wenn einem Abgeordneten die Legitimation aberkannt wird, nicht mit Sicherheit gesagt werden, welcher Andere der Erwählte der Mehrheit ist.

Das Wahlanfechtungsverfahren wäre meines Erachtens, da es sich um eine Angelegenheit öffentlichen Interesses handelt, gebühren- und kostenfrei zu belassen. Doch wird zur Sicherung gegen muthwillige Anfechtungen dem Gerichtshofe das Recht einzuräumen sein, Frivolitätsstrafen im Falle der Zurückweisung einer Anfechtung zu verhängen.

VI.

Gutachten des Herrn A. Lammers zu Bremen

über die Frage:

„Ob und unter welchen Voraussetzungen es sich empfiehlt, eine Bestimmung darüber, daß eine Person wegen Trunksucht entmündigt werden kann, in das Bürgerliche Gesetzbuch aufzunehmen."

Sollen Gewohnheitstrinker schon als solche, nicht nur wenn sie nach dem geltenden Rechte als Geisteskranke oder als Verschwender anzusehen und zu behandeln sind, entmündigt werden können?

Diese Frage ist in Deutschland zur Bejahung und gesetzgeberischen Lösung reif geworden. Wir können uns nicht mehr bei der bisher weitverbreiteten Annahme beruhigen, daß dem Bedürfniß auch mit der Vormundschaft über Verschwender und Geisteskranke beizukommen sei.

Allerdings wird ein Gewohnheitstrinker häufig geradezu geisteskrank, und wie viele Geisteskranke ihren Zustand auf Trunksucht zurückzuführen haben, ist bekannt. Ja, er könnte vielleicht, wenn er so weit gesunken ist, daß die Entmündigung erwünscht oder nothwendig wird, allemal auch bereits überhaupt als geistig krank betrachtet werden wegen der regelmäßigen Unterbrechung seiner Geistesklarheit und der stetigen Abnahme seiner Selbstbeherrschung und Willenskraft. Die Entwickelung der Trunksucht verläuft in stets sich erneuernden kleinen Niederlagen der Vernunft und besseren Gesinnung durch die übermächtige Leidenschaft, womit der

Wille erlahmt. Aber es ist nicht wahrscheinlich, daß die maßgebenden rechtlichen Beurtheiler sich hierauf so bald einlassen werden. Sie stehen naturgemäß auf dem Standpunkt der herrschenden Anschauung der Gebildeten, — nicht der Auffassung solcher Irrenärzte, die zugleich in der Würdigung der Folgen des Alkoholgiftes am weitesten vorgedrungen sind. Deshalb ist mit der Ausbildung und Verbreitung des Gedankens, daß Trunksucht so viel wie Geisteskrankheit sei, nicht zu helfen. Ihre Verheerungen und Gefahren sind zu groß, als daß darauf in Ruhe gewartet werden dürfte.

Nicht anders steht es mit der Heranziehung der Verschwender-Vormundschaft. Diese kommt erfahrungsgemäß gewöhnlich doch nur zu Gebrauch, wenn Vermögen da ist und bereits gefährdet. In der einen oder anderen unserer Landes-Gesetzgebungen, die ja vorläufig noch gelten, muß neben Müßiggang, schlechter Wirthschaft und üppigem Leben sogar schon beginnender Vermögensverfall nachweisbar sein, ehe der Spruch auf Entmündigung zu fällen ist. Um die Vermögenslosen hat der Gesetzgeber nach dieser Richtung hin sich bisher weniger gesorgt. Er überließ sie sammt den Ihrigen für den eintretenden Fall der Armenpflege und Wohlthätigkeit. Gerade diese breite Volksschicht aber ist es, um welche es sich hier wesentlich handelt.

Es handelt sich thatsächlich um Solche, die ihren eigenen knapp ausreichenden Erwerb in immer wachsendem Maße der Trunksucht opfern, und mit der Zeit wohl gar den Erwerb der Frau, halberwachsener oder erwachsener Kinder obendrein. Die täglich wiederkehrende körperliche Gefahr der häuslichen Umgebung kommt hinzu. Sie wird nicht leicht öffentlich sichtbar: aber in wie viel Tausenden von Fällen sie sich verwirklicht, läßt sich abnehmen aus der Masse der straffällig werdenden öffentlichen Körperverletzungen infolge von Räuschen.

Die Möglichkeit der Entmündigung ist nothwendig, damit diese leibliche und wirthschaftliche Gefährdung abgestellt werden kann. Gewohnheitstrinker werden zwar nicht immer, aber oft genug gemeingefährlich. Dieser Zustand wird in einem gewissen Sinne schon dann anzuerkennen sein, wenn derselbe eine bisher sich selbst erhaltende Familie der Abhängigkeit von täglicher fremder Hilfe, insbesondere der öffentlichen Armenpflege überantwortet. Da genügt es nicht, ihr ausreichend mit Gaben und mit Verwendungen für Erwerbsbeschäftigung der Frau, Fortkommen der Kinder beizustehen: die Ursache des Elends muß entfernt, und es muß wirksam versucht werden können, sie in das ursprüngliche gute Verhalten des Ernährers zurückzuverwandeln.

Einer der Bezirksvereine des Deutschen Vereins gegen den Mißbrauch geistiger Getränke hat, nachdem er sich selbst an der Besserung von Trunkenbolden in ihren Wohnungen redlich, aber fruchtlos abgemüht hatte, sich vor einigen Jahren an seine heimischen Staatsgewalten mit dem Ersuchen gewandt, gefährliche Trinker zwangsweise in Heilanstalten zu verpflanzen. Es wurde ihm eingewendet, solcher Anstalten beständen noch nicht genug und es liege über ihre Wirksamkeit noch nicht Erfahrung genug vor. Ein anderer Bezirksverein beanstandete aus ähnlichen Beweggründen seinerseits sogar das erste Vorgehen des Gesammtvereins (1884) auf der Spur des Gesetzentwurfs des Deutschen Bundesraths vom 8. März 1881, der bekanntlich nicht Gesetz geworden ist. Damals waren wir allerdings in der Sache noch etwas mehr zurück. Es gab nur erst eine einzige Trinkerheilanstalt in Deutschland, die in zwei Abtheilungen für Arme und für Bemittelte wirkende zu Lintorf (zwischen Düsseldorf und Duisburg). Erschienen ihre Heilungserfolge nicht glänzend, so kam es daher, daß sie die eintretenden Trinker meist nicht lange genug festzuhalten vermag. Sie verfügt eben über kein Zwangsrecht; und der seiner Leidenschaft zeitweilig entzogene Pflegling hält sich dauernd vor Rückfällen bewahrt, lange ehe er es ist, folgt voreilig dem Heimweh zu Beruf und Familie, und macht dann der Befähigung der Anstalt zum Heilen einen unverdient schlechten Ruf.

So bewegten wir uns in einem verhängnisvollen falschen Kreise: Zwangsheilung für Trinker sollte von Rechts wegen nicht ausgesprochen werden, weil die einzige im Reiche bestehende Heilanstalt keine hinreichend günstigen Ergebnisse aufzuweisen vermochte, infolgedessen auch keine Nachfolger fand, — und sie konnte sich aus dem Sumpfe, in welchem sie sich abquälte, nicht auf festen Boden hinaufarbeiten, weil der Kranke ihr vor nachhaltiger Heilung wieder davonging.

Indessen regt sich der Trieb nach Hilfe auf diesem immer mehr nun auch bei uns durchforschten und beackerten Gebiet socialer Hilfe doch so stark, daß nicht schlechthin mehr auf die ersehnte Gesetzgebung gewartet wird. Aerzte erklären dies wohl nicht ohne Grund, gerade je genauer sie die Heilungsaussichten kennen und veranschlagen, für das Alleinrichtige; aber die Geistlichen, in denen das Verlangen nach Hilfe in einer sie so überwältigend anflehenden Noth obenauf ist, fassen hier und da doch den Muth, Kraft und Mittel selbst noch an eine so ungewisse Hoffnung zu wagen. In Nieder-Leipa im Kreise Jauer (Schlesien) und in Rickling bei Neumünster (Schleswig-Holstein) sind neue Trinkerheilanstalten nach Lintorf's Vorbild entstanden, und eine weitere wird in der Provinz Brandenburg geplant. Eine ländliche Trinker-Colonie, zunächst für Hamburger Säufer unternommen, ist auf dem Gute des Herrn v. Plüskow-

Kowalz Sophienhof bei Tessin in Mecklenburg. Jener Bezirksverein der Mäßigkeitsarbeit, der vor einiger Zeit noch zagte, hat deshalb nunmehr auch dem Verlangen des Gesammtvereins nach Entmündigung und Zwangsheilung der Trinker zugestimmt. Jene Staatsgewalten werden sicher einsehen, daß sie den Zauberkreis des Nichtvorwärtskommens durchbrechen müssen.

Den Begriff Gewohnheitstrinker festzustellen hat mit dem Rechte, welchen seine Berufserfahrung und sein bewährtes Interesse an der Sache ihm geben, der Verein deutscher Irrenärzte auf seiner Zusammenkunft zu Nürnberg im Jahre 1877 unternommen, und nicht allein die Organe des 1883 entstandenen Deutschen Vereins gegen den Mißbrauch geistiger Getränke im Allgemeinen, auch sein inzwischen verstorbener Referent für die Dresdener Jahres-Versammlung von 1885, der berühmte Criminalist Dr. von Schwarze, der in derselben Angelegenheit vier Jahre früher zugleich Präsident und Referent der Reichstags-Commission war, hat sich die Begriffsbestimmung angeeignet. Danach ist der Gewohnheitstrinker ein Mensch, „der dem regelmäßigen oder periodischen Trunke notorisch in dem Maße ergeben ist, daß er seine Selbstbeherrschung und die Fähigkeit seine Geschäfte zu besorgen mehr oder weniger verloren hat, seine Pflichen vernachlässigt, und sich und seiner Umgebung gefährlich wird.“ Ich füge hier an, daß Dr. von Schwarze als Mitglied einer am 5. April 1884 in Hannover zusammengetretenen sachverständigen (halb medicinischen, halb juristischen) Vereins-Commission in seinem Referat für Dresden zusammenfassend also fortfuhr: „Die Vereins-Commission hatte den schweren Eingriff ihres Vorschlages in die Vermögens- und Familien-Rechte des Einzelnen nicht verkannt, zugleich aber in der vorgeschlagenen Zulassung der Entmündigung eines der wichtigsten und nothwendigsten Mittel erblickt, durch welche die über die einzelne Person weit hinausreichenden schweren Benachtheiligungen der Familie des Gewohnheitstrinkers und dritter Personen abgewendet, bez. wenigstens abgeschwächt werden. Hierbei ist betont worden, daß die gegenwärtigen Bestimmungen über die Entmündigung von Verschwendern und Geisteskranken nicht ausreichen, da sie meist erst zur Anwendung gelangen, wenn die Verschwendung bis zur Verarmung geführt und die Geisteskrankheit bereits eine bedenkliche Höhe erreicht hat.“ Er zog auch noch eine Eingabe der Mäßigkeits-Commission des westfälischen Städtetages an die preußische Staatsregierung vom Herbste 1884 an, unterzeichnet von dem Vorsitzer Justizrath Hennecke zu Soest, deren einschlagende Stelle lautete: „Nach der Lage der gegenwärtigen Gesetzgebung kann gemäß § 307 Th. I Tit 1 des Allgemeinen Landrechts die Entmündigung erst eintreten, wenn der

Betreffende sein Vermögen „beträchtlich vermindert" hat, d. h. erst wenn er verarmt ist. So tritt die Entmündigung jetzt fast immer zu spät ein, und nach constanten gerichtlichen Entscheidungen steht die Gemeinde und Behörde ganz machtlos da, wenn Jemand durch Trunksucht sich und seine Familie zusehends ruinirt, um unabwendbar der Armenkasse anheim zu fallen, solange sein Vermögen dadurch nicht beträchtlich verringert ist. Die Entmündigung des gewohnheitsmäßigen Trinkers ist aber gesetzgeberisch damit zu motiviren, daß ein solcher effectiv als geisteskrank zu betrachten ist, welchem das Vermögen ermangelt, seine Handlungen zu überlegen (vgl. § 28). Die Entmündigung ist ferner im öffentlichen Interesse nothwendig, weil die Gesellschaft jetzt schwer durch die ungehinderte Berechtigung zur Völlerei, die doch wohl nicht zu den angeborenen Menschenrechten gehört, geschädigt wird. Sie erscheint aber auch zur Besserung des Trinkers höchst wirksam. Denn erfahrungsmäßig kommt Mancher zur Besinnung, wenn ihm in seinem bürgerlichen Leben überall seine Dispositionsunfähigkeit entgegentritt. Ja, nicht nur die Frauen und Kinder dieser Unglücklichen, sondern die Säufer selbst, welche in unzähligen Fällen mit diesem Laster bereits erblich belastet sind, sehnen sich oft nach einem kräftigen Damm gegen ihre Leidenschaft, welcher sie verhindert den völligen Ruin der eigenen Person oder der Familie herbeizuführen. Sie ist auch gesetzlich nicht schwierig, weil die gewohnheitsmäßige Trunksucht, in welcher der Trinker nicht mehr im Stande ist sein Vermögen zu verwalten, ein vom Richter unschwer festzustellender thatsächlicher Zustand ist."

Hier wird zurückzuverweisen sein auf die Begriffsbestimmung des Vereins deutscher Irrenärzte.

Näher auszuführen, wie im gegebenen Falle der Spruch auf Vormundschaft herbeizuführen sei, halte ich nicht für meines Faches; auch nicht, wie das Verfahren einzurichten, abgesehen davon daß die Zuständigkeit des Amtsgerichts, wie gegen Verschwender und Geisteskranke, noch keiner Anfechtung unterlegen hat; auch nicht, welche Folgen der Entmündigung überhaupt zu geben. Auf der letztjährigen Versammlung des mehrgenannten allgemeinen deutschen Mäßigkeits-Vereins zu Darmstadt hat sein Vicepräsident Oberbürgermeister Miquel die Entziehung der väterlichen Gewalt und des Rechtes zur Vormundschaftführung als ihm noch wichtiger erscheinend hingestellt gegenüber der freien wirthschaftlichen Verfügung, auch der Entziehung des Wahlrechts in diesem Zusammenhange gedacht; und in der That, wenn man sich den wirklichen Stand der Dinge unter uns vergegenwärtigt, so wird dagegen wenig einzuwenden sein. Als die fruchtbarste Folge der Entmündigung möchte ich indessen die Möglichkeit hinreichend langen Festhaltens in einer Heilanstalt für Trinker ansehen. Hier ist ja die Aussicht eröffnet, daß der Unglückliche, wenn er verhindert wird verfrühtem Heimweh nachzugeben, einst ganz geheilt und der Gefahr der Rückfälle enthoben unter die Seinigen zurückkehre. Mit dem völligen Umschwung nicht allein in seinem Befinden, sondern auch in seinem Thun und Lassen ändert sich von Grund aus die Lage seiner erst so hart und grausam betroffenen Familie. Es mehren sich neuerdings auch in Deutschland auf neuen Grundlagen wiederum die sittlich-geselligen Vereine (Gut-Templer-Logen, Mäßigkeits-Vereine zum Blauen Kreuz), welche geeignet sind, dem noch einigermaßen willigen oder dem geheilten Trinker alle Versuchung wirksam abzuschneiden. Sind das unter uns auch erst schwache Anfänge, so verspricht doch der Fortgang in anderen stammverwandten und gleichgelegenen Ländern in Verbindung mit der in unserem Lande stetig wachsenden Aufmerksamkeit aller Kreise auf diese Noth und ihre Abhilfe, daß es nicht lange bei Anfängen bleiben wird. Daher glaube ich, der Gesetzgeber sollte vor allem auf diesen Punkt nicht unbegründeter bedeutsamer Hoffnung sein Augenmerk richten. Es brauchte auch nicht, dächte ich, auf den Erlaß des deutschen bürgerlichen Rechtsbuches gewartet zu werden, um gleichzeitig und gemeinschaftlich mit anderen Dämmen gegen die Sündfluth der Trunksucht, wie der deutsche Mäßigkeits-Verein sie betreibt, Entmündigung und Zwangsheilung zu gewähren für solche Trinker, deren Zustand gemeingefährlich wird.

Bremen, im Januar 1888. A. Lammers.

Druck von Leonhard Simion in Berlin SW.

Verhandlungen

des

Neunzehnten Deutschen Juristentages.

Herausgegeben

von

dem Schriftführer-Amt der ständigen Deputation.

Zweiter Band.

Berlin und Leipzig.
Commissions-Verlag von J. Guttentag.
(D. Collin.)
1888.

Inhaltsverzeichniß.

Gutachten.

(Zweiter Band.)

VII.

Gutachten des Herrn Reichsgerichtsraths a. D. Dr. v. Meibom in Cassel

über die Frage:

Soll der Grundsatz Kauf bricht Miethe oder der entgegengesetzte Grundsatz des deutschen und preußischen Rechts im bürgerlichen Gesetzbuche aufgenommen werden, und mit welchen Modifikationen in dem einen oder anderen Falle?

I. Der bisherige Rechtszustand.
II. Die Bestimmungen des Entwurfs eines bürgerlichen Gesetzbuchs.
III. Kritik dieser Bestimmungen.

I.

Wenn eine vermiethete[1]) Sache vor Ablauf der Miethzeit veräußert ist und Einverständniß zwischen den Betheiligten über Fortsetzung oder Nichtfortsetzung des Miethverhältnisses nicht obwaltet, so betreffen die hierdurch entstehenden Zweifel und Streitigkeiten nicht so sehr das Rechtsverhältniß zwischen dem Miether und Vermiether, deren Rechte und Pflichten aus dem Miethvertrage durch die Veräußerung an sich keine Aenderung erleiden, oder zwischen dem Veräußerer und Erwerber, für deren Rechte und Pflichten das der Veräußerung zu Grunde liegende Rechtsgeschäft maßgebend ist, als vielmehr das Verhältniß zwischen den beiden unter einander nicht in einem Vertragsverhältniß stehenden Per-

---

[1]) Unter dem Ausdruck Miethe ist im Folgenden auch die Pacht verstanden, wo ein Unterschied nicht gemacht ist.

sonen, dem Miether und dem Erwerber der vermietheten Sache. Kann der Erwerber den Miether nöthigen, die gemiethete Sache vor Ablauf der Miethzeit zu räumen, oder der Miether, wenn der Erwerber das Miethverhältniß fortsetzen will, sich weigern, es mit ihm fortzusetzen? In welchem Umfang gehen, wenn der Erwerber das Miethverhältniß fortzusetzen hat, die Rechte und Pflichten des Vermiethers auf ihn über? Welchen Einfluß hat die Fortsetzung des Miethverhältnisses zwischen dem Erwerber und dem Miether auf das Rechtsverhältniß zwischen dem ursprünglichen Vermiether und dem Miether, und welchen Einfluß haben Rechtsgeschäfte des ursprünglichen Vermiethers, wie Cession von Miethzinsforderungen, Annahme von Vorausbezahlungen u. dergl., auf die Rechte des Erwerbers aus dem von ihm mit dem Miether fortgesetzten Rechtsverhältniß?

Ein Blick auf den in Deutschland gegenwärtig bestehenden Rechtszustand lehrt, daß die Antwort auf diese Fragen in den einzelnen Rechtsgebieten durchaus verschieden lautet.

1. Im Gebiete des gemeinen Rechts gilt als gemeinrechtliche Regel der Grundsatz des römischen Rechts[2]), welchen das Rechtssprüchwort Kauf bricht Miethe ausdrücken soll. Dieser Grundsatz ist ohne Eingreifen der Gesetzgebung von den römischen Juristen aus dem Wesen des Miethverhältnisses einerseits und des auf den Erwerber übertragenen dinglichen Rechts andererseits entwickelt worden. Kraft seines dinglichen Rechts kann der Erwerber den Miether zur Räumung nöthigen. Der Miether kann sich ihm gegenüber nicht auf den Miethvertrag berufen, weil dieser ihm nur Ansprüche gegen den Vermiether gewährt und die Succession in das Eigenthum des Vermiethers eine Succession in dessen Verbindlichkeiten aus dem Miethvertrage nicht in sich schließt. Nicht einmal eine mäßige Frist zur Räumung ist der Erwerber dem Miether zu gewähren verpflichtet[3]). Der vom Erwerber vertriebene Miether ist auf den Entschädigungsanspruch gegen den Vermiether beschränkt, welcher curare debet, ut apud emtorem quoque eadem pactione et colono frui et inquilino habitare liceat. Durch diese auch beim Zwangsverkaufe anwendbaren[4]) Sätze erledigen sich die oben aufgeworfenen Fragen, welche

---

[2]) l. 25 § 1 D. loc. 19, 2; l. 9 Cod. de loc. 4, 65. In Betreff des Nießbrauchers l. 59 § 1 D. de usufr. 7, 1. In Betreff des Vermächtnißnehmers l. 32 D. loc. 19, 2; l. 120 § 2 D. de leg. I (30).

[3]) A. M. Erkenntniß des O. A. G. Dresden von 1853 in Seuffert, Archiv Bd. 8 Nr. 42.

[4]) Nicht entgegenstehend l. 8 § 1 D. de reb. auct. jud. poss. 42, 5; vergl. die bei Fuchs Concursverf. S. 62 Note 1 Angeff.

den Einfluß der Fortsetzung des Miethverhältnisses mit dem Erwerber auf das Rechtsverhältniß zwischen Miether und Vermiether betreffen. Das Rechtssprüchwort Kauf bricht Miethe drückt diese Sätze in jeder Hinsicht unvollkommen aus; denn das Miethverhältniß wird nicht gebrochen oder aufgelöst, es wirkt nur nicht gegen den Erwerber, und dieser erlangt das Recht zur Vertreibung nicht durch den Kauf, sondern durch das auf ihn übertragene dingliche Recht, in welcher Hinsicht es gleichgültig ist, ob seinem Erwerbe ein Kauf oder ein anderes Rechtsgeschäft zu Grunde liegt. Der Kürze wegen ist indessen die sprüchwörtliche Fassung der Regel im Folgenden beibehalten worden.

In nicht wenigen Ländern des gemeinen Rechts ist die Geltung der gemeinrechtlichen Regel durch das Partikularrecht des Landes ausgeschlossen.

Es giebt einzelne Rechtsgebiete, in welchen die entgegengesetzte Regel vor der Aufnahme des römischen Rechts in Geltung war und ungeachtet der Aufnahme desselben in Geltung geblieben ist. Daß der Grundsatz Kauf bricht nicht Miethe vor der Aufnahme des römischen Rechts allgemeine Geltung in Deutschland gehabt habe, kann man nicht behaupten. Es giebt Rechtsquellen, welche diesen Grundsatz aufstellen, und andere, welche, ohne vom römischen Recht beeinflußt zu sein, aussprechen, daß Kauf die Miethe bricht[5]). Bei der Unvollständigkeit der vorhandenen Nachrichten steht nicht einmal fest, ob der eine oder der andere Grundsatz vorherrschte. Die neueste diese Frage betreffende rechtsgeschichtliche Untersuchung[6]) gelangt zu dem Ergebniß, daß wahrscheinlich in älterer Zeit die Miethe einen prekären Charakter hatte, welchem ein weitgehendes Kündigungsrecht des Vermiethers und die Befugniß desselben, durch Verkauf die Miethe aufzuheben, entsprach, und daß erst in späterer Zeit infolge der überhaupt auf Befestigung des Miethrechts gerichteten Rechtsentwickelung besonders in Stadtrechten des vierzehnten und fünfzehnten Jahrhunderts bald durch die Gewohnheit, z. B. in Hamburg nach der Langenbeck'schen Glosse zum Stadtrechte von 1497 G. XIV, bald durch statutarische Festsetzung, z. B. in den Goslarischen Statuten S. 21 Z. 39, die Regel aufkam, daß Kauf die Miethe nicht bricht. Hier und da

---

[5]) Die vollständigsten Nachweisungen giebt Stobbe, Handbuch des D. P. R., Bd. 3, § 186 Noten 8 und 15.

[6]) v. Brünneck, Zur Geschichte der Miethe und Pacht in den deutschen und germanischen Rechten des M. A. in der Zeitschrift für Rechtsgeschichte, Bd. 14 (1880) Germanist. Abth. S. 138 ff.

wurde sie auch nach der Aufnahme des römischen Rechts beibehalten, z. B. durch das Hamburger Stadtrecht von 1603 II 9, Art. 13 [7]).

Zahlreicher sind die Rechtsgebiete, in welchen der Grundsatz des römischen Rechts Eingang gefunden hatte, aber im achtzehnten Jahrhundert unter Einwirkung der damals herrschenden naturrechtlichen Ansichten aufgehoben wurde. Man fand, daß er der Billigkeit und dem natürlichen Rechte widerstreite; so wenig der Vermiether selbst die vermiethete Sache dem Miether entziehen könne, ebensowenig könne er das Recht, dies zu thun, auf einen Anderen übertragen; die entgegengesetzte Entscheidung der römischen Juristen beruhe auf einer überfeinen Subtilität. Hiergegen konnte eingewendet werden, daß auch der Vermiether kraft seines Eigenthums und Besitzes das Recht habe, den Miether zu vertreiben, und nur in der Ausübung dieses Rechts durch den von ihm abgeschlossenen Miethvertrag behindert sei, daß aber dem Erwerber gegenüber dieses Hinderniß nicht bestehe, da er als Dritter aus dem Miethvertrage nicht verpflichtet sei und durch Nichtberücksichtigung des Miethvertrags, selbst wenn er ihn beim Erwerbe kannte, sich einer Arglist gegenüber dem Miether nicht schuldig mache. Die Ansichten über diese Frage waren im achtzehnten Jahrhundert getheilt [8]), die dem römischen Grundsatze abgeneigte Meinung aber stark genug, in mehreren Ländern zur Anerkennung durch die Landesgesetzgebung zu gelangen. Während das bayerische Landrecht von 1756 IV 6, § 14 den römischen Grundsatz beibehielt und den Miether auf das Mittel einer Hypothekbestellung zur Sicherung seiner Ansprüche gegen den Vermiether verwies, schützte das mainzer Landrecht von 1755 XXVII § 3 den Miether wenigstens so lange, als er nicht volle Entschädigung wegen nicht ausgehaltener Miethe erhalten hatte, und eine braunschweigische Verordnung vom 25. Oktober 1760, eine nassau-oranische Verordnung vom 25. Oktober 1760 (vgl. Fenner und Mecke Entsch., Bd. 8 S. 99), ein preußisches Hofrescript vom 15. April 1765 für die Stadt Berlin (vgl. Bornemann, Preuß. Civilrecht, Ausg. 2, Bd. 1 S. 189) gaben den römischen Grundsatz auf. Das zuletzt erwähnte Hofrescript erlangte größere Bedeutung als Vorläufer der nachher zu erwähnenden Bestimmungen des preußischen all-

---

[7]) Glück, Comm. XVIII S. 19 N. 34 führt auch die Frankfurter Reform. II 14 § 11 an; mit Unrecht. Vgl. Souchay, Anm. I S. 323 ff, Bender, Handbuch S. 429, Seuffert VII Nr. 37.

[8]) Vgl. die Zusammenstellung der Literatur bei Glück, a. a. O. S. 15 Note 22.

gemeinen Landrechts, welche nach der Ausführung von Suarez in den Schlußvorträgen auf denselben naturrechtlichen Erwägungen beruhen.

In Landesgesetzen des neunzehnten Jahrhunderts ist ein Mittelweg eingeschlagen worden. Entweder hat man den römischen Grundsatz beibehalten, aber abgeschwächt durch Verpflichtung des Erwerbers zur Kündigung unter Gewährung einer gesetzlich bestimmten Räumungsfrist; dies geschah nach dem Vorgange des österreichischen bürgerlichen Gesetzbuchs § 1120 in dem sächsischen bürgerlichen Gesetzbuch § 1225. Oder man hat bestimmt, daß der von dem früheren Besitzer geschlossene Miethvertrag auf den Erwerber übergeht, zugleich jedoch dem Erwerber wie dem Miether das Recht beigelegt, den Miethvertrag vor Ablauf der festgesetzten Miethzeit mit der Wirkung zu kündigen, daß die Räumung innerhalb der ortsüblichen oder einer vereinbarten kürzeren Aufkündigungsfrist zu erfolgen hat; dies geschah in einem bayerischen Gesetze vom 18. Februar 1871 für alle Landestheile außer dem Gebiete des französischen Rechts und des preußischen allgemeinen Landrechts. Von der Gestattung, dem Miethrechte durch Eintragung im Grundbuche Wirkung gegen Dritte zu verschaffen, wird weiter unten die Rede sein.

2. Im Gebiete des preußischen allgemeinen Landrechts gilt der Grundsatz, daß Kauf die Miethe nicht bricht, als eine Folge der von demselben anerkannten Dinglichkeit des Miethrechts. Das A. L. R. I 21 §§ 1 und 2 erklärt das Recht, fremdes Eigenthum zu gebrauchen oder Früchte und Nutzungen daraus zu ziehen, für ein dingliches Recht, sofern der Berechtigte sich im wirklichen Besitze der zu gebrauchenden oder zu nutzenden Sache befindet. Hieraus wird gefolgert (a. a. O. § 3), daß die Verpflichtung, ihm die Ausübung des dinglichen Rechts zu gestatten, auf jeden neuen Eigenthümer der belasteten Sache mitübergeht. Diese Sätze finden, wie auf den Nießbrauch (a. a. O. §§ 22 ff.) und die Erbpacht (das. §§ 187 ff.), so auch auf Miethe und Pacht (das. §§ 258 ff., insbesondere §§ 358 ff.) Anwendung. Durch den Abschluß des Miethvertrags entsteht nur ein persönliches Recht zur Sache; durch Uebergabe der vermietheten Sache an den Miether wird dieses Recht zum dinglichen Recht. Wird die vermiethete Sache veräußert, ehe die Uebergabe an den Miether stattgefunden hat, so ist der Miether vom Miethvertrage abzugehen berechtigt (das. § 361); will er davon nicht abgehen, so kann er von dem Vermiether Schadensersatz verlangen, jedoch auch sein Recht zur Sache gegen den Erwerber geltend machen, wenn dieser die persönliche Pflicht mitübernommen oder beim Erwerbe von dem

Rechte des Miethers zur Sache Kenntniß gehabt hat (a. a. O. §§ 359, 360, I 19 §§ 3 bis 5)[9]). Wird dagegen die vermiethete Sache veräußert, nachdem die Uebergabe derselben an den Miether vollzogen war, so hat Letzterer kein Recht, vom Miethvertrage abzugehen, sein Miethrecht besteht auch dem Erwerber gegenüber. Die Wirkungen dieser Veränderung genauer zu bestimmen, hat das Gesetzbuch unterlassen. Es enthält nur den Ausspruch, daß die Rechte und Pflichten des Miethers keine Aenderung erleiden (a. a. O. § 358) und daß der Erwerber dem Miether die Ausübung des dinglichen Rechts gestatten muß (das. § 3). Ist hiernach anzunehmen, daß die Verpflichtung des Erwerbers sich darauf beschränkt, die Ausübung des dinglichen Rechts des Miethers, also dessen Besitz Gebrauch und Fruchtgenuß zu dulden, oder liegen ihm auch die Verpflichtungen des Vermiethers zu Leistungen, z. B. Ausbesserungen, von der Zeit des Erwerbs an ob, und tritt er, wenn Letzteres anzunehmen ist, als alleiniger Verpflichteter durch Succession an die Stelle des Vermiethers oder besteht neben seiner Verpflichtung — elektiv oder subsidiär — die Verpflichtung des ursprünglichen Vermiethers? Steht dem Erwerber das Recht auf Zahlung des Miethzinses von seinem Erwerbe an auf Grund einer Cession zu, so daß er sich Einreden aus der Person des Vermiethers nach den bei der Cession geltenden Grundsätzen gefallen lassen muß, oder auf Grund einer mit dem Eigenthumserwerb verbundenen Succession in das Miethverhältniß? Diese vom Gesetzgeber offen gelassenen Fragen sind ungeachtet häufiger Behandlung in Theorie[10]) und Praxis noch nicht zu völligem Abschlusse gelangt. In der Rechtsprechung des vormaligen Obertribunals herrschte die — durch die Fassung des Hofrescripts vom 15. April 1765 unterstützte — Ansicht vor, daß der Erwerber auch in die persönlichen Pflichten des Vermiethers eintrete und das Recht auf den Miethzins nicht durch Cession, sondern mit dem Eigenthum als ein damit verbundenes Recht erwerbe.

Aus der Dinglichkeit des Miethrechts würde sich die Folgerung ergeben, daß dasselbe auch im Falle der Zwangsversteigerung bestehen bleibe, wenn es bereits zur Zeit der Entstehung des Pfandrechts des die Zwangsveräußerung betreibenden Pfandgläubigers oder zur Zeit der Einleitung

---

[9]) Auch seit dem E. E. Gesetze vom 5. Mai 1872 nach der herrschenden Meinung; vgl. Eccius, Preuß. Privatrecht II § 136 N. 14, Turnau, Grundbuchordnung, Aufl. 3, S. 663; a. M. Dernburg, Preuß. Privatrecht I § 185.

[10]) Förster, Preuß. Privatrecht I § 99 N. 119, II § 136 N. 74, 75 und Eccius, Preuß. Privatrecht I § 99 N. 75, II § 136 N. 74, 75 vertreten entgegengesetzte Ansichten. Dernburg, Preuß. Privatrecht I § 291.

der Zwangsvollstreckung auf Betreiben eines persönlichen Gläubigers als dingliches Recht bestand. Diese Folge der Dinglichkeit hat aber das A. L. R. nicht anerkannt. Im Falle einer nothwendigen gerichtlichen Veräußerung der vermietheten Sache muß der Miether sich die Aufkündigung vor Ablauf der vertragsmäßigen Miethzeit gefallen lassen (a. a. O. § 350).

Als durch das Gesetz vom 5. Mai 1872 über den Eigenthumserwerb und die dingliche Belastung der Grundstücke der Grundsatz aufgestellt wurde, daß dingliche Rechte an Grundstücken nur durch Eintragung im Grundbuch Wirksamkeit gegen Dritte erlangen, trug man Bedenken, diesen Grundsatz auf das dingliche Recht des Miethers anzuwenden, und zwar, wie die Motive zum Gesetzesentwurf (Werner II S. 20) aussprechen, weil es bei dem raschen und massenhaften Wechsel der Miethwohnungen in großen Städten und den ebenfalls oft jährlich wechselnden Pachten einzelner Ackerparzellen praktisch ganz unausführbar sei, die dingliche Wirkung solcher Verträge an die Eintragung zu binden, die Einführung des römischen Satzes aber, daß Kauf Miethe bricht, so tief in alle socialen Verhältnisse einschneiden würde, daß die ärgsten Störungen daraus hervorgehen könnten. Das dingliche Miethrecht entsteht daher nach wie vor 1872 durch Uebergabe an den Miether und bedarf nach § 12 Abs. 2 des angeführten Gesetzes der Eintragung im Grundbuche nicht.

3. Auch im Gebiet des französischen Rechts einschließlich des badischen Landrechts ist der Grundsatz Kauf bricht Miethe beseitigt. Nach dem Code civil Art. 1743 ist der Erwerber, wenn der Miethvertrag öffentlich beurkundet oder das Datum desselben gewiß ist, nicht berechtigt, den Miether zu vertreiben, es wäre denn im Miethvertrag dies Recht vorbehalten; ist letzteres geschehen und dabei über Schadensersatz nichts ausgemacht, so hat der Vermiether den vertriebenen Miether auf die in Art. 1744 ff. bestimmte Weise zu entschädigen. Diese Regel, deren Ursprung nicht im droit coutumier zu suchen ist[11]), wurde zur Zeit der ersten französischen Revolution infolge des Bestrebens, die Rechte der bäuerlichen Besitzer gegenüber den Grundherren zu befestigen und zu erweitern, zunächst im Code rural für die Pacht von biens rusticaux in der Weise angenommen, daß bei Pachtverträgen von kürzerer als sechs-

[11]) Nach altfranzösischem Recht galt wenigstens in manchen Gegenden der Pächter für verbunden, das Pachtgut an den Käufer abzutreten; vgl. Heusler, Gewere S. 352, v. Brünneck a. a. O. S. 153 Note 46.

jähriger Dauer der Käufer den Pächter nicht vertreiben durfte, bei Pachtverträgen von längerer Dauer die Vertreibung nur nach Kündigung und Entschädigung gestattet war. Die Urheber des Code civil vollendeten sodann die Reform, indem sie unter Beseitigung des Unterschieds zwischen Verträgen von längerer und kürzerer Dauer die Bestimmung des Art. 1743 unter die Règles communes aux baux des maisons et des biens ruraux aufnahmen. Bei der Diskussion des Entwurfs (vgl. Locré, La législation civile etc., p. 347, 411, 432, 459) wurde sowohl die wirthschaftliche als die rechtliche Seite der Frage erörtert und in letzterer Hinsicht gegenüber dem als Subtilität bezeichneten Grundsatze des römischen Rechts geltend gemacht, qu'on ne peut transmettre à autrui plus de droit qu'on n'en a soi-même. Die Ansicht von Troplong (Louage II n. 491), daß der Miether nach dem Code civil ein dingliches Recht habe, findet jetzt keine Vertheidiger mehr. Bestritten ist aber noch immer, ob eine vollständige Succession des Erwerbers in das Miethverhältniß stattfindet, so daß der Erwerber in die Rechte des Vermiethers durch Subrogation eintritt und alle Verbindlichkeiten des Vermiethers zu erfüllen hat, was u. A. Laurent XXV n. 392, 393 annimmt, oder ob die Verpflichtung des Erwerbers sich darauf beschränkt, den Miether nicht zu vertreiben, welche von Aubry et Rau § 369 u. A. vertheidigte Ansicht dem Wortlaut des Gesetzbuchs entspricht.

Gegenüber dem dargelegten buntscheckigen Rechtszustande hat das bürgerliche Gesetzbuch Rechtseinheit herzustellen. Die gestellte Aufgabe, zu begutachten, ob und mit welchen Modifikationen der Grundsatz Kauf bricht Miethe oder der entgegengesetzte Grundsatz im bürgerlichen Gesetzbuche aufgenommen werden soll, setzt sich, nachdem inzwischen der Entwurf desselben veröffentlicht worden ist, in die Aufgabe um, zu untersuchen, ob die im Entwurfe bezüglich dieser Frage vorgeschlagenen Bestimmungen zu billigen sind.

II.

Der Entwurf eines bürgerlichen Gesetzbuchs für das deutsche Reich[12]) behandelt die Miethe und Pacht im zweiten Buche, welches das Recht der Schuldverhältnisse betrifft. Hiermit ist die Dinglichkeit des Miethrechts ausgeschlossen. Der Entwurf enthält auch keine Bestimmung, welche

---

[12]) Band 2 u. ff. der Motive waren bei Erstattung dieses Gutachtens noch nicht im Drucke erschienen.

gestattet, dem Miethrechte durch Eintragung in das Grundbuch dingliche Wirksamkeit beizulegen.

Ebensowenig findet sich in dem Entwurfe eine Bestimmung, welche für den Fall der Veräußerung der vermietheten Sache die Verbindlichkeit des Erwerbers, bis zum Ablauf der Miethzeit die zur Ausübung des Miethrechts erforderlichen Handlungen des Miethers und die zur Erfüllung des Miethvertrages erforderlichen Handlungen des Vermiethers zu dulden, oder den Eintritt des Erwerbers in das Miethverhältniß an Stelle des Vermiethers anordnet. Hiermit ist diese Wirkung der Veräußerung ausgeschlossen; denn wenn der Miethvertrag nur ein Schuldverhältniß begründet, welches seiner Natur nach nur zwischen dem Vermiether und Miether Rechte und Verbindlichkeiten erzeugt, so hätte es einer gesetzlichen Bestimmung bedurft, wenn dasselbe im Falle der Veräußerung der vermietheten Sache an einen Dritten für diesen Wirkungen erzeugen sollte.

Der Entwurf stellt demnach den Grundsatz auf, daß Kauf die Miethe bricht. Er mildert ihn nur durch folgende Bestimmungen:

> § 509. Ist im Falle der Vermiethung eines Grundstücks nach Ueberlassung desselben an den Miether das Eigenthum an dem Grundstücke von dem Vermiether auf einen Dritten übertragen worden, so ist der Dritte verpflichtet, den vertragsmäßigen Gebrauch des Grundstücks durch den Miether sowie die Vornahme derjenigen Handlungen, welche gegenüber dem Miether dem Vermiether obliegen, insbesondere die von dem Vermiether zu bewirkenden Ausbesserungen, noch so lange zu gestatten, bis nach der von dem Dritten an den Miether gerichteten Aufforderung zur Räumung des Grundstücks die im § 522 bestimmte gesetzliche Kündigungsfrist oder, wenn die vertragsmäßige Kündigungsfrist kürzer ist, diese kürzere Frist verstrichen ist.
>
> Erfolgt die Aufforderung zur Räumung des Grundstückes, so ist der Miether berechtigt, von dem Vertrage sofort für die Zukunft zurückzutreten.
>
> § 510. Die Vorschriften des § 509 finden entsprechende Anwendung, wenn ein Dritter an dem Grundstücke zwar nicht das Eigenthum, aber ein anderes Recht, welches den vertragsmäßigen Gebrauch des Grundstücks durch den Miether aufhebt oder beschränkt, nach Ueberlassung des Grundstückes an den Miether durch ein Rechtsgeschäft des Vermiethers erworben hat.

Ist zur Ausübung des von dem Dritten erworbenen Rechts nicht erforderlich, daß der Miether das Grundstück räume, so tritt an die Stelle der Aufforderung zur Räumung die Aufforderung zu dulden, daß der Dritte das erworbene Recht ausübe; in diesem Falle findet die Vorschrift des § 509 Abs. 2 keine Anwendung.

§ 511. In den Fällen des § 509, 510 ist die Aufforderung, das Grundstück zu räumen oder die Ausübung des Rechtes zu dulden, wirkungslos, wenn der Dritte vor oder bei der Aufforderung eine seine Berechtigung ergebende öffentliche Urkunde nicht vorlegt und der Miether wegen dieses Mangels die Aufforderung unverzüglich zurückweist.

Nach diesen Bestimmungen soll der Dritte auch nicht zeitweise in das Miethverhältniß eintreten, sondern nur in der Ausübung des von ihm erworbenen Eigenthums oder sonstigen dinglichen Rechts von Rechts wegen in der Weise beschränkt sein, daß er die dem Miethvertrag entsprechenden Handlungen des Miethers und Vermiethers noch eine Weile dulden muß. Demgemäß ist die Handlung des Dritten, durch welche er die Beendigung dieses Zustandes herbeiführen kann, nicht als Kündigung, sondern als Aufforderung zur Räumung bezeichnet. Die Räumung kann nur zu den in § 522 Abs. 3 bis 7 bezeichneten Zeitpunkten und nur dann verlangt werden, wenn zwischen der Aufforderung zur Räumung und dem Zeitpunkt, in welchem die Räumung erfolgen soll, der in § 522 bezeichnete Zeitraum liegt. Die für die Miethe getroffenen Bestimmungen kommen (§ 532) auch bei der Pacht mit der Maßgabe in Anwendung, daß an die Stelle der im § 522 Abs. 3 bis 7 bestimmten die im § 537 Abs. 2 und 3 bestimmte Frist tritt.

Außer diesen Bestimmungen, welche den Grundsatz Kauf bricht Miethe abschwächen, stellt der Entwurf noch zwei Rechtsvermuthungen auf, welche, ohne jenen Grundsatz zu berühren, bei Rechtsgeschäften des Vermiethers dem Dritten gegenüber im Falle des Zweifels die dem Miether günstigere Auslegung sichern sollen.

§ 512. Hat ein Dritter, welcher durch ein Rechtsgeschäft des Vermiethers ein den vertragsmäßigen Gebrauch des Miethers aufhebendes oder beschränkendes Recht an der Sache erwirbt, durch Vertrag sich dem Vermiether verpflichtet, für die spätere Miethzeit die gegenüber dem Miether dem Vermiether obliegenden Verpflichtungen ganz oder zum Theil zu erfüllen, insbesondere das erworbene Recht gegen den Miether nicht auszuüben, so finden die Vorschriften der §§ 412 bis 416 mit der Maßgabe Anwendung, daß die unmittelbare Berechtigung des Miethers gegenüber dem Dritten und die Entstehung dieser Berechtigung mit dem Zeitpunkte, in welchem der Dritte das Recht erworben hat, als gewollt anzusehen ist. Hat der Dritte die Sache selbst oder das Recht, dieselbe zu gebrauchen, erworben, so sind von diesem Zeitpunkte an die dem Vermiether aus dem Miethvertrage gegen den Miether für die noch übrige Miethzeit zustehenden Forderungen als dem Dritten abgetreten anzusehen.

Die in Bezug genommenen §§ 412 ff. betreffen die sog. Verträge zu Gunsten Dritter. Aus einem solchen soll nach § 412 der Dritte unmittelbar berechtigt werden, von dem Versprechenden die Leistung zu fordern, wenn aus dem Inhalt des Vertrags sich ergiebt, daß diese Berechtigung des Dritten gewollt ist; das Forderungsrecht des Dritten soll nach § 413 mit dem Zeitpunkte entstehen, in welchem es nach dem aus dem Inhalt des Vertrages sich ergebenden Willen der Vertragschließenden zur Entstehung gelangen soll. Bei dem in § 512 bezeichneten Vertrage ist der Miether der Dritte, zu dessen Gunsten der Vertrag geschlossen wird; die in § 512 aufgestellte Rechtsvermuthung überhebt ihn des nach § 412, § 413 erforderlichen Beweises in Betreff der Absicht der Vertragschließenden.

§ 1860. Ist der durch Vermächtniß zugewendete Gegenstand über die Zeit der Erfüllung des Vermächtnisses hinaus vermiethet oder verpachtet, so ist anzunehmen, daß der Vermächtnißnehmer zu Gunsten des Miethers oder Pächters sowie des Beschwerten mit der Verpflichtung beschwert sei, für die Zeit nach der Erfüllung des Vermächtnisses den Miethvertrag oder Pachtvertrag insoweit zu erfüllen, als der Erblasser zur Erfüllung verpflichtet gewesen sein würde.

III.

1. Bei Prüfung dieser Bestimmungen des Entwurfs ist zunächst die Frage aufzuwerfen, ob es zu billigen ist, daß der Entwurf gegen das preußische Recht mit dem gemeinen deutschen und französischen Recht das Miethrecht als nicht-dingliches Recht behandelt. Denn wenn dasselbe ein dingliches Recht an fremder Sache ist, ergiebt sich die Wirksamkeit gegenüber dem Erwerber der vermietheten Sache als eine Folge der Dinglich-

keit mit Nothwendigkeit. Die Entscheidung des Entwurfs, welche nur für das Gebiet des preußischen allgemeinen Landrechts eine Neuerung enthält, wird mit Beifall zu begrüßen sein.

Vorweg ist der Gedanke abzuweisen, als ob es sich bei Anerkennung der Dinglichkeit des Miethrechts darum handele, eine nationale deutschthümliche Rechtsanschauung gegenüber einer erst durch die Aufnahme des römischen Rechts herbeigeführten fremdländischen Gestaltung zur Geltung zu bringen. Für die gesetzgeberische Behandlung der Frage in der Gegenwart ist es von geringer Erheblichkeit, zu wissen, in welcher Weise sie in früherer Zeit von dem rein deutschen Rechte vor der Aufnahme des römischen Rechts behandelt wurde. Ueberdies ist die Annahme, daß die Dinglichkeit des Miethrechts dem reinen deutschen Rechte entspreche, nur unter erheblichen Einschränkungen als richtig anzuerkennen. Wenn man auch Stobbe nicht beipflichtet, welcher (Handbuch Band 3 S. 256) bestreitet, daß die Unterscheidung zwischen dinglichen Rechten und Obligationen in Deutschland vor der Aufnahme des römischen Rechts überhaupt bekannt gewesen sei, sondern mit Heusler (Institutionen des deutschen Privatrechts Band 1 S. 376) anerkennt, daß die natürliche und unverkennbare Verschiedenheit der Rechte an Sachen und der Rechte auf Leistungen Anderer im deutschen Recht schon vor der Aufnahme des römischen Rechts zu einer ungleichen Behandlung dieser Klassen von Rechten in materieller und prozessualer Hinsicht Anlaß gegeben habe, so steht doch als unzweifelhaft fest, daß es nicht allein an einer wissenschaftlichen Begründung, sondern überhaupt an einer klaren Erkenntniß des Gegensatzes dieser beiden Klassen von Rechten und an einer Terminologie zur Unterscheidung derselben vor der Aufnahme des römischen Rechts fehlte, so daß auch in Betreff des Miethrechts die Frage gar nicht aufgeworfen wurde, ob es in die Klasse der dinglichen Rechte oder der Forderungsrechte gehöre. Will man aber, um dem heutigen Bedürfniß einer systematischen Unterscheidung der Rechte zu genügen, auf Grund der einzelnen bei der Miethe anerkannten Rechtssätze entscheiden, ob das deutsche Recht sie vor der Aufnahme des römischen der einen oder der andern Klasse zugezählt habe, so gelangt man zu dem Ergebniß, daß die Pacht von fruchttragenden Grundstücken, nicht aber die Miethe von Wohnungen als ein dingliches Recht angesehen wurde; denn die Gewere an der Sache, welche als Merkmal des dinglichen Rechts gilt, wurde dem Pächter, nicht aber dem Miether zugeschrieben.[13]) Dies beruhte

[13]) Stobbe, Gewere S. 459 und Handb. Bd. 2, Aufl. 2 § 72 Note 21, 25,

auf der Vorstellung, daß derjenige die Gewere an der Sache habe, welcher deren Nutzung ziehe, also auf einem Umstand, der nach unsern Vorstellungen für den Begriff des dinglichen Rechts unwesentlich ist. Schon aus diesem Grunde ist dem Hinweise auf das deutsche Recht des Mittelalters jede Bedeutung für die hier zu erörternde Gesetzgebungsfrage abzusprechen.

Ebenso ist der Gedanke abzuweisen, daß durch Anerkennung der Dinglichkeit des Miethrechts an die Stelle einer veralteten Auffassung des Miethverhältnisses eine dem Geiste des neueren Rechts mehr entsprechende Auffassung desselben gesetzt werde. Bruns (Die Besitzklagen 1874, S. 239) meint, es sei gar nicht zu leugnen, daß „im modernen Rechtsbewußtsein eine Hinneigung zu einer so zu sagen Verdinglichung der Miethe oder Verselbständigung des Miethrechts stattfindet, die im preußischen Landrechte zur vollen Ausbildung gekommen ist", und andere namhafte Romanisten äußern sich in gleichem Sinne. Die Thatsache, auf welche diese Meinung sich stützt, ist die allerdings nachweisbare Neigung der Praxis, die Spolienklage auch dem Miether und Pächter zuzugestehen.[14]) Hieraus aber ergiebt sich weniger die Behandlung des Miethrechts als eines dinglichen Rechts wegen des ihm eigenthümlichen Inhalts, als vielmehr die Ausdehnung des Besitzschutzes über das Gebiet des juristischen Besitzes hinaus auf den bloßen Detentor, welcher die Inhabung im eigenen Interesse ausübt. Aus dem eigenthümlichen Gebiete der Miethe könnte als Beweis für den Zug der Rechtsentwickelung, das Miethverhältniß aus einem rein obligatorischen in ein dingliches Rechtsverhältniß umzuwandeln, die Thatsache angeführt werden, daß das Verhältniß der Bauern zum Grundherrn mit Ausnahme weniger Partikularrechte, z. B. des mecklenburgischen Bauernrechts, nicht auf der Stufe eines Obligationsverhältnisses stehen geblieben ist, sondern sich zu einem dinglichen Rechte am Bauerngute entwickelt hat. Hieraus ist aber nur zu entnehmen, daß im Gegensatz zum älteren deutschen Rechte, welches das Rechtsverhältniß des Pächters bei jeder Leihe gegen Pachtzins, mochte sie erblich lebenslänglich oder auf bestimmte Zeit zu festem oder kündbarem Rechte erfolgt sein, gleichmäßig behandelte, in der späteren

Band 3 § 186 Note 5. Laband Verm. Klagen S. 161 und Krit. Vierteljahrsschrift Bd. 15 S. 393. Heusler, Gewere S. 114 ff., 119 und Instit. Bd. 1 S. 378, Bd. 2 S. 9.

[14]) Vgl. R. G. Entsch. in Civ.-S. Band 5 S. 164. Bähr, Urtheile des Reichsgerichts S. 37.

Rechtsentwickelung nach dem Vorgang des römischen Rechts zwischen der Temporalpacht einerseits und der Erbpacht andererseits unterschieden und nur der letztern die Eigenschaft eines dinglichen Rechts beigelegt wurde. Wenn hierbei nicht bloß dem Erbpächter, sondern auch dem Besitzer eines zwar nicht zu erblichem Rechte verliehenen, aber wegen regelmäßiger Nichtausübung des Kündigungsrechts bei Todesfällen thatsächlich erblichen Bauerngutes ein dingliches Recht zugeschrieben wurde, so rechtfertigt dies keineswegs die Behauptung, daß auch bei Temporalpacht das moderne Rechtsbewußtsein die Verdinglichung des Miethverhältnisses fordere.

Die im preußischen allgemeinen Landrechte angenommene Dinglichkeit des Miethrechts auf das übrige Deutschland auszudehnen, empfiehlt sich schon deshalb nicht, weil man auch in Preußen nicht gewagt hat, sie völlig durchzuführen. Wie oben S. 9 bemerkt worden, ist man in Preußen auf halbem Wege stehen geblieben, indem mit Rücksicht auf den Immobiliarkredit die Konsequenzen der Dinglichkeit für den Fall der nothwendigen gerichtlichen Veräußerung nicht gezogen worden sind.

Ein weiteres Bedenken ergiebt sich daraus, daß durch Gestaltung des Rechts des Miethers zu einem dinglichen Gebrauchs- und Nutzungsrechte nur ein Theil des Rechtsverhältnisses berührt wird, während daneben sowohl auf Seiten des Miethers als des Vermiethers Verpflichtungen obligatorischer Natur bestehen. Dies hat die Folge, daß auf Seiten des Vermiethers insbesondere im Falle der Veräußerung der vermietheten Sache die durch das dingliche Recht des Miethers entstehenden Eigenthumsbeschränkungen von den obligatorischen Verbindlichkeiten unterschieden werden müssen, was in der Theorie und Praxis des preußischen Rechts (vgl. S. 8) zu vielfachen Zweifeln und Schwankungen Anlaß gegeben hat.

Entscheidend aber ist, daß die Dinglichkeit des Miethrechts mit den vom Entwurfe angenommenen Grundsätzen des Grundbuchrechts sich nicht verträgt. Rechte an Grundstücken können hiernach durch Rechtsgeschäfte nicht anders als mittels der Eintragung im Grundbuche entstehen (§ 828). Alle Miethverträge über Wohnungen und Grundstücke im Grundbuch einzutragen, ist wegen der Menge derselben schlechthin unthunlich. Es müßte daher, wenn das Miethrecht als Recht am Grundstück anerkannt werden sollte, für dasselbe eine Ausnahme von jenem obersten Grundsatze des Grundbuchrechtes gemacht werden, wie in dem preußischen E. E. Gesetze vom 8. Mai 1872 § 12 Abs. 2 geschehen ist. Eine solche Ausnahme könnte nur dann als gerechtfertigt erscheinen, wenn sie aus zwingenden Gründen nothwendig wäre. Derartige Gründe sind aber nicht vorhanden. Denn der allerdings zu erstrebende Erfolg einer Befestigung des Miethrechts läßt sich auch dann erzielen, wenn man das Miethverhältniß als Schuldverhältniß auffaßt. Da der Miether thatsächlich in der Lage ist, sein Miethrecht auszuüben, solange er die gemiethete Sache innehat, so ist er genügend geschützt, wenn er sich gegenüber dem Vermiether und gegenüber Dritten sowohl im Falle des Versuchs eigenmächtiger Vertreibung als im Falle gerichtlicher Klage auf Aussetzung in der Inhabung behaupten kann. Dieser Schutz kann ihm auch bei Annahme eines Schuldverhältnisses gewährt werden. Gegen Eigenmacht, auch wenn sie vom Vermiether geübt wird, schützt ihn die erlaubte Selbstvertheidigung (§§ 814, 815, 816), sowie die ihm als Inhaber selbst gegen den Besitzer im Falle verbotener Eigenmacht zustehende „Besitzklage" des Entwurfs (§§ 819, 820, 821). Gegen Klage auf Räumung, wenn sie vom Vermiether kraft dinglichen Rechts erhoben wird, schützt ihn die Berufung auf den Miethvertrag, durch dessen Schließung der Vermiether einer jeden mit dem Miethvertrage unverträglichen Ausübung seines dinglichen Rechts an der vermietheten Sache gegenüber dem Miether sich begeben hat (§ 942). Gegen die Klage eines Dritten auf Räumung kann der Miether Schutz nicht begehren, wenn sich die Klage auf ein dem Dritten zur Zeit des Abschlusses des Miethvertrags bereits erworbenes Recht gründet, welches der Miether ebenso wie der Vermiether, von dem er sein Recht ableitet, gelten lassen muß (§ 508). Gegen die Klage des Dritten auf Grund eines erst nach Abschluß des Miethvertrags von dem Vermiether erworbenen Rechts kann dem Miether, wie die Zusammenstellung unter I, 1 und 3 beweist, auch bei Auffassung des Miethverhältnisses als reinen Obligationsverhältnisses durch gesetzliche Bestimmungen Schutz gewährt werden, welche den Erwerber an den Miethvertrag in weiterem oder geringerem Umfang gebunden erklären. Freilich enthalten solche Bestimmungen eine Ausnahme von dem Grundsatze, daß Obligationsverhältnisse nur zwischen dem Gläubiger und Schuldner wirken; aber diese Ausnahme erscheint unter dem Gesichtspunkte der Verkehrssicherheit weniger bedenklich, als eine Ausnahme von dem Grundsatz, daß dingliche Rechte an Grundstücken nur durch Eintragung im Grundbuche entstehen.

Es ist daher zu billigen, daß der Entwurf die Dinglichkeit des Miethrechts nicht anerkennt, wie auch die nach dem preußischen allgemeinen Landrecht erlassenen Civilgesetzbücher sowie das schweizerische Bundesgesetz über das Obligationenrecht, Art. 281, 314 dem Vorgange des preußischen Landrechts nicht gefolgt sind. Ob es sich empfiehlt, die der Miethe an sich nicht beigelegte dingliche Wirksamkeit für den Fall anzuerkennen, daß das Miethrecht im Grundbuche eingetragen ist, wird unter Nr. 4 c erörtert werden.

2. Geht man mit dem Entwurfe davon aus, daß der Miethvertrag nur ein Schuldverhältniß begründet, so entsteht die Frage, ob es sich empfiehlt, den aus der Natur des Rechtsverhältnisses sich ergebenden Grundsatz Kauf bricht Miethe aufzugeben oder doch einzuschränken, weil bei Anwendung desselben Interessen, welche die Rechtsordnung zu schützen hat, verletzt werden würden.

Die Frage ist für den Fall der Vermiethung beweglicher Sachen zu verneinen, weil der Miether nach den Bestimmungen des Entwurfs ohnehin im Stande ist, sein Interesse zu wahren. Bei beweglichen Sachen soll der Erwerb des Eigenthums durch Vertrag unter Uebergabe der Sache (§ 874), der Erwerb von Nießbrauch und Pfandrecht durch Vertrag unter Einräumung und Ergreifung der Inhabung (§§ 983, 1147) erfolgen. Die in der Inhabung eines Andern befindliche Sache kann von dem Besitzer einem Dritten durch constitutum possessorium übergeben werden; aber der Inhaber kann die Uebergabe verhindern, indem er unverzüglich nach dem Empfang der Anweisung, die thatsächliche Gewalt fortan für den Dritten auszuüben, diesem oder dem bisherigen Besitzer gegenüber der Anweisung widerspricht (§ 804, § 983 Abs. 2, § 1147 Abs. 2). Dieses Mittels kann auch der Miether, solange er Inhaber der gemietheten Sache ist, sich bedienen, wenn der Vermiether die Sache an einen Dritten veräußert oder ihm ein dingliches Recht daran bestellt. Es ist daher zu billigen, daß der Entwurf in Beziehung auf bewegliche Sachen keine Ausnahme von dem Grundsatze Kauf bricht Miethe macht.

Für den Fall der Wohnungsmiethe und Landpacht dagegen versagt dieses Mittel, weil Eigenthum und dingliche Rechte an Grundstücken durch Vertrag und Eintragung im Grundbuch ohne Uebergabe und Uebertragung der Inhabung entstehen (§ 828). Der Miether würde hierbei der Anwendung des Grundsatzes Kauf bricht Miethe in seiner vollen Strenge wie nach römischem Rechte ausgesetzt sein, wenn ihm das Gesetz nicht zu Hülfe käme. Das wirthschaftliche Bedürfniß erheischt aber, den Grundsatz nicht oder doch nicht in voller Strenge durchzuführen. Betrachtet man die Bedürfnißfrage vom Standpunkte des Privatinteresses der am Miethverhältniß Betheiligten, so erscheint von den entgegengesetzten Interessen des Vermiethers und des Miethers das letztere, als das Interesse des vertragstreuen Theils, entscheidend, nicht das Interesse des Vermiethers, welcher seine Vertragspflicht verletzt, wenn er die vermiethete Sache veräußert, ohne durch Verabredung mit dem Erwerber dafür zu sorgen, daß der Miethvertrag auch ferner zur Ausführung kommen kann. Das Interesse des Miethers wird aber nicht genügend gewahrt, wenn man ihn mit dem römischen Rechte auf eine Entschädigungsforderung gegen den Vermiether beschränkt. Er hat ein berechtigtes Interesse, den vertragsmäßigen Gebrauch ungeachtet einer stattgehabten Veräußerung fortsetzen zu können, zumal wenn dieser Gebrauch einem gewerblichen Zwecke dient oder wenn der Miether bei Beginn der Miethe zur Einrichtung der gemietheten Wohnung oder zur Melioration des gepachteten Grundstücks Aufwendungen gemacht hat, für welche er erst bei längerem Gebrauche Ersatz erhält. Das größte Interesse aber hat der Miether daran, nicht plötzlich und nicht zur Unzeit, z. B. bei einem landwirthschaftlichen Grundstücke inmitten einer Wirthschaftsperiode, bei einer städtischen Wohnung außerhalb der ortsüblichen Umzugszeit, vertrieben zu werden. Mit dem Privatinteresse des Miethers stimmt auch das allgemeine Interesse der bürgerlichen Gesellschaft überein. Muß das unstete Umherziehen von einer Miethwohnung zur andern, welches besonders in den großen Städten im weitesten Umfange stattfindet, wegen des damit verbundenen unfruchtbaren Aufwands von Zeit, Arbeit und Geld und wegen der oft dadurch entstehenden Störungen der Erwerbsthätigkeit als ein wirthschaftliches Uebel bezeichnet werden, so ist auch der Grundsatz Kauf bricht Miethe vom volkswirthschaftlichen Standpunkte aus für schädlich zu erklären, weil er die Möglichkeit zur Vertreibung der Miether ungeachtet vollständiger Vertragserfüllung derselben erweitert. Vollends schädlich und gefährlich erscheint es, diesen Grundsatz mit der Strenge des römischen Rechts durchzuführen, indem die hiermit gegebene Möglichkeit, den Miether plötzlich und zur Unzeit auf die Straße zu setzen, die Wohnungsnoth der ärmeren Volksklassen in großen Städten in bedenklicher Weise zu steigern geeignet ist.

3. Es kann daher kaum einem Zweifel unterliegen, daß das bürgerliche Gesetzbuch in dieser Frage nicht dem römischen Rechte zu folgen hat. Zweifelhafter ist, ob es sich empfiehlt, den Grundsatz Kauf bricht Miethe nach dem Vorbilde des französischen Rechts ganz zu beseitigen oder ihn nach dem Vorbilde des sächsischen bürgerlichen Gesetzbuchs und des schweizerischen Obligationenrechts nur zu mildern. Der Entwurf hat den letzteren Weg eingeschlagen, welcher auch schon in dem Dresdener Entwurf eines allgemeinen deutschen Gesetzes über Schuld-

verhältnisse, Art. 549 betreten war. Im Allgemeinen und vorbehaltlich der Frage, ob nicht im Einzelnen andere oder weitere Bestimmungen zu Gunsten des Miethers zu empfehlen seien, wird der vom Entwurfe eingeschlagene Weg zu billigen sein.

Es ist zwar nicht zu verkennen, daß für die völlige Ausschließung jenes Grundsatzes erhebliche Gründe geltend gemacht werden können. Den oben erwähnten wirthschaftlichen Nachtheilen würde hierdurch in der wirksamsten Weise vorgebeugt werden. Auch würde hierdurch der in dem größten Theil von Deutschland bisher bestehende Rechtszustand beibehalten, da schon jetzt die völlige Ausschließung des römischen Grundsatzes — wenn auch in verschiedener Ausgestaltung — im Gebiete des allgemeinen preußischen Landrechts und des französischen Rechts, sowie nach mehreren Partikularrechten im Gebiete des gemeinen Rechts besteht.

Indessen sprechen überwiegende Gründe für den von dem Entwurfe eingeschlagenen Mittelweg. Den wirthschaftlichen Interessen, welche die Beseitigung des Grundsatzes Kauf bricht Miethe fordern, stehen andere entgegen, welche durch den entgegengesetzten Grundsatz verletzt werden würden. Wenn man den Erwerber an die vom Vorbesitzer abgeschlossenen Miethverträge bindet, wird die Veräußerung erschwert. Wenn auch unter Umständen, namentlich bei Wohnungen, welche regelmäßig durch Vermiethung verwerthet werden, die bestehende vortheilhafte Vermiethung einen Antrieb zum Erwerbe bildet, so kann doch der Zwang zur Beibehaltung der bestehenden Miethverhältnisse in vielen Fällen vom Erwerbe abschrecken, sei es wegen der nachtheiligen Miethbedingungen oder wegen der Persönlichkeit der Miether oder weil der Erwerb zum Zwecke eigener Benutzung des Grundstücks beabsichtigt wird. Der Zwang zur Beibehaltung der Miethverhältnisse vermindert daher die Zahl der zum Erwerbe geneigten Personen, wodurch der Verkaufswerth herabgedrückt wird; er erschwert den Güterumsatz und beeinträchtigt den Immobiliarkredit. Aus diesem Grunde haben die meisten Gesetzgebungen, welche diesen Zwang anerkennen, ihn doch für Zwangsversteigerungen ausgeschlossen, insbesondere das preußische allgemeine Landrecht, weil, „wenn auch bei einer nothwendigen Subhastation die Pacht und Miethe continuirt werden müßte, ein solcher Umstand allerdings viele Licitanten abhalten würde" (vgl. Bornemann, Pr. C. R., Ausg. 2, Bd. 4 S. 317).[15] Bei freiwilligen Veräußerungen kann sich

---

[15]) A. L. R. I, 21. § 350; Preuß. Subh. O. vom 13. Juli 1883 § 22. Oest. B. G. B. § 1121. Sächs. B. G. B. § 1224. Bayer. Entw. eines B. G. B., Art.

zwar der Veräußerer über den Nachtheil, der ihm durch diesen Zwang erwächst, nicht beschweren, weil ihm dadurch nicht mehr zugemuthet wird, als wozu er durch den Miethvertrag verpflichtet ist; doch enthält die dadurch bewirkte Werthverminderung auch für ihn eine unbillige Härte, wenn er durch zwingende Umstände, z. B. in Erbschaftsfällen, ohne sein Verschulden sich genöthigt sieht, zur Veräußerung zu schreiten.

Dem Interesse des Miethers an Aufrechthaltung seines Vertragsrechts steht demnach das Interesse an ungehemmtem Güterumsatz entgegen. Bei diesem Widerstreit an sich berechtigter Interessen empfiehlt sich eine die streitenden Interessen mit einander versöhnende vermittelnde Gesetzesvorschrift.

4. Abgesehen von den in § 512 und § 1860 aufgestellten Rechtsvermuthungen, welche unbedenklich zu billigen sind, beschränkt der Entwurf sich darauf, den Miether gegen eine plötzliche oder unzeitige Ausübung des dinglichen Rechts des Erwerbers zu sichern, indem er diesem in §§ 509 bis 511 die Verpflichtung auferlegt, bei der Aufforderung des Miethers zur Räumung dieselben Fristen zu beobachten, welche der Vermiether bei einem nicht auf bestimmte Zeit eingegangenen Miethverhältniß hinsichtlich der Kündigung zu beobachten hat. Die Beobachtung dieser Fristen ist nur zu Gunsten des Miethers vorgeschrieben; dies anerkennt § 509 Abs. 2 durch die Vorschrift, daß der Miether, wenn er zur Räumung des Grundstücks aufgefordert wird, kraft des im § 529 geregelten Rücktrittsrechts von dem Vertrage sofort für die Zukunft zurücktreten darf.

Daß der Erwerber, wenn er nicht in weiterem Umfang an das bestehende Miethverhältniß gebunden ist, dem Miether wenigstens eine Frist zur Räumung zu gestatten hat, wird von keiner Seite beanstandet werden. Zumal bei der Wohnungsmiethe ist es eine unabweisbare Forderung der Billigkeit, daß der Erwerber dem Miether nach seiner Aufforderung zur Räumung so viel Frist zu gewähren hat, daß Letzterer Zeit hat, sich mit einer seinem Bedürfniß entsprechenden anderen Wohnung für den bevorstehenden Wechseltermin zu versorgen. Es bleibt aber zu prüfen, ob die zur Erfüllung dieser Forderung in den §§ 509—511 vorgeschlagenen Bestimmungen ihrem Zwecke entsprechen und ob nicht dem Miether

---

446, Abs. 2. Anders nach dem hess. Pfandgesetz vom 15. Sept. 1858, Art. 124, 128 und nach franz. Recht, Puchelt, Zeitschr. für franz. Civ.-R. Bd. 5 S. 154. Das preuß. Ges. über das Grundbuchwesen im Geltungsbereich des Rhein. R. vom 12. April 1888 § 36 räumt dem Ansteigerer das Kündigungsrecht ein.

außer der Gewährung einer Räumungsfrist noch andere Mittel zur Wahrung seines Interesses für den Fall der Veräußerung der vermietheten Sache einzuräumen sind.

a) Der Entwurf überläßt es dem Belieben des Erwerbers, ob und wann er die Aufforderung zur Räumung an den Miether richten will. Der Miether, der nur nach erfolgter Aufforderung zur Räumung berechtigt sein soll, vom Vertrage zurückzutreten, schwebt daher in der Ungewißheit, ob und wann sein Miethverhältniß infolge der Veräußerung sich lösen wird. Es sollte ihm ein Mittel gewährt werden, dieser unter Umständen für ihn lästigen Ungewißheit ein Ende zu machen. Dies geschieht, wenn dem Erwerber die Erklärungspflicht auferlegt wird. Das sächsische B. G. B. § 1225 Satz 2 bestimmt:

> „Benutzt der Dritte (der Erwerber) die erste Kündigungsfrist nicht, so ist es so anzusehen, als sei er in den Vertrag seines Vorgängers eingetreten."

Es empfiehlt sich aber, den Miether in den Stand zu setzen, die Ungewißheit noch schneller zu heben, indem man ihm das Recht, binnen einer von ihm zu bestimmenden Frist von angemessener Dauer eine Erklärung von dem Erwerber zu verlangen, beilegt und zugleich bestimmt, welche Folge beim Schweigen des Erwerbers eintreten soll.

Das Rechtsverhältniß zwischen dem Erwerber und dem Miether während des Zeitraums, auf welchen die gesetzliche Verpflichtung des Ersteren, den Letzteren nicht zu vertreiben, sich erstreckt, kann in zweifacher Weise geordnet werden. Entweder so, daß das Miethverhältniß lediglich zwischen dem Vermiether und Miether fortdauert und die Verpflichtung des Erwerbers in Folge einer gesetzlichen Eigenthumsbeschränkung nur darin besteht, die zur Ausübung des Miethrechts erforderlichen Handlungen des Miethers und die zur Erfüllung der Pflichten aus dem Miethvertrage erforderlichen Handlungen des Vermiethers auf dem Grundstücke zu dulden. Oder so, daß die Verbindlichkeiten des Vermiethers aus dem Miethvertrage mit dem Erwerbe des Grundstücks kraft des Gesetzes auf den Erwerber übergehen.[16]) Der Entwurf schlägt den ersteren Weg ein. Das hierdurch entstehende Verhältniß ist für den Miether unvortheilhaft. Er kann sich danach wegen seiner An-

---

[16]) Die Gründe für und wider beide Wege sind besonders in den Motiven zu dem bayrischen Entwurfe eines C. G. B. S. 155, 156 entwickelt. Während dieser Entwurf Art. 445 Abs. 2, 447, 449 sich für den ersten Weg entschied, folgt das oben S. 7 erwähnte bayrische Gesetz vom 18. Februar 1871 dem zweiten.

sprüche aus dem Miethvertrage nur an den Vermiether halten. Ein gegen diesen ergehendes verurtheilendes Erkenntniß würde aber, z. B. wenn der Umfang der Verpflichtungen aus dem Miethvertrage oder die Art ihrer Erfüllung streitig ist, gegenüber dem Erwerber nach § 192 des Entwurfs nicht maßgebend sein, wenn dieser bereits vor Eintritt der Rechtshängigkeit des Prozesses zwischen Miether und Vermiether Rechtsnachfolger des Letzteren geworden ist. Ueberdies würde die Zwangsvollstreckung des gegen den Vermiether ergangenen Urtheils in vielen Fällen auf Schwierigkeiten stoßen, da ihm die Verfügung über das veräußerte Grundstück nicht mehr zusteht. Diese Uebelstände mögen für den Miether von geringerer Bedeutung und deshalb erträglich sein, wenn es sich nur um den kurzen Zeitraum bis zum Ablauf der Räumungspflicht handelt. Dagegen ist ihm bei längerer Fortdauer des Miethverhältnisses diese ungünstige Rechtslage nicht zuzumuthen. Eine Abhülfe ist möglich, wenn man der ausdrücklichen oder stillschweigenden Erklärung des Erwerbers, daß er die Räumung nicht verlange, die Bedeutung der Erfüllungsübernahme (§ 318 des Entwurfs) beilegt. Das hierdurch entstehende Recht des Miethers gegen den Erwerber läßt die Rechte und Verbindlichkeiten des Vermiethers unverändert. Aus diesen Gründen empfiehlt es sich, dem § 509 die Bestimmung hinzuzufügen:

> Der Miether ist berechtigt, von dem Erwerber unter Bestimstimmung einer angemessenen Frist die Erklärung zu fordern, ob er die Räumung des Grundstücks verlangt. Giebt der Erwerber binnen dieser Frist die geforderte Erklärung nicht ab oder erklärt er auf die ergangene Aufforderung oder ohne solche dem Miether, daß er die Räumung nicht verlange, so ist anzunehmen, daß er die Erfüllung des Miethvertrages dem Miether gegenüber übernommen hat (§ 318).

Es kann in Zweifel gezogen werden, ob die Bestimmung des § 509 nur im Privatinteresse des Miethers oder aus den oben S. 19 erwähnten Gründen auch im öffentlichen Interesse getroffen werden soll, ob sie demnach der Abänderung durch Uebereinkunft unterliegt oder nicht. Wäre die Bestimmung als eine zwingende gemeint, so würde dies deutlicher zum Ausdruck kommen, wenn statt der Worte „so ist der Dritte verpflichtet . . . zu gestatten" gesagt würde „hat der Dritte . . . zu gestatten". Indessen ist hierauf wenig Gewicht zu legen, da den Betheiligten jedenfalls freistehen muß, eine kürzere als die gesetzliche Kündigungsfrist zu vereinbaren, wodurch mittelbar auch die Räumungsfrist des § 509 abgekürzt wird.

Aus der Fassung des § 9 „Ist . . das Eigenthum . . übertragen worden" ist zu entnehmen, daß die Räumungsfrist dem Miether nicht bloß bei freiwilliger Veräußerung, sondern auch im Falle der Zwangsversteigerung zu statten kommen soll. Dies wird in dem in Aussicht gestellten Reichsgesetze über die Zwangsvollstreckung in das unbewegliche Vermögen ausdrücklich zu erwähnen sein (Anm. 1 zu § 1067 des Entwurfs).

b. Es kann die Frage aufgeworfen werden, ob nicht zur Ausgleichung gegen das Recht des Erwerbers, den Miether zu vertreiben, dem Miether das Recht der Kündigung unter Beobachtung der gesetzlichen oder vertragsmäßigen Fristen für den Fall der Veräußerung der vermietheten Sache beigelegt werden sollte, wie in dem bayrischen Gesetze vom 18. Februar 1871 geschehen ist.

Der Entwurf (§ 509 Abs. 2) gewährt dem Miether das Rücktrittsrecht nur dann, wenn der Erwerber ihn zur Räumung auffordert. Daß ihm das Rücktrittsrecht für den Fall nicht beigelegt ist, wenn der Erwerber die Fortsetzung des Miethverhältnisses zuläßt, verdient volle Billigung. Diese Ausdehnung des Rücktrittsrechts könnte nur auf Gründe gestützt werden, welche von dem Interesse des Miethers entnommen sind; sie würde dem allgemeinen Interesse der bürgerlichen Gesellschaft an Stetigkeit der Miethverhältnisse nicht entsprechen. Der Miether kann allerdings unter Umständen ein Interesse daran haben, das Miethverhältniß bei Gelegenheit der Veräußerung des vermietheten Grundstückes aufzulösen, etwa weil die Persönlichkeit oder Vermögenslage des Erwerbers geringere Gewähr für die Erfüllung des Miethvertrages darbietet oder weil er von drückenden Miethebedingungen loszukommen wünscht. Aber berechtigt ist nur sein Interesse, das Miethverhältniß dem Vertrage gemäß fortzusetzen, nicht aber das Verlangen, das Vertragsverhältniß vor seinem durch den Inhalt des Vertrages bestimmten Ende aufzulösen. Die Veränderung der Umstände, welche die Veräußerung der vermietheten Sache bewirkt, würde als Auflösungsgrund anzuerkennen sein, wenn der Miethvertrag ein mit Rücksicht auf die Individualität des Vermiethers eingegangenes höchstpersönliches Geschäft wäre. Aber der Miethvertrag hat diese Eigenschaft auf der Seite des Vermiethers in der Regel nicht. So wenig der Miether nach dem Entwurfe (vgl. § 526) berechtigt ist, das Miethverhältniß durch eine im Vertrage nicht vorgesehene Kündigung zu beendigen, wenn ihm weniger genehme Personen beim Tode des Vermiethers als Erben an dessen Stelle treten, ebensowenig ist ihm dies Recht für den Fall einzuräumen, daß der als Eigenthümer an die Stelle des Vermiethers getretene Singularsuccessor der Fortsetzung des Miethverhältnisses ein Hinderniß nicht in den Weg legt.

Zu einer Aenderung des Entwurfs in dieser Hinsicht liegt demnach kein Grund vor.

c. Als ein Mangel des Entwurfs ist es zu bezeichnen, daß er die nach bisherigem Recht in weitem Umfange gestattete Eintragung des Miethrechts in das Grundbuch nicht zuläßt.

Im Gebiete des preußischen allgemeinen Landrechts [17]) ist die Eintragung des Miethrechts als eines dinglichen Rechts im Grundbuche zulässig, aber von geringer Bedeutung, da die Dinglichkeit desselben auch ohne Eintragung durch den Besitz begründet wird und die Wirksamkeit des dinglichen Miethrechts die gleiche ist, wenn dasselbe durch Eintragung und wenn es durch Besitz begründet ist.

Im Gebiete des französischen Rechts ist kein Bedürfniß zur Transscription des Miethrechts vorhanden, weil der Grundsatz, daß Kauf die Miethe nicht bricht, nach Art. 1743 Code civil ohnehin eintritt. Durch ein in Elsaß-Lothringen geltendes französisches Gesetz vom 23. März 1855 Art. 2 Nr. 4 ist jedoch die Vorschrift des Art. 1743 dahin eingeschränkt, daß Pachtverträge, welche über achtzehn Jahre dauern sollen, im Hypothekenbureau transscribirt sein müssen, widrigenfalls sie nur für einen Zeitraum unter achtzehn Jahren Dritten gegenüber geltend gemacht werden können. [18])

Im Gebiete des gemeinen Rechts ist ein Bedürfniß zur Eintragung des Miethrechts nicht vorhanden, soweit nach Partikularrecht der Kauf die Miethe nicht bricht. Wo dagegen der gemeinrechtliche Grundsatz gilt, daß Kauf die Miethe bricht, kann die Wirksamkeit des Miethrechts gegenüber dem Erwerber auch nicht durch Eintragung desselben im Grund- und Hypothekenbuche herbeigeführt werden, [19]) wenn nicht im Partikularrechte die Eintragung desselben ungeachtet seiner Natur als nichtdingliches Recht ausnahmsweise zugelassen ist. Mehrere Partikularrechte haben nach dem Vorgang des österreichischen bürgerlichen Gesetzbuchs §§ 1095,

---

[17]) A.L.R. I 21 § 4. Nicht geändert durch E.E.G. vom 5. Mai 1872 § 12.

[18]) Dreyer in Puchelt, das rhein. franz. Privilegien- und Hypothekenrecht Bd. 2 S. 8.

[19]) Die von Friedlieb, Dinglichkeitsstiftung der Miethe in der Zeitschrift für Civ.-R. und Prozeß N. F. Bd. 19 S. 456 empfohlene Eintragung eines Nießbrauchs des Miethers ist keine Eintragung des Miethrechts.

1120[20]) die Eintragung zugelassen, ohne das Miethrecht für ein dingliches Recht zu erklären.

Im Königreich Sachsen[21]) darf nicht das Miethrecht eingetragen werden, aber die von dem Vermiether gegen den Miether übernommene Verpflichtung, im Falle einer Veräußerung der Sache dem Erwerber die Erfüllung des Miethvertrags zur Bedingung zu machen. Ist diese Verpflichtung übernommen, so kann der Miether verlangen, daß sie in das Grundbuch eingetragen wird. Die Eintragung geschieht, da es sich um eine Beschränkung des Grundeigenthümers in der Verfügung über das Grundstück handelt, in der zweiten Rubrik des Grund- und Hypothekenbuchs. Der Miether erlangt durch die Eintragung zwar kein dingliches, als solches gegen jeden Besitzer verfolgbares Recht, aber ausreichende Sicherung, da die Veräußerung ohne Eintritt des Erwerbers in den Miethvertrag nicht zuzulassen ist und der Erwerber durch den sonst nicht zulässigen Erwerb des Grundstücks von selbst in den Miethvertrag eintritt[22]). Im Falle der Zwangsversteigerung geht die Verbindlichkeit zur Erfüllung des Miethvertrags auch bei erfolgter Eintragung im Grundbuche auf den Erwerber nicht über[23]).

Im Großherzogthum Hessen[24]) ist die Eintragung des Miethvertrags im Hypothekenbuche gestattet, jedoch nur mit Einwilligung des Vermiethers, welcher die Eintragung ohne besonderen Rechtsgrund zu bewilligen nicht verpflichtet ist. Ist der Miethvertrag öffentlich beurkundet und im Hypothekenbuch eingetragen, so kann der Miether zur Räumung vor Ablauf der vertragsmäßigen Miethzeit nicht angehalten werden. Das Recht, den Miether vor Ablauf der Miethzeit zu vertreiben, steht auch

---

[20]) Oest. B. G. B. § 1095: „Wenn ein Bestandvertrag" (unter welchem Ausdruck Pacht und Miethe zusammengefaßt werden, §§ 1090, 1091) „in die öffentlichen Bücher eingetragen ist, so ist das Recht des Bestandnehmers als ein dingliches Recht" (worunter ein dinglich wirksames obligatorisches Recht verstanden wird) „zu betrachten, welches sich auch der nachfolgende Besitzer auf die noch übrige Zeit gefallen lassen muß." Oest. Grundb. Ordn. vom 25. Juli 1871 § 9: „Im Grundbuch können nur dingliche Rechte und Lasten, ferner das Wiederkaufs- und Vorkaufsrecht (§§ 1070, 1073 B. G. B.) sowie das Bestandrecht (§ 1095 B. G. B.) eingetragen werden." Vgl. auch Grundb. Ordn. für Ungarn vom 15. Dezember 1855 § 63.

[21]) Sächs. Ges. vom 6. Nov. 1843 § 16 Nr. 7, § 171, Sächs. B. G. B. § 1224.

[22]) Siegmann, Das k. sächs. Grund- und Hypothekenrecht S. 70.

[23]) Sächs. B. G. B. § 1224 Satz 2.

[24]) Hess. Ges. vom 15. Sept. 1858 betr. das Pfandrecht, Art. 127, 128, 124, vom 19. Januar 1859, betr. das Verfahren der Hypothekenbehörden, Art. 37.

im Falle der Zwangsveräußerung dem Pfandgläubiger und dem Käufer des Unterpfandes nicht zu, wenn die Eintragung des Miethvertrags bereits vor der Einschreibung des Hypothekentitels des Gläubigers stattgefunden hatte.

In Preußen ist bei Einführung des E. E. Gesetzes und der Grundbuchordnung vom 5. Mai 1872 in gemeinrechtliche Landestheile die Eintragung des Miethrechts zwar nicht überall, insbesondere weder in Hannover noch in Schleswig-Holstein[25]), aber in Kurhessen[26]) und in Neuvorpommern und Rügen[27]) zugelassen worden.

Der Entwurf eines bürgerlichen Gesetzbuchs für das Königreich Bayern enthielt Art. 446 die Gestattung der Eintragung des Miethvertrags im Grund- und Hypothekenbuche.

Der Dresdener Entwurf eines allgemeinen deutschen Gesetzes über Schuldverhältnisse ließ die Frage, ob, unter welchen Voraussetzungen und in welcher Weise der Miethvertrag eingetragen werden könne, als über die Aufgabe dieses Entwurfs hinausgehend unentschieden[28]). Er enthält aber die Bestimmung (Art. 552), daß, wenn der Miethvertrag vor dem Uebergang des Rechts an der vermietheten Sache auf einen Dritten im öffentlichen Buche eingetragen worden, der Dritte dem Miether den vertragsmäßigen Gebrauch bis zum Ablaufe der festgesetzten Miethzeit zu gewähren verpflichtet und von dem Zeitpunkt seiner Erwerbung an die Rechte des Vermiethers auf den Miethzins geltend zu machen berechtigt

---

[25]) Mit Ausnahme des kleinen Gebiets des dänischen Rechts in Nord-Schleswig, wo die Wirksamkeit des Miethvertrags gegenüber dem Erwerber früher (vgl. Seestern-Pauly Grundbuchrecht Theil 1 S. 57) durch „Dinglesung", d. h. gerichtliche öffentliche Vorlesung des schriftlichen Vertrags bewirkt wurde, an deren Stelle das Ges. vom 27. Mai 1873 § 34 die Eintragung setzte.

[26]) Preuß. Ges. vom 29. Mai 1873 § 3: „Mieth- und Pachtverträge erhalten dingliche Wirksamkeit nur durch Eintragung im Grundbuche." Voraussetzung des Eintrags ist eine darauf gerichtete besondere Abrede.

[27]) Das Ges. vom 21. März 1868 § 11 hatte die Eintragung der Pacht- und Miethkontrakte, wenn sie einen neuen Erwerber binden sollen, in Rubrik II Colonne 1 gestattet. Das an dessen Stelle getretene Gesetz vom 26. Mai 1873 § 14 bestimmt: „Pächter und Miether, deren Recht eingetragen ist, können von einem späteren Erwerber des Grundstücks die Erfüllung des geschlossenen Vertrags bis zum Ablauf der vollen Vertragszeit beanspruchen, sofern der neue Erwerber nicht in Zwangsversteigerung gekauft, die von einem früher eingetragenen Gläubiger ausgebracht war."

[28]) Auch das schweizerische Bundesgesetz über das Obligationenrecht, Art. 281 Abs. 3 überläßt die Bestimmung über die besonderen Wirkungen der Eintragung in öffentliche Grund-Hypotheken- oder ähnliche Bücher dem cantonalen Recht.

ist; inwiefern diese Vorschrift auch im Falle der Zwangsversteigerung der vermietheten Sache gelte, sollte nach den Landesgesetzen beurtheilt werden (Art. 553).

Der Entwurf eines bürgerlichen Gesetzbuchs für das deutsche Reich enthält keine Bestimmung, welche die Eintragung des Miethrechts im Grundbuch gestattet. Bei der Berathung des Rechts der Schuldverhältnisse, welcher der Dresdener Entwurf zum Grunde gelegt wurde, beschloß die Kommission in der 203. Sitzung, den Art. 552 dieses Entwurfs zu streichen und durch keine andere Bestimmung zu ersetzen. Es lagen derselben zwei Anträge vor, welche übereinstimmend die Eintragung gestatteten, darin aber von einander abwichen, daß nach dem einen der Vermiether verpflichtet sein sollte, die Eintragung auf Kosten des Miethers in einer öffentlichen Urkunde zu bewilligen, nach dem anderen der Miether Anspruch auf Bewilligung der Eintragung nur dann haben sollte, wenn der Vermiether sich dazu verpflichtete. Beide Anträge wurden abgelehnt. Hierfür wurden folgende Gründe geltend gemacht: es sei zu besorgen, daß durch Zulassung der Eintragung eine übermäßige Häufung der Grundbuchgeschäfte, eine Ueberladung des Grundbuchs mit Eintragungen und Löschungen und eine Vermehrung der Kosten eintreten werde; es werde durch Zulassung der Buchung ein neues dingliches oder ein mindestens auch gegen den Sonderrechtsnachfolger wirkendes Recht geschaffen, welches in mancherlei Beziehungen noch dringender als ususfructus und usus der besonderen Normirung bedürfe; zur Beseitigung aller aus dem Grundsatz Kauf bricht Miethe zu besorgender Uebelstände biete — neben der Einführung einer Räumungsfrist — die Bestellung einer Hypothek für die dem Miether im Falle der Veräußerung des Grundstücks aus der Kränkung seines Miethrechts erwachsende Entschädigungsforderung eine vollkommen genügende Abhülfe.

Von diesen Gründen ist nur die Bemerkung als richtig zuzugeben, daß das Gesetzbuch sich nicht darauf beschränken darf, die Eintragung der Miethe im Grundbuch für zulässig zu erklären, vielmehr, wenn dies geschieht, auch die Wirkungen der Eintragung bestimmt werden müssen; hieraus ergiebt sich aber kein Grund, die Eintragung für unzulässig zu erklären.

Zu bestreiten ist die Behauptung, daß die Eintragung einer Hypothek wegen der Entschädigungsforderung eine genügende Abhülfe gewähre. Der Entschädigungsanspruch gewährt, auch wenn er durch Hypothek gesichert ist, in der Regel keine genügende Ausgleichung für die Vertreibung des Miethers vor beendigter Miethzeit. Das Interesse des Miethers, sich dem Erwerber gegenüber in der Ausübung des Miethrechts zu behaupten, wird dadurch in keiner Weise befriedigt. Ist es im Allgemeinen schon als ein Nachtheil zu erachten, wenn ein Gläubiger genöthigt wird, anstatt der Erfüllung seiner Forderung sich eine oftmals schwer zu berechnende und nachzuweisende und erst im Prozeßwege zu ermittelnde Entschädigung gefallen zu lassen, so ist dieser Nachtheil bei der Miethe besonders empfindlich, weil die Unannehmlichkeiten, welche der Miether durch einen ihm aufgenöthigten Umzug erleidet, häufig von der Art sind, daß sie in Geld überhaupt nicht oder doch nur unsicher zu schätzen sind.

Die Entscheidung über Zulassung oder Nichtzulassung der Eintragung der Miethe im Grundbuch wird von der Beantwortung der Fragen abhängen, ob ein Bedürfniß vorhanden ist, sie zuzulassen, ob die Eintragung mit den Grundsätzen des Grundbuchrechts vereinbar und ob sie praktisch durchführbar ist. Alle diese Fragen aber werden zu bejahen sein.

Das Hauptbedenken gegen die Gestattung der Eintragung, daß dadurch eine unerträgliche Ueberbürdung der Grundbuchbehörden und eine Ueberladung des Grundbuchs mit Einträgen herbeigeführt werden würde, erledigt sich dadurch, daß voraussichtlich nur in seltenen Fällen von dieser Gestattung Gebrauch gemacht werden würde. Zu dieser Erwartung berechtigt die bisherige Erfahrung in Rechtsgebieten, in welchen neben dem Grundsatze Kauf bricht Miethe die fakultative Eintragung der Miethe im Grundbuche besteht. Im Bezirke des Amtsgerichts Cassel z. B. haben Eintragungen von Miethrechten seit der Gestattung derselben im Jahre 1873 in den ländlichen Ortschaften überhaupt nicht, in der Stadt Cassel nur selten, vorzugsweise bei Miethverträgen zwischen Behörden und Privatpersonen über Geschäftslokale, stattgefunden. Diese Erscheinung mag sich zum Theil daraus erklären lassen, daß die Eintragung der Miethrechte als eine Neuerung nur allmählich Eingang in die Verkehrssitte findet und bei der Abschließung von Miethverträgen, welche ohne Zuziehung von Rechtskundigen zu geschehen pflegt, zahlreichen Miethern nicht bekannt ist, daß Miethrechte im Grundbuch eingetragen werden dürfen. Es wirken aber auch andere Gründe mit, welche von der Art sind, daß sie sich überall und allezeit geltend machen werden. Wenn eine Wohnungsmiethe, wie es häufig geschieht, auf unbestimmte Dauer mit beiderseitigem Recht der Kündigung in der gesetzlichen oder einer noch kürzeren vertragsmäßigen Kündigungsfrist eingegangen wird, so hat der Miether kein Interesse, die Eintragung zu verlangen, zumal wenn der Erwerber gesetzlich verpflichtet ist, eine der Kündigungsfrist gleichkommende Räumungsfrist zu gewähren. Wenn die Miethe auf bestimmte Zeit eingegangen ist, so wird der Miether, obschon die Eintragung für ihn vorteilhaft wäre, sie doch häufig nicht verlangen, weil er die Mühe und die ihm zur Last fallenden Kosten scheut, welche aufgewendet werden müssen, um die Eintragung zu erlangen. Verlangt er aber die Eintragung, so ist doch der Vermiether im Stande, sie durch Versagung seiner Einwilligung zu verhindern, wenn er nicht gesetzlich die Eintragung zu bewilligen verpflichtet ist. Es ist daher mit hoher Wahrscheinlichkeit anzunehmen, daß die Eintragung der Miethe im Grundbuche, wenn das bürgerliche Gesetzbuch sie gestattete, ohne dem Vermiether die Verpflichtung zur Bewilligung derselben aufzuerlegen, nur ausnahmsweise in nicht zahlreichen Fällen stattfinden würde.

Man wird hieraus den Schluß ziehen, daß kein Bedürfniß vorhanden sei, die Eintragung im Gesetzbuche zu gestatten. Aber unter besonderen Umständen kann der Miether ein starkes Interesse haben, das Miethrecht für die Dauer der ganzen vertragsmäßigen Miethzeit auch für den Fall der Veräußerung zu sichern, z. B. wenn Jemand eine ländliche Besitzung wegen der nöthigen Inventaranschaffung oder Melioration des Grundstücks nur dann pachten oder ein Gebäude zum Zwecke eines Gewerbebetriebs wegen der dazu erforderlichen kostspieligen Einrichtungen nur dann miethen will, wenn ihm eine lange Miethzeit, während welcher er die Wiedererlangung seiner Unkosten zu erwarten hat, auch für den Fall der Veräußerung in sicherer Aussicht steht. Zur Erreichung dieses Erfolgs bietet, wenn nicht das Gesetz die Wirksamkeit des Miethvertrags gegenüber dem Erwerber anerkennt, die Eintragung desselben im Grundbuche ein zweckmäßiges Auskunftsmittel. Den hierdurch möglichen Schutz sollte die Gesetzgebung dem Interesse des Miethers nicht versagen, zumal da es sich in derartigen Fällen meistens um besonders werthvolle Pacht- oder Miethgegenstände handeln wird.

Die Eintragung der Miethe im Grundbuche zuzulassen, ist nicht unvereinbar mit den im dritten Buche des Entwurfs enthaltenen Bestimmungen über das Sachenrecht. Es handelt sich nicht um die Eintragung einer Hypothek zur Sicherung des Entschädigungsanspruchs wegen des dem Miether durch Veräußerung der vermietheten Sache zugefügten Schadens; die Zulässigkeit derselben ergiebt sich aus §§ 1125, 1129 des Entwurfs. Ebensowenig handelt es sich um die Eintragung einer Beschränkung des Verfügungsrechts des Grundeigenthümers durch die Verpflichtung, eine Veräußerung nur unter der Bedingung vorzunehmen, daß der Erwerber die Erfüllung des Miethvertrages übernimmt (vgl. oben Anm. 21 bis 23); die Eintragung eines solchen beschränkten Veräußerungsverbotes würde nach § 837 des Entwurfs zulässig sein, dem Miether aber für den Fall der Weiterveräußerung von Seiten des Erwerbers nicht ohne Weiteres genügende Sicherheit gewähren. Von beiden verschieden ist die Eintragung des Miethrechts als einer für jeden Erwerber des vermietheten Grundstücks verbindlichen Belastung. Nachdem der Entwurf die Belastung des Grundstücks mit einem Vorkaufsrecht zugelassen hat, erscheint auch die Belastung desselben mit einem Miethrecht nicht verwerflich. Bei der Verwandtschaft des Kaufs mit der Miethe, die man einen Kauf des Gebrauchsrechts nennen könnte, erscheint auch eine parallele Behandlung beider in Betreff der Eintragung im Grundbuche gerechtfertigt. Wie die Vorschriften über das Vorkaufsrecht an Grundstücken (§ 952) einen Abschnitt des Sachenrechts bilden, während die Vorschriften über das nicht gegen Dritte wirksame Vorkaufsrecht im Recht der Schuldverhältnisse (§§ 481 ff.) enthalten sind, so müßten auch die aufzunehmenden Vorschriften über Pacht- und Miethrecht an Grundstücken einen eigenen Abschnitt des Sachenrechts bilden, während die Vorschriften über die nicht gegen Dritte wirkende Miethe dem Recht der Schuldverhältnisse angehören.

In diesem weiteren Abschnitte des Sachenrechts würden insbesondere folgende Fragen entschieden werden müssen.

Soll dem Miether im Gesetzbuche das Recht beigelegt werden, die Eintragung des Miethrechts im Grundbuche zu verlangen? Die Bejahung der Frage könnte man deshalb empfehlen, weil für den größten Theil von Deutschland, wo nach bisherigem Recht der Kauf die Miethe nicht bricht, die Anerkennung des Rechts des Miethers auf Eintrag einen Ersatz für das Wegfallen dieses Grundsatzes bilden würde. Indessen sprechen überwiegende Gründe gegen die Anerkennung dieses Rechts. Ist für den Miether, wie dargelegt worden, nur ausnahmsweise wegen besonderer Umstände Anlaß vorhanden, auf Eintragung des Miethrechts zu bestehen, so ist auch für den Gesetzgeber kein Grund gegeben, die Entstehung eines Anspruchs auf Eintragung für die regelmäßige und selbstverständliche Wirkung des Miethvertrages zu erklären. Das im Verkehr Gewöhnliche ist als gewollt anzusehen, hiernach aber nicht zu vermuthen, daß die Vertragschließenden die nur ausnahmsweise vorkommende Eintragung beim Abschluß des Miethvertrags gewollt haben. Es mag daher dem Miether überlassen bleiben, die Einwilligung des Vermiethers in die Eintragung auszubedingen, wenn er nur für diesen Fall den Miethvertrag eingehen will. Ein gesetzliches Recht auf Eintragung anzuerkennen, ist auch deshalb bedenklich, weil dadurch die oben erwähnte Gefahr einer Ueberbürdung der Grundbuchbehörden und einer

Ueberladung des Grundbuchs entstehen würde. Abgesehen von dem sächsischen Gesetzbuche § 1224 ist bisher ein Recht des Miethers auf Eintragung nirgends anerkannt. Es könnte noch die Frage aufgeworfen werden, ob das Recht auf Eintragung dem Miether nicht wenigstens für den Fall einzuräumen sei, daß ihm durch eine vom Vermiether beabsichtigte Veräußerung ein unersetzlicher Nachtheil zu erwachsen droht.[20]) Indessen erscheint die Einräumung eines privatrechtlichen Anspruchs neben der prozessualen Bestimmung des § 814 C. P. O. nicht geboten.

Worin soll die Belastung des Grundstücks im Falle der Eintragung des Miethrechts bestehen? Man hat die Wahl zwischen zwei Wegen. Entweder läßt man auch im Falle der Eintragung ein Schuldverhältniß zwischen dem Miether und Vermiether entstehen und beschränkt die Belastung des Grundstücks auf die Verpflichtung des jeweiligen Eigenthümers des vermietheten Grundstücks, die zur Ausübung des Miethrechts erforderlichen Handlungen des Miethers und die zur Erfüllung der Verbindlichkeiten des Vermiethers aus dem Miethvertrage erforderlichen Handlungen des Vermiethers zu dulden. Oder man legt dem Vertrage über Eintragung des Miethrechts die Bedeutung bei, daß das Miethverhältniß zwischen dem Miether und dem Eigenthümer des vermietheten Grundstücks als solchem eingegangen wird, d. h. nicht bloß mit dem ursprünglichen Vermiether, sondern auch mit dem (ersten und jedem folgenden) Erwerber, mit einem jeden Eigenthümer aber nur für die Dauer seines Eigenthums. Je nachdem der eine oder der andere Weg eingeschlagen wird, gestaltet sich die Stellung sowohl des Erwerbers als des Veräußerers zum Miether verschieden. Bei Einschlagung des ersten Weges würde das Schuldverhältniß zwischen Miether und Vermiether durch die Veräußerung, ungeachtet der Eintragung, keine Aenderung erleiden und der Erwerber weder in die Rechte noch in die Verbindlichkeiten des Vermiethers eintreten, insbesondere auf den Miethzins von der Zeit des Eigenthumsübergangs an nur im Falle der Abtretung der Forderung Anspruch erheben können. Dagegen würde, wenn der zweite Weg eingeschlagen würde, der Erwerber in das Miethverhältniß, in die Rechte und Verbindlichkeiten des Vermiethers, von der Zeit des Eigenthumsübergangs an eintreten und der Veräußerer von demselben Zeitpunkte an aus dem Miethverhältniß ausscheiden, und zwar ohne besondere

---

[20]) Vgl. Erkenntniß des O. A. G. Rostock in dessen Entsch. Bd. 1 S. 54, Wendt, im Jahrb. für Dogm. Bd. 21 S. 255.

Willenserklärung von selbst mit der Veräußerung und dem Erwerbe des Grundstücks, welches nicht anders als mit der im Grundbuche eingetragenen Belastung erworben werden kann. Hierbei würde das Ausscheiden des Veräußerers und der Eintritt des Erwerbers in das Miethverhältniß nicht auf eine — übrigens im Entwurfe des bürgerlichen Gesetzbuchs (§§ 293, 314) zugelassene — Sondernachfolge in Forderung und Schuld des Vermiethers, sondern unmittelbar auf den Inhalt des dinglichen Vertrags und die Eintragung zurückzuführen sein. Den ersten Weg einzuschlagen, könnte aus dem Grunde empfohlen werden, weil diese Regelung des Rechtsverhältnisses der im § 954 in Betreff des Vorkaufsrechts an Grundstücken und der im § 509 für die Dauer der Räumungsfrist vorgeschlagenen entspreche. Es stehen jedoch dieser Gestaltung des Rechtsverhältnisses die oben S. 22 dargelegten Bedenken überwiegend entgegen. Würde der zweite Weg betreten, so würde zu bestimmen sein, daß der Erwerber mit dem Erwerbe des Eigenthums von selbst in das Miethverhältniß als Vermiether dergestalt eintritt, daß er die nach der Zeit des Eigenthumsübergangs eintretenden Verbindlichkeiten des Vermiethers zu erfüllen verpflichtet und von demselben Zeitpunkte an den Miethzins zu beziehen berechtigt ist, und daß für den Umfang der Rechte und Verbindlichkeiten desselben lediglich der aus dem Grundbuche und den Grundbuchakten zur Zeit des Erwerbs des Eigenthums ersichtliche Inhalt des Miethvertrags maßgebend ist; hinsichtlich der von dem Veräußerer vor der Veräußerung getroffenen Verfügungen, insbesondere Einziehung und Abtretung von Miethzinsforderungen, welche nach dem Eigenthumsübergang fällig werden, könnte eine dem § 1069 entsprechende Bestimmung gegeben werden.

Soll die Eintragung des Miethrechts ihre Wirkung auch bei einer Zwangsversteigerung des vermietheten Grundstücks äußern, welcher die freiwillige Veräußerung durch den Konkursverwalter nach § 17 Nr. 2 Konk.-Ordn. gleichsteht? Nach der dem Zwangsvollstreckungsgesetze vorbehaltenen Bestimmung (Anm. 1 zu § 1067 des Entwurfs) sollen die Rechte des Miethers durch die Zwangsversteigerung vorbehaltlich der zu gewährenden Räumungs- oder Kündigungsfrist zur Aufhebung gelangen. Bei dieser dem Grundsatze Kauf bricht Miethe entsprechenden Bestimmung ist der Fall der Eintragung des Miethrechts nicht berücksichtigt, weil der Entwurf dieselbe nicht zuläßt. Würde dieselbe zugelassen, so können selbstverständlich (§ 840) die bereits erworbenen Rechte von Hypothek- und Grundschuldgläubigern durch die spätere Eintragung des Miethrechts nicht geschmälert werden; diesen Gläubigern müßte daher das Recht zugestanden werden, bei der Zwangsversteigerung den Wegfall des Miethrechts zu verlangen, wenn sie sonst nicht zu voller Befriedigung gelangen würden. Dagegen ist kein Grund abzusehen, weshalb das eingetragene Miethrecht seine Wirkung verlieren sollte zu Gunsten von Hypothek- und Grundschuldgläubigern, deren Rechte später als das Miethrecht eingetragen worden sind, oder von persönlichen Gläubigern, welche das mit dem eingetragenen Miethrecht belastete Grundstück erst nach der Eintragung zu ihrer Befriedigung im Wege der Zwangsvollstreckung in Beschlag nehmen. Die Schwächung des Immobiliarkredits, welche allerdings durch die Eintragung eines Miethrechts wie durch andere Belastungen des Grundstücks herbeigeführt wird, muß der Grundeigenthümer, dessen Bewilligung die Eintragung voraussetzt, sich gefallen lassen, wie auch die Gläubiger die beim Erwerbe ihres Rechts am Grundstück schon vorhandenen Belastungen desselben gelten lassen müssen. Die landesgesetzlichen Vorschriften (vgl. S. 20), welche die Wirkung der Eintragung des Miethrechts für den Fall der Zwangsversteigerung ausschließen, verdienen daher nicht, nachgeahmt zu werden.

Die vorstehenden Ausführungen, bei welchen nicht das gegenwärtig geltende, sondern das im Entwurfe vorgeschlagene bürgerliche Recht zu Grunde gelegt ist, weil der zu prüfende Grundsatz nur im Zusammenhang mit letzterem gewürdigt werden kann, führen zu dem Ergebniß:

> die Bestimmungen der §§ 509 bis 511, 512, 1860 des Entwurfs eines bürgerlichen Gesetzbuchs für das deutsche Reich zu billigen, aber die Ergänzung derselben durch Anerkennung der S. 23 bezeichneten Erklärungspflicht und durch Zulassung der Eintragung des Miethrechts im Grundbuche zu empfehlen.

VIII.

Gutachten des Herrn Gerichtsassessor Ferd. Friedensburg zu Breslau

über die Frage:

Soll die Wirkung aller Legate, unter Aufhebung des legatum vindicationis, nur eine obligatorische sein?

Die in dem nachstehenden Gutachten unternommene Beantwortung der Frage:

> ob es sich vom Standpunkt des Gesetzgebers aus empfiehlt, den Vermächtnissen eine rein persönliche Wirkung beizulegen und ein dingliches Recht aus dem Legat nicht einzuführen,

kann von der Heranziehung der Systematik des Rechtes zwar nicht völlig absehen, hat von derselben aber nur geringe Unterstützung zu erwarten. Denn die Stellung des Vermächtnisses im Systeme ist keine derartig scharf umgrenzte und eigenartige, daß sie auf dessen Wesen bestimmend einwirken könnte, vielmehr stellt sich dasselbe nur als eine Modalität der letztwilligen Zuwendungen dar, welche — zuweilen durch das Gesetz ersetzt oder ergänzt [1]) — den Uebergang von Vermögensverhältnissen und Vermögensstücken auf Lebende in Gemäßheit einer Willensäußerung des Vermögensträgers regeln. Es macht an sich zunächst keinen Unterschied, ob das, was auf diese Weise übertragen wird, ein einzelner Nachlaßgegenstand oder ein Theil der Erbschaft oder diese ganz ist; zahlreich sind die Rechtsbildungen und praktischen Fälle, in welchen die von den Gesetzen

---

[1]) Vergl. Förster Theorie und Praxis des preuß. Privatr. Bd. 4 S. 4.

gezogenen Grenzen der einzelnen Arten der Zuwendung sich verwischen, die eine in die andere übergeht. Demnach läßt sich zwar — wenn man von der hier nicht interessirenden Frage der Singular- und Universalsuccession absieht — ein wesentlicher Unterschied zwischen dem Erwerbe aus Erbschaft und dem aus Vermächtniß und die besondere Natur des letzteren auf diesem Wege nicht begründen, aber es ist andererseits doch auch nicht ohne Werth, damit festgestellt zu sehen, daß zwischen beiden Erwerbsformen eine gewisse nahe Verwandtschaft, eine innere Gleichwerthigkeit beider bestehen muß. Dieselbe zeigt sich denn auch in den verschiedensten Satzungen der bestehenden Rechte. Beim Wegfall eines von mehreren durch Zuwendung derselben Sache bedachten Legataren wächst dessen Antheil den übrigen ebenso zu, wie der Erwerb des Erben sich mehrt, wenn einer der Miterben ausscheidet, die Schulden des Nachlasses zu tilgen, werden Erbportionen und Legate in gleicher Weise — wenn auch nicht überall in gleichem Maße — in Anspruch genommen, der Staat endlich fordert die Erbschaftssteuer von jedem Erwerbe von Todes wegen. Entsprechend hat sich auch der Sprachgebrauch des heutigen gewöhnlichen Lebens gestaltet und es ist wohl nicht die Folge eines „Mangels an juristischem Idealismus“, wie Bruns sagt[2]), wenn nach diesem Sprachgebrauch derjenige „erbt“, der aus einem Testament etwas erhält, und „vermacht“, wer im Testament etwas zuwendet. Es vermag diese Auffassung nicht zu widerlegen, wenn bestimmte Personen den gesetzlich anerkannten und geschützten Anspruch darauf haben, aus einem bestimmten Nachlaß etwas zu erhalten, während das Vermächtniß wenigstens seinem regelmäßigen[3]) Effect nach als „donatio testamento relicta“ definirt zu werden pflegt, womit die Freiwilligkeit der Zuwendung

---

[2]) In v. Holtzendorff's Encyclopädie S. 431.

[3]) L. 36, D. leg. II. Ausnahmen in l. 4 D. 7, 4, l. 29, D. 38, 2, l. 7 D. 40, 5 und andere erklären sich durch den besonderen Zweck der mit Auflagen beschwerten Vermächtnisse. Ob und in wie weit Köppen, der den Charakter des Vermächtnißrechts als eines Familienrechts betont (Dogmatische Jahrb., Bd. 5 S. 186, 218), Zustimmung verdient, kann dahingestellt bleiben: wenn jedenfalls der Tod des Testators eine occasio capiendi giebt (l. 31 D. 39, 6), so kommt es hier nur auf die rechtliche Beurtheilung dieses „capere“ an, gleichviel, wer das dazu berufene Subject ist. Ueber den Begriff des Vermächtnisses als einer den Zwecken des letzten Willens dienenden eigenartigen Rechtsform s. Hartmann Begriff und Natur des V. im röm. R., vergl. auch Windscheid's Lehrbuch 6. Aufl., § 623 und Anm. 5. Der von Windscheid eingangs des angeführten Paragraphen gethanen Aeußerung, daß sich der Begriff des Vermächtnisses nur negativ bestimmen lasse, entspricht in sehr bemerkenswerther Weise die Definition des Legats in § 1756 des Entwurfs d. Gesetzb. f. d. Deutsche Reich.

ausgedrückt wird. Denn jener Anspruch der sogenannten Notherben ist, wie bekannt, nur in Rücksicht auf ein gewisses Gefühl der natürlichen Billigkeit in die Rechte aufgenommen worden, weshalb er ja auch vielfach als ein Forderungs-, nicht als ein Erbrecht angesehen wird. Was nun aber die Verwandtschaft zwischen Schenkung und Vermächtniß anlangt, so ist dieselbe eine rein äußerliche, der Unterschied beider Rechtsbildungen gerade in der den Gegenstand dieser Untersuchung bildenden Frage ein sehr bedeutender. Der Schenkende übernimmt die Ausführung seiner Liberalität regelmäßig selbst, der Erblasser nur ganz ausnahmsweise, wenn er schon bei Lebzeiten dem Bedachten die ihm zugewandte Sache übergiebt. Es tritt also beim Legat nothwendig noch ein Dritter, der Erbe, in den Kreis der Personen, deren rechtliche Beziehungen zu einander zu regeln sind. Hiernach kann die Schenkungsanalogie für die Zwecke der nachstehenden Erörterungen nirgends verwerthet werden, und es ist das eigenthümliche Wesen des Vermächtnißrechtes, die Besonderheiten seines Verhältnisses zum Erbrecht nur in der Geschichte, in der Entwickelung und den Satzungen bestimmter Rechtsordnungen zu suchen. Und wenn zugleich jeder Gesetzgeber, der Neues einführen will, zu prüfen hat, was von den bisherigen Satzungen sich bewährt, was sich verbesserungsbedürftig gezeigt hat, so ergiebt sich hier die doppelte Nothwendigkeit, zunächst die Geschichte und Natur des Vermächtnisses in den positiven Rechten zu untersuchen. Es wird dabei mehr auf die Entwicklung der verschiedenen Lehren im Großen, nicht auf die eingehende Beleuchtung der auftauchenden Streitfragen ankommen und überhaupt eine gewisse Beschränkung in der Behandlung der Einzelheiten geboten sein, namentlich soweit sie unbestritten sind, wenngleich die Erörterung selbst allgemein bekannter Dinge im Interesse der Uebersichtlichkeit wie der später daraus zu ziehenden Folgerungen sich nicht gänzlich wird umgehen lassen.

Im römischen Recht unterscheiden sich, wie bekannt, „hereditas" und „legatum" dadurch von einander, daß erstere die Zuwendung entweder des vollständigen Nachlasses oder eines Theiles desselben, letzteres dagegen die eines einzelnen Nachlaßstückes, und zwar eines Activum, nicht auch eines Theiles der Schulden[4]) darstellt. Beide Mittel, Jemandem etwas von Todes wegen zukommen zu lassen, besaßen ursprünglich gleiche Kraft und gleichen Werth: es hatte der Testator volle Freiheit, seinen Nachlaß lediglich durch Vermächtnisse zu vergeben. Dies ist der

---

[4]) L. 32 D. 17, 1: legatum . . . nunquam . . . damno esse potuit, hereditas interdum damnosa est. Vgl. Keller Röm. Erbr. S. 80.

von Gajus[5]) und in l. 120 V. S. ausdrücklich anerkannte Sinn des berühmten Satzes der Zwölftafeln:

Uti legassit super pecunia tutelave suae rei, ita jus esto.

Gleichwohl war eine Erbeseinsetzung im Testament nicht zu umgehen, galt vielmehr für einen so unumgänglich nothwendigen Bestandtheil desselben, daß sie als „honor" galt und von Gajus[6]) als „caput et fundamentum totius testamenti", von dem dasselbe „vim accipit" bezeichnet werden konnte. Dieser scheinbare Widerspruch löst sich durch die Betrachtung, daß die heredis institutio das — allerdings anderweit nicht zu schaffende, also unersetzliche — Mittel bildete, die Gesammtheit des Vermögens des Erblassers zusammenzuhalten und so einmal die auf derselben lastenden Schulden zur Auszahlung zu bringen, andererseits überhaupt den letzten Willen des Erblassers seiner Verwirklichung zuzuführen[7]). Daher war die Erbeseinsetzung weder begrifflich noch thatsächlich jedesmal mit einem Vermögensvortheil für den heres scriptus verbunden und es mochte dieser immerhin in die Lage kommen, „lucrum non in percipiendo sed solummodo pie agendo"[8]) zu suchen. Ein derartiges Pflichtgefühl, dessen Zumuthung allein schon als „honor" gelten durfte, mag sich aber nur selten bethätigt haben, und es ist glaubwürdig, wenn Gajus berichtet[9]), daß deshalb vielfach Testamente, welche den Nachlaß durch Vermächtnisse erschöpften, in Folge der Abstinenz des Erben destitut wurden: dadurch wurden nun auch die Legatare um das ihnen Zugedachte gebracht. Diesen Mißständen vorzubeugen, den Willen des Erblassers möglichst zur Geltung zu bringen, erging nach den verunglückten Versuchen der lex Furia und lex Voconia das Falcidische Gesetz, nach welchem jedem Erben ein Viertel seines Erbtheils von Legaten unbeschwert bleiben muß. Daß diese Bestimmung auf Billigkeitserwägungen mitberuht, welche in gleicher Weise dem Erben wie dem Vermächtnißnehmer zu gute kommen und keineswegs das Recht des

---

5) II, § 224.

6) II, § 229.

7) Vgl. Keller a. a. O. S. 74, auch Brinz in Vjhrsschr. Bd. 14 S. 108.

8) Nov. 1 c. 2 § 2.

9) Wenn verschiedentlich Zweifel gegen die Richtigkeit oder wenigstens Genauigkeit der von Gajus II § 224 gegebenen Darstellung erhoben werden und insbesondere von Dernburg im Arch. f. d. civil. Praxis Bd. 47 S. 292 behauptet wird, die Falcidia habe ähnlich der lex Cincia die möglichst ungeschmälerte Zusammenhaltung des Familienvermögens befördern wollen, so ist das eine Erwägung mehr wirthschaftlichen und politischen Charakters, welche die juridische Beurtheilung jenes Gesetzes nicht berührt.

Ersteren über das des Legatars setzen will[10]), beweist der Umstand, daß Kaiser Justinian, als er durch Einführung des beneficium inventarii die Gefahr, welche der Erbe durch den Erbschaftsantritt auf sich nahm, erheblich gemindert hatte, in der ersten Novelle die Ausschließung des Abzugs der Quart durch Testament gestatten konnte.

Die vier Formen des altrömischen Vermächtnisses: legatum per vindicationem, per damnationem, sinendi modo und per praeceptionem[11]) lassen nicht erkennen, daß denselben irgend eine gesetzgeberische Erwägung systematischer Natur zu Grunde läge, offenbar hat vielmehr die Zweckmäßigkeit sie geschaffen: sie sollen dem Testator vollste Freiheit in der Verfügung, möglichst genaue und einfache Durchführung seines Willens sichern. Je nach der Art des zu vermachenden Gegenstandes, des dem Legatar zugedachten Rechtes, bestimmt sich die Form. Gleichwohl ist ersichtlich, daß die Tendenz schon des älteren Rechts den Erwerb eines dinglichen Rechts auf Seiten des Legatars bevorzugt: das Vindications- und das Präceptionslegat geben ihm die rei vindicatio zur Erlangung des vermachten Gegenstandes, auch bei dem legatum sinendi modo scheint das mit einigen Modificationen der Fall gewesen zu sein, so daß nur das Damnationslegat allein als solches mit rein obligatorischer Wirkung übrig bleibt. Auch verdient nicht außer Acht gelassen zu werden, daß die verschiedenen Formeln des Vermächtnisses per vindicationem[12]) die für derartige Zwecke offenbar gebräuchlichsten Worte enthalten, während die „verba solemnia" der übrigen Legate diese Bezeichnung weit mehr verdienen, so daß also auch hierin das erstere sich gleichsam als die natürlichste Form der Zuwendung zu erkennen giebt.

Die Rücksicht auf die Zweckmäßigkeit hat dann, nachdem es schon früher zulässig und üblich geworden war, die verschiedenen Vermächtnißformeln mit einander zu verbinden[13]), einen wichtigen Schritt zur Ausgleichung der Unterschiede zwischen denselben in dem Senatusconsultum Neronianum gethan, welches bestimmte, ein Vindicationsvermächtniß, das als solches ungiltig sei, solle als Damnationslegat aufrecht erhalten werden. Die völlige Beseitigung aller dieser Verschiedenheiten und die einheitliche Regelung der ganzen Lehre von den Vermächtnissen, wobei zu-

---

[10]) Anderweite Zeugnisse für die Gleichwerthigkeit beider Zuwendungsformen z. B. in l. 80 D. leg. II, l. 1 § 1, l. 2 D. 36, 3, Nov. 1 gebraucht den Ausdruck „honorare" auch bei Zuwendungen durch Legat.

[11]) Gajus II § 192 ff.

[12]) Gajus II § 193: do lego, sumito, habeto, capito.

[13]) Vgl. l. 28 § 2 D. 34, 3, l. 30 pr., § 4 D. 34, 4.

gleich auch Legate und Fideicommisse, jene mildere Form der Vermächtnisse, deren Entwicklung hier nicht interessirt, einander völlig gleichgestellt wurden, erfolgte erst durch die Gesetzgebung Justinians. Wiederum stellen sich diese berühmten und vielumstrittenen Constitutionen aus den Jahren 529 und 531 [14]) auf den Standpunkt der Zweckmäßigkeit. Der Kaiser tadelt die „subtilitas" und die „inextricabiles circuitus" des alten Rechts und verordnet zu deren Beseitigung:

> Rectius igitur esse censemus . . . omnibus . . . tam legatariis quam fideicommissariis unam naturam imponere et non solum personalem actionem praestare, sed etiam in rem, quatenus eisdem liceat easdem res, vel per quodcunque genus legati vel per fideicommissum fuerint derelictae, vindicare in rem actione instituenda.

Auf Grund dieser l. 1 C. communia de legatis hat sich die Lehre des gemeinen Rechts wie folgt entwickelt: [15])

Ohne Rücksicht auf die bei der Zuwendung gebrauchten Worte giebt ein jedes Legat — es sei denn, daß eine entgegengesetzte Absicht des Testators verlautete — dem Bedachten sowohl eine actio in rem wie eine actio personalis. Die erstere mit der natürlichen, eigentlich von selbst sich verstehenden Beschränkung auf diejenigen Gegenstände, welche überhaupt mit einer dinglichen Klage verfolgt werden können und an welchen der Erblasser eigenmächtig ein dingliches Recht zu bestellen in der Lage ist. Zwei Erfordernisse also müssen zusammentreffen: die vermachte Sache muß eine eigene des Testators sein — Niemand kann an fremdem Gute, sei es selbst des onerirten Erben, einem Dritten ein dingliches Recht schaffen —, außerdem muß sie körperlich oder selbst wieder ein jus in re sein, das legatum nominis, debiti u. ä. geben nur einen obligatorischen Anspruch. Sind aber beide Erfordernisse gegeben, so erwirbt der Legatar das Eigenthum an der vermachten Sache ipso jure und „recta via" [16]), also ohne sein oder des Erben Zuthun, jedoch nicht ohne das Recht, es mit der Wirkung auszuschlagen, als ob er es nie erworben hätte. Doch sind bei diesem Erwerb zwei Momente zu unterscheiden: einmal „quando dies legati cedit", der Tag des „Anfalles" [17]) des Vermächtnisses, an welchem der Vermächtnißnehmer die —

[14]) L. 1, l. 2 C. communia de legatis 6, 43.

[15]) Vergl. Mayer Lehre von den Verm. § 7 ff. Windscheid § 646, Arndt's Lehrb. § 892, ders. civil. Schriften II S. 448 ff., ders. Lehre von den Verm. III S. 254 ff.

[16]) L. 64 D. 47, 2.

[17]) Wegen der Terminologie s. u.

regelmäßig vererbliche — Anwartschaft auf die legirte Sache erlangt, und „quando dies legati venit", der Tag, an welchem er die Herausgabe derselben fordern kann. Ersterer Termin ist der Todestag des Erblassers bei unbedingtem Vermächtniß, bei bedingtem der Eintritt der Bedingung, letzterer der Tag des Erbschaftsantrittes oder gegebenen Falles der im Testament festgesetzte Zeitpunkt. Unter Umständen kann auch der sonst als dies veniens geltende Termin vor den dies cedens fallen[18]), z. B. wenn die dem Vermächtniß beigefügte Bedingung erst nach Antritt der Erbschaft sich erfüllt.

Das Eigenthum an der vermachten Sache erwirbt der Legatar also keinenfalls ante aditam hereditatem, dann aber mit einer der Rückziehung auf den Todestag des Erblassers wenigstens ähnlichen Wirkung[19]). Dieser Zeitpunkt ist für die Bestimmung dessen, was der Testator dem Bedachten zuwenden wollte, maßgebend; an Früchten und Zinsen bekommt Letzterer insbesondere „quos percipere potuit, non quos heres percepit[20]). Und wenn auch, wie bereits angedeutet, die Tradition der vermachten Sache seitens des Onerirten nicht erforderlich ist, um dem Legatar das Eigenthum an jener zu verschaffen, so muß sie natürlich erfolgen, um ihm Besitz, Genuß und Verfügungsgewalt zu gewähren[21]), beim legatum nominis muß der Erbe „legatario suas actiones praestare", d. h. die vermachte Forderung cediren, unterläßt er das, so hat jener eine actio utilis[22]). Bis zum Erbschaftsantritt gehört auch der legirte Gegenstand zur hereditas jacens, nach derselben, wenn sich der Eintritt des dies cedens verzögert oder der im Testament gesetzte Termin noch aussteht, also beim bedingten und betagten Vermächtniß, zum Eigenthum des Erben, der aber darüber zum Nachtheil des Bedachten nicht verfügen kann. Thut er es gleichwohl, so vermögen seine Dispositionen dem Rechte des Letzteren in keiner Weise nachtheilig zu sein, der durch sie geschaffene Rechtszustand wird hinfällig[23]). Andrerseits darf auch der Legatar sich nicht eigenmächtig in den Besitz der vermachten Sache setzen: das interdictum quod legatorum zwingt ihn zur Restitution der ohne diese occupirten Stücke.

---

[18]) Vgl. Windscheid § 642.

[19]) Genauer Arndt's Verm. I S. 120 ff., III S. 341, v. Krailsheim im Archiv f. d. civil. Praxis Bd. 47 S. 398.

[20]) L. 39 § 1 D. leg. III.

[21]) L. 8 C. 6, 49, vgl. Arndt's civil. Schriften II S. 450, Anm. 257.

[22]) L. 18 C. 6, 37.

[23]) Die Unterschiede der römischen Construction in beiden Fällen interessiren hier nicht, vgl. Arndt's Verm. III S. 333 ff.

Diese Lehre ist aber nicht unbestritten, in zwei Punkten insbesondere haben namhafte Rechtslehrer Widerspruch erhoben. Zunächst hat Marezoll[24]) an den Worten „omnibus legatariis“ der oben wörtlich wiedergegebenen Stelle Anstoß genommen: es sei doch ein solcher Eigenthumsübergang vom Erblasser auf den Vermächtnißnehmer bei vielen Sachen, z. B. solchen, welche dem Erblasser nicht gehört hätten, undenkbar und es könne daher die von Justinian neu eingeführte in rem actio nicht mit der aus dem alten Vindicationslegate gegebenen identisch, nicht die wahre Eigenthumsklage sein. Nicht immer erwerbe der Vermächtnißnehmer von selbst, ohne der Tradition zu bedürfen, das Eigenthum der legirten Sache, dies sei nur dann der Fall, wenn es sich um eine eigene Sache des Testators handle, auf welche dieser den Legatar direct, nicht zunächst an den Erben, gewiesen habe. Danach sei die Klage aus der l. 1. C. cit. nur als eine utilis rei vindicatio zu erachten, welche zur Sicherheit des Legatars geschaffen sei und ihm auch zur Erlangung einer dem Onerirten gehörigen Sache zustehe.

Es wird dieser Ansicht von Arndts[25]) mit Recht der Vorwurf gemacht, daß sie die deutlich ausgesprochenen Absichten der oben wörtlich angeführten Constitution verdunkele und zu den „scrupulosae ambages“ des alten Rechtes zurückführe, wonach wieder die Worte des Vermächtnisses über dessen Wirkung entscheiden würden. Mit Unrecht hängt sich Marezoll an das „omnibus legatariis“: daß Justinian nicht eine Wirkung der Legate hat schaffen wollen, welche allen bestehenden Rechtsgrundsätzen[26]) widerstritte, liegt klar auf der Hand. Und wenn andererseits Marezoll's Bedenken, „Eigenthum“ ohne Tradition eintreten zu lassen, der praktischen Bedeutung keineswegs entbehren, so ist nicht ersichtlich, warum dieselben bezüglich der angeblich neuen Klage aus l. 1 C. 6, 43 durchgreifend und über deren Charakter entscheidend sein sollen; wenn Marezoll selbst solchen Eigenthumserwerb bei dem von ihm aus dem alten Recht als fortbestehend herübergenommenen legatum per vindicationem zulassen will. Freilich mochte die Autorität des Gajus, der ausdrücklich sagt[27]), daß in diesem Falle „post aditam hereditatem statim ex jure Quiritium res legatarii fit“, zu stark sein,

---

[24]) Zeitschr. f. Civilr. u. -Proceß IX S. 61 ff., insbes. 290 ff.

[25]) Lehre von den Verm. I S. 59. Gegen Marezoll auch Köppen in Gerber u. Iherings dogmat. Jahrbüchern V S. 201 Anmerk. 187, Vangerow Pandekten § 531, Dernburg röm. Pfandrecht S. 258, Windscheid § 646 Anm. 1.

[26]) Vgl. § 16 J. 2, 20, l. 112 § 1 D. leg. I, l. 9 C. 7, 2.

[27]) II § 194.

um die Forderung der Tradition als eine Voraussetzung des Eigenthumsüberganges auch hier aufkommen zu lassen.

Sodann ist der alte Schulstreit zwischen Sabinianern und Proculianern, ob der Legatar das Eigenthum der vermachten Sache ipso jure oder nur durch erklärte Annahme erwerbe, in neuerer Zeit noch einmal zu einer gewissen Bedeutung aufgediehen: insbesondere hat Köppen[28]) sich wiederum für die letztere Ansicht ausgesprochen und deren Reception in die Justinianeische Gesetzgebung behauptet. Es ist hier nicht der Ort, auf diese Streitfrage des Näheren einzugehen, doch muß darauf hingewiesen werden, daß, wie allseitig zugegeben wird, viele Stellen im Corpus Juris geeignet sind, für die Köppensche Behauptung ins Feld geführt zu werden, obwohl die herrschende Ansicht sich für die Billigung der sabinianischen Meinung durch Justinian entschieden hat. Diese zu Zweifeln Anlaß bietenden Aeußerungen der Quellen mögen sich zum Theil daraus erklären, daß[29]) zwischen beiden Auffassungen ein in allen Fällen bemerkbarer praktischer Unterschied nicht obwaltet: jede Schule sah, entsprechend dem bezüglich der hereditas geltenden Recht, in dem Eintreten des dies cedens ein Angebot der Erbschaft, nur verlangten die Sabinianer deshalb beim Legat keine ausdrückliche Annahmeerklärung wie bei jener, statuirten vielmehr eine Präsumption derselben, weil das Vermächtniß dem Bedachten niemals Nachtheil bringen konnte. Auch wird mit Recht bemerkt[30]): da eine positive Erklärung die Annahme und sonach den Bestand des Vermächtnisses außer Zweifel setze, so hätten auch die Juristen der sabinianischen Schule bei den Erörterungen ihrer Fälle eine solche regelmäßig vorausgesetzt. Wiederum entstammen auch diese Bedenken gegen die herrschende Ansicht im Grunde genommen praktischen Erwägungen, wofür auch die im Hinblick auf die vorliegende Streitfrage gethane Aeußerung Ungers[31]): es bestehe für das österreichische Recht kein triftiger Grund, den Legatar das Eigenthum ipso jure erwerben zu lassen, ein wichtiges Zeugniß ist.

Aehnlich verhält es sich mit einer zweiten, eigentlich nur beiläufiger Erwähnung werthen Controverse zwischen Sabinianern und Proculianern

---

[28]) Vgl. Arndts Lehre v. d. Verm. III S. 264, wo der ganze status causae et controversiae mit größter Ausführlichkeit vorgetragen ist. Gegen Köppen zuletzt noch Windscheid § 643 Anm. 2, wo eine treffliche gedrungene Uebersicht gegeben ist.

[29]) Wie auch Fitting im Archiv f. d. civilist. Praxis Bd. 42 S. 158, 162 bemerkt.

[30]) Krailsheim ebenda Bd. 47. S. 379.

[31]) System d. österr. Privatrechts VI § 62 Anm. 2.

daübrer, ob die bedingt legirte Sache bis zur Erfüllung der Bedingung im Eigenthum des Erben stehe oder des Eigenthums entbehre. Auch in diesem Punkte ist bekanntlich die sabinianische Ansicht durchgedrungen und hat Aufnahme in die Justinianische Compilation gefunden, weil sie die Sache niemals herrenlos ließ und deshalb praktisch den Vorzug zu verdienen schien[32]).

Das deutsche Recht hat nach der Eigenart seines erbrechtlichen Systems auf dem Gebiete der Lehre von den Vermächtnissen etwas Eigenthümliches zu schaffen, etwas Wesentliches zu leisten nicht vermocht, es ist daher natürlich, daß das römische Recht für die meisten neueren Gesetze maßgebend oder doch vorbildlich geworden ist. Insbesondere folgt das preußische Allgemeine Landrecht fast überall auf diesem Gebiete gemeinrechtlichen Spuren und seine Ausleger vermögen der römischen Quellen bei ihren Arbeiten nicht zu entrathen, ja sie pflegen, wenn der Sinn und die Tragweite einer Vorschrift unklar ist, diejenige Auffassung vorzuziehen, welche der römischen am nächsten kommt.

Im Allgemeinen Landrecht ist der Unterschied zwischen Erbeinsetzung und Vermächtniß derselbe wie zwischen hereditas und legatum: erstere ist die Zuwendung des Inbegriffes des Nachlasses, letzteres diejenige einzelner bestimmter Sachen oder Summen[33]). Es besteht aber der wesentliche Unterschied zwischen dem preußischen und dem römischen System, daß nach Aufhebung der Regel: nemo pro parte testatus pro parte intestatus decedere potest, bei uns die Erbeseinsetzung ihre frühere Bedeutung verloren hat. Ist es also angängig, nur über einzelne Nachlaßgegenstände zu testiren, im Uebrigen aber die gesetzliche Erbfolge eintreten zu lassen, so ist damit die Vergabung durch Legat wesentlich erleichtert und ihre Gleichstellung mit den anderweiten Arten der Verfügungen von Todes wegen um ein Bedeutendes gefördert worden.

Ueber Wirkung und Zeitpunkt des Erwerbes des Vermächtnißnehmers bestimmt der zwölfte Titel des ersten Theils A. L. R. wie folgt:

§ 288. Das Eigenthum der in einem Testamente Jemandem zum Legate ausgesetzten Sachen und Rechte geht in der Regel mit dem Todestage des Erblassers auf den Legatarium über.

§ 294. In Ermangelung näherer von dem Erblasser festgesetzter Bestimmungen kann der Legatarius die Uebergabe oder Auszahlung des Vermächtnisses gleich nach dem Ablaufe der gesetzmäßigen Deliberationsfrist fordern.

---

32) Arndts Lehrbuch § 560 Anm. 2.

33) §§ 4, 6 A. L. R. I 12, vgl. Koch Erbrecht S. 1089.

Man sollte annehmen, daß aus diesen Bestimmungen sowohl dies cedens und veniens als auch die Beschaffenheit des Rechts des Vermächtnißnehmers zu den verschiedenen Zeitpunkten klar zu ersehen wäre, sodaß es sich nur noch um Feststellung der durch den Zusatz: „(§ 377 squ.)“ bereits in § 288 selbst angedeuteten Ausnahmen von der Regel handeln könnte. Dem ist aber nicht so, es besteht ein alter Streit[34]) über die Bedeutung des Wortes „Eigenthum“ in dem ersten der angeführten Paragraphen, welches viele Rechtslehrer nach dem Vorgange des Koch schen Kommentars nicht im eigentlichen wörtlichen Sinne nehmen wollen. Sie behaupten, der „praktisch brauchbare Sinn“ der Stelle sei nur der, daß der Legatar ein Recht auf das Vermächtniß mit dem Todestage erwerbe, von dem an er es auch selbst wieder weiter vererbe[35]), und der für die Berechnung und Feststellung dessen, was ihm der Erbe zu gewähren habe, maßgebend sei.

Bornemann[36]) bemerkt noch, die Vorschrift des § 288 gelte nur dem Erben gegenüber, in Bezug auf dritte Personen und für den Verkehr überhaupt könne der Legatar erst dann als Eigenthümer auftreten, wenn ihm der vermachte Gegenstand von jenem überwiesen worden sei. Dieser Ansicht folgend übersetzt bezw. umschreibt das Obertribunal das Wort „Eigenthum“ in einer Entscheidung[37]) mit „Recht zu dem Legat“, in einer andren[38]) mit „das durch das Testament begründete Recht“ und sagt in einer dritten[39]) mit großer Entschiedenheit:

> Es ist bekannten Rechtens . . . daß die Bestimmungen des § 288 A. L. R. I 12 nicht wörtlich zu verstehen, daß vielmehr zur Erlangung des vollständigen Eigenthums der legirten Sache

---

34) Diese Controverse ist ausführlich behandelt in Gruchots Erbrecht I S. 556 ff., wo auch zahlreiche Litteraturnachweise, auf welche hier Bezug genommen wird, gegeben sind. Die in den neueren Lehrbüchern von Förster, Förster-Eccius u. Dernburg aufgestellten Ansichten werden im Folgenden bei den einzelnen Punkten angeführt. Das Reichsgericht hat in einem in Gruchot's Beiträgen Bd. 27 S. 928 abgedruckten Urtheil von einer Entscheidung der Controverse Abstand genommen und sich mit der Ausführung begnügt, daß der Legatar ein weitergehendes Recht als einen rein persönlichen Anspruch habe, wenn eine eigene Sache des Testators in Frage sei.

35) Die Vererblichkeit des Legats nach dem Todestage ist allerseits außer Streit, vgl. Striethorst Archiv Bd. 4 S. 35, Bd. 11 S. 268, Bd. 12 S. 182, Entsch. Bd. 4 S. 126, Bd. 38 S. 171.

36) Bornemann System. Darstellg. d. preuß. Civilrechts VI S. 127.

37) Entsch. Bd. 4 S. 126.

38) Entsch. Bd. 22 S. 320.

39) Striethorst 21. S. 242.

die Uebergabe derselben an den Legatar von Seiten der Erben gehört und daß im Falle der Weigerung oder Verzögerung dem Legatar gegen die Erben nur ein Forderungsrecht mit einer persönlichen Klage aus dem Testamente auf Uebergabe der Sache entsteht.

Diese Ansicht stützt sich außer auf den oben angeführten § 294 insbesondere noch auf die §§ 311 und 312 desselben Titels, von denen der erstere verbietet, daß der Legatar „eigenmächtiger Weise den Besitz der vermachten Sache sich anmaße", der letztere die Kosten der „Uebergabe oder Verabfolgung des Legats" im Zweifelsfalle dem Vermächtnißnehmer auferlegt. Auch weist man auf die Unmöglichkeit hin, daß ein Legatar das Eigenthum ihm zugewandter fremder, d. h. nicht dem Testator gehöriger Sachen auf die in § 288 gedachte Weise erwerbe.

Diejenigen, welche an dem Wortlaut des § 288 festhalten, berufen sich für ihre Ansicht noch auf verschiedene andere Stellen[40]), insbesondere den § 314 desselben Titels, welcher dem Legatar wegen Rückforderung der ihm vermachten, oder durch den Erben veräußerten Sache die im Titel 15 (von der Verfolgung des Eigenthums) vorgesehenen Rechte verleiht. In der testamentarischen Anordnung wird entweder ein förmlicher Uebertragungsakt oder doch wenigstens ein Ersatz derselben gesehen, ja man versteigt sich zu der — vielleicht gewagter klingenden als gemeinten — Behauptung[41]), die als Legat ausgesetzten Sachen gehörten in Verfolg der Vorschrift des § 288 a. a. O. und im Hinblick auf § 350 A. L. R. I 9 gar nicht zur Erbschaft.

Unzweifelhaft geht man in diesem Kampf der Ansichten auf beiden Seiten etwas zu weit bei den Folgerungen, die man an den Wortlaut der herangezogenen Gesetzesstellen knüpft. Es ist ja nur zu bekannt[42]), daß die Terminologie des Landrechts keine strenge, sich durchweg gleich bleibende ist, so daß sich aus den in vereinzelten Stellen gebrauchten Worten immer nur mit besonderer Vorsicht auf die Absicht des Gesetzgebers schließen läßt. Wenn man aber die Stellung, welche der zwölfte Titel im System des Landrechts einnimmt und welche durch seine Ueberschrift: „Von den Titeln zur Erwerbung des Eigenthums, welche aus Verordnungen von Todes wegen entstehen" genügend gekennzeichnet ist,

---

[40]) Das Reichsgericht führt in seiner oben erwähnten Entscheidung insbesondere an §§ 288, 472, 483, 486 A. L. R. I 12 in Verbindung mit §§ 368, 369 I 9.

[41]) Rubo in Gruchot's Beiträgen Bd. 9 S. 541.

[42]) Vgl. namentlich als für die vorliegende Frage von Interesse §§ 408 und § 483 I 12.

berücksichtigt, so wird man sich der Auffassung nicht verschließen dürfen, daß die Redactoren des A. L. R. doch mit einer geradezu unbegreiflichen Leichtfertigkeit gehandelt haben würden, wenn sie in § 288 das Wort „Eigenthum" nicht in wörtlicher Bedeutung gebraucht hätten. Auch ist es nicht richtig, wenn behauptet wird, die §§ 311 und 312 I 12 vertrügen sich nicht mit dem am Todestage eintretenden Eigenthumserwerbe; der erstere soll nur, entsprechend dem interdictum quod legatorum die Eigenmacht des Vermächtnißnehmers im Interesse des Erben und der Erbschaftsgläubiger verhindern, und letzterer betrifft die Besitzübertragung, welche doch stets erfolgen muß, um dem Legatar die Verfügungsgewalt über sein „Eigenthum" zu verschaffen. Die theoretischen Mißstände, welche sich nach der von Koch und Genossen vertretenen Ansicht aus der strikten Interpretation des § 288 ergeben und in der Unmöglichkeit, auf diese Weise das Eigenthum fremder Sachen zu erwerben, bestehen sollen, lassen sich durch richtige, vom Gesetz, wie bemerkt, selbst angedeutete Auslegung des „in der Regel" beseitigen und es kann endlich der Kochschen Auffassung auch der Vorwurf nicht erspart bleiben, daß sie sich zu sehr auf den Standpunkt eines, noch dazu einseitigen, weil lediglich den Erben berücksichtigenden, Zweckmäßigkeitsprincipes stellt.[43])

Diejenige Theorie, welche das Wort „Eigenthum" in § 288 I 12 im eigentlichen vollen Sinne nimmt, hat sich, wie gesagt, nur noch mit Feststellung der Ausnahmefälle zu befassen. Auch nach preußischem Recht wird man, wie nach gemeinem, den Eigenthumserwerb nur — aber auch überall — dort zulassen dürfen, wo ein solcher nach allgemeinen Rechtsbegriffen möglich ist. Es scheiden also zunächst, wie schon die erwähnte Anführung des § 377 I 12 andeutet, die fremden Sachen aus, gehören sie einem Honorirten oder irgend einem Dritten, sowie ferner der Fall eines bloßen Summenvermächtnisses, welches naturgemäß nur einen rein obligatorischen Anspruch an den Nachlaß bezw. einen Erben gewähren kann. Was nun insbesondere die Forderungen anlangt, so ist für deren Behandlung die Stellung maßgeblich, welche man zu der Frage nimmt, ob Eigenthum an ihnen überhaupt möglich ist oder nicht, insbesondere hängt davon die Entscheidung ab, ob der Erbe dem Legatar die vermachte Forderung erst cediren muß, ehe Jener darüber verfügen kann, oder ob solche Cession nicht erforderlich ist. Es gilt ja nun als alter Glaubenssatz, daß das Landrecht ein Eigenthum an Forderungen statuire, wird dies doch häufig als einer seiner bemerkenswerthesten Unterschiede

[43]) Wie auch Rubo in Gruchot's Beiträgen Bd. 9 S. 542 bezüglich der ebenda Bd. 4 erschienenen Arbeit von R. B. anerkennt.

vom gemeinen Recht angesehen, wenngleich es auch nicht an Stimmen von Rechtslehrern fehlt[44]), welche ein Eigenthum an Forderungen auch nach preußischem Recht nicht oder doch nur mit Einschränkung und im uneigentlichen Sinne zulassen wollen. Wer sich mit der wohl unbedenklich als herrschend zu bezeichnenden Ansicht für ein solches Eigenthum entscheidet, der muß in Verfolg der hier vorausgesetzten Auffassung des § 288 I 12 die Cession des nomen legatum für überflüssig erachten[45]). Allerdings nicht etwa aus dem Grunde, den man wohl dafür angegeben hat: daß das Testament die Abtretungserklärung darstelle, enthalte oder ersetze, sondern weil der Erbe, der ja nie Eigenthümer der Forderung geworden ist, über dieselbe auch nicht wie ein solcher verfügen kann. Vertritt nun zwar nach bekannter Anschauung[46]) die Cession bei Forderungen die Tradition, so kann sie diese Wirkung doch immer nur haben, wenn ein Berechtigter der Cedent ist. Um aber dem Legatar die factische Möglichkeit, den ihm vermachten Anspruch zu realisiren, zu verschaffen — was ja, wie bemerkt, entsprechend auch bei beweglichen Sachen durch Uebergabe zu geschehen hat — genügt die Aushändigung der Urkunden, welche über das nomen legatum ausgestellt sind, wodurch zugleich der Erbe außer Stande gesetzt wird, seinerseits über die Forderung zu verfügen[47]). Existirt keine Schuldverschreibung, so sind Förmlichkeiten überhaupt nicht zu erfüllen[48]).

Diejenigen, welche dem Legatar nur ein Recht auf die vermachte Sache geben, mit ihnen bezeichnender Weise auch Förster (Bd. 4 § 252 Anm. 91), der den § 288 I 12 wörtlich nimmt, erachten die Cession als das einzige

---

[44]) Vgl. Förster Bd. 3 S. 136, Gruchot Beiträge Bd. 9 S. 528 ff.

[45]) So insbesondere Hinschius in der Preuß. Anwaltszeitung 1862 S. 1, der anonyme Aufsatz in Gruchot's Beiträgen Bd. 1 S. 216 ff. und der von Rubo ebenda Bd. 9 S. 517 ff., ferner Dernburg Privatrecht Bd. 3 S. 409 und Förster-Eccius Bd. 3 S. 676 Anm. 28. Vgl. Gruchot Erbrecht Bd. 2 S. 35 ff.

[46]) Vgl. Striethorst Bd. 14 S. 276, Bd. 85 S. 138.

[47]) Arg. § 395 I 11.

[48]) Es läßt sich gegen diese Auffassung nicht einwenden, daß sie den Legatar in beiden Fällen der formalen Legitimation zur Klage gegen den Nachlaßschuldner beraube; auch der Erbe klagt ja ohne solche, lediglich gestützt auf sein Erbrecht, und das selbst dann, wenn die Erbschaftsforderung durch Ueberweisung in der Theilung mit mehreren Miterben auf ihn übergegangen ist, vgl. §§ 152, 153 A. L. R. I 17 und Entsch. d. Obertribunals Bd. 4 S. 325, Striethorst Bd. 23 S. 147. Eine Ausnahme von der Regel der Entbehrlichkeit der Cession soll nach Gruchot's Beiträgen Bd. 1 S. 225 der Fall der §§ 416, 417 I 12 bilden, wenn der Testator nur die Zahlung einer vermachten Sache aus einem ausstehenden

Mittel, um den Uebergang der Verfügungsgewalt auf den Vermächtnißnehmer herbeizuführen, doch wird anerkannt, daß die Cession hier keine „eigentliche" Cession sei. Um die nach der Gegenansicht angeblich eintretende Verschmelzung der Fälligkeit des Legats mit dessen Anfall zu verhüten, wird § 311 I 12 insbesondere von der Rechtssprechung auch auf Forderungen angewendet und dem Legatar demgemäß auch die eigenmächtige Verfügung über das nomen legatum entzogen[49]), andrerseits aber doch anerkannt, daß dasselbe in der Zeit bis zum dies veniens auch nicht zum Eigenthum des Erben gehöre[50]).

Wie allseitig — stillschweigend oder ausdrücklich — anerkannt, ist mit der Auffassung, daß der Legatar mit dem Todestage Eigenthümer der ihm vermachten Sache werde, die Vorschrift der §§ 65, 66 des zweiten Titels der Hypothekenordnung nicht zu vereinen, wonach die Besitztitelberichtigung eines durch Vermächtniß auf einen neuen Erwerber übergegangenen Grundstücks nur mit ausdrücklicher Einwilligung des Erben erfolgen soll. Wie es mit legirten Hypotheken zu halten, darüber ist eine besondere Bestimmung nicht gegeben, Hinschius[51]) erachtet daher hier die entsprechende Erklärung nicht für erforderlich. Diese Ansicht scheint aber nicht die allgemeine gewesen zu sein, denn es wird in den Materialien zu den Gesetzen vom 5. Mai 1872 wiederholt anerkannt[52]), daß die §§ 14, 65 des Eigenthumsgesetzes und die §§ 53, 85 der Grundbuchordnung alle auf demselben in § 311 A. L. R. I 12 ausgesprochenen Princip, welches auch für das bisherige Recht maßgebend gewesen sei, beruhen, wonach keine Eintragung des Vermächtnißnehmers, betreffe sie Eigenthum oder dingliche Rechte welcher Art immer, ohne Einwilligung des Erben erfolgen könne. Das den Gesetzgeber bei diesen Bestimmungen leitende Motiv ist, wie die Berufung auf § 311 a. a. O. zeigt[53]), wie-

---

Kapital angewiesen hat, weil hier der Legatar in keinem Verhältniß zum Schuldner stehe. Die Richtigkeit dieser Entscheidung läßt sich anfechten, der dafür angegebene Grund ist unklar, auch lassen die gedachten Paragraphen ein festes Princip nicht erkennen.

[49]) Striethorst Bd. 85 S. 301.

[50]) Striethorst Bd. 77 S. 187.

[51]) a. a. O. S. 7.

[52]) Vgl. Werner Materialien Bd. 2 S. 52, 155, 156, auch Turnau Bd. 1 S. 278. Zwei Entscheidungen in Johow's Jahrbüchern, Bd. 3 S. 158, Bd. 8 S. 152 ziehen die praktische Consequenz aus dieser Theorie, indem sie das Princip der angeführten Bestimmungen als mit dem materiellen Erbrecht übereinstimmend erklären und zur Eintragung des Legatars als Gläubigers der vermachten Hypothek die Einwilligung des Erben und zur Auflassung eines legirten Nachlaßgrundstückes die des Bedachten verlangen.

derum die Berücksichtigung des Interesses des Erben und der Erbschaftsgläubiger, also die Zweckmäßigkeitsrücksicht. Man kann sie daher, wie man auch ihren Werth beurtheilen möge, für die theoretische Interpretation des § 288 I 12 nicht wohl verwenden, immerhin aber geben sie ein wichtiges Zeugniß für die herrschend gewordene Auffassung dieser Vorschrift ab.

Anlangend die anderweiten Rechtssysteme, so genügt hier eine kurze Uebersicht[54]). Eigenthum an der vermachten Sache vom Todestage ab geben dem Legatar außer einigen weniger wichtigen älteren Partikularrechten und dem Project des Corpus juris Fridericiani das bayerische Landrecht[55]), welches bei bedingtem Legat das Eigenthum ausdrücklich erst nach Erfüllung der Bedingung erworben werden läßt, das sächsische Gesetzbuch, welches eine Ausnahme für den Fall macht, daß zum Uebergange des Eigenthums oder dinglichen Rechtes die Eintragung in das Hypothekenbuch erforderlich ist, sowie das badische Landrecht, welches aber das Wesen dieses „Eigenthums" in dessen Vererblichkeit zu sehen scheint, zumal seine Quelle, der Code Napoléon, sich hier so ungenau ausdrückt, daß der Sinn seiner Vorschrift streitig ist. Demgegenüber kennen insbesondere das österreichische und das züricher Gesetzbuch nur ein Forderungsrecht des Legatars, das Eigenthum geht auf ihn nur nach den sonst für dessen Erwerbung maßgeblichen Vorschriften über. Bluntschli rechtfertigt die züricher Bestimmung durch den Hinweis auf das System der Grundbücher, welches wohl begreife, daß an die Stelle des verstorbenen Erblassers mit innerer Nothwendigkeit seine Erben treten, nicht aber, daß durch bloße Willenserklärung Grundeigenthum übertragen werden könne. Eine Aeußerung, welche — wenn auch nicht so direct wie die oben wiedergegebene von Ungers — die Zweckmäßigkeit als die Quelle dieser Satzungen erkennen läßt.

Was den Entwurf des bürgerlichen Gesetzbuches für das Deutsche Reich anlangt, welcher erst eintraf, nachdem das vorliegende Gutachten bereits völlig abgeschlossen war, so schien es angezeigt, die Bestimmungen desselben der im letzten Abschnitt vorgeschlagenen Construction gegenüberzustellen und sie mit dieser zu vergleichen. Es wird sich dabei zeigen, daß die hier gänzlich unabhängig von dem Entwurf entwickelten Anschauungen mit den denselben beherrschenden Theorien vielfach übereinstimmen; wenn sich aber auch erhebliche Unterschiede her-

---

[53]) Von Förster Grundbuchrecht S. 97 ausdrücklich hervorgehoben.

[54]) Nach Gruchot's Erbrecht Bd. 1 S. 558 ff.

[55]) Vgl. Blätter für Rechtsanwendung in Bayern Bd. 31 S. 85, 149.

ausstellen, so mögen hier die umfassenden Untersuchungen des letzten Abschnittes ihres bescheidenen Werthes nicht entbehren: sie prätendiren nicht, das gewaltige Werk erlesener Männer zu meistern, sondern wollen nur zu eingehender Prüfung Anregung und Vergleichungsmaterial bieten. Wenn das Gutachten selbst in dieser Beziehung zu wünschen übrig läßt, so möge ihm zur Entschuldigung gereichen, daß das Studium des Entwurfes bisher naturgemäß nur ein oberflächliches sein konnte, ist doch die Begründung des das Erbrecht enthaltenden Theiles noch nicht in die Leserwelt gelangt. —

Die bisher angestellten Untersuchungen der geltenden Rechte haben dargethan, daß die Theorie vom Eigenthumserwerbe seitens des Legatars durchaus nicht allgemein und unbestritten ist, daß insbesondere vielfache Meinungsverschiedenheiten darüber bestehen, an welchen Stücken des Nachlasses derselbe möglich, zu welchem Zeitpunkt er gegeben ist. Es wurde erwähnt, daß neuere Gesetze in diesem Falle eine Ausnahme von den allgemeinen Bestimmungen über den Eigenthumserwerb zuzulassen Bedenken tragen, und es zeigt sich, wenn man die Angriffe der Theoretiker gegen die herrschende Lehre des gemeinen und des preußischen Rechtes, welche ja im Wesentlichen die gleiche ist, genauer prüft, daß sie im Grunde genommen auf denselben — manchmal vielleicht unbewußten — Bedenken beruhen. Schon in der Marezollschen Ansicht läßt sich der Keim des von den Landrechtlern mit größerer Entschiedenheit erhobenen Einwurfs gegen die herrschende Lehre finden, daß der Eigenthumserwerb ohne Tradition doch ein mißliches Ding und deshalb möglichst zu beschränken sei, und denselben Gedanken, nur gerichtet gegen den Erwerb ohne eigene Thätigkeit, spiegelt die Kellersche Theorie wieder. Aber gestützt auf ihre anderweiten Vorzüge, als welche namentlich die gesicherte Durchführung des dem Legatar geltenden letzten Willens, wie auch der kräftigere Schutz der vermachten Sache zu bezeichnen sind, hat die gemeinrechtliche Lehre, wie einst die sabinianische Schule, die abweichenden Theorieen zu überwinden vermocht, welche mit einem außerhalb der Normen und Formen des gewöhnlichen Rechts sich vollziehenden Eigenthumsübergange sich nicht befreunden wollten, während auf dem Gebiete des preußischen Rechts die umgekehrte Erscheinung zu Tage getreten ist. Hier ist es der Rechtsprechung des Obertribunals, unterstützt durch den Einfluß der Gesetze vom 5. Mai 1872, gelungen, die Unterschiede zwischen den sich zunächst so schroff gegenüberstehenden Meinungen über die Bedeutung des § 288 A. L. R. I 12 zu verwischen und die strengen Consequenzen dieser Bestimmung zu mildern. So ist denn wenigstens in der neueren landrechtlichen Lehre so viel außer Streit, daß das Recht, welches der

Legatar mit dem Todestage erlangt, wie immer man es auch nennen möge, ihm in keinem Falle ein von der Rücksichtnahme auf den Erben freies Eigenthum giebt.

Liegt hiernach der Entwicklung sowohl der Lehrmeinung wie der Rechtsprechung ein gewisser Opportunismus mit zu Grunde, erhebt die für die Ausbildung der erbrechtlichen Lehren so vielfach maßgebliche Zweckmäßigkeit auch in Bezug auf die hier in Rede stehenden Verhältnisse ihren Anspruch auf Berücksichtigung, so wird insbesondere der Gesetzgeber ihr denselben um so weniger streitig machen können, als die einschlägige Theorie in den positiven Rechten nur auf einer sehr geringen Summe von reinen Rechtssätzen beruht. Es genügt also — ist andererseits aber auch erforderlich — bei den folgenden Untersuchungen festzuhalten, daß Erwerb aus Erbschaft und Erwerb aus Vermächtniß in dem Eingangs erörterten Sinne gleichwerthig sind, weshalb man ohne zwingende Gründe für erhebliche Unterschiede beider nicht wird stimmen dürfen. Darum und zugleich aus Achtung vor dem letzten Willen des Erblassers, dessen möglichste Verwirklichung jede Construction erbrechtlicher Materien anstreben muß, darf der Legatar namentlich auch ohne Noth nicht ungünstiger gestellt werden als der Erbe und es muß dafür gesorgt werden, daß er in Besitz und Genuß gerade des ihm vermachten Gegenstandes, welcher Art derselbe auch sei, gelange. Außerdem müssen die leitenden Erwägungen die Fragen ins Auge fassen:

wie stellt sich das Recht des Legatars theoretisch am klarsten?
wie verwirklicht es sich praktisch am zweckmäßigsten?

beides unter Berücksichtigung der Interessen der Nachlaßgläubiger und der Erben. Denn es ist unzweifelhaft, daß für die Nachlaßgläubiger an allererster Stelle Sorge getragen werden muß: nur nach Abzug der Schulden ergiebt sich ja, ob etwas zum „Vermachen" an Dritte da war und da ist. Und es ist ebenso unbestreitbar, daß das Interesse des Erben, welchem die Tilgung derselben obliegt, schon um deshalb eine besondere Beachtung verdient, selbst wenn er weder als Pflichttheilsberechtigter noch auf Grund irgend einer der lex Falcidia nachgebildeten Bestimmung einen dem der Gläubiger wenigstens in der Wirkung ähnlichen Anspruch an den Nachlaß hat.

Nach allgemeinen Rechtsbegriffen kann von einem, gleichviel zu welchem Zeitpunkt ipso jure, d. h. ohne Zuthun des Bedachten eintretenden Eigenthumserwerbe auf Seiten des Legatars nur in einer begrenzten Zahl von Fällen die Rede sein. Ausgeschlossen ist derselbe entweder durch die Person des Bedachten oder durch die Natur des vermachten Gegenstandes. Ersteres dann z. B., wenn der Vermächtnißnehmer nicht individuell bezeichnet, sondern aus einem vom Erblasser bestimmten Kreise durch einen Dritten auszuwählen ist[56]), oder auch beim Vermächtniß von Sachen, quarum commercium legatarius non habet[57]). Wichtiger sind die Fälle der zweiten Art; sie treten nicht nur bei fremden Sachen ein, sondern auch bei dem Testator eigenthümlich gehörigen und in seiner Verlassenschaft befindlichen. Beim Wahlvermächtnisse — mag nun der Erbe, der Legatar oder ein Dritter zur Ausübung der Wahl berufen sein — kann vor deren Vornahme ebensowenig ein Eigenthum des Vermächtnißnehmers entstehen, wie, wenn aus einem genus ein oder mehrere Stücke zugewandt worden sind, vor Aussonderung des dem Legatär zu Gewährenden[58]). Auch im Falle der Specification, mag man es nun mit casuistischen Vorschriften, wie die des Landrechts oder einer freieren Theorie gleich der des Corpus Juris[59]) zu thun haben, werden sich leicht Schwierigkeiten herausstellen, insbesondere, wenn es, was häufig vorkommen kann, zweifelhaft ist, welcher Gegenstand den ursprünglich vermachten darstellt. Rechtliche Bedenken und praktische Verwicklungen mögen entstehen, wenn Jemand auf Grund einer dem § 161 A. L. R. I 12 entsprechenden Vorschrift[60]) in privilegirter Form einem Dritten einen Inbegriff, etwa seine Bibliothek, vermacht, ohne im Uebrigen über seinen Nachlaß zu testiren. Woran hat der Legatar Eigenthum erworben, wenn sich nachträglich herausstellt, daß der Werth der Bibliothek den zulässigen Betrag übersteigt? Etwa an derjenigen Anzahl von Büchern, deren Werth diese Grenze nicht überschreitet? Oder entsteht hier, wie entsprechenden Falls bei Gegenständen, welche nicht in mehrere Einzelsachen zerlegt werden können, z. B. bei einem Bau-

---

56) Vgl. Gruchot, Erbrecht I. S. 387, Entwurf des bürgerlichen Gesetzbuchs § 1770.

57) l. 40, 117 § 5, D. leg. I., § 452 ff. A. L. R. I. 12. Ueber den geringen praktischen Werth, der diesen Vorschriften geblieben ist, vgl. Dernburg, Privatrecht, Bd. 1 § 225.

58) Wenn nach röm. Recht sowohl beim leg. alternativum als auch beim Vermächtniß von Sachen, quae numero pondere vel mensura constant, das alte legatum per vindicationem zulässig war (Gajus II § 196, § 23 D. leg. II), so konnte die Vindication jedenfalls doch nicht vor der Ausscheidung erfolgen (Marezoll a. a. O. S. 90, 187).

59) l. 44 § 2 D. leg. I; § 317 ff. A. L. R. I. 12, vgl. Entwurf des bürgerlichen Gesetzbuchs § 1854.

60) Für Beibehaltung einer solchen auch im neuen Rechte dürften dieselben Zweckmäßigkeitsgründe, wie für Schaffung des § 161 a. a. O. sprechen, vgl. Bornemann a. a. O. S. 65, auch Bruns in von Holtzendorffs Encyclopädie S. 432. Der Entwurf des bürgerlichen Gesetzbuches enthält bis jetzt keine derartige Bestimmung.

platz, Miteigenthum des Erben und des Legatars, jenes zu der durch die Werthsberechnung sich bestimmenden Quote, dieses am Ueberschuß?

Es schränkt sich also die „Regel" des allgemeinen Landrechts schon bei körperlichen Sachen sehr bedeutend ein. Was aber die unkörperlichen anlangt, so wird man nicht nur bei Leistungen, die ja ebenfalls Gegenstand eines Vermächtnisses sein können, sondern auch bei Forderungen sich gegen die Möglichkeit eines unmittelbaren Eigenthumserwerbes aussprechen müssen. Ausgenommen würde der Fall sein, wo sich das Forderungsrecht durch bloße Uebergabe einer Urkunde mit vollkommener Rechtswirkung überträgt, also bei reinen Inhaberpapieren[61]) und bei Ordrepapieren mit Blancoindossement. Es kann hier von einer Darstellung der bezüglich des Eigenthums an Forderungen bestehenden Streitfrage und der gegen dasselbe sprechenden Gründe füglich abgesehen werden, weil, selbst wenn dieses Eigenthum an sich möglich, dessen Erwerb durch den Legatar also angängig sein sollte, doch die schwankende Ausdrucksweise des allgemeinen Landrechts, der Streit der Rechtslehrer, und die Bedenken der Judicatur zur Genüge darthun, wie mißlich diese ganze Construction ist[62]). Und wenn unten nachgewiesen wird, wie sie speciell im Erbrecht zu theoretischen und praktischen Unzuträglichkeiten führt, so wird man auf ihre Uebernahme in dasselbe gern verzichten dürfen, wenn sich ein anderweites Recht des Bedachten aus dem legatum nominis nur irgend als genügend erweist.

Hiernach bleiben für die Möglichkeit eines Erwerbes des Eigenthums seitens des Legatars nur übrig: körperliche, dem Erblasser gehörige, individuelle bestimmte Sachen. Es fragt sich aber weiter: empfiehlt es sich auch nur bei diesen, dem Legatar, ein ohne sein und des Erben Zuthun mit einem bestimmten Termin eintretendes Eigenthum zu geben? Diese Frage ist, wie es scheint, aus zwei Gründen zu verneinen.

Zunächst aus einem theoretischen: es ist allseitig für das gemeine wie für das preußische Recht anerkannt, daß der Vermächtnißnehmer die völlig freie Verfügung über die ihm zugewandte Sache erst erlangt, wenn er dieselbe in seine Gewalt bekommt, also durch eine — freiwillig ge-

---

61) Bekanntlich gehören Sparkassenbücher regelmäßig nicht zu denselben, vgl. Dernburg Privatrecht § 162 Note 12, Entsch. des Obertribunals Bd. 47 S. 419, Entsch. des Reichsger. Bd. 9 S. 245.

62) Der Entwurf des bürgerlichen Gesetzbuches kennt kein Eigenthum an Forderungen mehr, er bestimmt in § 778: „Sachen im Sinne des Gesetzes sind nur körperliche Gegenstände" und beginnt in § 848 die Legatdefinition des Eigenthums mit den Worten: „Der Eigenthümer einer Sache hat das Recht" u. s. w.

leistete oder durch Zwangsvollstreckung ersetzte — Handlung des Erben, bezw. in dessen Stellvertretung des Testamentsvollstreckers oder Nachlaßpflegers. Wenn nun das Eigenthum, wie man es auch immer auffassen und definiren möge, jedenfalls den Begriff der Herrschaft in sich faßt, so wird man zwar sagen können, daß das Recht auf die vermachte Sache jederzeit zu dem Eigenthum im weiteren Sinne des Legatars gehört, nicht aber, daß sie selbst schon vor der Uebergabe an ihn sein Eigenthum ist. Denn die Herrschaft über sie wird ihm nicht nur durch Bestimmungen nach Art des interdictum quod legatorum und des § 311 A. L. R. I 12 vorenthalten und verkürzt, sondern es wird auch ihr Eintritt in vielen Fällen durch thatsächliche Verhältnisse völlig verhindert oder doch wenigstens verzögert. Die Gründe dieser letzteren Erscheinung können sehr mannigfache sein, z. B. wenn der Bedachte nicht zu ermitteln, wenn die Möglichkeit der Annahme bezw. des Behaltens des Legates von der Genehmigung eines Dritten, des Vormundes, Gerichtes, Staates, abhängt, wenn die Rechtsgiltigkeit des Vermächtnisses, die Sufficienz des Nachlasses in Frage steht. In allen diesen Fällen tritt eine Art schwebenden Zustandes ein, in welchem das Eigenthum zwar de jure vorhanden, der Bedachte aber nicht in der Lage sein würde, davon auch nur den geringsten dem Herrschaftsbegriffe entsprechenden Gebrauch zu machen. Aehnliche Unzuträglichkeiten entstehen, wenn das Legat mit der Auflage beschwert ist, die empfangene Sache beim Eintritt eines bestimmten Zeitpunktes an einen Dritten weiterzugeben. Müßte dieser Dritte nicht folgerecht Eigenthum am gleichen Tage wie sein Vormann erwerben? Dann hätte man gleichzeitig zwei „Eigenthümer" an derselben Sache, von denen der eine gänzlich, der andere zum Theil der Herrschaft ermangelte[63]).

Aber selbst, wenn man sich mit solchem wenigstens doch unvollkommenen „Eigenthum" im Hinblick auf Aussprüche der Quellen, wie jene l. 25 V. S.: recte dicimus eum fundum totum nostrum esse, etiam quum ususfructus alienus est, im Hinblick auch auf Constructionen, wie die des bedingten Eigenthums, dessen Zulässigkeit unstreitig, oder des befristeten, bei dem sie bestritten ist[64]), vom theoretischen Standpunkt aus einverstanden erklären will, so wird man doch andrerseits nicht leugnen können, daß der oben gedachte Zustand des Schwebens praktisch sehr bedenkliche Seiten hat. Es tritt hier jedesmal eine Rechtsunsicherheit ein, die für den Vermächtnißnehmer und den Erben gleichmäßig um so nachtheiliger wirkt, je länger sie dauert, und die nicht allein auf Rechnung der unzweifel-

---

[63]) Vgl. § 293 A. L. R. I. 12, auch Arndt's Verm. III Bd. 3 S. 263.

[64]) Vgl. Förster Bd. 3 S. 126.

haften Mißlichkeit eines jeden nicht völlig abgeklärten Verhältnisses kommt. Denn die Verwahrung und Verwaltung der den Gegenstand des Vermächtnisses bildenden Sache muß dem Erben um so lästiger fallen, die Ansprüche des Honorirten an seine Diligenz werden um so höhere sein, je vorzüglicher des Letzteren Recht an dem Legatsobjekt ist. Und wenn gar, wie in dem oben besprochenen Falle des Vermächtnisses einer den zwanzigsten Theil des Nachlasses an Werth übersteigenden Sache, zwischen Erben und Legatar ein Miteigenthum entsteht, das seinen Ursprung einem beiden Theilen gleich unwillkommenen Versehen des Testators verdankt, so wird der Spruch: „communio est mater rixarum" wohl nirgends besser am Platze sein, als hier. Beachtet man daneben, wie doch eigentlich dies sogenannte Eigenthum des Legatars nur ein ex post facto, durch Annahme und Uebergabe, als solches sich entwickelndes ist, so wird man in demselben keinesfalls eine besonders werthvolle oder auch nur glückliche juristische Construction sehen können.

Dieses auf Verwerfung der Eigenthumstheorie lautende Urtheil muß bezüglich des legatum nominis womöglich noch schärfer ausfallen. Von vornherein ist darauf aufmerksam zu machen, daß das Landrecht hier selbst nicht das Princip des § 288 I 12 streng consequent zur Durchführung bringt. Schon oben ist darauf hingewiesen worden, daß die §§ 416, 417 A. L. R. I 12, welche den Fall der Anweisung des Legats „aus einem ausstehenden Kapital" behandeln, keinen einheitlichen Gedanken zum Ausdruck bringen. Wenn nun gesagt wird, dieser Fall sei von dem Forderungsvermächtniß „völlig verschieden"[65], so ist das wohl nicht ganz richtig, denn wenn ausdrücklich der Legatar, nicht der Erbe, auf das ausstehende Kapital angewiesen ist, so ist doch er forderungsberechtigt und die ganze Anordnung mehr als der bloße Auftrag an den Erben, die jenem zu zahlende Summe da und da her zu nehmen. Nur der vermuthete Wille des Testators und eine gewisse benignitas gegen den Bedachten vermögen die Entscheidung des § 416 zu stützen, während die des § 417 wieder genau auf dem Boden des gewöhnlichen Forderungsvermächtnisses steht. Ganz ähnlich verhält es sich mit der Bestimmung des § 411 desselben Titels, wonach bei Tilgung des nomen legatum durch Gegenforderungen, welche der Schuldner nach Errichtung des Testamentes gegen den Erblasser erworben hat, der Legatar den Schuldbetrag aus der Masse fordern darf: auch sie ist eine Concession an den vermutheten Willen des Erblassers, getragen von dem Bestreben, das Legat wenigstens seiner Wirkung nach aufrecht zu erhalten. Gerade dieses

---

[65]) Gruchot Erbrecht Bd. 2 S. 43.

Bestreben aber hat bei der Strenge der Theorie des Gesetzes, welche eine Vermittelung der verschiedenen Interessen nicht gestattet, die vielen Zweifel, welche besonders bezüglich der Compensation in den mancherlei Fällen des nomen legatum bestehen[66]), mit verschuldet. Im Uebrigen kommt man mit der Eigenthumstheorie hier zu besonders zahlreichen theoretischen wie praktischen Uebelständen. Wenn der Legatar z. B. auf irgend eine Weise in den Besitz der Schuldurkunde gelangt ist, so steht der Erbe nach Landrecht völlig schutzlos da, weil das Verbot des § 311 A. L. R. I 12 auf das Forderungsvermächtniß bezogen[67]), nur den Vermächtnißnehmer bindet. Wenn nun auch vielleicht der in Anspruch genommene Schuldner verlangen **kann**, daß der klagende Vermächtnißnehmer seine volle Legitimation führe, insbesondere also die Einwilligung des Erben in die Geltendmachung des Legates darthue, so verpflichtet ihn doch kein Gesetz dazu, vielmehr zahlt er, wenngleich unzeitig in Anspruch genommen, mit liberatorischer Wirkung an den als Gläubiger auftretenden, durch den Besitz der Schuldurkunde als solcher ausgewiesenen Legatar. Ebenso steht es mit der Compensation. Denn wenn auch nach § 343 A. L. R. I 16 nur fällige Forderungen mit einander aufgerechnet werden können und die Fälligkeit der vermachten Forderung vor dem in § 294 A. L. R. I 12 bezeichneten Zeitpunkt jedenfalls nicht eintritt, so ist erstere Vorschrift doch nur für die Betheiligten gegeben, verhindernd, daß der Schuldner seinem Gläubiger gegen dessen Willen einen noch nicht fälligen Anspruch entgegenstelle; sind aber Gläubiger und Schuldner einig, so können sie natürlich auch noch nicht fällige Forderungen gegen einander aufheben. In beiden Fällen mag dem Erben, der im Interesse der Verbindlichkeiten des Nachlasses die Legate kürzen muß, leicht Nachtheil entstehen, wenn ihm der zahlungsfähige Erbschaftsschuldner durch einen insolventen Legatar ersetzt wird.

Nahe verwandt mit dem Forderungsvermächtniß ist das Befreiungsvermächtniß (liberatio legata). In diesem Falle, wo der Legatar der Schuldner des Nachlasses ist, würden die oben entwickelten üblen Folgen der Eigenthumstheorie nur noch schärfer auftreten, da die Forderung des Testators alsbald mit seinem Tode durch Confusion erlöschen müßte.

---

66) Vgl. **Gruchot** Beiträge Bd. 1 S. 220 ff. Bd. 4 S. 374, 381 ff., **Dernburg** Bd. 3 S. 410 Anm. 11.

67) Wenn **Hinschius** a. a. O. S. 5 annimmt, es bedürfe beim Forderungsvermächtniß keiner dem § 311 entsprechenden Sicherung des Erben, da er ja den Schuldner von der möglichen Aufhebung oder Verkürzung des Legats benachrichtigen könne, so kann doch wohl nicht verkannt werden, daß ein gesetzlicher Schutz besser und prompter wirkt, als der eine eigene Thätigkeit des Erben erfordernde.

Der § 311 A. L. R. I 12 versagt hier, da die Confusion von selbst eintritt, und § 490 I 16 schließt die „Vereinigung zum Nachtheil der Erbschaftsgläubiger, der Miterben oder der Legatarien" ausdrücklich nur für den Fall aus, daß der Schuldner Erbe des Gläubigers wird, so daß die analoge Ausdehnung dieser Vorschrift auf die hier in Frage stehende Rechtslage um so mehr ausgeschlossen erscheint, als die Sprechweise des Landrechts in Bezug auf die für Legatare und Erben gemeinsamen Rechtssätze sonst sehr genau ist[68]). Man müßte also die Nachlaßforderung erst wieder aufleben lassen, um dem Erben zu dem Seinigen zu verhelfen; ob das zulässig ist, kann dahingestellt bleiben.

Es könnte nun aber scheinen, als ob die Theorie vom Eigenthumserwerbe des Legatars insoweit ihre — oben bereits angedeuteten — Vorzüge besäße, als sie dem Bedachten wie der vermachten Sache eine höhere Rechtssicherheit — jenem in der Verfolgung seines Rechts, dieser in der Sicherung vor Zugriffen Unberufener — gewährte als die Annahme eines bloßen Anspruchs an den Erben. Sie verhütet insbesondere, daß der Legatar im Falle der Veräußerung der vermachten Sache sich mit dem Ersatze ihres Werthes abfinden lassen muß, und bringt zum Ausdruck, wie Gegenstand des nomen legatum der Regel nach[69]) nicht eine bestimmte Summe, sondern das Forderungsrecht selbst ist. Sie wird daher auch dem Willen des Erblassers, soweit sich derselbe mit individueller Bestimmtheit des Objekts äußert, völlig gerecht.

Im Hinblick hierauf muß es als eines der wesentlichsten Ergebnisse der vorangeschickten historischen und dogmatischen Untersuchungen bezeichnet und betont werden, daß, will man den Legatar nicht zum bloßen Nachlaßgläubiger herabdrücken, will man vielmehr die begriffliche Gleichwerthigkeit des Erwerbes aus Erbschaft und Vermächtniß zum Ausdruck bringen und auch dem im letzteren ausgesprochenen Willen des Erblassers volle Verwirklichung sichern, der Erbe in keinem Augenblick Eigenthümer der vermachten bestimmten Sache, Gläubiger der legirten Forderung sein kann, wenn diese Gegenstände der freien Verfügung des Erblassers unterlagen. Es kann also das Recht des Bedachten einerseits zwar nicht Eigenthum, andererseits aber auch nicht ein bloß obligatorisches Forderungsrecht sein, sondern wird die Mitte zwischen beiden halten müssen: es entspricht dem eigenartigen Wesen des Vermächtnisses auch ein eigenartiges Recht aus dem Vermächtniß.

---

[68]) Vgl. z. B. A. L. R. I 12 §§ 457, 458, 466, 485, 491 u. a.

[69]) Vgl. v. Wilmowski's Kommentar zur K. O., Note 4 zu § 35.

Dasselbe gewährt dem Legatar dieselbe Sicherheit, der vermachten Sache den gleichen Rechtsschutz wie das Eigenthum. Denn wenn es die letztere auch eine Zeit lang herrenlos läßt, so genügt doch die Verwahrungspflicht des Nachlaßbesitzers, um Mißstände, welche aus diesem Zustande sich ergeben könnten, zu verhüten, die Veräußerung aber schadet dem Bedachten nicht, der vielmehr den Gegenstand des Vermächtnisses von dem dritten Erwerber zurückfordern mag. Im Konkurse des Erben hat der Legatar jedenfalls[69]) gemäß § 35 der Reichskonkursordnung einen Aussonderungsanspruch, auch wenn im Uebrigen ein allgemeines Absonderungsrecht der Vermächtnißnehmer, wie es § 43 a. a. O. voraussetzt, nicht anerkannt oder die zu dessen Geltendmachung etwa bestimmte Frist abgelaufen sein sollte[70]). Auch steht dem Legatar der Schutz des Strafrechts gegen eigenmächtige Verfügungen des im Besitze der Nachlaßmasse sich befindenden Erben zur Seite: dieser macht sich durch eine bewußt rechtswidrige Veräußerung der vermachten Sache einer Unterschlagung schuldig, da sie für ihn eine fremde ist, während von einem Diebstahl, der unter höherer, also wirksamerer Strafandrohung steht, auch bei der landrechtlichen Theorie nicht die Rede sein kann[71]).

In Bezug auf das nomen legatum setzt die vorgeschlagene Construction den Bedachten zwar in den Stand, als selbständiger Gläubiger dessen Schuldner gegenüber zu treten, verhütet aber andrerseits nicht nur die Eigenmacht des Legatars sondern auch die vorzeitige Verwischung der ursprünglichen rechtlichen Beziehungen zwischen den verschiedenen betheiligten Personen. Es können also die Creditoren des Erben ebenso wenig wie dieser selbst die den Gegenstand des Vermächtnisses bildende Forderung für sich in Anspruch nehmen und die Compensation vermag sich, wenn nicht nach dem erkennbaren Willen des Testators, nach allgemeinen Regeln zu richten. Endlich ist der Erbe zwar nicht in der Lage, das nomen legatum dem Bedachten zu „cediren", doch muß er in jedem Falle, sei dasselbe verbrieft oder nicht, durch Hypothek gesichert oder chirographarisch, seine Einwilligung in die Einziehung durch den Legatar — unter Umständen in der für den Grundbuchverkehr vorgeschriebenen Form — erklären, weil ohne das nicht ersichtlich sein würde, daß derselbe rechtmäßiger Weise das Gläubigerrecht geltend machen darf. Dabei hat der Erbe dem Bedachten die Schuldurkunde und, wenn über die Forderung ein Instrument gebildet ist, dieses nebst den etwa ausgefertigten Zinsquittungsscheinen heraus-

---

[70]) Vgl. z. B. § 503 A. L R. I, 16. Daß auch dies Recht präcludirt werden kann, unterliegt natürlich keinem Zweifel, vgl. § 10 Ges. betr. d. Zwangsvollstr. g. Beneficialerben vom 28. März 1879.

[71]) Vgl. Entsch. d. Reichsger. in Straff., Bd. 10 S. 257.

zugeben. In dem — wie bemerkt, theoretisch nahe verwandten — Falle, wenn dem Legatar die Befreiung von einer Schuld zugewandt ist, hat der Erbe ihm formgerechte Quittung [72]) zu ertheilen, gleichviel, ob der Erblasser oder er selbst der Gläubiger derselben ist: im ersteren Falle vertritt er dabei die Erbschaft kraft seiner Verwaltungsbefugniß. Strafrechtlichen Schutz genießt der mit einem Forderungsvermächtniß Bedachte übrigens weder bei der preußischen noch bei der hier vorgeschlagenen Construction seines Rechts: Object einer Unterschlagung können nur körperliche Sachen [73]), nicht Forderungen sein, und der § 266 Str. G. B. läßt den ungetreuen Erben, wenn er nicht zugleich Testamentsvollstrecker ist, straffrei.

Es hat also der in einer letztwilligen Verfügung mit einem individuell bestimmten Nachlaßgegenstande Bedachte immer nur einen Anspruch auf dessen Uebertragung in seine Verfügungsgewalt. Diese Uebertragung vollzieht sich bei körperlichen Sachen durch Uebergabe, durch Einwilligung in die Einziehung bezw. Umschreibung im Grundbuche bei Forderungen: kein solches Stück vermag ohne den Willen des Erben aus dem Nachlasse herauszugehen [74]).

In den übrigen Fällen genügt bei Vermächtnissen körperlicher Sachen der, wie man nach allem Vorstehenden annehmen darf, allein mögliche obligatorische Anspruch gegen den Erben auf Ausscheidung des vermachten genus aus dem Nachlaß, auf Gestattung der Auswahl, auf Anschaffung des im Besitz eines Dritten befindlichen Gegenstandes, ebenso beim Summenvermächtniß auf Auszahlung des zugewandten Betrages. Wenn hier überall der Wille des Testators nicht mit solch weitgehender Bestimmtheit auftritt wie in den vorher behandelten Fällen, wenn sein Verfügungsrecht wohl gar ein beschränktes war und sich wirthschaftlich

---

[72]) Vgl. Gruchot Beiträge Bd. 1 S. 226, wo für den ersten Fall entgegengesetzt entschieden ist, Koch, Privatrecht § 828, l. 3 § 3, l. 7 D. 34, 3.

[73]) Also gegebenen Falls auch die Schuldurkunde, so daß wenigstens indirect das Strafrecht eingreifen kann, vgl. Entsch. des Reichsger. in Straff. Bd. 3 S. 341. Abseits von der im Text behandelten Frage liegt die unter Umständen gegebene Möglichkeit, aus dem Verhalten des Erben einen Betrug zu construiren.

[74]) Hat der Testator schon bei Lebzeiten dem Bedachten die vermachte Sache übermittelt, so wird mit des Ersteren Tode auch sofort das Eigenthum des Legatars gegeben sein, freilich nicht ohne die Verpflichtung zur eventuellen Mittragung der Erbschaftskosten, die ja auch bei vollzogenen Schenkungen von Todes wegen, denen dieser Fall sehr nahe steht, Rechtens ist (§ 1 J. 2, 7. § 1135 A. L. R. I, 11). Rückgewähr des Gegenstandes selbst zur Masse kann der Erbe nicht fordern, da ihm ja immer nur ein Anspruch auf dessen Werth zusteht.

als die Anschaffungsmöglichkeit darstellt, so entspricht dem ein weniger durchgreifendes Recht des Vermächtnißnehmers. Und wo auch in diesen Fällen dem Legat wenigstens ein geringes Maß individueller Bestimmtheit innewohnt, z. B. beim Vermächtniß eines von mehreren im Nachlaß vorhandenen Gegenständen genau bezeichneter Art, da bietet die Proceßordnung mit ihren Arresten und einstweiligen Verfügungen ausreichende Mittel, den im Legat ausgesprochenen Willen zur Ausführung zu bringen. Wenn aber dem Bedachten eine fremde Sache, deren Anschaffung für ihn dem Erben aufgegeben war, entgeht, so mag er sich mit der Erwägung trösten, daß daran nicht die rechtliche Construction des Legates die Schuld trägt und daß ihm das Gleiche hätte widerfahren können, wenn der Testator selbst noch seinen Willen auszuführen unternommen hätte.

Eine Ausbildung des Rechts aus dem Vermächtniß, wie sie hier vorgeschlagen wird, steht nicht nur mit den sonstigen den Eigenthumserwerb regelnden Vorschriften im Einklange, sondern wird namentlich auch den Rechten aller bei dem Erbfall betheiligten Personen, des Erben, des Vermächtnißnehmers, der Nachlaßgläubiger nach Gebühr gerecht und sichert der letztwilligen Verfügung möglichst getreue Durchführung. Man kann dies eigenthümliche Recht in Bezug auf körperliche Dinge als ein werdendes Eigenthum bezeichnen und es vielleicht am besten mit dem dinglichen Recht vergleichen, welches eine jetzt fast allgemein verlassene Theorie[75]) dem fideicommissarisch substituirten Erben beilegt. Auch bei Forderungen kennt das Allgemeine Landrecht ein nach den Vorschriften des fünfzehnten Titels ersten Theils sich regelndes Verfolgungsrecht, doch hat die mit der Theorie des Eigenthums an denselben wenig einverstandene Rechtsprechung[76]) dasselbe bekanntlich auf solche Obligationen beschränkt, an denen ein Besitz möglich ist, also auf verbriefte. Hier, wo es sich um eine Neuschöpfung handelt, um ein Recht, welches mit den im 15. Titel a. a. O. vorgesehenen durchaus nicht identisch, sondern nur in der Wirkung verwandt ist, wird die gedachte Beschränkung nicht aufrecht zu erhalten, sondern schlechthin anzuordnen sein, daß Verfügungen des Erben über die einem Dritten vermachte Sache, sei sie körperlich oder eine Forderung, dem Legatar nicht schaden.

Ganz ähnlich der hier vorgeschlagenen Construction regelt nun der Entwurf des bürgerlichen Gesetzbuches für das Deutsche Reich Rechtsverhältnisse, welche daraus entstehen, daß unter Nichtachtung des Anspruches

---

[75]) Vgl. Windscheid § 665, Koch Erbrecht § 1066, Dernburg Privatrecht Bd. 3 § 158, Entsch. d. Reichsger. Bd. 7 S. 20.

[76]) Vgl. insbesondere Striethorst Bd. 69 S. 276.

eines Nacherben, unter Uebertretung eines Veräußerungsverbotes, zum Schaden eines aufschiebend bedingten Rechtes Verfügungen getroffen werden, auch hier bleibt dem Benachtheiligten sein Recht gewahrt (vgl. §§ 107, 135, 1828). Ungeachtet jedoch der offenbaren Verwandtschaft dieser Fälle mit dem hier interessirenden ist das Verhältniß zwischen dem Erben und Legatar ganz abweichend geordnet. Der Entwurf stellt in § 1865 folgenden Satz als Grundprinzip der Lehre vom Vermächtnißerwerb auf:

> Durch das Vermächtniß wird für den Vermächtnißnehmer eine Forderung gegen den Beschwerten auf Leistung des Gegenstandes des Vermächtnisses begründet (Vermächtnißanspruch). Ein unmittelbarer Uebergang des den Gegenstand des Vermächtnisses bildenden Rechtes auf den Vermächtnißnehmer findet auch dann nicht statt, wenn das Recht zum Nachlasse gehört.

Damit ist denn zunächst mit unzweifelbar klaren Worten die Theorie vom Eigenthumserwerb des Legatars abgethan, und es fragt sich nur noch, ob und welchen besonderen Charakter etwa dies Forderungsrecht trägt. Da dasselbe ausdrücklich nur „gegen den Beschwerten" gehen soll und der § 929 des Entwurfs nur dem Eigenthümer gegen den Besitzer den Anspruch auf Herausgabe der Sache giebt, so wird nicht bezweifelt werden können, daß der Entwurf dem Legatar das Recht der Verfolgung des in dritte Hand gelangten Vermächtnißstückes versagt. Es läßt auch die selbst auf dem Gebiete der Vermächtnißlehre sparsame Casuistik des Entwurfes nirgends erkennen, daß etwa hinsichtlich körperlicher Gegenstände eine Ausnahme stattfände. Dagegen besteht eine solche bezüglich des legatum nominis in der Vorschrift des § 1866:

> Ist eine dem Erblasser gegen den Erben zustehende Forderung Gegenstand des Vermächtnisses, so ist das Schuldverhältniß in Ansehung des Vermächtnisses nicht als durch Vereinigung erloschen anzusehen.

In diesem Falle also ist der Uebergang des vermachten Gegenstandes in die Eigenthumssphäre des Erben ausgeschlossen, doch ist dies nur eine aus Zweckmäßigkeitsrücksichten, welche nach den obigen Erörterungen einer weiteren Besprechung nicht bedürfen, sich rechtfertigende Sonderbestimmung. Regelmäßig erwirbt der Legatar nicht nur die Verfügungsgewalt über die ihm vermachte Forderung, sondern diese letztere selbst durch eine Handlung des Erben. Es gehen also alle Nachlaßstücke, über welche durch Vermächtniß verfügt ist, zunächst in das Eigenthum des Erben über, an welchem sich der Legatar wie irgend ein Nachlaßgläubiger [77]) halten mag.

Sonach steht also die Theorie des Entwurfs sowohl der Lehre des gemeinen und des preußischen Rechts, wie auch der hier entwickelten Auffassung diametral gegenüber. Welche Erwägungen für diese einschneidende Aenderung maßgebend gewesen sind, entzieht sich vorläufig der Beurtheilung, doch ist gewiß nicht zu verkennen, daß die neuen Bestimmungen so consequent sind, den Erwerb des Bedachten so gleichmäßig und einheitlich gestalten, als das überhaupt möglich sein dürfte. Der nächst liegende Einwurf, den man vom praktischen Standpunkt aus gegen diese Regelung des Vermächtnißrechtes erheben möchte, ist natürlich der, daß der Bedachte nunmehr der Willkür des Erben preisgegeben ist, da er jetzt nur noch die proceßrechtlichen Schutzmittel gegen Eigenmacht, die jener an der vermachten Sache üben mag, hat und wohl nicht zu bestreiten ist, daß ein Schutz, der eine Thätigkeit des Schutzbedürftigen voraussetzt und erfordert, weniger wirksam ist, als ein in den Vorschriften des Gesetzes selbst gegebener. Allerdings würde das Verfolgungsrecht des Legatars, wie es dieses Gutachten analog den landrechtlichen Vorschriften entwickelt, in demjenigen Rechtszustande, welchen die Satzungen des Entwurfs für das bürgerliche Gesetzbuch zu schaffen beabsichtigen, an Bedeutung verlieren, da der Entwurf das Verfolgungsrecht des Eigenthümers entsprechend der schon das Handelsrecht beherrschenden Auffassung so erheblich einschränkt, daß es fast ganz aufgehoben wird, [78]) und eine Ausnahmebestimmung von diesen allgemeinen Regeln zu Gunsten des Vermächtnißnehmers der auf möglichst strenge Durchführung jedes Prinzipes gerichteten Tendenz des neuen Gesetzbuches zuwiderläuft. Aber angesichts der oben angeführten Vorschriften der §§ 107, 135, 1828 des Entwurfs möchte man für das Recht des Legatars wenigstens die gleiche Berücksichtigung fordern, welche den dort behandelten Rechten zu Theil wird. Es werden also, wie auch sich die Vorschriften des Sachenrechtes noch gestalten werden, die Berufenen jedenfalls zu erwägen haben, ob die Vorzüge, welche der Theorie des Entwurfs oben zuerkannt wurden und welche ihr sonst noch innewohnen mögen, so schwerwiegende sind, daß sie die Aufnahme aller seiner Bestimmungen in das Gesetzbuch der Zukunft rechtfertigen. Hier wird auch angesichts der auf entgegengesetztem Standpunkte stehenden Autorität des Entwurfs an den Resultaten der

---

[77]) Als solche erscheinen sie auch in zahlreichen Bestimmungen des Entwurfes: §§ 1769, 1879, 2117, 2150.

[78]) Vgl. §§ 877, 879, 939 des Entwurfes.

bisherigen Untersuchungen festgehalten werden dürfen und es ist demnach nun noch kurz der Einfluß der in diesem Gutachten aufgestellten Theorieen auf die Einzelheiten der Lehre vom Erwerbe des Vermächtnisses festzustellen.

Der Anspruch auf Uebereignung des ihm bedingungslos zugewandten Gegenstandes fällt dem Legatar mit dem Todestage an.[79] Man wird auch in Zukunft an der übereinstimmenden Lehre des gemeinen und preußischen Rechtes festhalten dürfen, daß dieser Erwerb sich ipso jure, ohne den Willen des Bedachten, vollzieht, wenn dem letzteren auch freigestellt bleibt, den endgültigen Erwerb auszuschlagen. Das entspricht der Gleichheit des Rechtes des Legatars mit dem des Erben, denn es sind ja im römischen Recht der Ausnahmen von der Regel: hereditas non adita non transsumitur so viele, daß, wie bekannt, Suarez die Aufnahme des entgegengesetzten Princips in das Landrecht mit der Bemerkung begründen konnte, jener Satz sei so gut wie aufgehoben.[80] Mit Recht hat sich daher der Entwurf des bürgerlichen Gesetzbuches sowohl bezüglich der Erbschaft in §§ 1749, 2025, 2028, 2051, als auch bezüglich der Vermächtnisse in § 1867 auf diesen Standpunkt gestellt. Die Folge dieser Auffassung ist, daß Wahnsinnige und Pupillen das Recht aus dem Legat selbst erwerben, daß der Erbe des nach dem Testator verstorbenen Bedachten dessen Substituten vorgeht, daß überhaupt das Vermächtniß vom Todestage des Erblassers ab sich vererbt. Es frägt sich aber weiter: welches ist das Recht des Legatars an dem bedingten Vermächtniß in der Zwischenzeit zwischen dem Todestage und der Erfüllung der Bedingung, ist es insbesondere cessibel und vererblich? Für Bejahung der ersteren Frage muß man sich unbedenklich entscheiden, da schon das römische Recht Verträge über eine Hoffnung kennt und insbesondere den Satz aufstellt: „spem futurae actionis posse transferri“, während die neuere Rechtsentwicklung ja überhaupt das obligatorische Band zwischen Gläubiger und Schuldner durch weitgehende Gestattung der Cession zu lockern bestrebt ist.[81] Was aber die Vererblichkeit des

---

[79]) Der bekanntlich nicht unangefochten gebliebene Ausdruck „Anfall“ (vgl. Windscheid § 642 Anm. 4, Unger System § 62 Anm. 3, Dernburg Bd. 3 § 113 Anm. 3, 4) läßt angemessener Weise unentschieden, ob der Bedachte wirklich etwas erhalten wird, und ist daher mit Recht in den Entwurf d. b. G. §§ 1867 u. 2025 übergegangen.

[80]) Vgl. Förster Bd. 4 S. 263, auch Windscheid § 600. Der 13. Juristentag hat sich entgegen den erstatteten Gutachten für den Erbschaftserwerb ipso jure entschieden, s. dessen Vhdlgn. Bd. 1 S. 13, 22, 198 u. Bd. 2 S. 138, 415.

[81]) Vgl. l. 3 C. 8, 54, Entsch. d. Reichsger. Bd. 8 S. 189, Windscheid § 89, A. L. R. I 11 § 382, §§ 293, 295 des Entwurfes d. b. G.

bedingten Vermächtnisses anlangt, so stehen sich hier das gemeine und das preußische Recht einander schroff gegenüber, ersteres — und mit ihm so ziemlich alle neueren Rechte — schließt sie unbedingt aus, obwohl es die Vererblichkeit der bedingten Forderung anerkennt, das preußische Recht aber behandelt alle bedingten Rechtsverhältnisse gleichmäßig und läßt sie auf die Erben übergehen, soweit Erfüllung der Bedingung durch diese möglich ist. Auf die Beantwortung der Frage, welche dieser Theorieen vom gesetzgeberischen Standpunkte die empfehlenswerthere ist, übt es keinen Einfluß, ob das Recht aus dem Vermächtniß ein dingliches oder persönliches ist, sie steht also mit dem Gegenstande dieses Gutachtens nur in oberflächlichem Zusammenhange, wodurch sich eingehendere Untersuchungen erübrigen. Nur mag der Vollständigkeit wegen bemerkt werden, daß der Entwurf des bürgerlichen Gesetzbuches sich im Prinzip zwar auf den Boden des Landrechts stellt, dies Prinzip aber bei letztwilligen Zuwendungen dadurch durchbricht, daß er dieselben für unwirksam erklärt, wenn der Bedachte die Erfüllung der Bedingung nicht erlebt. Es ergiebt sich hiernach für alle Vermächtnisse die Regel, daß sie sich vom Todestage des Erblassers ab vererben, freilich wird diese Regel beim bedingten Legat die Ausnahme bilden. [82])

Die Entrichtung des nicht befristeten Vermächtnisses kann der Bedachte, und zwar spätestens, verlangen, sobald der Erbe durch Aufstellung des Inventars die Sufficienz des Nachlasses ermittelt hat, selbstredend vorausgesetzt, daß über die Gültigkeit des ganzen letzten Willens oder des Vermächtnisses im Besonderen ein Streit nicht besteht. Liegt in dieser — dem § 294 A. L. R. I 12 entsprechenden — Bestimmung des Termines der Entrichtung eine Rücksichtnahme auf den Erben, so kann andrerseits dem Legatar auch nicht zugemuthet werden, den Ausgang des Streites zweier Erbschaftsprätendenten, die Ermittelung des abwesenden Erben, kurz die Behebung etwaiger Hindernisse des Erbschaftserwerbes abzuwarten: er muß das Vermächtniß fordern dürfen, gleichviel ob ein Erbe vorhanden ist oder nicht, wenn nur an dessen Stelle ein Anderer (Erbschaftsbesitzer, Testamentsvollstrecker, Nachlaßpfleger) die gedachte Feststellung getroffen hat; steht ihm doch regelmäßig nicht der Erbe, sondern der Nachlaß selbst als Schuldner gegenüber. Dieser Grund rechtfertigt die gleiche Entscheidung, wenn mehrere Erben vorhanden sind, welche zu verschiedenen Zeiten die Erbschaft antreten, ein Fall, welchen die römischen Quellen — offenbar unter dem Einfluß des Satzes: nomina sunt ipso jure divisa — dahin entschieden, daß sie jeden der meh-

[82]) §§ 132 u. 1761 des Entwurfes, auch dessen Begründung Bd. 1 S. 256.

reren Erben nur für seinen Theil verhaftet werden lassen, während das Allgemeine Landrecht, die Gesammthaftung begünstigend, die Erben verpflichtet, vor der Theilung für die Befriedigung der Legatare zu sorgen. [83]) Der Entwurf des bürgerlichen Gesetzbuches enthält keine einschlägigen Bestimmungen und überhaupt keine den Termin der Entrichtung betreffenden Satz: da aber nach § 1867 desselben der Erwerb des Vermächtnisses von dem der Erbschaft unabhängig ist, so werden die eben getroffenen Entscheidungen unbedenklich aufrecht zu erhalten sein und es ist damit ein nicht uninteressanter Beleg dafür gewonnen, daß der Vermächtnißanspruch nicht lediglich „gegen den Beschwerten" geht, wie in § 1865 des Entwurfs gesagt ist: der selbständige Charakter des Rechts aus dem Legate tritt hier wieder einmal recht deutlich hervor.

Nur eine Ausnahme von dieser Regel ist zu machen: wenn ein bestimmter Erbe — und nach dem ersichtlichen Willen des Testators allein er — mit der Auflage, eine gewisse Summe an den Legatar zu zahlen, ihm einen nicht in der Gesammterbschaft befindlichen Gegenstand zu gewähren, beschwert ist; hier besteht lediglich zwischen dem Onerirten und dem Vermächtnißnehmer eine Beziehung und der letztere hat abzuwarten, bis jener durch Annahme des so beschwerten Erbtheiles sein Schuldner wird.

Bei der Entrichtung des Vermächtnisses muß, wenn der Legatar auf Grund eines von dem Erblasser selbst herrührenden Rechts und nur unter Vermittlung des Erben zu dem Seinigen gelangt, so verfahren werden, daß der Erfolg für den Bedachten der gleiche wäre, wenn er schon am Todestage selbst in Besitz und Genuß des ihm zugewandten Nachlaßgutes gesetzt worden sein würde. Er erhält also die vermachte Sache mit den seit dem gedachten Tage dazu gekommenen An- und Zuwüchsen und Früchten gegen billige Erstattung des auf ihre Einbringung, wie überhaupt auf die Verwaltung des Vermächtnißstückes Verwendeten [84]), die legirte Forderung mit den in der Zwischenzeit aufgelaufenen bezw. fällig gewordenen Zinsen. Nur kurz ist hier die Streitfrage, betreffend das Recht des Legatars auf diejenigen Zinsen, welche seit den Lebzeiten des Testators rückständig waren, zu berühren. Nach gewöhnlicher Annahme [85]) spricht sie ihm das römische Recht in l. 34 pr. D. leg. III zu, das All-

---

[83]) Vgl. l. 5 D. 29, 7, l. 33 pr., l. 44 pr. D. leg. II, A. L. R. I 12 § 292 u. 17 § 127 ff., Entsch. d. Obertrib. Bd. 70 S. 355, 364, Gruchot Erbrecht Bd. 1 S. 563, v. Crailsheim im Archiv f. d. civil. Praxis Bd. 47 S. 399.

[84]) Vgl. Entwurf d. b. G. §§ 1878, 1880.

[85]) Vgl. Gruchot, Erbrecht, Bd. 2 S. 39, Dernburg, Privatrecht, Bd. 3 S. 409 Anm. 6.

gemeine Landrecht in § 408 I 12 ab. Man kann darüber streiten, welche Ansicht der hier vertretenen Auffassung von dem Rechte aus dem Vermächtniß besser entspricht, denn es läßt sich ebensowenig verkennen, daß verfallene Zinsen einen besonderen Gegenstand für sich bilden können, als daß sie in einer dem Partinenzverhältnisse nicht ganz unähnlichen Beziehung zu dem nomen legatum stehen. Betrachtet man die in l. 34 cit. getroffene Entscheidung, so wird sich nicht leugnen lassen, daß sie auf dem sehr weit gefaßten Wortlaut der Zuwendung beruht, ob aber die Antwort des Juristen ebenso ausgefallen sein würde, wenn lediglich „decem aurei, quos mihi Gajus Sejus debet" vermacht wären, kann mit Fug bezweifelt werden. Eine Fassung des Vermächtnisses wie diese letztere scheint auch § 408 a. a. O. vorauszusetzen, da § 425 desselben Titels die entgegengesetzte Entscheidung bei der liberatio legata trifft, wenn der Erblasser seinem Schuldner das vermacht, „was dieser ihm selbst schuldet", eine Ausdrucksweise, welche gleichfalls die Beschränkung auf das bloße Capital nicht zuläßt. Hiernach dürfte in der Linie erster ersichtliche Wille des Testators maßgebend sein, im Zweifelfalle scheint aber das Forderungsvermächtniß auch auf die rückständigen Zinsen bezogen werden zu müssen, weil es das volle Gläubigerrecht selbst überträgt[86]).

Bildet eine bestimmte Geldsumme den Gegenstand des Vermächtnisses, so wäre es nach dem oben Gesagten folgerecht, wenn der Erbe auch für diese vom Todestage ab Zinsen zu gewähren hätte. Aber es ist wiederum eine Billigkeitsrücksicht, wenn in den positiven Rechten der Anfang dieser Zinspflicht auf den Tag gelegt wird, von dem an die Auszahlung des Legats gefordert werden kann, und man wird sich auch de lege ferenda für deren Beibehaltung entscheiden müssen, hat doch auch der Erbe von der todt im Nachlaß liegenden Summe keinen Vortheil. Andererseits unterliegt es bei dem Charakter dieser Bestimmung als einer Begünstigung des Erben keinem Zweifel, daß dem früher zahlenden Erben der Abzug eines Interusuriums nicht gestattet sein darf[87]).

Was dann endlich noch die Gefahr der vermachten Sache anlangt, so ergeben sich auch in dieser Beziehung keinerlei Besonderheiten. Eigentlich trägt sie der Legatar nicht erst vom Todestage an, sondern überhaupt seit Errichtung der letztwilligen Verfügung; sie kann aber auf den Erben

[86]) Der Entwurf des bürgerlichen Gesetzbuches bringt bezüglich dieser und der folgenden beiden Fragen keine ausdrückliche Bestimmung, überläßt also ihre Beantwortung der Wissenschaft. Er enthält auch keine Vorschriften, welche den obigen entgegengesetzte Entscheidungen rechtfertigten.

[87]) l. 1, l. 4 C. 6, 47, l. 17 R. J. §§ 328, 330 A. L. R. I 12.

oder Nachlaßpfleger in Folge von dessen culpa, dolus oder mora übergehen[88]). —

Nach alledem wird man der hier vertretenen Auffassung auch den Vorwurf nicht machen können, daß sie, indem sie den Legatar in den Vollgenuß des ihm vermachten Nachlaßobjektes nur durch Vermittelung des Erben gelangen läßt, den Charakter des Rechtes aus dem Vermächtnisse allzusehr verwische und es dem Rechte der Nachlaßgläubiger gleich mache. Unzweifelhaft läßt sich ein völlig selbständiger, von dem Verhältniß zur eigentlichen Erbschaft und der Person des Erben gänzlich losgetrennter Erwerb des Legates durch den Bedachten, so wünschenswerthe Klarheit der theoretischen Construction er vielleicht auch ergeben würde, nicht denken, geschweige denn durchführen, es wird daher das Legat immer etwas von einem Gläubigerrechte an sich haben, wie denn auch Vermächtnißnehmer und Creditoren des Nachlasses in zahlreichen Sätzen unserer Rechtsquellen neben einander gestellt werden. Aber auch immer werden beide Rechte, des Legatars und des Gläubigers, ihren wesentlichen prinzipiellen Unterschied, welcher nicht zu verwischen ist, aufzuweisen haben: dieses beruht auf einer Rechtsfolgen nach sich ziehenden, sein Verhältniß zu den Mitlebenden berührenden Handlung des Testators, jenes auf einer ihre Wirkungen erst nach seinem Tode äußernden Freigebigkeit oder Gunstgewährung Seitens desselben. Wie man auch immer den Vermächtnißbegriff auffassen möge, jedenfalls bildet diese den Nachlaß mindernde Freigebigkeit eines seiner wesentlichen Criterien und dieses bleibt ihm bei der hier vorgeschlagenen Construction nicht nur voll und ganz gewahrt, sondern wird durch dieselbe zu besonders klarem Ausdruck gebracht.

In Verfolg aller dieser Ausführungen hat die Antwort auf die den Gegenstand dieses Gutachtens bildende Frage kurz gefaßt dahin zu lauten:

> Es ist nicht empfehlenswerth, unter Aufhebung des legatum vindicationis allen Legaten nur eine rein obligatorische Wirkung beizulegen, doch ist der dingliche Effect des Vermächtnisses auf gewisse Nachlaßgegenstände zu beschränken und nur als ein dingliches Recht auf die vermachte Sache auszugestalten.

---

[88]) l. 22 § 2 D. leg. III, § 309 A. L. R. I 12.

IX.

Gutachten des Herrn Professor Dr. Wach in Leipzig

über die Frage:

Soll das eine offene Handelsgesellschaft verurtheilende Urtheil ohne Weiteres, beziehungsweise unter welchen Modalitäten, namentlich betreffs der persönlichen Einreden, in das Privatvermögen der Theilnehmer vollstreckbar sein?

Es wird gefragt nach dem Bedürfniß des Lebens, nicht nach dem geltenden Recht. Dennoch kann die Frage nicht beantwortet werden ohne Klarstellung des gegenwärtigen Rechtszustandes. Entspricht dieser dem Wünschenswerthen, so bedarf es keines Gesetzes. Andererseits wird man ein solches auch dann verlangen dürfen, wenn unser Rechtszustand unklar und umstritten ist.

Die aufgeworfene Frage ist, so eng sie erscheint, doch weit verzweigt. Man kann sie nicht erledigen, ohne in das Gewirr der Streitfragen über das Wesen der offenen Handelsgesellschaft einzutreten. Aber dabei ist Zurückhaltung geboten. Doctrinäre Constructionen können uns nicht binden; das Leben soll nicht der Sclave der Doctrin sein; nur darauf ist zu achten, daß das als wünschenswerth Erkannte sich in den Aufbau unserer Rechtsordnung, insbesondere in die Ordnung unserer Erwerbsgesellschaften und der Civilrechtspflege logisch einfügt.

Unser Thema fragt nach der Vollstreckbarkeit der im Gesellschaftsproceß ergangenen Urtheile gegen die Gesellschafter, also nicht nach der materiellen Rechtskraft. Denn diese ist nicht Vollstreckbarkeit. Es giebt Rechtskraft ohne Vollstreckbarkeit, — ich erinnere, von der abweisenden, feststellenden Sentenz abgesehen, an das verurtheilende ausländische rechtskräftige Urtheil —; und es giebt Vollstreckbarkeit ohne Rechtskraft, — man denke an die vorläufige Vollstreckbarkeit, an die Vollstreckungstitel der Civilproceßordnung § 702. Die Vollstreckbarkeit ist der Ausdruck des Vollstreckungsanspruchs, des an einen Thatbestand geknüpften Anspruchs auf die Anwendung der staatlichen Zwangsgewalt in den Formen Rechtens zur Verwirklichung eines bestimmten materiellen Rechts. — Unsere Frage darf daher verallgemeinert werden. Es handelt sich um die Wirksamkeit des gegenüber der Gesellschaft bestehenden Vollstreckungstitels gegenüber den Gesellschaftern. Erst in diesem weiten Umfang erscheint mir die Aufgabe wahrhaft fruchtbar. Das hindert nicht, den Ausgang von der Vollstreckbarkeit des rechtskräftigen Urtheils zu nehmen.

Und noch eine andere Seite der Fragestellung ist zu untersuchen. Auf welche Gegensätze weist sie hin? Auf die „unmittelbare" beziehungsweise „unter Modalitäten, namentlich betreffs der persönlichen Einreden" Platz greifende Vollstreckbarkeit in das Privatvermögen der Gesellschafter einerseits und auf die Negation solcher Vollstreckbarkeit, also die Nothwendigkeit selbständiger Klage, selbständigen Prozesses gegen die Gesellschafter andererseits. Die „Modalitäten", von welchen gesprochen wird, können nur durch unser Vollstreckungsrecht dargeboten sein. Es ist also danach gefragt, ob und in wie weit die verschiedenen Formen der Vollstreckbarkeitserklärung unserer Urtheile bez. die in dem Vollstreckungsverfahren sich eröffnenden Mittel zur Wahrung von Einreden des Exequendus hier anwendbar sein sollen.

I.

Die vorherrschende Meinung versagt dem Urtheil im Gesellschaftsproceß die Vollstreckbarkeit gegen die Gesellschafter. Will der Kläger das Privatvermögen des Gesellschafters angreifen, so soll er klagen. Die Klage denkt man verschieden; die Einen nennen sie eine actio iudicati, die Anderen verwerfen zwar diese Bezeichnung, sprechen aber von einer Klage aus dem Urtheil, welche ihr Fundament finde in den beiden Behauptungen, daß die Gesellschaftsschuld rechtskräftig feststehe und der Beklagte haftender Gesellschaftsschuldner sei; wiederum von anderer Seite nennt man sie eine Klage aus dem Urtheil als einem den Gesellschafter bindenden neuen Verpflichtungsgrund. Durchweg leitet man, unbekümmert um die praktischen Unzuträglichkeiten und die tiefgreifenden Umgestaltungen unseres Vollstreckungsrechtes, die Nothwendigkeit der Klage ab aus sehr weit auseinander gehenden Grundauffassungen des Wesens der offenen Handelsgesellschaft.

Vom Standpunkt der Personificationstheorie (juristische Persönlichkeit der offenen Handelsgesellschaft) ergiebt sich jene Nothwendigkeit spielend und mit zwingender Gewalt. Wie kann das gegen die Gesellschaft, eine ganz andere Person (Partei) gesprochene Urtheil vollstreckbar sein gegen die beim Proceß gar nicht betheiligten Gesellschafter? Der gleiche Schluß stellt sich ein, wenn man von der Gesammthandstheorie ausgeht, wie Gierke dieselbe entwickelt hat, wenn man nämlich der Gesellschaft, ohne ihr Persönlichkeit beizulegen, doch eine Rechtssubjectivität beimißt, vermöge deren sie als solche berechtigt und verpflichtet ist, ein Correalitätsverhältniß zwischen ihr und den einzelnen Gesellschaftern entsteht, also die Verurtheilung der Gesellschaft nicht Verurtheilung der Gesellschafter sein kann. Diese Lehre schöpft ihre Beweisgründe vornehmlich aus der Trennung des Gesellschafts- und Privatvermögens, den nicht unter den Begriff der römischen Communio und Societas, sondern den der Rechtsgemeinschaft zur gesammten Hand zu stellenden dinglichen und obligatorischen Rechtsverhältnissen der Gesellschafter als solcher, aus der Selbständigkeit der Schicksale, welche die individuelle Haftung im Gegensatz zur Gesammthaftung durchmachen kann. Dem nähert sich eine dritte Ansicht — die verbreitetste und den Urtheilen des höchsten Gerichtshofs zu Grunde gelegte —, welche allein auf jenen Sonderbestand des Gesellschaftsvermögens und die angeblich dadurch bedingte Beschränkung der Gesellschaftsklage auf dieses als Befriedigungsobject, sowie den Ausschluß der individuellen Vertheidigungsgründe des einzelnen Socius vom Gesellschaftsproceß das entscheidende Gewicht legt, ohne sich zur Construction einer Rechtssubjectivität der Gesellschaft zu versteigen.

Aber auch eine gegentheilige Meinung ist vertreten. Sie verwirft mit der überwiegenden Mehrheit der Theoretiker und Praktiker die Personificationstheorie, lehnt die Gesammthandstheorie in der obigen Gestalt ab, weil in ihr widerspruchsvoll Rechtssubjectivität ohne Rechtspersönlichkeit, eine Personenmehrheit und doch eine collective zum Rechtssubject potenzirte Einheit angenommen, Rechtsverhältnisse von Subjecten (Gesellschaftern) zum (materiell parteifähigen) Subject gesteigert werden; sie folgert aus der Streitgenossenschaft der Gesellschafter im Gesellschaftsproceß die Rechtskraft und Vollstreckbarkeit des Urtheils gegenüber allen Gesellschaftern. Meinungsverschiedenheit macht sich bei den Vertretern dieser Ansicht bei der Frage der Zulassung individueller Vertheidigungsgründe im Gesellschaftsproceß geltend. Römer bejaht sie; ich glaubte sie um der

Eigenartigkeit des Gesellschaftsverhältnisses, um des Gesammtrechtes der Gesellschafter am Gesellschaftsvermögen, um ihrer Gesammthaftung mit Beziehung auf dieses und der aus allem dem folgenden nothwendigen Einheitlichkeit der Feststellung der Gesellschaftsschuld allen Gesellschaftern gegenüber willen verneinen zu sollen. Da ich der Meinung bin, daß die Verpflichtung als solche, nicht eine auf das Gesellschaftsvermögen beschränkte Haftung den Gegenstand des Gesellprocesses und der Verurtheilung in demselben bildet, andererseits aber eine individuelle Befreiung von der Haftung mit dem Sondervermögen des Gesellschafters denkbar ist, so verweise ich solche befreienden persönlichen Vertheidigungsgründe in die Vollstreckungsinstanz unter analoger Anwendung der Civilproceßordnung §§ 667, 686, wie denn auch in dieser Instanz gegebenen Falls die Feststellung der Gläubigereigenschaft nach § 665 dieses Gesetzes zu erfolgen hätte.

II.

Es ist zunächst zu zeigen, daß diese zuletzt bezeichnete Form, das Gesellschaftsurtheil gegen die Gesellschafter zur Vollstreckung zu bringen, sich trefflich ins System der Civilproceßordnung einfügt. Ueber einen Punkt kann keine Meinungsverschiedenheit sein: stellt der Gesellschaftsproceß die Gesellschaftereigenschaft nicht fest und bietet er keine Gelegenheit, etwaige individuelle Vertheidigungsgründe geltend zu machen, so kann, wie immer man auch über alles Uebrige denkt, eine Vollstreckung gegen den Gesellschafter nicht beginnen bez. nicht durchgeführt werden, man bewirke denn vorher jene Feststellung und eröffne jene Gelegenheit. An der Feststellung der Gesellschaftereigenschaft wird es mangeln, wenn ohne Nennung der Firmeninhaber processirt und geurtheilt wurde; an der Gelegenheit zur Verwerthung von Individualeinreden, wenn man daran festhält, daß solche überhaupt vom Gesellschaftsproceß ausgeschlossen sind. Wir nehmen an, so sei es — denn nur unter dieser Voraussetzung dürfte sich überhaupt an der Vollstreckbarkeit des Gesellschaftsurtheils in das Privatvermögen der Gesellschafter ernstlich zweifeln lassen. Dann müßte in einem Rechtszustande, dessen Vollstreckungsverfahren für solche Feststellungen und Einreden keinen Raum hat, ohne Weiteres die Nothwendigkeit selbständiger Klage gegen den Gesellschafter sich ergeben. Die Civilproceßordnung aber bietet diesen Raum in einer jedes berechtigte Interesse hinlänglich wahrenden Weise dar. Sie hat Formen, sowohl zur Feststellung der Activ- und Passivlegitimation, wie zur Erledigung von Einreden innerhalb der Vollstreckungsinstanz.

Die Vollstreckung darf nur beginnen, wenn die Personen, für und gegen welche sie stattfinden soll, in dem Urtheile oder in der demselben beigefügten Vollstreckungsklausel namentlich bezeichnet sind (§ 671).

Nach § 664 kann jedem Rechtsnachfolger des Klägers, so wie gegen den allgemeinen Rechtsnachfolger des in dem Urtheile bezeichneten Schuldners und unter Berücksichtigung der §§ 236, 238 gegen denjenigen Rechtsnachfolger des Beklagten, an welchen die im Streit befangene Sache während der Rechtshängigkeit oder nach Beendigung des Rechtsstreits veräußert ist, eine vollstreckbare Ausfertigung ertheilt werden. Ist die Rechtsnachfolge bei dem Gericht offenkundig oder durch öffentliche Urkunden nachgewiesen, so ordnet der Vorsitzende die vollstreckbare Ausfertigung an (§ 666); fehlt es an solchem Nachweis, so ist beim Proceßgericht erster Instanz Klage auf Ertheilung der Vollstreckungsklausel zu erheben. Demnach eröffnet die Civilproceßordnung das Vollstreckungsverfahren auch für und gegen Personen, welche nicht Parteien waren, bezüglich deren die Activ- bez. Passivlegitimation noch nicht festgestellt ist, wennschon die Rechtskraft des Urtheils unter Voraussetzung der fraglichen Rechtsnachfolgerschaft für und wider sie wirkt. Die Anwendung auf den Fall der offenen Handelsgesellschaft kann dann, wenn man die Gesellschafter als Streitgenossen im Gesellschaftsproceß anzusehen hat, keinerlei begründeten Bedenken unterliegen. Sind ihre Namen bereits im Urtheil als Inhaber der Firma genannt, so bedarf es überhaupt der Feststellung ihrer Passivlegitimation nicht, so giebt es m. a. W. — abgesehen von der Frage individueller Einreden, auf welche zurückzukommen ist — nichts mehr, was zweifelhaft und entscheidungsbedürftig ihnen gegenüber sein könnte. Sind dagegen die Namen nicht genannt, so ist der Schluß auf die Anwendung des §§ 665 ff., als Schluß vom Größeren auf das Geringere zwingend. Dazu kommt: Die Fälle der Rechtsnachfolgerschaft erschöpfen keinenfalls die der Anwendbarkeit jener Bestimmungen. Zunächst dürfte klar sein, daß z. B. dann, wenn ein Einzelnkaufmann unter einer Firma verklagt und verurtheilt sein sollte — man hat geglaubt, es mit einer Gesellschaft zu thun zu haben —, auf Grund des vorgelegten Auszuges aus dem Handelsregister der Name des Einzelnkaufmanns nach §§ 665, 666 in der Vollstreckungsklausel zu setzen sein wird. Einen anderen Fall, in welchem von Rechtsnachfolgerschaft nicht gesprochen werden kann und doch nach diesen Vorschriften zu verfahren ist, bietet die Civilproceßordnung § 73 Abs. 4 dar. Die Verurtheilung geht, nachdem „der Beklagte auf seinen Antrag von der Klage entbunden worden", auf den Namen des Benannten; aber sie ist auch gegen den ursprünglich Beklagten wirksam und vollstreckbar (vgl. § 236 a. E.). Keine

Frage, daß auf Grund der Offenkundigkeit dieses Verhältnisses die vollstreckbare Ausfertigung auch gegen ihn nach § 665, 666 zu ertheilen ist. Es ist nicht abzusehen, weshalb nicht das Gleiche beim Gesellschafter auf Grund der Verurtheilung der Gesellschaft zulässig sein soll, wenn nicht die wiederholt berührte Möglichkeit individueller Einreden entgegensteht oder die Prämisse unrichtig sein sollte, daß der Gesellschafter ein unter dem Firmennamen verhüllter Streitgenosse ist.

Ist die Gesellschaftereigenschaft nicht in der in § 665 vorausgesetzten Weise liquidirlich, so muß eben nach § 667 geklagt werden; ist sie zu Unrecht angenommen worden, so eröffnet sich dem Angegriffenen der doppelte Weg des Widerspruchs: nach § 668 gegen die Ertheilung der Vollstreckungsklausel oder nach § 686 Abs. 1 und 3 in der Form der Klage.

Ich wende mich zu den Vertheidigungsgründen. Die Civilproceßordnung § 686 schreibt vor, daß „Einwendungen, welche den durch das Urtheil festgestellten Anspruch selbst betreffen, von dem Schuldner im Wege der Klage bei dem Proceßgericht erster Instanz geltend zu machen sind". Sie beschränkt ihre Zulassung auf diejenigen Rechtsbehelfe, welche erst nach dem Schlusse der mündlichen Verhandlung entstanden, in welcher sie zur Vermeidung dieses Vollstreckungstitels spätestens hätten geltend gemacht werden müssen und nicht durch Einspruch in den Proceß eingeführt werden konnten. Dabei umfaßt der Begriff der Einwendungen alle materiellen Vertheidigungsgründe. Die analoge Anwendung des § 686 auf die Vollstreckung des Gesellschaftsurtheils gegen den Gesellschafter scheint mir zu rechtfertigen, vorausgesetzt wiederum, daß dieser im Gesellschaftsprocesse Streitgenosse und seine individuellen Vertheidigungsgründe zu verwerthen rechtlich gehindert war. Nur die Analogie kann in Frage kommen, denn wir haben es hier zu thun auch mit solchen Einwendungen, welche bereits vor dem Schluß der mündlichen, dem Urtheil zu Grunde liegenden Verhandlung bestanden haben. Aber die ratio legis ist klar: es sollen die unentschiedenen, weil nach dem Lauf des Processes unverwerthbaren materiellen Vertheidigungsgründe dem Exequendus nicht verloren gehen; sie sollen in der durch § 686 vorgeschriebenen Form zur Geltung kommen. Nur um solche nach der Eigenart des Gesellschaftsprocesses unverwerthbare Vertheidigungsgründe handelt es sich hier. Sie sind ausgeschlossen, weil das gegen die Gesellschaft zu fällende Urtheil nur einheitlich lauten kann, der individuelle Vertheidigungsgrund keinesfalls die Befriedigung aus dem Gesellschaftsvermögen zu hindern vermag. Daher kann das Urtheil, auch wenn es Urtheil gegen die Gesellschafter ist, diesen individuellen Einwendungen nicht präjudiciren.

Andererseits bedarf es einer besonderen Klage des Gläubigers um der Möglichkeit solcher Gründe willen nicht. Jede Urtheilsvollstreckung vollzieht sich angesichts derartiger Möglichkeit, d. h. der Möglichkeit, daß dem Exequendus zur Zeit der Vollstreckung noch Einreden zustehen, denn das Urtheil lautet auf einen anderen Moment, als den der Vollstreckung. — Auch sind wir zur analogen Anwendung des § 686 in anderen Fällen gedrängt, welche dem unsrigen gerade im fraglichen Punkte völlig gleichstehen. Die Civilprozeßordnung § 236 bietet solche Fälle dar, wenn man annehmen darf, daß die Einwendungen des Rechtsnachfolgers bez. gegen den Rechtsnachfolger, welche im Proceß mit dem die Parteirolle bewahrenden Veräußerer von ihm bez. gegen ihn nicht vorgebracht werden dürfen oder doch nicht vorgebracht worden sind, in der Vollstreckungsinstanz nach § 686, 687 zur Geltung kommen. Und das muß man zweifellos annehmen. Kann dem Cedenten litigiöser Forderung der Beklagte eine Compensationseinrede aus der Person des Cessionars nicht entgegensetzen, oder konnte er um deswillen seine Individualeinreden gegen den Cessionar im Streit mit dem Cedenten nicht verwenden, weil er von der Abtretung nichts erfahren hatte, so muß er diese seine Vertheidigung selbstverständlich nach § 686 gegen den die Vollstreckung suchenden Cessionar nachholen dürfen. Hat der Erwerber der im Streit befangenen Sache individuelle Vertheidigungsgründe, die nach der Proceßfigur des § 236 sein Veräußerer nicht geltend machen darf, so können dieselben dem Erwerber nicht durch das Urtheil abgeschnitten werden, welches nach § 236 Abs. 3 gegen ihn wirksam und vollstreckbar ergeht.*)

Und ähnlich steht's im Falle der Civilproceßordnung § 73, Abs. 4. Die Individualeinreden des Detentors, wie solche z. B. nach seinem Ausscheiden aus dem Streit durch Abmachungen mit dem Kläger während schwebenden Processes entstehen können, kann der Benannte nicht vorbringen. Also ist das Vollstreckungsverfahren, C. P. O. § 686 für sie die richtige Stelle.

*) Auf die zahlreichen mit der Auslegung § 236 der Civilproceßordnung zusammenhängenden Streitfragen einzugehen, ist hier nicht der Platz. Ich habe den Fall der Veräußerung litigiöser Forderungen in Rassow und Küntzel Beiträge, Bd. 30, S. 779 erörtert und erlaube mir, mich auf diese Ausführung zu beziehen. Entgegnungen von Eccius finden sich in seinem preußischen Privatrecht, 5. Aufl., Bd. 1, S. 670 ff. Neuestens hat sich auch Kohler mit dieser Frage beschäftigt in einer Abhandlung in der Zeitschrift für Civilprozeß, Bd. 12, S. 97 ff. — Bereits bei der Berathung des Norddeutschen Entwurfs einer Civilprozeßordnung stellte man von verschiedenen Seiten klar, daß die „Einwendungen" des Erwerbers in der Vollstreckungsinstanz ihre Stelle finden sollten: Protokolle Bd. 2, S. 566.

Hieraus ergiebt sich, daß, wenn überhaupt nach richtiger Anschauung im Gesellschaftsproceß der einzelne Gesellschafter unter dem Firmennamen verurtheilt wird, sich der Vollstreckungsanspruch gegen ihn im besten Einklang mit den Rechtsschutzformen der Civilproceßordnung befindet. Ja, es wäre geradezu widersinnig, dieses Urtheil nicht als Vollstreckungstitel gegen ihn gelten lassen zu wollen.

III.

Die unter Nr. II geschilderte Verfahrensweise entspricht dem Bedürfniß. Sie verdient in jeder Beziehung den Vorzug vor dem jetzt herrschenden Grundsatz, welcher dem Gesellschaftsurtheil die Eigenschaft eines Vollstreckungstitels gegenüber dem Gesellschafter versagt.

Wir haben erkannt, die Vollstreckbarkeit des Gesellschaftsurtheils gegen den einzelnen Gesellschafter schädigt diesen in keiner Weise.

Er hat ausgiebige Gelegenheit, sich gegen ungerechtfertigten Eingriff ins Privatvermögen zu schützen. Die Behelfe, welche die Civilproceßordnung in der Form einstweiliger Anordnungen, Einstellungen der Zwangsvollstreckung bereit stellt (§ 668 Abs. 2, 688), verstärken das System der bereits unter Nr. II entwickelten Schutzmittel. Dann aber — und das ist das Wichtigste — vermeidet die Vollstreckbarkeit des Gesellschaftsurtheils eine Fülle gänzlich zweckloser, höchst verzögerlicher und kostspieliger Processe.

In den seltensten Fällen wird der einzelne Gesellschafter Individualeinreden haben. Nehmen wir an: im Gesellschaftsproceß sind die Gesellschafter genannt und unter ihrer Firma verurtheilt; die Vollstreckung in das Gesellschaftsvermögen hat nicht zur vollen Befriedigung geführt oder würde voraussichtlich nicht dazu führen; die Gesellschafter zahlen nicht, sie haben keine liquiden Mittel oder der Einzelne will sich nicht für die Uebrigen in die Schanze schlagen. Jetzt fordert man selbständige Klagen gegen die einzelnen Gesellschafter, um in das Sondervermögen vollstrecken zu können! Damit bürdet man dem Sieger großen Zeitverlust und möglicherweise eine unübersehbare Folge von Nachtheilen auf. Dazu gesellt sich eine schwer erträgliche Belästigung des Klägers, wenn man aus irgend welchen doctrinären Gründen die Anwendbarkeit des gemeinschaftlichen Gerichtsstands der Civilproceßordnung § 22 für ausgeschlossen hält. Die Kosten verdoppeln und vervielfachen sich. Und das alles, weil der Gesellschafter Vertheidigungsgründe haben könnte, die er gar nicht hat.

Nun wird man freilich einhalten: das sei ungefährlich; der Gläubiger brauche ja nur von vornherein seine Klage gegen die Gesellschaft zu verbinden mit den Klagen gegen die einzelnen Gesellschafter als Streitgenossen, dann sei ihm geholfen. Weit gefehlt! Allerdings gestatten die Gegner der Vollstreckbarkeit des Gesellschaftsurtheils gegen die einzelnen Gesellschafter solche Klagenhäufung, und es ist hier den grundsätzlichen Bedenken dagegen einstweilen kein Gewicht beizulegen. Aber was ergiebt sich? Zunächst die Unmöglichkeit der Klagenverbindung, wenn man den Gerichtsstand des § 22 am Sitz der offenen Handelsgesellschaft für die einzelnen Gesellschafter nicht als zutreffend erachtet und nicht zufällig Gerichtsstände aller an diesem Orte vorliegen; ob aber § 22 auf die Klage gegen den Gesellschafter in seiner „Sondersphäre" anwendbar sei, dürfte von denen leicht bezweifelt werden, welche in der Gesellschaft ein selbständiges, von den Gesellschaftern geschiedenes Subject sehen; denn für sie haben nicht die Gesellschafter, sondern hat nur die Gesellschaft eine Handelsniederlassung. Dazu kommt ein weiteres Hinderniß der Klagenhäufung für den Fall, daß im Laufe des Processes ein — dem Kläger vielleicht vorerst unbekannt bleibender — Wechsel in den Personen der Gesellschafter eintritt; hier muß er zum Sonderproceß gegen den später Eingetretenen schreiten und kann nur noch von dem Verbindungsrecht des Richters eine Vereinfachung hoffen. Aber sollte auch die Verbindung statthaft und allseitig durchführbar sein, so muthet sie Belästigungen zu und führt zu mannigfachen Schwierigkeiten. Zustellungen und Ladungen an alle Streitgenossen, bez. in einer entsprechenden Anzahl von Exemplaren werden nothwendig. Es erhebt sich die Frage: fällt die Streitgenossenschaft unter § 58 oder 59 der Civilproceßordnung? Mit Beziehung auf das Schuldverhältniß zwischen Kläger und Gesellschaft handelt es sich doch offenbar nur um ein schlechthin einheitlich festzustellendes Rechtsverhältniß; ungleiche Entscheidungen sind nur möglich im Legitimationspunkt und hinsichtlich etwaiger individueller Vertheidigungsgründe. Unmöglich kann der einzelne Gesellschafter verurtheilt werden, während man die Klage gegen die Gesellschaft abweist, noch kann man gegen diese ein Versäumnißurtheil erlassen, während man dem einzelnen erschienenen Gesellschafter gestattet, die Existenz der Gesellschaftsschuld zu bestreiten, ja auf diesem Wege sich den Sieg zu verschaffen. Die Rechtskraft des Versäumnißurtheils würde sich ihm sofort entgegenstellen; er müßte es insoweit als gegen sich mit gesprochen gelten lassen. Demnach würde nach Ermittelung der Gesellschaftereigenschaft aller beklagten Einzelnen, um der Nothwendigkeit einheitlicher Feststellung willen jedem Gesellschafter nach Civilproceßordnung § 59 die Vertretung der Gesellschaft einzuräumen sein — und das ohne Unterschied, ob er firmirender Gesellschafter ist oder nicht. Der von der Vertretung der offenen Handelsgesellschaft ausgeschlossene Gesellschafter (H. G. B. Art. 115) könnte einseitig zu Gunsten der Gesellschaft den Proceß fortsetzen, bewirken, daß diese mit Eiden belastet wird, könnte Rechtsmittel für sie einlegen, ihr Kosten aufbürden und was dergleichen mehr ist. In der That ein Ergebniß, mit welchen selbst fanatische Anhänger der Rechtssubjektivität der Gesellschaft und eines Correalitätsverhältnisses zwischen ihr und den Gesellschaftern nicht zufrieden sein werden. Nebenbei bemerkt, ein Ergebniß, zu dem man auch gelangt, wenn man den Gesellschaftern als solchen schlechtweg das Recht der Nebenintervention im Processe der Gesellschaft einräumt. Scheut man aber davor zurück, nun dann ist der nicht zur Vertretung der Gesellschaft berufene Gesellschafter innerhalb dieser durch die erörterte Klagenhäufung hergestellten Streitgenossenschaft einfach mundtodt, der zur Vertretung berechtigte aber nur um dieser seiner Eigenschaft willen zu hören: d. h. die ganze Streitgenossenschaft zwischen Gesellschaft und ihren Mitgliedern ist eitel Phantasie, sie existirt nicht; beklagt ist nur die Gesellschaft und durch sie und in ihr sind Parteien die Gesellschafter als solche, welche ihre Vertretung gemäß H. G. B. Art. 117 haben, — sofern, möchte man hinzufügen, nicht individuelle Vertheidigungsgründe in Frage kommen! Allein diese sind nicht geeignet, eine Streitgenossenschaft zwischen Gesellschaft und Gesellschafter zu rechtfertigen. Denn handelte es sich, wie von den Gegnern der Personificationstheorie nicht bestritten wird, bei diesen Individualeinreden nicht um die Haftung des Gesellschafters überhaupt, wird diese vielmehr im Gesellschaftsproceß entschieden, handelt es sich also lediglich um die Frage der auf den Gesellschaftsfonds, den Antheil an ihm beschränkten Haftung des einzelnen Gesellschafters, so kann dadurch eine Streitgenossenschaft zwischen ihm und der Gesellschaft nimmermehr begründet werden. Es liegt ähnlich, als wenn gegen mehrere Miterben, die in ungetheiltem Erbe sitzen und deshalb, wie es das preußische Recht will, nur gemeinschaftlich verklagt werden können, eine Erbschaftsschuld verfolgt und von einzelnen vorbehaltlosen Erben zugleich Zahlung aus dem eigenen Vermögen gefordert wird. Eine Streitgenossenschaft zwischen diesen einzelnen und den sämmtlichen Miterben als geschlossenem Subjekt besteht nicht. Die Miterben als solche sind beklagt, die einen in weiterem, die anderen in engerem Umfange. Nur eine objective Klagenhäufung mit Beziehung auf die vorbehaltlos Belangten ließe sich denken etwa so, daß gehäuft sei der Anspruch auf Befriedigung aus der Erbschaft mit dem Anspruch auf Befriedigung aus dem eigenen Vermögen. Aber solche Vorstellung ist auf das Gesellschaftsverhältniß nicht übertragbar. Denn durch die Klage gegen die Gesellschaft wird der Anspruch mit der Prätension der Totalbefriedigung seitens der Gesellschafter und auf Grund des allein die Haftung objektiv normirenden und sie als die Solidarhaft aller Gesellschafter bezeichnenden Art. 112 des H. G. B. ihnen allen gegenüber erhoben. Es giebt keine Haftung der Gesellschafter erstens als Mitglieder der Gesellschaft (Gesammthaftung) und sodann als Einzelne (Sonderhaftung), sondern immer nur eine solidarische Haftung der Gesellschafter als solcher mit ihrem ganzen Vermögen einschließlich des gemeinschaftlichen Gesellschaftsfonds, welche freilich beschränkbar ist durch Individualerlaß u. dergl. auf die Haftung mit dem Gesellschaftsfonds. Derselbe Anspruch ist es, welcher aus dem Gesellschaftsvermögen und dem Vermögen der Gesellschafter Erfüllung sucht. In welchem Stücke sollte der Klaggrund, die Darstellung des Schuldgrundes und der subjektiven Beziehungen vervollständigt werden, wenn das Petitum von der Verurtheilung der Gesellschaft auf die der Gesellschafter erweitert würde? Sind sie unter dem Namen der Firma geeint, so ist das diese erwähnende Petitum ohnedies gegen sie gerichtet. Und klagt etwa jemals jemand auf Verurtheilung zur Zahlung lediglich aus dem Vermögen der Gesellschaft? Dem Antrag auf Verurtheilung der Gesellschaft eine derartig beschränkte Auslegung zu geben, verstieße gegen die Thatsachen. Man kann hier also nicht einmal mit dem Gesichtspunkt der Klagerweiterung operiren.

Wollte man aber die Kategorie der objektiven Klagenhäufung für anwendbar halten, und daher von ihr die Entstehung eines Vollstreckungstitels gegen die einzelnen Gesellschafter abgängig machen, so wäre man vor die andere Frage gestellt: erfordert die Klagenhäufung die Nennung der einzelnen Gesellschafter oder genügt der Antrag auf Verurtheilung der Gesellschaft (d. h. der unter ihrem Namen verklagten Gesellschafter) zur Zahlung aus dem Gesellschaftsvermögen und dem Privatvermögen des Einzelnen? Man wird sich für die erste Alternative entscheiden müssen. Dann aber entstehen Schwierigkeiten, falls während schwebenden Processes ein Wechsel in der Person der Gesellschafter eintritt. Den neu Eingetretenen müßte man wohl oder übel mit selbständiger Klage belangen, denn eine Klagenhäufung lite pendente ist unzulässig. Dazu kommt die Verwirrung, welche auch bei der objectiven Klagenhäufung dadurch entstehen könnte, daß sich in den Gesellschaftsproceß die persönlichen Einreden des Einzelnen, etwaige Widerklagen desselben einmischen. — Das alles ist verkünstelt und praktisch wenig empfehlenswerth.

IV.

Schon jetzt dürfte Folgendes erwiesen sein:

1. Es ist wünschenswerth, daß dem Urtheil im Gesellschaftsproceß die Eigenschaft eines Vollstreckungstitels gegen die Gesellschafter zukomme.

2. Die Civilproceßordnung bietet, falls man die Individualeinreden im Gesellschaftsproceß ausschließt, eine alle berechtigten Interessen sowohl des Klägers wie der Gesellschafter vollkommen wahrende Form zur Durchführung jener Vollstreckbarkeit in ihren §§ 665 ff., 686 ff.

3. Angesichts der tiefgreifenden Meinungsdifferenzen über das Wesen der offenen Handelsgesellschaft und der aus ihm zu ziehenden praktischen Folgerungen, wie insbesondere angesichts der die Vollstreckbarkeit des Gesellschaftsurtheils gegen die Gesellschafter ablehnenden vorherrschenden Lehre und Praxis empfiehlt sich eine gesetzliche Vorschrift, welche in Anlehnung an die Formulirung der Civilproceßordnung § 73, Abs. 4, § 236, Abs. 3 etwa in einem nach Art. 122 des H. G. B. einzuschaltenden Artikel ausspricht: „Das im Proceß wider die Gesellschaft ergehende Urtheil ist wider die Gesellschafter wirksam und vollstreckbar. Die §§ 665 ff., 686 ff. der Civilproceßordnung finden auf die Ertheilung der Vollstreckungsklausel gegen den einzelnen Gesellschafter und die ihm gegen den Anspruch zustehenden persönlichen Einwendungen entsprechende Anwendung."

Eine solche Ordnung der Sache läßt sich mit dem Gesellschaftsrecht des H. G. B. sehr wohl vereinigen, wenn auch wissenschaftliche Constructionen der einen oder anderen Art damit nicht verträglich sein sollten. Die Mannigfaltigkeit derselben beweist, daß die Satzungen des positiven Rechts sich nicht glatt in die Schablone des einen oder anderen Begriffs einpassen, daß sie nicht doctrinäre, sondern dem Leben abgelauschte Schöpfungen sind. Gewiß, mit der Personificationstheorie wäre unser Vorschlag schlechthin unvereinbar; aber diese Theorie ist mit Recht in neuerer Zeit mehr und mehr in den Hintergrund gedrängt und aufgegeben; sie liegt dem H. G. B. nicht zu Grunde. Die in der oben wiederholt berührten Genossenschaftstheorie enthaltene Hypostasirung des gesellschaftlichen Gemeinschaftsverhältnisses, die Steigerung desselben zum Rechtssubject ist nichts anderes, als eine höchst anfechtbare Construction, welche in keinem der Rechtssätze des H. G. B. Anerkennung gefunden hat und schon deshalb nicht finden konnte, weil diese Anschauung erst nach der Entstehung des Handelsgesetzbuches aufgetreten ist. Daß das Wesen der Rechtsgemeinschaft zur gesammten Hand nicht nothwendig zu solcher Construction führt, beweisen überzeugend die meisterlichen Darlegungen Heuslers in seinen Institutionen des deutschen Rechts. „Der rechtliche Gegensatz zwischen Gemeinschaft und juristischer Person — liegt darin, daß bei der ersteren die einzelnen Mitglieder direct am Gemeinschaftsgut antheilberechtigt und demgemäß auch persönlich nach außen verantwortlich sind, während bei der juristischen ein idealer Wille als personificirt und als das Rechtssubject gedacht ist, welches nach außen an die Stelle der Rechtspersönlichkeiten der Einzelnen tritt und nach innen Rechte und Pflichten der Mitglieder beherrscht. Alle Rechtsformen, die aus der Vereinigung von Menschen entstehen, müssen sich unter diese zwei Gruppen vertheilen, und eine Mittelform, eine dritte Art zwischen beiden, giebt es allerdings nicht." „Die Gemeinderschaft bewegt sich ausschließlich auf dem Boden der gemeinsamen Berechtigung mehrerer physischen Personen an einem Gut zu ideellen Theilen." Daß der einheitliche Name, die Firma, daß die Gemeinschaftssphäre, in welcher sich die Gesellschafter als solche befinden, der einheitliche Gerichtsstand, die formelle Parteifähigkeit der Gesellschaft dem nicht entgegensteht, sollte nicht bestritten werden. Läßt man aber die Vorstellung von der Subjectivität der Gesellschaft fallen, so kommt man zur Streitgenossenschaft der Gesellschafter im Gesellschaftsproceß, welcher der bei weitem vorherrschenden Ansicht und zugleich der Civilproceßordnung § 56 ff. entspricht, die bei derartigen Gemeinschaftsverhältnissen das Processiren der Gemeinder als Litisconsorten statuirt. Ihr § 59 ist ganz besonders auf derartige Gesammthandsverhältnisse gerichtet. Ausdrücklich und als zweifellos ihm unterstellt nennen die Motive „die Verhältnisse des Miteigenthums und des Miterbrechts in dem Geltungsgebiet des Preuß. A. L. R. nach der die Praxis bestimmenden Auffassung des Ober-Tribunals", also recht eigentliche Typen moderner Gemeinderschaft. Wenn die Motive gerade betreffs der offenen Handelsgesellschaft die Bemerkung machen: „ob und inwieweit die offene Handelsgesellschaft hierher gerechnet werden kann (vgl. Deutsches Handelsgesetzbuch, Art 111, 114, 117), wie in den Debatten der norddeutschen Kommission behauptet worden, mag dahingestellt werden", so darf vermuthet werden, daß Zweifel über die juristische Persönlichkeit der offenen Handelsgesellschaft den Grund dieser Reserve bildeten. Jedenfalls kann man kühnlich behaupten, die — auch von unserem höchsten Gerichtshof vertretene — Annahme der Streitgenossenschaft ist mit dem Gesellschaftssystem des Handelsgesetzbuchs und der Civilproceßordnung in keinem nachweisbaren Widerspruch. — Es bleibt die Frage übrig, ob nicht desunerachtet die vorherrschende Meinung Recht hat, wenn sie die Vollstreckbarkeit des Gesellschaftsurtheils gegen den einzelnen Gesellschafter für unvereinbar mit der Eigenart des Gesellschaftsprozesses bezw. des Gesellschaftsrechtes erklärt. Ich glaube darauf bereits ausführlich in meinem Handbuch des deutschen Civilproceßrechts geantwortet zu haben und mich auf diese Darlegung zurückbeziehen zu dürfen. Die Logik ist meines Erachtens auf Seiten der Vollstreckbarkeit; denn ist der Gesellschafter Partei, das Urtheil gegen ihn gesprochen, er also verurtheilt, haftet er kraft Gesetzes mit seinem ganzen Vermögen, so ergiebt sich die Vollstreckbarkeit nicht nur gegenüber der Gesellschaft, m. a. W. in das in der Gemeinschaftssphäre liegende Vermögen, sondern auch gegenüber dem Gesellschafter, m. a. W. in das seiner Privatsphäre vorbehaltene Vermögen.

Das wird nicht unwesentlich gestützt durch die Betrachtung derjenigen Gesellschaftsprocesse, in welchem die Frage nicht auf Zahlung oder Leistung irgend eines Vermögensobjects, sondern auf eine Handlung oder Unterlassung gerichtet ist. Die Obligation ist auch hier eine solche zu gesammter Hand, die Klage auch hier unter der Firma angestellt und durchgeführt, und doch muß das Urtheil gegen die Gesellschafter vollstreckbar sein, sofern es sich um den Angriff gegen die Person handelt.

Der einzig mögliche Einwand ist: das Urtheil entscheidet über die Individualhaftung nicht, da es 1. nicht nothwendig die Passivlegitimation feststellt und 2. die Individualeinreden vom Proceßstoff ausgeschlossen waren. Ich habe auf diesen Einwurf unter Nr. II geantwortet, indem ich sagte, daß die Civilproceßordnung zur Erledigung beider Punkte besonders dem Vollstreckungsverfahren angehörige und allen berechtigten Interessen Genüge leistende Wege eröffnet.

V.

Wenn ich hiernach den Satz aufstelle: der Vollstreckungstitel gegenüber der Gesellschaft ist auch Vollstreckungstitel gegenüber dem Gesellschafter, so wird gerade die Prüfung dieser seiner allgemeinen Fassung zur neuen Bestätigung werden für die Richtigkeit seiner dargelegten speciellen Anwendung.

Ich wende mich zu den Vollstreckungstiteln der Civilproceßordnung § 702.

Im Gesellschaftsproceß ist ein Proceßvergleich (§ 702 Nr. 1) geschlossen. Ist er gegen die Gesellschafter vollstreckbar? Es unterliegt keinem Zweifel, daß er die Gesellschafter bindet, daß sie für die in ihm übernommene Verbindlichkeit mit ihrem gesammten Vermögen haften. Es ist nicht abzusehen, weshalb ihm nur gegen die Gesellschaft als solche, nicht gegen den Gesellschafter die Vollstreckbarkeit zukommen und zum Zwecke der Vollstreckung gegen diesen eine Klage aus dem Vergleich erhoben werden soll. Nach § 703 finden die Bestimmungen der §§ 662 bis 701 entsprechende Anwendung. Durch sie ist gesorgt für die Feststellung der Gesellschaftereigenschaft und die Beachtung etwaiger nach dem Vergleich entstandener individueller Vertheidigungsgründe. Die Besonderheit des Zwangsvergleichs im Gesellschaftsconcurs (H. G. B. Art. 122) bedarf keiner genaueren Ausführung. Was von dem Vollstreckungstitel § 702 Nr. 1 zu sagen ist, trifft voll für den des § 702 Nr. 2 zu. Ihnen zunächst verwandt ist die executorische Urkunde des § 702 Nr. 5. Die Handelsgesellschaft stellt eine solche aus, unterwirft sich also der sofortigen Zwangsvollstreckung. Bindet die Executivklausel den einzelnen Gesellschafter nicht? Bedarf es, damit sie gegen ihn wirke, noch einer besonderen individuellen Unterwerfungserklärung? Ist sie nicht eine „Art von Geschäft", nicht eine „Rechtshandlung" (H. G. B. Art. 114), welche vom firmenden Gesellschafter vollzogen den Gesellschafter nach Art. 112 ergreift? Für die Wahrung der Einwendungen ist hier durch Civilproceßordnung § 705 gesorgt. Schafft aber der die Vollstreckbarkeit für eine Gesellschaftsschuld constituirende Act einen Vollstreckungstitel auch gegen die Gesellschafter, so muß das Gleiche bei dem alle Gesellschafter bindenden Urtheil gelten, welchem kraft Gesetzes die Vollstreckbarkeit zukommt. Daß Vollstreckungsbefehle, Arrestbefehle u. dergl. nur vollstreckt werden können gegen diejenigen, auf deren Namen sie lauten, ist selbstverständlich.

Als eines Vollstreckungstitels haben wir noch besonders des vorläufig vollstreckbaren Gesellschaftsurtheils zu gedenken. Die Consequenz erheischt seine Wirksamkeit auch gegenüber dem Gesellschafter; für seine Einwendungen greift § 686, 687 Platz. Die bedenklichen Verwickelungen, welche sich aus dem Nebeneinander des Gesellschaftsprocesses und eines solchen Rechtsstreits auf Grund des § 686 ergeben können, dürfen uns nicht schrecken. Sie sind, da nun einmal § 686 auch für den Fall des berufungs- bez. revisionsfähigen, also überhaupt noch nicht rechtskräftigen Urtheils bestimmt ist, in den allergewöhnlichsten Verhältnissen nicht zu vermeiden und stellen sich verdoppelt im Nachverfahren des Urkundenprocesses ein. Auch mag daran erinnert werden, daß, wenn man in den Fällen der Civilproceßordnung § 73 Abs. 4, § 236 Abs. 3 die Vollstreckbarkeit nicht auf das rechtskräftige Urtheil glaubt beschränken zu dürfen — eine Ansicht, gegen welche durchschlagende Gründe kaum erfindlich sein werden —, hier ganz dieselben Verwickelungen sich einstellen werden; denn auch hier wird im Fall vorläufiger Vollstreckung für die individuellen Vertheidigungsgründe nur durch Civilproceßordnung § 686 Raum geschaffen.

Als letzter erwähnenswerther Punkt erscheint mir die Frage nach der Wirksamkeit des Schiedsspruchs und des ausländischen Urtheils gegenüber dem einzelnen Gesellschafter. Der Schiedsspruch hat bekanntlich die Wirkungen eines rechtskräftigen gerichtlichen Urtheils; er wird vollstreckbar nur durch Vollstreckungsurtheil, auf dessen Erlaß zu klagen ist. Der gegen die Gesellschaft ergangene Schiedsspruch äußert die ihm überhaupt nach dem Gesetz zukommenden Wirkungen gegenüber jedem Gesellschafter, ist also rechtskräftig auch ihm gegenüber. Daher steht es zur Wahl des Siegers, sich ein Vollstreckungsurtheil zu erwirken gegen den einzelnen Gesellschafter oder auch gegen die Gesellschaft. That er ersteres, so wird der Legitimationspunkt und werden die Individualeinreden in diesem Proceß zur Entscheidung gebracht, thut er letzteres, so bleibt beides dem Vollstreckungsverfahren vorbehalten. Das ausländische rechtskräftige Urtheil (Civilproceßordnung § 660, 661) gegen die Gesellschaft untersteht in den beregten Punkten den gleichen Grundsätzen.

Ich bin am Ende. Wir sahen: die Vollstreckbarkeit des Gesellschaftsurtheils gegen den Gesellschafter ist nicht nur durch das Bedürfniß des Lebens geboten, sondern fügt sich ohne Schwierigkeiten in die bestehende Rechtsordnung ein.

X.

Gutachten des Herrn Rechtsanwalts Dr. Ludwig Fuld zu Mainz

über die Frage:

Empfiehlt es sich und eventuell unter welchen Voraussetzungen eine Bestimmung darüber, daß eine Person wegen Trunksucht entmündigt werden kann, in das bürgerliche Gesetzbuch aufzunehmen?

Die maßlose Ausbreitung, welche die Trunksucht im deutschen Volke im Laufe der beiden letzten Jahrzehnte in ursächlichem Zusammenhange mit einer der Errichtung von Schankstellen den weitesten Spielraum lassenden Gewerbegesetzgebung erlangt hat, die geradezu schauerlichen Verwüstungen, welche dieses Laster in dem deutschen Volksleben angerichtet hat und anrichtet, Verwüstungen, die, wie bekannt, sich in der Vermehrung der Verbrechen, der Verrohung der Massen, dem Umsichgreifen des Pauperismus, der Zunahme der Geisteskrankheiten vor Allem verkörpern, hat die Aufmerksamkeit aller derjenigen, welche für die im Volke hervortretenden Schäden und ihre Heilung ein offenes Auge haben, auf die Nothwendigkeit gelenkt, durch Veränderung des bestehenden Rechtes der Progression des am Marke des Volkes zehrenden Alkoholismus eine wirksame Schranke zu setzen. Seitdem das bekannte Buch von Bär [1]) die Gefahren, mit welchen der Alkoholismus das materielle und geistige Leben des deutschen Volkes bedroht, in einem gewissermaßen plastischen Gesammtbilde zur Darstellung brachte, ist die Frage, in welcher

---

[1]) Der Alkoholismus (Berlin, Hirschwald, 1878).

Weise die Gesetzgebung hiergegen einzuschreiten habe, nicht von der Tagesordnung verschwunden, sie hat in den gesetzgebenden Versammlungen des Deutschen Reiches und verschiedener Bundesstaaten, in erster Linie Preußens, zu wiederholten, interessanten Debatten geführt; Vereine der verschiedensten Art, wie die rheinisch-westfälische Gefängnißgesellschaft, der Verein deutscher Irrenärzte, die Innere Mission, die südwestdeutsche Conferenz und vor Allem der Deutsche Verein gegen den Mißbrauch geistiger Getränke haben sie zum Gegenstande ihrer Verhandlungen und Petitionen gemacht, welche wiederholt dem Bundesrathe und Reichstage vorgelegt wurden und in beiden Körperschaften eine durchaus wohlwollende und sympathische Aufnahme fanden. Neben der Ausdehnung der Strafgesetzgebung hatten diese Petitionen in erster Linie eine Reform der gewerbegesetzlichen Vorschriften über die Concessionirung von Schankstellen zum Inhalte, während die Bekämpfung der Trunksucht durch civilrechtliche Vorschriften bis in die neueste Zeit weniger in Betracht gezogen wurde. Auch die verbündeten Regierungen hielten es für angemessener, den strafrechtlichen als den civilrechtlichen Weg zu betreten, wie aus dem dem Reichstage im Jahre 1881[2]) vorgelegten Entwurfe eines Gesetzes zur Bestrafung der Trunkenheit zu entnehmen ist, welcher leider damals nicht zur Verabschiedung gelangte. Lediglich der Verein deutscher Irrenärzte trat schon vor mehr als einem Jahrzehnt der Frage näher, ob es nicht angemessen sei, den Gewohnheitstrinker unter Curatel zu stellen, um ihn auch gegen seinen Willen in gewisse, zur Heilung von Trinkern bestimmte Anstalten zu verbringen und daselbst bis zu seiner Heilung festzuhalten, behandelte also, wie dies bei einem aus Vertretern der Psychiatrie bestehenden Congreß nur natürlich und selbstverständlich ist, die Frage unter dem psychiatrisch-curativen Gesichtspunkte. Auf seiner im Jahre 1877 zu Nürnberg abgehaltenen Versammlung faßte der Verein, wesentlich auf Anregung seines Vorsitzenden, des bekannten Psychiaters W. Nasse in Bonn, der sich um die Förderung der vorstehenden Frage sehr große Verdienste erworben hat[3]), die Resolution, daß die krankhafte geistige Beschaffenheit Trunkfälliger anerkannt werde, und daß mit Rücksicht hierauf die Berechtigung zur unfreiwilligen Unterbringung derselben in besonderen, zur Heilung von Trinkern bestimmten Anstalten auszusprechen, sowie daß die Gründung solcher Anstalten ge-

---

[2]) Stenogr. Ber. d. Reichstages, 4. Leg.-Per., 4. Session 1881, Anlagen Nr. 70. Die Verhandlungen hierüber a. a. O. S. 777—786, 791—806.

[3]) Vergl. dessen Abhandlung: „Was kann von Seiten der deutschen Irrenärzte in der Bekämpfung des Alkoholismus geschehen?" Zeitschr. f. Psychiatrie, Bd. 34, S. 705 (Berlin, Reimer, 1878).

boten sei. Auf der Versammlung des Vereins zu Frankfurt im Jahre 1881 wurde aus Anlaß der Vorlage des erwähnten Gesetzentwurfes an den Reichstag beschlossen, in einer Eingabe die Punkte hervorzuheben, welche bei Abänderung der Gesetzgebung über die Trunksucht vom psychiatrischen Standpunkte aus als der Berücksichtigung erforderlich erschienen[4]).

Im Laufe der Debatten wurde insbesondere Seitens Nasse's betont, daß eine Abänderung der Gesetzgebung in dem Sinne, daß Trunkenbolde, ähnlich wie beim Entmündigungsverfahren, durch Beschluß des Vormundschaftsrichters auf Antrag ihrer Verwandten unter Curatel behufs Verbringung in ein Asyl gestellt werden sollten, unbedingt nothwendig sei[5]). In der Eingabe, welche in Verfolgung dieses Beschlusses dem Reichskanzler überreicht wurde, führte der Verein aus, daß der Gewohnheitstrinker durch dieses sein Laster sich in einen geistigen Zustand versetze, der die Beschränkung der rechtlichen Verfügungsbefugniß mit Nothwendigkeit erheische. „Wir erinnern daran", heißt es in derselben, „daß gewohnheitsmäßige Trinker, mögen sie auf dem Wege lasterhafter Angewöhnung oder unter dem Einfluß krankhafter Schädlichkeiten es geworden sein, allmählich in einen körperlich und geistig krankhaften Zustand gerathen, der sich durch Abstumpfung des Gemüthes, der Urtheilskraft und des Gedächtnisses, durch Schwächung des Willens und Verlust der Fähigkeit zur Selbstbeherrschung charakterisirt. Es ist diese geistige Schwächung, welche den Gewohnheitstrinker so unselbständig macht, daß seine eigenen Willensanstrengungen ihn nicht befähigen, dem Alkohol zu entsagen und welche ihm selbst gar häufig in schmerzlicher Weise zum Bewußtsein kommt."[6]) Schon bevor diese Eingabe dem Reichskanzler überreicht wurde, hatte sich der in Brüssel im Jahre 1880 abgehaltene internationale Antialkoholcongreß mit der Entmündigungsfrage der Trinker beschäftigt und die Resolution angenommen, daß Trunkfällige auf Antrag des Staatsanwaltes oder ihrer Familie entmündigt werden sollten[7]). Diesen Voten autoritativer Körperschaften, welche die Frage wesentlich von dem Standpunkte des Psychiaters aus erörterten, schloß sich der deutsche Verein gegen den Mißbrauch geistiger Getränke an, indem er auf seiner Generalversammlung vom Jahre 1887 zu Darmstadt den Beschluß faßte, daß die Entmündigung der Gewohnheitstrinker geboten

---

[4]) Zeitschr. f. Psychiatrie, Bd. 38, S. 665.
[5]) Zeitschr. f. Psychiatrie a. a. O. S. 659.
[6]) Zeitschr., Bd. 39, S. 609.
[7]) Zeitschr., Bd. 38, S. 660.

sei[8]) und seinen Vorstand beauftragte, denselben nebst den auf die Abänderung der Straf- und Gewerbegesetzgebung gerichteten Desiderien zur Kenntniß der Regierungen zu bringen und entsprechende Vorstellungen bei den gesetzgebenden Gewalten des Deutschen Reiches und der Bundesstaaten einzureichen. Die an den Reichstag gerichtete Petition, welche durch inhaltlich gleiche Massenpetitionen der Innern Mission, durch Vorstellung der Irrenärzte, verschiedener Kreissynoden u. s. w. unterstützt wurde, bildete den Gegenstand der Verhandlung des Reichstages vom 29. Februar 1888. Der Berichterstatter der Petitionscommission empfahl dieselbe dem Reichskanzler als Material zur Berücksichtigung bei der Abänderung der Gesetzgebung zu überweisen, ein Antrag, dem das Haus beitrat, nachdem der Abgeordnete Struckmann in ausführlicher Rede seine volle Sympathie für die Wünsche des Vereins, insbesondere auch insoweit sie die Entmündigung von Gewohnheitstrinkern betreffen, zu erkennen gegeben hatte. Bei dieser Sachlage scheint es für den Juristentag, namentlich im Hinblick auf den veröffentlichten Entwurf eines bürgerlichen Gesetzbuches für das Deutsche Reich wohl geboten, auch seinerseits zu der actuellen und hochwichtigen Frage, deren Realisirung im Sinne der Wünsche der vorerwähnten Vereine ja ohne Zweifel einen starken Eingriff des Staates und der öffentlichen Gewalt in die individuelle Rechtssphäre bedeuten würde, Stellung zu nehmen, und es wird die Ansicht, welche der Juristentag hierüber äußern wird, für die Reichsgesetzgebung um so mehr von Bedeutung sein, als er die erste ausschließlich aus Juristen bestehende Vereinigung ist, welche dieselbe in den Kreis ihrer Erörterungen zieht und zum Gegenstand einer Beschlußfassung macht.

Es kann nicht verkannt werden, daß die Entmündigung einer Person wegen Trunksucht in die Bestimmungen des bürgerlichen Rechtes, welche sich auf die Interdiction beziehen, eine Neuerung einführen wird, eine Neuerung, welche jedoch weniger in der Sache, als in der Form beruht, wie dies auch auf der Darmstädter Versammlung des Vereins gegen den Mißbrauch geistiger Getränke Seitens des Berichterstatters, des Präsidenten v. Stößer, ausdrücklich anerkannt wurde. Die Civilgesetzgebungen der Völker stimmen im Wesentlichen darin überein, daß sie die Entmündigung von einem doppelten Gesichtspunkte aus zulassen, dem der Geistesstörung und dem der Verschwendung; anknüpfend an die Bestimmungen des römischen Rechtes und basirend auf den von denselben gemachten Unterscheidungen in der Beschränkung der Handlungs-

[8]) Jahresversammlung des Deutschen Vereins gegen den Mißbrauch geistiger Getränke zu Darmstadt am 13. und 14. Sept. 1887 (Bremen 1887), S. 20, 30.

und Verfügungsfähigkeit geistesgestörter bezw. verschwenderischer Personen hat die Civilgesetzgebung in fast allen Ländern gewissen Personen die Befugniß gegeben, in einem geordneten Verfahren und unter Wahrung bestimmter, den Mißbrauch verhütender Cautelen, einen Ausspruch des competenten Organes der Staatsgewalt zu provociren, durch welchen jenen die Möglichkeit entzogen wird, die allgemeine bürgerliche Geschäftsfähigkeit in einer dem individuellen sowie dem öffentlichen Interesse zuwiderlaufenden Weise zu benutzen. Die Voraussetzungen, unter welchen die Gesetzgebungen den Zustand der Geistesstörung als vorhanden annehmen, sind im Einzelnen verschieden, ebenso die Voraussetzungen, von deren Existenz die Annahme des Begriffes „Verschwender" abhängig gemacht wird, und nicht minder weichen die Gesetzgebungen bezüglich der Normirung der rechtlichen Folgen dieser Zustände in mehr oder minder erheblichem Grade von einander ab. Für den Zweck der hier zur Erörterung gestellten Frage kann wohl davon abgesehen werden, eine eingehendere Darstellung des Inhalts der auf die Entmündigung bezüglichen Vorschriften der Civilrechte Deutschlands und der übrigen Länder zu geben, es genügt, wenn wir unter Hinweis auf die übersichtliche Zusammenstellung, welche der erste Band der Motive des Entwurfes eines bürgerlichen Gesetzbuches für das Deutsche Reich S. 62 und 63 hierüber enthält, uns darauf beschränken, zu erwähnen, daß im Allgemeinen als Verschwender derjenige angesehen wird, welcher sein Vermögen in unverständiger, liederlicher Weise vergeudet, beziehungsweise durch sein unwirthschaftliches Gebahren sich selbst oder seine Familie der Gefahr aussetzt, in Zukunft der Noth anheimzufallen. So definirt das österreichische Gesetzbuch § 273 als Verschwender denjenigen, welcher sein Vermögen auf unbesonnene Art durchbringt und sich oder seine Familie durch muthwillige oder unter verderblichen Bedingungen geschlossene Creditverträge dem künftigen Nothstand preisgiebt; das Gesetzbuch für den Canton Zürich bestimmt, daß zur Anordnung einer Bevogtung über eine Person die Annahme erforderlich ist, daß dieselbe durch leichtfertige oder verschwenderische Lebensweise oder Geschäftsführung ihr Vermögen in Zukunft zu Grunde richten werde; ähnlich lauten die Bestimmungen des preußischen, bayerischen und sächsischen Rechtes, während der code civil von einer Definition überhaupt abgesehen hat. Theorie und Praxis des französischen Rechtes anerkennen, daß als Verschwender jede Person zu betrachten ist, deren leichtfertiges Gebahren die Befürchtung rechtfertigt, sie werde durch dasselbe sich oder ihre Familie einem Nothstand aussetzen. Daß die für einen Verschwender zu erklärende Person Vermögen besitzen müsse, bildet keine nothwendige

Voraussetzung der Prodigalitätserklärung, auch derjenige, welcher kein Vermögen sein eigen nennt, aber seinen Arbeitsverdienst in verschwenderischer Weise verthut, kann als prodigue bezeichnet werden. Ebensowenig kommt es darauf an, ob die Verschwendung sich durch Spiel, Trunksucht, leichtsinniges Creditiren, Vernachlässigung der Wirthschaft und des Geschäftes oder auf andere Weise verkörpert, wesentlich ist für die Annahme des Verschwenderbegriffes, wie von Stößer[9]) sehr richtig bemerkt hat, nur der Umstand, daß das Gebahren einer Person die Folgerung begründet, es werde durch es eine Nothlage derselben oder ihrer Angehörigen herbeigeführt werden. Es ist deshalb vollkommen zutreffend, wenn Laurent in seinen Erläuterungen des Art. 511 des code ausführt:

> Il ne faut pas attendre, qu'elle (la personne) ait fait des folies pour lui nommer un conseil judiciaire et il ne faut pas non plus attendre pour limiter la capacité du prodigue, qu'il ait dissipé sa fortune, mais du moins faut il qu'il soit prodigue, il doit donc y avoir prodigalité actuelle, c'est à dire, des faits qui attestent qu'une personne dissipe son patrimoine en folles dépenses. Il ne suffit pas même qu'un homme ait diminué considérablement son patrimoine, fût ce par une mauvaise question, pour qu'il puisse être placé sous conseil, la loi n'autorise pas la nomination d'un conseil pour mauvaise question ni pour dépenses excessives, c'est seulement quand les dépenses sont des folies.

Charakteristisch ist für das französische Recht, daß die Prodigalitätserklärung nicht eine wirkliche Entmündigung, sondern nur eine Stellung unter Curatel, also nicht eine Entziehung, sondern nur eine Beschränkung der Geschäftsfähigkeit zur Folge hat.

Der Grundgedanke, welcher die Gesetzgebung bei Regelung der Frage beherrscht, ob eine Person wegen gewisser ihr eigenthümlichen Eigenschaften in ihrer Geschäftsfähigkeit zu beschränken sei, ist hiernach der, daß dieselbe wegen psychischen Defectes oder wegen Mangels an sittlicher Willensstärke derjenigen Voraussetzungen entbehre, von welchen die Bewidmung eines Rechtssubjectes mit der ungeschmälerten Geschäftsfähigkeit abhängig gemacht werden muß. Der Staat hat die Pflicht, solchen Personen, die nicht im Stande sind, von ihrer Geschäftsfähigkeit einen vernünftigen Gebrauch zu machen, dieselbe auf Anrufen der hierdurch in ihren Interessen geschädigten oder bedrohten Personen einzu-

---

[9]) Jahresversammlung a. a. O. S. 19.

schränken oder gar zu entziehen. Wer durch sein Benehmen zeigt, daß er nicht im Besitze der geistigen Begabung ist, von welcher der vernünftige Gebrauch der Geschäftsfähigkeit bedingt ist, wer durch sein Gebahren die Schlußfolgerung mit Nothwendigkeit hervorruft, daß er nicht über das Maß der Willensstärke verfügt, deren Existenz für den gleichen Zweck unbedingt verlangt werden muß, kann nicht im Besitze der Geschäftsfähigkeit gelassen werden; sowohl in individuellem wie in öffentlichem Interesse muß der Staat eine Einschränkung derselben eintreten lassen, die unter Umständen bis zur Entziehung gehen muß. Steht dies fest, dann ist auch die Entmündigung des Gewohnheitstrinkers ebenso gerechtfertigt wie geboten. Auch der Gewohnheitstrinker entbehrt derjenigen Eigenschaften, welche die Voraussetzungen der vollen Geschäftsfähigkeit bilden, auch er ist ebenso wie der Geistesgestörte und der Verschwender vermöge der ihm eigenthümlichen psychischen Mängel nicht im Stande, von derselben einen vernünftigen, zweckmäßigen Gebrauch zu machen. Die Verwandtschaft zwischen dem Zustande des Gewohnheitstrinkers einerseits und dem des Geistesgestörten bezw. des Verschwenders anderseits kann nun aber nicht in Abrede gestellt werden. Der gewohnheitsmäßige Trinker befindet sich in einem anomalen Zustande, sowohl in körperlicher wie in geistiger Beziehung, der sich mit jedem Tage naturgemäß verstärkt und ihn mit jedem Tage weniger als befähigt erscheinen läßt, Handlungen mit Rechtswirksamkeit vorzunehmen. Auch abgesehen davon, daß die Gewohnheitstrinker ausweislich der Irrenstatistik einen sehr bedeutenden Procentsatz unter den alljährlich in die Irrenanstalten aufgenommenen Personen bilden, ist kein Zweifel darüber vorhanden, daß die gewohnheitsmäßige Alkoholintoxication die psychischen Fähigkeiten in schwerster Weise antastet und successive zu Grunde richtet. Es wurde oben schon erwähnt, daß die berufensten Beurtheiler dieses Punktes, die Vertreter der Psychiatrie sich einstimmig dahin aussprechen, daß der Gewohnheitstrinker sich in einem Zustande befindet, welcher sich durch Abstumpfung des Gemüthes, der Urtheilskraft und des Gedächtnisses, durch Schwächung des Willens und Verlust der Selbstbeherrschung charakterisire, also durch Symptome, wie sie bei jedem Geistesgestörten zu Tage treten, und es darf zur weiteren Bestätigung dieser Behauptung auf die sachverständigen Ausführungen Bär's hingewiesen werden, welcher sagt: „Unter den Trinkern in den späteren Stadien der chronischen Intoxication giebt es eine sehr beträchtliche Zahl, die an ausgesprochenen Formen von Geistesstörung leiden und einen nicht geringen Theil der Aufnahmen in die Irrenanstalten bilden. Eine andere, viel größere Zahl von Alkoholisten ist aber vorhanden, die bei noch scheinbarer Gesundheit schon jene

Störung des Willens und der Geistesthätigkeit zeigen, die dem chronischen Alkoholismus eigen ist.

Diese Gewohnheitstrinker zeigen schon jetzt eine verminderte Resistenz gegen äußere Eindrücke und Bewegungen und namentlich einen auffallenden Mangel an Energie, vermöge eigener Willensthätigkeit Entschlüsse zu fassen und auszuführen. Viele Alkoholisten, bei denen die intellectuellen Functionen noch intact zu sein scheinen, deren Handlungen und Urtheilsvermögen noch keine Verkehrtheit verrathen, zeigen schon frühe jene Stupidität des Gemüthes, jene Gleichgültigkeit gegen Sitte und Anstand, gegen das Elend und die Schande, die sie durch die Trunksucht auf sich und die Ihrigen bringen, und neben den physischen Störungen des Organismus Zeichen psychischer Schwäche, Zeichen fortschreitenden Zerfalles der höheren intellectuellen Functionen, einer Abnahme der ethischen Gefühle und sittlichen Corrective, zu denen bald Störungen der Affecte, Gemüthsreizbarkeit, Jähzornigkeit, Mißmuth und Mißtrauen hinzutreten." [10]) Diese Zeugnisse könnten noch mit Leichtigkeit durch die Aussprüche anderer hervorragender Vertreter der Psychiatrie Deutschlands, Englands und Frankreichs, wie Krafft-Ebing's, Griesinger's, Roller's, Lunier, Maudlseigh, vermehrt werden, die alle in dem Urtheile übereinstimmen, daß der Gewohnheitstrinker sich in einem anomalen psychischen Zustande befindet, welcher gerade diejenigen intellectuellen Fähigkeiten tangirt, deren normale Beschaffenheit die Voraussetzung für den Genuß der ungeminderten Geschäftsfähigkeit bildet, würde nicht unsere Arbeit mit Citaten allzu sehr überladen, und es bedarf hiernach kaum noch des Hinweises auf die dem Criminalisten besonders bekannte Erfahrung und vertraute Wahrheit, daß diejenige Form der Geistesstörung, welche man mit dem Ausdrucke des moralischen Irrsinnes bezeichnet, folie morale, moral insanity, sich unter der Classe der Gewohnheitstrinker außerordentlich häufig constatiren läßt. [11])

Es könnte nun vielleicht von mancher Seite das Bedenken geltend gemacht werden, ob den Behauptungen der Psychiatriker in dieser Beziehung Seitens des Staates und der Gesetzgebung vollkommener Glaube zu schenken ist, ob man sie zur Grundlage einer Maßregel machen darf, welche in das Gebiet der persönlichen Freiheit in so einschneidender Weise eingreift, und dieses Bedenken liegt vielleicht um so näher, als man bekanntlich von

---

[10]) A. a. O., S. 505, vgl. ferner die Ausführungen dieses Schriftstellers S. 360—377 und Anmerkung 186—190.

[11]) Es wird hierfür auf die bekannten Lehrbücher der gerichtlichen Psychopathologie und der Psychiatrie von Krafft-Ebing, auf die „Psychologie des Verbrechens" von Kraus (Tübingen 1884), sowie auf den 4. Band des „Handbuch der gerichtlichen Medicin" von Maschka (Tübingen 1881—1882) Bezug genommen.

ärztlicher Seite selbst, gestützt auf die Autorität eines Rud. Virchow, den Psychiatrikern den Vorwurf gemacht hat, daß sie mit einem gewissen Fanatismus die Identificirung des Gewohnheitstrinkers mit dem Geistesgestörten betrieben. Allein, wenn man auch im Uebrigen sich gegen Machtüberschreitung der Vertreter der Psychiatrie und den nicht selten vorkommenden Eingriff in das Gebiet der Jurisprudenz abweisend verhält, so kann doch füglich nicht bezweifelt werden, daß bezüglich dieser Frage die Meinungsäußerung der berufenen Vertreter der irrenärztlichen Wissenschaft Anspruch auf vollste Berücksichtigung hat. Wenn wir bei anderen, dem Gebiete des Seelenlebens angehörigen, in forensischer Beziehung wichtigen Fragen, die irrenärztliche Autorität als maßgebende Grundlage für die Entscheidung des Richters anerkennen, so gebietet die logische Consequenz, daß der Jurist sich ihr auch bezüglich der Beurtheilung des Geisteszustandes des Alkoholisten unterordne und der Umstand, daß die psychiatrische Auffassung uns noch gänzlich neu und geradezu seltsam erscheint, darf uns hieran nicht hindern; wir schließen uns in dieser Beziehung Wort für Wort dem an, was Liman vor einiger Zeit bemerkt hat; so gut wir dem Vertreter der Heilkunde glauben, wenn er die Diagnose stellt, daß Jemand lungenkrank ist und als solcher behandelt werden muß, ebensowohl müssen wir ihm folgen, wenn er bei dem Alkoholisten constatirt, daß die Functionen des Gehirnes und der Nerven sich nicht in normalem, sondern in anomalem Zustande befinden [12]) und es wäre eine durchaus unbefugte Ueberschätzung unseres eigenen Wissens, und dessen, was unsere Wissenschaft leisten kann, wollte die Rechtspflege lediglich aus dem Grunde, weil die Qualificirung des Alkoholisten als einer mit psychischem Defecte behafteten Persönlichkeit mit den hergebrachten Anschauungen und den vertrauten Ueberlieferungen nicht harmonirt, die psychiatrische, auf eine überreiche Beobachtung gestützte Behauptung a priori zurückweisen, bezw. ihr die nothwendige Anerkennung in Theorie und Praxis versagen. In Ansehung verschiedener forensischer Fragen hat sich die Gesetzgebung und die Rechtswissenschaft gezwungen gesehen, den Forderungen der Psychiatrie, trotz anfänglichen Widerstrebens, gerecht zu werden, weil deren Berechtigung auf die Dauer nicht bestritten werden konnte, es darf in dieser Hinsicht nur auf die Bestimmungen des deutschen Strafgesetzbuches über die krankhaften, die kriminelle Verantwortlichkeit ausschließenden Geisteszustände verwiesen werden, welche sich fast wörtlich an die von den berufenen Vertretern der irrenärztlichen Wissenschaft gemachten Vorschläge angeschlossen haben, um von

[12]) Gerichtssaal Bd. 39 S. 86.

entfernteren Beispielen zu schweigen. Es ist aus diesem Grunde nicht abzusehen, weshalb gerade die Forderungen der irrenärztlichen Wissenschaft bezüglich der Alkoholisten keine Beachtung, weshalb ihre Lehren gerade bezüglich dieser Personenklassen keinen Glauben genießen sollten, und wenn der Einwand erhoben wird, daß noch kein Staat und keine Gesetzgebung sich zu der verlangten Gleichstellung des Gewohnheitstrinkers mit dem Geistesgestörten entschlossen habe, so ist diese Behauptung zunächst in dieser Allgemeinheit nicht einmal ganz richtig, wäre sie es aber auch, so müßte dennoch die Beweiskraft dieses Argumentes als eine höchst zweifelhafte bezeichnet werden.

Wenn der Richter im Entmündigungsverfahren auf Grund des irrenärztlichen Berichtes und Gutachtens constatirt, daß eine Person als furiosus anzusehen ist, daß sie sich in einem état habituel d'imbecillité, de démence ou de fureur befindet, weshalb soll er nicht, auf das Gutachten derselben Autorität gestützt, aussprechen, daß eine Person wegen ihrer gewohnheitsmäßigen Völlerei bereits einen Zustand geminderter Geistesfähigkeit erkennen läßt? Trauen wir der ärztlichen Autorität und den Ergebnissen der Wissenschaft in letzterem Falle nicht, so gebietet die Logik, ihr auch den Glauben im ersteren zu versagen. Mit Recht bezeichnet das englische Gesetz über die Gewohnheitstrinker, die Habitual Drunkards Act vom 3. Juli 1879, den Gewohnheitstrinker als eine Person, welche in Folge von gewohnheitsmäßigem, unmäßigem Trinken von berauschenden Flüssigkeiten sich oder anderen gefährlich und unfähig ist, sich und ihre Angelegenheiten selbst zu besorgen; der pathologische Geisteszustand des Gewohnheitstrinkers wird also nicht etwa lediglich in den Lehrbüchern der Theoretiker, sondern auch seitens der Gesetzgebung eines Staates, der auch in Ansehung der Bekämpfung der Trunksucht das Verdienst beanspruchen kann, den übrigen Kulturländern mit gutem Beispiele vorangegangen zu sein, nicht in Abrede gestellt, und wenn auch die Motive des Gesetzentwurfes von 1881 sich zu dieser Frage nicht äußern, so weisen doch auch sie auf den Zusammenhang zwischen der Trunksucht und der Geisteskrankheit ausdrücklich hin [13]).

Ist hiernach als feststehende Thatsache anzunehmen, daß der Gewohnheitstrinker sich in einem anomalen psychischen Zustande befindet, der seine geistige Fähigkeiten alterirt und schwächt, der gerade die geistigen Functionen, deren intacte Existenz die Geschäftsfähigkeit bedingt, beeinträchtigt und trübt, so muß auch die Aufnahme einer Bestimmung, welche die Entmündigung dieser Personen gestattet, unbedingt als geboten erscheinen. Gegen Personen, welche mit chronischer Alcoholintoxication behaftet sind,

---

[13]) Stenogr. Ber. a. a. O. S. 407.

muß die Einleitung eines auf Entmündigung abzielenden Verfahrens ebenso gestattet werden, wie gegen den mit Blödsinn oder Wahnsinn Behafteten, weil in diesem wie in jenem Falle die Voraussetzungen der Handlungsfähigkeit nicht vorhanden sind. Auch der Umstand, daß die Folgen der unter dem Einfluß des anomalen Geisteszustandes vorgenommenen Handlungen nicht nur für die betreffende Persönlichkeit selbst, sondern auch für seine Angehörigen, den Kreis seiner Familie fühlbar sind, muß den Staat dazu führen, gegenüber den Personen beider Kategorieen die Statthaftigkeit der gleichen Maßregel anzuordnen. Es kommt hierbei noch in Betracht, daß die Interdiction der Gewohnheitstrinker nicht nur mit Rücksicht auf die vermögensrechtlichen Folgen ihres Gebahrens zu verlangen ist — dieser Punkt wird alsbald besprochen werden, wenn wir die Analogie zwischen dem Zustande des Verschwenders und des Alcoholisten in Betracht ziehen — sondern auch, und zwar in ganz hervorragendem Maße ob der auf nichtvermögensrechtlichem Gebiete liegenden Consequenzen. Es ist hier auf die unsagbaren Miß- und Uebelstände hinzuweisen, welche aus dem Umstande entstehen, daß der wüsteste Gewohnheitstrinker im Besitze der väterlichen und vormundschaftlichen Gewalt bleibt und mit ihr nach Belieben schalten und walten, sie in der ärgsten Weise mißbrauchen kann, ohne daß die Gesetzgebung ein Mittel bietet, dagegen einzuschreiten, da selbst in denjenigen Rechtsgebieten Deutschlands, in welchen ähnliche Vorschriften bestehen, wie die des Preußischen Landrechtes II, 2 § 90, 91 die Voraussetzungen, von denen eine Entziehung der väterlichen Gewalt abhängig gemacht wird, verhältnißmäßig nur selten ein Einschreiten des Staates gestatten, auch wo die Nothwendigkeit keines weitern Beweises bedarf. Der Gewohnheitstrinker ist aller jener Eigenschaften baar, welche bei dem Inhaber der väterlichen Gewalt nach deutschrechtlicher Anschauung vorausgesetzt werden müssen. Wenn sich das deutsche und römische Recht in ihrer Auffassung von der väterlichen Gewalt darin unterscheiden, daß im letzteren dieselbe als ein Recht, im ersteren hingegen als sittliche Pflicht erscheint, und daß die Gewalt nur im Interesse der Kinder anerkannt wird, so ist es unmöglich für den Staat, eine Person im Besitze dieser Befugniß zu lassen, welche sie in der schlimmsten Weise anwendet, wie dies bei dem Gewohnheitstrinker regelmäßig der Fall ist. Es erscheint deshalb dringend geboten, die Entmündigung des Gewohnheitstrinkers nicht mit den Wirkungen einer Kuratel im Sinne des französischen Rechtes, sondern auch mit Wirkungen auf dem Gebiete des Familienrechtes auszustatten. Darüber kann ein Zweifel nicht obwalten, daß durch die Belassung des Gewohnheitstrinkers mit der väterlichen Gewalt das körperliche und geistige

Wohl der heranwachsenden Generation den größten Nachtheilen ausgesetzt ist, und es darf wohl als ein überaus ungenügender und mangelhafter Rechtszustand bezeichnet werden, daß der Staat die des Selbstschutzes unfähigen Kinder nicht gegen die rohe und unsittliche Behandlung in Schutz nimmt, der sie seitens des trunksüchtigen Vaters regelmäßig in so erheblichem Grade und in geradezu empörender Weise unterworfen sind. Mit vollem Rechte wurde in den Motiven des Gesetzentwurfes von 1881 betont, daß unter dem Laster der Trunksucht in erster Linie die Angehörigen des Unmäßigen unzweifelhaft zu leiden hätten und nichts wäre unrichtiger und für die sachgemäße Regelung der Materie nachtheiliger, als dieses „Leiden" ausschließlich auf das Gebiet des Vermögens zu verlegen. Die Mißhandlungen, welchen die Mitglieder der Familie des Trunkenboldes regelmäßig ausgesetzt sind, werden durch eine nur mit vermögensrechtlichen Wirkungen ausgestattete Interdiction nicht beseitigt oder vermieden werden können, ebenso wenig wie der die Sittlichkeit derselben aufs Aeußerste schädigende Einfluß des Trinkers; um diesen Zweck zu erreichen, bedarf es der Ausdehnung der Wirkungen der Entmündigung auf das Gebiet des Familienrechtes, auf das Gebiet der patria postestas. „Der Gewohnheitstrinker entzieht sich," sagt Bär sehr treffend, „durch seine krankhaft gewordenen Leidenschaft, die seine materielle und moralische Existenz früher oder später unausbleiblich vernichtet, allen Pflichten, die er dem Staate, der Gemeinde, selbst der Familie schuldet", und mit echter, sittlicher Entrüstung wirft er die Frage auf: „hat der Staat nicht die Aufgabe, das schutzlose Weib, die unmündigen Kinder vor dem Ruin zu bewahren, den ihnen die Trunksucht des Gatten, des Vaters bereitet?" [14]) Es kann nicht genug davor gewarnt werden, daß man sich hüten muß, mit der Einseitigkeit, die uns in Folge einer bekannten Richtung der Jurisprudenz naheliegt, nur die vermögensrechtlichen Consequenzen zu berücksichtigen, welche das Gebahren des Gewohnheitstrinkers für seine Angehörigen mit sich bringt. So wichtig dieselben auch sind, so stehen sie doch an Bedeutung und Werth, namentlich unter dem Gesichtspunkte des Collectivinteresses, hinter den auf sittlichem Gebiete liegenden Folgen weit zurück, und es wäre deshalb ein durchaus unerwünschtes und geradezu unerfreuliches Resultat der auf die Zulässigkeit der Entmündigung von Gewohnheitstrinkern gerichteten Bestrebungen, wenn dieselben nur dazu führen sollten, die vermögensrechtliche Dispositionsbefugniß des Gewohnheitstrinkers einzuschränken. Die Gesetzgebung würde nur ein Stückwerk schaffen, wenn sie lediglich

---

[14]) A. a. O. S. 501.

die Entziehung der Vermögensdisposition ins Auge fassen, dagegen von der Entziehung der familienrechtlichen Gewalt absehen wollte. Wenn schon die von der ständigen Deputation zur Begutachtung gestellte Frage sich nur auf die Entmündigung bezieht und man hierunter bisher nach einem verbreiteten und fast allgemeinen Sprachgebrauche nur die Beschränkung in der Vermögensdisposition versteht, so glaubt der Gutachter sich doch keiner Machtüberschreitung schuldig gemacht zu haben, wenn er die Nothwendigkeit mit wenigen Worten betonte, die Einschränkung der Handlungsfähigkeit der Gewohnheitstrinker auch gegenüber der Sphäre der Familiengewalt zur gesetzlichen Anerkennung zu bringen, um so weniger, da der Entwurf des bürgerlichen Gesetzbuchs die Entmündigung als ein Ereigniß betrachtet, welches das Ruhen der väterlichen Gewalt zur Folge hat.[15]) Sobald man der Behauptung beipflichtet, daß der Gewohnheitstrinker ein psychisch anomaler Mensch ist, dessen Zustand die Anordnung weitgehender Restrictionen erforderlich macht, so erheischt es die Logik, diese Restriction nicht nur gegenüber der Gefährdung des Vermögens, sondern auch gegenüber der Gefährdung solcher Rechtsgüter eintreten zu lassen, welche zwar in Geld nicht abschätzbar, aber des Schutzes in demselben, wenn nicht in höherem Grade bedürftig und würdig sind, wie jenes. Wenn es in der seitens des eidgenössischen statistischen Bureaus über die Alcoholfrage herausgegebenen vergleichenden Zusammenstellung von Gesetzen und Erfahrungen am Schlusse heißt: „wo die Trunksucht eine krankhafte Natur angenommen hat, wo der Gelegenheitstrinker zu einem leidenschaftlichen Gewohnheitstrinker geworden ist, da wird es gut sein, wenn der Staat oder die Gemeinde dafür einsteht, daß in öffentlichen Trinkerasylen oder in patentirten Privatinstituten einerseits für die zweckentsprechende Behandlung solcher Kranken Sorge getragen wird, anderseits deren Angehörige, wie das Gemeinwesen vor den

---

[15]) In treffenden Worten hat Miquél auf der Darmstädter Versammlung des „Vereins gegen den Mißbrauch geistiger Getränke" eine Lanze für die Aenderung des geltenden Rechtes in diesem Sinne gebrochen. Er sagte u. A.: „Die Nothwendigkeit der Entmündigung eines Gewohnheitstrinkers, dieses gefährlichen Individiums, gefährlich für alle, die unter seiner Gewalt stehen, für die ganze Familie, ist auch dann geboten, wenn der Zustand der Prodigalität nicht nachgewiesen wird. Was weiter die Wirkung betrifft, so ist die erste, die ich verlange, die Entziehung der väterlichen Gewalt. Hier bitte ich die Sache nach der sittlichen Seite zu behandeln, die Voraussetzungen, unter denen man Jemandem eine solche Macht über Frau und Kinder anvertrauen kann, fallen weg, wenn der Zustand gewohnheitsmäßigen Saufens vorhanden ist. Man muß die Kinder gerade retten, indem man die väterliche Gewalt beseitigt und an die Stelle des Vaters den nüchternen Vormund stellt." Jahres-Versammlung, a. a. O. S. 26.

Ausschreitungen ihres krankhaften Zustandes geschützt bleiben [16]), so stimmen wir dem Wort für Wort bei, der Schutz, welcher den Angehörigen vor den Excessen des Alcoholisten gewährt werden muß, darf keines der durch die Rechtsordnungen geschützten Interessen unberücksichtigt lassen, sondern er muß auf alle ausgedehnt werden. Grundsätzliche Bedenken stehen hiernach der Entziehung der väterlichen Gewalt, wenn man die Entmündigung des Alcoholisten, nicht die bloße Verbeistandung oder Curatel für statthaft erachtet, nicht entgegen, und daß ein Bedürfniß dafür vorhanden ist, darüber sind die sämmtlichen Schriftsteller über den Alcoholismus einig. Wenn wir die beweglichen Klagen lesen, welche in den Mittheilungen des Vereins gegen den Mißbrauch geistiger Getränke aus Laienkreisen gerade darüber so häufig laut werden, daß es die Gesetzgebung an einer ausreichenden Beschützung der Frau und Kinder des Gewohnheitssäufers fehlen lasse, wenn wir uns an die Gerichtsverhandlungen erinnern, in welchen die rohe und pflichtvergessene Behandlung der Kinder durch den trunksüchtigen Vater aufgedeckt wird, so kann uns nicht zweifelhaft sein, daß die betreffenden Behauptungen den thatsächlichen Verhältnissen durchaus entsprechen und das bestehende Recht eine Lücke in dieser Beziehung aufweist, welche zu ergänzen die Pflicht des bürgerlichen Gesetzbuches für das Deutsche Reich ist. Nachdem der Entwurf des bürgerlichen Gesetzbuches sich entschlossen hat, dem Beispiele derjenigen Gesetzgebungen zu folgen, welche die cura prodigi des römischen Rechtes zu einer vollständigen Vormundschaft ausbildeten und es mit Recht ablehnte, die bloße Verbeistandung der französischen Rechtes zu adoptiren, wird man nicht umhin können, wenn man überhaupt eine besondere Bestimmung über die Beschränkung der Geschäftsthätigkeit des Gewohnheitstrinkers aufnimmt, durch sie die volle Entmündigung und nicht bloß die Verbeistandung zuzulassen.

Im Verlaufe der bisherigen Darstellungen sind wir von der psychiatrisch nicht anzuzweifelnden Behauptung ausgegangen, daß der Gewohnheitstrinker sich in einem anomalen psychischen Zustande, analog dem Wahnsinnigen und Blödsinnigen befinde [17]) und haben daraus die Schluß-

---

[16]) Zur Alcoholfrage, vergleichende Darstellung der Gesetze und Erfahrungen einiger ausländischer Staaten zusammengestellt vom eidgenössischen statistischen Bureau (Bern, Stämpfli'sche Buchdruckerei).

[17]) Es mag noch zur Vervollständigung der obigen Angaben in Betreff dieses Punktes auf das reiche statistische Material verwiesen werden, welches die angeführte Arbeit des eidgenössischen statistischen Bureaus über den Zusammenhang von Alcoholismus und Geisteskrankheit enthält; vgl. besonders S. 17, 18, 79, 75, 160, 210, 211 u. s. w. Sehr bemerkenswerth ist eine hierauf bezügliche Aeußerung der

folgerung gezogen, daß er auch analogen civilrechtlichen Restrictionen wie dieser zu unterwerfen sei. Zu demselben Resultate gelangen wir aber, wenn wir den Zustand des Alcoholisten mit demjenigen des Verschwenders identificiren, was in juristischen Kreisen minder großem Widerstreben begegnet als die Identificirung mit dem Geistesgestörten.

Die Gründe, welche den Staat veranlassen, den Verschwender in seiner Verfügungsfähigkeit einzuschränken, sind auch bei dem Gewohnheitstrinker vorhanden. Erkennt es der Staat als seine Pflicht an, dem leichtfertigen Gebahren einer Person, welches über sie wie ihre Familie Armuth und Noth bringen wird, entgegen zu treten und ihr die Mittel zu entziehen, die Vergeudung von Hab und Gut fortzusetzen, so muß er auch dem Gewohnheitstrinker Einhalt thun, welcher durch seine maßlose Völlerei sich und die Seinen dem wirthschaftlichen Ruin entgegenführt. Wenn bei dem verschwenderischen Lebenswandel einer Person der Umstand ganz besonders den Staat zu dem einschneidenden Eingriff in die Verfügungsfreiheit bewegt und bewegen muß, daß die Folgen desselben nicht auf den Verschwender allein beschränkt bleiben, sondern sich auch seiner Familie und der Gemeinde fühlbar machen, daß also nicht nur ein individuelles, sondern auch ein allgemeines, ein öffentliches Interesse die Entmündigung desselben gebieterisch erheischt, so liegt der gleiche Beweggrund in nicht geringerem Grade bei dem Gewohnheitstrinker vor. Hierzu kommt noch folgende Erwägung. Der Staat legt der Gemeinde die Verpflichtung auf, für die Ernährung und den Unterhalt des Armen Sorge zu tragen, derjenige, welcher sich durch seinen fortgesetzten Trunk an den Bettelstab gebracht hat, hat auf die öffentliche Unterstützung nicht minder Anspruch, wie derjenige, den unverschuldetes Unglück — Krankheit und Siechthum — in diese Lage führt. Ein solcher Rechtszustand kann aber mit nichten als ein zufriedenstellender anerkannt werden. Die Gemeinde, welcher die Unterstützung des Verarmten obliegt, muß auch ein Mittel besitzen, der Verarmung des Einzelnen wirksam entgegentreten zu können, sie muß in der Lage sein, dem Gebahren einer

---

académie de médecine, welche S. 37 der Sammlung abgedruckt ist; dieselbe lautet: „Auch der leichte, täglich wiederholte Alcoholgenuß führt von der einfachen Nervenschwächung zum diffusen Blutandrang im Gehirn, schließlich zur Gehirnerweichung. Es stellen sich hartnäckige Kopfschmerzen ein, Schwindelanfälle, Hallucinationen, Abnahme der Verstandeskräfte und der sittlichen Selbstbeherrschung, geistige Trägheit, Verlust des Gedächtnisses, Sprachstörungen, Muskelzittern, vorübergehende Anfälle von ruhigem oder aufgeregtem Irrereden. Bei Absinthtrinkern besonders kommen epileptische Anfälle hinzu; den Schluß bilden Verrücktheit, Blödsinn, Lähmung."

Person, welches mit Nothwendigkeit zur völligen Verarmung führt, Einhalt gebieten zu dürfen; die Möglichkeit, eine solche Person auf Grund des § 361 Ziffer 5 des Strafgesetzbuches der Strafe überantworten zu können, genügt in dieser Beziehung durchaus nicht, da, wenn es erst einmal so weit gekommen ist, daß diese Strafandrohung zur Anwendung gelangen kann, die Verarmung schon zur Thatsache geworden und eine Verhütung derselben unmöglich ist. Der Staat darf aber nicht bis zu diesem Zeitpunkte warten, sondern schon vorher muß er gegen den Trunkenbold einschreiten, schon bevor dieser Zustand eingetreten ist, muß letzterer zum Gegenstande besonderer Maßregeln gemacht werden. Mit vollem Rechte haben die Motive des Gesetzentwurfes von 1881 gesagt: „Wenn die Trunksucht sich auf den diesem Laster Ergebenen beschränkte, könnte der Gesetzgeber dieselbe unbeachtet lassen. Sie schädigt aber auch die Familien, die Gemeinden und den Staat und zwar in so verderblicher Weise, daß jedes zulässige Mittel angewendet werden muß." [18]) Anerkennt man aber die Wahrheit und Richtigkeit dieser Behauptung, so kann man sich der logischen Consequenz nicht mehr länger entziehen, den Gewohnheitstrinker in Ansehung der Beschränkung der Geschäftsfähigkeit nicht günstiger zu behandeln wie den Verschwender. Die Richtigkeit der Behauptung, daß in der That das Gewohnheitstrinken eine der Hauptursachen der Armuth, sowohl der Massenarmuth, des Pauperismus, wie der Einzelarmuth ist, muß aber von Jedem, welcher sich nur einigermaßen mit der reichen Litteratur, die in Betreff dieser Frage vorhanden ist, vertraut gemacht, welcher nur irgendwie die Meinungsäußerungen der competentesten Beurtheiler, der Armenpfleger, kennen gelernt hat, mit Nothwendigkeit zugegeben werden. Schon Robert von Mohl hat die Trunksucht als die Hauptquelle der selbstverschuldeten Armuth bei Männern bezeichnet; [19]) in demselben Sinne äußert sich Bär. [20]) „In der Trunksucht des Familienvaters," sagt ein weiblicher Schriftsteller, Lina Beckmann, „wurzelt der Pauperismus mit allen seinen Folgen, der Diebstahl bei der Mutter, die wegwerfende Führung bei den Töchtern, die Anlockung des bösen Beispieles bei den Söhnen. Solange unsere Gesetzgebungen vor einem solchen Zustande der thatsächlichen Verhältnisse ohnmächtig sind, solange die Trunksucht von dem Gesetzgeber als Nebensache betrachtet wird und unbestraft bleibt, werden alle unsere Anstrengungen, um unsere Gesellschaft zu bessern, an diesem Hinderniß schei-

[18]) Stenogr. Ber. a. a. O. S. 407.

[19]) Polizeiwissenschaft I S. 368.

[20]) A. a. O. S. 323.

tern", [21]) und Elben hat in der Darmstädter Versammlung den Klagen der Armenpfleger darüber, daß sie mit sehenden Augen gezwungen sind, das Zugrundegehen einer Familie zuzulassen und nicht eher einschreiten können, bis die Voraussetzungen der öffentlichen Unterstützung gegeben sind, einen beredten Ausdruck gegeben. In Dänemärk führt man auf Grund der statistischen Erhebungen 30 Procent der Armenunterstützungen auf die Trunksucht zurück, [22]) eine geradezu exorbitant hohe Ziffer. Wenn dieselbe auch in anderen Ländern nicht annährend erreicht wird, so ist doch auch in ihnen der Procentsatz derjenigen Personen unter den durch öffentliche Mittel Unterstützten, welche lediglich durch die Völlerei der Armuth anheim fielen, ein sehr beträchtlicher und die Armenstatistik des deutschen Reiches für das Jahr 1885 hat zur Genüge dargethan, daß die Klagen der Organe der öffentlichen Armenpflege vollauf begründet sind.

Wir dürfen es getrost behaupten, daß für die Passivität, mit welcher der Staat zur Zeit der Progression der Verarmung durch stetes Trinken zusieht, in den weiteren Kreisen absolut kein Verständniß vorhanden ist, während man eine Entmündigungsbefugniß des Gewohnheitstrinkers mit der größten Freude begrüßen würde. „Der Laie," heißt es in einer beweglichen Schilderung des in Folge des mangelhaften Rechtszustandes veranlaßten Elends, „begreift nicht, daß die Gemeinde schlechterdings kein Recht haben soll, einem Säufer, der den einen Acker um den andern vertrinkt, ein Halt zurufen zu dürfen, bis er ein Bettler ist und die Gemeinde für ihn und seine Familie sorgen muß". [23]) Wir halten es für unnöthig, noch weiteres Material zur Erhärtung des in Betreff des Einflusses der Trunksucht auf die Verarmung Gesagten beizubringen; Jeder, der für die Verhältnisse des Gesellschaftslebens auch nur einigermaßen Aufmerksamkeit und Interesse besitzt, kann diesen Zusammenhang nicht in Abrede stellen; mag auch der Kreis, welcher der Beobachtung eingeräumt ist, noch so klein sein, bei Anwendung einiger Aufmerksamkeit werden auch in ihm Fälle constatirt werden, in welchen sich dieser Zusammenhang so deutlich wie nur möglich verkörpert, und es ist auch für die

---

[21]) Citirt bei Bär a. a. O. S. 335, 336.

[22]) Unter 100 Armenhäuslern waren im Jahre 1880 39 Männer, 18,81 Frauen und 29,69 Kinder, deren Armuth auf der eignen oder der Eltern Trunksucht beruhte. Während der Periode 1871/80 betrug der auf die Trunksucht entfallende Antheil an der Verarmung 29,01, 27,08, 28,44, 29,88, 30,14, 31,94, 30,51, 31,20 und 30,89 Procent. Vgl. zur Alcoholfrage S. 158.

[23]) Mittheilungen des deutschen Vereins gegen den Mißbrauch geistiger Getränke, Jahrg. 1886 S. 100 (Bremen, Roussel, 1886).

Verhältnisse in Deutschland buchstäblich wahr, was der Präsident des Gesundheitsamtes des Staates Massachusetts einem Berichte vom Jahre 1875 zufolge hierüber gesagt hat, „daß die Völlerei eine der Wurzeln aller Uebel sei, die die Person, ihre Familie, ihre Freunde und schließlich das Staatswesen als Ganzes heimsuchen, daß die staatlichen Armenhäuser mit ihren directen und indirecten Opfern überfüllt sind und eine große Last für die steuerzahlende mäßige Bevölkerung des Gemeinwesens bilden.“ [24]) Wenn der Berichterstatter dann fortfährt, daß diese Thatsachen von allen Vernünftigen, selbst wenn sie mäßige Trinker seien, beklagt, daß sie von Jedem anerkannt werde, so ist dies für Deutschland wenigstens leider nur cum grano salis richtig, es wäre sonst unerklärlich, daß man die charakterisirten Uebelstände so lange bestehen ließ, ohne ein energisches Einschreiten der Gesetzgebung für nöthig zu erachten.

Es ist von juristischer Seite behauptet worden, daß es einer Sonderbestimmung, welche die Entmündigung des Gewohnheitstrinkers zulasse, gar nicht bedürfe, da dieselbe schon unter dem Gesichtspunkte der Verschwendung statthaft sei! Dieser Ansicht kann nicht beigetreten werden. Zwar ist es ohne Zweifel richtig, daß vielfach aus der Trunksucht die Kriterien des Verschwenderbegriffes abgeleitet werden können, allein ebenso sicher ist, daß auch die weitgehendste Interpretation der Vorschriften über die Entmündigung der Verschwender außer Stande ist, jeden Gewohnheitstrinker zum Verschwender zu stempeln. Zunächst muß darauf aufmerksam gemacht werden, daß die Praxis fast ausnahmslos nur solche Personen für Verschwender erklärt, welche über ein gewisses, sei es auch unbedeutendes Vermögen verfügen [25]), während ein Bedürfniß zu der Entmündigung der vermögenslosen, aber arbeitsfähigen und arbeitenden Personen in ganz besonders hohem Maße vorhanden ist. Gerade in denjenigen Schichten der Bevölkerung, in welchen die Schnapsseuche in intensivstem Maße verbreitet ist, kann eine Prodigalitätserklärung nur im Verhältniß sehr selten erzielt werden; den Arbeiter, welcher seinen Verdienst zum größten Theile durch den Trunk verpraßt, die Sorge für den Unterhalt der Seinigen aber seiner Frau überläßt — ein im Leben außerordentlich oft vorkommender Fall — wird man nach Maßgabe des geltenden Rechtes und seiner Anwendung nur ganz ausnahmsweise als Verschwender erklären können, während es doch auf der Hand liegt, daß er nur unter den größten Nachtheilen für seine Arge-

---

[24]) Zur Alcoholfrage S. 564.

[25]) Dies gilt auch für die französische Judikatur; das im Uebrigen sehr interessante, die gegentheilige Annahme beweisende Urtheil bei Sirey, récueil Bd. 29, I, S. 178 steht ziemlich vereinzelt da.

hörigen und das öffentliche Wohl im Besitze seiner Freiheit gelassen werden darf. Das auf die Entmündigung der Verschwender bezügliche Recht leidet eben daran, daß es sein Augenmerk bisher nur auf die Personen gerichtet hat, welche etwas besitzen, während man sich um die verschwenderischen Vermögenslosen so gut wie nicht bekümmert hat, der plutokratische Charakter, welcher der geltenden Gesetzgebung so vielfach eigenthümlich ist, macht sich eben auch hier bemerkbar. Ist nun aber nach Maßgabe der vorstehenden Ausführungen die Entmündigung des Gewohnheitstrinkers geboten, weil seine Trunksucht den wirthschaftlichen und moralischen Untergang seiner Angehörigen herbeiführt und die Gemeinde nachhaltig belastet, so muß dieselbe ohne Rücksicht darauf erfolgen, ob bei demselben auch die Kriterien des Verschwenderbegriffes vorhanden sind oder nicht[26]).

Wir verkennen nicht, daß die Freiheitseinschränkung, wie sie im Vorstehenden von einem doppelten Gesichtspunkte aus als nothwendig vertheidigt wurde, des einschneidenden Charakters wegen, der ihr eigen ist, zu gewichtigen Bedenken Anlaß geben kann. Gesetzgebungen, welche, wie die Gesetzgebungen aller Culturstaaten auf dem Grundsatz beruhen, daß der großjährige Mensch sich im vollen Besitze der Freiheit befinden müsse, das zu thun, was er für gut hält, und das zu unterlassen, was ihm nicht gut erscheint, werden nicht ohne ernstliche Ueberlegung eine Maßregel gutheißen, welche scheinbar diesem Grundsatze in stärkstem Maße widerspricht. Es ist bekannt, daß man bei der Abfassung des code civil über die Statthaftigkeit der Verbeistandung einer Person wegen Verschwendung sehr im Zweifel war, weil sie die bürgerliche Freiheit zu beeinträchtigen und zu gefährden schien, und daß man sich im Staatsrathe erst nach langwierigen Berathungen darüber vereinbarte, sie zwar beizubehalten, aber jedoch im Vergleiche zu dem Umfange, welchen die Cura prodigi im älteren französischen Rechte besaß, erheblich zu beschränken, ebenso ist bekannt, daß aus dem gleichen Grunde das englische Recht eine Mundtodtmachung von verschwenderischen Personen überhaupt nicht kennt[27]). Wir finden es deshalb durchaus begründet, wenn man die Frage aufwirft, ob nicht die Culturerrungenschaft der bürgerlichen Freiheit durch die empfohlene Maßregel in unzulässiger Weise angetastet werde. Allein es kann nicht davon die Rede sein,

---

[26]) So auch Miquél auf der Darmstädter Versammlung; vgl. Jahresversammlung S. 26.

[27]) Ueber die sehr interessanten Verhandlungen im Staatsrathe, insbesondere die bemerkenswerthen Aeußerungen von Portalis, vgl. Laurents Ausführungen zu Art. 513; ferner Mérlin, répértoire m. prodigue.

diese Frage zu bejahen. Der Gewohnheitstrinker hat durch sein Verhalten zur Genüge dargethan, daß er von seiner Freiheit einen schädlichen, einen gefährlichen Gebrauch macht, er hat zur Genüge gezeigt, daß er dieselbe nur dazu benützt, seinen wüsten Trieb zu befriedigen, und es wäre eine des Gesetzgebers höchst unwürdige Principienreiterei, wollte er ihn trotzdem im vollen Genuß der Befugnisse lassen, welche dem Individuum nur gewährt werden können, wenn es die Freiheit nicht in einer für nähere und entferntere Kreise positiv schädlichen Weise anwendet. Der Gewohnheitstrinker ist geistig unfrei und demgemäß auch nicht würdig, die bürgerliche Freiheit zu genießen, und wie kann ernsthaft davon gesprochen werden, daß es Pflicht des Staates sei, die Angehörigen der Unfreien gegenüber seiner vernunftwidrigen Handlung schutzlos zu lassen? Die Rechtslehre, welche die Entmündigung des Trunkenboldes a priori vom Standpunkte der bürgerlichen Freiheit aus bekämpft, verfällt wieder in den Fehler, dessen sie sich schon so oft schuldig gemacht hat, sie fingirt eine Freiheit, die in Wirklichkeit gar nicht vorhanden ist, sie verwechselt die thatsächliche Unfreiheit mit der fictiven Freiheit. Es ist aber von Seiten der hervorragendsten Rechtsgelehrten der Gegenwart — wir erinnern nur an R. v. Jhering's glänzende Ausführungen über diesen Punkt — wiederholt anerkannt worden, daß diese unwahren, aus dem römischen Recht überkommenen Fictionen den modernen Staat nicht abhalten dürfen noch können, den thatsächlichen Verhältnissen durch geeignete Normen Rechnung zu tragen und, wie dies auf anderen Gebieten bereits geschehen ist, so wird auch auf diesem der Staat nicht umhin können, die Freiheit des Trunkenboldes als eine nur in der Fiction existirende zu betrachten, die in Wahrheit mit der geistigen Unfreiheit identisch ist, er wird zum Schutze der Interessen und der Freiheit der Angehörigen dieser Person nicht zögern dürfen, die Consequenzen der Unfreiheit für die Sphäre der Geschäftsfähigkeit zu ziehen. Mit großem Recht hat der Psychiater Roller in seinen „Psychiatrischen Zeitfragen" gesagt: „Man will die Freiheit eines Menschen schützen, welcher ihrer längst verlustig geworden ist, und giebt die Freiheit der Angehörigen eines Trunkenboldes, giebt dessen eigene Freiheit den schwersten und empfindlichsten Eingriffen preis[28]), und auf denselben Standpunkt stellt sich Bär, wenn er bemerkt: „Soll der unmäßige Säufer seine Rechte in Gemeinde, Staat und Familie uneingeschränkt ausüben, nachdem er sich ihrer unwerth gezeigt und unter dem Einfluß eines Lasters steht, dem er durch eigene Willens-

---

[28]) Citirt bei Bär a. a. O. S. 502.

kraft sich nicht zu entziehen vermag? Oder soll auch hier die Scheu vor Eingriffen in die persönliche Freiheit jedes Dazwischentreten der Autorität des Staates, der Gesetzgebung verbieten?"[29]) Mit demselben Rechte, mit welchem man die Entmündigung des Gewohnheitstrinkers mit Rücksicht auf den Grundsatz der bürgerlichen Freiheit bekämpft, kann man auch verlangen, daß notorische Geistesgestörte in ihrer Geschäftsfähigkeit nicht eingeschränkt werden, und wenn man dem Staate ansinnt, um des Principes der fictiven Freiheit willen die ihm obliegende Schutzpflicht zu vernachlässigen und den Wohlfahrtszweck gänzlich außer Acht zu lassen, so erfordert die logische Consequenz, daß man auch den weiteren Anspruch erhebt, die Wahn- und Blödsinnigen über ihr Hab und Gut frank und frei schalten und walten zu lassen. Der Gewohnheitstrinker ist in einem solchen Maße der willenlose Sclave seines für sich, für die Familie und das öffentliche Interesse verderblichen Lasters, daß er sich seiner Herrschaft nicht mehr zu entziehen vermag; willenlos leistet er den Eingebungen desselben Folge und die Fähigkeit, mit sittlicher Willensstärke ihnen zu begegnen und sie zu unterdrücken, geht ihm gänzlich ab, er befindet sich eben nicht mehr in dem Zustande der geistigen Freiheit, sondern der Unfreiheit, sein Verhalten charakterisirt sich durch die Schwächung der intellektuellen Functionen und die Abnahme der ethischen Gefühle, also durch Thatsachen, welche es in hinlänglichem Grade gerechtfertigt erscheinen lassen, den Unfreien auch als solchen zu behandeln und ihm nicht den Genuß derjenigen Befugnisse auf rechtlichem Gebiete zu gewähren, auf welche nur der Freie, der geistig Freie einen Anspruch hat.

Es könnte nun weiter eingewendet werden, daß die gesetzliche Zulässigkeit der Entmündigung von Gewohnheitstrinkern so gut wie ohne jegliches Vorbild ist, daß auch in denjenigen Staaten, in welchen die Gesetzgebung mit den schärfsten Maßregeln gegen die Trunksucht vorgegangen sei, doch die Geschäftsfähigkeit der Trinker niemals hierdurch eine Alterirung erfahren hätte. Es muß nun freilich zugegeben werden, daß sich Bestimmungen, wie die hier vorgeschlagene, nur in verschwindendem Umfange in den Gesetzgebungen vorfinden. Soweit der Verfasser sich das einschlägige Gesetzesmaterial zu verschaffen im Stande war, sind es nur drei Staaten, welche die Entziehung der Geschäftsfähigkeit bei dem Gewohnheitstrinker ausdrücklich als statthaft anerkennen, nämlich der Kanton Appenzell, Illinois und Schweden. Das Polizeistrafgesetz des erstgenannten Staates vom 16. October 1859 bestimmt, daß Leute,

---

[29]) a. a. O. S. 502.

welche sich der Trunksucht ergeben, mit 5—10 Franken zum Besten des Armenseckels gebüßt werden sollen, im Wiederholungsfalle mit 50 Franken oder Arreststrafe bis zu acht Tagen. Eigentliche Trunkenbolde sollen außerdem bevogtet werden.[30]) In Illinois wurde am 1. Juli 1872 ein Gesetz erlassen, welches unter Anderem anordnet, daß jeder Richter auf das Verdict einer Jury hin, dem zufolge eine bestimmte Person nicht im Stande ist, wegen gewohnheitsmäßiger Trunkenheit für sich und ihr Vermögen zu sorgen, für die Verwaltung dieses einen Vormund einsetzen soll, der gleichzeitig für die minderjährigen Kinder die Rechte zu wahren hat, sofern nicht für sie ein besonderer Vormund bestellt wird. Die Person, welche bevormundet werden soll, muß mindestens 5 Tage und höchstens 10 Tage vor dem richterlichen Termine zu diesem eingeladen werden; von dem Augenblicke an, in welchem ihr die Einladung behändigt wurde, bis zum Termin sind alle von ihr vorgenommenen Verkaufs- und Schenkungsakte rechtsunwirksam.[31]) Das in Schweden am 16. November 1841 erlassene Gesetz, das auch insoweit durch das Strafgesetzbuch von 1864 nicht berührt wurde, bestimmt, daß ein zum vierten Male verurtheilter Trinker sowohl sein Wahlrecht wie alle diejenigen Rechte und Pflichten verliert, zu welchen öffentliches Vertrauen gehört, sowie daß er unter Vormundschaft gestellt werden kann.[32]) In Frankreich fehlt eine gleiche oder ähnliche Vorschrift; nach Artikel 3 des Gesetzes vom 23. Januar 1873 hat die zweimalige Verurtheilung wegen Trunkenheit zur Folge, daß der Verurtheilte zur Ausübung folgender Rechte für unfähig erklärt wird: des Wahl- und Stimmrechtes, der Wählbarkeit, der Ausübung eines öffentlichen Amtes und des Rechtes des Waffentragens und zwar für die Dauer von zwei Jahren seit der Rechtskraft des Urtheiles.[33]) Die französische Gesetzgebung hat hiernach die Rechtsfähigkeit des Gewohnheitstrinkers gleichfalls beschränkt, aber sie hat diese Beschränkung nicht auf dem Gebiete des Privat- sondern des öffentlichen Rechtes gesucht, sie hat die Geschäftsfähigkeit in technischem Sinne nicht alterirt. Das niederländische Gesetz von 1881 bestimmt gleichfalls nichts über die Entmündigung; in dem ersten, von der Regierung vorgelegten Entwurfe befanden sich neben den strafrechtlichen Vorschriften auch eine Anzahl von civilrechtlichen Bestimmungen, welche sich auf die Ehescheidung, die Entziehung der bürgerlichen Rechte u. dgl. bezogen. Man

---

[30]) Motive des Gesetzentwurfes von 1881, Stenogr. Ber. a. a. O. S. 412.
[31]) Bär, a. a. O. S. 596.
[32]) Bär, a. a. O. S. 596.
[33]) Zur Alcoholfrage S. 193.

zog dieselben aber wieder zurück, weil man der Ansicht war, daß die im Gange befindliche Revision des bürgerlichen Gesetzbuches Gelegenheit geben werde, die bezüglichen Fragen an passender Stelle und im Zusammenhange mit den übrigen Normen des Civilrechtes zu regeln. Dieser Vorgang ist für die Civilgesetzgebung Deutschlands unserer Ansicht nach von großer Bedeutung. Nicht, wie man vielfach glaubt, weil man vor dem einschneidenden Eingriff in die Sphäre der bürgerlichen Freiheit sich scheute, hat man es in den Niederlanden bei der Vereinbarung des Gesetzes von 1881 unterlassen, die Zulässigkeit der Entmündigung der Gewohnheitstrinker durch dasselbe zu sanctioniren, sondern weil man der Neugestaltung des Civilgesetzbuches nicht vorgreifen wollte. In Deutschland ist nun der Augenblick da, in welchem zur Fertigstellung des bürgerlichen Gesetzbuches geschritten werden soll, die Frage muß darum jetzt ihre Lösung finden und man möge es hierbei doch unterlassen, aus dem Schweigen des Niederländischen Rechtes ein Argument gegen die Entmündigung entnehmen zu wollen.

So klein nun hiernach auch die Zahl der Gesetzgebungen ist, welche die hier befürwortete Maßregel bereits kennen, so bildet dieser Umstand doch selbstverständlich für die deutsche Gesetzgebung keinen Grund, von dem Erlaß einer Vorschrift abzusehen, welche durch die Rücksicht auf die wichtigsten Interessen geboten wird. Die Thatsache, daß eine inhaltlich gleiche in verschiedenen Staaten bereits seit Jahren besteht, ohne daß man Veranlassung gehabt hätte, über die bei ihrer Anwendung vorkommenden Mißbräuche Klage zu führen, genügt, um dem Einwand entgegenzutreten, daß es sich hier um die Einführung einer Bestimmung handle, die in der Gesetzgebung keines Staates ihres Gleichen habe. Der Umstand, daß gerade die Gesetzgebung desjenigen Staates, welcher in der Bekämpfung der Trunksucht die größten Erfolge erzielt hat, Schwedens, fast seit einem vollen Menschenalter die Entmündigung der Trunkenbolde kennt und daß man seitens der Gesetzgebung des Staates, welcher nicht minder große Triumphe auf diesem Gebiete erringen wird wie das genannte nordische Reich, die Frage bei der Revision des Civilgesetzbuchs zweifellos nicht anders beantworten wird, wie sie Schweden beantwortet hat und wie sie Deutschland hoffentlich auch beantwortet, kann die Gesetzgebung eines Staates, in welchem die Gewohnheitsvöllerei nicht mindere Verwüstungen angerichtet, wie in jenen Ländern, nur dazu ermuntern, den von ihnen eingeschlagenen Weg gleichfalls zu verfolgen. Im Uebrigen wäre es ja nicht das erste Mal, daß die deutsche Gesetzgebung dem geltenden Rechte eine Vorschrift einverleibte, welche den meisten Gesetzgebungen unbekannt ist, aber früher oder später in allen Staaten, in welchen die thatsächlichen Verhältnisse die gleichen sind, nachgeahmt wird.[33])

Durch die bisherigen Ausführungen glauben wir dargethan zu haben, daß ein Bedürfniß für die Entmündigung der Gewohnheitstrinker im vollsten Maße vorhanden ist und daß weder grundsätzliche noch sonstige Gründe vorhanden sind, welche die Gesetzgebung abhalten könnten, die von den verschiedensten Seiten mit größter Energie geforderte Vorschrift in das bürgerliche Gesetzbuch aufzunehmen.

Der erste Theil der zur Begutachtung gestellten Frage wäre damit erledigt, es handelt sich nunmehr noch darum, festzustellen, unter welchen Voraussetzungen die Entmündigung wegen Trunksucht anzuordnen ist, eine Frage, deren Beantwortung zur Beseitigung der vielfach so irrigen Ansichten und Meinungen dienen muß, die in Betreff des Umfanges und der Ausdehnung der befürworteten Maßregel im Schwunge sind.

Wie aus dem Verlaufe der ganzen Darstellung schon ersichtlich ist, kann es sich nicht darum handeln, den Trinker an sich der Entmündigung zu unterwerfen, sondern nur den Gewohnheitstrinker, wie man im gewöhnlichen Leben sagt, den Trunkenbold. Nur bei dem Gewohnheitstrinker ist der psychisch anomale Zustand vorhanden, von welchem oben die Rede war, nur bei ihm kann der Zustand der Unfreiheit angenommen werden, welcher den Staat berechtigt, die Entziehung der Geschäftsfähigkeit auszusprechen. Wenn hie und da an die Gesetzgebung das Ansinnen gestellt wird, die Beschränkung auf den Gewohnheitstrinker fallen zu lassen und die Trunksucht schlechthin als Voraussetzung für die Statthaftigkeit der Entmündigung anzusehen, so muß diesem Begehren mit Entschiedenheit entgegengetreten werden, weil die sämmtlichen Gründe, die zu Gunsten derselben angeführt wurden und überhaupt angeführt werden können, nur auf den Gewohnheitstrinker Anwendung erleiden. Es entsteht nunmehr die Frage, ob der Gewohnheitstrinker ein derart feststehender, technischer Begriff ist, daß sich die Gesetzgebung seiner ohne Anstand bedienen könnte, und was man unter demselben zu verstehen hat. Es soll nicht verkannt werden, wie dies auch von irrenärztlicher Seite unverhohlen zugegeben wird, daß die nähere Erläuterung dieses Begriffes

---

[33]) Wenn Bär a. a. O. S. 505 sagt „In den meisten Culturstaaten kann ein Säufer, wenn von der Familie oder den Angehörigen der Nachweis geliefert wird, daß er in Folge der Trunksucht seinen Erwerb vernachlässigt, sein oder seiner Familie Vermögen oder Besitzstand verpraßt oder vertrinkt, auf Ausspruch des Richters als Verschwender unter die gesetzliche Vormundschaft gestellt werden", so ist dies, wie aus dem Inhalte der obigen Ausführungen hervorgeht, nur bedingt richtig.

äußerst schwierig ist und daß sowohl in der Litteratur wie in der Gesetzgebung die Meinungen darüber vielfach auseinandergehen. Man hat darauf aufmerksam gemacht, daß eine Person, welche vor dem Schlafengehen regelmäßig in solcher Menge Alcohol zu sich nimmt, daß der Schlaf ausbleibt, wenn sie dies einmal unterläßt, schon als Gewohnheitstrinker zu bezeichnen sei, ebenso wie diejenige, welche eine bestimmte Arbeit nicht verrichten, eine bestimmte Mahlzeit nicht einnehmen kann, ohne eine gewisse Alcoholmenge zu consumiren. Gleichwohl dürfte darüber ziemliche Uebereinstimmung herrschen, daß eine Entmündigung in diesem Falle noch nicht statthaft ist, weil insoweit die gewohnheitsmäßige Trunksucht für die Interessen, deren Schutz die Interdiction in erhöhtem Maße realisiren soll, noch ziemlich bedeutungslos bleibt. Erst mit dem Augenblick, mit welchem dieselbe zu einer Gefahr für die eignen und fremden Interessen wird, erst von dem Zeitpunkt an, in welchem jener mehrfach gekennzeichnete anomale psychische Zustand zur Thatsache geworden und damit eine unmittelbare Gefahr für die Interessen der Angehörigen des Trinkers, wie für diejenigen der Gemeinde eingetreten ist, erst von da ab kann das Gesetz den Trinker als Gewohnheitstrinker betrachten, dessen Entmündigung nicht länger versagt werden kann. Es dürfte fruchtlose Mühe sein, in abstracter und genereller Form eine nähere Präcisirung dieses Zeitpunktes geben zu wollen, dies kann vielmehr nur auf Grund sorgfältiger Untersuchung von Fall zu Fall geschehen, wobei der psychiatrischen Beurtheilung der zu entmündigenden Person ein ganz hervorragendes Gewicht beizulegen ist. Der mit der Entmündigungsprocedur beauftragte Richter wird den Psychiater darüber eingehend zu vernehmen haben, ob der Gewohnheitstrinker sich bereits in einem solchen Geisteszustand befindet, daß die deletäre Einwirkung der Alcoholvergiftung sowohl auf die intellectuellen Functionen, wie auf das Gemüthsleben ersichtlich ist, ob er bereits an einer Abstumpfung der sittlichen Anschauungen, an einer Abschwächung der Empfindungsfähigkeit, an der Abnahme der Willensenergie u. s. w. leidet. Aber nicht allein auf die Autorität des Irrenarztes wird der Richter seinen Ausspruch zu stützen haben, sondern er wird dem Verhalten des Trinkers in wirthschaftlicher und socialer Beziehung die eingehendste und sorgfältigste Aufmerksamkeit und Prüfung schenken müssen und erst dann wird er die Entmündigung aussprechen dürfen, wenn die Schlußfolgerungen, die aus dieser zu ziehen sind, mit dem Votum des Psychiaters im Wesentlichen übereinstimmen, wenn sie die von diesem constatirte anomale psychische Beschaffenheit des Trinkers in deutlicher und unzweifelhafter Weise bestätigen. Es kann hiernach nicht Sache des Gesetzes sein, das Nähere zu bestimmen, der Gesetzgeber muß sich darauf beschränken, den Begriff des Gewohnheitstrinkers zu adoptiren, und es der thatsächlichen Feststellung überlassen, in welchen Fällen derselbe als vorhanden anzunehmen ist, dabei aber freilich darauf bedacht sein, dem Richter einige Directiven für diese seine Entscheidung an die Hand zu geben.

Das Gesetz von Illinois giebt diese Directive in der Weise, daß es die Bedingung aufstellt, der Gewohnheitstrinker müsse ob seiner gewohnheitsmäßigen Trunksucht außer Stande sein, für sich und sein Vermögen zu sorgen; das schwedische Recht geht hingegen einen anderen Weg, es verlangt als Voraussetzung die viermalige strafrechtliche Verurtheilung des Trinkers wegen Trunkenheit. Auch das französische Recht hat die wiederholte criminelle Bestrafung zur Voraussetzung für die Absprechung der oben namhaft gemachten bürgerlichen und staatsbürgerlichen Rechte gemacht, während das Gesetz des Cantons Appenzell sich jeder weiteren Präcisirung des Begriffes Gewohnheitstrinker enthält und es dem Richter frei stellt, was er unter einem eigentlichen Trunkenbold verstehen will. Selbst wenn die Trunkfälligkeit nach deutschem Rechte bereits den Thatbestand einer strafbaren Handlung bildete, könnten wir trotzdem eine Nachahmung des von der schwedischen Gesetzgebung gegebenen Beispieles mit nichten befürworten. Man muß sich wohl davor hüten, die straf- und civilrechtlichen, bei der Bekämpfung der Trunksucht in Betracht kommenden Gesichtspunkte mit einander verwechseln oder gar combiniren zu wollen. Das Strafrecht kann die Trnnkfälligkeit, nicht die Trunksucht, nur unter der Voraussetzung zum Gegenstand seiner Regelung machen, daß sie der Oeffentlichkeit gegenübertritt; mag man, wie die französische, niederländische und schwedische Gesetzgebung, die auf öffentlichen Plätzen zu Tage tretende Trunkfälligkeit ohne Weiteres als strafbare Handlung betrachten oder, nur unter der Voraussetzung pönalisiren, daß sie geeignet ist, Aergerniß zu erregen, wie es der deutschen Rechtsentwicklung und Rechtsanschauung entspricht[34]), in jedem Falle ist der maßgebende Ausgangspunkt der Gesetzgebung der, daß nur die öffentlich bekundete Trunkenheit eine rechtswidrige strafbare Handlung bildet. Für die Frage der Entmündigung ist aber das Moment der Oeffentlichkeit und der Verletzung des öffentlichen Anstandes von gar keiner Bedeutung; der Gewohnheitstrinker, welcher seinem Laster im verschlossenen Zimmer fröhnt und niemals zur Anzeige und Verurtheilung wegen öffentlicher Trunkenheit gelangt, muß nicht minder entmündigt werden, wie derjenige, dessen Völlerei zu zahl-

---

[34]) Vergl. Fuld, Die Bestrafung der Trunksucht, Gerichtssaal, Bd. 40, S. 401 u. ff.

reichen Bestrafungen Anlaß giebt. Es kann eine Person drei- und viermal wegen offenbarer Trunkenheit von dem Strafrichter bestraft worden sein und braucht deshalb doch noch nicht mit Nothwendigkeit unter den Begriff des Gewohnheitstrinkers, wie er der Entmündigung zu Grunde gelegt werden muß, zu fallen. Bei der Entziehung öffentlicher, politischer Rechte liegt die Sache wesentlich anders, und wir finden es vollkommen am Platze und berechtigt, wenn der Staat demjenigen, der wiederholt sein Laster offen bekundet hat, die wichtigsten staatsbürgerlichen Befugnisse abspricht, allein für die Einschränkung der privatrechtlichen Geschäftsfähigkeit ist dieser Gesichtspunkt ein irrelevanter und es würde auf die Erfolge, welche man von einer energischen Handhabung der Entmündigungsbefugniß mit Zuversicht erwarten darf, in höchst nachtheiliger Weise einwirken, wollte man die mehrmalige Bestrafung zum wesentlichen Begriffselement des Gewohnheitstrinkers erheben. Zur Zeit kann um so weniger hiervon die Rede sein, als es noch gar nicht feststeht, in welcher Form die Trunkenheit im deutschen Rechte pönalisirt werden wird und man in dieser Beziehung sich lediglich auf mehr oder minder wahrscheinliche Vermuthungen angewiesen sieht. Die Bezugnahme auf die criminelle Bestrafung kann daher als Directive nicht benutzt werden, vielmehr erscheint es angemessen, dieselbe in der Weise zu geben, wie sie dem Gesetz von Illinois zu Grunde liegt, wennschon nicht in dem engen Umfange, welcher der Redaction desselben eigenthümlich ist. Das genannte Gesetz giebt eine Directive nur mit Rücksicht auf die Fähigkeit einer Person, für sich und ihr Vermögen zu sorgen. Es kann sich nun aber eine Person im Besitze dieser Fähigkeit befinden und gleichwohl ein wüster Gewohnheitstrinker sein, der die Interessen seiner Angehörigen in der unerhörtesten Weise vernachlässigt und sie früher oder später der Nothwendigkeit überliefert, der Armenpflege anheimzufallen; hier kommt die sittliche, von dem allegirten Gesetze nicht genug gewürdigte Seite der Frage in Betracht, wie auch der Umstand, daß auch vermögenslose Personen der Entmündigung unterworfen werden müssen. Es dürfte deshalb angemessener erscheinen, den Begriff des Gewohnheitstrinkers in der Weise näher zu präcisiren, daß man sagt, Gewohnheitstrinker, welche in Folge ihrer Trunksucht sich oder den Ihrigen gefährlich sind oder unfähig werden, für ihre und ihrer Angehörigen Verhältnisse in ausreichender Weise Sorge zu tragen, sind zu entmündigen. Durch eine Formel dieses oder ähnlichen Inhaltes nimmt man auf die beiden Interessensphären, welche die Trunksucht in intensivstem Maße schädigt und benachtheiligt, entsprechende Rücksicht, auf die vermögensrechtliche und die familienrechtliche. Während es nach dem

Gesetze von Illinois kaum möglich wäre, einem Trunkenbold, der seine Frau und Kinder mißhandelt, des Tages über aber arbeitet, zu entmündigen und ihm die Gewalt über seine Angehörigen zu entziehen, begegnete dies unter der Herrschaft einer Vorschrift dieses oder ähnlichen Inhaltes kaum einem Hinderniß; daß in der Praxis bei der Anwendung einer solchen Formel besondere Schwierigkeiten entstehen werden, ist nicht zu befürchten; in England hat sich die Habitual Drunkards Act, welcher die Formel im Wesentlichen entlehnt ist, durchaus bewährt und es lassen sich in der bestehenden Gesetzgebung wohl ohne besondere Mühe Formulirungen von Begriffen finden, welche an die richterliche Prüfung und Feststellung keine wesentlich leichteren Anforderungen stellen wie diese. Zur Vermeidung eines vielleicht naheliegenden Mißverständnisses ist die ausdrückliche Bemerkung geboten, daß nicht etwa von der doppelten Feststellung, daß der Gewohnheitstrinker bereits seiner Umgebung gefährlich geworden ist und sich bereits zur angemessenen Besorgung der Angelegenheiten unfähig gezeigt hat, der Ausspruch der Entmündigung abhängig zu machen wäre, die Formulirung soll nur dazu dienen, dem Richter eine Handhabe dafür zu geben, welche Thatsachen im Lebenswandel des Gewohnheitstrinkers er mit besonderer Aufmerksamkeit betrachten muß. Der Richter wird niemals außer Acht lassen dürfen, daß auch die Entmündigung des Gewohnheitstrinkers ebenso wie die des Verschwenders einen wesentlich präventiven Charakter besitzt und es weder diesem noch den Intentionen des Gesetzgebers entsprechen würde, mit dem Ausspruch zu warten, bis die vollendete Thatsache die ganze Maßregel als eine fruchtlose und jedes Zweckes baare erscheinen läßt.

Es fragt sich nunmehr, wem die Befugniß zustehen soll, die Entmündigung eines Gewohnheitstrinkers zu beantragen? Zunächst wird kein Bedenken dagegen bestehen, das Antragsrecht den Ehegatten, Verwandten und dem Vormund des Gewohnheitstrinkers zu verleihen, auch dem Staatsanwalt kann es nicht versagt werden; Civilproceßordnung § 595; allein man wird auch noch weiter gehen und die zur Vertretung des Ortsarmenverbandes berufene Behörde zu der Stellung des Antrages für befugt erklären müssen. Das Interesse, welches der mit der öffentlichen Unterstützung verarmter Personen betraute Verband daran hat, daß von der Entmündigungsbefugniß ein energischer und, was die Hauptsache ist, ein rechtzeitiger Gebrauch gemacht wird, ist ein sehr großes und wird nicht zur Genüge dadurch gewahrt, daß der Armenverband in der Lage ist, sich zu jeder Zeit an die zuständige Staatsanwaltschaft zu wenden, um dieselbe zur Stellung des Antrages zu veranlassen. Die Gesichtspunkte, unter welchen die Armenverbände das

Betragen und Gebahren eines gewohnheitsmäßig dem Trunke fröhnenden Menschen beurtheilen, sind nicht dieselben, welche die Staatsanwaltschaft bei der Prüfung der Frage leiten werden, ob der Entmündigungsantrag zu stellen ist, und es läßt sich mit Sicherheit voraussagen, daß, wenn den Organen der Armenpflege nicht ein selbständiges Antragsrecht verliehen wird, sehr viele der von ihnen gewünschten Anträge überhaupt nicht gestellt werden. Eine Beschwerde gegen den ablehnenden Bescheid der Staatsanwaltschaft bei dem vorgesetzten Beamten derselben dürfte auch kaum einen genügenden Ersatz für den Mangel eines eigenen Antragsrechtes bilden, weil dieselbe nur in seltenen Fällen von einem reformirenden Erfolge begleitet sein würde. Andererseits ist ein Grund, aus der Bewidmung der Armenverbände mit dieser Befugniß die Entstehung von Unzuträglichkeiten und Mißbräuchen zu befürchten, durchaus nicht gegeben, da die Entscheidung über den Antrag in den Händen des Gerichts liegt und eine Beeinflussung dieses durch die Ansicht des Antragstellers so gut wie ausgeschlossen erscheint.

Eine andere Frage dürfte die sein, ob den Vertretungen der Armenverbände, insbesondere der kleinen Armenverbände die Fähigkeit zur Stellung eines zur Unterlage des Entmündigungsverfahrens ausreichenden Antrages eigen ist? Wir möchten dieselbe nicht bejahen, indessen würde es über die Grenzen des vorliegenden Gutachtens hinausgehen, wollten wir hierauf näher eingehen.

Wiewohl die Frage, unter welchen Voraussetzungen die Trunksucht als Entmündigungsgrund in das Gesetzbuch aufzunehmen, ist, streng genommen, sich nicht auch auf die Unterfrage erstreckt, welche Cautelen die Gesetzgebung gegen mißbräuchliche Handhabung der einschneidenden Maßregel aufzustellen hat, so scheint es doch angemessen, auch sie zum Gegenstand einiger Bemerkungen zu machen. Allseits ist man darüber einig, daß gleichzeitig mit der Einführung der Entmündigung der Gewohnheitstrinker in das geltende Recht ausreichende Garantieen zum Schutze der persönlichen Freiheit aufgestellt werden müssen, damit die außerordentliche Gewalt, welche durch sie den mit ihrer Anwendung betrauten Behörden eingeräumt wird, nicht zu den verwerflichsten und schlimmsten Attentaten auf die bürgerliche Freiheit Anlaß giebt, man ist auch nicht darüber im Zweifel, daß die Entscheidung über die Entmündigung nicht den Verwaltungsbehörden, sondern den Gerichten zu übertragen ist. Im Allgemeinen könnte sich nun das Entmündigungsverfahren gegen Gewohnheitstrinker dem durch die Civilproceßordnung geregelten Entmündigungsverfahren anschließen. Es ist indessen bekannt, daß sich dieses Verfahren nicht schlechthin bewährt hat, daß es nicht im Stande war, das Vorkommen von ungerechtfertigten Entmündigungen und schweren Verletzungen der persönlichen Freiheit zu verhüten, und daß die Cautelen, welche es enthält, durchaus nicht für genügend erachtet werden können, selbst nicht, nachdem die Verfügung des kgl. preußischen Justizministers vom 1. Mai 1887 den Anlaß zu ihrer Vermehrung in dankenswerther Weise gegeben hat. Nur kurz wollen wir darauf aufmerksam machen, daß ein unmotivirter Beschluß des Amtsgerichtes zur Entmündigung des Gewohnheitstrinkers nicht genügen kann, sondern daß es eines Urtheiles hierzu bedarf, welches sich bei der Begründung nicht die bei unseren Gerichten so sehr beliebte Sparsamkeit auferlegt. Auch die Stellung, welche die Staatsanwaltschaft thatsächlich in dem Entmündigungsverfahren einnimmt, kann bei der Entmündigung der Gewohnheitstrinker nicht beibehalten werden. Es kann der Staatsanwaltschaft nicht anheimgestellt bleiben, ob sie den Terminen, in welchem der Beweis für das Vorhandensein der gesetzlichen Voraussetzungen erbracht wird, beiwohnen oder sich davon entfernt halten will, sondern ihre Anwesenheit und Theilnahme muß bei Meidung der Nichtigkeit der ganzen Procedur in allen Terminen verlangt werden. Den Hauptwerth legen wir aber darauf, daß das sachverständige Gutachten, auf welches die Entmündigung doch hauptsächlich gestützt werden wird, derart beschaffen ist, daß es für die Richtigkeit seiner Ausführungen und Schlüsse die größte Bürgschaft bietet. Zu diesem Behufe scheint es nicht zu genügen, wenn der Richter die Aeußerung eines allgemeinen Arztes seiner Entscheidung zu Grunde legt, sondern es ist unbedingt nothwendig, daß ein Psychiater mit der Begutachtung betraut wird; der „Sachverständige“, von dem die C. P. O. in 598 spricht, darf nicht in jedem Arzte, auch nicht in jedem Gerichtsarzte erblickt werden, sondern nur in dem Mediciner, welcher die Psychiatrie zum besonderen Gegenstand seines Wirkens und Wissens gemacht hat, und an dieser Forderung ist um so mehr festzuhalten, als die psychopathologischen Wirkungen des Alcoholismus außerhalb des engeren Kreises der Psychiatriker noch keineswegs allgemein in der nothwendigen Weise anerkannt werden. Wenn es schon bei der Entmündigung der Geistesgestörten als ein großer und folgenreicher Uebelstand empfunden wird, daß die Proceßordnung nicht das Gutachten eines Vertreters der Psychiatrie als nothwendige Voraussetzung für den Erlaß des Entmündigungsbeschlusses vorschreibt, wenn die erwähnte Verfügung des preußischen Justizministers mit Recht bestrebt ist, in dieser Beziehung einen Wandel zum Bessern zu schaffen, so müßte sich bei der Entmündigung von Gewohnheitstrinkern der Mangel einer Vorschrift mit dem bezeichneten Inhalte noch in ganz anderem Maße fühlbar machen; er würde mit Nothwendigkeit dazu führen, daß einerseits mit Unrecht Personen entmündigt würden, anderseits mit nicht minderem Unrecht der Entmündigungsantrag bei Trunkenbolden abgelehnt würde, die jeder Psychiater sofort für Gewohnheitstrinker im technischen Sinne erklären müßte. Es mag des Weiteren noch darauf hingewiesen werden, daß gute Gründe dafür sprechen, das Entmündigungsurtheil des Amtsgerichtes erst dann als ein rechtskräftiges zu betrachten, wenn dasselbe durch das vorgesetzte Landgericht eine Bestätigung erhalten hat, sowie es auch vielleicht angemessen wäre, der oberen Verwaltungsbehörde neben der Staatsanwaltschaft das Recht einzuräumen, gegen den Ausspruch der Entmündigung bei dem vorgesetzten Landgericht Berufung einzulegen. Indessen führt dies zu weit in die Einzelheiten des Verfahrens und muß daher um so mehr als außerhalb der Competenz des Gutachtens liegend betrachtet werden, als es nicht unwahrscheinlich ist, daß eine Abänderung der Bestimmungen über das Entmündigungsverfahren, dessen Reformbedürftigkeit und Mangelhaftigkeit ja von den verschiedensten Seiten zugegeben wird, in nicht allzu entfernter Zeit erfolgen dürfte.

Es kann nach dem Vorstehenden unseres Erachtens nicht bestritten werden, daß Gründe der gewichtigsten Art und der höchsten Bedeutung die Entmündigung der Gewohnheitstrinker unbedingt erfordern. Wenn man uns entgegenhält, daß die Rechtsüberzeugung im deutschen Volke dieser Maßregel widerstrebe, und das Verständniß für sie noch durchaus fehle, so halten wir dies für ebenso unrichtig wie unerwiesen. Die zahlreichen Vorstellungen, welche den gesetzgebenden Factoren des Reiches in den letzten Jahren zugingen und in dem Wunsche gipfelten, die Gesetzgebung möge doch nicht zögern, das geltende Recht in der angegebenen Richtung zu ändern bezw. zu ergänzen, bieten einen deutlichen Beweis für das Gegentheil. Ebenso zeigt der Umstand, daß, während der von dem Abgeordneten Struckmann im Jahre 1884 dem Reichstag über die Petition des Vereins gegen den Mißbrauch geistiger Getränke erstattete Bericht sich bezüglich der Entmündigungsfrage noch zurückhaltend verhielt, indem dieselbe den Regierungen nur zur Erwägung empfohlen wurde, der genannte Abgeordnete sich in seiner jüngsten Reichstagsrede durchaus sympathisch darüber äußerte und ein Widerspruch im Reichstage eigentlich nicht erfolgte, zur Genüge, daß der Nutzen und der wohlthätige Character der befürworteten Maßregel sich doch von Tag zu Tag in weiteren Kreisen Freunde und Verständniß verschafft. Nicht minder bürgt uns hierfür die Thatsache, daß auch der die bedeutendsten deutschen Communalverwaltungen umfassende Verein für Armenpflege und Wohlthätigkeit der Frage neuerdings näher getreten und sie im Zusammenhange mit anderen auf die Bekämpfung des Alcoholismus abzielenden

Maßnahmen auf seiner in diesem Herbste stattfindenden Vereinsversammlung erörtern wird, wie nicht zu bezweifeln, in demselben Sinne und mit demselben Ergebniß, wie die zu Eingang dieses Gutachtens genannten Vereine. Die allgemeine Rechtsüberzeugung — dieser Schluß darf wohl aus diesen und anderen Kundgebungen mit Zuversicht gezogen werden, — hat hiernach nicht nur ein volles Verständniß für die Entmündigung der Gewohnheitstrinker, sondern sie verlangt sie sogar mit Energie von der Gesetzgebung, und im Uebrigen darf nicht außer Acht gelassen werden, daß die Gesetzgebung, wenn anders sie sich von der Nützlichkeit und Nothwendigkeit der Maßregel überzeugt hat, dieselbe auch gegen die widerstreitende Rechtsüberzeugung sanctioniren müßte; der erzieherische Beruf des Staates würde lahm gelegt und geradezu geleugnet werden, wenn man lediglich den Erlaß solcher Vorschriften für statthaft erachtete, welche der öffentlichen Meinung entsprechen; die Gesetzgebung soll die öffentliche Meinung reguliren und bilden, sie soll erzieherisch auf sie einwirken, sie läutern und von Unklarheiten und Mängeln befreien, nicht aber ihr blindings folgen. Dies gilt im Gebiete des bürgerlichen Rechtes nicht minder wie in dem des Strafrechtes, und es wäre eine schwere Verkennung eines der wichtigsten unter den Staatszwecken, wenn man diesem Einwande einem irgend wie erheblichen Werth beilegen wollte.

Die Regelung, welche die Materie der Entmündigung von Geisteskranken und Verschwendern seitens des Entwurfes eines bürgerlichen Gesetzbuches für das Deutsche Reich erfahren hat, ist eine solche, daß die Aufnahme einer die Entmündigung von Gewohnheitstrinkern zulassenden Vorschrift mit dem Inhalte der übrigen Bestimmungen vortrefflich harmoniren würde, ja man kann sogar behaupten, daß die consequente Entwickelung der in dem betreffenden Abschnitt des Gesetzbuches niedergelegten Anschauungen und Grundsätze zu diesem Ergebniß von selbst führt. Eine gedrängte Hervorhebung des Hauptinhaltes der bezüglichen Vorschriften wird dieses Urtheil rechtfertigen. Der Entwurf läßt die Entmündigung einer Person wegen Geisteskrankheit zu, wenn dieselbe des Vernunftgebrauches beraubt ist, wegen Verschwendung, wenn sie durch verschwenderische Lebensweise oder verschwenderische Geschäftsführung die Besorgniß rechtfertigt, daß sie sich oder ihre Familie dem Nothstande preisgeben werde. Eine nähere Bezeichnung der Arten von Geisteskrankheiten, welche mit der Beraubung der Vernunft einer Person verbunden sind, hat der Entwurf vermieden, weil man einerseits der Ansicht war, daß bei dem Stande der Seelenheilkunde die einzelnen Formen und Stadien der Geistesstörung weder erschöpfend aufgezählt noch unter einander scharf abgegrenzt werden werden könnten, sodann weil man glaubte, daß weder die Verschiedenheit der äußeren Anzeichen noch der Umstand, ob die Störung vorzugsweise die eine oder die andere Seite der Geistesfähigkeit ergreife, für die an einen solchen Zustand zu knüpfenden rechtlichen Folgen von maßgebender Bedeutung sein könnten; daß aber weder die bloße Geistesschwäche noch die ungenügende Entwicklung der geistigen Kräfte im Gegensatz zu dem Mangel der Fähigkeit regelrechter Willensbestimmung einen Grund zur Entmündigung abgebe, wird ausdrücklich in den Motiven constatirt[35]). Hiernach wird wohl darüber kein Zweifel obwalten können, daß der psychisch anomale Zustand des Gewohnheitstrinkers nicht unter die mit Vernunftberaubung verbundene Geisteskrankheit, von welcher der Entwurf ausgeht, subsumirt werden kann, abgesehen von denjenigen Fällen, in welchen der Alcoholismus bereits den Ausbruch des Trinkerwahnsinnes hervorgerufen hat. Was die Entmündigung der Verschwender anlangt, so ist die grundsätzliche Rechtfertigung der Aufnahme dieses Institutes in das Civilgesetzbuch für die hier zur Beantwortung gestellte Frage äußerst interessant. Die Motive zu 329 des Entwurfes führen aus: „Der Entwurf trägt kein Bedenken, das Institut der Entmündigung wegen Verschwendung aufzunehmen. Wie die Motive des hessischen Entwurfes mit Recht hervorheben, gebietet die Fürsorge für das öffentliche und für das Wohl der Privaten gleichmäßig, daß vom Staate vorbeugende Maßregeln gegen denjenigen ergriffen werden, der durch Verschwendungssucht sich selbst und vielleicht eine ganze Familie an den Bettelstab zu bringen Gefahr läuft, dazu kommt, daß die Verschwendung des Oeftern mit einer durch unordentlichen Lebenswandel, im Besonderen durch Trunksucht veranlaßten Herabminderung der Geisteskräfte verbunden ist, in welchem Falle selbst die natürlichen Bedingungen unbeschränkter Geschäftsfähigkeit in Frage gestellt sind." [36]). Unter dem Gesichtspunkte aber, wie er hier geltend gemacht wird, wurde im Vorstehenden auch die Entmündigung der Gewohnheitstrinker verlangt und wenn die Gesetzgebung von der Richtigkeit desselben überzeugt ist, wenn sie anerkennt, daß Rücksichten des öffentlichen und privaten Wohles es gebieten, verschwenderischen Personen die Geschäftsfähigkeit zu entziehen, so kann sie sich auch der weiteren Consequenz nicht entschlagen, die gleiche Satzung bei dem Gewohnheitstrinker aufzustellen. Auch nach der Fassung, welche der Entwurf des bürgerlichen Gesetzbuches den materiellen Voraussetzungen der Entmündigung von Verschwendern gegeben hat, würde die Entmündigung des Gewohnheitstrinkers nur verhältniß-

[35]) Motive zu dem Entwurfe eines bürgerlichen Gesetzbuches für das Deutsche Reich. Bd. I S. 61, 62.

[36]) a. a. O. S. 63.

mäßig ausnahmsweise und auch nicht entfernt in dem Umfange stattfinden können, in welchem sie nothwendig ist. Zwar ist zuzugeben, daß die vom Art. 29 gewählte Formulirung viel weiter geht als manche der geltenden Gesetzbücher. „Nicht jeder," sagen die Motive, „den man im gemeinen Leben mit dem Namen eines Verschwenders belegt, soll Gefahr laufen, wegen Verschwendung entmündigt zu werden. Es genügt nicht, daß eine Person einen übermäßigen, zu ihrem Vermögen in erheblichem Mißverhältnisse stehenden Aufwand macht. Das Moment, auf welches es ankommt, ist, daß die Person einen Hang zur zweck- und nutzlosen Vermögensverschleuderung besitzt, welche die Besorgniß begründet erscheinen läßt, daß sie durch ihr entsprechend an den Tag gelegtes Verhalten sich und ihre Familie dem Nothstande preisgiebt. Unerheblich ist, ob das die wirthschaftliche Existenz bedrohende Gebahren in unmäßigem Geldausgeben, unbesonnenem Schuldenmachen, in unverantwortlicher Geschäftsführung oder Vernachlässigung der Wirthschaft besteht. Erforderlich ist auch nicht, daß die Person Vermögen besitzt, selbst der mittellose Schuldenmacher kann entmündigt werden. Ebenso wenig ist erforderlich, daß bereits ein bedeutender Theil des vorhandenen Vermögens durchgebracht sei. Fruchtlose Besserungsversuche, die erfahrungsgemäß in der Regel nur dazu führen, daß die Entmündigung erst in einer Zeit erfolgt, in welcher sie wenig mehr nützt, bilden gleichfalls keine Vorbedingung[37])." Aus diesen Ausführungen geht in höchst erfreulicher Weise hervor, daß das Moment, welches auch bei der Befürwortung der Entmündigung der Gewohnheitstrinker eines der maßgebendsten Argumente bildet, die Befürchtung der zukünftigen Nothlage einer Person und ihrer Familie, von dem Entwurfe als das entscheidende Kriterium dafür betrachtet wird, ob das Gebahren einer Person ein solches ist, daß ihr die Geschäftsfähigkeit nicht länger belassen werden kann, und es ist nicht zweifelhaft, daß, wenn die Praxis diese Bestimmung in dem Sinne und mit der Tragweite auffassen wird, der den angeführten Aeußerungen der Motive entspricht, ein erheblicher Bestandtheil der Gewohnheitstrinker mit Hülfe des Art. 29 in den Zustand der Geschäftsunfähigkeit versetzt werden könnte. Allein trotzdem muß an dem Verlangen, als weiteren Entmündigungsgrund die gewohnheitsmäßige Völlerei anerkannt zu sehen, festgehalten werden, weil einerseits auch durch diese weitgehende Fassung dem Bedürfniß nicht in vollem Maße genügt wird, andererseits trotz der ausdrücklichen Hervorhebung der Motive, die Praxis, wie die seitherige Erfahrung deutlich gezeigt hat, von der Entmündigungsbefugniß ver-

---

37) a. a. O. S. 64.

mögenslofer Personen kaum Gebrauch machen würde; endlich ist daran zu erinnern, daß die ausschließliche Zulassung der Entmündigung unter dem Gesichtspunkte der Gefährdung der vermögensrechtlichen Interessen es unmöglich macht, dem Gewohnheitstrinker mit Rücksicht auf die Gefährdung der sittlichen Interessen der seiner familienrechtlichen Gewalt unterstellten Angehörigen die Geschäftsfähigkeit zu entziehen. Da nach dem Entwurfe Art. 1554 die Geschäftsunfähigkeit oder die Beschränkung der Geschäftsfähigkeit des Inhabers der elterlichen Gewalt ein Ruhen bezw. einen Uebergang derselben auf die Mutter zur Folge hat, — eine Vorschrift, die für Deutschland als ein wahrer Segen zu bezeichnen ist — so ist es in um so höherem Maße geboten, durch die Gesetzgebung dafür zu sorgen, daß dieser Effect auch dann erzielt werden kann, wenn die Befürchtung, daß die Familie künftig der Nothlage anheim fallen werde, nur in geringerem Grade begründet ist. Wenn auch durch Art. 1546 des Entwurfes dem Vormundschaftsgericht die Möglichkeit gegeben ist, gegen die mißbräuchliche Anwendung der elterlichen Gewalt einzuschreiten, so reicht dies doch nicht hin, um den Schutz der Angehörigen in der in Vorstehendem mehrfach hervorgehobenen Weise zu realisiren, und wenn Art. 1546 am Schlusse bemerkt, daß die Entziehung der väterlichen Gewalt wegen Mißbrauches nicht die Entziehung des elterlichen Nutznießungsrechtes an dem Vermögen des Kindes in sich begreife, so zeigt diese Einschränkung, daß auch diese weitgehende und im Vergleiche zu der aus dem römischen Recht stammenden Regelung der patria potestas einen so außerordentlichen Fortschritt bedeutende Vorschrift für die Erreichung des ins Auge gefaßten Zweckes nicht genügt, sondern es einer Ergänzung des Gesetzbuches durch eine die Entmündigung des Gewohnheitstrinkers anordnende Bestimmung bedarf, die bezüglich der Wirkungen auf die elterliche Gewalt der Entmündigung des Verschwenders völlig gleichgestellt werden muß, also nicht nur die Erziehungsrechte, sondern auch die Nutznießungsbefugniß des Vaters beseitigt. Art. 1555 des Entwurfes, Abs. 1 u. 2. Daß es im völligen Einklang mit dem Charakter und der grundsätzlichen Auffassung des bürgerlichen Gesetzbuches steht, die gewohnheitsmäßige Völlerei als Entmündigungsursache anzuerkennen bedarf Angesichts der obigen Auslassung der Motive keiner weiteren Erörterung, und es mag nur noch darauf hingewiesen werden, daß der Gesetzgeber die Entmündigung der Verschwender von demselben Standpunkte der Prävention aus geregelt hat, der bei der Erörterung der hier behandelten Frage wiederholt in den Vordergrund gestellt wurde.

Es erübrigt, eine resümirende Zusammenstellung der Gründe zu geben, welche im Vorstehenden für die Aufnahme einer Bestimmung über die Entmündigung der Gewohnheitstrinker angeführt wurden, da dieselbe lediglich in einer Wiederholung des Gesagten bestände. Wenn im Laufe dieser Darstellung die Argumentation sich im Verhältniß nur selten an juristische Schriftsteller und die Bestimmungen ausländischer Gesetzgebungen anschließen konnte, so liegt dies in der Natur der Sache. Die Frage, welche erörtert wurde, ist in gewissem Sinne für Gesetzgebung und Rechtswissenschaft ganz neu und demgemäß haben sich die juristischen Kreise bislang mit ihr so gut wie nicht beschäftigt. Es beruht diese Vernachlässigung einer für das öffentliche Wohl so außerordentlich bedeutungsvollen Frage zum Theile darauf, daß die Völlerei erst in den letzten Jahrzehnten jene maßlose Ausdehnung angenommen hat, welche die besondere Aufmerksamkeit des Staates und der Gesellschaft dringend erheischt, theils auch darauf, daß erst die neuere Entwicklung der Psychiatrie zu der Erkenntniß der pathologischen Beschaffenheit des Zustandes des Gewohnheitstrinkers geführt hat, von der im Vorstehenden verschiedentlich die Rede war.

Auf Grund dieser Ausführungen kommt der Gutachter zu dem Schlusse:

Es empfiehlt sich, in das bürgerliche Gesetzbuch eine Bestimmung aufzunehmen, wonach die Entmündigung von Gewohnheitstrinkern gestattet ist.

XI.

Gutachten des Herrn Professor Dr. Georg Jellinek in Wien

über die Frage:

Empfiehlt es sich, die Prüfung der Wahlen für gesetzgebende Körperschaften als eine richterliche Thätigkeit anzuerkennen und deshalb der Rechtsprechung eines unabhängigen Wahlprüfungsgerichtshofes zu unterstellen?

I.

Wohl selten dürfte der Fachmann in der Lage sein, auf eine Frage so leichten Herzens eine bestimmte Antwort ertheilen zu können, wie auf die vorliegende.

Was den ersten Theil der Frage anbelangt, so kann man ohne Weiteres behaupten, daß für die Wissenschaft res iudicata vorliege.

Alle der deutschen Wissenschaft Angehörigen, die ex professo über sie sich geäußert haben, sind zu dem übereinstimmenden Resultat gelangt, daß das Wahlprüfungsgeschäft der Kammern seinem Wesen nach eine Function der Rechtsprechung sei [1]).

Zu diesem Resultat ist die deutsche Theorie gelangt, weil sie von der Ueberzeugung ausgeht, daß das Princip der Theilung der Gewalten

---

[1]) Vgl. Laband, Staatsrecht des Deutschen Reiches, 2. Aufl. I, S. 313; Seydel, Bayerisches Staatsrecht II, S. 438; Jellinek, Ein Verfassungsgerichtshof für Oesterreich S. 7 ff.; Jaques, Die Wahlprüfungen in den modernen Staaten und ein Wahlprüfungsgerichtshof für Oesterreich (zu beiden letzteren Laband, Arch. f. öff. Recht I, S. 226 ff.); Bernatzik, Rechtsprechung und materielle Rechtskraft S. 264 ff.

mit dem in sich einheitlichen Wesen des Staates in unvereinbarem Widerspruch stehe.

Es ist zwar eine Vertheilung innerlich geschiedener Staatsfunctionen an äußerlich geschiedene Staatsorgane innerhalb gewisser Grenzen möglich und nothwendig. Allein eine reinliche Auftheilung aller materiell differenzirten Thätigkeiten an eigene, nur für die betreffende Klasse bestimmte Functionäre kann bei der inneren Cohärenz aller Lebensäußerungen des Staates in der Wirklichkeit nicht durchgeführt werden.

Aus dieser Erkenntniß erwuchs aber der deutschen Theorie die Aufgabe, das innere Wesen der Staatsfunctionen zu bestimmen. So gelangte sie zu der Erkenntniß des Unterschiedes materieller und formeller Functionen, die sich keineswegs in der Wirklichkeit des Staatslebens decken. Die Functionen des Gesetzgebens, Verwaltens, Richtens wurden begrifflich getrennt von denen, welche die nach dem positiven Rechte als Gesetzgeber, Verwaltungsbeamte, Richter zu Bezeichnenden ausüben. Es wurde erkannt, daß ein großer Theil der von den Verwaltungsbehörden erledigten Akte materiell sich als Rechtsprechung darstellt, daß andererseits die Gerichte mit der Verwaltung von Angelegenheiten betraut sind, die ihrem Wesen nach mit der Rechtsprechung nichts zu thun haben. Auch die gesetzgebende Funktion: das rechtsverbindliche Anordnen von Rechtssätzen wurde als nicht ausschließlich der „gesetzgebenden Gewalt" zustehend erkannt; auch die Verordnung der Regierung, selbst die eines Communalverbandes kann giltig objectives Recht erzeugen, sowie andererseits manches, was in der Form eines Gesetzes erscheint, materiell als Verwaltungsact oder Rechtsspruch sich darstellt.

Als oberstes Kriterium der Function der Rechtsprechung stellt sich aber dar die Entscheidung über ungewisses oder verletztes Recht gemäß den Normen der Rechtsordnung auf Grund eines die Erforschung des Thatbestandes bezweckenden Verfahrens.

Nun unterliegt es keinem Zweifel, daß die Mitgliedschaft an einer parlamentarischen Körperschaft ein subjectives öffentliches Recht ist, und damit charakterisirt sich nothwendig die Entscheidung darüber, ob einer individuell bestimmten Person kraft der die rechtlichen Entstehungsgründe der Mitgliedschaft normirenden Rechtssätze diese zustehe oder nicht, als ein Act der Rechtsprechung.

Die über die Legitimation ihrer gewählten Mitglieder entscheidenden Parlamente fungiren daher als R i c h t e r, nicht als Richter im formellen, wohl aber im materiellen Sinne.

II.

Was die staatsrechtliche Deduction in Deutschland erkannt hatte, ist auf dem Wege langer Erfahrung in dem classischen Lande des Parlamentarismus nicht nur ins allgemeine Bewußtsein getreten, sondern hat auch dort zu den wichtigsten practischen Consequenzen geführt[2]).

Vom Beginne der selbständigen Existenz des Unterhauses bis in die zweite Hälfte des 16. Jahrhunderts ist von einem Rechte des Hauses der Gemeinen über die Gültigkeit bestrittener Wahlen zu entscheiden noch keine Rede. Der König, als Haupt des Parlaments, nahm für sich das Recht in Anspruch, zu bestimmen, ob die ins Unterhaus entsendete Person die von ihm in seinem Einberufungsschreiben geforderte Qualification besitze. Zweifelsohne stand diesem Anspruche des Königs nach der damaligen Rechtsstellung des Parlamentes die juristische Logik zur Seite.

In den wenigen Fällen bestrittener Wahlen, welche aus dem 14. und 15. Jahrhundert bekannt sind, entscheidet ohne Widerspruch des Unterhauses oder sogar auf Antrag desselben der König, sei es mit den Lords, sei es ohne dieselben.

Bis 1406 mußten die Wahlberichte von den Sheriffs an das Parlament gesendet werden, und der König erkannte, sei es im Parlament, sei es außerhalb desselben über die Gültigkeit der Wahlen. Von da an gelangten die Wahlberichte (returns) an den Kanzleigerichtshof und 1410 wurden die Assisenrichter ermächtigt, die Untersuchung über ungehörige returns vorzunehmen. Indeß blieb es auch fernerhin ein Recht des Königs, definitiv über die Gültigkeit der Wahlen entweder mit den Lords oder mit den Richtern zu entscheiden.

Als Grund dieses ursprünglichen Zustandes führt Hallam an, daß das Unterhaus damals „aller richterlichen Autorität sowohl zur Einleitung eines Rechtsverfahrens als zur Beweisaufnahme entbehrte“.

Erst gelegentlich eines Urtheils der chancery in Wahlsachen nahm 1586 das Unterhaus für sich das selbständige Recht der Wahlprüfung in Anspruch und erst unter Jakob I. kam es dazu, das Wahlprüfungsrecht energisch für einen Bestandtheil seiner Privilegien zu erklären und zu wahren. Mit der Thronbesteigung der Stuarts beginnen die weltgeschichtlichen Kämpfe zwischen Königthum und Parlament. Das Unter-

---

2) Vergl. zum folgenden Stubbs, Constitutional history III, p. 421 ff., Hallam, Middle Ages III, p. 109 ff., Hallam, Const. history I, p. 274 ff., Cox, Institutions of the english government p. 92 ff., May, das engl. Parlament und sein Verfahren, übers. v. Oppenheim, 2. Aufl., S. 608 ff.

haus sieht sich in seiner Existenz bedroht, wenn der König nach seinem Gutdünken über die Gültigkeit der Wahlen entscheidet. Einer der Gründe, welche damals (1604) die Gemeinen für ihre Competenz anführten, bestand in der Behauptung, daß, wenn die Krone zuständig wäre, der Kanzler die Personen ins Parlament berufen könnte, welche er sich wünschte. Der König, trotzdem er die ausschließliche Competenz der Gemeinen nicht anerkennen wollte, mußte ihnen dennoch erklären, das Unterhaus sei „a court of record and judge of return" [3]).

Im Laufe des 17. Jahrhundert aber ward es unbestrittenes Recht, daß es zur „Jurisdiction" der Commoners gehöre, in Wahlsachen definitiv zu entscheiden, daß das Unterhaus der competente Gerichtshof sei, der, wie andere courts nach common law oder römisch-canonischem Rechte, nach seinem eigenen Rechte, der lex et consuetudo parliamenti entscheidet [4]).

Ist nun auch das Bewußtsein vorhanden, daß das Unterhaus bei Wahlsachen als richterliche Instanz fungirt, so hindert das nicht, daß seit dem Ende des 17. Jahrhunderts an Stelle der lex et consuetudo parliamenti die Parteiwillkür die Rolle des Richters übernimmt, daß bei den Wahlen die schamlosesten Mißbräuche ungestraft herrschen, daß Entscheidungen über bestrittene Wahlen derart als Parteisache aufgefaßt werden, daß selbst die Stellung des Cabinets von ihnen abhängig gemacht wird.

Es war daher nur sein neuerliches Betonen der Idee der parlamentarischen Rechtsprechung, was in der Grenville Act (1770, perpetuirt 1773), welche die Judicatur über bestrittene Wahlen einem Wahlprüfungsausschusse überwies, zum Ausdruck kam. In unwiderleglich klarer Weise ward die richterliche Natur der Wahlprüfung von dem Antragsteller Grenville selbst hervorgehoben mit folgenden Worten, welche zugleich eine Kritik parlamentarischer Justiz enthalten:

„Statt auf die Stichhaltigkeit der Gründe einzugehen, stützt sich eine jede Partei vorzüglich auf ihr Parteiinteresse; es ist so schmachvoll als notorisch, daß wir Stimmen werben, als ob wir selbst frei zu wählen hätten und nicht verpflichtet wären, nach den Grundsätzen der Gerechtigkeit zu verfahren — sondern der beliebigen Eingebung unserer eigenen Neigung folgen dürften; ja noch weiter, es ist wohlbekannt, daß bei jeder streitigen Wahl viele Mitglieder dieses Hauses, welche

---

[3]) Hallam, Const. hist. II, p. 300 ff.

[4]) Blackstone, Commentaries I, ch. II, p. 163, Hatsell, Precedents III, p. 83.

schließlich doch in einer Art richterlicher Eigenschaft zwischen den Bewerbern zu entscheiden haben, bei dem Streite Parteirollen übernehmen und die Parteimänner in eben der Angelegenheit selbst leiten, in welcher sie mit der strengsten Unparteilichkeit entscheiden sollen"[5]).

In noch klarerer Weise trat die richterliche Natur des Wahlprüfungsgeschäftes zu Tage in dem Statut 11 und 12 Vict. c. 98, dem zufolge der Sprecher kurz nach dem Anfange jeder Sitzungsperiode einen allgemeinen Wahlprüfungsausschuß zu ernennen hatte. Die Mitglieder derselben mußten schwören, daß sie ihre Pflichten ohne Furcht und ohne Gunst ausüben wollten. Dieser allgemeine Ausschuß setzte Wahlsonderausschüsse nach einem bestimmten Verfahren ein. Die Wahlsonderausschüsse leisteten in dem Hause den Eid, daß sie die ihnen überwiesenen Wahlpetitionen nach dem beigebrachten Beweise beurtheilen wollten. Ihre Aussprüche waren endgültig, sie wurden dem Hause berichtet und von dem Hause ausgeführt.

Auch gegen die Unparteilichkeit dieses „Tribunals"[6]) wurden erhebliche Bedenken laut.

Von dieser Uebertragung der Wahlprüfungen von dem Plenum auf einen nach Art eines Gerichtes fungirenden Ausschuß bis zu der neuesten Wendung der Dinge ist der Weg nicht allzu weit gewesen. Soll eben nicht nach Gunst und Haß der Parteien, sondern nach Recht entschieden werden, so ist nicht abzusehen, warum das nicht besser als von dem mitten im Parteigetriebe stehenden Parlamentsmitgliede von dem die Rechtsprechung als Lebensberuf übenden Richter solle geschehen können.

Bekanntlich hat die Election Petitions and Corrupt Practices at Elections Act von 1868, amendirt durch eine Acte vom 15. Aug. 1879 zwei Richtern des hohen Justizhofes in London — die Entscheidung über bestrittene Wahlen gänzlich überwiesen.

Daneben ist aber dem Unterhause das Recht verblieben, über die unabhängig von jeder Parteibeschwerde zu entscheidende Frage zu urtheilen, ob das Mitgliedsrecht der Abgeordneten dem objectiven Rechte entspreche, ob daher z. B. nicht eine gesetzlich disqualificirte Person gewählt worden sei.

So hat das mächtigste auf die Wahrung seiner Privilegien auch gegenüber der richterlichen Gewalt eifersüchtigste Parlament der Welt durch Gesetz erklärt, daß die Entscheidung über bestrittene Wahlen eine Rechtsfrage sei, welche niemals mehr eine Machtfrage werden dürfe.

---

[5]) May, S. 626.

[6]) Cox, p. 123.

III.

Noch vor Erlaß der Election Petitions Act hat ein continentaler Staat mit langer ständisch=parlamentarischen Vergangenheit die Prüfung bestrittener Wahlen als eine richterliche und vom Richter zu übende Function anerkannt[6]).

Alle Beschwerden über Wahlen zum schwedischen Reichstage sind zunächst an den Landshöfding, den königlichen Statthalter der betreffenden Provinz, einzusenden.

Gilt die Beschwerde einer Wahl für die erste Kammer, so hat der Landshöfding betreffs derselben kein Erkenntniß abzugeben, sondern die Sache nebst den eingelaufenen näheren Aufschlüssen dem höchsten Gerichtshof zu übersenden. Gilt die Beschwerde einer Wahl für die zweite Kammer, so hat er innerhalb eines Tages nach Ablauf der von ihm für die Einbringung näherer Aufschlüsse über die eingereichte Wahlbeschwerde festgesetzten Frist über die Beschwerde zu entscheiden. Wird dieselbe anerkannt, so hat er gleichzeitig zu bestimmen, wer als gewählt zu betrachten oder ob eine Neuwahl abzuhalten ist. Dieselbe darf jedoch nicht vor Ablauf des achten Tages, nachdem alle Betreffenden von dem Beschluß des Landshöfdings benachrichtigt sind, abgehalten werden, denn binnen dieser Frist kann wegen der Wahl die Berufung beim höchsten Gerichtshof eingebracht werden.

Hat der höchste Gerichtshof oder der Landshöfding mittelst eines inappellabeln Erkenntnisses die Wahl für ungiltig erklärt, so ist die Sache damit abgethan. Das Erkenntniß wird verbindend für die Kammer, mag es darauf hinausgehen, daß das Wahlgeschäft ungiltig ist und daß eine Neuwahl abgehalten werden soll oder darauf, daß eine andere Person als die von der Wahldirection angenommene, als gesetzlich gewählt zu betrachten ist.

Daneben ist aber das Recht der Kammern stehen geblieben, die nicht angefochtenen oder vom Gericht beziehentlich Landshöfding für giltig erklärten Wahlen auf ihre Uebereinstimmung mit dem Verfassungsrechte zu prüfen. So kann die Kammer eine Vollmacht cassiren, die einer auf gesetzliche Weise gewählten, aber nicht wählbaren Person ertheilt und gegen deren Wahl keine Beschwerde eingebracht wurde. Auch hierin zeigt das schwedische Recht eine weitgehende Analogie mit dem englischen.

---

[6]) Vgl. zum Folgenden Aschehoug, das Staatsrecht der vereinigten Königreiche Schweden und Norwegen, in Marquardsen's Handbuch des öffentl. Rechts IV. II. 2. § 42.

IV.

Wenn auch auf dem Continente der Uebergang von dem absoluten oder ständischen Staate meistens mit einem Sprunge gemacht wurde, so haben dennoch unvermerkt altständische Ideen sich in die neue Ordnung der Dinge hinübergerettet. So auch auf dem Gebiete der Wahlprüfungen.

Es erscheint im ständischen Staate selbstverständlich, daß derjenige, dem das Recht in der ständischen Corporation zu sitzen und zu stimmen zusteht, dieses Recht beweise, daß er sich gegenüber dem corpus, dem er anzugehören beansprucht, als Mitglied legitimire.

Namentlich der ständische Abgesandte, der nicht kraft eigenen Rechts, sondern kraft eines ihm gegebenen Mandates, m. a. W. als Vertreter auf dem Ständetag erscheint, muß seine Vertretungsbefugniß darthun, seine Vollmachten zur formellen Prüfung vorzeigen. Es steht damit nicht anders, wie heute noch auf einem Congresse oder einer Conferenz von Gesandten, auf denen die Mitglieder ihre Vollmachten zur Prüfung vorlegen müssen.

Daher finden wir in allen ständischen Staaten Bestimmungen über die Art und Weise der Prüfung der Vollmachten. Entweder sind es der die Stände einberufende Landesherr oder der ständische Vorstand, oder der permanente ständische Ausschuß, oder endlich die Stände selbst, die die Prüfung der Vollmachten vornehmen.

So z. B. mußten die persönlich geladenen Mitglieder des ungarischen Reichstages sich bei ihren Präsidien als berufene Mitglieder durch ihre Beglaubigungsscheine legitimiren, die ganzen Corporationen oder einzelne Magnaten, oder deren Wittwen Vertretende vor der ersten Sitzung ihre Credentialschreiben dem königlichen Personal vorweisen [7]).

Auf dem Reichstage des alten Deutschen Reiches war „die Legitimation des Reichstagspersonals zur Sicherheit für Gültigkeit ihrer Handlungen nothwendig" und zwar legitimirte sich der kaiserliche Principalcommissarius durch ein Creditiv und eine offene Vollmacht, welche an das Reichsdirectorium gesendet wurden. Ersteres wurde durch Dictatur dem Reichstage zur Kenntniß gebracht, letztere von dem Reichsdirectorium allein geprüft und die geschehene Legitimation den Directoren der besonderen Reichscollegien eröffnet. Der Reichsdirectorialgesandte übergab seine Vollmacht dem kaiserlichen Principialcommissarius, welcher sie durch ein nachher zur Dictatur gelangendes kaiserliches Commissionsdecret den Reichsständen zur Kenntniß brachte. Ebenso legitimirten sich die reichsständischen Gesandten durch eine vom Reichsdirectorium zu prüfende Voll-

[7]) Virozsil, Das Staatsrecht des Königreiches Ungarn III, S. 29, 30.

macht. Von dieser Prüfung, wenn durch sie die Vollmacht in Ordnung befunden ward, gab das Reichsdirectorium den Directoren der beiden anderen Reichscollegien Nachricht, worauf in allen drei Collegien von den vollzogenen Legitimationen zu Protocoll Meldung gethan ward[8]).

In den deutschen Territorien wurden „die Vollmachten derer Deputirten dahin abgegeben, wo es jeden Orts üblich ist und allda geprüffet: Alsdann aber nachdem es die Landtagsverfassung mit sich bringt, entweder bloß zu denen Landschaftsacten genommen, oder auch der Herrschaft oder deren Commissionen zur Miteinsicht überschickt und sodann zurückerhalten[9])."

An diese ständischen Verhältnisse knüpft die Geschichte des Wahlprüfungsrechtes des französischen und in Nachbildung des französischen Musters fast aller continentalen Parlamente an.

Als Ludwig XVI. am 5. Mai 1789 die Versammlung der Reichsstände zu Versailles eröffnete, da galt es als selbstverständlich, das die Prüfung der „pouvoirs" ausschließlich Sache der Stände sei. Sofort nach der Eröffnung schreiten die Stände zu diesem Geschäft. Allein gerade die Frage, wie die verification des pouvoirs vorzunehmen sei, giebt Anlaß zu einem tiefgehenden Conflicte zwischen dem tiers etat und den beiden ersten, der von epochemachender Bedeutung für die Geschichte der Revolution wird; der dritte Stand verlangt, daß die Gesammtheit der Stände die Verification vornehme, der erste und zweite Stand erklären, daß dies nur jeder von den anderen getrennt berathende Stand erledigen solle. Als die beiden ersten Stände sich hartnäckig weigern, sich mit dem dritten zu gemeinsamer Berathung und Beschlußfassung zu verbinden, erklärt sich der dritte Stand, nachdem er seine Mitglieder für legitimirt erklärt hatte, zur Nationalversammlung und sprengt damit den Ständereichtstag.

In der berühmten königlichen Sitzung vom 23. Juni 1789 sucht Ludwig XVI. vergebens die alte Ordnung der Dinge aufrecht zu erhalten. In seiner Declaration will er (Art. X), daß den Ständen das Recht der Wahlprüfung auch fernerhin zustehe. Indem er den Streit der Stände entscheiden will, soll dem Wunsch des dritten gemäß, die Gesammtheit der Stände die betreffenden Acte vornehmen. Sich selbst behält er jedoch gegebenen Falles die höchste Entscheidung vor[10]).

---

[8]) Gönner, Teutsches Staatsrecht § 173.

[9]) J. J. Moser, Von der deutschen Reichsständen Landen S. 1503.

[10]) Der betreffende Artikel der königlichen Declaration lautet folgendermaßen: Les délibérations à prendre par les trois ordres réunis, sur les pouvoirs contestés, et sur lesquels les parties intérressées se pourvoiraient aux États-Généraux, seront prises à la pluralité des suffrages; mais si les deux tiers

Die welthistorischen Worte, welche nach der königlichen Sitzung Mirabeau dem Marquis von Brezé zurief, haben dem Versuche einer ständischen Restauration ein definitives Ende bereitet.

Die Nationalversammlung nun faßt das aus der Zeit des ständischen Vorspieles überkommene Recht der Wahlprüfung ohne nähere Untersuchung der Sache als einen Bestandtheil des pouvoir législatif auf. Bei ihrem Bestreben, die Gewalten in ihren Organen absolut zu sondern, wird die vollziehende und richterliche Gewalt gänzlich von jedem wie immer gearteten Entscheidungsrecht in Wahlsachen ausgeschlossen. Das geht so weit, daß selbst den Wählerversammlungen das jede richterliche oder administrative Entscheidung ausschließende Recht gegeben wird, bezüglich der von den Primärversammlungen entsendeten électeurs „de vérifier la qualité et les pouvoirs de ceux qui s'y presenteront" vorbehaltlich der definitiven Sentenz des corps législatif gelegentlich der von ihm vorgenommenen Verificationen [11]).

Diese Ordnung des Wahlprüfungsrechtes mußte aber der Constituante noch unter einem anderen Gesichtspunkte als durch die höchsten Principien des Staates gerechtfertigt, ja gefordert erscheinen.

Noch tiefer als die Montesquieu'sche Lehre von der Gewaltentheilung war die Idee der Volkssouveränetät in das Bewußtsein der neuen Machthaber eingedrungen. Die der Substanz nach bei der Gesammtheit des französischen Volkes ruhende, durch den corps législatif vertretene volonté générale ist es, welcher die dem Staate essentielle plenitudo postestatis zukommt. Diese volonté générale enthält daher alle Gewalten in sich. Allein sie übt nicht alle aus. Sie delegirt die vollziehende und richterliche Gewalt an andere Organe und behält sich nur die Ausübung der Gesetzgebung vor. Damit wird aber die Gesetzgebung quoad ius und quoad exercitium zur höchsten Gewalt, der die beiden anderen subordinirt, von der sie in ihrer Organisation abhängig sind.

Unter diesen Voraussetzungen würde es als verkehrt erscheinen, wenn man den subordinirten Gewalten das Recht ertheilen wollte, in Fragen zu entscheiden, welche die Constituirung des souveränen Volkes als Wahl- und Wählerversammlungen, der gewählten Repräsentanten des Souveräns als gesetzgebenden Körper betreffen. Die Würde der Vertretung der souveränen Nation würde Schaden leiden, wenn sie sich in irgend einer Frage dem Richter unterwerfen würde. Das Parlament selbst muß viel-

des voix, dans l'un des trois ordres, réclamaient contre la déliberation de l'Assemblée, l'affaire sera rapporté au roi, pour y être définitivement statué par sa majesté. Moniteur 1789 Nr. 10.

11) Constitution du 3 sept. 1791, titre III, ch. I, sect. IV § 5.

mehr der souveräne Herr über die Anerkennung des Rechtes seiner Mitglieder sein[12]). Daher entscheiden die französischen Kammern als souveräne Richter, d. h. nicht nur in erster und letzter Instanz, sondern auch an kein Gesetz gebunden über bestrittene Wahlen, sie sind die inappellable Jury, welche über das Recht der Genossen urtheilt, eine Jury, der allerdings der leitende Richter und das bindende Recht mangelt.

Das Resultat der französischen Verfassungsgeschichte besteht darin, daß die Kammern über die Gültigkeit der Wahlen vollkommen frei zu entscheiden haben.[13])

Dieses Resultat steht in diametralem Gegensatz zu dem der englischen Geschichte, ein Gegensatz, der innig zusammenhängt mit den Ansichten von dem Rechte des Einzelnen und seinem Schutze, die in beiden Staaten die Grundlage für die Gestaltung der öffentlichen Institutionen gebildet haben.

Mit dem Vordringen der constitutionellen Ideen von Frankreich in das übrige Europa wird auch das französische System der Wahlprüfungen überall recipirt. In einigen Staaten allerdings haben die englischen Reformen bereits derart eingewirkt, daß eine Mäßigung der parlamentarischen Souveränität durch theilweise oder gänzliche Delegirung des Wahlprüfungsrechtes an parlamentarische Ausschüsse eingetreten ist, die auf Grund eines geregelten Verfahrens ihre Entscheidungen zu fällen haben. Es sind dies vor Allem Italien[14]) und Ungarn.[15]) Letzterer Staat hat sogar principiell den obersten Gerichtshof als Instanz zur Entscheidung bestrittener Reichstagswahlen anerkannt. Das ausführende Gesetz, das dieses Princip verwirklichen soll, ist jedoch bis heute nicht zu Stande gekommen.

---

12) — — — on emploierait un moyen mauvais si on confiait la vérification à une autorité extérieure, ce serait constituer une hiérarchie, une superiorité qui serait inadmissible pour une assemblée formant la représentation nationale. Block, Dictionnaire général de la politique. 2 éd. t. II s. v. vérification des pouvoirs.

13) Lebon, das Staatsrecht der französischen Republik, Marquardsen IV, I, 6, S. 66. Giron, droit administratif de la Belgique. 2. éd. I p. 85 von den belgischen Kammern: Lorsqu'elles vérifient les pouvoirs de leurs membres, elles s'arrogent le droit de juger comme elles l'entendent et de ne relever que de leur conscience dans l'exercice de leur omnipotence.

14) Vgl. Demombynes, Les constitutions européennes. 2. éd. t. I, p. 330, note (1).

15) Jaques, S. 33 ff. Vgl. daselbst S. 25, 26 die von dem französischen System abweichenden Normen für Finnland und Bulgarien.

V.

Von großer Bedeutung für die Frage der Lösung unserer Frage sind die Thatsachen und Discussionen, welche auf dem Gebiete des Wahlprüfungsrechts in den letzten Jahren in Oesterreich stattgefunden haben.

In Oesterreich entscheidet nach französischem Muster das Abgeordnetenhaus über die Legitimation der in dasselbe gewählten Abgeordneten.

Das zum Schutz der verfassungsmäßigen politischen Rechte der Staatsbürger eingesetzte Reichsgericht hatte auf die Beschwerde einer Anzahl Wähler die Aufnahme mehrerer Personen in die Wählerliste des oberösterreichischen Großgrundbesitzes durch Erkenntniß vom 24. April 1881 für ungesetzlich erklärt. Vorher jedoch hatte das Abgeordnetenhaus die auf Grund der vom Statthalter in Oberösterreich angefertigten Wählerliste vorgenommenen Wahlen, bei denen die erforderliche Majorität durch die Stimmen der ungesetzlich Eingetragenen erzielt worden war, als zu Recht bestehend anerkannt.

Dieser Conflict zwischen der reichsgerichtlichen und parlamentarischen Entscheidung rief eine lebhafte Erregung der öffentlichen Meinung hervor, umsomehr als die Majorität des Abgeordnetenhauses sich zweifellos nur von politischen Motiven bei ihrem Spruche leiten ließ — die Gewählten brachten nämlich dieser Majorität eine sehr willkommene Unterstützung. Ein ernstgemeinter Versuch zur Lösung des Conflicts wurde jedoch zunächst nicht unternommen.

Angeregt durch diese Vorgänge veröffentlichte im Januar 1885 der Schreiber dieser Zeilen eine kleine Schrift über einen Verfassungsgerichtshof für Oesterreich, in welcher er unter Anderem den Vorschlag machte, die Entscheidung über angefochtene Reichsrathswahlen einem Verfassungsgerichtshofe zu überweisen. Dieser Vorschlag wurde von den der Minorität des Reichsrathes nahestehenden Journalen günstig aufgenommen, und durch die öffentliche Discussion über dieses Thema ermuthigt, brachte der Abgeordnete Graf Coronini am 19. Februar 1885 einen von ihm schon lange vorbereiteten auf Errichtung eines Wahlprüfungsgerichtshofes zielenden Antrag im Abgeordnetenhause ein.[16]) Bald darauf wurde jedoch das Haus aufgelöst.

---

[16]) Dieser Gerichtshof soll mit Beginn jeder Wahlperiode des Reichsraths für die ganze Dauer derselben bestellt werden und aus je drei Mitgliedern des obersten Gerichts- und Cassationshofes, des Reichsgerichtes und des Verwaltungsgerichtshofs bestehen, welche in Plenarsitzungen der genannten Gerichtshöfe unter deren eigenen Mitgliedern mit Ausschluß des Präsidenten durch das Loos bestimmt werden. Der so gebildete Gerichtshof wählt durch Loos seinen Präsidenten.

In der Zwischenzeit bis zum Zusammentreten des neugewählten Hauses erschien an den Antrag Coronini anknüpfend eine Studie des Abgeordneten Dr. Jaques über Wahlprüfungen und einen Wahlprüfungsgerichtshof für Oesterreich.

Bald nach Beginn der neuen Session brachte Coronini, diesmal im Verein mit Jaques seinen Antrag nochmals ein und zwar modificirt durch die Bestimmung, daß keiner der Wahlprüfungsrichter einer parlamentarischen Körperschaft angehören dürfe.

Dieser Antrag wurde in den Sitzungen vom 12. und 16. Februar 1886 der ersten Lesung unterzogen. Die aus diesem Anlasse stattgefundene Debatte ist von großem Interesse für unseren Gegenstand. Die Gegner des Antrags haben nicht ein einziges aus der Idee des Rechtsstaates fließendes Argument zur Begründung ihrer Opposition anzuführen gewußt. Der Wunsch, die parlamentarische Macht ungeschwächt zu erhalten, verbunden mit dem offenen oder versteckten Geständniß, daß die Wahlprüfung ein parlamentarisches Machtmittel sei, ist der leitende Gedanke ihrer Ausführungen gewesen.

Der Antrag Coronini-Jaques wurde einem Ausschusse zugewiesen. Bis heute ist von diesem ein Bericht dem Plenum nicht erstatet worden.

Unterdessen haben neue Vorfälle das Bedürfniß nach einer Aenderung der geltenden Bestimmungen über Wahlprüfungen hervortreten lassen. In der Verzögerung der Legitimationsprüfungen hat die Majorität des Abgeordnetenhauses ein Mittel gefunden, um selbst in den zweifelhaftesten Fällen ihre Zahl so lange als möglich unversehrt zu erhalten, da ja jeder Abgeordnete bis zur Entscheidung über die Gültigkeit seiner Wahl Sitz und Stimme im Hause hat. Gegen ein unmittelbares und daher unverantwortliches Staatsorgan, als welches das Parlament sich darstellt, kann eine querela protractae vel denegatae iustitiae nicht angestellt werden.

VI.

Von der Deduction aus den obersten Principien des Staatsrechtes über die richterliche Natur des Wahlprüfungsgeschäftes und dem Ueberblick über die verschiedenen Systeme, welche in den constitutionellen Staaten bezüglich der Wahlprüfungen bestehen, sowie der Ideen, welche ihnen zu Grunde liegen und der Reformen, welche angebahnt wurden gehen wir nun über zur Beantwortung des zweiten Theiles der Frage: ob die Wahlprüfungen einem unabhängigen Gerichtshofe zuzuweisen seien.

Ist auch die Wahlprüfung als ein rechtlicher Akt nachgewiesen worden, so folgt daraus allein durchaus nicht die Forderung, sie einem Richter im formellen Sinne zuzuweisen.

Da das Princip der Gewaltentheilung einer absoluten Verwirklichung nicht fähig ist, so müssen praktische Gründe zwingender Natur vorhanden sein, um den Richter zur Entscheidung von Angelegenheiten zu bestellen, die bisher in die Competenz anderer Organe gehörten.

Zweifellos giebt es richterliche Funktionen der Parlamente, die ohne erhebliche Nachtheile für die constitutionelle Staatsordnung und für die innere Ordnung des Parlamentes selbst von diesem nicht getrennt werden können.

Solcher Art ist z. B. die Ertheilung der Decharge oder des Absolutoriums für die Regierung auf Grund der vorliegenden Staatsrechnungen.

Ferner die Ausübung der Disciplinargewalt der parlamentarischen Collegien über ihre Mitglieder. Auch die Entscheidung über die Gültigkeit nicht bestrittener Wahlen gemäß dem Verfassungsrechte ist eine richterliche Function, für deren Uebertragung an ein Gericht mindestens kein zwingender Grund vorhanden ist.

Anders steht es aber mit den Prüfungen bestrittener Wahlen. Für die Ausscheidung der Cognition über dieselben aus der Sphäre parlamentarischer Rechtsprechung und Zuweisung an einen Wahlgerichtshof sprachen folgende gewichtige Gründe:

1. In einer sehr großen Anzahl von Fällen wird die Wahl von Mitgliedern einer unterlegenen Partei bestritten werden. Dadurch spitzt sich nach der Lage der Dinge die Entscheidung über den Streit zu einer Parteifrage zu. Politische Gesichtspunkte werden die Rechtsfrage verdunkeln. Die Majorität soll eventuell gegen ihr eigenes Interesse entscheiden, sie soll Richter in eigener Sache sein. Damit ist aber eines der wichtigsten politischen Individualrechte des unparteiischen, nur nach Recht und Gesetz entscheidenden Richters beraubt.

2. Parlamente pflegen ohne Motivirung zu entscheiden, das richterliche Urtheil aber erhält erst durch die Motive seinen Werth. Der Richter muß sein Urtheil juristisch begründen. Das juristische Gewissen ist aber eng, während das Parteigewissen weit ist. Man setzt viel leichter seinen Ruf als Parteimann denn als Jurist aufs Spiel. Eine rabulistische Rechtsverdrehung wird sich ein Richter sehr selten zu Schulden kommen lassen, während parlamentarische Parteien häufig die offenbarsten Rechtsbrüche ungescheut begehen. Der Grund hiervon liegt darin, daß

3. die moralische Verantwortlichkeit eines Parlamentsmitgliedes viel geringer ist als die des Richters. Politische Parteien bestehen nämlich aus zahlreichen, Gerichtshöfe aus wenigen Mitgliedern. Eine Verantwortlichkeit, die sich auf Viele erstreckt, berührt aber die Einzelnen wenig. Die Verantwortlichkeit des Richters ist aber schon durch die geringe Zahl von Personen, aus denen ein Wahlprüfungsgericht besteht, eine viel concentrirtere, an der Persönlichkeit haftende.

4. Aus den Präjudikaten des Gerichts bildet sich eine constante Praxis, von der ohne zwingenden Grund nicht abgegangen wird. Darin liegt eine neue Gewähr unparteiischen Urtheilens. Die consuetudo parliamenti hat hingegen auf dem Continente eine verhältnißmäßig geringe Bedeutung, schon deshalb weil die „precedents of proceeding" wenig bekannt sind.

5. Ein ungerechtes Urtheil des Parlamentes bedeutet eine tiefgehende Schädigung der parlamentarischen Institutionen überhaupt. Daher haben Alle, welche das Ansehen der Volksvertretung intact erhalten wollen, ein Interesse daran, daß sie von allen Geschäften entlastet wird, die sie ihrer Natur nach nicht immer in angemessener Weise erledigen kann. Bietet auch ein Wahlprüfungsgerichtshof, so wenig als irgend ein anderes Gericht, eine absolute Garantie gerechter Judicatur, so ist selbst ein ungerechtes Urtheil desselben nicht von den schwerwiegenden Erfolgen für die öffentliche Moral begleitet, wie eine offenbar rechtswidrige Entscheidung der Volksvertretung.

Die Frage wie ein unabhängiger Wahlprüfungsgerichtshof zu organisiren sei, läßt sich nicht im Allgemeinen, sondern nur im Hinblick auf die Verhältnisse eines jeden concreten Staates beantworten. Es kann der höchste ordentliche Gerichtshof des Landes oder ein ständiger oder wechselnder Senat aus demselben hierzu bestellt werden, es kann ein Gerichtshof des öffentlichen Rechts oder ein aus den Mitgliedern verschiedener Gerichtshöfe gebildetes Tribunal mit der Function der Wahlprüfungen betraut werden. Alles Nähere hängt ab von dem Maße des Vertrauens, das ein Volk in seine Richter setzt. Von diesem Maße wird auch schließlich überall die Verwirklichung der Wahlprüfungsgerichte abhängen.

Der Inhalt des vorliegenden Gutachtens läßt sich somit dahin resümiren, daß die Eingangs gestellten Fragen mit einem „Ja" beantwortet werden.

XII.

Gutachten des Herrn Professor Dr. Rosin in Freiburg i. B.

über die Frage:

An welche rechtliche Voraussetzungen kann die freie Corporationsbildung geknüpft werden?

Mit der Aufforderung, über obige Frage ein Gutachten zu erstatten, hat mich die ständige Deputation des Deutschen Juristentages am Anfange dieses Jahres beehrt. Inzwischen ist der Entwurf eines bürgerlichen Gesetzbuches für das Deutsche Reich erschienen, welcher in seinem ersten Buche „Allgemeiner Theil", im dritten Abschnitt §§ 41—63 die Rechtssätze über „juristische Personen" aufstellt. Auch die Begründung der nach dieser Richtung vorgeschlagenen Bestimmungen liegt vor (Motive Band I S. 78—125). Bei dieser Sachlage und bei der außerordentlichen Bedeutung, welche jenes Werk in Bezug auf alle legislatorischen Fragen des Privatrechts gegenwärtig für sich in Anspruch nimmt, glaube ich im Sinne meiner Auftraggeber, sowie des gesammten Deutschen Juristentages zu handeln, wenn ich die mir gestellte Frage unter dem Gesichtswinkel ihrer Erledigung in dem zukünftig zu erlassenden deutschen bürgerlichen Gesetzbuche betrachte und es demzufolge als meine Aufgabe ansehe, mich darüber auszusprechen, an welche rechtliche Voraussetzungen die freie Corporationsbildung im bürgerlichen Gesetzbuche für das Deutsche Reich geknüpft werden kann? Jedoch bedarf es zunächst hinsichtlich dieser Fragestellung einiger kurzer Bemerkungen.

Es handelt sich um „Corporationsbildung": das bedingt einen doppelten Gegensatz. Einerseits steht im Kreise der juristischen Person die Corporation, Körperschaft (Entw. §§ 42—57) der Stiftung (Entw.

§§ 58—62) gegenüber. Das vorliegende Gutachten hat es mit der Frage der Errichtung einer mit juristischer Persönlichkeit auszustattenden Stiftung nicht zu thun. Andererseits steht die Corporation als ein mit juristischer Persönlichkeit versehener Personenverein dem Personenverein schlechtweg gegenüber. Jede Körperschaft ist zunächst Personenverein schlechtweg und kann als solcher nur bestehen, wenn sie den allgemeinen rechtlichen Voraussetzungen, die das öffentliche Recht über die Vereinsbildung überhaupt aufstellt, Genüge leistet; die Corporationseigenschaft bildet dann auf dem Gebiete des Privatrechts die einem bestimmten Vereine zustehende besondere Fähigkeit, „als solcher selbständig Vermögensrechte und Vermögenspflichten zu haben." (Entw. § 41.) Die Erlangung dieser Rechtsstellung kann an eigene rechtliche Voraussetzungen geknüpft sein. Nur die letzteren kommen hier zur Erörterung; es ist von Anfang an daran festzuhalten, daß die Gestaltung des öffentlichrechtlichen Vereinsrechts weder in Frage steht, noch unbedingt in bestimmter Art vorausgesetzt wird.

Wenn aber die Frage weiterhin dahin gestellt ist: „An welche rechtliche Voraussetzungen kann die freie Corporationsbildung geknüpft werden?" so könnte man in dieser Fassung die an den Gutachter gerichtete Aufforderung finden, die Frage nach dem „Ob" der freien Corporationsbildung als im bejahenden Sinne entschieden außerhalb des Rahmens der Discussion zu lassen. Wenn es indessen schon im Allgemeinen Schwierigkeiten haben würde, in eine Erörterung über die Voraussetzungen der Corporationsbildung ohne eine Darlegung des Standpunktes einzutreten, welchen der Gutachter in der Frage des Princips selbst einnimmt, so wird ein solches Verhalten mit Rücksicht auf das Eingangs Bemerkte dadurch völlig ausgeschlossen, daß der Entwurf eines bürgerlichen Gesetzbuchs für das Deutsche Reich das Princip der freien Corporationsbildung nicht zu dem seinigen gemacht hat. Das fordert zunächst zu einer Erörterung auf, ob die Rechtssätze des Entwurfs nach dieser Hinsicht für das endgültige Gesetzbuch beibehalten werden sollen.

Endlich glaube ich dem Sinne meiner Auftraggeber zu entsprechen, wenn ich in dem Worte „kann" (nicht „soll" oder „muß") keine besondere Bedeutung suche und nach alledem mich zur Erörterung der Frage anschicke:

> ob und unter welchen rechtlichen Voraussetzungen im zukünftigen deutschen Civilgesetzbuche die freie Corporationsbildung angenommen werden soll?

Es dürfte nicht zu viel gesagt sein, wenn ich behaupte, daß es in weiten Kreisen Verwunderung und Enttäuschung hervorgerufen haben wird, in dem Entwurfe eines bürgerlichen Gesetzbuchs über Erwerb und Verlust der juristischen Persönlichkeit eines Personenvereins nur die folgende Bestimmung zu finden:

§ 42. Die juristische Persönlichkeit eines Personenvereins und der Verlust dieser Persönlichkeit bestimmen sich in Ermangelung besonderer reichsgesetzlicher Vorschriften nach den Landesgesetzen des Orts, an welchem der Personenverein seinen Sitz hat.

Die Motive (S. 86) stellen zunächst die Tragweite dieses Satzes fest. Sie heben hervor, daß die Hauptarten wirthschaftlicher Associationen (handelsrechtliche Gesellschaften, Erwerbs- und Wirthschaftsgenossenschaften, Versicherungsgesellschaften) ihre besondere Regelung durch specielle Reichsgesetze theils erhalten haben, theils noch erhalten sollen; sie constatiren ferner, daß der Erwerb der juristischen Persönlichkeit seitens derjenigen Verbände, welche mit der bestehenden Staats- und Kirchenverfassung organisch zusammenhängen, von vornherein den Landesgesetzen zu überlassen gewesen sei und daß dasselbe auch von denjenigen Körperschaften zu gelten habe, welche sich auf den außerhalb des Rahmens des Civilgesetzbuchs verbleibenden Rechtsgebieten, dem Agrarrecht, Wasserrecht, Forst- und Bergrecht, Jagd- und Fischereirecht entwickelten. Sonach seien für die Regelung der Corporationsbildung im Entwurf von Anfang an „im Wesentlichen nur die auf freier Zusammenschließung beruhenden corporativ angelegten Vereine, welche politische, religiöse, geistige, sittliche, sociale Zwecke verfolgen, die Vereine mit sog. idealen Tendenzen“ verblieben.

Die Motive wollen nun nicht die Gründe verkennen, welche dafür sprechen, den Vereinen mit idealen Tendenzen den Erwerb der selbständigen Vermögensfähigkeit zu ermöglichen. „In der Regel nicht bloß für einzelne bestimmte Personen berechnet, verfolgen diese Vereine Zwecke, welche über die Individualität der Begründer hinausreichen. Sie nehmen einen dauernden, von dem Wechsel der Mitglieder unabhängigen Bestand in Aussicht; der Austritt von Genossen soll nicht lösen, der Zugang neuer Genossen gewöhnlich nicht ausgeschlossen sein. Das vorhandene Vermögen wird dem Vereine als solchem zugeschrieben. Die Mitglieder wollen keinen Theil daran haben, nicht Miteigenthümer, Mitgläubiger, Mitschuldner sein. Dem Einzelnen liegt fern, für die Erreichung der Vereinszwecke eine über die Entrichtung der Beiträge zur Vereinskasse hinausgehende Verbindlichkeit zu übernehmen. Mit dem Ausscheiden wollen die Mitglieder jeder Haftung ledig sein, andererseits aber auch jedes Anspruchs an das Vereinsvermögen sich begeben. Solchergestalt angelegte Vereine sind völlig geeignet, Träger einer selbständigen Rechtsfähigkeit zu werden. Dieselben bedürfen auch zu einem gewissen Theile der Rechtsfähigkeit, wenn sie auf dem vermögensrechtlichen Gebiete diejenige Stellung einnehmen sollen, die sich für dieses Gebiet als Consequenz ihres Wesens ergiebt. Ein Verein der fraglichen Art, dem die Persönlichkeit versagt ist, geräth im Privatrechtsverkehre leicht in eine mißliche Lage, welche in der die Verhältnisse begleitenden Unsicherheit, in der Behinderung bei der Schließung von Rechtsgeschäften, in Schwierigkeiten bei der Prozeßführung zu Tage tritt. Um das privatrechtliche Dasein zu fristen, muß der Verein Zuflucht zu Mitteln nehmen, die häufig versagen, leicht zu Verwickelungen führen und vorgeschobenen Mitgliedern Opfer auferlegen. In die Wagschale fällt außerdem, daß dem Staate an einem gesunden, blühenden Vereinsleben gelegen sein muß. Das Vereinswesen weckt den Sinn für Gemeinwohl, verbreitet Einsicht, praktische Tüchtigkeit und Gesittung, fördert materielle Wohlfahrt und geistige Ausbildung; es ist berufen, Aufgaben zu lösen, die für den Staat von großer Bedeutung sind, an die er aber nicht selbst und unmittelbar herantreten kann." (S. 88.)

Trotz aller dieser Gründe haben sich die Verfasser des Entwurfs nicht entschließen können, „allen gegenwärtigen und zukünftigen Vereinen, die nicht offensichtig unerlaubte Zwecke verfolgen, einen Freibrief auf eine selbständige Vermögenssphäre auszustellen." Als durchschlagender Grund dagegen gilt ihnen die Gefahr, welche von den mit eigenem Vermögen ausgestatteten Vereinen dem Staate erwachsen kann. „Die Vermögensfähigkeit ist für die Stellung, welche die Vereine im öffentlichen Leben einnehmen, von nicht zu unterschätzender Bedeutung. Solange sie die Persönlichkeit entbehren, mögen sie sich die Sammlung und Verwendung ökonomischer Mittel ihren Bedürfnissen gemäß angelegen sein lassen; eine gesicherte Grundlage gewinnen sie erst durch die Vermögensfähigkeit; mit ihr erlangen sie einen festen Halt, Stetigkeit der Organisation und die Gewähr dauernden Bestandes. So ausgerüstet treten sie bei Verfolgung ihrer Zwecke nicht mehr als lose Gesellschaften, sondern als festgegliederte Körperschaften in die Schranken und sind einer Machtentfaltung fähig, die sich im Voraus nicht ermessen läßt" (S. 90). Von diesem Standpunkte aus hätte der Entwurf folgerichtig zur Aufstellung des Concessionssystems gelangen müssen, nach welchem die Erlangung der Corporationsrechte im einzelnen Falle von einer nach freiem Ermessen sich bestimmenden Verleihung von Seiten der Staatsgewalt abhängig ist, wenn nicht die Commission sich entschlossen hätte, unter Berücksichtigung derjenigen deutschen Einzelstaaten, „welchen die Lage der Verhältnisse eine freiere Behandlung der Vereine hinsichtlich des Erwerbes der Rechtsfähigkeit gestattet“ (S. 91), die ganze Frage der Landesgesetzgebung anheimzustellen.

Geht man zur kritischen Betrachtung dieses von dem Entwurf eingenommenen Standpunktes über, so wird man denselben allerdings insoweit, wie mir scheint, annehmbar finden können, als, bei Scheidung der privatrechtlichen Körperschaften in solche, welche wirthschaftlichen, und solche, welche idealen Zwecken dienen, die ersteren hinsichtlich der Erlangung juristischer Persönlichkeit den besonderen Reichsgesetzen, eventuell aber dem Landesrecht unterstellt bleiben. Wie die Motive hervorheben, haben die Vereinigungen des Handelsverkehrs ihre Regelung im Handelsgesetzbuch erfahren, dessen im Zusammenhange mit dem Civilgesetzbuch geplante Umarbeitung zugleich die dem Gebiete des Versicherungsrechts angehörenden Associationen umfassen soll. Die Erwerbs- und Wirthschaftsgenossenschaften unterstehen gleichfalls einer besonderen reichsgesetzlichen Normirung, deren in nächster Aussicht stehende Umgestaltung auch den Bestrebungen, welche die für jene Gesellschaftsform sich eignenden wirthschaftlichen Zwecke mit beschränktem Vermögenseinsatz der Mitglieder erreichen wollen, freieren Spielraum gewähren soll. Endlich ist die in der jüngsten Zeit häufig besprochene Frage der Colonialgesellschaften neuestens durch das Reichsgesetz vom 15. März 1888 Art. II in einer den in der Bildung begriffenen Verhältnissen m. E. durchweg angemessenen Weise dahin gelöst worden, daß solchen Vereinigungen auf Grund eines vom Reichskanzler genehmigten Statuts, welches bestimmten Bedingungen genügen und die Staatsaufsicht über die Gesellschaft näher regeln muß, vom Bundesrath die Rechte der juristischen Personen ertheilt werden können. Es will mir scheinen, als wenn gegenüber diesen durch Specialgesetze des Reichs den wirthschaftlichen Bestrebungen seiner Zeit zur Verfügung gestellten Rechtsformen ein praktisches Bedürfniß zu einer im Reichs-Civilgesetzbuch zu treffenden allgemeinen Normirung des Rechtes wirthschaftlicher Körperschaften in der That kaum noch besteht und daß es daher zu etwaiger Ergänzung jener Gesetze genügt, auf die Möglichkeit einer Erlangung der Corporationsrechte nach Landesrecht zu verweisen.

Dagegen kann ich nicht umhin, in Bezug auf die oben näher beschriebenen sog. Vereine zu idealen Zwecken einen dem Entwurf durchaus entgegengesetzten Standpunkt zu vertreten. Die Reichsgesetzgebung bietet denselben eine ihrem Wesen entsprechende corporative Rechtsform überhaupt nicht, indem nach der von den Motiven (S. 86 f.) gegebenen Uebersicht die bisher darauf gerichteten, vorzugsweise von Schulze-Delitzsch getragenen legislatorischen Bestrebungen zwar im Reichstage, nicht aber im Bundesrathe das gewünschte Ziel erreicht haben. Ich halte es aber nicht für angängig, daß die Geschichte der Entwickelung unseres Corporationswesens ihren Schlußstein im bürgerlichen Gesetzbuch mit einer principiellen Billigung des Concessionssystems und einer nachgiebigen Tolerirung freierer Particularrechte finde.

1. Wenngleich nach den Motiven, wie die oben angeführten Stellen ergeben, die von dem Entwurf in § 42 angenommene Bestimmung sich lediglich aus einer Abwägung von Zweckmäßigkeitsgründen zu ergeben scheint, liegt in der That die Erklärung des der freien Corporationsbildung abgeneigten Standpunktes der Redactoren erheblich tiefer, nämlich auf principiellem rechtlichen Gebiete. Die Motive wenigstens gehen ausgesprochener Maßen von einer Anschauung über das Wesen der juristischen Person, speciell der Corporation aus, die von vornherein jene antisociale Voreingenommenheit erzeugen mußte. Sie erachten die Eigenschaft der Persönlichkeit, speciell der Vermögensfähigkeit als ein an sich nur dem physischen Menschen zukommendes Prädicat, welches dann „künstlich", „kraft positiver Satzung" einem Personenverein als einem an sich „willenlosen Wesen" beigelegt wird (Motive I S. 78, 94, 103). Es ist dies genau der Standpunkt des römischen Rechts, welches auf dem Gebiete des Privatrechts lediglich das Individuum als die einzig reale Person anerkannte, während ihm die Persönlichkeit der Anstalten und Verbände eine bloß nach dem Muster der Einzelpersönlichkeit fingirte war. Von diesem Standpunkte aus mußte das römische Recht nothwendig dazu gelangen, jene Fiction in jedem einzelnen Falle durch einen besonderen Staatsact in das Rechtsleben einzuführen. Daß aber diese Auffassung weder unseren socialen, noch unseren nationalen Anschauungen entspricht, ist durch eine zumeist an die Namen Beseler und Gierke anknüpfende wissenschaftliche Bewegung von so bedeutendem Umfange und so bedeutender Tiefe festgestellt worden, daß man es kaum begreifen kann, wie dieselbe an dem Entwurfe und seinen Motiven keine Spur zurücklassen konnte. Die Rechtsanschauung unseres Volkes, welche sich von je an einem ungleich reicheren corporativen Leben, als es das Römerthum aufwies, entwickelte, sieht mit nichten die Einzelperson als die einzig natürliche an. Ihr stehen vielmehr, wie schon unsere schönen deutschen Ausdrücke erweisen, Einzelwesen und Gemeinwesen in ihrer Eigenschaft als willens- und handlungsfähige Rechtswesen völlig gleich.

Die Verbandspersönlichkeit verdankt ebenso sehr und ebenso wenig wie die Persönlichkeit des Einzelmenschen ihr Dasein dem Rechte. Ebenso sehr: Denn die Rechts- und Vermögensfähigkeit als eine rechtliche Eigenschaft kann nur bestehen durch die Anerkennung der Rechtsordnung, welche, wie die historischen Institute der Sclaverei und des bürgerlichen Todes lehren, auch dem Einzelmenschen gegenüber die formale Macht hat, ihm jene Anerkennung zu versagen. Ebenso wenig aber: denn die formale Macht der staatlichen Rechtsordnung ist hier so wenig wie dort eine materiell unbeschränkte. Das Recht als die Ordnung in den Lebensverhältnissen setzt sich mit seiner Idee in Widerspruch, wenn es die in den Dingen selbst liegende Ordnung ignorirt. Frei von jeder äußeren Schranke ist doch das staatliche Recht, wenn es anders seinen Beruf erfüllen will, an die materielle Idee der Gerechtigkeit ebenso gebunden wie an die Postulate der wahren socialen und wirthschaftlichen Bedürfnisse. Ebenso wie einerseits „das Postulat der Rechtsidee, daß jedes menschliche Individuum als Person anerkannt werde, die Kraft eines für den Gesetzgeber thatsächlich unverbrüchlichen Princips erlangt" hat (Gierke: die Genossenschaftstheorie und die deutsche Rechtssprechung, 1887 S. 23), so darf sich auch andererseits der Gesetzgeber des deutschen Volkes der Anerkennung nicht verschließen, daß nach unserer heutigen deutschen Rechtsanschauung, welche, wie Gierke umfassend darthut, mit elementarer Gewalt in den Rechtssprüchen unserer Gerichte auch gegenüber beschränkenden Satzungen sich Bahn bricht, „die Geltung von gesellschaftlichen Körpern als einheitlichen Rechtssubjecten unmittelbar aus den Anforderungen der Rechtsidee sich ergiebt." Erkennt man einmal an, wie die Motive es thun, daß jene „Vereine völlig geeignet sind, Träger einer selbständigen Rechtsfähigkeit zu werden" (Motive S. 88), so begeht der souveräne Gesetzgeber eine materielle Ungerechtigkeit, wenn er sie ihnen trotz dessen verweigert. Er ist vielmehr innerlich genöthigt, den deutschnationalen Rechtsanschauungen und unseren socialen Bedürfnissen sich hingebend, von einem allgemeinen Begriffe der Persönlichkeit, des Rechtswesens auszugehen und als solches unmittelbar und von vornherein, nicht aber über den Umweg der Fiction ad instar hominis, auch das Gemeinwesen anzuerkennen, welches ebenso wie das Einzelwesen wenn auch als eigenartiger Organismus neben demselben, thatsächlich und natürlich durch seine Organe wollend und handelnd in die Rechtswelt eingreift. Jene materielle Ungerechtigkeit aber wäre — das darf man nicht vergessen — nicht bloß begangen gegen das Gemeinwesen als solches, dessen Existenz man unterdrückt, sondern zugleich mittelbar gegen die einzelnen Staatsbürger, welche es ins Leben rufen. Denn nicht mit Unrecht hat Bähr, jener Mann, dem unser Recht auf seinen beiden Positionen so viel verdankt, es bei der Berichterstattung über den ersten Schulze'schen Gesetzentwurf im norddeutschen Reichstage (1. Leg.-Per. Session 1869 Bd. 3 Anl. Nr. 273, S. 818) ausgesprochen, daß „dem Vereine die Persönlichkeit absprechen nichts anderes heißt, als seinen Mitgliedern ein Stück ihrer Persönlichkeit versagen".

2. Und stehen denn wirklich die rechtspolitischen Gründe mit diesem Postulate der Rechtsidee in Widerspruch? Man wird nicht oft beredtere Fürsprache für die Anerkennung der freien Corporationsbildung finden, als die oben angeführten Worte der Motive. Ja man könnte beinahe zu der Annahme geneigt sein, daß auf Grund derselben eine erste Redaction des Entwurfs jenes Princip acceptirt hatte und daß bei späterer Verwerfung desselben die Gegengründe nur äußerlich lose angefügt worden sind — so ungemein stehen sie in ihrer Bedeutung gegen jene Rechtfertigung zurück. Die Aberkennung der Persönlichkeit gegenüber den an sich dazu geeigneten Vereinen thut dem socialen Gestaltungswillen der Privaten unbedingten Zwang an, bringt die Gesellschaft im Geschäftsverkehr in eine bedrängte Lage, indem sie durch allerhand dem Zwecke nicht entsprechende Mittel, besonders durch Vorschiebung Einzelner als Träger ihrer Vermögensrechte, sich nothdürftig helfen muß, schädigt aber, was dazu kommt, auf das Aeußerste auch die Interessen dritter Personen, welche mit dem Verein in rechtliche Beziehungen getreten sind, indem diesen das von ihnen ins Auge gefaßte natürliche Haftungs-Subject und -Object, Vereinsperson und Vereinsvermögen, künstlich entzogen und sie auf mehr oder weniger unsichere Wege, ihre Forderung gegen gewisse Einzelpersonen zu realisiren, verwiesen werden. Und der Staat, dessen Interesse an einem blühenden Vereinswesen so klar geschildert wird, läßt trotz alledem die Furcht vor den Gefahren überwiegen, welche ihm aus der Ausstattung erlaubter Vereine mit Vermögensfähigkeit entstehen könnten? Das kann der Standpunkt des Deutschen Reiches in seiner ersten Civilrechtscodification nicht sein. Das wäre seiner nicht würdig! Denn man darf nicht vergessen, daß, wie im Eingange nachdrücklich hervorgehoben, die Frage nach der Corporationseigenschaft der Vereine das öffentliche Polizeirecht der Vereinsbildung unberührt läßt. In diesem ist der Ort, die Interessen der Staatssicherheit gegenüber der durch die Vereinigung herbeigeführten Potenzirung der Einzelkraft klar und offen zur rechtlichen Geltung zu bringen; sie sind öffentlich rechtlicher Natur ebenso sehr wie die Frage der Corporationsbildung privatrechtlicher. Ist aber einmal, wie principiell nach deutschem öffentlichen Recht, die publicistische Existenz freier Vereinigungen zuge-

lassen, so haben, wie man mit Bluntschli und Gierke (a. a. O. S. 83 Note 1) meinen sollte, die früher in erster Reihe stehenden politischen Bedenken ihr Schwergewicht verloren. Mit Recht hat Schulze-Delitzsch seiner Zeit (Sten. Ber. des nordd. Reichstages, 1. Leg.-Per. Session 1869, S. 319) die Aeußerung eines hervorragenden Mitgliedes der conservativen Partei, der zugleich eine bedeutende Stellung in der preußischen Justiz einnahm, zum Beispiel angeführt: „Man möge über die Zulässigkeit von Vereinen, z. B. von freireligiösen Gesellschaften, von politischen Vereinen denken, wie man wolle. Seien dieselben gesetzlich einmal zugelassen, dann sei es unwürdig, wenn man ihnen mit allerlei privatrechtlichen Maßregeleien das Leben schwer mache." Und in der That handelt es sich auch nur um eine Erschwerung, welche das befürchtete Resultat nicht oder doch nicht vollständig beseitigt. Die Vermögensansammlung und Vermögensverwendung vollzieht sich auch bei Vereinen, welche der Corporationsrechte entbehren müssen; sie geschieht nur, wie die Motive selbst anerkennen, auf Umwegen und schafft dadurch einen „unwahren Rechtszustand" (Bähr), welcher weder der Rechts-, noch der Wirthschaftsordnung zum Segen gereicht. Auch wenn das deutsche bürgerliche Gesetzbuch das Princip der freien Corporationsbildung ohne alle weiteren Voraussetzungen annehmen sollte, bliebe doch die eine, weil über das privatrechtliche Gebiet hinausgehende, von selbst gewahrt, daß der Verein als solcher nach dem bisher noch von der Landesgesetzgebung beherrschten öffentlichen Recht seine ungehinderte Existenz besitzt. Da hiernach die Frage der Vermögensfähigkeit erst auftritt, wenn die Frage nach der publicistischen Verbandsexistenz entschieden ist, so entfällt jede Rechtfertigung, sich, wie die Motive schließlich noch thun (S. 91), für die Herbeiziehung des Landesrechts in Bezug auf die Regelung der juristischen Persönlichkeit auf die zur Zeit noch verschiedene Gestaltung des öffentlichen Vereinsrechts in den einzelnen deutschen Staaten zu berufen, ganz abgesehen davon, daß bei aller Mannigfaltigkeit im Einzelnen die principielle Grundlage des deutschen Vereinsrechts im Sinne einer durch bestimmte gesetzliche Befugnisse der Polizeibehörden beschränkten Vereinsfreiheit im Großen und Ganzen überall dieselbe ist. Insbesondere zeigt keinesfalls in denjenigen beiden Staaten, welche auf dem Wege der freien Corporationsbildung allen anderen vorangegangen sind, in Sachsen und Bayern, das öffentliche Vereinsrecht derartige Besonderheiten, daß der Ausspruch der Motive gerechtfertigt wäre: „Das publicistische Vereinsrecht dieser Staaten mag einen solchen Schritt gestatten; für eine Uebertragung auf das Gebiet des gesammten Reiches fehlen die erforderlichen Garantieen." (S. 91.) — Schließlich aber möge noch gegenüber der von den Motiven hervorgehobenen angeblichen Gefahr, welche für den Staat in der Ausstattung der Vereine mit Vermögensfähigkeit gegeben sein kann, darauf hingewiesen werden, daß umgekehrt auch der eigene Vermögensbesitz der Vereine dem Staate eine gewisse Garantie für das Wohlverhalten derselben zu bieten im Stande ist. Der besitzende Verein wird, wie gelegentlich (Sten. Ber., 1. Leg.-Per., 3 Sess. 1872 S. 85) mit einigem Rechte bemerkt worden ist, zu einem Bourgeois, der auch etwas zu verlieren hat, und es erscheint nicht unmöglich, diesem Interesse des Vereins an der Erhaltung seines Vermögens in den Normen über das Schicksal des Vereinsvermögens im Falle der von Staatswegen erfolgenden Schließung der Corporation eine besondere Anregung zu bieten.

Muß man sich so gegenüber dem von dem Entwurf vertretenen Standpunkt gegen das Concessionssystem und für die Anerkennung eines Rechts der Vereine auf die eigene vermögensrechtliche Persönlichkeit entscheiden, so ergiebt sich als weiterer Schritt auf unserem Wege die Frage, ob jene Anerkennung im bürgerlichen Gesetzbuche unbedingt zu erfolgen habe, oder an gewisse Bedingungen und Voraussetzungen geknüpft werden müsse. Bei ihrer hypothetischen Würdigung der verschiedenen Rechtssysteme haben sich die Motive zum Entwurf auch vor diese Frage gestellt und es als selbstverständlich bezeichnet, daß die juristische Persönlichkeit den in Rede stehenden Vereinen nicht in der Weise zugänglich gemacht werden könne, daß im Wege eines allgemeinen Rechtssatzes ausgesprochen wird, ein solcher Verein erlange, wenn er corporativ angelegt sei und juristische Person sein wolle, mit seiner Begründung ohne Weiteres die juristische Persönlichkeit. So selbstverständlich freilich, wie die Motive dies hinstellen, ist diese Entscheidung der Frage nicht, sonst wäre es nicht möglich gewesen, daß das österreichische bürgerliche Gesetzbuch im § 26 [1]) und das Züricher Gesetzbuch im § 20 [2]) sich auf den entgegengesetzten Standpunkt gestellt hätten.

---

[1]) „Im Verhältnisse gegen Andere genießen erlaubte Gesellschaften in der Regel gleiche Rechte mit den einzelnen Personen.“ Dazu Gierke a. a. O. S. 83, Note 3.

[2]) „Rein privatrechtliche Corporationen, welche zu einem wissenschaftlichen oder künstlerischen oder sonst einem gemeinnützigen oder zu einem erlaubt geselligen Zwecke gebildet werden, bedürfen zu ihrer Entstehung lediglich der in den Corporationsstatuten festzustellenden Uebereinkunft mehrerer Corporationsmitglieder.“ — Ueber die mit Anfang 1888 in Kraft getretene neue Redaction derselben Rechtsbestimmung s. Huber: System und Geschichte des schweizerischen Privatrechts II, S. 536.

Indessen bin allerdings auch ich der Ansicht, daß für Deutschland aus Gründen der Rechtscontinuität und der praktischen Gestaltung jenes andere System den Vorzug verdiene, welches das System der Normativbestimmungen genannt zu werden pflegt und welches durch die auf Grund gesetzlicher Normen erfolgende öffentliche Feststellung des Entstehens der juristischen Person charakterisirt wird. Das System der Normativbestimmungen ist bei den wirthschaftlichen Genossenschaften sowohl von der Reichsgesetzgebung — ich erinnere nur an Actiengesellschaften und eingetragene Genossenschaften — als auch von der Landesgesetzgebung (Motive S. 85) in erheblichem Umfange bereits zur Anwendung gebracht und von der letzteren auch für die hier speciell in Frage stehenden Vereine zu idealen Zwecken verwendet worden. In erster Reihe steht nach dieser Richtung das bayerische Gesetz vom 29. April 1869, die privatrechtliche Stellung von Vereinen betreffend, nach welchem ein solcher Verein (vgl. die nähere Beschreibung in Art. 1) die Rechte eines „anerkannten Vereins" erlangen kann, wenn die von ihm schriftlich abgefaßten Statuten von Seiten des Gerichts als dem Gesetze entsprechend erachtet worden sind. Im engsten Zusammenhange mit dem Inhalte dieses Gesetzes stehen dann die oben erwähnten von Schulze-Delitzsch ausgegangenen Entwürfe eines demselben Zwecke dienenden Reichsgesetzes. [3]) (Vgl. die Zusammenstellung Sten. Ber. des Deutsch. Reichst. 1871 Anl. Nr. 91.) Auch das kgl. sächsische Gesetz, in weiterer Anlage die juristischen Personen überhaupt betreffend, vom 15. Juni 1868, läßt Personenvereine, Genossenschaften durch den nach gesetzmäßiger Prüfung erfolgenden Eintrag in das gerichtlich geführte Genossenschaftsregister die juristische Persönlichkeit erlangen, wobei allerdings dieser Eintrag Vereinen, deren Zweck sich auf öffentliche Angelegenheiten bezieht, nur mit ausdrücklicher Genehmigung des Ministeriums des Innern gewährt werden darf. Endlich mag auch erwähnt werden, daß das neue schweizerische Bundesgesetz über das Obligationenrecht vom 14. Brachmonat 1881 in Art. 716 bestimmt, daß Vereine, welche wohlthätige, gesellige, religiöse, wissenschaftliche, künstlerische oder andere ideale (z. B. politische: vgl. Schneider u. Fick, Commentar, 1883, S. 498) Zwecke verfolgen, das

[3]) Der erste Entwurf befindet sich: Sten. Ber. des Nordd. Reichstages I. Leg.-Per. 1869 Bd. 3 Anl. Nr. 164; er wurde im Wesentlichen vom Reichstage in dritter Lesung angenommen. Die dem Deutschen Reichstage fernerhin zweimal vorgelegten Entwürfe (Sten. Ber. I. Leg.-Per. I. Sess. 1871 Anl. Nr. 45 und III. Sess. 1872 Anl. Nr. 13) fanden zwar in den Commissionen zustimmende Aufnahme, gelangten aber nicht zur definitiven Erledigung im Hause. Im Folgenden ist regelmäßig der dritte Entwurf zu Grunde gelegt.

Recht der Persönlichkeit dadurch erwerben können, daß sie sich in das Handelsregister eintragen lassen. Doch bleiben daneben die cantonalen Rechtsbestimmungen in Kraft, welche durch allgemeinen Rechtssatz unmittelbar solchen Vereinen die Persönlichkeit zuschreiben.

Weist so die historische Entwickelung des deutschen und stammverwandten Rechtes auf das System der Normativbestimmungen hin, so wird dasselbe auch durch praktische Erwägungen gerechtfertigt. Ich kann mich hier, trotz der gegentheiligen Ansicht Gierke's (a. a. O. S. 83), der Bedeutung der in den Motiven des Entwurfes ausgesprochenen Würdigung nicht verschließen, welche ausführt, daß die Thatsache, ob der Wille der zusammentretenden Personen auf die Gründung eines corporativen Vereines gerichtet ist, nicht in allen Fällen sofort liquid sei, daß aber die Frage, ob eine Gesellschaft oder eine juristische Person zu Stande gekommen sei, von Anfang an klar gestellt sein müsse und jede mit dem Mangel äußerer Erkennbarkeit verbundene Ungewißheit den Verkehr schädige. Ist dem aber so und gewährt auf der anderen Seite das Gesetz den Vereinen die rechtliche Möglichkeit, die juristische Persönlichkeit durch richterliche Anerkennung ohne Schwierigkeiten zu erlangen: so muß auch umgekehrt, wie mir gegen Gierke S. 96 Note 3 richtig erscheint, im Interesse der Rechtssicherheit daran festgehalten werden, daß Vereine, welche die nöthige Kundgebung ihrer corporativen Tendenz versäumen, auf die Anerkennung derselben im Verkehr keinesfalls Anspruch erheben dürfen. Kann sich der Verein selbst billiger Weise nicht beklagen, so wird den Interessen Dritter durch den Ausspruch persönlicher und solidarischer Haftbarkeit der im corporativen Sinne handelnden Personen nach dem Vorgange von Art. 211 Abs. 2 H. G. B., § 15 sächs. G. v. 15. Juni 1868 und Art. 717 schweiz. Obl.-R. zu Hülfe zu kommen sein.

Ist so im Allgemeinen das System festgestellt, nach welchem Vereine mit idealen Tendenzen zum Genuß einer selbständigen Persönlichkeit zuzulassen seien, so sind nun des Näheren die rechtlichen Cautelen zu betrachten, welche getroffen werden müssen, damit die auf jene Weise anerkannte Freiheit der Corporationsbildung der Allgemeinheit nicht zum Schaden gereiche. In diesem Sinne sollen jetzt nicht bloß die „Voraussetzungen" erörtert werden, welche der Verein selbst erfüllen muß, um seine Anerkennung als Corporation zu erlangen, sondern auch die „Voraussetzungen", welche ein der freien Corporationsbildung huldigendes Gesetz erfüllen muß, um den wirthschaftlichen Verkehr vor Schaden zu bewahren. Mit diesen Worten aber ist zugleich der Maßstab für beide Arten von Voraussetzungen gegeben: nur wirthschaftliche, privatrechtliche Gesichtspunkte, nicht politische, staatsrechtliche sind es, welche für die Würdigung derselben in Betracht kommen. Denn wie bereits mehrfach bemerkt, bleiben die polizeilichen Beschränkungen der Vereinsfreiheit, wie überhaupt die öffentlichrechtlichen Einwirkungen der Staatsgewalt auf die Verbände von dem Principe der freien Corporationsbildung unberührt (Bayern Art. 37. Entw. v. 1872 § 1 Abs. 3. Schweiz. Obl.-R. Art. 718), so daß überhaupt nur Vereine, welche und insofern sie nach den Normen des öffentlichen Rechtes bestehen können („rechtlich zulässige Vereinigungen", Bayern Art. 1) zur Anerkennung als Corporationen zugelassen werden können. Damit ist aber auch zugleich umgekehrt die Consequenz gegeben, daß aus politischen Gründen für gewisse Vereine, welche dem öffentlichen Rechte genügen, weder eine Ausnahme von der freien Zulassung zu den Corporationsrechten (vgl. Art. 13 preuß. Verfassung, Commissions-Entw. 1872 — Anl. Nr. 190 S. 717 — § 1 Nr. 2), noch besondere Voraussetzungen derselben (vgl. Sachsen § 72 Abs. 2) statuirt werden sollten. Nur der Zweck, die mit der Corporation in rechtlichen Verkehr tretenden Personen vor wirthschaftlichem Schaden zu bewahren, sollte den Maßstab für die Zulassung corporativer Vereine abgeben dürfen (Laband, Zeitschr. f. Handelsrecht Bd. 30 S. 499.). Derselbe hat sich aber, um die Hauptpunkte hervorzuheben, m. E. in Anknüpfung an folgende Momente zu realisiren:

I. Entstehung der Corporation. Für dieselbe ergeben sich folgende Voraussetzungen:

1) Abfassung eines Statuts, welches gewissen Normativbestimmungen genügen muß. Nur ein klares, wohl geordnetes Statut bietet für Mitglieder, wie für Dritte die Möglichkeit einer ihren Interessen entsprechenden Einsicht in die Rechtsverhältnisse des Vereins. Die Gegenstände, welche einer Regelung im Statut bedürfen, hat das Gesetz anzugeben; ich glaube hier die Bestimmungen acceptiren zu können, welche § 3 des Entw. von 1872 enthält und welche hervorheben: a. Namen, Sitz und Zweck des Vereins; b. die Zeitdauer desselben, insofern diese auf eine bestimmte Frist beschränkt sein soll; c. die Bedingungen des Ein- und Austritts, sowie der Ausschließung von Mitgliedern; d. die Art und Größe der Beiträge, welche die Mitglieder zu den Vereinszwecken in die Vereinskasse zu entrichten haben; e. die Einsetzung eines Vorstandes, die Art seiner Wahl und seine Legitimation, sowie die Wahl und Legitimation seiner Stellvertreter; f. die dem Vorstande in der Leitung der inneren Vereinsangelegenheiten zustehenden Befugnisse und die zum Behufe der Vertretung des Vereins nach Außen ihm ertheilten Vollmachten;

g. die Bestimmung der dem Vorstande dabei an die Seite zu setzenden Organe, im Falle der Verein sich überhaupt für solche entscheidet; h. die Formen für die Zusammenberufung der Generalversammlung, für die darin zu fassenden Beschlüsse, sowie die Bedingungen für die Ausübung des Stimmrechtes der Mitglieder in derselben; i. die Bezeichnung der Fälle, für welche die Generalversammlung ordentlicher Weise zu berufen ist; k. die Bedingungen, unter welchen eine Abänderung der Statuten zulässig sein solle. — Die Abfassung des Statuts muß selbstverständlich schriftlich erfolgen (Bayern Art. 2 Nr. 1, Entw. von 1872 § 2 Nr. 1, Sachsen § 10 mit § 73, wo überdies dem Ermessen des Gerichts überlassen ist, gerichtliche oder notarielle Beurkundung zu erfordern).

2. Als besondere Voraussetzung der Corporationsbildung heben die vorliegenden Gesetze mit Recht die Annahme eines Vereinsnamens hervor, unter welchem der Verein im bürgerlichen Verkehr aufzutreten berufen ist (Bayern Art. 2 Nr. 3. Entw. v. 1872 § 2 Nr. 2. Sachsen § 11 Nr. 1). Zweckmäßig fordern Sachsen (§ 12) und Bayern a. a. O., daß der Vereinsname entsprechend der principiellen Haftungsart keinen Personennamen enthalte, Bayern positiv, daß derselbe vom Zwecke des Vereins hergenommen sei. Auch daß er sich von den Namen der Vereine an demselben Orte im Interesse der Verkehrssicherheit gehörig unterscheide (Bayern Art. 2 Nr. 3; Sachsen § 12 verlangt schlechthin, daß der Vereinsname nicht zu Verwechselungen mit anderen Genossenschaften, Anstalten oder Handelsfirmen Veranlassung gebe), entspricht der Tendenz der deutschen Reichsgesetzgebung.

Das bayrische Gesetz Art. 2 Nr. 3 fordert überdies die zusätzliche Bezeichnung „anerkannter Verein", um den Verkehr unmittelbar auf die privatrechtliche Stellung der Vereinigung hinzuweisen. So sehr ich mit dieser Tendenz sympathisire, so scheint mir doch die Fassung jenes Zusatzes die den rechtlichen Verhältnissen nicht entsprechende Vermuthung nahe zu legen, als ob sich der Verein nach seinen Zwecken einer besonderen Approbation von Seiten der Staatsgewalt erfreue, und ich würde mich daher eher für die Bezeichnung „corporativer Verein" (sachs.-weimar. Gesetz v. 22. Juni 1857 § 21, Gierke S. 34 Note 1) entscheiden. (— Die vom Reichstag 1869 angenommene Fassung, Anl. Nr. 280 S. 842, schreibt in § 2 Nr. 2 die zusätzliche Bezeichnung „mit beschränkter Haftung" vor.—)

3. Die juristische Persönlichkeit erlangt der Verein durch die Anerkennung des Gerichts, des zuständigen Amtsgerichts, bei welchem Statut nebst Mitgliederverzeichniß (Bayern Art. 4. Entw. v. 1872 § 4) einzureichen ist. Die Anerkennung erfolgt auf Grund der Constatirung, daß, abgesehen von der publicistischen Rechtsbeständigkeit des Vereins (Bayern

Art. 2 Nr. 2), auch den gesetzlichen Voraussetzungen der Corporationsbildung formell und materiell genügt ist. Gegen die Ablehnung sind die geeigneten Rechtsmittel zuzulassen. Die Form der Anerkennung besteht nach Bayern Art. 4 u. § 4 Entw. v. 1872 darin, daß das Gericht die Originalstatuten mit dem Vermerk „Anerkannt nach dem Gesetze vom u. s. w." zurückgiebt, nach Sachsen § 6 litt. b, § 71 u. Art. 716 schweiz. Obl. R. in der Eintragung in ein gerichtlich geführtes Register. Diese Form scheint mir, abgesehen von praktischen Vortheilen der gerichtlichen Geschäftsgebahrung, der Continuität des deutschen Reichsrechts besser zu entsprechen.

II. Eine zweite Reihe rechtlicher Voraussetzungen für die Zulassung freier Corporationsbildung erstreckt sich unmittelbar oder mittelbar auf den Geschäftsverkehr der bestehenden Körperschaft und ihre Rechtsbeziehungen zu dritten Personen. Diese Cautelen lassen sich zunächst zerlegen in solche, welche die Interessen des in privatrechtlichen Verkehr mit dem Verein tretenden Publikums bei der Eingehung von Verbindlichkeiten und in solche, welche diese Interessen an der Erfüllung der corporativen Verbindlichkeiten zu wahren bestimmt sind.

1. Daß das Publikum bei Eintritt in Rechtsbeziehungen zur Körperschaft nicht Schaden erleide, wird nach der Stellung, welche die heutige Obrigkeit gegenüber dem wirthschaftlichen Privatverkehr einnimmt, in erster Reihe durch die Herbeiführung einer größtmöglichen Publicität der für den Vertragsabschluß maßgegenden Verhältnisse des Vereins gesichert. Jeder Interessirte soll die Möglichkeit haben, sich über die Thatsachen zu orientiren, welche für seine Entschließungen der Körperschaft gegenüber entscheidend sind. Nach dieser Richtung kann es zunächst nicht zweifelhaft sein, die Einsicht in alle von corporativen Vereinen in Gemäßheit des Gesetzes bei Gericht eingereichten Schriftstücke, insbesondere Statuten, Aenderungen derselben, Mitgliederverzeichnisse, der von ihnen bewirkten Anmeldungen und Anzeigen Jedermann zu gestatten und die Gerichte zu verpflichten, eventuell auch Abschriften dieser Urkunden zu ertheilen. (Bayern Art. 7, Entw. v. 1872 § 8, Sachsen § 16). Auch scheint mir im Anschluß an § 716 Abs. 2 schweiz. Obl. R. (vgl. Sachsen § 74) eine nach der Zulassung erfolgende Veröffentlichung der Hauptpunkte des Statuts: Namen, Sitz, Zweck und Organisation des Vereins, von praktischer Bedeutung zu sein. Weitergehend noch berücksichtigt der mündliche Commissionsbericht zum Entwurf v. 1872 in § 21 Abs. 2 das Interesse Dritter an der Sicherheit der Creditgewähr dadurch, daß er dem Verein die Pflicht auferlegt, alljährlich eine motivirte Darstellung der Einnahmen und Ausgaben dem Gerichte einzureichen.

Es will mir jedoch scheinen, daß eine derartige, den übrigen Gesetzen nicht bekannte Offenlegung der corporativen Lebensthätigkeit den Verein in einer zu dem Zwecke der Maßregel in keinem Verhältniß stehenden Art belastet.

2. Beziehen sich die unter Nr. 1 angeführten Cautelen mehr auf die thatsächlichen Voraussetzungen des Vertragsabschlusses, so hat das Recht andererseits dafür weiter einzutreten, daß der Abschluß sich in rechtlichen Formen vollziehe, welche ein der wirthschaftlichen Absicht der Contrahenten entsprechendes rechtliches Resultat garantiren. Darauf beziehen sich Bestimmungen, welche über eine Sicherung der Legitimation des Vorstandes aufzunehmen sein werden. Der Entwurf des deutschen bürgerlichen Gesetzbuches enthält in seiner allgemeinen Regelung der corporativen Rechtsverhältnisse eine solche Bestimmung nicht (Motive S. 88, 99), weil eine einheitliche Festsetzung für alle Arten von Corporationen nicht möglich sei und der Entwurf mit den besonderen Voraussetzungen und Einrichtungen der Specialgesetzgebung nicht rechnen könne. Die hier vorgeschlagene Beziehung der Justizverwaltung zum Vereinswesen ermöglicht die Aufnahme einer dem Handelsgesetzbuche Art. 228, 233 entsprechende und von Bayern Art. 13, 17, dem Entw. v. 1872 § 17 Abs. 1—3 u. Sachsen § 16 Abs. 3 acceptirten Bestimmung, daß die Personen der Vorstandsmitglieder oder ihre Veränderung unter Beifügung der Legitimation bei Gericht angemeldet werden müssen. Es wird sich aber daraus die auch anderen Reichsgesetzen (Motive S. 99 Note *) bekannte und auch von dem Entw. v. 1872 § 17 Abs. 4 gezogene Consequenz rechtfertigen lassen, daß vor geschehener Anmeldung die im Vorstande eingetretene Aenderung gutgläubigen Dritten nicht entgegengesetzt werden könne. Ueber diese Vorkehrungen für die gehörige Legitimation des Vorstandes hinaus wird aber nicht zu gehen sein; insbesondre kann für die hier in Rede stehenden Vereine zu idealen Zwecken die Statuirung einer Formalvollmacht des Vorstandes in dem Sinne, daß Beschränkungen seiner Vertretungsbefugniß nur im Verhältniß zur Körperschaft Wirksamkeit besitzen, nicht als ein unbedingtes Postulat der Rechtssicherheit erachtet werden, wie auch die Motive zum Entw. des bürgerl. G. B. S. 97—98 treffend hervorheben. (Sachsen § 20, vgl. jedoch mit § 38).

3. Cautelen zum Zwecke der Sicherung ihrer Befriedigung interessiren die Vereinsgläubiger in der Richtung, daß ihnen das Vereinsvermögen, welches nach der Structur der hier in Rede stehenden Corporationen das ausschließliche Haftungsobject bildet, gesichert bleibe. Es gehört dahin die gesetzliche Vorschrift, daß, abgesehen von entgegengesetzter

ausdrücklicher Statutenbestimmung, ein Anrecht auf das Vereinsvermögen für ausscheidende Mitglieder nicht begründet wird (Bayern, Art. 33, Entw. v. 1872 § 12), ebenso aber auch gewisse Normen, welche der Entwurf des bürgerlichen Gesetzbuches allgemein für Corporationen in Kraft setzen will. So verpflichtet § 47 desselben im Falle der Ueberschuldung der Körperschaft den Vorstand, unverzüglich die Eröffnung des Concurses zu beantragen, und macht Mitglieder des Vorstandes, welche diese Pflicht verletzen, den Gläubigern für den Ersatz des Schadens als Gesammtschuldner verantwortlich. Auch der § 57 des Entwurfes, welcher die für das Concursverfahren über das Vermögen einer Actiengesellschaft in § 193, 194 R. C. O. getroffenen Bestimmungen auch auf das Recht der corporativen Vereine überträgt, ist hierher zu rechnen. Die ausdrückliche Vorschrift im Entwurfe von 1872 § 24 Abs. 1 und Sachsen § 25 Abs. 1, daß der Vorstand für die zur Klarstellung der Vermögenslage des Vereins erforderlichen Aufzeichnungen Sorge zu tragen habe, ist eine natürliche Ergänzung dieses Systems.

III. Zum Schluß bleibt hervorzuheben, daß auch auf die Normirung des Corporationsunterganges das Princip der freien Corporationsbildung in gewissen Punkten seinen Einfluß ausübt. Für die Gründe, durch welche eine Corporation zu existiren aufhört, muß von vornherein jene principielle Scheidung von öffentlichem und Privatrecht festgehalten werden, welche von Anfang an diesem Gutachten zu Grunde gelegt worden ist. Daraus ergiebt sich, daß die Gründe polizeilicher Natur, welche nach öffentlichem Vereinsrecht die Behörde berechtigen, die Auflösung eines Vereins zu verfügen, unverändert bestehen bleiben, auch wenn der Verein Corporationsrechte erlangt hat. Die Corporationseigenschaft wird von selbst mit ihrem Substrate vernichtet (Bayern, Art. 26 Nr. 3, Entwurf v. 1872, § 29 Nr. 3). Dementsprechend bedarf es umgekehrt keiner dem § 35 Abs. 1, Satz 1 des Genossenschafsgesetzes v. 4. Juli 1868 entsprechenden Bestimmung, nach welcher eine Genossenschaft aufgelöst werden kann, wenn sie sich gesetzwidriger Handlungen oder Unterlassungen schuldig macht, durch welche das Gemeinwohl gefährdet wird (vgl. auch Sachsen § 78 Nr. 1). Eine solche Norm, welche der Entwurf von 1872 § 30 vorsah, ist denn auch mit Recht von dem mündlichen Commissionsbericht gestrichen worden. Wohl aber hat die Corporation das Recht ihrer Existenz aus einem über das allgemeine öffentliche Vereinsrecht hinausgehenden Grunde verwirkt, wenn sie ihre Thätigkeit auf Zwecke richtet, die der Rechtsform des „corporativen Vereins“ nicht fähig sind, ohne indeß unerlaubt oder staatsgefährlich zu sein. Es muß hier entsprechend dem letzten Satze von § 35 Abs. 1 des Genossenschaftsgesetzes und § 30

Nr. 1 des Entwurfes von 1872 eine Reaction der Behörde (des Gerichts) auf Betreiben der höheren Verwaltungsbehörde) erfolgen; doch kann dieselbe, wie mir scheint, consequent nur die Aberkennung des Rechts der Persönlichkeit mit der eventuell daran sich knüpfenden Vermögensliquidation, nicht aber das Verbot der persönlichen Vereinigung selbst zum Gegenstande haben (vgl. auch Sachsen § 78 Nr. 1, § 81).

Bei der Beendigung der Corporation tritt das Interesse der Gläubiger an einer dem Recht und der Billigkeit entsprechenden Befriedigung hervor. Der Entwurf des bürgerlichen Gesetzbuches hat dem in seinen allgemeinen Bestimmungen Rechnung getragen. Das Vermögen der Körperschaft ist zunächst zur Befriedigung der Gläubiger zu verwenden; soll dasselbe unter die Mitglieder vertheilt werden, so muß eine Liquidation nach Maßgabe der §§ 50—56 erfolgen. Insbesondere ist das Erlöschen der Körperschaft durch die Liquidatoren öffentlich unter Aufforderung der Gläubiger zur Anmeldung ihrer Ansprüche bekannt zu machen (§ 52); erst nach Ablauf eines Jahres darf die Vermögensvertheilung unter die Mitglieder erfolgen (§ 53). Bei Normirung des Schicksals des Vermögens einer untergegangenen Körperschaft ist aber auch der Platz, um, wie oben bemerkt, dem Interesse der Corporation, durch gesetzmäßiges Wohlverhalten ihren Besitz zu wahren, einen wirksamen Antrieb zu geben. Der Weg nach dieser Richtung scheint bereits durch Art. 716 Abs. 4 des schweizerischen Obligationsrechts beschritten zu sein. In weiterer Verfolgung desselben erscheint es von Werth, bei einer aus Gründen des öffentlichen Rechtes erfolgten Auflösung des Vereins entweder allgemein oder doch, wenn der Verein unerlaubte oder unsittliche Zwecke verfolgt, oder unerlaubte oder unsittliche Mittel angewendet hat, dem Strafrichter die Ermächtigung zu ertheilen, auf Betreiben der Verwaltungsbehörde das nach Befriedigung der Gläubiger verbleibende Vermögen einer öffentlichen Corporation oder Anstalt zu überweisen.

XIII.

Gutachten des Herrn Prof. Dr. L. Pfaff in Wien

über die Gesetzgebungsfrage:

Soll an Stelle der väterlichen Gewalt eine (der Mutter subsidiär zustehende) elterliche Gewalt im bürgerlichen Gesetzbuche aufgenommen werden und mit welchen Modalitäten?[1])

I.

„Der Weg, welchen das künftige deutsche Recht bei Regelung der elterlichen Befugnisse am Kindesvermögen wandeln wird, ist durch seine Vergangenheit nicht so klar gewiesen, daß es ihn ohne Zögern und ängstliches Umherschauen wird finden können. Zu lange Zeit ist Deutschland

[1]) Die besonders zu beachtenden Punkte sind verzeichnet in den nachstehenden Fragen des Herrn Geheimen Justizraths Dr. Planck:

„Sind folgende, im Entwurfe eines deutschen B.G.B. enthaltenen Bestimmungen zu billigen:

1. daß an die Stelle der väterlichen Gewalt eine elterliche Gewalt tritt, welche, so lange der Vater lebt, regelmäßig diesem, nach dessen Tode aber der Mutter zusteht;

2. daß die elterliche Gewalt für den Inhaber derselben

a) die Pflicht und das Recht, für die Person und das Vermögen des Kindes in ähnlicher Weise zu sorgen, wie ein Vormund, jedoch unter wesentlicher Beschränkung der Aufsicht und Mitwirkung des Vormundschaftsgerichts;

b) das Recht der Nutznießung an dem Vermögen des Kindes begründet;

3. daß die elterliche Gewalt des Vaters wie der Mutter mit der Volljährigkeit des Kindes endet;

4. daß die elterliche Gewalt unter näher bestimmten Voraussetzungen durch die Zuordnung eines Beistandes, welcher gegenüber der Mutter eine ähnliche Stellung wie der Gegenvormund gegenüber dem Vormunde hat, beschränkt werden kann."

wie politisch so rechtlich der Spielball und das Prüfungsobject der mannigfachsten fremden Einflüsse gewesen, als daß es das ihm entsprechendste aus dem bunten Gewirre des Bestehenden mühelos herauszunehmen vermöchte."

Diese Sätze stehen an der Spitze einer sehr lichtvollen und verdienstlichen Untersuchung über „die elterliche Gewalt im Vermögensrechte des heutigen Europa";[2]) sie hat nicht nur einen sehr umfassenden, für die Lösung unserer Frage wichtigen Stoff gesammelt[3]) und nachgewiesen, wie in demselben jene drei Principien, die sie das Princip der väterlichen Gewalt, der väterlichen Unterhaltung und der väterlichen Vormundschaft nennt, bald in voller Reinheit, bald in Verbindung mit einander zur Geltung gelangen, sondern sie ist geradezu zu dem Zwecke unternommen worden, dem künftigen deutschen Gesetzbuche bei der „nicht leicht lösbaren Aufgabe . . . zwischen den drei Principien zu wählen" Anhaltspunkte für eine gedeihliche Wahl zu geben. Leicht kann man der Prophezeihung zustimmen, es werde — unter entsprechender Würdigung „historisch eingewurzelter Eigenheiten" — den Vorzug „dasjenige Princip erhalten, bei welchem die elterlichen Rechte in Zusammenhang mit dem ganzen Rechtssysteme und mit den öconomischen Verhältnissen der Zeit stehen" (S. 144). Der Verf. bleibt aber bei dieser formalen Prophezeihung nicht stehen; er erbringt den Beweis, daß die Rechte, welche auf dem Vormundschafts- und Unterhaltungsprincip beruhen, nach Zahl und Bedeutung den größten Raum schon jetzt einnehmen; er schließt daraus, es werde auch das künftige deutsche Recht „die Wege wandeln, welche ihm durch die Richtung des modernen Rechts auf Selbständigmachung des Hauskindes[4]) gewiesen werden", und es werde daher „dem Vater nicht als Inhaber einer Herrschaft, sondern als Gewährer von Wohlthaten ein Nutzungsrecht am Kindesvermögen zugestehen" (S. 209); daraus aber ergiebt sich weiter, daß das Verwaltungs- und Nutzungsrecht des Vaters „nicht nach **einem** Muster zu behandeln wären" — das letztere der Hauptsache nach den

---

Seither ist der „Entwurf eines bürgerlichen G.B. für das Deutsche Reich" (Erste Lesung) veröffentlicht worden und damit — wenn auch die „Motive" zum Familienrecht noch fehlen — die Möglichkeit geboten, bis ins Einzelne zu erkennen, welche Tragweite diesen Grundsätzen innewohnt. Das Fehlen der Motive mag die Ausführlichkeit unseres Gutachtens rechtfertigen.

[2]) Von K. **Lehmann**, in Ihering's dogm. Jahrb. XXV Nr. 2, S. 140—238.

[3]) In dieser Richtung ist von neueren Arbeiten namentlich hervorzuheben E. **Huber**, System und Geschichte des Schweizerischen Privatrechts. Basel 1886. I S. 418ff.

[4]) Vgl. auch H. **Witting**, die vermögensrechtl. Stellung des Hauskindes nach gem. R. im Archiv f. prakt. Rechtswiss. N. F. XI Nr. 3, 5 bes. S. 43ff.

Regeln vom Usufructus, das andere denen von der Vormundschaft (beides mit gewissen Erleichterungen) zu unterstellen sei, die Verwaltung bis zur Großjährigkeit des Kindes zu dauern habe, die Dauer des Fruchtgenusses mit Rücksicht auf das historisch Hergebrachte bestimmt werden könnte, endlich ein Eigenthum des Vaters am Kindeserwerbe nur aus practischen Gründen und in beschränktem Maße (für den aus häuslichen Diensten herrührenden Erwerb) einzutreten hätte (S. 210—213). Von der mütterlichen Gewalt constatirt der Verf. (S. 236 ff.), daß die Rechte, die eine solche kennen, da man inhaltlich auch das französische Recht zu diesen rechnen muß[5]), jene überwiegen, denen eine solche Gewalt fremd ist, daß die mütterliche Gewalt überall im Fortschreiten begriffen ist, und daß der Zug der Zeit auf eine übereinstimmende Regelung der väterlichen und mütterlichen Rechte hindrängt. Das Recht der Zukunft werde denn auch der Mutter, wenn auch erst nach dem Vater kraft Gesetzes Verwaltungs- und Nutzungsrecht (das erstere jedoch nur als Recht, nicht als Pflicht) gewähren, nur der Obervormundschaft anheimstellend, der Mutter einen Mit- oder Gegenvormund beizugeben und ihr bei Verrückung des Wittwenstuhls die Verwaltung zu entziehen. In Summa: das vom Verf. entworfene „Zukunftsbild" der elterlichen Gewalt im Vermögensrecht — die personenrechtliche Seite war nicht Gegenstand seiner Untersuchung — stimmt in den wesentlichen Zügen überein mit dem Inhalte des „Entwurfs"; das Zukunftsbild ist aber nicht der Ausdruck subjectiver Anschauungen und Wünsche, sondern das Ergebniß (ich möchte beinahe sagen) einer Rechnung, deren Elemente die europäischen Gesetzgebungen sind. Der unverkennbare Zug in diesen Gesetzgebungen drängt auf Einführung und Entwicklung der elterlichen Gewalt. Wer dies zugiebt, wird nicht umhin können, zuzugestehen, daß der Entwurf den Zug der Zeit richtig verstanden hat. Mehr aber möchten wir aus dem Gesagten noch nicht folgern. So manche, die Gesetzgebung von Land zu Land durchziehende Strömung ist gleichwohl ungesund gewesen, oder man hat ihr mehr, als gut war, nachgegeben, und weiterblickende Männer haben dies von Anfang an richtig erkannt. Was wir den Zug oder die Strömung der Gesetzgebung nannten, wird vorbereitet in Werkstätten, die mit der Gesetzgebung unmittelbar nichts zu schaffen haben, in Stimmungen, die hervorgerufen und genährt durch zahllose Factoren des socialen und des Rechtslebens des Volkes, sich zu unwiderstehlichen Mächten verstärken können, gleich-

[5]) Auch das österr. Recht, welches der Verf. jenen anreiht, denen die mütterliche Gewalt unbekannt ist, hat der Sache, wie auch dem Namen nach eine „elterliche Gewalt" (§ 1495 a. b. G.B.), allerdings von geringerer Intensität, als die väterliche Gewalt. Darüber Näheres unten.

wohl aber nicht selten nach verfehlten oder gar utopischen Zielen gerichtet sind. Immerhin wird daher auch hier daran festgehalten werden müssen, daß die Gesetzgebung auch offenbaren und weitverbreiteten Stimmungen der Geister nicht blindlings zu folgen habe, daß sie vielmehr vor Allem nach den Gründen fragen müsse, die für die fragliche Aenderung des Rechtes sprechen. Allerdings aber wird sie auch schon den Umstand nicht gering achten dürfen, daß diese Aenderung nicht nur von vielen Seiten, sondern auch durch geraume Zeit begehrt wird.

II.

In den „Speciellen Motiven ... zu dem (revidirten) Entwurf eines B. G. B. für das Königreich Sachsen (Dresden 1861) S. 869 wird gesagt: Man habe Bedenken getragen, „die Rechte, welche bisher der Vater allein hatte, auch auf die Mutter zu übertragen und ein ganz neues Recht der sog. „elterlichen Gewalt" zu schaffen. So wenig bisher das Bedürfniß einer Aenderung unseres Familienrechts sich fühlbar gemacht hat, so tiefgreifend würde (diese) Aenderung sein ..." Sie „würde nicht allein die natürlichen Grundlagen unseres Familienrechts erschüttern, sondern auch auf eine Menge scheinbar fernliegender Rechtstheile Einfluß haben. Der Nutzen, welcher von derselben zu erwarten sein dürfte, ist aber in jedem Falle zweifelhaft, weil dieselbe weder in der juristischen Litteratur, noch in den Ansichten des Volkes irgend eine Unterstützung findet ..."

Zugegeben, daß gerade Aenderungen an dem rechtlichen Organismus der Familie sehr tief empfunden werden und daher die sorgsamste Erwägung nach allen Seiten verlangen — es ist eben im Großen und im Kleinen wahr: „der Mensch hat jederzeit seine Familienorganisation für die normal menschliche gehalten und als solche gedeutet"[6]) — so wird auch die Gesetzgebung keinen Tadel verdienen, wenn sie sich nicht leichthin zu Neuerungen an diesem Organismus entschließt. Allein nach den mitgetheilten Schlußworten der in den Motiven enthaltenen Ablehnung der elterlichen Gewalt könnte man beinahe glauben, der Vorschlag, eine solche einzuführen, habe kaum auf etwas anderem beruht, als einem gelegentlich vorgebrachten Einfalle etwa eines einzelnen Schriftstellers. Daß es sich

[6]) Lippert, Geschichte der Familie (1884) S. IV. Vgl. Bernhöft, Ztschr. f. vergleich. R. W. VIII S. 2: Gerade auf dem Gebiete des Familienrechts „wirkt die Volksansicht am stärksten und ursprünglichsten; und wenn irgendwo, so wird hier der Gesetzgeber unbewußt den Impulsen folgen, welche ihm die Rechtsüberzeugung des Volkes giebt".

dabei um einen in so manchen Ländern längst und mit gutem Erfolge ausgeführten Rechtsgedanken handle, der noch dazu seit Jahrhunderten in der Litteratur von zahllosen Schriftstellern als ein durchaus richtiger, der Natur des Verhältnisses zwischen Eltern und Kindern und dem Rechtsbewußtsein, namentlich der Gegenwart entsprechender behandelt worden ist — das Alles verschweigen, ja leugnen diese Motive.

In der That aber ist von Hugo Grotius bis auf den heutigen Tag vor Allem die herrschende Lehre der Rechtsphilosophen, namentlich der Vertreter des Naturrechts, so verschieden im Uebrigen auch ihre Ausgangspunkte und ihre Begründung sein mochte, dahin gegangen, daß es eine beiden Eltern zustehende elterliche Gewalt über die Kinder gebe; nicht selten wird der Mutter sogar vor dem Vater der Vorzug gegeben; die väterliche Gewalt des positiv geltenden Rechtes wird mehr oder weniger scharf als dem Naturrecht fremd bezeichnet oder neben der elterlichen nicht einmal genannt; zwar findet sich zuweilen auch unter diesen Schriftstellern eine Stimme, die den Sätzen des römischen Rechts von der patria potestas mehr oder weniger naturrechtliche Bedeutung beizumessen geneigt ist, — allein solche Aufstellungen werden von den späteren regelmäßig mit Entrüstung zurückgewiesen.

Es kann sich hier nicht darum handeln, das soeben Behauptete aus hunderten von Büchern nachzuweisen; es sei aber gestattet, es durch einige Belege, und zwar vorwiegend aus der Litteratur der letzten hundert Jahre zu erproben.

Schon der Begründer des modernen Naturrechtes[7]) spricht in seiner (hier allerdings nicht tief gehenden) Darstellung fast[8]) nur von den Rechten der Eltern. Diese Rechte werden, und zwar von Beiden, durch die Zeugung erworben; nur geht im Collisionsfalle das Recht des Vaters vor. In der Zeit des unvollkommenen Urtheiles „steht alles Handeln der Kinder (im späteren Lebensalter nur gewisse Handlungen) unter der Gewalt der Eltern". Die Unterschiede, welche die Gesetze einzelner Völker zwischen Vater und Mutter, zwischen emancipirten und nicht emancipirten, zwischen ehelichen und natürlichen Kindern machen, kennt das Naturrecht nicht. Hobbes[9]) spricht nach dem Naturrecht das „Eigenthum" an dem Kinde der Mutter zu, wofern nicht durch Vertrag

---

[7]) Grotius, de jure belli et pacis, lib. II cap. 5 § I—VII (in der deutschen Uebersetzung von Kirchmann Band I S. 286—289).

[8]) Der zum Uebrigen wenig passende § V redet allerdings von der väterlichen Gewalt.

[9]) De cive, cap. IX § 1—3, 6 (in der deutschen Uebersetzung von Kirchmann (1873) S. 120—123).

ein anderes bestimmt ist; erst im Staate gehört das eheliche Kind dem Vater, weil „das häusliche Regiment dem Manne gebührt". Diese Sätze finden auch noch die volle Zustimmung Leyser's[10]). Weil — so äußert sich Martini[11]) — „Vater und Mutter verbunden sind, ihre Kinder zu erziehen . . . so haben die Eltern auch das Recht, die Handlungen ihrer Kinder so lange zu bestimmen, bis diese nicht (sic) selbst ihre Pflichten erfüllen können. Dieses Recht heißt die elterliche Gewalt (parentalis potestas)", und ist nicht als ein Eigenthumsrecht zu denken. Sie entsteht aus der Erziehungspflicht und so (mittelbar) aus der Erzeugung und dauert bis zur Großjährigkeit. Aehnlich erklärt Hufeland[12]): Wenn die Eltern ihre Erziehungspflicht erkennen und ausüben wollen, so erhalten sie auch das Recht dazu, und der Inbegriff dieser Rechte sei eben die „elterliche Gewalt (potestas patria seu paterna). Sie ist bloß in den Händen des Erziehers. Folglich ist väterliche und mütterliche Gewalt mit allen ihren Unterschieden bloß positive Bestimmung . . . die Rechte an sich sind gar nicht verschieden . . . Das Verhältniß der Mutter an sich nicht anders als das des Vaters . . ." Auch wer sich wenig mit Rechtsphilosophie beschäftigt hat, kennt die Auffassung von Kant[13]): Aus der Zeugung ergiebt sich für die Eltern die Pflicht, die Kinder zu erhalten und zu versorgen und zu bilden; denn das Kind ist ohne seine Einwilligung in die Welt gesetzt worden, und darum sind die Eltern verpflichtet, es mit seinem Zustande zufrieden zu machen. Der Elternpflicht entspricht das Elternrecht, das nicht als Eigenthum, wohl aber als ein auf dingliche Art persönliches Recht zu construiren ist. Genau die gleiche Begründung der Erziehungspflicht (welcher Begriff in sehr weitem Sinne verstanden wird), finden wir auch bei Zeiller[14]); die „elterliche Gewalt" beschränkt er streng auf den Erziehungszweck, so daß es ihm schon als „eine Rechtsverletzung der Kinder" erscheint, wenn den Eltern zugewendet wird, was die Kinder rechtlich erworben haben; nur weil die „Verwaltung der Erziehung Einheit des Willens" verlangt, spricht er bei Ausübung der elterlichen Gewalt dem Vater die entscheidende Stimme zu. Viel tief Gedachtes hat

---

[10]) Medit. ad pand. Spec. XVIII No. I, II. In der Ausg. Lips. et Guelph. 1741, vol. I p. 180 sq.

[11]) „Des Freiherrn v. Martini Lehrbegriff des Natur-, Staats- und Völkerrechts. Wien 1784. II § 426, 427, 429, 437 (S. 193 ff.).

[12]) Lehrsätze des Naturrechts. 2. Aufl. Jena 1795 (die erste erschien 1790). § 377, 379 (S. 194 ff.).

[13]) Metaphysische Anfangsgründe der Rechtslehre. Königsberg 1797. S. 111 ff.

[14]) Das natürliche Privatrecht. Wien 1802. § 164 ff., S. 173 ff.

über erste und höhere Erziehung und über das Verhältniß zwischen Eltern und Kindern Fichte[15]) ausgesprochen; wir können hier seinen Gedankengang nicht mittheilen, seine Ergebnisse aber, soweit sie hierher gehören, gehen dahin, daß die Herrschaft der Eltern über die Kinder sich lediglich auf die durch die Natur eingesetzte und durch den Staat garantirte Erziehungspflicht gründet. Diese Herrschaft (beider Eltern) ist eine sehr intensive: Die Eltern „sind der eigene Richter in ihrer Sache in Beziehung auf das Kind; sie sind souverain, und das Kind ist, inwiefern sie es erziehen, ihnen unbedingt unterworfen“ (S. 235 f.); „über die Maximen der Erziehung ist weder der Staat Richter, noch irgend ein anderer Bürger“ (S. 240). Die Kinder stehen unter der „Botmäßigkeit“ (S. 241), der „unumschränkten Herrschaft“ (S. 246) der Eltern, die jedoch kein Eigenthum ist (S. 241); der Vater ist ihr gerichtlicher Vormund, der auch für den von ihnen angerichteten Schaden verantwortlich ist; eine öffentliche Strafe trifft sie nicht, sie werden nur von den Eltern nach Gutdünken bestraft (S. 241 f.). Eigenthum haben sie überhaupt nicht (S. 244). Ein Uebergewicht der Mutter tritt hervor, wenn die Ehe der Eltern geschieden wird und keines der beiden Eltern die Sorge für die Kinder übernehmen will. Da nämlich die besondere Liebe des Vaters zu seinen Kindern ursprünglich aus seiner Zärtlichkeit zur Mutter hervorgeht (S. 232), diese aber hier wegfällt, so macht sich nun fühlbar, daß die Pflicht der Mutter, für die Kinder zu sorgen, eine unmittelbare, die des Vaters nur eine mittelbare ist; darum sind die Kinder der Sorgfalt und Pflege der Mutter (auf Kosten des Vaters) zu übergeben (S. 246 f.). Schmalz[16]) beginnt seine Ausführung mit der Bemerkung: „Das Verhältniß der Eltern und Kinder stellt uns das einzige Beispiel dar, wo die Natur selbst eine Gewalt über andere Menschen gegründet hat.“ Ob die Ernährungs- und Erziehungspflicht juridische oder ethische seien, bleibt offene Frage; aber auch wenn sie nur ethische sind, sind sie hinreichend, die Gewalt der Eltern zu begründen; „denn wozu uns auch nur eine ethische Pflicht obliegt, dazu steht uns ein juridisches Recht zu,“ und so weit die Pflicht reicht, so weit reicht auch das Recht. An sich haben die Eltern ganz gleiches Erziehungsrecht und gleiche Erziehungspflicht. „Nur insofern dem Manne, weil er der eigentliche Erwerber aller Mittel für die Familie ist, in der Ehe das Ansehen der Herrschaft gebührt, so gebührt auch dem Manne die oberste

[15]) Grundlage des Naturrechts . . . II. Theil oder Angewandtes Naturrecht. Jena und Leipzig 1797. S. 227—247.

[16]) Handbuch der Rechtsphilosophie. Halle 1807. S. 467 ff.

Leitung in der Erziehung, wenngleich der Frau vornehmlich die Besorgung derselben." — Bei Bauer[17]) fällt die Begründung des Elternrechts zusammen mit der von Kant gegebenen; die Rechte beider Eltern sind die gleichen, und sie heißen die elterliche Gewalt (potestas parentialis). „Nur insofern, als dem Manne Oberherrschaft eingeräumt oder ein größerer Theil der elterlichen Verbindlichkeiten ihm aufgelegt worden ist, hat er größeren Antheil an der elterlichen Gewalt." Eigenthumsrechte an der Person oder dem Erwerbe der Kinder, das Recht, sie auszusetzen, zu tödten, zu verkaufen und Aehnliches sind den Eltern nur durch positive „Gesetze solcher Nationen eingeräumt worden, welche, ohne Achtung für Menschenwürde, die Kinder als bloße Producte der Kräfte der Eltern betrachten". — Auch bei Droste-Hülshoff[18]) ist das Elternrecht „nichts anderes, als das besondere und ausschließliche Erziehungsrecht der Eltern, welches mit der Pflicht der Erziehung, sobald das Kind geboren ist, entsteht". Recht und Pflicht sind beiden Eltern gemein. „Das Naturrecht kennt also keine ausschließende väterliche Gewalt", und „eine väterliche Gewalt im altrömischen Sinne . . . ist nach dem Naturrechte gar nicht möglich". Auch auf das Vermögen der Kinder erstreckt sich das Elternrecht nicht. — Rotteck[19]) dagegen stimmt mit der herrschenden Lehre des Naturrechts nur insofern überein, als auch er nur eine elterliche Gewalt kennt; sie gründet sich aber durchaus nicht auf die Erziehungspflicht, die nur moralischen Gehaltes ist, sondern „das Elternrecht ist seiner Wesenheit nach nichts anderes, als wahres Eigenthumsrecht auf das Kind . . . Das Kind ist Erzeugniß, also gewissermaßen Theil der Eltern . . . kein anderes Eigenthum (hat) einen so hohen Grad von Evidenz . . . als das elterliche Eigenthum auf die Kinder". So auch im positiven Recht des Alterthums; erst das Fortschreiten der Despotie hat die elterliche Gewalt geschwächt, aber das ist den Kindern nicht zu gute gekommen. „Was man dem Vater entnahm, das ist nicht den Kindern, sondern meist der Regierung zugewachsen . . ." Hegel[20]) läßt zwar die Familie „als rechtliche Person" gegen Andere durch den Mann als Haupt der Familie vertreten werden.

---

[17]) Lehrbuch des Naturrechts. 3. Aufl. Göttingen 1825 (die erste Auflage erschien 1807). § 175 ff.

[18]) Lehrb. des Naturrechts oder der Rechtsphilosophie. 2. Aufl. Bonn 1831 (die 1. Aufl. erschien 1823). S. 218 ff., vgl. S. 115 ff.

[19]) Lehrb. des Vernunftrechts u. der Staatswissenschaften. (Stuttgart 1829). I S. 301 ff.

[20]) Werke, 8. Band 2. Aufl. 1840 (mit Vorrede von E. Gans v. 1833). § 171, 174, 175.

Aber das „Recht der Eltern über die Willkür der Kinder" bestimmt sich durch den Zweck, sie in Zucht zu erhalten und zu erziehen. Das „Sclavenverhältniß der römischen Kinder" nennt er „eine der diese Gesetzgebung befleckendsten Institutionen". — Die Krause'sche Schule baut das Verhältniß der Eltern und Kinder zu einander auf den Gedanken, daß die Kinder „in ganzwesenlichem Verein sind mit den zu wahrer Persönlichkeit vereinten Eltern"[21]). Selbstverständlich statuirt denn auch diese Schule eine elterliche Gewalt, nur daß sie Ahrens a. a. O. „während des Lebens beider Ehegatten vom Vater repräsentirt" werden läßt; nach Röder ist aber „im Wesentlichen das Recht beider Eltern gleich[22]) . . . eine väterliche Gewalt im römischen Sinne bloßer Ausfluß der größeren Stärke des Mannes, die natürlich Anfangs allein den Ausschlag giebt und sich erst allmählich verliert" (S. 381), an deren Stelle aber schon heute „mehr und mehr ein Elternrecht getreten ist" (S. 378, Note). Die Vermögensfähigkeit der Hauskinder erscheint als etwas Selbstverständliches (S. 379), unter Zulassung eines Nutzungsrechtes der Eltern bis zur Volljährigkeit der Kinder [Note **) und S. 300].

Daß die neuere Rechtsphilosophie, ihrem ganzen Charakter entsprechend, auch in dieser Lehre von der älteren vielfach abweicht, wird Niemand befremden; gleichwohl findet sich gerade in der uns hier interessirenden Frage mehr, als man erwarten möchte, zu Gunsten der elterlichen Gewalt gesagt. Stahl[23]) z. B. überschreibt zwar das dritte Capitel seines III. Buches: „die väterliche Gewalt", allein als Rechte der Eltern bezeichnet er Schutz und Vertretung nach Außen (Mundium) und Erziehungsgewalt, und diese Rechte nennt er die väterliche Gewalt.

---

21) Dies die eigene Formulirung Krause's im System der Rechtsphilosophie, hersg. v. Röder. (Leipzig 1874) S. 502. Ahrens, Naturrecht, 6. Aufl. Wien 1871 (die erste Aufl. erschien 1846) S. 238, bezeichnet die Beziehung der Eltern zu den Kindern „als ein durch das natürlich-sittliche Verhältniß erzeugtes Zustandsverhältniß", dabei die Kant'sche Begründung ausdrücklich ablehnend; breiter entwickelt den gleichen Gedanken, unter entschiedener Ablehnung der Ableitung aus dem Erziehungszweck, Röder, Grundzüge des Naturrechts oder der Rechtsphilosophie (Heidelberg 1846), S. 372 ff. Vgl. S. 352 in der Note, wo er sich gegen Rotteck wendet und ihm „wahrhaft komische Unsicherheit seiner Darstellung" vorwirft, und S. 375 in der Note **).

22) Vgl. aber auch S. 366: „Durch den Tod des Mannes wird jedenfalls die Frau alleiniges Oberhaupt." In der Note * constatirt Röder „im Ganzen eine immer größere Gleichstellung der Geschlechter auch in Betreff der ehelichen und elterlichen Rechte mit dem Fortschreiten der Bildung".

23) Die Philosophie des Rechts. 3. Aufl. Heidelberg 1854. II 1. S. 486 ff.

Noch schärfer tritt bei Trendelenburg[24]) die Gestalt des Hausherrn und seine Gewalt hervor; dennoch müssen Hausvater und Hausmutter „beide dem gemeinsamen Zwecke der Familie, welcher über ihnen steht, untergeordnet, sich auf dem besonderen Gebiete jedes Theiles einander unterordnen ... In dieser Gleichheit nach innen wird dennoch, wo die Familie nach außen zu vertreten ist, der Hausherr als Haupt der Familie der berechtigte Vertreter sein". Wenn Trendelenburg es für weise erachtet, die väterliche Gewalt zu stärken und nicht zu schmälern, so richtet sich diese Bemerkung nicht gegen die Mutter, sondern gegen die öffentlichen Gewalten. — Geyer,[25]) in seiner Darstellung vorwiegend die Momente betonend, welche die ursprünglich unbegrenzte Macht des Hausvaters gemildert haben, spricht doch auch von einer „Herrschaft" der „Eltern", die ihnen nicht ganz entzogen werden darf, wenn das Recht den in der Natur liegenden Weisungen nicht zuwiderlaufen soll, und selbst Zöpfl,[26]), soviel römisches und französisches Recht er auch bei Erörterung der „vernunftrechtlichen" Aeußerungen der väterlichen Gewalt zur Sprache bringt, findet diese Gewalt durch die Schutzbedürftigkeit des Kindes bedingt, schreibt der Mutter „analoge Rechte und Pflichten" wie dem Vater zu, und behauptet, daß „bei allen Völkern" nach dem Tode des Hausvaters die elterlichen Pflichten principaliter auf die Mutter übergehen, und nun auch ihre, bis dahin hinter denen des Vaters zurückstehenden Rechte stärker hervortreten. — Lasson[27]) lehrt: „Der Fortschritt der Rechtsentwickelung geht jedenfalls auf stetig zunehmende Freiheit der Rechtspersönlichkeit der Frau, auf die die hausväterliche Gewalt regelmäßig in ihrem vollen Maße übergeht, sobald der Mann sie zu üben rechtlich unfähig ist." „Neben dem Vater und statt des Vaters tritt in Recht und Pflicht dem Kinde gegenüber die Mutter ein." — Aus dem von Geyer[28]) nicht ohne Grund als „sehr seltsam" bezeichneten Buche von Byk[29]), in welchem der Verf. die Grundsätze von den Früchten auf die Kinder anwendet, führen wir nur an, daß er die „väterliche" Gewalt im Naturzustande wahrscheinlich der Mutter zuständig sein läßt, und daß er sich, um „nicht von der allge-

---

[24]) Naturrecht auf dem Grunde der Ethik. 2. Aufl. Leipzig 1868 (1. Aufl. 1860). § 136 ff.

[25]) Geschichte und System der Rechtsphilosophie in Grundzügen. Innsbruck 1863. S. 174 ff.

[26]) Grundriß zu Vorl. über Rechtsphilosophie. Berlin 1878. S. 209 ff.

[27]) System der Rechtsphilosophie. Berlin u. Leipzig 1882. S. 578, 581.

[28]) Krit. Vierteljahrsschr. XXIV S. 9.

[29]) Rechtsphilosophie. Leipzig 1882. S. 37 ff.

meinen Benennung zu sehr abzuweichen" entschließt, sie als elterliche Gewalt zu bezeichnen. — Lioy [30]) endlich bezeichnet zwar (offenbar dem französischen und italienischen Civilgesetzbuch folgend) die Autorität der Eltern als väterliche Gewalt; [31]) allein nach dem Tode des Vaters wird die nämliche Gewalt von der Mutter ausgeübt; selbst das Recht, einen Vormund zu ernennen, wird von dem überlebenden Parens ausgeübt. Sanctionirt ist diese Gewalt von der Natur selbst im Interesse der Kinder, solange sie nöthig ist.

III.

Daß eine von den Vertretern der philosophischen Rechtslehre durch Jahrhunderte in der Hauptsache übereinstimmend vorgetragene Lehre die Geister stark beeinflussen mußte, wird keines weiteren Beweises bedürfen. Hier wirkte aber noch ein zweites Moment mit nicht geringerem Nachdruck nach der gleichen Richtung. „Die Theorie, welche die Germanisten früher sehr allgemein von der Gewalt der Eltern über ihre Kinder aufstellten" ging dahin, „man habe sich in diesem Stücke in Deutschland bloß an das natürliche Recht gehalten, die strenge ... patria potestas der Römer daselbst niemals adoptirt, sondern ... das Wesen (der Gewalt) bei uns in der (sic) Beschützung, Ernährung und Erziehung der Kinder gesetzt. In allen diesen Hinsichten stehe nun aber die Mutter dem Vater zwar nicht gleich, doch zur Seite, und gebühre demnach derselben bei Lebzeiten des Vaters über die Kinder eine untergeordnete Gewalt neben demselben, nach dessen Tode aber eine fortgesetzte alleinige Gewalt." [32]) In ähnlichem Sinne erklärt Glück, [33]) die heutige väterliche Gewalt habe durch Vermischung der römischen und deutschen Rechte ihr Dasein erhalten; vor Allem sei sie kein ausschließliches Recht des

---

[30]) Die Philosophie des Rechts, nach der zweiten Auflage des Originals . ., übersetzt von M. di Martino. Berlin 1885. S. 292 f.

[31]) Ueber die Unrichtigkeit dieser Bezeichnung vgl. Puchelt zu Zachariae, Handb. d. franz. C. R. 6. Aufl. (1875). III S. 398 Note 2 e.

[32]) Worte von Cropp in seinen und Heise's Jurist. Abhandlungen. Hamburg 1827. I 16. S. 284 f. Daselbst sind in Note 1 zahlreiche Schriftsteller genannt, welche Vertreter dieser Auffassung waren. Wir führen nur an Schilter (1632—1705) Exerc. ad Pand. Exerc. XXXVII § 42 i. f. (In der ed. 3 seiner Prax. jur. rom. Frankfurt u. Leipzig 1713 tom. II p. 388): „. . . competi matri jure gentium ac moribus Teutonicis quaedam potestas in liberos, praesertim post mortem patris". Er beruft sich auf Lex Wisigoth. lib. IV. tit. 2 cap. 13: „Patre mortuo filii in matris potestate consistant" — eine Stelle, über deren Gewicht noch heut Streit ist.

[33]) Pand. Comm. II S. 257 ff. (§ 137, 138).

Vaters; „denn die heutigen Rechte und Sitten lassen auch der Mutter, ob zwar nicht gleichen, aber doch gewiß keinen geringen Antheil, daran nehmen." Des Genaueren seien beiden Eltern gemeinschaftlich jene Rechte der elterlichen Gewalt, die sich über die Person der Kinder erstrecken, [34]) während allerdings die Mutter an jenen Rechten der väterlichen Gewalt in der Regel keinen Antheil nehme, die dem Vater nach Röm. R. über das den Kindern eigenthümliche Vermögen zustehen. Wenn aber auch die Meisten das Dasein einer mütterlichen Gewalt für das gemeine Recht in Abrede ziehen, so kann doch nicht zweifelhaft sein, daß vielfach in Statuten der Mutter eine Stellung eingeräumt ist, die ihr eine der väterlichen analoge mütterliche Gewalt gewährt. [35]) Mit Rücksicht auf alles dieses begreift es sich leicht, daß seit geraumer Zeit und immer entschiedener dafür eingetreten wird, in der Gesetzgebung Ernst zu machen mit der Einführung einer mütterlichen Gewalt. Schon 1833 trat Mittermaier, [36]) ausgehend von der würdigen Stellung, welche die Mutter nach deutschem Recht den Kindern gegenüber einnimmt, und von der Vorstellung einer mütterlichen Gewalt, [37]) erwägend, daß in so vielen Familien die Mutter es ist, welche die ganze Erziehung der Kinder besorgt, z. B. wenn der Vater (etwa ein Kaufmann, Schiffscapitän) lange auf Reisen, oder kränklich oder schwachsinnig ist, berücksichtigend, daß die Mutter wohl das reinste Interesse hat, das Beste des Kindes zu befördern — dafür ein, es solle die mütterliche Vormundschaft „überhaupt mehr als eine Fortsetzung des elterlichen Verhältnisses betrachtet werden". „Die Behandlung der Mutter gleich einem Vormund sei als ein Widerspruch mit den deutschrechtlichen Verhältnissen der elterlichen Gewalt" empfunden worden; sie verdiene auch schwerlich Billigung, „da sie dem zarten, durch die Natur begründeten, nicht erst durch Verträge geschlossenen elterlichen Verhältnisse widerspricht, und die Kinder nur zu leicht daran gewöhnt, in

---

[34]) Auch hervorragende Romanisten der Gegenwart tragen kein Bedenken, beiden Eltern, also auch der Mutter, die „Erziehungsgewalt" zuzusprechen, nur nicht im Widerspruch mit dem Willen des Vaters. Vgl. z. B. Windscheid Pand. 6. Aufl. II § 514 Z. 3 (S. 956).

[35]) Vgl. Kraut, Vormundschaft II S. 681 ff. und bes. Roth, Bayr. Civilr. 2. Aufl. Tübingen 1881. I § 106, System des deutschen Privatrechts. Tübingen 1881. II § 169, wo das ganze Geltungsgebiet der mütterlichen Gewalt in Deutschland nachgewiesen ist.

[36]) Arch. f. d. civil. Praxis. XVI S. 220 ff.

[37]) Nicht ganz übereinstimmend spricht sich Mittermaier aus in seinen Grunds. d. gem. deutsch. P. R. 7. Aufl. (1847). II § 362.

den Eltern ihre Verwalter und Rechnungspflichtige zu erkennen. Zarte keiner Controle Unberufener unterworfene Familienverhältnisse sind die sicherste Grundlage eines würdigen bürgerlichen Lebens." Wenige Jahre später (1842) faßte der Entwurf eines B. G. B. für das Großh. Hessen in seinem Abschnitt „von der elterlichen Gewalt"[38]) „alle Bestimmungen, welche das persönliche Verhältniß der Eltern zu ihren Kindern und die elterlichen Ansprüche auf Benutzung und Verwaltung des Vermögens der Kinder betreffen", zusammen (nur einigemale auf das Vormundschaftsrecht verweisend), „indem er die elterliche Gewalt als ein in sich abgeschlossenes Ganze behandelt, ihr möglichst freien Spielraum gewährt, und die Obrigkeit nur einschreiten läßt, wo das Wohl der Kinder durch die Collision erheblicher beiderseitiger Interessen oder durch groben Mißbrauch mit Gefahr bedroht ist." Denn „entsprechender unseren deutschen Sitten und den Gefühlen der Pietät schien es, das von der Natur selbst begründete Verhältniß der Eltern zu ihren Kindern überall von dem bürgerlichen Amte[39]) des Vormundes und von seinem Verhältnisse zum Mündel in dem Gesetze getrennt zu halten. Die kindlichen Gefühle der Liebe, des Vertrauens und der Ehrerbietung gegen die Eltern fordern Schonung und Pflege, sie gedeihen besser, wenn die Kinder in ihren Eltern die obersten Lenker ihres Schicksals erblicken. Auch für die Eltern würde eine zu ängstliche und in das innere Familienleben eindringende Controle der Obrigkeit lästig und verletzend sein, weil Jedermann wenigstens in seinem Hause sich frei bewegen will, und weil die Elternliebe in der Regel, nicht selten mit eigener persönlicher Hintansetzung, für das Wohl der Kinder mehr leistet, als öffentliche Behörden zu thun vermögen." Allerdings giebt auch dieser Entwurf in Collisionsfällen die Entscheidung der Stimme des Vaters als des Familienhauptes im Interesse der häuslichen Ordnung anheim. Er betont aber zugleich sehr bestimmt ein Moment, das sonst nicht in dieser Beleuchtung zu erscheinen pflegt: „Der Antheil der Mutter an der elterlichen Gewalt tritt . . . nur in den Hintergrund, wo ein Dissens zwischen den Ehegatten die Entscheidung des Mannes nöthig macht. In allen anderen Fällen wird angenommen, daß beide Ehegatten in der Sorge für die Kinder, bei ihrer Erziehung, in der Sorge für den gemeinsamen Haushalt, in der Verwaltung des eigenen und des Vermögens der Kinder einträchtig zusammenwirken, daß die Frau, welche ihren Antheil an den

---

[38]) Die folgenden Anführungen sind den Motiven (S. 181ff.) entnommen.

[39]) Vgl. Stein in Haimerl's Oesterr. Vierteljahrsschr. XVI (1865) Nr. VIII bes. S. 258ff. mit Kraut I S. 62.

Lasten der Ehe trägt, auch die Vortheile mitgenieße. Der Antheil der letzteren an der elterlichen Gewalt macht sich daher sogar mit voller Wirkung geltend, sobald der Mann an der Ausübung derselben, sei es nur vorübergehend oder andauernd, gehindert ist. Sie theilt diese Gewalt mit keinem Dritten; denn das Gesetz betrachtet die Frauen überall, wo das Band der Ehe nicht eine Unterordnung derselben nothwendig im Gefolge hat, als mündige und selbständige Personen in der bürgerlichen Gesellschaft . . ." Wie die Eltern sich nach dem Maße ihrer Kräfte in Unterhalt und Erziehung theilen, „wird von ihrer Persönlichkeit, Bildung, Vermögen und von anderen Umständen abhängen . . ." „Eltern sind die natürlichen Vormünder ihrer Kinder, ihre Ernährer und Erzieher, sie sind durch die Bande des Blutes so innig mit denselben verbunden, daß das Interesse der einen von dem der anderen nur im Falle der Noth als getrenntes gedacht werden sollte. Sie sind eben darum in der Regel die Geeignetsten zur Verwaltung des Vermögens ihrer Kinder, und der Genuß desselben ist ein natürlicher Ersatz für die Lasten der Erziehung. Ob die Kosten der Erziehung weniger oder mehr als dieser Fruchtgenuß betragen, ist gleichgültig. Das Gesetz soll die Eltern, welche so oft unter persönlicher Entbehrung und schweren Opfern ihre Kinder erziehen, nicht rechnungspflichtig machen wie Fremde." Dieser Genuß dauert bis zur Erlöschung der elterlichen Gewalt, ergreift jedoch gewisse Erwerbungen der Kinder nicht, zum Theil schon darum, um die Kinder zu nützlicher Thätigkeit zu ermuntern und sie zu einer gewissen, den Uebergang zur vollen Verfügungsfreiheit vorbereitenden Selbständigkeit zu erheben, zum Theil, um Dispositionen Dritter, die nur zu Gunsten der Kinder getroffen wurden, unberührt zu lassen. Die auf dem Nutznießungsrecht der Eltern ruhenden Lasten richten sich nach den allgemeinen Grundsätzen vom Fruchtgenuß.

Nach dem Tode des Vaters geht die Ausübung der elterlichen Gewalt ohne Beschränkung auf die Mutter über. „Sobald nämlich der Grund ihrer bürgerlichen und häuslichen Abhängigkeit, das eheliche Band, gelöst ist, tritt die Frau in den Zustand von bürgerlicher Selbständigkeit zurück, welchen jede volljährige und unverheirathete Frauensperson in Anspruch nehmen darf." Schließt sie aber eine neue Ehe, dann schreitet das Gesetz zur Sicherung der Kinder ein, denn die Frau „kehrt aus einer freien Existenz in das Abhängigkeitsverhältniß zurück, welches der Ehestand über die Frauen verhängt, und tritt die häusliche Herrschaft, die sie bisher ausgeübt, an den neuen Ehegatten ab. Dieser ist den Kindern erster Ehe fremd, es ist zweifelhaft, ob er deren Vermögen gut verwalten, und ob nicht durch seinen Einfluß die Mutter selbst in eine

Collision entgegenstehender Interessen werde gebracht werde[40])". Darum muß die Wittwe, bei sonstigem Verlust der Vermögensverwaltung, noch vor Eingehung der zweiten Ehe dem Vormundschaftsgericht von ihrer Absicht Anzeige machen, und es ist nach freiem Ermessen zu entscheiden, ob ihr die Verwaltung zu belassen sei oder nicht, wo dann im ersten Falle zugleich solidarische Haftung des neuen Ehemannes eintritt. Allerdings aber wird von den Gerichten „nicht unberücksichtigt bleiben, daß vor allem der Frieden und die Eintracht der Familie zu erhalten, daher nur, wenn es wirklich nöthig ist, die Dazwischenkunft eines besonderen Curators zuzulassen sei". Mit dem Wegfallen des Einflusses des zweiten Ehemannes tritt die Wittwe auch wieder in die Ausübung der elterlichen Gewalt.

Auch solange beide Eltern am Leben sind, müssen die Gerichte über die Erhaltung der Substanz des Kindervermögens wachen. „Sicherheitsleistung wird als Regel nicht verlangt, weil das Gesetz voraussetzt, daß, solange beide Eltern am Leben sind, sie sich wechselseitig controliren." Mit dem Wegfall dieser Controle hat die Sicherheitsleistung nach den Regeln des Vormundschaftsrechts einzutreten.

In seiner Besprechung der Entwürfe bürgerlicher Gesetzbücher für Hessen-Darmstadt und Zürich (Richter's und Schneider's krit. Jahrb. Jahrg. X 1845[41]) hat sich Arndts durchaus zu Gunsten der elterlichen Gewalt ausgesprochen: Der Grundsatz, daß bei der Leitung und Erziehung der Kinder regelmäßig der Vater das entscheidende Wort habe, ist nach der Natur des Verhältnisses nicht wohl zu umgehen. „Allein

---

[40]) Mittermaier a. a. O. S. 225 f. constatirt bezüglich dieser Frage „ein großes Schwanken der gesetzlichen Ansicht. Geht man . . . davon aus, daß die Mutter, wenn sie wieder heirathet, durch Sinnlichkeit so zu ihrem zweiten Gatten gezogen werde, daß sie ihre Kinder darüber vergißt, und nur zu leicht der Einwirkung des oft gegen die Stiefkinder leidenschaftlich eingenommenen Stiefvaters nachgiebt, so muß man die mütterliche Vormundschaft durch die zweite Ehe sogleich aufhören lassen. Geht man aber von der Erfahrung aus, daß häufig im bürgerlichen Leben die Wittwe eines Landmanns oder eines Handwerkers, die das Geschäft ihres Ehemanns fortsetzt und unmündige Kinder hat, durch die Nothwendigkeit, um einen tüchtigen Vorstand ihres Gewerbswesens und einen Erzieher ihrer Kinder zu bekommen, zur Eingehung einer zweiten Ehe getrieben wird, so ist es zu hart, wenn man unbedingt den Satz aufstellen will, daß der Mutter, die zur zweiten Ehe schreitet, nie die Vormundschaft überlassen werden kann. Das Gesetz muß hier . . . der Vormundschaftsbehörde einen weisen Raum des Ermessens überlassen . . ."

[41]) Auch abgedruckt in Arndts Ges. civ. Schriften. III (1874) Nr. 12. S. 280 ff. Die im Text mitgetheilten Stellen stehen S. 307 f., 311 f.

das Recht der Mutter ist auch ein heiliges Recht. Welches Gefühl ist tiefer und inniger, als das der Mutterliebe? Und sind es nicht die Mütter, welche zumal in den ersten Jahren der Kindheit der Regel nach am meisten mit der unmittelbaren Pflege der Kinder beschäftigt sind, und welche den bedeutendsten, weil beständig wirkenden Einfluß auf die Erziehung derselben, auf die Ausbildung ihrer geistigen Anlagen und ihres Charakters auszuüben pflegen? Wenn nun auch gewöhnlich dieses Recht und dieser Einfluß der Mutter sich im Leben von selbst geltend macht, und wenn es auch wünschenswerth ist, daß in dieses Verhältniß sich einzumischen die öffentliche Gewalt möglichst selten Anlaß haben möge, so scheint es mir doch angemessen, im Gesetzbuche es deutlich anzuerkennen, daß das Recht der Mutter, wenn auch der Vater als das Haupt der Familie gelte, doch nicht der Laune oder Willkür oder dem Eigensinn desselben geopfert werden solle. Die Möglichkeit der Entsetzung von der elterlichen Gewalt [42]) . . . ist allein nicht genügend, um die Mutter dagegen zu schützen; denn die Voraussetzungen derselben (gröblich verwahrloste Erziehung der Kinder, schwere denselben zugefügte Mißhandlungen, notorisch lasterhafte Aufführung) sind zu strenge. Es ist aber auch mißlich, die Befugnisse der Mutter dem Vater gegenüber im einzelnen näher zu bestimmen, wie es zum Theil das preuß. L. R. versucht. Besser möchte es sein, wenn das Gesetz nur ausspricht, daß der Mutter ein Recht der Beschwerde bei dem Vormundschaftsgerichte zustehe, wofern der Vater ihr natürliches Recht der Mitwirkung bei der Erziehung der Kinder auf ungeeignete Weise beeinträchtigt oder eigensinnig bei einer Behandlung der Kinder oder Beschlüssen über sie beharre, welche der Mutter mit Recht Besorgnisse einflößen." [43])

„ . . . Die bisher besprochenen Befugnisse der Eltern werden (vom hessischen E.) mit Recht als ein Theil der elterlichen Gewalt betrachtet . . . Ein anderer Bestandtheil der elterlichen Gewalt betrifft das Vermögen der Kinder, und darin unterscheidet sich nun der zürich. E. bedeutend vom hessischen, indem dieser auch die dahin einschlagenden Be-

---

[42]) Hess. Entw. Art. 40.

[43]) Vgl. auch Sarwey im Civ. Arch. XXXI Nr. 14 (1848), XXXII Nr. 1 (1849), der auch zu dem Ergebniß gelangt (S. 450), es dürfte „die Annahme eines Erziehungsrechtes beider Eltern mit Prärogative des Vaters jedenfalls als die den heutigen Verhältnissen und Ansichten entsprechendste anzusehen sein", und (S. 53) das „dringende Bedürfniß neuer gesetzlicher Bestimmungen" constatirt, insbesondere das Bedürfniß neuer Grundsätze über das Erziehungsrecht überhaupt, „welche im Einklang mit unseren, besonders hinsichtlich des römisch-rechtlichen Instituts der väterlichen Gewalt wesentlich veränderten Verhältnissen stehen".

fugnisse zu der elterlichen Gewalt rechnet, und, wie diese überhaupt, auch der Mutter beilegt, wenngleich zunächst der Vater zu deren Ausübung berechtigt ist, während dagegen der zürich. E. dieselben als Rechte der väterlichen Vormundschaft ausschließlich nur dem Vater ertheilt. Das letzte entspricht der heutigen Gestaltung des gemeinen Civilrechts ... Das erste aber entspricht der wahren inneren Natur des Verhältnisses, wie es nach unserer Sitte sich darstellt. Die Mutter nimmt eine im wesentlichen gleiche Stellung zu den Kindern ein, wie der Vater, und es ist unpassend, ihr, wenn der Vater gestorben oder seine Gewalt auszuüben verhindert ist, nur die Stellung einer bloßen Vormünderin anzuweisen, wie es nach römischem und heutigem gemeinen Rechte der Fall ist ... Für Deutschland hat der hess. Entw. gewiß das Richtige gewählt, indem er nach dem Vorbilde des französischen Rechts eine subsidiär zur Ausübung kommende, oder eigentlich nur im Conflict mit dem Vater zurückstehende elterliche Gewalt der Mutter von gleicher Bedeutung wie die des Vaters anerkennt. Er giebt wie jenes beiden Eltern das Recht der Verwaltung und des Nießbrauches an dem Vermögen der Kinder ... und zwar auch den Nießbrauch nicht bloß, wie der Code Napol., bis zur Vollendung des 18. Lebensjahres der Kinder, sondern bis zur Beendigung der elterlichen Gewalt, also ... regelmäßig bis zur Volljährigkeit der Kinder, eine Abweichung, welcher wir ebenfalls unseren Beifall schenken, weil sie eine unnütze Zwischenperiode von drei Jahren abschneidet ..."

Wesentlich dieselben Grundsätze sind es, auf welche auch von Preuschen-Liebenstein die „elterliche Gewalt" in den §§ 163 ff. seines „Entwurfes zu einem allgemeinen deutschen Civilgesetzbuche nebst Motiven" (Leipzig 1848) basirt hat. Wie sehr der Verf. von der Ueberzeugung erfüllt war, daß diese Grundsätze ihre Rechtfertigung schon in sich tragen, zeigen die Motive (S. 317). Nur die den Eltern rücksichtlich des Vermögens ihrer Kinder auferlegten Sicherheitsleistungen finden eine eingehendere Erörterung, weil sie „als etwas Neues zu betrachten" sind. Im Uebrigen glaubt er mit dem nachstehenden einen Satze genug gesagt zu haben: „die in dieser Unterabtheilung systematisch aufgestellten Rechte und Pflichten basiren größtentheils auf dem Zustande, wie er sich durch Recht und Gewohnheit in der Wirklichkeit gegestaltet hat."

Dagegen findet sich in den „Speziellen Motiven zu dem (Held'schen) Entwurfe (von 1852) eines bürgerl. G. B. für das Königreich Sachsen" S. 345 ff. die elterliche Gewalt und jedes ihrer Elemente eingehend begründet: „Was in den deutschen Ländern" des gemeinen Rechts „unter dem Namen der väterlichen Gewalt vorkommt, ist bekanntlich nicht jene strenge Gewalt über die Kinder, wie sie das römische Recht nur dem Vater zugesteht, sondern ein aus dieser römischen Gewalt und der altdeutschen Vormundschaft gemischtes Institut, welches manche nach römischen Rechtsansichten dem Vater über seine Kinder ausschließlich gebührende Befugnisse zwischen diesem und der Mutter theilt. Daß ein solches Gemisch der Natur und Wichtigkeit des Instituts nicht entsprechen kann, daß es ferner zu vielen Ungleichheiten und Verwicklungen, besonders in dem das Vermögen betreffenden Theile geführt hat, bedarf keines weiteren Nachweises, sobald man sich nur an die Lehre von den Peculien und von der Pupillarsubstitution erinnert. Indem der Entwurf die väterliche Gewalt in eine elterliche Gewalt umwandelt, beabsichtigt er, was die Bedeutung dieser Aenderung im allgemeinen anlangt, nach dem Vorgange anderer neuerer Gesetzgebungen hierdurch eine den einheimischen Rechtsansichten entsprechende Gleichstellung beider Eltern in Ansehung ihrer Rechte und Pflichten gegen die Kinder, jedoch in der Art herbeizuführen, daß die elterliche Gewalt, wo ein gemeinschaftliches Handeln beider Eltern nicht wohl thunlich ist, dem Vater vorzugsweise eingeräumt, ihm auch als dem Familienhaupte bei Verschiedenheit der Meinungen die entscheidende Stimme beigelegt, das ganze Institut aber in der Regel auf die Minderjährigkeit der Kinder beschränkt wird" . . . „Es ist zwar wahr, daß es im ganzen von der Persönlichkeit, Bildung, dem Vermögen der Eltern und sonstigen individuellen Umständen abhängen muß, wie sich dieselben in die Sorge für ihre Kinder zu theilen haben; allein daß der Ehemann und Vater seinen Kräften nach mehr als die Mutter zum Erwerbe des Unterhalts für die Familie, die Ehefrau und Mutter aber wegen ihrer natürlichen Anlagen, tieferer Gemüthlichkeit, größerer Geduld und Beharrlichkeit bei mühevollen, wenngleich geringfügig erscheinenden Geschäften mehr als der Vater zur Uebernahme häuslicher Besorgungen berufen ist, liegt in dem verschiedenen Charakter der beiden Geschlechter . . . deutlich ausgeprägt . . ."

„Den größten Einfluß äußert die Umformung der natürlichen Gewalt in eine elterliche Gewalt rücksichtlich des Vermögens der Kinder, dessen Verwaltung und Nutznießung der Entwurf mit der letzteren verbindet. So scheinbar es auch ist, wenn man anführt, daß die Gewalt über die Kinder nur zum Wohle dieser, nicht zum Vortheile der Eltern bestehe, also keine Erwerbsquelle für die letzteren abgeben dürfe, daß man ferner von Jedem, welcher einem Kinde etwas zuwendet, annehmen müsse, er habe diesem die Substanz und die Nutzungen zuwenden wollen, und daß daher ein Vater nur wie ein Vormund zu betrachten, deshalb auch, wenn sich nicht Nutzungen und Erziehungsaufwand ausgleichen, Rechnung abzulegen und das Mehrere nutzbar zu machen verbunden sei, so muß man doch gestehen, daß diese Folgerung auf einer Auffassung des Familienlebens beruht, welcher man nicht beitreten mag. Beide Eltern sind die natürlichen Vormünder ihrer Kinder, ihre Ernährer und Erzieher, sie sind durch die Bande des Blutes so innig mit denselben verbunden, daß das Interesse der einen von dem der andern nur im Falle der Nothwendigkeit als ein getrenntes aufgefaßt werden darf. Eben darum sind sie auch in der Regel am geeignetsten zur Verwaltung des Vermögens ihrer Kinder, und der Genuß der Nutzungen desselben ist ein natürlicher Ersatz für die Kosten der Erziehung.[44]) Ob die Kosten der Erziehung weniger oder mehr als die Nutznießung betragen, muß für gleichgültig angesehen werden, denn es beleidigt das natürliche Gefühl, wenn das Gesetz die Eltern, welche so oft unter persönlichen Entbehrungen und mit schweren Opfern ihre Kinder erziehen, gleich fremden Personen für rechnungspflichtig erklärt. Daß, was insbesondere den Nießbrauch der Mutter am Vermögen der Kinder angeht, die gesetzliche Zubilligung desselben den deutschen Rechtsansichten angemessen ist, läßt sich an verschiedenen Bestimmungen älterer und neuerer deutscher Particularrechte nachweisen. . ." Wohl aber muß in der Regel dem Inhaber der elterlichen Gewalt eigenthümlich zugesprochen werden, was Kinder durch ihre Arbeit erwerben, „weil Kinder einträgliche Arbeiten nur (?) als Beauftragte der Eltern vorzunehmen pflegen, und überdies die Leistung derselben als ein Ersatz der von den Eltern auf ihre Ernährung und Erziehung verwendeten Kosten betrachtet werden muß." Umgekehrt war es „billig, Kindern, deren Eltern wegen Beendigung des Verpflegungsverhältnisses einen solchen Ersatz nicht mehr beanspruchen können, den durch ihre Arbeit und ihren Kunstfleiß erzielten Gewinn zur freien Verfügung zu überlassen", wofür auch die schon in den Motiven des hess. Entw. (oben) enthaltenen Gründe sprechen, und einige andere Fälle, in denen die elterliche Verwaltung und Fruchtnießung entfällt, einer besonderen Motivirung kaum bedürfen. — Dagegen ist aber auch eine Verpflichtung der Eltern, den Kindern ihres Vermögens wegen Sicherstellung zu leisten, nur unter besonderen Umständen statuirt, denn es „stört auch eine übertriebene Fürsorge des Gesetzes und der auf-

[44]) Doch halten die Motive selbst nicht ausschließlich an diesem Gesichtspunkt fest. Vgl. S. 350: „Daß der elterliche Nießbrauch . . . . vom Gesetze im Interesse der ganzen Familie zugebilligt wird". S. 355: „Weil sich der gesetzliche Nießbrauch, der elterliche, wie der ehemännliche, auf die Gemeinschaft des Familienlebens gründet . . ."

sehenden Behörden, wenn sie einen herabwürdigenden Argwohn zu erkennen giebt, gar leicht den Frieden des Familienlebens, untergräbt die Ehrfurcht, mit welcher Kinder zu ihren Eltern aufblicken sollen, und droht sogar, die Liebe der letzteren gegen ihre Kinder in Verstimmung umzuwandeln".

„Insofern der elterlichen Gewalt die Verwaltung der Substanz des Vermögens der Kinder obliegt, besteht sie im Interesse der Kinder; insofern sie aber zur Nutznießung dieses Vermögens berechtigt, dient sie dem eigenen Interesse der Eltern,[45]) und es zeigt sich hierbei in der ersten Beziehung eine Uebereinstimmung, in der zweiten aber eine Verschiedenheit zwischen der elterlichen und vormundschaftlichen Gewalt, welche die Beschränkungen, denen diese in Ansehung des Vermögens der Minderjährigen zum Besten der letzteren gesetzlich unterworfen werden muß, auf jene theils anwendbar, theils unanwendbar erscheinen läßt. . ."

„Die Eltern sind von der Natur dazu berufen, ihre Kinder, solange sie noch in ihrer Gewalt stehen, allenthalben zu vertreten. Daß diese Vertretung zum Besten der Kinder gereiche, wird durch die den Eltern gegen ihre Kinder eingepflanzte Liebe stärker gewährleistet, als irgend eine bürgerliche Einrichtung zu erzielen vermöchte. Es darf daher auch, abgesehen von den Fällen, wo eine Befreiung der Kinder von jeder Vertretung gerathen, oder deren gerichtliches Erscheinen in Person der Natur der Sache nach nöthig ist, die elterliche Gewalt nur wegen besonderer Gründe, insonderheit wegen einer Collision der Interessen, durch Berufung eines Specialvormundes beschränkt werden. Zwar könnte hier noch insbesondere in Frage kommen, ob die Gerichte nicht wenigstens die das Vermögen der Kinder betreffenden Processe unter eine gewisse Aufsicht nehmen sollten." Allein man glaubte, abgesehen von gewissen Fällen, für welche besondere Fürsorge getroffen ist, im allgemeinen „besonders bei der Gemeinschaftlichkeit des Interesses der Eltern und Kinder erwarten zu können, daß jene die Processe dieser mit ebensoviel Achtsamkeit führen werden, als ob es ihre eigenen seien. Bloß wegen der Möglichkeit, daß nichtsdestoweniger einmal eine Gefahr für die Kinder entstehen könnte, besondere Beschränkungen anzuordnen, würde das Familienleben auf eine nicht zweckmäßige Weise stören und beengen."[46])

„Gleichwie im Eherechte Fürsorge getroffen worden ist, daß zum Nutzen und Frommen der häuslichen Ordnung ein oberster Wille das

---

[45]) Vgl. aber auch hier die vorige Note.

[46]) Ganz ähnlich sprechen sich über die Vertretung auch schon die oben benutzten Motive des hessischen Entw. S. 198f. aus.

Ganze zusammenhalte, leite und in Fällen sich widerstreitender Ansichten den Ausschlag gebe, so wird auch in Betreff der elterlichen Gewalt dem Vater eine gleiche rechtliche Stellung eingeräumt. Der Antheil der Mutter tritt aber nur in den Hintergrund, wo verschiedene Ansichten der Eltern eine Entscheidung des Vaters nöthig machen, und ein Zusammenhandeln entweder nicht nöthig oder nicht zweckmäßig ist. In allen anderen Fällen muß man beide Eltern in der Sorge für die Erziehung ihrer Kinder, in der Sorge für den gemeinschaftlichen Haushalt, in der Verwaltung des eigenen und des Vermögens der Kinder einträchtig zusammen wirken lassen. Der Antheil der Mutter an der elterlichen Gewalt macht sich daher auch mit voller Wirkung geltend, sobald der Vater an der Ausübung derselben vorübergehend oder dauernd behindert ist. Denn sie theilt diese Gewalt mit keinem Dritten, und das Gesetz betrachtet die Frauen überall, wo das Band der Ehe nicht eine Bevormundung derselben nothwendig im Gefolge hat, als mündige und in der bürgerlichen Gesellschaft selbständige Personen." Ueber den Einfluß, den eine neue Ehe der Mutter auf ihre elterliche Gewalt übt, vgl. das oben aus den Motiven des hess. Entw. Mitgetheilte, womit die sächs. Motive zum Theil wörtlich übereinstimmen.

Der sächs. Entw. § 1528 (anders das sächs. G. B. § 1832) kennt „einen Grund der Beendigung der elterlichen Gewalt, welcher nach zeitherigem Recht die elterliche Gewalt nicht aufhob, nämlich die Volljährigkeit. . . Während nämlich die zeither in Uebung gewesene Fortdauer der väterlichen Gewalt über die Volljährigkeit hinaus noch auf der für diesen Entwurf bedeutungslosen historischen Unterlage des strengen imperium domesticum der Römer beruhte, kann nach natürlichem Rechte die elterliche Gewalt nur den Zweck haben, die Kinder, welche ihre Angelegenheiten selbst zu besorgen nicht im Stande sind, zu schützen und zu vertreten, sie muß also in allen Fällen gänzlich oder zeitweilig aufhören, wo die Kinder des fremden Schutzes nicht mehr bedürfen. . . Durch die Beschränkung der elterlichen Gewalt auf die Minderjährigkeit der Kinder, welche auch mit der Gesetzgebung anderer Länder (Oesterreich, Frankreich . . .) im Einklange steht, vermindert man die Uebelstände, welche daraus entspringen, daß eine und dieselbe Person in verschiedenen Ländern als selbständig und nicht selbständig gilt, und beseitigt die Nachtheile, welche das bisherige Recht erfahrungsmäßig Dritten bereitete, indem es die Berufung sich selbständig gerirender Personen auf die väterliche Gewalt als Mittel, übernommener Verpflichtungen sich zu entschlagen, um so bequemer machte, je zweifelhafter und versteckter die Merkmale sind, an welchen die Anstellung einer eigenen Haushaltung . . . zu erkennen ist. Man könnte es auf der anderen Seite zwar unbillig, ja ungerecht finden, daß ein Elterntheil der elterlichen Gewalt über Kinder, namentlich über Töchter, enthoben sein soll, obwohl sie noch in seinem Hause von ihm ernährt oder außerhalb des Hauses von ihm versorgt werden müssen; allein das Verhältniß der Abhängigkeit zwischen Eltern und Kindern, welches auf einer natürlichen Nothwendigkeit beruht, bildet sich schon ohne Zuthun des Gesetzes,[47]) und wird auch überdies noch in Folge des Unterhaltes in gewissem Umfange vom Entw. als ein erzwingbares anerkannt. . ."

Aus den Motiven des sächs. Entw. gehört noch folgende Aeußerung (S. 374) hierher: In erster Linie sind die Eltern, welche die Verhältnisse und Bedürfnisse ihrer Kinder ja am genauesten kennen müssen, berufen, einen Vormund zu ernennen. „Das Gesetz kann aber, wenn es nicht mit sich selbst in Widerspruch kommen will, dieses Vertrauen den Eltern nur dann schenken, wenn es denselben bei ihren Lebzeiten die Vertretung ihres Kindes überläßt, so daß das Recht der Vormundsberufung als Ausfluß der elterlichen Gewalt erscheint, und also demjenigen Elterntheile nicht zusteht, welchem diese Gewalt mangelt oder bei dem sie außer Wirksamkeit gesetzt ist. Auch muß dieses Recht noch überdies

[47]) Vgl. bes. Witting a. a. O. S. 144f. „Der Ansicht Kraut's (II S. 646), welcher unter Bezugnahme auf Bornemann . . . (dem auch Stölzel in der Note 48 angef. Abh. S. 39 zustimmt), behauptet, daß solange der Sohn in dem väterlichen Hause bleibt, es auf das wechselseitige Verhältniß nur nachtheilig einwirken könne und mit der Natur desselben in Widerspruch stehe, wenn der Sohn dem Vater ganz selbständig gegenübergestellt werde, kann ich mich in dieser Allgemeinheit nicht anschließen, — nur für minderjährige Söhne ist die Behauptung richtig. Bleibt der volljährige erwerbsfähige Sohn im Hause des Vaters, so wird man auf ein zwischen beiden obwaltendes gutes Einvernehmen schließen dürfen, womit ein pietätvolles Anerkennen der väterlichen Autorität von selber verbunden ist. Ueberdies wird ein einsichtsvoller Vater vom erwachsenen Sohne keine Unterwürfigkeit verlangen, sondern bestrebt sein, ein Freundschaftsverhältniß zwischen sich und dem Sohne aufzurichten. Besteht jedoch keine Eintracht zwischen Vater und Sohn, so wird Letzterer, wenn und sobald er sich selbständig ernähren kann, das väterliche Haus gewiß verlassen, und nur der Fall ist noch zu betrachten, daß der volljährige Sohn ökonomisch noch nicht auf eigenen Füßen steht. Dies wird vorzugsweise bei solchen jungen Leuten eintreten, welche sich Universitätsstudien gewidmet oder andere Fächer ergriffen haben, welche . . . eine längere Vorbereitungsperiode erfordern. Der Regel nach wird dies also auf solche junge Leute Anwendung finden, welche den gebildeten Klassen der bürgerlichen Gesellschaft angehören. Bei solchen aber wird es in Berücksichtigung der in diesen Klassen herrschenden feineren Gesittung kaum einem Bedenken unterliegen können, die väterliche Gewalt trotz ihrer fortdauernden ökonomischen Unselbständigkeit mit der Volljährigkeit erlöschen zu lassen . . ."

auf den zuletzt lebenden Elterntheil beschränkt werden, weil weder beim Tode des Vaters, noch beim Tode der Mutter allein die Kinder als verwaist zu betrachten sind, vielmehr der überlebende Elterntheil an die Stelle des verstorbenen Ehegatten tritt, mithin erst beim Tode dieses die Nothwendigkeit der Bevormundung sich geltend macht. Wollte das Gesetz den Eltern verstatten, daß der eine Theil über den Tod des überlebenden Theils hinaus einen Vormund für die Kinder berufe, so würde dadurch leicht der Keim zu ehelichem Zwist gelegt, und durch die in der langen Zwischenzeit eintretende Veränderung der Verhältnisse der beabsichtigte Zweck meist vereitelt werden. . ."

Wir glauben hiermit den Nachweis erbracht zu haben, daß seit mehr als einem halben Jahrhundert zahlreiche und gewichtige Stimmen für die Ersetzung der väterlichen Gewalt durch eine elterliche Gewalt in der künftigen Gesetzgebung eingetreten sind. Es darf jedoch nicht unbeachtet bleiben, daß es auch an Dissentienten nicht fehlt, deren auf andere Reformen gerichtetes Votum auf volle Beachtung Anspruch hat. Hier ist vor Allem Stölzel[48]) zu nennen; allerdings nicht in dem Sinne, als ob er ein Gegner der Erweiterung der mütterlichen Rechte wäre; vielmehr würde auch sein Reformvorschlag in recht vielen Punkten praktisch mit dem Ergebniß zusammentreffen, zu dem die Einführung der elterlichen Gewalt führen würde. Allerdings aber ist er insofern von einem ganz anderen Gedanken erfüllt und geleitet, als es sich ihm grundsätzlich nicht um die Ersetzung der väterlichen Gewalt durch eine elterliche Gewalt, sondern um die Ersetzung der väterlichen Gewalt durch eine väterliche oder elterliche Vormundschaft handelt (S. 43). Ist schon nach heutigem gemeinen Recht die Erziehungsgewalt, wenngleich überwiegend dem Vater und erst in zweiter Linie der Mutter zustehend, nicht auf die väterliche Gewalt zurückzuführen, sondern als Ausfluß des elterlichen und ehemännlichen Rechtes anzusehen (S. 21 f.), erscheint ebenso kraft einer fast allgemeinen Sitte in Betreff des Heirathconsenses der Vater und die Mutter einander völlig gleichgestellt und wird dieser Consens auch bei Ehen von gewaltfreien Kindern erfordert, so daß das Einwilligungsrecht der Eltern nicht mehr als Ausfluß der väterlichen Gewalt zu betrachten ist, sondern aus dem Elternrecht, insbesondere der den Eltern schuldigen Ehrfurcht entspringt (S. 23), geben endlich zahlreiche Particularrechte auch der Mutter das unbeschränkte Recht, dem Kinde letztwillig Vormünder zu ernennen (S. 24) — so hat die künftige Gesetzgebung umsomehr diese

---

48) Das Recht der väterlichen Gewalt in Preußen. (Sep.-Abdr. aus dem Just.-Min.-Bl.). Berlin 1874.

Fragen, „dem Gange der Rechtsentwicklung entsprechend, losgelöst von der väterlichen Gewalt zu behandeln; sie wird dabei wohl mehr, als bisher geschehen, der Mutter neben dem Vater Rechte einräumen müssen“ und das Institut der Pupillarsubstitution ganz fallen lassen können (S. 38)[49]. Daß ferner dem Vater auch in der Zukunft an dem Vermögen des Kindes, welches nicht als seines erscheint, ein Nutzungsrecht „einzuräumen und nicht etwa das Kind mit seinem gesammten Vermögen und seinem gesammten Erwerbe dem Vater gerade so gegenüber zu stellen sei, wie der Mündel dem Vormunde, wird unzweifelhaft angenommen werden müssen: Es ist natürlich und billig, daß die dem Vater obliegenden Erziehungs- und Alimentationspflichten eine Compensation erhalten im Genusse des Kindesvermögens, oder m. a. W., daß des Vaters und des Kindes Vermögen ebenso eins sind, als des Vaters und des Kindes Hausstand“, und zwar soll dieses Nutzungsrecht selbst mit der Großjährigkeit des Kindes nicht ohne weiteres aufhören, sondern das großjährige Kind nur, wenn es aus dem Vaterhause ausscheidet, das Recht haben, die Abschichtung zu begehren (S. 38, 39). Hinsichtlich dieser gesetzlich dem Vater zustehenden „Vormundschaft“ „wäre zu erwägen, ob sie nicht neben dem Vater eventuell der Mutter zu übertragen sei. Erfahrungsgemäß hat diese Einrichtung, wo sie particularrechtlich besteht, zu keinerlei Schädigung der Bevormundeten geführt, und sie schließt eine sehr wünschenswerthe Entlastung des Staates in sich, auch entspricht sie dem jetzigen Culturstande wohl mehr, als die Beschränkung der Mutter im Gegensatze zum Vater . . .“ (S. 43). Danach steht Stölzel der elterlichen Gewalt keineswegs ablehnend gegenüber, und es geht auch sein Reformvorschlag durchaus nicht auf Gleichstellung der Eltern mit den Vormündern[50].

---

[49]) Da Stölzel selbst wiederholt von einer „Erziehungsgewalt“ spricht, so scheint von seinem Standpunkte nichts im Wege zu stehen, daß die Gesetzgebung die drei erwähnten Rechte der Eltern unter dem Namen der elterlichen Gewalt zusammenfasse.

[50]) Ueber die Richtigkeit der Lehre, es gebe im preuß. Recht nur dem Namen, nicht der Sache nach, eine väterliche Gewalt (L. E. W. Schmidt, Das preuß. Familienrecht 1843 S. 509 ff., Stölzel S. 43), läßt sich streiten. Es kommt unseres Erachtens Alles darauf an, was man als das Kriterium einer Familiengewalt anzusehen habe, worüber noch unten. Vgl. hier aber noch Lehmann a. a. O. S. 189: Das preußische Recht bekennt sich, mehr dem Namen als der Sache nach, zum Vormundschaftsprincipe. Die Verwaltung des preußischen Vaters schließt fast ebensoweit gehende Befugnisse in sich, als die des gemeinrechtlichen Vaters. Hier hat sich das preuß. Recht vom Banne des gemeinen Rechtes nicht befreien können . . . Das preuß. Recht scheidet zwischen Verwaltung und Nießbrauch nicht

Gegen Stölzel's Vorschlag hat sich in der eingehenden Untersuchung, welche Kohler dem Dispositionsmißbrauch gewidmet hat[51]), dieser Gelehrte ausgesprochen. Wie er (S. 207 Note 1) die in der Married Women Property Act von 1882 gelegene Gefährdung der ehemännlichen Autorität bekämpft, so ist ihm auch (S. 266 f.) die „ganze Richtung neuerer Legislation, das Eigenrecht des Vaters zu negiren und an Stelle des Eigenrechts ein bloß vormundschaftliches Vertretungsrecht zu setzen, keine empfehlenswerthe Fortbildung, sondern eine Verbildung; es ist ein geradezu verhängnißvoller Weg, wenn man dahin abzielt, das Eigenrecht des Parens zu untergraben und seine Autorität zu einer vormundschaftlichen Aufsicht und Leitung zu degradiren. Wahre Kraft und rechten Nachdruck hat nur das Eigenrecht, und der Stellung des Vaters entspricht zwar keine Tyrannis, es entspricht ihr aber auch nicht eine Vernichtung sämmtlichen Eigenrechts und eine bloße Schutzpflicht, bei welcher alles auf die Rechte der Kinder hinausläuft[52]). Und wenn man der römischrechtlichen patria potestas die deutsche Mundschaft entgegenhält, so vergißt man, daß auch die deutsche Mundschaft als Fructuartutel auf Eigenrecht gegründet ist. Niemand wird verkennen, daß die Stellung eines Vaters, der nur die verantwortliche Leitung des Kindergutes führt, eine ganz andre ist, als die Stellung des Vaters, der das Vermögen der Kinder kraft Eigenrechts in Händen hat. Auf welcher Seite die größte

---

in gewünschter Weise. Es läßt sie denselben Weg wandeln und ballt sie zu einem Conglomerate zusammen, während sie von einander zu trennen sind.

51) In Ihering's Dogm. Jahrb. XXIV ff. von S. 187—328.

52) Vgl. S. 248: „Die Zertrümmerung der Tyrannis des Hausvaters war ein Werk der christlichen Periode, ein nothwendiges Werk, denn die absorbirende Macht des Hausvaters ist nur für gewisse Zeiten geeignet; sie ist eine Uebertreibung gegenüber der ehemaligen Hausgemeinschaft, eine Uebertreibung, welche ihrem nothwendigen Untergang entgegengeht." S. 258 f.: „Das Vaterrecht ist im römischen Leben stets als ein Eigenrecht aufgefaßt worden, nicht als ein Vertretungsrecht; es ist aufgefaßt worden, nicht wie die moderne Tutel, sondern wie die alte Tutel, bei welcher dem Tutor ein Eigenrecht an dem Kinde und am Vermögen des Kindes zustand, so daß der Tutor nicht als Geschäftsführer, sondern als fiduciarischer Machthaber erschien. Das ist aber die Stellung des Hausvaters auch noch im späteren R. R. geblieben: der Ususfruct ist nur das abgeblaßte Bild des ehemaligen Volleigenthums, das im Laufe der christlichen Zeit sich nicht mehr halten ließ: an Stelle der Tyrannis ist nicht ein Nichtrecht, sondern ein beschränktes Eigenrecht des Vaters getreten. Die entgegengesetzte Gestaltung, wonach der Vater zum Geschäftsführer des Kindes degradirt würde, wäre ein so schwerer Bruch in die ganze seitherige Entwicklung gewesen, sie hätte so sehr dem Ideengange der römischen Culturwelt widersprochen, daß sie in keiner Weise angenommen werden kann.

Sicherheit für Autorität und Nachdruck in der Erziehung ist, bedarf keiner Ausführung: Die Vormundschaft in unserem heutigen Sinn ist nur ein Aushülfsmittel, ein nothwendiges Aushülfsmittel, wenn es an Eltern fehlt — aber dieses Aushülfsmittel sollte man nie und nimmer zur Regel machen, wo der Nothstand nicht vorhanden ist." Eine Ersetzung der väterlichen Gewalt durch eine väterliche oder elterliche Vormundschaft „könnten wir . . . nur sehr beklagen — im Gegentheil, wir sind für Aufrechthaltung und Kräftigung der väterlichen Gewalt. Bei den Deutschen . . . ist die Scheu vor der väterlichen Autorität nicht immer so tief und die freiwillige Unterwerfung unter die Zucht der Eltern nicht immer so sicher, daß wir einer schneidigen Nachhülfe durch das Recht entbehren könnten". Und an einer anderen Stelle[53]): „Die Energie, mit welcher das Vaterrecht bei indogermanischen und semitischen Stämmen adoptirt worden ist, war der Haupthebel ihrer Schaffenstüchtigkeit, die Hauptquelle ihrer Lebenskraft. Nur wo die Genossen der Familie, und vor allem die männlichen Genossen, sich eng an einander anschließen und in kräftigem culturellen Bunde arbeiten, wird eine Nation auf die Dauer gedeihen. Die Kraft eines Volkes liegt zumeist nicht in den öffentlichen Institutionen, sie liegt in der Familie, und es ist ein verfehltes Beginnen, wenn man glaubt, daß politische Schöpfungen allein die Nation dauernd zu heben vermöchten, wenn der Wurm der Zwietracht im Herzen der Familie nagt." Es ist ein schädliches System, „wenn man seit einem Jahrhundert die Bahn verfolgt hat, die väterliche und eheherrliche Gewalt zu schwächen. Man sollte nicht vergessen, daß in dem Vaterrecht der Nerv des Familienlebens liegt, daß der Vater ein Vater und kein Vormund sein muß; man sollte nicht vergessen, daß gerade die Nationen, welche eine überaus zähe Lebenskraft bewiesen haben, wie die Griechen, die Juden und wie die Römer, das Vaterrecht hoch gehalten haben. An der Kraft des Vaterrechts hängt die Lebenskraft der Nationen und insbesondere auch der germanischen."

So scharf und entschieden diese Aeußerungen für eine Stärkung der väterlichen Gewalt eintreten — wir werden sie kaum mißverstehen, wenn wir auch von ihnen sagen, was oben (nach Note 24) über den übereinstimmenden Gedanken von Trendelenburg bemerkt wurde: sie verlangen eine Stärkung der rechtlichen Stellung des Vaters, wenden sich aber nicht gegen die Einführung einer elterlichen (mütterlichen) Gewalt. Die väterliche Gewalt könnte die verlangte Stärkung erfahren und sich mit dem Bestand einer neben und namentlich nach ihr in Wirksamkeit tretenden

[53]) Zeitschrift für vergleichende Rechtsw. VI (1886) S. 342 f.

Familiengewalt der Mutter aufs beste vertragen[54]). — Dagegen hat sich gegen die elterliche Gewalt direct ausgesprochen z. B. Gengler, das deutsche Privatrecht in seinen Grundz. 3. Aufl. 1876 § 157, weil die Berechtigungen, aus denen das allgemeine Elternrecht besteht, mehr Ausflüsse des natürlichen und ethischen Bandes, also von zu geringem juristischen Inhalt seien — ein Einwand, der von selbst entfällt, wenn die Gesetzgebung in das Elternrecht auch Befugnisse, wie z. B. den Nießbrauch am Kindergut aufnimmt (vgl. auch Gengler, Lehrbuch 1862, S. 1208, wo die Begründung in der lebenslänglichen Schutzbedürftigkeit der Frauen gefunden wird).

IV.

Wir haben (Nr. II) zahlreiche Stimmen der Vertreter des Naturrechtes angeführt, weil wir glauben, daß auch hier das Urtheil Iherings, das er über das Naturrecht im Allgemeinen fällt (Geist des R. R. 2. Aufl. I S. 11), ein zutreffendes ist: „Die Richtung, welche das Naturrecht einschlug, war dem eigenthümlichen Gang der modernen Geschichte . . . entschieden zugekehrt . . . Das Naturrecht war, weit entfernt, außerhalb der Zeit zu stehen und die gegebenen Zustände zu ignoriren, in der That nur eine Idealisirung der vorhandenen Zustände . . .“ Wir haben sodann (Nr. III) unsere Aufmerksamkeit den Reformbestrebungen des letzten halben Jahrhunderts zugewendet. Einer umfassenden Vergleichung der bestehenden Gesetzgebungen dürfen wir uns mit Rücksicht auf die (in Note 2 und 3 angeführten) Arbeiten von Lehmann und Huber entschlagen; sowohl diesfalls, als auch betreffend die romanistischen und germanistischen Grundlagen des heutigen Rechtszustandes glauben wir uns auf wenige kurze Ausführungen beschränken zu sollen. Nur dem österreichischen Rechte muß hier allerdings ein etwas breiterer Raum gegönnt werden. Ob man behaupten darf, daß das österr. Recht in unserer Lehre von der Familiengewalt „die ursprüngliche Gestaltung des

---

[54]) In der That ist der Cod. c. mehrfach getadelt worden, weil „er der elterlichen Gewalt nicht den Umfang und Nachdruck gegeben oder gelassen hat, welcher ihr im Interesse der Sittlichkeit und des öffentlichen Rechtes so sehr gebührt“, und daß er in dieser Materie „die moralische Seite der Aufgabe nicht genugsam berücksichtiget oder in die Moralität der Menschen ein nicht zu rechtfertigendes Mißtrauen gesetzt hat“. Zachariae a. a. O. III S. 398, 399 (aber vgl. auch Puchelt in Note 2c und 5), und schon Maleville, Comment. über das Gesetzb. Napoleons, deutsch von Blanchard (Köln 1808) I S. 379 ff. Keiner dieser Juristen aber möchte die der Mutter eingeräumte rechtliche Position auch nur im mindesten schwächen.

älteren deutschen Rechtes reproducirt", [55]) mag hier auf sich beruhen; gewiß aber ist richtig, daß Oesterreich „unter den Ländern, in welche das röm. Recht im Mittelalter eindrang, eine Sonderstellung einnimmt. Es ist seinen Schwesterrechten mit beflügeltem Fuße vorausgeeilt. Was jene, wenn überhaupt, erst in kaum absehbarer Zeit wagen werden, hat es durchzuführen unternommen. Es ordnet, wie die skandinavischen und englischen Rechte, das Verhältniß von Hausvater und Hauskind principiell nach dem Vorbilde der heutigen Vormundschaft, ohne allerdings im Einzelnen diesen Standpunkt festzuhalten." [56]) Nach dem Tode des Vaters ist zwar die Mutter (und nicht einmal in erster Linie, § 198 B. G. B., und immer nur unter Zuordnung eines Mitvormundes, § 211 ff.) kraft gesetzlicher Berufung nur zur Vormünderin zu bestellen, und selbst wenn sie nicht Vormünderin wird oder wenn sie wieder heirathet, zur Erziehung berufen (§ 218), allein die §§ 139 ff. normiren weitgehende „gemeinschaftliche Rechte und Pflichten der Eltern", und darum spricht auch § 1495 von einer „elterlichen Gewalt"; [57]) wohl setzt die Marg.-Rubr. zu § 147 ff. diesen gemeinschaftlichen Rechten der Eltern „besondere Rechte des Vaters" entgegen, und nennt eben „die Rechte, welche vorzüglich dem Vater als Haupt der Familie zustehen", die väterliche Gewalt; aber gewiß kann man ganz besonders vom österr. Rechte sagen: Seine „väterliche Gewalt ist nur ein gesteigertes elterliches Recht"; die väterlichen Rechte „sind zwar größer, als die allgemeinen (auch der Mutter zustehenden) elterlichen Rechte, aber doch sind sie nichts anderes, als solche". (Gerber System § 240 Note 2). [58]) Und zwar datirt

---

[55]) Roth, System II S. 345 (§ 165 a. E.).

[56]) Lehmann a. a. O. S. 152. Vgl. S. 163 f.: „Nach österr. R. hat der Vater . . . keinen Nießbrauch am Kindesvermögen. Er hat entweder Verwaltungsbefugnisse oder keine Befugnisse . . . die Verwaltung des Vaters trägt im Ganzen . . . den Charakter der Vormundschaft . . . Im Einzelnen greifen aber die Bestimmungen bezüglich der Oberaufsicht des Gerichtes, der Art der Vormundschaftsführung, der Veräußerung von Fahrhabe, der Anlegung von Capitalien u. s. w. nicht Platz. Der Vater ist hier ungleich freier als der Vormund gestellt. Nur dem Princip, nicht der Ausführung nach ist die väterliche Gewalt in Oesterreich Vormundschaft." Hiernach scheint es allerdings, als ob Lehmann sich die Stellung des Vaters in Oesterreich als eine freiere vorstellte, als sie nach dem Gesetze wirklich ist; das ist aber allerdings richtig, daß sie nicht in allen Punkten der des Vormundes völlig gleich ist.

[57]) Mit Unrecht nimmt Pachmann, Verjährung (1833) S. 16 an, elterliche Gewalt bedeute in dieser Gesetzesstelle so viel, als väterliche Gewalt. Vgl. Unger, System II S. 420, Note 9 und unten im Text nach Note 71.

[58]) Vgl. Bündnerisches Civ. G. B. § 59: „Die Eltern sind die natürlichen Vormünder über die Person ihrer minderjährigen Kinder . . ." § 60: „Dem

diese Gestaltung des väterlichen oder elterlichen Rechtes nach dem Vorbild der Vormundschaft schon sehr weit zurück; mehrere Jahrhunderte zurück läßt sich der Satz verfolgen, daß der Vater der nächste gesetzliche „Gerhab" seiner ehelichen Kinder sei,[59]) in zahlreichen, aus der Praxis erwachsenen Werken, ganz verschiedenen österreichischen Ländern angehörend, wird der väterlichen Gewalt kaum gedacht,[60]), oder sie wird — und das ist selbst noch gegen Ende des 18. Jahrhunderts der Fall, — in der „Gerhabschaftsordnung" abgehandelt, und der Vater „zum Gerhab gesetzt" oder auch, wenn „sein eigenes Interesse mit verflochten ist" davon ausgeschlossen und ein Curator bestellt, nur daß der Vater im ersten Falle nicht allezeit eine Inventur zu machen hat.[61]) Vossius[62]) erklärt — und diese seine Erklärung gilt, wie er später hervorhebt, auch vom österreichischen Rechte: Ex . . . veterum Germanorum moribus id patere

---

Vater, als dem Haupt der Familie, steht in der Ausübung des Elternrechts die entscheidende Stimme (väterliche Gewalt) zu. Er ist der natürliche Vormund über das Vermögen seiner minderjährigen Kinder . . ." Dazu die Bemerkung des Gesetzredactors Planta (S. 39 Note 1): „erscheint die väterliche Gewalt hier bloß als Trägerin des Elternrechts . . . Die väterliche Gewalt ist hier somit nichts anderes, als das natürliche Uebergewicht des Vaters in Ausübung des ihm gemeinschaftlich mit der Mutter zustehenden Elternrechts."

[59]) Belege bei C. Graf Chorinsky, Das Vormundschaftsrecht Niederösterreichs. Wien 1878 S. 376 ff., welche auch eine ziemlich weitgehende Gleichstellung der väterlichen und mütterlichen Vormundschaft ergeben.

[60]) Vgl. z. B. Chr. Kyblin a Waffenburg Tract. novus de different. juris comm. et Bohemici. Pragae 1663. Nic. de Beckmann, Idea jur. statut. et consuet. Stiriaci et Austr. Graecii 1688, J. B. Suttinger, Consuet. Austr. Norimb. 1718 u. A. Allerdings sind auch die Rechtsquellen der gleichen Zeit ganz außerordentlich arm an einschlagenden Normen. Vgl. Chorinsky a. a. O. S. 398 ff.

[61]) So J. U. Donner, Einleitung zum (sic) Kenntniß der österr. Rechte. Wien 1778. Erster Theil. Buch I, Tit. 3. Ganz in sich übereinstimmend ist freilich seine Auffassung nicht. In § 20 ist der Gerhab „eine Person, welche an die Stelle des Vaters gesetzt wird"; dazu stimmt es, wenn § 26 pr. sagt: „Bei Lebzeiten des Vaters kann in dem eigentlichen Verstande kein Gerhab gestellt werden" (offenbar, weil die Kinder der väterlichen Gewalt unterworfen sind, solange sie im Brot der Eltern stehen, § 75), sondern bei collidirenden Interessen nur ein Curator; nicht ebenso aber, wenn dann, wo keine Gefahr ist, „auch der Vater . . . zum Gerhab gesetzt" wird (§ 28). Die Vermittlung wird dahin gegeben: „Der Vater bleibt zwar allzeit Vater, aber es könnte geschehen, daß die Kinder eigene Güter bona adventitia hätten, welche er sodann verwalten müßte". (§ 28.) Vgl. noch § 46.

[62]) Legum et consuet. Austriae . . . potissimum . . . infra Anasum . . . cum rom. jure collatio ad ord. Dig. Ed. nova. Viennae 1774. § 208, 210, 211, 216, cf. § 740.

existimo, illos patriam potestatem tanquam tutelam . . . considerasse . . . Effectus hujus potestatis varii apud nos vigent, qui cum iisdem juris romani conveniunt: ex alio tamen fundamento, daher denn auch omnes illi, qui alii causae quam huic (romano) juri tribui non possunt, locum non habebunt: ut quod parentibus per liberos acquiratur, quod parentes bona adventitia sine satisdatione et rationibus administrent, quod filii familias de iis testari nequeant. Endlich: Postquam autem patriam potestatem tutelam esse vidimus, tum maxime filii emancipati censentur, quando ad aetatem perveniunt perfectam. Auch das Mißtrauen gegen die Befähigung der Frauen zur Führung der Vormundschaft tritt in der älteren Gesetzgebung österr. Länder und in der älteren Litteratur weniger hervor.[63])

In bestimmteren Zügen lassen sich die in der zweiten Hälfte des 18. Jahrhunderts in Oesterreich herrschenden Anschauungen über das Wesen der Familiengewalten in den Codificationsarbeiten erkennen.[64]) In den älteren fehlt es freilich noch an einem einheitlichen Gesichtspunkte gar sehr, die aus Büchern genommenen romanistischen Sätze und die dem Volksbewußtsein und „Landsbrauch" entstammenden Anschauungen stehen wenig vermittelt neben einander. Der Codex Theresianus[65]) behandelt die „aus dem Band des Geblüts" entspringenden Rechte zwischen Eltern und Kindern, welche „sowohl Vater als Mutter durch die eheliche Erzeugung" erwerben, „welche aus der Erzeugung hauptsächlich von der Natur selbst entspringen", in der Lehre „von dem Stand der Menschen" (I Cap. 2 § 4: „Von dem Hausstand" = status familiae); unter den Rechten dagegen, welche „aus Anordnung der Gesetze herfließen", ist das vornehmste die väterliche Gewalt; sie steht weitab von den ersteren in I Cap. 5. Auch bei den Rechten der ersten Art ist zunächst nur von dem Vater die Rede (a. a. O. Nr. 88 ff.); er hat ein gewisses „Beherrschungsrecht", aus welchem die Gehorsampflicht der Kinder und ihre

---

[63]) In der „Verneuerten Landes-O." für Böhmen geht die gesetzliche Delation der testamentarischen vor, und sind die Weiber „als näheste Befreundtinnen" nicht ausgeschlossen. M. 42, N. 1. Donner a. a. O. § 24 constatirt zwar, daß man aus dem röm. Recht beibehalten habe, „außer der Mutter und Großmutter . . . keine Weibsleute darzu" zu lassen; allein er bemerkt, die Praxis gestatte der Mutter öfters, trotz ihrer Wiederverehelichung Gerhabin zu bleiben und fügt noch hinzu: „aber bei uns wäre vielmal eine Schwester u. s. w. sehr nützlich".

[64]) Vgl. Pfaff in den (Wiener) Jurist. Blättern 1883 Nr. 23, 1887 Nr. 22, 23, 38.

[65]) Der Codex Theres. und seine Umarbeitungen. Hsg. und mit Anmerkungen versehen von Dr. Ph. Harras von Harrasowsky. 5 Bde. Wien 1883—1886.

„vollkommene Unterwerfung in den väterlichen Willen fließet“, er hat ein mäßiges Züchtigungsrecht und gegen Jedermann „die Rechtsklage zur Darstellung seiner Kinder“ (= Exhibition), er schützt und vertritt sie, giebt ihren Handlungen seinen Beistand, verwaltet ihr Hab und Gut und erwirbt durch sie — ein Recht, welches durch die zwischen Vater und Kind angenommene Personenidentität begründet wurde. „Von dem Rechte des Vaters ist nach der Natur das Recht der Mutter über ihre Kinder nicht sonderlich unterschieden“ (Nr. 109); doch wird daraus nur abgeleitet, es seien die Kinder „nicht minder derselben nach dem Vater zu gehorsamen, sie zu ehren und auf keinerlei Art zu verletzen schuldig“, wozu dann noch „Erbfolge . . . Recht zur Vormundschaft und dergleichen“ sich gesellen. — „Die väterliche Gewalt bestehet in dem Recht des Vaters, welches ihnen über die Personen, über das Vermögen und über die Handlungen seiner Kinder von denen Gesetzen eingeräumt ist“ (Cap. V Nr. 5). Ihr Wesen war freilich auch unter den Redactoren bestritten; während die Einen von dem Grundgedanken ausgingen, der Vater habe „gleichsam ein Eigenthum über seine Kinder“, [66]), fanden andere diese „Parificirung

[66]) Band I S. 156 Note 9. Die alte Streitfrage, ob die väterliche Gewalt Eigenthum an den Kindern enthalte oder ihre Wirkungen aus einer dem magistratischen Imperium nachgebildeten jurisdictio domestica zu erklären seien, war damals noch lange nicht ausgetragen. Vgl. die Nachweisungen bei Glück II S. 237 f. Note 20, v. Schroeter in Linde's Ztschr. XIV. Nr. 6 (1840) S. 138 ff. und die Ansichten dieser Schriftsteller selbst; ferner v. d. Pfordten, Abhdl. aus dem Pand.-R. (1840) Nr. 2 S. 116 ff., 132, und Mandry, Gem. Fam. Güterrecht I S. 30 ff., die das Eigenthum leugnen, und C. A. Schmidt, der princ. Unterschied zwischen dem röm. und germ. R. (1853), S. 196, 198 f., der die römische potestas „mit dem Eigenthum seinem Begriff und Ursprung nach identisch findet“. Das Richtige ist längst erkannt. S. Gans, Scholien z. Gajus (1821) S. 138 ff., Christiansen, die Wissensch. der röm. Rechtsgeschichte (1838) S. 136 ff., 173, 325 ff., Ihering, Geist. II 1. § 32 (S. 155 der 2. Aufl.): „Es ist mit Nichts erwiesen, daß der Begriff des Eigenthums historisch dem der hausherrlichen Gewalt vorausgegangen sei . . . . die Aehnlichkeit beider schreibt sich nicht daher, daß der eine dem andern nachgebildet, sondern daher, daß beide sich von einem gemeinsamen Grundbegriff abgezweigt haben“. Brinz, Pandekt. 1. Aufl. S. 1156. Vorzüglich aber Voigt, die XII Tafeln (1883) II bes. S. 94 ff.: Die „alte manus tritt auf als ein Rechtsinstitut von groben Umrissen und plumper Gestaltung, als eine große und weitgespannte Einheit . . . Indem . . . von Altersher die domus familiaque als Anschauungsobject . . . überliefert war und an solchem als einer gegebenen Einheit festgehalten ward, so wurde auch das hierin zusammengefaßte dem paterfamilias untergebene Element als ein homogenes Ganze hingenommen, und darauf nun jene thematische Einheit der manus gestützt. Nach alledem . . . ist jene alte manus zwar dingliches Recht, weil mit vindicatio bewehrt, nicht aber Eigenthumsrecht, weil nicht auf die Sache allein

mit dem Eigenthum unschicksam", und drang im Codex die Auffassung durch, daß der Vater die Stellung eines natürlichen Vormundes einnehme, und in dem väterlichen Verhältniß die Pflichten das die Rechte überwiegende Moment seien.[67]) Daher giebt auch „die väterliche Gewalt kein Recht über das Leben, Leib, Gesundheit, Freiheit und guten Leumuth der Kinder"; wohl aber kann „ein flüchtig gewordenes Kind von dem Vater selbst überall ergriffen ... werden".[68]) Belangend das Vermögen der Kinder, so unterscheidet der Codex das bei ihnen befindliche Vatergut „von dem wahren und eigenen Kindergut", zu welchem auch das gehört, „was sie außer dem Gut und Gewerb des Vaters nach ... zurückgelegtem 15. Jahr durch ihren Fleiß oder durch andere redliche Weise erwerben". Solange die Gewalt dauert, gebührt dem Vater am Kindergut „insgemein der Fruchtgenuß nebst der Verwaltung. Es gibt aber Fälle, wo der Vater zwar den Fruchtgenuß, nicht aber auch die Verwaltung des Kinderguts, oder dagegen diese allein ohne den Fruchtgenuß, oder aber keines von beiden hat" (Nr. 51 ff.). Durch diese Sätze sollte Einheit des Rechtes an die Stelle provincieller Rechtsverschiedenheiten — es gab auch Provinzen, in denen ein väterliches Fruchtgenußrecht nie Eingang gefunden hatte (vgl. auch Chorinsky a. a. O. S. 405) — treten, und daß man sich entschloß, dem Vater ein Fruchtgenußrecht

---

beschränkt ... vielmehr ist dieselbe ein Zugehörigkeitsrecht ... viel weiteren Umfanges, in welchem sechs verschiedene Rechtsinstitute der Kaiserzeit zu noch ungesonderter und integrirender Einheit ... verbunden sind: manus und mancipium im Sinne der Kaiserzeit, patria und dominica potestas, Eigenthums- und Servitutenrecht". Vgl. S. 98, 209 ff., 216, 241 ff., 257 ff. Bernhöft, Staat und Recht der röm. Königszeit (1882) S. 175: Die Familienverhältnisse „gleichen den dinglichen Rechten sogar darin, daß sie in einer Zeit, in der es an Menschenkräften fehlt, pecuniären Werth haben". Unseres Erachtens ist auch heut noch richtig, daß der Hausvater von seinem Hause sprechend gar oft die zu seinem Hauswesen gehörigen Personen meint (vgl. Brinz, Pand. 2. Aufl. S. 148: „Haus oder Familie im engsten Sinne heißt der durch den Hausvater beherrschte Kreis von Personen und Sachen, den Hausvater inbegriffen".); und ebenso wird heut und ferner in bäuerlichen und gewerblichen Kreisen das heranwachsende Kind wesentlich auch unter dem Gesichtspunkt gewürdigt, daß es eine dem Hauswesen zuwachsende Arbeitskraft ist; insofern ist der Gesichtspunkt, das Kind sei ein Vermögensobject, nicht ganz auszuschließen. Vgl. Trendelenburg a. a. O. S. 303, Anm.

[67]) Band I S. 155 Note 9, Cod. I, Cap. 5 Nr. 68, Cap. 6 Nr. 64.

[68]) Cod. I, Cap. 5 Nr. 49 f. Dieses Moment, daß die Familiengewalten Rechte sind, welche ihr Inhaber bis zu einem gewissen Grade durch Selbsthülfe durchzusetzen berechtigt ist, wird nur zu häufig nicht genügend beachtet; betont ist es z. B. bei Windscheid, Pand. § 520; es ist ein Verdienst des Codex Ther., daß es in ihm viel bestimmter hervorgehoben ist, als in den meisten modernen Gesetzgebungen.

einzuräumen, wurde schon damals damit motivirt, daß darin eine „Wiedervergeltung der ersten Erziehung" gelegen sei, daß der Vater die Kinder erhalten und ihnen den Pflichttheil hinterlassen müsse, und Vermögenszuwendungen an die Kinder seitens Dritter häufig nur darum erfolgen, weil die Kinder eben Kinder dieser Vaters seien. (Bd. I S. 156 f. Note 10.) Später (Bd. IV S. 69 Note 20) wurde als weiteres Motiv angeführt, daß eine solche „Erkenntlichkeit" wohl auch den Absichten der Kinder entspreche. — Das Ende der väterlichen Gewalt ließ der Codex ipso jure mit der Erreichung des vogtbaren Alters (Vollendung des 20. Jahres bei Söhnen, des 18. bei Töchtern) eintreten, von da an aber bis zum vollendeten 24. Jahre noch eine väterliche Aufsicht und Obsorge bestehen, die kein Nießbrauchsrecht, wohl aber ein vormundschaftliches Verwaltungsrecht enthalten sollte. (Nr. 96 ff.)

Horten's verkürzende Umarbeitung des Codex weicht sachlich von demselben kaum ab. Sie vereinigt jedoch die Gesammtheit der Rechtssätze über das Verhältniß zwischen Eltern und Kindern in ein Capitel (I 4: „Von den Rechten zwischen Eltern und Kindern"), und betont (§ 17) noch entschiedener die Anwendung der Grundsätze von der Vormundschaft auf die Stellung des Vaters. Wenige Jahre später (Bd. IV S. 69 Note 20) mehrten sich aber die Stimmen, welche sich gegen das väterliche Fruchtgenußrecht am Kindergut aussprachen: ein solches Recht sei in Rom, wo man die Kinder als res patris angesehen habe, erklärlich gewesen; heute aber habe man nur Rücksichten der allgemeinen Wohlfahrt zu beachten, und da spreche nichts dafür, in die Rechte der Kinder einzugreifen, und entgegen den Intentionen dessen, der dem Kinde und eben nur dem Kinde etwas zuwenden wollte, dem Vater an dieser Zuwendung den Fruchtgenuß einzuräumen. Hier finden wir auch das Argument: Wenn das Fruchtnießungsrecht des Vaters zu rechtfertigen wäre, so müßte man es auch der Mutter dann einräumen, wenn deren Pflicht, die Kinder zu erhalten, in Wirksamkeit tritt; die Bedenken, welche etwa gegen eine Mutter wegen der Möglichkeit einer Wiederverehelichung erhoben werden könnten, sprechen im gleichen Falle nicht minder gegen den Vater. — So entschied denn eine Kais. Entschließung von 1786 in diesem Sinne, und demgemäß giebt das Jos. G. B. IV § 22 ff. dem Vater nur die Verwaltung (auch diese nicht immer) und nur unter der Voraussetzung, daß ihm das Gut gerichtlich eingeantwortet worden und, wo nöthig, inventarisirt ist; die Nutznießung hat er nicht, vielmehr muß er es wie ein anderer Vormund versichern und jährlich Rechnung legen.

An diesen Grundsätzen hält auch die Umarbeitung Martini's und das westgaliz. G. B. fest. Nur mag betont werden, daß in ihnen (I 4 § 3 bezw. § 117) sehr bestimmt hervortritt, daß die väterliche Gewalt nur Trägerin des Elternrechtes ist, und daß (§ 14 bezw. § 128) ein die Erziehungskosten nur mäßig übersteigender Ueberschuß vom Ertrag des Kindergutes der rechnungsfreien Verwendung des Vaters zu überlassen ist.

Sehr lehrreich sind ferner jene Berathungen, auf Grund deren das B. G. B. von 1811 aus dem westgal. G. B. entstand, insofern sie uns einen tiefen Blick in die Anschauungen der Redactoren vom Wesen des Elternrechtes thun lassen und die rechtliche Stellung der Mutter zuweilen schärfer hervortritt, als in dem zur Gesetzeskraft gelangten Text.

Wie sehr die Erziehungsgewalt als der Kern des Elternrechts gedacht war, zeigt die bei den zwei ersten Formulirungen des § 139 B. G. B. beigefügte Marg.-Rubrik; sie lautete: „Beschaffenheit des Rechtsverhältnisses zwischen ehelichen Eltern und Kindern. Urrecht und Urpflicht der ehelichen Eltern". Um wie viel schwächer ist die in das G. B. aufgenommene Marg.-Note: „Gemeinschaftliche Rechte und Pflichten der Eltern"! — Im § 144 wird den Eltern das Recht gegeben, einverständlich die Handlungen ihrer Kinder zu leiten. Das hervorgehobene Wort war in zwei Erinnerungen beanstandet, da die Ehefrau selbst unter der Gewalt des Mannes stehe. Zeiller aber trat energisch für die Beibehaltung des Wortes ein, denn es „deute auf die Eintracht, welche zwischen den Eltern herrschen soll, befestige die Ehrfurcht gegen die Mutter und sei der Erziehung gedeihlich, weil sich die Frauen auf mehrere Gegenstände der Erziehung, vorzüglich auf die sanftere und vollständigere Art der Ausführung der Vorschriften gewöhnlich besser als die Männer verstehen". — Weder das A. L. R. II 2 § 58 ff., noch das österr. B. G. B. § 147 haben eine Legaldefinition der väterlichen Gewalt. Das stand in dem letzteren in erster Lesung anders; damals wurde eine Fassung beschlossen, die so deutlich wie das oben angeführte B. G. B. für Graubündten aussprach, daß die väterliche Gewalt wesentlich die Trägerin des beiden Eltern zustehenden Elternrechtes sei. Der Paragraph wurde nämlich formulirt: „Die Eltern haben das Recht, einverständlich die Handlungen ihrer Kinder zu leiten, und die Kinder sind ihnen Ehrfurcht und in allen erlaubten und billigen Dingen Gehorsam schuldig. Dieses Recht wird, weil es vorzüglich dem Vater als Haupt der Familie zusteht, die väterliche Gewalt genannt." Wohl ist das Nämliche auch in der knappen Fassung des Gesetzesparagraphen gemeint, aber es ist lange nicht mit der gleichen Bestimmtheit in ihm ausgesprochen. — Eine vom böhmischen Appellationsgericht ausgehende Erinnerung schlug „zur Befestigung der kindlichen Ehrfurcht" vor, zur Gültigkeit der Ehe eines vaterlosen Minderjährigen (wofern auch der Großvater nicht mehr lebe) neben der Einwilligung des Vormundes auch die der Mutter zu verlangen. Der Antrag wurde zwar abgelehnt, aber doch nur darum, weil die Mutter, wenn sie Bedenken gegen die Ehe habe, dieselben dem Vormund oder dem Gerichte vorlegen kann, „welches von Amts wegen auf solche Anzeigen Bedacht nehmen muß". — Selbst die (im § 152 i. f. dem Vater zugewiesene) Pflicht, die Kinder zu vertreten, war in erster Lesung als Pflicht der Eltern formulirt, und bis zur dritten Lesung war den Eltern (nicht nur dem Vater § 177 B. G. B.) der Verlust der Gewalt angedroht, wenn sie Verpflegung und Erziehung der Kinder vernachlässigen. — Besonders auffallend ist, daß eine Anzahl der Redactoren dem Vater schon damit zu viel zugestanden fand, daß ihm § 149 B. G. B. während der Dauer seiner Gewalt in der Regel die Verwaltung des Kindergutes zuweist. Sie wollten rücksichtlich solcher Kinder, die etwa 18—20 Jahre alt seien, und sich (nicht im Gewerbe des Vaters) etwas erwerben, selbst das Verwaltungsrecht ausschließen, um dadurch den Erwerbseifer der Kinder anzuspornen. Nicht ohne Mühe setzte Zeiller die Annahme des Paragraphen durch. — Daß die väterliche Gewalt mit der Großjährigkeit des Kindes endigen müsse, war den Redactoren nicht einmal Gegenstand einer Frage. Dagegen wollte Zeiller die Emancipation von Söhnen durch Gründung eines eigenen Haushaltes beseitigt wissen, weil es bei diesem Institut an einem Kriterium fehle, an dem man mit Sicherheit erkennen könne, ob Jemand noch unter väterlicher Gewalt stehe oder nicht (und noch aus anderen Gründen); nur die Scheu, an eingelebtem Recht ohne Noth zu ändern, hinderte die Annahme seines Antrages. Hinwieder wurde gern anerkannt, daß derjenige fähig zu Vertragsschließungen sein müsse, der ein öffentliches Gewerbe u. dgl. betreibt.

Dem Zweck dieser Untersuchung entsprechend dürfen wir uns hier nicht einlassen auf eine geschlossene dogmatische Darstellung der elterlichen und väterlichen Gewalt nach heutigem österr. Rechte. Wohl aber mögen die nachstehenden Bemerkungen hierher gehören:

Das österr. Recht geht von der Anschauung aus, daß alle Familiengewalt über die Kinder vorwiegend in der Letzteren eigenem Interesse, nicht in dem der Eltern bestehe. In der Gewalt über die Kinder ist zwar nothwendig ein Recht des Gewalthabers enthalten, aber noch mehr ist zu betonen, daß sie ein officium ist (vgl. Brinz, Pand. 1. Aufl. S. 1153 ff., 1162 ff.) Besonders scharf das Civ. G. B. v. Solothurn § 252: „die Rechte, welche den Eltern zustehen, um sie in den Stand zu setzen, ihre Pflichten gegen die Kinder zu erfüllen, machen die elterliche Gewalt aus." Ihr wichtigster Bestandtheil ist die Erziehungsgewalt, das Recht (und die Pflicht), „einverständlich die Handlungen der Kinder zu leiten", (die häusliche „Befehlsgewalt": Dahn, Deutsch. Priv. R. 1878, S. 229) welchem auf Seiten der Kinder die Schuldigkeit zu „Ehrfurcht und Gehorsam" entspricht (§ 144 B. G. B.)[69]) Damit ist allerdings von selbst gegeben, daß die Eltern die Kinder zu Arbeiten anhalten können; es ist auch nicht ausgeschlossen, daß der aus der Arbeit des in elterlicher Verpflegung stehenden Kindes resultirende Erwerb den Eltern zu gute komme (arg. § 151 B. G. B.); allein leitender Gedanke soll doch immer der sein, daß „Alles, was die Kinder auf was immer für eine gesetzmäßige Art erwerben, ihr Eigenthum ist" (§ 149), daher die Anhaltung zu Arbeiten vorwiegend zu pädagogischen Zwecken erfolgt, und deren ökonomische Ergebnisse den Kindern selbst zuzufallen haben.[70]) Darum giebt ja auch die Konk. O. § 43 Z. 2 dem rückständigen Arbeits- oder Liedlohn der im Haushalte, Wirthschaftsbetriebe oder Gewerbe des Gemeinschuldners aufgenommenen Personen, auch wenn dieselben Kinder des Gemeinschuldners sind, eine bevorzugte Stelle. — Weil jede Familiengewalt eine Pflicht der Ausübung in sich schließt, so muß es nicht nur von der väterlichen, sondern auch von der elterlichen Gewalt wahr sein, daß gegen deren Vernachlässigung und Mißbrauch gerichtlicher Schutz gegeben wird, der bis zur Entziehung der Gewalt ausgedehnt werden kann (§ 177, 178 B. G. B.), und wirklich bestimmt dies auch von „der elterlichen Gewalt" ausdrücklich § 414 St. G. B. Dagegen fehlt aber auch dem

---

[69]) Vgl. Eggers Bemerkungen zur Verbesserung der deutschen Gesetzgebung. Kopenhagen 1798. I S. 84: „Die elterliche Gewalt und der ihr entsprechende Gehorsam der Kinder gründet sich auf das Bedürfniß der Kinder, von ihnen Nahrung und Erziehung zu erhalten, so lange sie sich erstere nicht selbst verschaffen können, und in Ansehung der letzteren ihre Handlungen . . . . nicht selbst dirigiren können". Zeiller, Commentar über das a. b. G. B. 1811. I. S. 318f. (ad § 139): „Man kann die gemeinschaftlichen Pflichten und Rechte der Eltern durch das vielumfassende (aber selten in seinem vollen Umfange gefühlte und noch seltener in seinem vollen Umfange erfüllte) Wort Erziehung ausdrücken. Diese begreift, nach dem in dem § (139) zerlegten Begriffe, die physische, die moralische, die religiöse und die . . . technische Erziehung . . ." Zeiller faßt den Begriff so weit auf, daß er die physische Erziehung schon vor der Geburt des Kindes beginnen läßt und darauf die Pflicht der Eltern stützt, Alles zu unterlassen, was die Leibesfrucht schädigen könnte.

[70]) Es ist das jene Auffassung, die schon Hufeland a. a. O. S. 199 Anm. 4 vertritt, daß das Recht, die Kinder „zu Arbeiten zu zwingen, von denen die Eltern allein Nutzen haben, ganz ohne einigen Grund" sei. Vgl. Zeiller, Nat. Pr. R. § 168 S. 177: Die Eltern haben kein Recht, die Kinder „bloß des Eigennutzes wegen zu Arbeiten zu zwingen, oder dasjenige, was die Kinder rechtlich erworben haben, sich zuzuwenden".

Parens nicht das Recht der Selbstvollstreckung seiner Gewalt in angemessenen Grenzen (vgl. schon L. 3 Cod. de patr. pot. 8. 46 (47): . . castigare jure patriae potestatis non prohiberis, was hier den Gegensatz der vom praeses provinciae zu schaffenden Abhülfe bezeichnet) und ebensowenig, wenn nöthig, die gerichtliche und anderweitige obrigkeitliche[71]) Hülfe. Diese elterliche (Erziehungs-)Gewalt kann im Wege officiösen Verfahrens bei Scheidung oder Trennung der Ehe auch einem Elterntheil (z. B. der Mutter allein) zugesprochen werden, ohne daß darum ein Vormund bestellt werden müßte (§ 142); der andere Elterntheil behält dann nur Recht und Pflicht der Nachschau und Anzeige von Mißbräuchen bei Gericht (arg. § 178 B. G. B. Stubenrauch Com. 5. Aufl. I, S. 236 Z. 4). Kommt Erziehungsrecht und Pflicht an die Großeltern, so haben sie auch nothwendig die elterliche (nie die väterliche) Gewalt (§ 143); und wenn § 166 bestimmt, ein uneheliches Kind stehe „nicht unter der eigentlichen väterlichen Gewalt seines Erzeugers", gleichwohl aber erklärt: „die Rechte der Eltern über dasselbe erstrecken sich so weit, als es der Zweck der Erziehung erfordert", so mag wohl der erstangeführte Satz insoweit schief sein, als er den irrigen Gedanken nahe legt, das österr. Recht kenne eine uneigentliche väterliche Gewalt; was aber wirklich gemeint ist, macht der zuletzt angeführte Satz klar: die elterliche Gewalt steht auch den unehelichen Eltern so weit zu, als ihnen das Erziehungsrecht zukommt,[72]) allerdings also nicht nothwendig beiden unter allen Umständen (s. insbes. § 169 B. G. B.). Und wer immer dann der Inhaber der elterlichen Gewalt sein mag, es kann, solange sie besteht, zwischen ihm und dem Kinde die Ersitzung oder Verjährung weder angefangen noch fortgesetzt werden (§ 1495).

Jene Befugnisse über die Person und das Vermögen des Kindes, „welche vorzüglich dem Vater als dem Haupt der Familie zustehen", der Mutter also nicht zukommen, heben sich als väterliche Gewalt aus der elterlichen heraus.[73]) Dahin gehört es, daß bei Differenzen zwischen den Eltern der Wille des Vaters vorgeht (§ 91 f. B. G. B.), dahin sein

---

[71]) Vgl. Pisko in der Ger.-Halle 1867 Nr. 85.

[72]) Hier ist also Erziehungsrecht und Pflicht vorwiegend bei der Mutter; außerdem steht das Kind unter vormundschaftlicher Gewalt — also auch wieder ein Fall, wo dieselbe Person zu gleicher Zeit unter zwei Gewalten steht. Vgl. Brinz, Pand. 2. Aufl. I § 41 bei Note 4, 5 (1. Aufl. § 259).

[73]) Principiell die gleiche Auffassung im württemb. Recht. Lang, Handb. des im Kgr. Württemberg geltenden Personen-, Familien- u. Vormundsch.-R. 2. Aufl. 1881. S. 480, 520. Doch hat dessen väterliche Gewalt mehr von der patria pot. behalten, als das österreich. R.

Recht, die Art der Erziehung des Kindes zu bestimmen und das Recht der Berufswahl (§ 148), dahin der Rechtssatz, daß Hauskinder zur Eingehung einer giltigen Ehe der Zustimmung des Vaters bedürfen (§§ 49, 52, B. G. B.)[74]), während bei Bevormundeten die Erklärung des Vormundes und die Zustimmung der Pupillarinstanz erfordert werden (§§ 49, 50); dahin gehört ferner die schon erwähnte Regel (§ 149), daß der Vater, wenn er nicht unfähig oder insbesondere ausgeschlossen ist, das Kindergut zu verwalten berufen ist. Und zwar muß der Vater das Stammvermögen des Kindes, solange leistungsfähige alimentationspflichtige Personen vorhanden sind, ungeschmälert erhalten; auch der Ertrag des Kindergutes fällt ihm nicht eigentlich zu, kommt ihm jedoch insofern zu gute, als er die Erziehungskosten des Kindes daraus bestreiten darf und somit eigene Auslagen erspart; übersteigen sie die Erziehungskosten nur um ein Geringes, so kann ihn das Gericht auch von der Legung einer Rechnung frei sprechen[75]), während er einen bedeutenderen Ueberschuß anlegen und verrechnen muß (§ 150). Auch darf er Veräußerungen und wesentliche Veränderungen des Kinderguts nur mit Bewilligung des Gerichtes vornehmen (arg. §§ 152, 233, 1224), muß Juwelen, Kostbarkeiten, wichtige Urkunden in Bewahrung geben (§ 229), ist bezüglich der Verwendung und Anlegung von Baarcapitalien an die nämlichen Vorschriften gebunden wie der Vormund (§ 230), bedarf zur Empfangnahme eines zurückzuzahlenden Capitals, das dem Kinde gehört, der gerichtlichen Bewilligung (§ 234) — kurz seine Stellung als Verwalter des Kindergutes ist wesentlich die eines Vormundes oder Curators, was im § 175 für den Fall, als die väterliche Gewalt durch die Verheirathung der Haustochter nach der personenrechtlichen Seite ihr Ende findet, ausdrücklich ausgesprochen ist. Daß auch der nur von Vormündern oder Curatoren handelnde zweite Satz des § 1245 auch auf den Vater Anwendung zu finden hat, läßt sich sehr wohl beweisen, doch würde die Beweisführung mehr Raum in Anspruch nehmen, als uns hier zur Verfügung steht. Auch die Vertretung des Kindes steht beim Vater und beim Vormund unter den nämlichen Regeln. Wohl aber ist das Recht der Ernennung eines Vormundes und der Ausschließung von einer Vor-

---

[74]) Die Einwilligung der Mutter oder anderer Ascendenten ist zur Gültigkeit der Ehe nicht erforderlich. — § 1222 (cf. 1231) beruht auf der den Eltern (auch den höheren Ascendenten) lebenslang gebührenden Ehrerbietung und Pietät, nicht auf der väterlichen oder elterlichen Gewalt.

[75]) Einen Vormund kann das Gericht nur dann rechnungsfrei machen, „wenn das Einkommen die Auslagen für den Unterhalt und die Erziehung des Minderjährigen wahrscheinlich nicht übersteigt". § 238 B. G. B.

mundschaft (§§ 193, 196) wieder ein Ausfluß der nur dem Vater zustehenden väterlichen Gewalt (die Mutter hat es nicht: § 197), ebenso die emancipatio saxonica (§ 174 i. f.); und bei der gemeinen Emancipation ist die Stellung des Vaters insofern eine stärkere als die des Vormundes bei der Großjährigkeitserklärung, als bei der ersteren der Vater handelt, das Gericht genehm hält, bei der letzteren aber der Vormund ein Gutachten abgiebt und das Gericht das handelnde Organ ist (§§ 174, 252 B. G. B.). Daß zur Gültigkeit der Adoption selbst eines großjährigen Kindes die Einwilligung seines noch lebenden ehelichen Vaters vorgeschrieben ist (§ 181), ist nicht Wirkung der väterlichen Gewalt, die ja vorausgesetztermaßen nicht mehr besteht, und muß als ein durchaus anomaler Rechtssatz angesehen werden.

Der Tod der Mutter, die darauffolgende zweite Ehe des Mannes, die Scheidung oder Trennung der Ehe, der Umstand, daß der Vater sich adoptiren läßt, ändern nichts an der Zuständigkeit und dem Inhalt der väterlichen Gewalt (soweit nicht dem Manne — oben — das Erziehungsrecht entzogen wird), so bedeutsam auch der factische Einfluß dieser Thatbestände sein mag; dagegen können andere Umstände eine zeitweise Suspension der väterlichen Gewalt und damit die Anordnung einer Vormundschaft mit sich bringen (§ 176)[76]), ohne daß darum (vgl. auch Note 72) die Erziehungsgewalt der Mutter aufgehoben werden müßte, selbst wenn sie nicht Vormünderin wird. Stirbt der Inhaber der väterlichen Gewalt, so tritt die Nothwendigkeit der Bevormundung der minderjährigen Kinder ein. Die Person des Kindes bleibt auch hier der Regel nach der Mutter anvertraut und damit auch die Erziehungsgewalt, und zwar selbst dann, wenn sie wieder heirathet (§ 218); sie selbst ist aber erst nach dem testamentarischen Vormund und nach dem väterlichen Großvater zur Vormundschaft berufen (§ 198), wo sie dann nach der richtigen Ansicht auch verpflichtet ist, dieselbe zu übernehmen, und sie nach dem Ermessen des Gerichtes auch im Falle der Wiederverehelichung fortführen mag (§ 256). Wo sie nicht Vormünderin ist, concurrirt mit ihrer Erziehungsgewalt die des Vormundes (§ 216), die ihm „gleich dem Vater" eingeräumt ist. Weniger bedeutsam ist die Stellung des jeder Vormünderin zu adjungirenden Mitvormundes (§ 211 ff.).

Daß und wie in Frankreich vor der Revolution in den Ländern des geschriebenen Rechts eine modificirte patria potestas, in denen des Gewohnheitsrechts meist eine beiden Eltern zustehende, auf Erziehungsrecht

---

[76]) Ueber das württemberg. R. vgl. Lang a. a. O. S. 503 Note 8, S. 549 bes. Note 2.

und Pflicht gebaute, während der Ehe nur vorzugsweise vom Vater ausgeübte elterliche Gewalt neben einander standen, und wie dann das Recht des Code „mehr der Gestaltung des mittelalterlichen deutschen Rechtes sich anpaßt“ [77]), braucht nicht ausgeführt zu werden. Die Hauptpunkte, die hier in Betracht kommen, sind folgende:

Solange die Ehe besteht, wird zwar die Gewalt in der Regel von dem Vater allein ausgeübt; allein die Fälle sind nicht unerheblich, in welchen Vater und Mutter schon während der Ehe gleiche Rechte haben oder in welchen die Mutter (weil der Vater verschwunden ist, die Gewalt verloren hat oder nicht im Stande ist, sie auszuüben) „alle Rechte des Mannes“ ausübt. [78]) Als Ueberlebende hat sie auch das Recht, einen Vormund zu wählen (Art. 397), nicht anders als der Vater. Das Kindergut ist (regelmäßig) unfreies oder (ausnahmsweise) freies Vermögen. Am freien Vermögen hat der Vater nur die Verwaltung, am unfreien Verwaltung und Nutznießung, auf welcher außer den Lasten jeder Nutznießung auch noch andere, namentlich die der Erziehung des Kindes ruhen, nicht aber die Cautionspflicht, wozu sich noch Befreiungen von anderen vormundschaftlichen Pflichten gesellen (Art. 453, 470). Das Verwaltungsrecht dauert so lange als die Gewalt (also meist bis zur Großjährigkeit oder Verheirathung), die Nutznießung nicht über das vollendete 18. Lebensjahr des Kindes, — eine „kärgliche Verfügung“, die schon von Malleville S. 392 ff. bitter getadelt wird. Aufgefaßt ist sie „als eine besondere Vergütigung für die väterliche Erziehung und die väterlichen Lasten, etwa wie das Honorar, welches dem Vormund für seine Mühewaltung gewährt wird, keineswegs als Ausfluß einer potestas . . . dagegen hat das französische Recht nicht gleich klar das Vormundschaftsprincip bei der väterlichen Verwaltung durchgeführt . . . der Code hat noch nicht den Muth gehabt, dieses Verwaltungsrecht rein als Tutel aufzufassen. Er sieht vielmehr das Verwaltungsrecht des Vaters während der Ehe als ein selbständiges Institut an, welches nicht nach den Grundsätzen der Vormundschaft beurtheilt werden will“, so daß die darin enthaltenen Elemente der römischen potestas den Vater nur von gewissen vormundschaftlichen Pflichten befreien. „Mit Auflösung der Ehe durch den Tod der Frau verwandelt (der Code) es dagegen in eine Tutel, bei welcher der Vater nur privilegirt ist.“ Und wieder anders behandelt er die Mutter;

[77]) Malleville a. a. O., I. S. 376 ff., Zachariae-Puchelt, III § 544, vgl. § 549, Roth, System II S. 345, Bauerband, Inst. des franz. . . . Civ.-R. (1873) S. 78 ff., Neuestens v. Salis Ztschr. f. Rechtsgesch. XX. Germ. Abth. Nr. 8.

[78]) Zachariae-Puchelt, III. S. 429.

ihr steht das eigenthümliche Verwaltungsrecht nicht zu, wohl aber hat auch sie nach dem Tode des Vaters die gesetzliche Vormundschaft mit den nämlichen Privilegien und die Nutznießung am Kindesvermögen im gleichen Umfang wie der Vater. Dieser kann ihr einen Beistand ernennen, nicht aber einen Vormund an ihrer Statt bestellen; sie aber kann die Vormundschaft ablehnen, ohne die Nutznießung zu verlieren; umgekehrt verliert sie durch Wiederverheirathung die Nutznießung ohne weiteres, die Vormundschaft aber nur, wenn der Familienrath ihr dieselbe entzieht. [79])

Die Erfahrung hat bewährt, daß die Frauen der Stellung gewachsen sind, welche ihnen hiermit eingeräumt wurde. „Die gesetzliche Vormundschaft, welche das französische Recht der Mutter zugesteht, findet in dessen Gebiet allgemeine Anerkennung." Selbst von der Ermächtigung, die dem Vater gegeben ist, der Mutter einen Beirath zu ernennen, wird „in der Praxis fast kein Gebrauch gemacht" [80]).

In den schweizerischen Rechten finden sich die persönlichen Wirkungen des Eltern- und Kindesverhältnisses unter sehr verschiedene Gesichtspunkte gestellt, theils solche, die uns schon begegnet sind, theils auch andere (Huber I S. 418 ff.): die „Divergenzen in der Auffassung . . . sind aber in Bezug auf die materielle Gestaltung . . . von keiner größeren Bedeutung. Der Grundcharakter der Wirkungen ist in allen Rechten . . . der nämliche, alle ruhen . . . auf der deutschrechtlichen Munt und sind materiell nur wenig von den gemeinrechtlichen Lehren beeinflußt worden. Im wesentlichen haben wir also überall . . . vor uns das Institut der väterlichen Vormundschaft" (Huber S. 420). „Die Rechte an der Person der Kinder stehen nach den einen Rechten beiden Eltern, nach den andern nur dem Vater zu" (S. 432). Trotz des verschiedenen Ausdrucks der Gesetze „haben wir für die Zeit der bestehenden Ehe überall als regelmäßigen Zustand, daß der Vater die Autoritätsrechte über die Kinder ausübt, und daß die Theilnahme der Mutter an dieser Befugniß nicht sowohl dem Rechte, als vielmehr der Sitte angehört . . . Stirbt der Vater, so

---

[79]) Lehmann a. a. O. S. 173—175, 228f. Die Gewährung des Nutznießungsrechtes an die Mutter rechtfertigt Malleville S. 391 in beachtenswerther Weise: „Ich weiß wohl, daß dieses eine große Neuerung im ehemaligen Rechte ist, allein sie läßt sich durch gute Gründe vertheidigen; sind auch schon die Mütter gewöhnlicher Weise nicht ebenso geschickt, nicht ebenso thätig, das Vermögen ihrer Kinder zu verwalten und im Stande zu halten, so haben sie doch die nämliche Zärtlichkeit und gehen oft mit den Einkünften sparsamer um; das Gesetz konnte ihnen folglich das nämliche Recht ertheilen."

[80]) Dernburg, Vormundschaftsr. 2. Aufl. S. 14, 15; vgl. auch S. 146f.

ist das Verhältniß in den Rechten nun allerdings ein sehr verschiedenes, indem die einen derselben durch die Mutter die elterliche Gewalt ausüben oder die väterliche Gewalt fortsetzen lassen, die anderen aber den minderjährigen Kindern „einen Vormund geben", wobei wieder die Stellung der Mutter eine sehr ungleiche sein kann, je nach dem dem Vormund eingeräumten Einfluß (S. 434 f.). — Was die vermögensrechtlichen Wirkungen angeht, so ist Vertreter des Kindes während seiner Handlungsunfähigkeit der Vater, solange die Mutter lebt; stirbt sie, so bleibt der Vater meist in derselben Stellung (er behält die eigenartige väterliche Vormundschaft), nur unter verschärfter obervormundschaftlicher Controle; stirbt er, so setzt nach den meisten Rechten die Mutter die väterliche Gewalt fort, aber wesentlich unter der Form einer ihr von Gesetzeswegen übertragenen Vormundschaft. (S. 438 f.)[81]) Der Inhaber der elterlichen Gewalt hat die Verwaltung des Kindergutes unter obervormundschaftlicher Controle (S. 442 ff.), die Nutznießung, wenn sie ihm zusteht, kann auf sehr verschiedenen juristischen Gesichtspunkten beruhen (S. 452 ff.). — Solothurn läßt sogar in gewissen Fällen die Ehefrau als Vogt des Mannes berufen, und Luzern erklärt, wenn volljährige Kinder mit der Mutter und den unter mütterlicher Vormundschaft stehenden Geschwistern in gemeinschaftlicher Haushaltung verbleiben, die Mutter für das Haupt der Familie, welches allein im Namen der Familie Verpflichtungen contrahiren kann (S. 591 ff.).

V.

Von der patria potestas sprechend, erklärt Gajus I. 55 — und § 2 J. de patr. pot. 1. 9 schreibt es ihm fast wörtlich nach: quod jus proprium civium Romanorum est; fere enim nulli alii sunt homines, qui talem in filios suos habent potestatem qualem nos habemus. Vielleicht liegt in diesem Satze, der doch nur besagen will, daß in der patria potestas des Römers eine sonst nirgends vorkommende eigenthümliche Machtfülle gelegen sei, der Grund der Erscheinung, daß selbst in der Gegenwart manche Juristen von väterlicher Gewalt nicht gesprochen wissen wollen, wo die Gewalt nicht den Typus der patria potestas des römischen Rechtes an sich trägt, oder daß sie, wo sie eine väterliche Gewalt als bestehend anerkennen, derselben ohne weiteres den romanistischen Inhalt zuschreiben[82]).

---

[81]) In Solothurn, Aargau, Thurgau und in Freiburg erscheint „die Mutter deutlich als Inhaberin der fortgesetzten, besonders gearteten Gewalt". Huber, S. 588. Verheirathet sie sich, so treten meist Aenderungen ihrer Stellung ein.

[82]) In ersterer Richtung vgl. die zu Beginn der Note 50 angeführten

Diese Auffassung muß unvermeidlich zu Irrthümern führen. Der Begriff der väterlichen Gewalt theilt mit zahllosen Rechtsbegriffen das Schicksal, daß ihre Namen viele Jahrhunderte lang unverändert bestehen, die fortschreitende Entwicklung aber ihren Inhalt verändert, sei es, daß sie ihn bereichert, sei es, daß sie ihm etwas entzieht, sei es endlich, daß sie ihn qualitativ verändert. Zuweilen hat allerdings die Rechtssprache für jede der Entwicklungsstufen des Begriffs einen eigenen Namen: Die Römer konnten von fiducia, pignus, hypotheca reden, und damit waren diese drei Entwicklungsstufen des Pfandrechtsbegriffes scharf geschieden. Wo aber solche Namen zur Bezeichnung gewisser Entwicklungsstufen fehlen, da liegt der Fehler unendlich nahe, den Begriff nach einer vielleicht längst überholten Stufe der Entwicklung zu bestimmen, was dann zur Verzerrung oder Zusammenquetschung, wenn nicht gar zur völligen Nichtbeachtung alles dessen nöthigt, was in dem zu eng gefaßten Rahmen des Begriffs nicht Platz findet[83]). Das Richtige kann doch wohl nur sein, daß die Wissenschaft ihre Begriffe nicht starr werden läßt. Die alten Namen mag sie behalten, — sie halte sich aber auch stets gegenwärtig, daß diesen Namen durch die Entwicklung des Rechtslebens veränderte Bedeutungen beigelegt werden, daß demnach auch sie abgestorbene Elemente aus dem Begriff ausscheiden, neu producirte in denselben aufnehmen und verarbeiten muß, wenn sie nicht antiquirten Begriffen zu Liebe das lebendige Recht vergewaltigen will[84]).

Das Gesagte gilt in vollem Maße auch von den Familiengewalten. Von dem Urbegriff der römischen manus darf heut nicht nur behauptet werden, daß er ein Recht von ganz außerordentlich viel umspannendem Umfang bezeichnete (Note 66), das sich später mehrfach in die einzelnen

---

Schriftsteller, welche bestreiten, daß dem A L. R. eine väterliche Gewalt bekannt sei; ebendahin gehört insofern auch Lehmann, S. 142ff., als er das „Princip der väterlichen Gewalt" offenbar nur romanistisch denkt, was ihn sofort zu der Consequenz drängt, das „Gewaltprincip" lasse sich auf die Mutter nicht übertragen. In der zweiten Richtung vgl. v. d. Pfordten a. a. O. S. 136, wo vom heutigen gemeinen Recht gesagt ist: „solange . . . die Gewalt dauert, hat sie ganz den römischen Charakter".

[83]) Man denke z. B. an das Pfandrecht an Rechten; wie stiefmütterlich ist seine Behandlung schon bei solchen, die es nicht geradezu leugnen, sondern nur davon ausgehen, das Sachenpfandrecht sei der „Normalfall"; unter welche Gesichtspunkte muß es sich aber von Jenen zwängen lassen, die die Existenz, die Möglichkeit eines Pfandrechts an Rechten leugnen, da sie doch die dahin gehörigen Fälle, selbst wenn sie es wollen könnten, nicht aus der Welt zu schaffen vermöchten!

[84]) Vgl. Lippert, Geschichte der Familie, S. 96; auch Keller, Pandekten, (1. Aufl.) § 43 S. 80.

Familiengewalten und einige Sachenrechte differenzirte; wir wissen auch, daß dieser Gewalt der Charakter nicht nur der Selbstnützigkeit, sondern auch der bis zum Aeußersten gehenden absoluten Härte und Strenge innewohnte, d. h. daß das Recht nicht hinderte, von ihr einen Gebrauch zu machen, der bis zur Vernichtung des ihr unterworfenen Objectes ging. Nicht minder aber ist gewiß, daß schon im späteren römischen Recht eine ganze Reihe jener Consequenzen, die „der zeitlichen und inhaltlichen Allmacht des Vaters“ entsprachen, „mit der sich theilweise eintreibenden Selbständigkeit des Hauskindes“ nicht mehr vereinbar waren und theils verschwanden, theils gemildert wurden, und daß nach der Reception noch weiter manches von diesen Consequenzen verschwand. Sollte man „die so verstümmelte römische potestas“ (Lehmann S. 200 ff.) darum nicht mehr potestas nennen dürfen? Ist damit ihr Wesen untergegangen?

Noch ernster vielleicht ist die Bedeutung der nämlichen Frage, wenn wir sie aufwerfen mit Beziehung auf die Munt des deutschen Rechtes. Vor mehr als dreißig Jahren wurde einerseits ein „principieller Unterschied zwischen dem römischen und germanischen Rechte“, andererseits eine „materielle Uebereinstimmung der römischen und germanischen Rechtsprincipien“ litterarisch vertreten[85]), nicht etwa nur der potestas und der Munt, sondern der Grundlagen der beiden Rechtssysteme überhaupt. Was die Familiengewalten angeht, wurde der Unterschied darin gefunden, daß die Herrschaft des Mannes und Vaters im deutschen Rechte „dem höheren sittlichen Zweck des ganzen Verhältnisses entsprechend ihrem Begriff und Wesen nach nichts anderes als ein Vormundschaftsrecht“ sei, enthaltend die „in der natürlichen und sittlichen Ordnung des menschlichen Daseins begründeten Schutz- und Erziehungsrechte des Vaters über seine Kinder . . . ein ihrem sittlichen Zwecke entsprechend beschränktes Herrschaftsrecht über Person und Vermögen der Kinder“ — die patria potestas dagegen ihren „Rechtsgrund nicht in dem sittlichen Verhältniß des Mannes zu Weib und Kindern, sondern in dem Willen und der physischen Stärke des Mannes“ habe, daher „das Recht des Mannes über Weib und Kinder nicht ein sittlich beschränktes, sondern gleich dem über jedes andere erbeutete Object ein absolutes und mit dem Eigenthum seinem Begriffe und Ursprunge nach identisch“, so daß Weib und Kinder, „wie ihr Verhältniß zum Manne auch sittlich aufzufassen sein möge, rechtlich ganz unter den Begriff von Vermögensobjecten fallen“.

85) In den bekannten Werken von C. A. Schmidt (1853) und Friedrich v. Hahn (1856); mit unserer Frage beschäftigt sich der erstere S. 193—216, der letztere S. 181—303.

„Die Herrschaft des Vaters über die Kinder (ist) sowohl ihrem Umfang als auch ihrem Inhalte nach unbegrenzt und ein principieller Unterschied zwischen ihr und dem Eigenthum an Sclaven und Sachen überall nicht vorhanden." Dagegen lehrt Hahn (S. 210)[86], es stelle sich eine principielle Verschiedenheit des Inhalts des Verhältnisses zwischen Vater und Kindern nach altrömischem und altgermanischem Recht „sicherlich nicht heraus: in beiden strenger Anschluß an die Sitte resp. unbedingte Anerkennung der Sitte und diese im Wesentlichen übereinstimmend. Charakteristisch ist in beiden die völlige Fernhaltung jedes staatlichen Einflusses, jeder Controle." Und S. 287 f.: „Die Uebereinstimmung des römischen und deutschen Rechts hinsichtlich der Vormundschaft ist evident . . . Der Unterschied, welcher zwischen der Vertretung des Mündels durch den römischen Tutor und den deutschen Vormund besteht, ist lediglich formeller Natur . . ."

Die Lehre, es bestehe ein principieller Gegensatz zwischen der römischen und der deutschen Vatergewalt, die erstere enthalte eine den Vermögensrechten analoge Berechtigung an Personen, während die deutsche Munt zur Grundlage immer das natürliche Schutzrecht und die Schutzpflicht des Vaters gehabt habe, wodurch die Persönlichkeit des Kindes nicht weiter beschränkt worden sei, als eben das Schutzverhältniß forderte, m. a. W. die Lehre, nur die römische Vatergewalt sei eine selbstnützige gewesen, in der Munt des deutschen Vaters dagegen sei der Mittelpunkt das Vertretungsrecht und die Vertretungspflicht gewesen, entsprechend der Gewalt des Vormundes über den Mündel — diese Lehre hat (wenn auch nicht immer in gleicher Schärfe vertreten) ebenso viel Verbreitung gefunden[87]), wie die mit ihr eng zusammenhängende, das Mundium, die deutsche Vormundschaft, sei immer ein Rechtsbegriff von gleichem Inhalt, nämlich eine Vertretung jener freien Personen, welche aus physischen oder rechtlichen Gründen die Waffen zu gebrauchen nicht im Stande seien[88]).

---

[86]) Vgl. auch S. 202 f., wo die Bemerkung Kraut's, Vormundschaft II S. 345, 588, daß nicht alle Rechte, die der Ehemann über das Vermögen der Frau, der Vater über die Kinder hat, seiner Munt entstammen, wiederholt und erweitert wird.

[87]) Vgl. z. B. Gerber, System, § 240 Anm. 2; Beseler, System. 3. Aufl. § 114; Gengler, Lehrb., S. 1169 ff.; Witting, a. a. O., S. 17 ff., 47, 140 ff., 156 f., 166; Roth, System, II § 163; Stobbe, Handb., IV § 250. Daß der Vater neben der Vormundschaft „überdies eine in der alten Zeit sehr weit reichende Gewalt über seine Kinder" hatte (Siegel, deutsche Rechtsgeschichte 1886 S. 311) wird nicht immer hervorgehoben.

[88]) Kraut, Vormundschaft, I S. 51; Zöpfl, deutsche Rechtsgesch. (4. Aufl.) III S. 31, 97; Dernburg, die Vormundschaft der preuß. Monarchie, S. 7.

Dagegen hat Rive[89]) den Beweis zu führen unternommen, dem Begriffe der Munt entspreche überhaupt kein bestimmter Inhalt; es gebe zwar eine Ehevogtei, eine väterliche Gewalt, eine Vormundschaft als Rechtsinstitute, aber sie seien nicht Arten des Mundiums, sondern ganz verschiedenen Ursprungs. Munt sei nur eine Benennung für Schutz und Vertretung im allgemeinen, nicht aber für Vertretungsrecht oder gar für Gewalt. Gegen alle diese Aufstellungen ist Heusler[90]) aufgetreten, nur insofern mit der zweitgenannten übereinstimmend, als auch er in der Munt einen einheitlichen Rechtsbegriff erkennen zu müssen glaubt, insofern aber im „allerausgesprochensten Widerspruch mit der geltenden Anschauung", als ihm „die Munt ihrem Begriffe nach kein Schutzverhältniß im Interesse des Untergebenen, sondern Gewalt im Interesse des Hausherrn (ist), darum dieser sie beanspruchen, nicht jener sie verlangen konnte, ihr Motiv nicht in Fürsorge für das Wohl der . . . Unselbständigen (lag), sondern in den Rechten der Hausherrschaft; und weiter, daß Alles, was im Laufe der Zeit im Widerspruch damit das Princip einer Fürsorge im Interesse des Mündels in den Vordergrund stellte, nicht aus dem Wesen der Munt stammte, sondern ein ihr feindseliges Element war" (II. S. 480). So entspricht das Bild, das er vom Wesen der alten Munt und ihrer späteren Differenzirung entwirft, in allen wesentlichen Zügen (völlige Gleichheit wird man nicht erwarten), dem des Wesens und der Spaltung der römischen Manus[91]). Ins-

---

[89]) Geschichte der deutschen Vormundschaft (1862 ff.). Vgl. über den II. Theil dieses Werkes Amira, krit. Vjschr. XVII S. 421 ff.

[90]) Institutionen des deutschen Privatrechts I (1885), II (1886).

[91]) Vgl. bes. Brinz, Pand. 1. Aufl. S. 1194 ff. und Voigt, 12 Tafeln, an den Noten 66 a. a. OO. — Die Detailausführung s. bei Heusler namentlich I S. 95—99, 102—144, II S. 271—276, 379—386, 441—450; vgl. 450—456, 480—508. Daraus S. 95: „Im deutschen Privatrechte ist (der) Gewaltbegriff, dessen Unterwerfung unter das Recht den Anfang aller Rechtsordnung bezeichnet, der Begriff der Munt" . . . . „Wie das altrömische dominium im ursprünglichen Sinne der Hausherrschaft manus geheißen und alles dieser Herrschaft Unterworfene umfaßt hat, so ist auch die Munt, das mundium nichts anderes, als manus, die Hand" (vgl. dazu S. 109 ff.) S. 97: „Die Munt in ihrem ursprünglichen Sinne (bedeutet) die Herrschaft über alles, was sich im Hauswesen befindet; Freie und Unfreie, Menschen und Thiere, Lebendiges und Lebloses . . . Seit dem 8. Jahrhundert bleibt Munt der Ausdruck für die Gewalt über freie und halbfreie Personen, während für Unfreie und Sachen in vestitura esse gesagt wird." S. 98: „Es gab also eine Zeit, . . . wo das Recht, wenn auch nicht die Sitte, die Herrschaft sogar über Weib und Kind derjenigen über die Sclaven gleichstellte: Alles, was unter der Herrschaft des Hausvaters stand, war von Rechtswegen der freien Verfügung desselben anheimgegeben." S. 99: „Die Scheidung der Begriffe Munt und Gewere

besondere beruht auch das ältere Vormundschaftsrecht (im eng. Sinne) „auf der Idee der reinen Herrschaft des Vormundes . . . die väterliche Gewalt ist nur ein einzelner Anwendungsfall". Erst „seit dem 13. Jahrhundert (ändert) das Vormundschaftswesen seinen Charakter von Grund aus, (wird) aus einem Gewaltverhältnisse zu einer Fürsorge und Pflege

---

schließt . . . die Scheidung der Rechtssubjecte und Rechtsobjecte in sich." S. 107: Die freien Hausgenossen entwachsen mehr und mehr und in verschiedenem Maaße „der absoluten Gewalt des Hausherrn . . . so, daß der große Raum, den ursprünglich nur der eine Begriff der Munt einnimmt, sich mehr und mehr mit Rechtsbeziehungen zwischen Muntinhaber und Muntbefohlenen füllt, nicht aus dem Wesen der Munt heraus, sondern im Widerspruch mit ihr;" nach außen ist die Munt „bis auf den heutigen Tag das einzige Mittel, durch welches das Haus in der Außenwelt auftritt. Die ohne Rast fortschreitende Bewegung des Familienrechts trifft wesentlich nur das innere Verhältniß, hier aber ist die Munt durchaus der leidende Theil, sie „entwickelt" sich nicht mehr, sondern sinkt von Fall zu Fall, jeder neue Schritt beschränkt sie." (Vgl. Brinz S. 1155: „Tritt [die Verwandtschaft zwischen den Familiengewalten] nach heutigem Recht minder zu Tage, so liegt der Grund nicht darin, daß sie sich in ihrem Inhalt verändert, sondern darin, daß sie an Inhalt verloren haben.") S. 108: „Sobald sich . . . innerhalb einer Hausherrschaft selbst Rechte der Mündel gegenüber dem Muntinhaber bilden, erscheinen dieselben nicht als ein Rechtserzeugniß aus dem Wesen der Munt selbst heraus, sondern als neue, im Gegensatz zur Munt entstandene, durch den zwingenden Einfluß ihr fremdartiger Elemente hervorgerufene Gestaltungen . . ." S. 113 ff. (Juristisches Motiv der Munt). S. 120 f.: „Das Gemeinwesen . . . kennt bloß den Hausherrn, der für alles, was sein Haus trifft und was von seinem Hause ausgeht, berechtigt und verantwortlich ist, den man aber in seinem Hause frei schalten und walten läßt. Das ist der juristische Kern des Verhältnisses in ältester Zeit." (Vgl. Brinz S. 1160: „daß es also vermögensrechtlich im Hause nur Eine active Person, kurz gesprochen nur eine Person gab, die des Vaters nämlich"). S. 128 f.: „Der Hausherr ist nach außen die einzige gekannte, berechtigte und verantwortliche Persönlichkeit. Man mag . . . ihn als Vertreter bezeichnen, nur muß man festhalten, daß er nicht als Vertreter seiner Frau, seiner Kinder auftritt, sondern als Repräsentant seines Hauses . . . (vgl. II S. 449). II S. 275: „Anfangs . . . (werden) die einzelnen Fälle der Familiengewalt nicht auseinander gehalten, die Ehe begründet . . . für die Frau eine Art Kindesverhältniß . . . und die Gewalt über eigene Kinder und Mündel äußert sich im Wesentlichen gleich. Dieses gleichmäßige und einheitliche Recht für alle Muntangehörigen bewahrt seine Lebenskraft am längsten im Verhältnisse nach außen: die Repräsentanz des Hauses und aller Angehörigen desselben durch das Familienhaupt bleibt . . . dieselbe und wird in der Folge nur sehr allmählich und an den äußersten Spitzen abgeschliffen, so daß selbst bis auf den heutigen Tag die Munt als Vertretung der Hausangehörigen gegenüber Dritten in der Hauptsache gleich geblieben ist, mag sie als Ehevogtei oder als väterliche Gewalt oder als Vormundschaft auftreten." (Vgl. § 1034 österr. B. G. B.) „Aber die inneren Beziehungen zwischen Mann und Frau, Vater und Kindern, Vormund und Mündel fallen mehr und mehr besonderer Rechtsbildung anheim . . ."

des Mündels. Die väterliche Gewalt nimmt an dieser Aenderung nur sehr beschränkten Antheil, weil sie eben doch wesentlich Herrschaft bleibt", was namentlich in der Nutzung des Kinderguts und in der Haftpflicht des Vaters zu Tage tritt (S. 449). Der Fehler der herrschenden Lehre besteht darin, „daß man das Princip des spätmittelalterlichen Vormundschaftsrechtes schon in die älteste Zeit hinaufgetragen hat. In Wahrheit ist das Vormundschaftsrecht, wie es sich seit dem 13. Jahrh. ausgebildet hat, ein anderes Rechtsinstitut, als das der ersten Hälfte des Mittelalters . . ." „Zur Sicherung des Vermögens für sich selbst, nicht zur Wahrung der Interessen des Mündels, übernimmt (in der alten Zeit) der nächste dazu fähige Verwandte die Munt und damit das Vermögen unter seine Verwaltung." Im 13. Jahrh. beginnt . . . die große Veränderung, welche aus der Munt eine Fürsorge, aus dem Recht eine Pflicht und eine oft sauere Pflicht, aus der Hausgewalt eine Staatsanstalt macht. Es ist erstaunlich, welche Fülle von rechtsbildenden Factoren zusammentreffen mußten, um das heutige Vormundschaftsrecht herzustellen." Gleichwohl sind die Reichspolizeiordnungen, da die Entwicklung der Vertretung wesentlich auf der Hinaufrückung des Mündigkeitsalters beruht, „das naturgemäße Ergebniß der nationalen Entwicklung . ." (S. 481, 482, 488, 502 ff., 507).

Es wird ein dauerndes Verdienst von Heusler's Darstellung — die nach manchen Richtungen in den modernen ethnologischen und rechtsvergleichenden Arbeiten[92]) keine geringe Stütze findet — bleiben, daß sie jeden Späteren, der sich mit der Munt beschäftigt, zu streng historischen Untersuchungen nöthigt und fortan berechtigte Klagen über die Methode der Germanisten, wie sie noch Cropp a. a. O. S. 283 f.[93]) erheben durfte, unmöglich werden. Doch erachtet sich die herrschende Lehre durch Heusler's Ausführungen keineswegs für überwunden[94]). Maurer

---

[92]) Vgl. z. B. Dargun, Mutterrecht und Raubehe (1883) bes. Cap. 3, Leist, Graeco-ital. Rechtsgeschichte (1884) bes. Buch I, Abschn. 1—3, Lippert, Geschichte der Familie (1884) S. 5, 6, 56, 95, 97 ff., 123, 130, 192 f., 205, 219, Lippert, Kulturgeschichte der Menschheit I (1886) S. 181, II (1887) S. 73 ff., bes. 83 ff., 527 und passim, Bernhöft, Zur Geschichte des europ. Familienrechts, Zeitschr. f. vergl. Rechtswissensch. VIII Nr. 1 u. A.

[93]) Vgl. auch Ficker, Ueber nähere Verwandtschaft zwischen gothisch-spanischem und norwegisch-isländischem Recht (S. A. aus den Mittheilungen des Instit. f. österr. Geschichtsforschung). Innsbruck 1887 S. 22.

[94]) S. z. B. K. Maurer in d. krit. Vierteljahrsschr. XXVIII S. 46 ff., Lehmann, a. a. O. S. 145 ff., bes. Note 1 auf S. 147 f. und Note 7 auf S. 149, Schröder, Lehrb. d. deutschen Rechtsgeschichte (1887) S. 50 (bes. Note 9), S. 62, Brunner, Deutsche Rechtsgeschichte I (1887) § 12, 13 (S. 89 f.), 28. Vgl. aber auch von Salis, a. a. O. S. 143, Note 3.

wendet ein, daß bei den Germanen die Herrschaft über Personen und die über Sachen immer scharf auseinander gehalten worden sei, daß also jeder Anhaltspunkt für die Annahme fehle, es habe der Ausdruck Munt jemals beide Herrschaftsverhältnisse umfaßt, ja daß sogar zweifelhaft bleibe, ob er bei den Nordgermanen auch nur für die Gewalt über Personen jemals üblich gewesen sei, und ob man ihn darnach überhaupt als schon zur Rechtsterminologie des germanischen Urvolkes gehörig betrachten dürfe. Lehmann giebt zwar zu, daß römisches und germanisches Recht in personenrechtlicher Beziehung den gleichen formalen Ausgangspunkt nahmen, aber er findet, daß dem äußerlich gleichen Recht im germanischen Rechtsgebiet andere ökonomische Gesichtspunkte zu Grunde lagen; auf vermögensrechtlichem Gebiete aber habe das germanische Recht von jeher den Vater als Vormund des Hauskindes betrachtet; wohl habe diese Vormundschaft den Charakter eines selbstnützigen Rechtes getragen, allein das von ihr dem Vormund gewährte Mehr an Rechten sei das Aequivalent für die dem Vormund obliegende Unterhaltung des Mündels, nicht ein Ausfluß der Gewalt. Nach Schröder ragt „der rohe Zustand der arischen Zeit, welcher alle privatrechtliche Herrschaft in dem Begriffe der „Hand" zusammenfaßte, und zwischen der Gewalt über freie Hausangehörige, über Sclaven und Sachen keinen principiellen Unterschied machte . . . mit vereinzelten Resten noch in" die germanische Urzeit hinein. „Innerhalb des Hauses hatte der Vater in vorhistorischer Zeit eine unbeschränkte Herrschaft wie über das Vermögen, so auch über die Personen ausgeübt", und Einzelnes davon hat sich auch in historischer Zeit erhalten. „Allein von diesen Rückständen einer rohen Zeit abgesehen, war die hausherrliche Gewalt über Frau und Kinder aus einem Herrschaftsrecht zu einem Schutz- und Vertretungsrecht, zur Munt geworden . . . Im allgemeinen wurde . . . bereits scharf und bewußt unterschieden: die Herrschaft über Sachen und Sclaven kam bei den Westgermanen in der . . . manus vestita, die Herrschaft über freie Personen in der mit dem Ger . . . bewehrten Munt zum Ausdruck . . . Die sachenrechtliche Hand bedeutete ein Gewaltverhältniß, die personenrechtliche Munt bedeutete in erster Reihe Schutz und Vertretung . . . die entgegenstehende Auffassung von Heusler beruht hauptsächlich auf der Hereinziehung des erst der folgenden Periode angehörigen privaten Hörigkeitsverhältnisses." Und endlich Brunner: „Weib, Kinder und Gesinde stehen in der Gewalt des Hausherrn. Die Stellung des Hausherrn äußert sich nach innen als Herrschaft, nach außen als Haftung . . . Im Verhältniß zu unfreien Personen ist die Gewalt des Hausherrn . . . von rein sachenrechtlicher Natur . . . In Bezug auf freie Personen . . .

wird (sie) im Verhältniß nach außen später durch den Ausdruck Munt bezeichnet . . . Bildlich gebraucht mag es einst die hausherrliche Gewalt schlechtweg bezeichnet haben, ein Analogon der hausherrlichen manus des römischen Rechts. Doch schon in den ältesten Fundstellen tritt die Bedeutung von Schutz, Schirm, Friede hervor, während es andererseits auf Schutzverhältnisse angewendet wird, welchen das Merkmal der Hausgenossenschaft fremd ist . . . Der Schutz, den die Sippe gewährt, äußert sich in dem Mundium, welches sie über schutzbedürftige Mitglieder ausübt." Erst durch die erstarkende Staatsgewalt wurde „die Stellung des Hausherrn . . . der Sippe gegenüber eine freiere und unabhängigere . . ."

Mag aber bei dem heutigen Stande der Wissenschaft von einer Uebereinstimmung der Auffassung in allem Einzelnen noch lange nicht die Rede sein können — das werden die vorstehenden Ausführungen doch gerechtfertigt erscheinen lassen, daß alle Familiengewalten ausgehen von dem Grundbegriff der Macht;[95]) mag diese Macht vielleicht auch einst reine Willkür gewesen sein, die Natur der Dinge bringt es mit sich, daß sie sich im Laufe der Zeiten mehr und mehr gestaltet zur „schützenden, behütenden . . . wohlthuenden, dem Schwachen erwünschten Macht"[96]); eben dieser Machtbegriff ist es, der es bewirkt, daß „die höhere Gemeinschaft innerhalb derselben unvertilgbar" fortwährt,[97]) nicht nur nachdem aus der ursprünglich Einen Hausherrngewalt deren mehrere geworden sind, sondern auch nachdem sie, und jede derselben in verschiedenem Maße, an Inhalt verloren haben.[98]) Solange dieser Machtbegriff

---

[95]) Freilich — Potestatis verbo plura significantur (L. 215 D. de V. S., deren Beispiele noch lange nicht erschöpfend sind. Vgl. den in den (Wiener) Jur. Bl. 1887 Nr. 13, 14 mitgetheilten Vortrag von Brinz über potestas und auctoritas. — Daß in einer patriarchalischen Verfassung die gesammte Staatsgewalt als väterliche Gewalt gedacht ist, diese also noch weit mehr umfassen und enthalten kann, als die römische patria potestas (man denke übrigens an Pomp. L. 2 § 1 de orig. juris 1, 2: . . . omniaque manu a regibus gubernabantur), darüber s. Lippert, Gesch. der Familie S. 222 ff., 244, 250 f. „Zum guten Theil ruhen die Ansprüche des Czarenthums auf demselben Grunde, und das russische Volk spricht nicht ohne historischen Sinn von seinem „Väterchen".

[96]) Leist, Graeco-ital. Rechtsgesch. S. 58. — Es ist eben auch das Recht (wenn der Ausdruck hier erlaubt ist) von höherem Zartgefühl erfüllt, und faßt h. z. T. die Dinge mit weniger derber Hand an. Wie das Strafrecht nicht mehr auf Schritt und Tritt mit Galgen und Rad droht, so sind auch die Mittel sanftere geworden, mit denen die Familiengewalten sich durchsetzen.

[97]) Brinz, Pand. 1. Aufl. S. 1154.

[98]) Am meisten ist dies, und am frühesten der Fall gewesen bei der Vormundschaft. Sie ist schon im röm. Recht des zweiten christl. Jahrhunderts (weil

ein Verhältniß zwischen Personen noch erfüllt, kann und muß man von einer Gewalt reden; verschwindet er aus demselben völlig, dann hört es auf, ein Gewaltverhältniß zu sein.[99]) Und zwar kann man, glauben wir, diese Macht unbedenklich mit Brinz (S. 1157, 1214) als eine „Befehlshaberschaft" charakterisiren,[100]) wofern man nur hinzufügt, daß sie so geartet sein muß, daß es rechtlich nicht von der Willkür des Untergebenen abhängen darf, sich seiner abhängigen Stellung zu entziehen (das Verhältniß durch Kündigung aufzuheben). So enthält jede hausherrliche Befehlshaberschaft eine Gebundenheit der Willensaction einer Person durch den beherrschenden Willen einer anderen, eine „nicht nach einzelnen im voraus bestimmten Prästationen meßbare Unterordnung des Willens der einen Person unter den Willen der anderen"[101]). Für ab=

---

causa publica: L. 9. D. de his qui sui 1. 6) mehr munus als potestas; vgl. Mandry, Gem. Fam. Güterrecht I S. 9; im alten deutschen Recht aber sehen wir sie als eine so scharf ausgeprägte Hausgewalt, daß der Vormund sich der Person und des Gutes des Mündels unterwindet, ihn zu sich auf den Hof nimmt oder zu ihm auf den seinen zieht und damit seine Hausherrschaft über ihn begründet. Das Kind hat nur Nahrung und Versorgung zu beanspruchen, die Nutzung fällt an den Vormund. Heusler II S. 486, 495 f.

[99]) Das Verhältniß des Herrn zum Gesinde erscheint noch in den älteren österr. Codificationsarbeiten als ein Gewaltverhältniß (s. Pfaff, Jur. Bl. 1883 Nr. 23 Note 26); es ist noch im westgal. G.=B. als ein Personen= (Familien=) Recht behandelt; im heutigen Recht aber enthält es wesentlich ein obligatorisches Verhältniß, obwohl gewisse Spuren der älteren Auffassung auch heut nicht ganz verschwunden sind.

[100]) Vgl. österr. B. G. B. § 91: „Der Mann ist das Haupt der Familie. In dieser Eigenschaft steht ihm vorzüglich das Recht zu, das Hauswesen zu leiten . , ." § 92: „Die Gattin . . . ist verbunden, dem Manne in seinen Wohnsitz zu folgen, in der Haushaltung und Erwerbung nach Kräften beizustehen, und soweit es die häusliche Ordnung erfordert, die von ihm getroffenen Maßregeln sowohl selbst zu befolgen, als befolgen zu machen." (Vgl. Glück XXIV S. 382.) § 144: „Die Eltern haben das Recht, einverständlich die Handlungen ihrer Kinder zu leiten; die Kinder sind ihnen Ehrfurcht und Gehorsam schuldig." Gewiß enthält der letzte Satz ein sittliches Princip; aber darum möchten wir doch nicht (mit Stobbe IV S. 317 Note 1; vgl. auch Gengler, D. deutsche Priv. R. § 157 S. 570) behaupten, er gehöre „in den Katechismus, aber in kein Gesetzbuch". Wenn die Rechtsordnung dem Inhaber der Familiengewalt Selbsthülfe zur Erzwingung des Gehorsams, und zu gleichem Zweck die Unterstützung der Verwaltungs= bezw. der Gerichtsbehörden gewährt (man denke an das Einsperrungsrecht des französischen Rechtes, an den Einfluß, den der Richter im Verfahren außer Streitsachen nehmen kann, um z. B. die Frau wieder in die eheliche Wohnung zurückzubringen), so wird man nicht sagen können, es fehle den Gewaltverhältnissen, sei es auch nur in der zwischen dem Gewaltträger und dem Untergebenen bestehenden personenrechtlichen Beziehung, an juristischem Gehalt.

[101]) Pfaff, Gutachten in Verh. des 14. deutsch. Jur.=Tages I (1878) S. 167.

sehbare Zeiten ist nicht daran zu denken, daß solche hausherrliche Gewalten aus unserem Rechtsleben ganz verschwinden könnten; sie können und müssen an Intensität gewinnen oder verlieren, je nachdem die Aufgaben, welche der Familienorganismus zu lösen hat, wachsen oder sich vermindern, — solange sie aber da sind, werden sie immer eine Macht der geschilderten Art sein. In einer bloßen Vertretung der Untergebenen können sie nicht aufgehen, so verbreitet auch die Lehre sein mag, daß sie nur in einem Vertretungsrecht und einer Vertretungspflicht bestehen.[102]) Zwar das ist sicher genug, daß sie heut auch Vertretungsrecht und Pflicht zu enthalten pflegen, allein ihr charakteristischer Inhalt ist das keineswegs. Der selbst noch in väterlicher oder vormundschaftlicher Gewalt stehende Vater erscheint nach österr. Recht, da er sich in der Regel nicht selbst vertreten kann, auch nicht als Vertreter seines Kindes, obwohl ihm die väterliche Gewalt zusteht; dem Rechte des Mannes an den Paraphernen kann die Frau durch ihren bloßen Widerspruch ein Ende machen (§ 1238 B. G. B.) und sich, wenn sie will, von einem Anderen vertreten lassen, unbeschadet der eheherrlichen Gewalt (Stubenrauch Com., 5. Aufl. I S. 179 Z. 2). Und noch mehr und allgemeiner: Es ist gar nicht zu verstehen, wie das Recht, einen Anderen (gerichtlich oder außergerichtlich) zu vertreten, das Wesen einer Familiengewalt ausmachen sollte — es wäre denn, daß man darunter stillschweigend ein gegen den Vertretenen gerichtetes Recht des Vertretungsberechtigten verstände, seinen Willen als den des Vertretenen selbst gegen dessen wirklichen und erklärten Willen zur Geltung zu bringen, wo dann aber dieses Recht auch mit der Befehlsgewalt in allem Wesentlichen zusammenfiele; verstehen wir aber unter Vertretungsrecht das nach außen gewendete Recht der Repräsentation,[103]) dann steckt in seinem Inhalt nicht das Mindeste, was nicht ebenso, ja noch viel freier und unumschränkter in einer etwa durch Mandat begründeten Stellvertretung enthalten sein könnte, die doch gewiß kein Gewaltverhältniß des Mandatars über den Mandanten begründet. Liegt aber der Unterschied nicht im Inhalt und nicht im Umfang des Vertretungsrechtes, dann kann er wohl in der Begründung desselben, also eben darin gelegen sein, daß die Fälle der einen Art in

---

[102]) Sie ist, wie oben nachgewiesen wurde, die noch immer herrschende Lehre.

[103]) Ein alter, noch im österr. B. G. B. (z. B. § 1005, 1014 ff.: „Gewaltgeber, Gewalthaber") festgehaltener Sprachgebrauch versteht unter „Gewalt", „Gewaltsamb" die Vollmacht, namentlich die Advocatenvollmacht (s. z. B. Beckmann, Idea jur. stat. S. 177, 298 f.). Ob und welcher Zusammenhang zwischen diesem Sprachgebrauch und der über das Wesen der Familiengewalten herrschenden germanistischen Lehre bestehe, kann hier nicht untersucht werden.

einem Mandat, die anderen in einem Gewaltverhältniß wurzeln. Ist dies aber richtig, dann ist das Vertretungsrecht zwar Ausfluß des Gewaltverhältnisses, aber das Wesen des letzteren wird daraus noch durchaus nicht klar, so wenig das Wesen des Mandats damit erschöpft ist, daß man constatirt, es werde dadurch ein Vertretungsverhältniß geschaffen. Was aber insbesondere die Gewalt der Eltern (und Vormünder) angeht, so kann für das Recht der Gegenwart darüber doch kein Zweifel sein, daß sie und in ihr die juristische Abhängigkeit des Kindes wesentlich im Interesse des letzteren, nicht aber des Inhabers der Gewalt besteht, mit anderen Worten, daß sie vor Allem Erziehungsgewalt ist.[104]) Die Erziehungsgewalt muß aber nothwendig Befehlsgewalt sein;[105]) ihr ordnen sich als Mittel zum Zwecke alle einzelnen Befugnisse des Gewaltträgers ein: sein Recht, den Wohnsitz oder Aufenthalt des Kindes zu bestimmen, die Berufswahl für dasselbe vorzunehmen, die Confession des Kindes in den gesetzlichen Schranken zu bestimmen, dasselbe durch Züchtigung (Einsperrung) zur Pflichterfüllung anzuhalten u. s. w., selbst das Nutzungsrecht am Kindergut, wo es dem Parens zusteht, hängt damit zusammen, denn auch dieses soll keineswegs ausschließlich zum Vortheil des Parens gereichen. Wie locker ist dagegen die Beziehung des Vertretungsrechtes zum Erziehungsrecht! Wie wenig deckt es die ganze Fülle der bei der Ausübung des väterlichen Rechtes in Frage kommenden Erscheinungen!

VI.

Daß das römische Recht eine potestas der Mutter (im technischen S.), trotzdem es in L. 4. D. de cur. fur. 72, 10 von einer inaequalis potestas der parentes spricht, nie ausgebildet hat, daß dasselbe vielmehr auch nach dem Tode des Vaters der Mutter höchstens, und auch dies erst in später Zeit, die Vormundschaft über ihr unmündiges Kind einräumt, ist unzweifelhaft. Nicht minder stellt die herrschende Lehre auch für das ältere deutsche Recht das Vorhandensein einer elterlichen (mütterlichen) Gewalt sowohl als einer mütterlichen Vormundschaft in Abrede, nur daß doch der Widerspruch gegen die letztere nicht immer ein durchgreifender sein will.[106])

---

[104]) Vgl. Burchardi im civil. Arch. VIII S. 162, 176, Sarwey, ebda. XXXI S. 447, Stölzel, S. 21, Portalis in der „Einleitung zu dem Entw. des B. G. B." abgedruckt bei C. E. Schmid, kritische Einleitung in das bürgerl. R. Frankreichs I (1808) S. 213, 238.

[105]) Wer dereinst befehlen soll, muß vorerst gehorchen lernen.

[106]) Vgl. Cropp, a. a. O. S. 292 ff., Kraut I S. 55 f., II S. 669 ff., Roth, System II S. 274, 359, Heusler II S. 432 f., 452 f., 494, vgl. auch 295, Lehmann, S. 214 f.

Neuestens ist jedoch Ficker (a. a. O. S. 51 f., 57 ff., 69 ff., 74)[107]) zu ganz abweichenden Ergebnissen gelangt; sie gehen dahin, es sei „bei den Franken schon für die ältesten Zeiten von eigentlicher väterlicher Gewalt ganz abzusehen, durchaus von elterlicher Gewalt auszugehen, von der später so oft erwähnten puissance de père et de mère. Träger dieser elterlichen Gewalt ist allerdings zunächst der Vater . . . doch macht sich in Einzelbeziehungen auch wohl schon bei Lebzeiten des Vaters das gleiche Recht der Mutter unmittelbar geltend" insbesondere bei der Verlobung des Kindes. „Bestimmter macht sich dann die zu Grunde liegende Auffassung geltend nach dem Tode des Vaters. Die zunächst von diesem geübte Gewalt geht nicht etwa über auf den nächsten Schwertmagen, sondern kennzeichnet sich als elterliche dadurch, daß sie nun ungetheilt von der Mutter, solange sich diese nicht wieder verheirathet, geübt wird, von der später wohl ausdrücklich gesagt ist, daß ihr alle Rechte gegenüber den Kindern ebenso zustehen, wie dem verstorbenen Vater. Oder wenn sich da ein Unterschied geltend macht, ergiebt sich wenigstens, daß die Gewalt der Mutter nicht bloße Altersvormundschaft ist . . ." Auch die Geschlechtsvormundschaft war „den fränkischen Stämmen von jeher fremd . . . Wie das Weib als solches keiner Mund untersteht, so ist es seines Geschlechtes wegen auch nicht unfähig, mundschaftliche Befugnisse über Andere zu üben." Aehnliche Erscheinungen hat Ficker auch in dem Rechte anderer germanischer Stämme gefunden; was aber besonders wichtig ist — er durfte darauf hinweisen, daß nach den von ihm erörterten Verhältnissen das fränkische Recht „das dem gesammtgermanischen Urrechte nächststehende sein dürfte" (S. 85). Bewährt sich diese neue Lehre, dann enthält die Einführung der elterlichen Gewalt nur die Rückkehr zur nationalen Reorganisation der deutschen Familie, und die oben nachgewiesene Hinneigung der Litteratur und modernen Gesetzgebung, die rechtliche Stellung der Mutter zu kräftigen, erklärt sich zum guten Theil schon aus dem unvertilgbaren nationalen Rechtsbewußtsein.

Auch wir erklären uns für die gesetzliche Anerkennung der elterlichen Gewalt. In den vorausgeschickten Mittheilungen aus Litteratur und Motiven von Gesetzesarbeiten ist schon mancher für sie vorgebrachte Grund zur Sprache gekommen. Soweit der Zusammenhang uns nicht nöthigt, früher Erwähntes wieder zu berühren, soll es

[107]) Auf die interessanten Spuren des Mutterrechts in anderen Richtungen, die in der nämlichen Abhandlung für das germanische Recht nachgewiesen sind, ist hier nicht einzugehen.

hier nicht wiederholt werden. Unsere Frage hat auch Seiten, die noch nicht hinreichend erörtert sind.

Vor Allem fragt sich: Ist die Mutter den Aufgaben gewachsen, die ihr die elterliche Gewalt zuweist? Kann sie die Mitträgerin, und, nachdem der Vater weggefallen, die alleinige Trägerin der Gewalt sein, die bisher nur dem Vater zustand? In einem gewissen Grade scheint uns diese Frage allerdings schon dadurch bejaht zu sein, daß die Gesetzgebungen die Mutter in einer in der neuesten Zeit sogar steigenden Zahl von Fällen [108]) zur Vormundschaft zulassen, offenbar also die Erfahrungen, die man mit weiblichen Vormündern gemacht hat, nicht ungünstig sein müssen. Da aber die Trägerin der elterlichen Gewalt denn doch etwas anderes und mehr als ein Vormund ist, so ist die erwähnte Erfahrung noch nicht ausschlaggebend. Es sprechen aber auch noch andere Gründe für die Qualification der Mutter. Fichte (Grundlage des Naturrechtes II S. 224 f.) bemerkt mit Recht: „Es läßt sich nicht behaupten, daß das Weib an Geistestalenten unter dem Manne stehe; aber das läßt sich behaupten, daß der Geist beider von Natur einen ganz verschiedenen Charakter habe. Der Mann bringt alles, was in ihm und für ihn ist, auf deutliche Begriffe, und findet es nur durch Raisonnement . . . Das Weib hat ein natürliches Unterscheidungsgefühl für das Wahre, Schickliche, Gute . . . ohne deutliche Einsicht in die Gründe ihres Urtheils . . . Man kann sagen, der Mann muß sich erst vernünftig machen: aber das Weib ist schon von Natur vernünftig . . . Das Weib ist sonach schon durch ihre Weiblichkeit vorzüglich praktisch, keineswegs aber speculativ . . ." [109]) Dieses Zeugniß ist unzweifelhaft der Mutter sehr günstig. Und in der That sehen wir ja auch, daß die Gesetzgebungen längst schon die Erziehung der Kinder nach dem Tode des Vaters vorwiegend in die Hand der Mutter legen, und daß thatsächlich — mögen nun die Gesetz-

---

[108]) Dernburg, Vorm.-R. S. 129.

[109]) Vgl. Lippert, Gesch. d. Familie S. 37: „Iselin hat bemerkt, daß die afrikanische Frau intelligenter sei als der Mann. Mit einiger Einschränkung möchte wohl das Urtheil nicht ganz abzuweisen sein. Insoweit die Menschen unter Mutterrecht lebten . . . hat die nur der Frau zufallende vorschauende und nie ganz unterbrochene Sorge wohl zuerst deren Geistesgaben nach einer gewissen Richtung hin höher entwickeln müssen . . . In einem bestimmten Kreise ist die Auffassung der Frau eine schnellere und eindringendere; in ihrem Bereiche ist die geistige Ausbildung der Frau schneller beendet — des Mannes rechte Lehrzeit beginnt erst dann; über jener Grenze aber erscheint die entschiedene Begabung der Frau wie ein Ausnahmsfall. Das Weib hat einen Vorsprung vor dem Manne, und wäre die Rennbahn nur kurz abgesteckt, so würde es ihm den Rang ablaufen; aber im ausdauernden Rennen nach fernen Zielen überholt es der Mann."

bücher Bestimmungen darüber, wie sich die Eltern in die Erziehung zu theilen haben, enthalten oder nicht — die ausführende, erziehende Thätigkeit in den breitesten Schichten des Volkes nicht nur darum zum größten Theile von der Mutter besorgt wird, weil der Vater die erforderliche Zeit nicht zu finden vermöchte, sondern auch darum, weil nur sie über jene nie ermüdende Geduld und Opferfreudigkeit verfügt, [110]) weil nur sie den Kindern jenes unbegrenzte Vertrauen einflößt, die der Erziehung förderlicher sind, als alle pädagogische Weisheit. So überwiegt der Regel nach der persönliche Einfluß der Mutter den des Vaters weitaus, [111]) und — mag immerhin der Vater den Beruf bestimmen — für die Art, wie der Knabe in seinem Mannesalter seine Schuldigkeit thun wird, wird die Mutter entscheidend. Dieses „Mutterrecht" wird wohl so lange dauern, als die Menschheit! — Freilich ist manches „Muttersöhnchen" durch mütterliche Schwäche verdorben worden; allein in zahlreichen Fällen ist dies geschehen trotz Entgegenarbeitens des Vaters, was also nur ein neuer Beweis für den kaum hoch genug anzuschlagenden Einfluß der Mutter ist — und in anderen Fällen ist es geradezu die nachgiebige Schwäche des Vaters, die dem Kinde nachtheilig wird, während die Beispiele gar nicht so selten sind, daß Wittwen ihre Kinder mit weiser Strenge erziehen.

Auch die Fähigkeit der Mutter zur Verwaltung des Kindergutes möchten wir nicht in Zweifel ziehen. Auch hier wollen wir einen Ausspruch Fichtes (a. a. O. S. 223) an die Spitze stellen: „Zum eigenen Gebrauch für den Menschen gehören von der Geistescultur nur die Resultate, und diese erhalten die Weiber in der Gesellschaft: in jedem

---

[110]) Bei Lauterbach, Coll. theor. pract. ad L. XXVII. tit. 2 § 2 finden wir als Motivirung des Erziehungsrechts der Mutter das Sprüchwort: „Der Mutter Treu ist alle Tage neu." Uns selbst sagte ein würdiger Priester, der 30 Jahre in angestrengter Thätigkeit als Seelsorger verlebt hatte, mit heiligem Ernste: Eine Mutter, die vier Kinder selbst gesäugt und gut erzogen hat, verdient fast unbesehens selig gesprochen zu werden. — Vgl. noch Lippert a. a. O. S. 4 („Mutterliebe ist das Fundament der ältesten Organisation"), 20.

[111]) Der Einfluß des Vaters soll damit weder geleugnet noch verkleinert werden. Von ihm, wie von der Mutter ist richtig, „daß sie, kraft ihrer nächstverwandten leiblichen und geistigen Natur ihre Kinder nach deren gesammter Eigenschaft am besten verstehen und zu behandeln wissen; daß ebenso umgekehrt das Kind auch sie weit leichter begreift als jeden Dritten; daß es schon früh ihre besondere Liebe zu ihm ahnt und fühlt, und sie mit gleicher Liebe und Dank vergilt; daß es endlich aus allen diesen Gründen doppelt empfänglich ist für alles, was von den Eltern ausgeht, die eben darum weit leichter einen großen Einfluß auf es erlangen als ein Fremder". Röder, Grundz. d. Naturr. S. 373.

Stande das Resultat der ganzen Cultur dieses Standes." Es war unseres Erachtens vorzüglich die sociale Stellung des Weibes, die so geraume Zeit das Hinderniß der Heranziehung der Frauen zur Vormundschaft und der Entstehung einer diesen Namen verdienenden elterlichen Gewalt bildete. Solange auch das reife Weib vom Rechte seines Geschlechtes wegen nicht als selbständig erachtet wird, kann ihm nicht wohl eine Gewalt über Andere übertragen werden; und solange dem Weibe beinahe jeder andere redliche Erwerb als der durch die Nadel verschlossen war, kann die Rechtsordnung es nicht vollauf selbständig stellen. Daß dennoch die Mutter und Großmutter zur Vormundschaft zugelassen wurden, war kaum ganz consequent; man motivirte indessen auch diesen Rechtssatz damit, daß „die Gesetze vermuthen, daß bei ihnen das, was sonst den Weibern mangelt, durch ihre vorzügliche Liebe zu ihren Kindern hinreichend ersetzt werde". [112]) Heut aber ist die sociale Stellung des Weibes schon so sehr eine andere und günstigere geworden, daß von einer Ausschließung desselben von einer rechtlich selbständigen Stellung nicht mehr die Rede sein kann; [113]) volle Geschäftserfahrung ist gar nichts Seltenes mehr; so manche Bäuerin bewirthschaftet ihren Hof, so manche Frau betreibt ein Handelsgeschäft, eine Fabrik so gut wie ein geschäftstüchtiger Mann; ein Erwerbszweig um den andern eröffnet sich den Frauen, und die Zahl der Frauen, die Fachbildungen erwerben, die früher nur Männern zugänglich waren, mehrt sich von Jahr zu Jahr, [114]) und damit auch die Zahl jener Frauen, die als Ehefrauen und Mütter activ am Erwerb theilnehmen, wo nicht gar durch ihre Erwerbsthätigkeit allein ihre Familie erhalten. In Fällen der letzteren Art ist die Frau nicht selten schon bei Lebzeiten des Mannes *factisch* das Haupt der Familie; [115]) sie erhält und leitet und lenkt ihr ganzes Haus.

Auch wenn man aber zuzugeben geneigt ist, daß die Frau der Fähigkeit nicht entbehrt, den Aufgaben zu entsprechen, welche die Leitung der Kinder und die Verwaltung des Vermögens ihr stellt, so folgt *daraus* noch keineswegs, daß ihr auch eine mütterliche (elterliche) Gewalt beizulegen sei. Auch zu einer Zeit, da die römische Frau noch filiae

---

112) So z. B. der sog. *Wiener Heineccius* I S. 100. — Daß Frauen mit den Einkünften oft sparsamer umgehen, betont *Malleville* (oben).

113) Vgl. auch *Witting* a. a. O. S. 154.

114) Daß diese sociale Veränderung auch ihre minder erfreulichen Seiten hat, kann hier außer Betracht bleiben; die Gesetzgebung hat mit den Thatsachen des Lebens zu rechnen, wie sie wirklich sind.

115) Vgl. *Voigt*, XII Tafeln. II S. 62, 83: Die vidua (im alten Sinne des Wortes) als Oberhaupt des Hauswesens.

familias loco war, waltete sie factisch als domina im Hause des Mannes, und die Mutterliebe war im Alterthum, was sie heute ist. Wer möchte behaupten, daß die Frau des Alterthums, wenn sie in die potestas des verstorbenen Mannes hätte einrücken dürfen, mit ihren größeren Zwecken nicht gewachsen wäre? Gleichwohl hat ihr das röm. Recht nie mehr als die Vormundschaft gegeben. Warum verlangen wir mehr?

Wir glauben, daß die elterliche Gewalt nicht nur besser ist als eine Vormundschaft (auch besser als eine Vormundschaft der Mutter), sondern daß sie eine nicht zu unterschätzende Stärkung der Familienbande, eine Erhöhung der Autorität der Mutter, damit aber eine Kräftigung der Familie überhaupt mit sich bringen muß, und viele Differenzen hintanhält, die sich sonst in den Familien ergeben. [116]) Auch hier ist aber zu unterscheiden zwischen dem Zustand bei Lebzeiten beider Eltern und dem, der sich bei Auflösung der Ehe (insbesondere durch den Tod des Vaters) ergiebt.

Wenn das Gesetz während der Ehe dem Vater allein die Ausübung der Gewalt zuweist (Cod. civ. Art. 373), oder wenn es (deutscher Entwurf § 1501 Abs. 2) erklärt: „die elterliche Gewalt steht dem Vater und nach dessen Tode der Mutter zu", so läßt sich dieser Rechtssatz anscheinend wohl ableiten aus dem anderen (Entw. § 1506 Abs. 2): „Im Falle einer Verschiedenheit der Meinungen zwischen dem Vater und der Mutter entscheidet der Vater". Nicht selten ist ja behauptet worden, es könne eben darum juristisch nur von einer väterlichen Gewalt gesprochen werden, auch wo die Gesetze von einer Action der Eltern reden, „weil der Vater in Allem und Jedem das entscheidende Wort zu sprechen hat, die Mutter bei Meinungsverschiedenheiten zurückstehen muß, rechtlich also nur der Wille des Vaters zur Geltung und Ausführung kommt". [117]) Dem ist jedoch entgegenzuhalten, daß die Fälle, in welchen die Mutter neben dem Vater bezw. an Stelle des Vaters einzelne oder alle Rechte der elterlichen Gewalt auszuüben nach dem Entw. berufen ist, viel zu zahlreich und gewichtig sind, so daß es kaum als angemessen erscheinen kann, im Gesetze einen Satz (§ 1501 Abs. 2) in einer Weise zu formuliren, die mit einer ganzen Reihe von Rechtssätzen nicht übereinstimmt. Ja selbst

[116]) Wir fassen also die Frage nicht wesentlich als eine Frage des Fortschritts der Frauenemancipation auf, sondern als eine die Organisation und Stärkung der Familie betreffende Frage. Ihr Zusammenhang mit der Emancipationsfrage ist nur der, daß die geänderte sociale Stellung des Weibes die Einführung der elterlichen Gewalt erleichtert.

[117]) So neuestens wieder Heusler, II S. 433; ganz ähnlich schon Schmidt, Preuß. Fam.-R. S. 503; vgl. auch Huber, S. 434f.

wenn die Mutter auch „nur in Abwesenheit oder Behinderung des Vaters die Rechte desselben ausüben darf“, wenn „der Mutter die Züchtigung des Kindes . . . insoweit freistehet, als der Vater dieselbe nicht verboten hat“, [118]) so würde schon dies beweisen, daß auch die Mutter bei Lebzeiten des Vaters und durante matrimonio einen Antheil hat an der elterlichen Gewalt und deren Ausübung. Kann kein Gesetz die im Innern der Familie waltende Sorge der Mutter für die Person des Kindes ausschließen wollen, und muß es ihr demgemäß auch alles das einräumen, was als Mittel der Ausübung dieses ihres Rechtes erscheint, so möchte es am angemessensten erscheinen, die elterliche Gewalt der Mutter von vornherein nicht als etwas nur subsidiär Eintretendes hinzustellen. Nicht nur entspräche dies dem Inhalte der Rechtssätze des Entwurfes besser, es würde auch die Stellung der Mutter gewinnen, wenn ihre Autorität als eine solche hingestellt würde, die von den Kindern principiell als eine der väterlichen fast gleiche zu respectiren ist, und die des Vaters würde nichts verlieren, da dem Familienhaupt seine vorzügliche Stellung, das entscheidende Wort, doch immer gewahrt bliebe. — Daß in den Fällen des § 1546 [119]) auch die Mutter die Hülfe des Vormundschaftsgerichtes anrufen kann, denken auch wir nicht als einen Ausfluß der elterlichen Gewalt; das Gericht kann vielmehr von Jedermann in Thätigkeit gesetzt werden, sein Einschreiten ist ein officiöses (vgl. österr. B. G. B. §§ 148, 177, 178). — Nach außen wird regelmäßig der Vater allein hervorzutreten haben; der Regel nach hat durante matrimonio er den Nießbrauch am Kindergut, und steht auch nur ihm die gesetzliche Vertretung des Kindes zu (Entw. § 1506 Abs. 1 a. E.).

Aus dem Satze, den wir betonen zu müssen glaubten, aus dem Satze, daß Vater und Mutter an der elterlichen Gewalt von Haus aus Theil haben, ergiebt sich nun aber auch von selbst, welche Stellung der überlebende Elterntheil einzunehmen habe, nachdem die Ehe durch den Tod getrennt ist — und zwar ist es jene Stellung, welche ihm der Entwurf wirklich einräumt. Der Vater oder die Mutter ist gestorben: das menschlich-sittliche Gefühl sagt dem Ueberlebenden, es sei nun seine Pflicht, seinen Kindern nach Kräften den Verstorbenen zu ersetzen, ihnen Vater und Mutter zu sein. Unzähligemale hat der Gedanke an diese Pflicht

---

[118]) Schmidt a. a. O. S. 503, 504. Vgl. Deutsch. Entw. §§ 1238 Abs. 1 (der freilich nicht nur hierher gehört), 1498, 1499, 1504—6 Abs. 1, 1555, 1557 Abs. 2, 1559 Abs. 2, 1564.

[119]) Dahin würden auch Fälle gehören, wie z. B. wenn der schwache Vater groben Excessen des Kindes nicht Einhalt thut, dasselbe verwildern läßt, oder wenn er eigensinnig an einer unpassenden Berufswahl für das Kind festhält u. dgl.

arme Wittwen zu übermenschlichen Anstrengungen für ihre Kinder gestärkt, nicht selten den verwittweten Vater zum zärtlichen Pfleger seiner Kinder gemacht. Kann der Riß, den die rauhe Hand des Todes in die Familie gemacht, auch nicht ungeschehen gemacht werden, so wird er doch dadurch einigermaßen wett gemacht, daß die Bande der Familie sich nun zwischen den Ueberlebenden nur um so fester und inniger knüpfen. Wir behaupten nicht, daß der deutschrechtliche „Beisitz" [120]) durch Erwägungen dieser Art entstanden sei, gewiß aber kann er zu Ergebnissen führen, die unseren Postulaten entsprechen; er enthält eine rechtliche Ordnung der Verhältnisse, wie sie auch von unseren Ausgangspunkten aus möglich wäre. Ganz anders aber der bekannte Rechtssatz des cod. civ. Art. 390: „Nach Auflösung der Ehe durch den Tod eines der Ehegatten gehört die Vormundschaft über die minderjährigen . . . Kinder von Rechts wegen dem Ueberlebenden der Eltern." Praktisch mag Malleville (I. S. 404) nicht Unrecht haben, wenn er sagt: „Uebrigens sieht man leicht ein, daß diese gesetzliche Vormundschaft der Eltern nichts anderes als die väterliche Gewalt ist" — aber gedacht ist das Verhältniß doch wesentlich anders: die elterliche Gewalt kann nur bestehen, solange beide Eltern leben; stirbt der Vater oder die Mutter, so hat sie nicht nur für den verstorbenen, sondern auch für den überlebenden Theil aufgehört, sie existirt also gar nicht mehr und wird in der Person des Ueberlebenden durch eine weniger weittragende Gewalt ersetzt. Diese Behandlung des Falles erscheint uns als eine naturwidrige. Ihr Ausgangspunkt scheint in der Annahme zu liegen, der bisherige enge Naturverband der Familie sei durch den Tod des einen Parens auch für die Ueberlebenden definitiv und unheilbar zerrissen, während sich diese doch nur umsomehr auf einander und zum festesten Zusammenhalt angewiesen fühlen müssen. Will man aber die Vorschrift des französischen Rechts damit rechtfertigen, daß in der puissance paternelle für jeden Parens das Recht und die Pflicht enthalten sei, den anderen zu controliren, diese Controle aber durch den Tod des Einen nunmehr entfallen sei, also auf anderem Wege ersetzt werden müsse, so scheint damit zu viel bewiesen zu sein. Denn den juristischen Werth der von der Mutter über den Vater zu übenden Controle vermögen wir nicht hoch anzuschlagen; wäre eine Controle ein Bedürfniß, dann wäre ein solches auch bei Lebzeiten beider Eltern vorhanden, m. a. W. dann müßte auch die väterliche Gewalt der Vormund-

---

[120]) Vgl. Schröder, Gesch. des ehel. Güterrechts in Deutschland. I S. 143 f., II 1. S. 158 f., 164 ff., 182 ff., 198 ff., 209 ff., 221 ff., II 2. S. 81 ff., II 3. S. 146 ff., Heusler, II. S. 450 ff. und passim.

schaft näher gebracht werden. Nach dieser Seite hin halten wir die im französischen Recht getroffene Regelung in ihrer gedankenmäßigen Fundirung (nicht auch durchaus in ihren praktischen Ergebnissen) für noch weniger glücklich, als die jener Rechte, die doch wenigstens dem Vater nach dem Tode der Mutter seine Gewalt nicht verkümmern; daß sie der überlebenden Mutter (die bis dahin nicht als Trägerin einer Gewalt erschien) nicht mehr als die vormundschaftliche Gewalt einräumen, erscheint nicht als Herabdrückung derselben in eine rechtliche Position, die schwächer ist, als ihre frühere.

Allerdings trifft aber auch die letzterwähnte Gestaltung des Verhältnisses noch nicht das Richtige. Das was uns richtig erscheint, ist unendlich einfach, und ist auch schon wiederholt, bald mehr bald weniger vollständig und klar ausgesprochen worden: Unbeschadet der Stellung des Vaters als maßgebenden Hausherrn in der Familie stehen als Leiter an der Spitze der letzteren der Vater und die Mutter; stirbt eines von beiden, so ist die Familie ihres Hauptes keineswegs beraubt, der überlebende Theil ist vielmehr nun von selbst der Träger der hausherrlichen Gewalt. Es bedarf nicht erst eines Eingreifens der öffentlichen Gewalt, um der Familie ein Haupt zu geben oder für sie vorzusorgen — die Aufgaben, die bis dahin Vater und Mutter hatten, obliegen nun dem überlebenden Parens allein. Vom Standpunkt des römischen Rechtes ist das, wenn der Vater der Ueberlebende ist, ganz zweifellos. Ist es nun richtig, daß Stellung und Aufgaben nicht nur des Vaters, sondern auch der Mutter von Natur aus da sind, und ist alle (öffentliche) Vormundschaft nur künstliches Surrogat, das nur so weit berechtigt ist, als der Elternschutz fehlt (oder etwa ein Schutz gegen die Eltern Bedürfniß wird [121]), also nur so weit berechtigt ist, als der natürliche Familienverband seinen Dienst wirklich versagt, so muß die Vormundschaft zurücktreten, solange die natürlichen Gewalten nicht weggefallen sind. Die Mutter war aber Mitinhaberin der elterlichen Gewalt schon bei Lebzeiten des Vaters. Daß sie neben ihm weniger hervorzutreten hatte, erklärt sich aus seiner eheherrlichen Gewalt über sie, nicht aber daraus, daß ihre Gewalt virtuell geringer wäre. Mit dem Wegfallen des Vaters ist auch das Moment entfallen, das das actuelle Heraustreten ihrer Gewalt verhinderte oder schwächte; m. a. W. ihre Gewalt kann nun zur vollen Geltung kommen [122]),

[121]) Bruns in Holtzendorff's Encykl. I. 4. Aufl. S. 506.

[122]) Es wäre mindestens sehr ungenau, sich auf das partes concursu fiunt zu berufen, denn getheilt ist die Gewalt so wenig zwischen Vater und Mutter, als man etwa sagen kann, ein Vater von 3 Kindern habe über jedes derselben die Gewalt zu einem Drittel; ebenso schief wäre eine Berufung auf eine bei beiden

wofern nicht concrete Gründe vorhanden sind, die dem gleichwohl entgegenstehen, die aber keineswegs in der Natur der Gewalt selbst gelegen sein müssen. War die Mutter schon bei Lebzeiten des Vaters Mitträgerin der elterlichen Gewalt, trug sie — was noch viel mehr bedeutet — schon damals vielleicht das Beste dazu bei, die Ausübung der Gewalt seitens des Vaters mit zarter Hand zu bestimmen und zu lenken, so ist nicht zu verstehen, warum nach dem Tode des Vaters ihr Einfluß ein geringerer werden sollte; vielmehr erscheint es als das Angemessenste, nunmehr ihre Gewalt auch rechtlich zur vollen Geltung zu bringen. Es hat etwas für sich, zu sagen, die römische patria potestas sei eine Gestaltung gewesen, welche der Uebertragung auf die Mutter widerstrebte; „der harte, männliche Geist, welcher die römische patria potestas durchdringt, ließ sich in die der Mutter zu verleihenden Befugnisse nicht hineintragen“ [123]); in der Gegenwart aber ist die Gewalt des Vaters um so viel schwächer als die römische, daß auch dieses Bedenken gegen ihre Uebertragung auf die Mutter sein Gewicht verliert. Wir halten eine Fortsetzung der elterlichen Gewalt durch die Mutter für besser, als die Anordnung einer Vormundschaft über die Kinder, werde diese nun der Mutter oder einem Dritten übertragen. In der Vormundschaft ist die Pflicht so sehr das Ueberwiegende — und da sie ein Amt ist, kann das nicht wohl anders sein — daß sie mit der Stellung der Eltern nicht vermengt werden sollte; in einer Mutter, die wesentlich die Stellung eines Vormundes hat, können die Kinder nie „die oberste Lenkerin“ ihres Schicksals erblicken (vgl. die oben mitgetheilte Stelle aus den hessischen Motiven). Und begreiflicherweise ist's noch schlimmer, wenn ein fremder Mann mit Ausschluß der Mutter die Vormundschaft übernimmt. Die Mutter hat die Erziehung des Kindes, der Vormund aber hat das Recht und die Pflicht, auf die Erziehung Einfluß zu nehmen; die Meinungen theilen sich gar bald, und für die Austragung des Meinungsstreites versagen jene Momente den Dienst, die Differenzen zwischen Vater und Mutter leicht beheben — den Schaden aber leidet die Erziehung des Kindes, oft auch die Autorität der Mutter gegenüber dem Kinde, ohne daß doch in der Regel der fremde Mann den vollen persönlichen Einfluß über dasselbe zu gewinnen im Stande wäre. Und wie oft meint auch ein gewissenhafter Vormund [124])

Eltern solidarisch vorhandene Gewalt, da sie ja, solange beide leben, von beiden in sehr verschiedenem Maße geübt wird. Dennoch wird die Vergleichung des hier mit dem im Text Gesagten zur Verdeutlichung unseres Gedankens beitragen können.

[123]) Lehmann, S. 143f., 215.

[124]) Anders freilich, wenn der Vormund dies nur dem Namen nach ist. Uns

in Vermögensfragen Stellung gegen die Mutter nehmen zu müssen und zwingt sie so, ihre Interessen gegen ihn, der doch nur die Kinder vertreten will, zu wahren! Wie oft veranlaßt dies die Kinder selbst, wofern sie dem Alter der Selbständigkeit schon nahe stehen, sich auf die Seite der Mutter zu schlagen, d. h. gegen den Mann Partei zu nehmen, der doch nur das Bewußtsein und den Willen hat, sie zu schützen und ihr Bestes wahrzunehmen. Uebernimmt dagegen die Mutter als nunmehr einzige Repräsentantin der Einheit der Familie und ihrer Interessen die Ausübung der elterlichen Gewalt, so schlingt sich das Familienband nur um so fester um alle Mitglieder, die Zeit, da eine Auseinandersetzung der Einzelinteressen einzutreten hat, ist in die Ferne gerückt, und wenigstens bis dahin erscheint durch den längst gewohnten Einfluß der Mutter keines der Kinder verletzt. Daß in einzelnen Fällen die Zuordnung eines Beistandes nöthig erscheinen wird, ist keine Eigenthümlichkeit der von der Mutter geübten elterlichen Gewalt (deutscher Entwurf § 1554 Abs. 2), es wird bei ihr nur häufiger eintreten, als beim Vater. Da aber in der Praxis des französischen Rechts von der im Art. 391 des Code dem Vater ertheilten Ermächtigung, der Muttervormünderin einen Beirath zu ernennen, „fast kein Gebrauch gemacht" wird [125]) — und Niemand kennt doch die Mutter so genau als der Vater — so spricht auch in dieser Richtung die Erfahrung für die Vertrauenswürdigkeit der Mutter. Im Uebrigen billigen wir durchaus die Bestimmungen des Entwurfes § 1538 ff. Wir hatten uns die Fälle, in denen ein Beistand zu bestellen ist und die rechtliche Regelung seiner Stellung, die ernstliche Conflicte mit der Mutter nicht leicht besorgen läßt, bezw. dieselben unschwer löst, schon bevor wir den Entwurf zu Gesicht bekommen hatten, wesentlich so gedacht, wie sie in demselben geordnet sind.

Auch die Regelung des elterlichen Nießbrauchrechts in den §§ 1516 Entw. ist eine sehr umsichtige. Es ist kein Anlaß geboten, auf die Einzelheiten einzugehen, da wir uns hier nur mit der Principienfrage zu beschäftigen haben, ob es angemessen sei, durch die elterliche Gewalt auch ein solches Nutzungsrecht am Vermögen des Kindes begründen zu lassen.

Wir glauben, daß auch diese Frage bejahend zu lösen ist. Aber wir sind — abgesehen davon, daß auch wir vorbehaltlos anerkennen,

---

ist ein Fall bekannt, daß ein Gemeindediener die Vormundschaft über mehrere Hunderte von Waisen führte — eine wahre Ironie auf das Institut der Vormundschaft.

[125]) Dernburg, Vormundschaftsrecht S. 14f.

daß die eingewurzelten historischen Grundlagen des Rechtszustandes in Deutschland ein sehr schwerwiegendes Argument für die Beibehaltung dieses Nießbrauches sind (vgl. Stobbe IV. § 254, Lang a. a. O. S. 480) — nicht durchgehends mit den Gründen einverstanden, die man dafür vorzubringen pflegt.

In Oesterreich ist das elterliche Fruchtgenußrecht seit geraumer Zeit aufgehoben; der Vater hat nur die Verwaltung des Kindergutes, und es ist das so sehr das regelmäßige Verhältniß, daß die Fälle, in denen er nicht einmal die Verwaltung oder mehr als die Verwaltung hat, für unsere Untersuchung ganz außer Betracht bleiben können. Der Grundsatz: „Alles, was die Kinder . . . erwerben, ist ihr Eigenthum" hat sich im Volksbewußtsein eingelebt; er trägt zur Ansammlung von Sparpfennigen nicht wenig bei, indem so mancher Vater, obwohl er die Erträgnisse des Kindergutes für den Unterhalt des Kindes zu verwenden berechtigt ist, es vorzieht, dieselben (bei unbedeutendem Vermögen des Kindes) zu capitalisiren. Auch hat die grundsätzliche Scheidung von Vater- und Kindergut der Innigkeit des Familienlebens nichts geschadet; in gerichtlich verhandelten Rechtsfällen ist unseres Wissens nichts vorgekommen, was gegen die Angemessenheit dieses Grundsatzes Bedenken erregt hätte, und in der That hat auch die Gesetzgebung wiederholt bei Einführung des B. G. B. in neue Geltungsgebiete keine Aenderung desselben, (sondern nur eine Suspendirung rücksichtlich des zur Zeit der Einführung des Gesetzbuches schon erworben gewesenen Kindergutes) für nothwendig erachtet, und sehr achtbare Stimmen erklären ihn noch heut für vollauf gerechtfertigt unter Berufung auf die nämlichen Gründe, die für seine Einführung entscheidend gewesen waren.

Die Consequenz dieses Grundsatzes ist nun aber die, daß der Vater hinsichtlich der ihm zustehenden Verwaltung nur die Stellung eines Vormundes (oder Curators: § 175 b. G. B.) hat; es ist also seine Pflicht, die Erwerbung von Kindergut, das seiner Verwaltung untersteht, dem Gericht anzuzeigen und darüber Rechnung zu legen — ein unbestritten anerkannter Satz (s. Stubenrauch 5. Aufl. I, S. 241). Nun ist aber leicht verständlich, daß von einer genauen Befolgung dieser Regel im praktischen Leben nicht die Rede ist. Wohl wird, wenn dem Kinde ein namhaftes Vermögen zufällt — es wird das fast immer im Erbwege geschehen — eine Inventarisirung desselben stattfinden, und dann wird auch das Pupillargericht mit allem Ernste dafür sorgen, daß der Vater das Stammvermögen ungeschmälert erhalte; allein wer die Praxis des „Verfahrens außer Streitsachen" kennt, wird von nicht wenig Fällen zu erzählen wissen, in denen der Vater von der Rechnungslegung freigesprochen und ihm der die Erziehungskosten übersteigende Ertrag des Kindergutes zur freiwilligen Verwendung überlassen wurde (§ 150), weil dieser Ueberschuß als ein „geringer“ anzusehen sei — auch in Fällen, in welchen er ein sehr beträchtlicher war. In solchen Fällen reagirt also selbst die Praxis der Gerichte gegen die Gleichstellung des Vaters mit dem Vormunde, sie nimmt es lax mit der Rechnungslegung, weil sie empfindet, daß dem Vater zu viel zugemuthet wird, wenn man von ihm verlangt, er solle den Ertrag des Vermögens seines Kindes verrechnen, wie ein wildfremder Mensch, der nur eine Bürgerpflicht erfüllt. Jedenfalls aber wird die Absicht des Gesetzes nicht erreicht, die hier dahin geht, dem Kinde auch den Ertrag seines Vermögens zuzuwenden. Und wieder anders in den Fällen, da das Vermögen des Kindes ein geringes ist. Wie kann man dem Vater zumuthen, dem Gericht solches Vermögen (Pathengeschenke, Schenkungen des Vaters an das Kind) anzuzeigen, und dessen Ertrag zu verrechnen! Jeder Vater sagt sich, daß er genug thue, wenn er diese Erwerbungen des Kindes fruchtbringend macht, und, wo er den Ertrag nicht ersparen kann, denselben für das Kind verwendet. Aber billig scheut er die Controle des Gerichts, nicht weil er nicht reinen Gewissens wäre, sondern weil er fühlt, daß er seine Schuldigkeit auch ohne Controle thut und dem mit den gerichtlichen Schritten verbundenen Zeitverlust ausweichen will.[126]) Allerdings werden hier die Kinder nicht verkürzt, gerade in Fällen dieser Art nehmen die Väter nicht einmal den Ertrag des Kindergutes als Beitrag zu den Erziehungskosten in Anspruch. Aber das Eine ist doch klar: das Gesetz kommt nicht zur Ausführung! Und wir glauben, man thut besser, Gesetze gar nicht zu geben, die doch nicht zur Ausführung kommen können, weil sie den natürlichsten Gefühlen widerstreben. Jedes solche Gesetz schwächt die Autorität des Gesetzes überhaupt.

Darum können wir uns nicht für das Princip der väterlichen Vormundschaft (in diesem Sinne verstanden) erklären, und halten es für richtiger, den Eltern ein Nutzungsrecht am Kindergut einzuräumen. Wir halten es aber auch nicht für richtig, wenn man den Eltern das Nutzungsrecht am Kindergut als *Entschädigung für die den Eltern ob-*

---

[126]) Einem sehr gewissenhaften Juristen erklärte sein Schwiegervater, er wolle dessen Kindern einige Werthpapiere schenken. Die Antwort lautete, er (der Vater) nehme die Schenkung für die Kinder an, ersuche aber, die Schenkung formell an ihn (den Vater) vorzunehmen, damit er der rechtlichen Nothwendigkeit enthoben sei, sich vom Gericht gleich einem Vormund behandeln zu lassen. Der Fall ist nicht erfunden; er illustrirt in drastischer Weise die Thatsache, daß dem väterlichen Gefühle die Gleichstellung des Vaters mit dem Vormunde unerträglich ist.

liegende Ernährung der Kinder einräumen will. Das öster. B. G. B. (§ 154) hat ganz Recht, wenn es diesen Gedanken abweist[127]), obwohl er den Vorarbeiten nicht fremd war. Die Begründung des elterlichen Fruchtnießungsrechtes — soweit sie nicht bloß historisch ist — liegt tiefer, sie liegt in der Einheit der Familie, insbesondere in dem Postulat der Gleichbehandlung der Kinder seitens der Eltern. So selten der Fall praktisch werden mag, so lehrreich scheint er uns zu sein[128]): Einem Kinde eines an Glücksgütern armen, aber mit Kindern reich gesegneten Mannes fällt ein sehr bedeutendes Vermögen zu; ein Freund des Vaters, der etwa nur von der Existenz dieses einen Kindes Kenntniß hatte (oder etwa zu einer Zeit, da nur dieses Kind geboren war), hat ihm eine reiche Erbschaft zugewendet, oder das Pathengeschenk des Kindes bestand in einem Loospapier, und auf dieses fällt nun ein, mehrere Hunderttausende betragender Haupttreffer. Die Einkünfte, die dieses Vermögen abwirft, das ja der Vater zu verwalten hat, wären mehr als ausreichend, nicht nur jenem einen, sondern allen Kindern die beste Erziehung und reichliche Alimente zu geben. Hat der Vater die Fruchtnießung, so steht nichts im Wege, es auch wirklich so zu halten. Muß er dagegen als vormundschaftlicher Verwalter behandelt werden, dann kann er nur das eine Kind, dem das Vermögen eben zugefallen ist, nach dem Maße, das den Erträgnissen des Vermögens entspricht, erziehen und alimentiren, während er die anderen Kinder nur nach dem Maße seiner eigenen bescheidenen Mittel erziehen und ernähren kann — für das erstere aber alljährlich noch einen Ueberschuß von einigen Tausenden zum Stamm des Vermögens schlagen und fruchtbringend machen muß. Für einen Vater, der das Herz auf dem rechten Flecke hat, ist die Zumuthung, seine Kinder so ungleich zu behandeln, eine so gut wie unerfüllbare, er wird fast nothwendig trachten, das Gesetz zu umgehen, und es wird ihm meist nicht schwer werden, damit auch fertig zu werden. Dieser ganze Uebelstand entfällt, wenn zum Inhalt der elterlichen Ge-

---

127) Allerdings sagt es nur: „Der auf die Erziehung der Kinder gemachte Aufwand giebt den Eltern keinen Anspruch auf das von den Kindern nachher erworbene Vermögen"; allein da das elterliche Fruchtnießungsrecht nicht besteht, so war ja keine Veranlassung da, mehr zu sagen.

128) Vgl. Ihering, Geist. II S. 411: „Eine völlig unpraktische Frage, die aber das Institut so zu sagen an seiner empfindlichsten Stelle, an seiner Wurzel erfaßt, kann für die wahrhafte Erkenntniß desselben unendlich viel wichtiger sein, und mit der Beantwortung Einer solchen Frage können mittelbar eine Reihe der praktisch wichtigsten Fragen, die man bisher auf unmittelbarem Wege vergebens zu lösen suchte, ihre Erledigung finden . . . Ihre besten Entdeckungen macht sie (die Jurisprudenz) nicht selten in völlig unpraktischen Regionen . . ."

walt auch ein Nießbrauch am Kindergute gehört; aber wir halten daran fest, daß auch dieser Nießbrauch nicht als selbstnütziges Recht aufgefaßt werden sollte, sondern daß ihn die Eltern haben sollen als ein ihnen im Interesse der Kinder selbst, jedoch zu freiester Verwendung des Ertrages zu deren Besten eingeräumtes Recht.[129]). Damit ist auch Entw. § 1485 a. E. sehr wohl zu vereinbaren, doch passen nicht alle einschlagenden Bestimmungen des Entw. ebenso gut zu unserer Auffassung, wie dieser und einige andere Paragraphen.

Daß endlich die elterliche Gewalt durch die Volljährigkeit des Kindes beendigt wird (Entw. § 1557 Abs. 1), ist ein Satz, den wir mit aufrichtiger Freude begrüßen. Schon oben wurde mehreres hervorgehoben, was hierher gehört, insbesondere, daß wir es nicht für verträglich mit dem Wesen der Familiengewalt erachten können, wenn deren Aufhebung von der reinen Willkür des ihr Unterworfenen abhängig ist, wie das dann allerdings der Fall ist, wenn die Gewalt noch über die Volljährigkeit hinaus dauert, der volljährige Sohn sich aber durch Begründung eines eigenen Haushaltes eigenmächtig emancipiren kann, bezw. der Vater ihm die Genehmigung dazu normalerweise nicht verweigern kann (vgl. Stobbe IV § 260 bes. bei und in Note 7). Im Uebrigen beziehen wir uns auf das in der vorigen Note angezogene Gutachten und auf Witting a. a. O. S. 140 ff.

---

[129]) Pfaff, Gutachten in den Verhdlg. des XII. Deutsch. Juristentages I S. 168.

XIV.

Gutachten des Professor Dr. Kohler zu Berlin

über die Frage:

Soll an Stelle der väterlichen Gewalt eine der Mutter subsidiär zustehende elterliche Gewalt im bürgerlichen Gesetzbuche aufgenommen werden? und mit welchen Modalitäten?

I.

Die Festigkeit der väterlichen Gewalt ist eine Kernfrage für die Cultur der Zukunft; denn an der Festigkeit der väterlichen Gewalt hängt der Zusammenhalt der Familie und damit die Sicherung dessen, daß die Familie sich nicht in Vereinzelung verliert und daß in dem kräftigen Zusammenwirken des Familienbandes ein conservatives Element erhalten bleibt, welches Zucht, Ehrsamkeit und kerniges Wesen garantirt. Naturgemäß ist es nicht möglich, durch die Gesetzgebung die Lebensverhältnisse umzugestalten und Institute ins Leben zurückzurufen, die früheren Zeiten angehören [1]). Aber es giebt stets rechtliche Bildungen, bezüglich welcher das Leben auf einer Wandelstufe steht, so daß sie nach den socialen Verhältnissen erhalten oder aufgegeben werden können, so daß der Gesetzgeber es in der Hand hat, kräftig in die Lebensbildungen einzugreifen und durch die Art seiner Gestaltungen dazu beizutragen, daß die erhaltenden Factoren des Volkslebens gesteigert werden. Hier ist die Verantwortung des Gesetzgebers am größten, hier ist am höchsten das Postulat, daß er sich nicht bloß von technisch-juristischen Sätzen leiten

---

1) Vgl. mein Recht als Lebenselement der Völker S. 5.

läßt, sondern die sociale Wirkung des Rechts auf das Leben berücksichtigt und hiernach seine Gesetzessätze bildet.

Sicher ist es, daß sich das ehemalige Familieneigenthum mit dem Regierungsrechte des Familienvaters ebenso wenig wieder erneuern läßt, als das concentrirte Eigenthum des pater familias, hinter welchem die übrigen Familienmitglieder vermögensrechtlich verschwinden. Aber aus dem ehemaligen Eigenthumsrecht hat sich unter Einwirkung von Verfangenschaftsideen der ususfructus paternus entwickelt und die Erhaltung dieses Usus fructus und die Ausdehnung desselben auf die Mutter, soweit sie Trägerin elterlicher Gewalt ist, halten wir für ein wichtiges Postulat der Gesetzgebung der Neuzeit.

Die großen Vorzüge dieses Institutes leuchten ein: Der Vater hat dem Kinde gegenüber eine andere Stellung, wenn ihm keine Einkunftsrechnung abverlangt wird und er ohne kleinliche Compensation über die Vermögenserträgnisse nach Belieben wirthschaften kann, während er andererseits für das Kind zu sorgen und den Unterhalt und die Erziehung des Kindes zu bestreiten hat. Jedes Hin- und Herrechnen wird hier schwierig und nimmt dem Vater die Freiheit und Kraft seines Wirkens. Und die Frage kann nur die sein, ob dem Hausvater nicht bloß der einfache Nießbrauch, sondern ein Dispositionsnießbrauch einzuräumen ist[2]), so daß er in eigenem Namen kraft seines ihm zustehenden dinglichen Rechtes Gegenstände des Kindesgutes veräußern darf — oder ob ihm nur ein Veräußerungsrecht nomine des Kindes kraft einer mit der väterlichen Gewalt verbundenen Mundschaft zuzuerkennen ist: im ersten Fall handelt es sich um Geschäfte des Vaters, bezüglich welcher der Vater die Gegenleistung einnimmt, wobei dann mehr oder minder für etwaige Wiedererstattung des Kindesvermögens Sorge getragen werden kann; im letzteren Falle liegen stellvertretende Acte des Vaters für das Kind und statt des Kindes vor.

Sicher ist es nun, daß die Veräußerungsmacht gewissen Schranken unterliegen muß, mag man sie in der einen oder anderen Weise construiren; denn unsere Lebensverhältnisse bieten solche Vermögenscomplicationen und solche Vermögensmassen, daß hier nicht alles auf Umsicht und guten Willen gestellt werden darf. Andererseits ist heutzutage die Abgrenzung sehr schwierig, nachdem das Mobiliarvermögen einen solchen Umfang erreicht hat, daß der früher übliche Unterschied zwischen Mobiliar-

---

[2]) Ueber den Dispositionsnießbrauch und für den Dispositionsnießbrauch des Vaters vgl. meine Abhandl. in Jhering's Jahrb. XXIV S. 187 ff., 248 ff., 263 ff., wo auch über verschiedene neuere Gesetzgebungen.

und Immobiliargeschäften kaum mehr eine genügende Scheidung bietet. Das richtigste dürfte es vielleicht sein, einmal bestimmte Geschäfte, wie Liegenschaftsveräußerungen einer besonderen höheren Bestätigung zu unterwerfen und sodann der Vormundschaftsverwaltung die discretionäre Möglichkeit zu geben, in Fällen großer Vermögensmassen oder befürchteter Mißwirthschaft einzutreten und entsprechende Regelung zu treffen — wenn auch nicht zu verkennen ist, daß ein jedes Hineinregieren in die Familie ihre Bedenken hat. Vielleicht daß etwa durch die Mutter solche Sonderverhältnisse angezeigt und die Vorsicht der Behörde wachgerufen werden könnte. Auch das kann zwar zu Mißlichkeiten führen, aber alle Mißlichkeiten lassen sich in unseren Verhältnissen überhaupt nicht vermeiden.

Nimmt man nun diejenigen Veräußerungen, zu welchen der Hausvater unter allen Umständen einer Homologation, einer obrigkeitlichen Bestätigung bedarf, aus, so bleibt noch eine Fülle anderer Veräußerungen übrig, bezüglich welcher die obige Frage brennend wird.

Ich würde mich nun, was diese einfachen Veräußerungen betrifft, durchweg für einen Dispositionsnießbrauch und für das Recht des Hausvaters entscheiden, die Vermögensgegenstände in eigenem Namen zu veräußern, sie auch zu verbrauchen, sie in seinem Nutzen zu verwerthen, vorbehaltlich der Pflicht der entsprechenden Surrogirung.

Mit dieser Art des Veräußerungsrechts stellt man den Hausvater insofern freier, als er einmal Kindesvermögensstücke zugleich mit seinem eigenen in der Art und Weise seines eigenen Vermögens veräußern und umtauschen darf. Der Hausvater hat eigene Staatspapiere neben denen des Kindes: er veräußert, er convertirt, er verpfändet: nichts einfacher, wenn er dies kraft seines Nießbrauchrechts thun darf — dann findet eine Ausscheidung nach Maßgabe der beiderseitigen Vermögensmassen nicht statt; und es ist seine Sache, die dafür erlangten Aequivalente entsprechend zu vertheilen, während sonst die ganze Scheidung nach außen gekehrt und dadurch Schwierigkeiten und Unzuträglichkeiten geschaffen würden. Und sollte der Hausvater, welcher ein Darlehen aufnehmen will, das speciell das Hauskind mit betrifft, etwa einen Theil des Darlehens in eigenem, einen Theil in des Kindes Namen contrahiren und für den einen Theil sein eigenes, für den anderen Theil das Kindesvermögen in Pfand geben? Welche Schwierigkeiten und unnöthigen Hindernisse schafft man sich nicht hiermit?

Dazu kommt, daß nach unserem System der Vater vollständig gerechtfertigt ist, wenn er für das ehemalige Kindesvermögen Surrogate darbietet, ohne daß er die seitherigen Schicksale und die seitherigen Vermögensgeschäfte klarzulegen hätte; der Vater erwirbt, wenn er Kindesvermögen veräußert, die Aequivalente in eigenem Namen, allerdings mit der Verpflichtung der Substituirung; allein diese Substituirung ist immer noch etwas anderes, als wenn die erworbenen Aequivalente direkt für das Kind erworben würden, so daß sie wiederum Gegenstand weiterer mundschaftlicher Verwaltung wären. Allerdings hat diese Behandlungsweise auch wieder für den Hausvater die Schattenseite, daß er selbst aus dem Geschäfte haftet, daß er sich nicht hinter die Haftung des Kindes bergen kann; aber dies ist durchaus keine Mißlichkeit: denn diese Verantwortung aus Veräußerungsgeschäften ist eine Sicherung des gutgläubigen Verkehrs.

Hiernach würde ich bestimmt vorschlagen, das Veräußerungsrecht des Hausvaters bezüglich des Kindespeculiums als einen Dispositionsnießbrauch zu gestalten — soweit das freie Veräußerungsrecht reicht. Dagegen für Geschäfte, von denen wir oben sprachen, für Geschäfte mit nothwendiger Homologation, also für Geschäfte, bei welchen ja doch die Qualität des Kindesvermögens zur Darstellung kommen muß, fallen die angegebenen Rücksichten weg. Für diese würde ich den Dispositionsnießbrauch preisgeben und die Veräußerung als eine Mundschaftsveräußerung im Namen des Kindes construiren; mit der Nothwendigkeit der Homologation ist von selbst jene Freiheit des Hausvaters negirt, welche das treibende Motiv unserer seitherigen Entwickelungen bildet.

Dieser Dispositionsnießbrauch ist auch in verschiedenen Anwendungen im Entwurf des Civilgesetzbuchs vertreten, insbesondere im § 1523. Daß der Nießbrauch an verbrauchbaren Sachen kein Quasi-Usufruct ist, kann völlig Billigung finden; ist doch der Quasi-Usufruct eine Rechtsform, welche wesentlich an Bedeutung verliert, sobald man der Institution des Dispositionsnießbrauchs ihr volles Recht gewährt. Solange der Vater das Geld des Haussohnes getrennt hält, ist kein Grund vorhanden, daß er Eigenthum erwirbt und den Casus trägt; anders, wenn er das Geld mit dem seinigen vermischt oder verausgabt oder sonst für sich verwerthet. Ganz sicher zeigt sich dies bei einem Usufruct an einem Waarenlager, an einem Erwerbsgeschäft: volles Veräußerungsrecht — denn ohne dieses kann ein Geschäft nicht bestehen, und dagegen Hinterlassung des Ladens nach Maßgabe des seitherigen Werthes — also völliger Genuß des Reinerträgnisses. Man vergleiche damit § 1527; allerdings ist hier davon die Rede, daß das Geschäft im Namen des Kindes betrieben wird; allein damit will nur gesagt sein, daß das Geschäft mit dem Namen des Kindes firmirt, wie solches ja auch in anderen Fällen des Usufructus an einem Handelsgeschäfte vorkommen kann; vgl. mein Recht des Markenschutzes S. 233 f.

Von diesen Gestaltungsideen finden sich in den Rechtsordnungen des Occidents wie des Orients die verschiedensten Ausflüsse. So wenn nach russischem Rechte der Vater bei den Geschäften für den Haussohn persönlich einstehen muß, wenn nach englischem Rechte der Vater an einem Theile des Kindesmobiliarvermögens Eigenthum[3]) erwerben kann; so nach islamitischem Rechte, wenn der Vater das Kindesvermögen für seine Zwecke veräußern und verpfänden darf u. s. w.

Von dem elterlichen Usufructe gilt der Grundsatz, daß er mit der elterlichen Gewalt verbunden ist und dazu mitwirken soll, die Zwecke der elterlichen Gewalt zu erreichen, überhaupt das Eltern- und Kindesverhältniß zu entsprechender Entwicklung und Entfaltung zu bringen. Daher gilt von diesem Usufruct, daß er weder nach dem jus, noch nach dem excercitium veräußerlich ist. Darum auch kein Zugriff der Gläubiger[4]): ein Zugriff der Gläubiger nur auf das, was für den Usufructuar als Reinertrag übrig ist, sobald die Zwecke des Usufructes erfüllt sind. Daher versteht sich auch von selbst, daß mit der Lösung der elterlichen Gewalt der Usufruct ipso facto cessirt — mit anderen Worten: hier wird, wie ich bereits anderwärts ausgeführt[5]), der Satz zur Wahrheit, daß ususfructus quotidie constituitur — er ersteht jeden Augenblick von neuem in Verbindung mit der elterlichen Gewalt und mit ihren besonderen Rechten und Pflichten. Damit findet die Bestimmung des § 1534, 1535 des Entwurfs ihre Erklärung.

II.

Schwierigkeiten können sich ergeben, wenn die elterliche Gewalt einer Beschränkung unterliegt oder wenn dieselbe zeitweise ruht, sofern hier die nahe Verbindung zwischen den Functionen der elterlichen Gewalt und dem elterlichen Nießbrauche gelockert ist. Diese Schwierigkeiten sind beispielsweise auch im französischen Rechte hervorgetreten. Die Lösung derselben läßt sich legislativ in folgender Weise erzielen. Wird dem Vater wegen seiner persönlichen Unsittlichkeit oder wegen Verbrechen die Sorge über das Kind genommen, so sollte auch der Usufruct erlöschen: es muß Vor-

---

[3]) Vgl. bezüglich des engl. Rechts Eversley, Law of the domestic relations und über weitere Rechte unserer occidentalen Völker Lehmann, in Ihering's Jahrbuch XXV. S. 142 ff.

[4]) Daß die Gläubiger nicht in der Lage sind, das Dispositionsrecht des Usufructuars auszuüben, versteht sich nach der individuellen Natur des Dispositionsrechts von selbst; vgl. Ihering's Jahrbuch XXIV. S. 314 ff.

[5]) Ihering's Jahrbuch XXIV. S. 261.

mundschaft eintreten[6]) und die Erträgnisse des Kindesvermögens, sind wie bei der gewöhnlichen Vormundschaft, für das Kind zu verwenden oder zu admassiren. Es ist durchaus unangemessen, ein Individuum, welchem man die Sorge für das Kind nicht anvertraut, und welches daher auch nicht über den Unterhalt des Kindes und seine Erziehung bestimmen kann, an dem Kindesvermögen zehren zu lassen.

Ruht aber die elterliche Gewalt, insbesondere wegen Krankheit oder Geistesschwäche, so ist es entsprechend, daß man den Dispositonsnießbrauch des Vaters fortbestehen läßt, aber eine andere Person an seiner Statt in die Fructificirung und in das Dispositionsrecht stellvertretend einrücken läßt. Der Vertreter des Inhabers der elterlichen Gewalt übt die elterlichen Gewaltsbefugnisse vertretungsweise, nämlich in Vertretung des Gewaltinhabers aus; er übt also nicht etwa ein Muntrecht über das Vermögen aus, nomine filii, sondern er übt einen Usufruct und einen Dispositionsusufruct aus, nomine patris.

III.

Daß gewisses Vermögen des Kindes der elterlichen Nutznießung fremd bleiben kann und fremd bleiben soll, unterliegt keinem Bedenken; und ebensowenig kann es zweifelhaft sein, daß hierher insbesondere der Arbeitserwerb des Kindes gehört. Sobald sich aus dem gemeinsamen Hausvermögen das Individualvermögen herauszuringen beginnt, ist es insbesondere der Arbeitserwerb, welcher sich individualisirt; zuerst in der Weise, daß das Mitglied der Hausgemeinschaft, welches die Arbeit leistet, einen Voraus erhält, und sodann so, daß dieses Mitglied das so Erarbeitete allein erwirbt, abgetrennt von dem Vermögen der Hausgemeinschaft[7]). Dies entspricht auch dem Rechte der Arbeit, als dem Rechte des Schöpfers auf das Geschaffene. Wie sich der Arbeitserwerb aus dem Gemeinschaftsvermögen hervorringt, so mit Recht auch aus demjenigen Vermögen, in welchem sich die Gemeinschaftsidee mit väterlicher Obmacht in der Gestalt des väterlichen ususfructus erhalten hat. Vorausgesetzt wird, daß das Vermögen durch selbständigen Erwerb erlangt ist, d. h. durch ein von dem Sohne außerhalb des väterlichen Hausstandes betriebenes Eigengeschäft; wogegen der Umstand, daß der Sohn die zum Geschäfte erforderlichen Kenntnisse dem Vater und dem Vatervermögen

---

[6]) Sofern nicht die Mutter noch vorhanden ist und diese in die elterliche Gewalt eintritt. Vgl. unten S. 216 f.

[7]) Vgl. meine Abhandlung in d. Z. f. vergl. Rechtswissenschaft VIII. S. 121, Autorrecht S. 103.

verdankt, in keiner Weise hindernd in den Weg tritt; denn der Einfluß des Hausvermögens als eines erzeugenden Elementes muß mit dem Augenblicke aufhören, wo das Vermögen vergeistigt worden ist, d. h. mit dem Augenblicke, wo es lediglich der Anstoß und das Mittel geistiger Bildung gewesen ist, welche wiederum zum vermögensrechtlichen Erwerb führt. Die geistige Thätigkeit ist incommensurabel und kann nicht als die Fortsetzung vermögensrechtlichen Einflusses betrachtet werden. Das Gesagte gilt auch dann, wenn das Kind in seiner Erwerbsthätigkeit Zuschüsse von seinen Eltern erhalten hat, welche eben entweder als Schuld gelten, oder bei der Collation zu berücksichtigen sind.

Bezüglich dieses Eigenvermögens des Kindes ist lediglich vormundschaftliches Walten des Vaters angezeigt[8]); denn der Gedanke dieses Eigenvermögens ist der, daß hier das Kindesvermögen nicht durch die höheren Mächte des Familienrechtes gebunden ist, daß vielmehr bezüglich desselben das Kind frei schalten darf und daß folglich nur die Handlungsunfähigkeit des Minderjährigen noch in Betracht kommt. In Bezug auf diesen Vermögenstheil ist der Träger der elterlichen Gewalt nur Vormund und es verhält sich also in dieser Hinsicht wie bezüglich desjenigen Vermögens, dessen Veräußerung dem Dispositionsnießbrauche entzogen ist — nur daß der Arbeitserwerb des Kindes nicht bloß von dem Dispositionsnießbrauch, sondern von jedem Nießbrauch des Vaters frei ist.

IV.

Die Frage, ob bei Wegfall des Vaters die elterliche Gewalt an die Mutter fallen soll, ist stricte zu bejahen. Die Anschauung, welche nur eine väterliche, nicht eine mütterliche Gewalt kennt, beruht auf dem agnatischen Familiensystem indogermanischer und semitischer Völker, welches System Jahrhunderte lang seine guten Früchte getragen hat, aber in unseren Zeiten keine rechte Existenzberechtigung mehr hat; denn die Zeiten des Kampfes von Familie gegen Familie, in welchen der Zusammenschluß der Agnaten und das Zurückweichen der Frauen und des Frauenstandes höchst begreiflich ist, sind dahin. Wie man daher schon beispielsweise in fortgeschrittenen Systemen des islamitischen Rechts der Mutter eine elterliche Gewalt eingeräumt hat, so ist es sicher auch in unseren Zeiten gerechtfertigt, umsomehr, als eine Einwirkung der Mutter und der mütterlichen Zucht in unseren Kulturverhältnissen bedeutend zur Vered-

---

[8]) Eigenartig ist das spanische Gesetz vom 18. Juni 1870; vgl. Lehr, Elements de droit civil Espagnol p. 142 ff.

lung und sittlichen Verfeinerung beitragen muß. Die Mutter bei Seite setzen, heißt auf ein Hauptelement und ein Hauptferment der Sittenkultur verzichten. Die Einwirkung der Mutter soll eine concomitirende sein, solange der Vater lebt — sie braucht allerdings in Bezug auf das Vermögen nicht zur juristischen Geltung zu kommen, außer sofern die Mutter etwa bei Mißwirthschaft des Vaters in der oben gedachten Weise eintreten kann. Nach dem Wegfall des Vaters aber soll die Mutter auch in die Vermögensgewalt eintreten, denn nur der Inhaber der Vermögensgewalt hat auch die Person völlig in der Hand; und die Vermögensunmündigkeit der Frauen, die fragilitas sexus, die an sich großentheils auf Einbildung und hergebrachten Sprüchen beruht, kann nöthigenfalls durch die Aufstellung eines Beistandes ausgeglichen werden, welcher der Frau etwa durch das Testament ihres Mannes oder auf ihren Antrag durch die Vormundschaftsbehörde oder bei schwierigen und heiklen Vermögenslagen wohl auch ohne ihren Antrag beigegeben werden könnte. In ähnlicher Weise hat auch der Entwurf in § 1538 die Sache behandelt.

Die Vermögensverwaltung der Mutter wäre, wie die des Vaters, eine solche kraft eigenen Rechts, die Disposition eine solche kraft eigenen Rechts: es wäre Dispositionsnießbrauch, und nur in den Fällen, wo die Disposition nach dem Obigen in der nothwendigen Homologation der Obervormundschaft eine Schranke fände, müßte die Handlungsunfähigkeit des Kindes durch ein stellvertretendes vormundschaftliches Handeln des Trägers der elterlichen Gewalt ergänzt werden. Daraus ergäbe sich auch die Stellung des Beistandes: der Beistand wäre kein Gegenvormund: er wäre es mindestens nur insoweit, als der Träger der elterlichen Gewalt Vormund ist; er könnte vielmehr einem Vertreter des Eigenthümers verglichen werden, welcher dem Usufructuar zur Controle beigegeben wird, oder Demjenigen, welcher dem Fideicommissar im Interesse der Anwärter zur Seite gestellt ist. Aber auch die Auffassung wäre denkbar, daß der Beistand nicht kraft des Eigenthums, sondern kraft des Usufructrechts aufgestellt wäre, sofern die Usufructuarin auf ihn einen Theil der Last und der Verantwortung legen könnte und sofern die Usufructuarin nach gewissen Seiten hin, als in der Genuß- und Dispositionskraft geschwächt, des Vollwortes bedürfte, um die Usufructuarrechte zur Geltung zu bringen. Dem würde nicht widerstreben, daß ein solcher Beistand zugleich dafür zu sorgen hätte, daß unter diesem Usufructe die Rechte des Mündels nicht leiden dürfen; denn die richtige Ausübung des Usufructes ist eben die, bei welcher zugleich die Interessen des Mündels so weit gewahrt bleiben, als dies mit der Ausübung des Usufructes erträglich ist. Auch sonst ist es nichts Unerhörtes, daß der Vertreter oder Beistand des Einen zugleich die Interessen des Andern zu wahren hat, sofern eben die beiden Interessenkreise einander berühren und durch richtige Abgrenzung das beiderseitige Wohl gefördert wird.

Von diesen beiden Betrachtungsweisen scheint mir die zweite der Stellung der Mutter als Trägerin der elterlichen Gewalt und der mütterlichen Autorität am besten zu entsprechen. Der Beistand soll kein Aufpasser im Namen des Kindes sein, sondern ein Gehülfe der Mutter in der Ausübung ihrer usufructuarischen Rechte.

Daß die Mutter im Falle der zweiten Ehe den Nießbrauch und den Dispositionsnießbrauch über das Kindesvermögen verliert, scheint mir völlig angezeigt zu sein. Mag auch die Mutter die besten Eigenschaften haben, so wird sie doch durch eine zweite Ehe in fremde Interessensphären hineingezogen und so sehr einem fremden Willen unterthan, daß die Garantie für das gedeihliche Fortführen des Usufructrechts, für ein Fortführen ohne Schmälerung der Interessen des Kindes bedeutend geschwächt sind. Eine vormundschaftliche Vertretung der Interessen des Kindes durch die binuba wäre nicht ausgeschlossen, allein das wäre Vormundschaft, es wäre daher ein Handeln alieno nomine, nicht mehr die Ausübung eines Eigenrechts am Kindesvermögen.

XV.

Gutachten des Herrn Geheimen Justizraths Professor Dr. E. Eck zu Berlin

über die Frage:

Soll der Grundsatz: „Kauf bricht Miethe" oder der entgegengesetzte Grundsatz des deutschen und preußischen Rechts im bürgerlichen Gesetzbuche aufgenommen werden, und mit welchen Modificationen in dem einen oder anderen Falle?

Mit dem Satze: „Kauf bricht Miethe", (welcher trotz seiner juristisch mangelhaften Formulirung der Kürze wegen hier beibehalten wird), ist bekanntlich nur eine der schärfsten Folgerungen gezogen, die sich aus der rein obligatorischen Natur der Miethe und Pacht [1]) nach römischem Recht ergeben. Der Erwerber eines dinglichen Rechts ist eben als solcher befugt, mit seiner actio in rem die Sache dem Inhaber ohne Kündigungsfrist zu entziehen, und braucht sich Einreden aus einer Forderung gegen seinen Rechtsvorgänger (den Vermiether) in keiner Weise entgegensetzen zu lassen. Mit dieser Folgerung stehen andere, vom römischen Recht ebenfalls aufgestellte, in engem Zusammenhang, so namentlich die Negation jedes Besitzschutzes für den Miether, ja anderen, als dem Vermiether, gegenüber auch jedes petitorischen Schutzes. Darnach kann jener Erwerber, wenn er zugleich den Besitz hat, den Miether sogar eigenmächtig (nur nicht mit persönlicher Vergewaltigung) entsetzen; ja auch

[1]) Im Folgenden wird der Kürze wegen, wenn Miethe und Pacht zusammen gemeint sind, immer nur die Miethe genannt werden.

gegen denjenigen, welcher ohne alles Recht den Besitz an sich gebracht hat, kann der Miether als solcher sich in der Detention nicht behaupten, geschweige denn auf Herausgabe der Sache klagen. Diese auffallend „gebrechliche" [2]) Stellung des Miethers zeichnet Sohm mit voller Schärfe, wenn er sagt: [3]) „der Miether ist nicht berechtigt, in dem gemietheten Hause zu wohnen, daselbst einzuziehen, sich dort aufzuhalten u. s. w.; er hat nur das Recht, daß der Vermiether ihn wohnen lasse, ihm das „frui" gewähre. — — Zwischen dem Miether und der Sache steht die Person des Vermiethers mitten inne, welche die Unterwerfung der Sache unter den Willen des Miethers herbeiführt und fortdauernd vermittelt".

Im Gegensatze zu dieser römischen Rechtsbildung war dem alten deutschen Recht eine Leihe in rein obligatorischer Gestalt fremd gewesen. Hier stellte sich bei Zeit- wie bei Erbpacht das Recht des Zinsmannes in einer Gewere am Gute dar. Auf eine Detention war nur derjenige beschränkt, der kein Recht auf Innehaben hatte. Für den Nutzungsberechtigten dagegen war „rechtlich und wirthschaftlich die dingliche Gestaltung von Anfang an nothwendig: rechtlich, weil, wo Nutzung war, auch Gewere und dingliches Recht sein mußte; wirthschaftlich, weil mit einer Leihe auf beliebige Kündigung der Ausbau des Landes nicht möglich gewesen wäre. Aus letzterem Grunde ist die ganze geschichtliche Entwickelung der Leihe eine fortlaufende Verstärkung des dinglichen Rechts des Bebauers am Gute und ein Aufsteigen des ursprünglichen abgeleiteten Besitzrechts zu vollem Eigenthum". [4]) Dem Wohnungsmiether wird zwar von manchen, weil er kein Recht auf Fruchtgenuß habe, die Zuständigkeit einer Gewere streitig gemacht; [5]) sicher aber ist, daß er ebensowenig als der Pächter durch den Käufer ausgetrieben werden konnte. [6])

Diese deutschrechtliche Anschauung hat denn auch durch das römische Recht nie ganz verdrängt werden können. Schon ältere Partikularrechte haben den Satz: „Kauf bricht nicht Miethe" wenigstens für Grundstücke festgehalten. [7]) Aber auch im gemeinen Recht ist den klarsten Gesetzes-

---

[2]) Degenkolb, Platzrecht u. Miethe, S. 130.

[3]) In Grünhut's Zeitschr. für privat. und öffentl. R. IV, S. 459.

[4]) Heusler, Institutionen des deutschen Privatrechts II, S. 177.

[5]) Stobbe, Handbuch III, § 186.

[6]) Belege bei Beseler System, 4. Aufl. I, § 113 Anm. 4. Vgl. Bluntschli, Privatr. I, § 54 und Geller in Grünhut's Zeitschr. V, S. 321.

[7]) Vgl. Beseler und Stobbe a. a. O. C. F. Koch, Recht der Ford. III § 346 A. 43.

stellen[8]) zum Trotz der Widerspruch gegen die römische Regel nie verstummt. Im 17. und 18. Jahrhundert war es zu Folge einer von Herm. Zoll, Professor in Rinteln, 1687 unternommenen Anfechtung derselben eine „quaestio agitatissima", ob der Singularsuccessor des Vermiethers den Miether austreiben könne, und mehr als zwanzig Schriften darüber finden sich bei Westphal (Lehre des gem. R. vom Kauf-, Pacht-, Mieth-Kontrakte, § 1028) und bei Glück (Ausf. Erl. XVIII, S. 15) verzeichnet. Westphal selbst entscheidet sich mit einer merkwürdigen Mischung von Kritik und Befangenheit dahin, daß ein „Ausbieten des Abmiethers durch den neuen Eigenthümer nach der Vernunft freilich nicht angehe, jedoch das System unseres positiven Rechts diese Folge ganz natürlich mit sich bringe".[9]) Gegenwärtig ist die Streitfrage für das gemeine Recht wohl im Sinne des Satzes „Kauf bricht Miethe" entschieden. Nur hat man einerseits noch bis in unser Jahrhundert hinein die mannigfachsten Versuche, ihn zu erklären, angestellt, die Degenkolb nicht mit Unrecht „wahre Ausgeburten verzweifelnder Sophistik" nennt.[10]) Andererseits versuchen noch bis heute Theorie und Praxis fortwährend, die Consequenzen des Satzes auf diese oder jene Weise zu mildern, bald indem sie dem Miether das Recht geben, gegen die bevorstehende Veräußerung ein richterliches Inhibitorium zu erbitten, oder seine zur Tradition an den Käufer erforderliche Mitwirkung zu verweigern, bald indem sie ihm gestatten, eine sofortige Erklärung des Käufers über die Fortsetzung des Miethsverhältnisses zu fordern und, wenn keine Zusage erfolgt, seinerseits vom Miethsvertrage zurück zu treten. In manchen gemeinrechtlichen Ländern ist dem Miether auch nachgelassen, sein Recht durch Eintragung in das Grundbuch zu einem dinglichen umzuwandeln. Ja, ein Theoretiker hat das Recht des Miethers wegen der ihm zustehenden Realexekution bekanntlich überhaupt für dinglich zu erklären versucht.

In den größten deutschen Rechtsgebieten aber hat sich die Partikulargesetzgebung durch die mißlichen Folgen der römischen Regel

[8]) L. 25 § 1 l. 32 D. loc. 19, 2. l. 9 C. de loc. 4, 65 (früher nach falscher Lesart als lex Emtorem bezeichnet). Vgl. l. 3 C. eod. (sog. lex Aede) l. 59 § 1 D. de usufr. 7, 1, l. 120 § 2 D. de leg. I.

[9]) Daß der Satz: „Kauf bricht Miethe" dem natürlichen Recht nicht entspreche, war auch unter den Naturrechtslehrern fast allgemein anerkannt. Belege bei Glück XVIII S. 16 A. 23 und S. 18 Anm. 29. A. M. freilich war Kant. Aber vgl. gegen diesen Geller a. a. O. S. 314.

[10]) Degenkolb, krit. V. J. Schr. 9 S. 225. Vgl. auch J. Dernburg (den Aelteren), Abhandlungen, Frankfurt a. M. 1849, S. 1—21 und Ziebarth, Realexekution, S. 1—10.

veranlaßt gesehen, geradezu den entgegengesetzten Grundsatz: „Kauf bricht nicht Miethe" aufzustellen. Berühmt ist in dieser Beziehung das preußische Hofrescript vom 15. April 1765 (N. C. C. tom. III col. 673—680). Dasselbe betont, daß „der in Berlin eingerissene Wucher mit Häusern und die aufs Höchste getriebene Steigerung der Hausmiethen . . eine Schutzwehr finde in der gemeinen Rechtsregel: Kauf bricht Miethe, welche den Käufer berechtige, den Miether nach Gefallen auszutreiben oder von ihm durch die Drohung der Austreibung ein so hohes Miethsquantum zu erzwingen, daß der Käufer sich dadurch entschädige, ja gewinne, wenn er auch das Haus weit über seinem wahren Werth erkaufet". Aus diesen Gründen hob das Rescript für Berlin jene Regel in Anwendung auf freiwillige Veräußerungen von Grundstücken auf; für den Fall unfreiwilliger Rechtsveränderungen band es den Erwerber wenigstens an Kündigungsfristen. Nach diesem Vorgang und mit Hinweis auf die Bestrittenheit der römischen Regel in Theorie und Praxis hat dann bekanntlich das preußische Landrecht, das schon kraft seines allgemeinen Princips die Miethe mit der geschehenen Uebergabe dinglich werden läßt, in § 358 I, 21 noch ausdrücklich und zwar ohne Beschränkung auf Grundstücke, den Satz hinzugefügt: „Durch einen freiwilligen Verkauf wird in den Rechten und Pflichten des Miethers oder Pächters nichts geändert". Und Suarez rechtfertigt diese Neuerung nicht bloß aus der allgemeinen Theorie des Gesetzbuches von den dinglichen Rechten, sondern er betont zugleich, daß dieselbe „der Billigkeit und der Analogie unstreitig angemessener" sei, als die römische Regel, da es „dem Käufer ohne eigenes Verschulden unmöglich verborgen bleiben könne, daß die Sache, die er kaufen wolle, einem Andern verpachtet oder vermiethet sei.[11]) Nur durch nothwendige gerichtliche Veräußerung und andere unfreiwillige Rechtsveränderungen (§§ 350, 388) wird auch das dingliche Recht des Miethers gebrochen. Im Uebrigen genießt der Miethbesitzer nach den allgemeinen Grundsätzen des Landrechts bekanntlich auch abgesehen von dem Falle der Veräußerung possessorischen und petitorischen Schutz.

An diese Bestimmungen des A. L. R. knüpfen sich freilich mancherlei Streitigkeiten insbesondere über den Eintritt des Erwerbers in die persönlichen Rechte und Pflichten des Vermiethers und über die juristische Natur und Wirkung dieses Eintritts.[12]) Aber über die Grundregel des A. L. R.

---

[11]) Suarez in den Schlußvorträgen (Kamptz, Jahrb. 41, S. 67).

[12]) Vgl. darüber Gruchot, Beiträge XVII S. 550 ff. P. Hinschius in in der preuß. Anwaltszeitung, 1862, S. 191. Dernburg, Lehrbuch I § 291. Förster-Eccius, Theorie und Praxis II § 136.

„Kauf bricht Miethe nicht", sind doch Klagen, soviel bekannt, niemals laut geworden, und auch die Gesetz-Revisoren (Pensum XIII und XIV Motive S. 49, 50, 101) haben die Beibehaltung derselben unbedenklich befürwortet. Den einzigen möglichen Einwand, daß durch uneingetragene dingliche Rechte in den Glauben des Hypothekenbuches störend eingegriffen werde, beseitigen sie durch die Erwiderung, daß bei der Uebergabe Nutzungsrechte, welche durch den Besitz dinglich geworden sein sollten, sich von selbst offenbart haben müssen.

Dem preußischen Landrecht steht in unserer Lehre ganz nahe der code civil und das badische Landrecht.

Das ältere französische Recht hatte nach dem Vorbild des römischen den Satz angenommen: vendage passe louage. Aber weil durch die jederzeit mögliche Austreibung des Pächters das Interesse der Bodencultur gefährdet erschien, war dies für Pachtverträge über ländliche Grundstücke bereits durch ein Decret der Nationalversammlung von 1791 geändert worden.[13]) Weiter ging der code, bei dessen Berathungen ausgeführt wurde, que la loi „Emtorem" (= l. 9 C. de loc. 4, 65) „avait un motif, qui n'était après tout qu'une subtilité" und „qu'il est d'avis d'abroger les lois Emtorem et Aede (= l. 3 C. eod.), qui ne peuvent se concilier avec l'équité et avec la foi due aux contrats". Nach dem in Folge dessen zum Gesetz erhobenen Art. 1743, der jedoch wegen der Ueberschrift des Abschnitts nur auf Grundstücke zu beziehen ist, bricht der Kauf die Miethe nicht, sobald der Miether oder Pächter einen authentischen oder mit einem gewissen Datum versehenen Vertrag für sich hat, d. h. den vor der Veräußerung erfolgten Abschluß desselben durch eine Vertragsurkunde gehörig zu erweisen vermag.[14]) Nur bei solchen Pacht- und Miethsverträgen, die auf länger als 18 Jahre abgeschlossen sind, ist nach einem neueren französischen Gesetz über die Transscription vom 23. März 1855 Art. 2 Abs. 4[15]) zur Wirksamkeit gegen Dritte die Eintragung ins Grundbuch erforderlich. Bemerkenswerth ist

---

[13]) Näheres darüber und über das Folgende bei Seng, die Sachmiethe nach dem code civil, Lahr 1887.

[14]) Soweit hierin eine Beweisbeschränkung liegt, ist dieselbe in den deutschen Geltungsgebieten des C. c. durch C. P. O. Einf. Ges. § 14, 2 beseitigt. Man darf aber in dem Gesetz zugleich das materiell-rechtliche Erforderniß schriftlicher Abfassung des gegen Dritte geltend zu machenden Miethsvertrages finden, und dies wird durch die C. P. O. nicht berührt. Vgl. Seng a. a. O. S. 58.

[15]) Vgl. bulletin des lois 11e série No 2474. In den Motiven des Entwurfes eines bürgerlichen Gesetzbuches für das Deutsche Reich II S. 382 ist durch Versehen als Datum des Gesetzes der 22. März angegeben.

es, daß der code nicht einmal im Falle der Zwangsversteigerung eine Ausnahme macht und den Kauf die Miethe brechen läßt. Im übrigen wird nach französischem Recht die Zuständigkeit der Besitzklagen für den Miether [16]) und die Dinglichkeit seines Rechtes überwiegend verneint.

Noch einige kleinere Rechte stimmen in der Verwerfung des Satzes: „Kauf bricht Miethe" mit dem preußischen und französischen überein, so namentlich das schon aus früherer Zeit stammende Hamburger Stadtrecht.

Dagegen haben sich die sonstigen neueren deutschen Gesetze und Entwürfe und neben ihnen auch das Züricher Gesetzbuch und das schweizerische Obligationenrecht weder dem römischen noch dem preußisch-französischen Vorbild angeschlossen, sondern zwischen den durch diese beiden gebildeten Extremen einen Mittelweg gesucht. Dieser besteht darin, daß sie dem Erwerber eines vermietheten Grundstücks das Recht, den Miether auszutreiben, nur nach voraufgegangener Kündigung und Ablauf einer bestimmten Frist einräumen. In Bezug auf das Rechtsverhältniß, welches während dieser Frist zwischen dem neuen Erwerber und dem Miether eintritt, kehren auch bei diesen Gesetzen die Streitfragen wieder, welche im Gebiet des preuß. Allg. Landrechtes bestehen. Einige Gesetze lassen auch die Eintragung des Miethsrechtes in das Grundbuch zu, durch welche dann dem Miether der Gebrauch für die ganze Vertragszeit gesichert wird. Die genaueren Nachweise aus diesen Gesetzen und Entwürfen können jedoch hier fortgelassen werden, weil sie in den (erst während der Ausarbeitung dieses Gutachtens erschienenen) Motiven zu dem Entwurf eines bürgerlichen Gesetzbuches Bd. II S. 382—383 bereits gegeben sind. Dieser mittleren Gruppe von Gesetzen hat sich auch der Entwurf selbst angeschlossen.

Derselbe geht von dem Grundsatze aus, daß die Miethe ein rein obligatorisches Verhältniß ist, und also Kauf die Miethe bricht. Er verpflichtet aber bei Grundstücken, welche vermiethet und dem Miether überlassen sind, den Dritten (d. i. den neuen Erwerber des Grundstücks), sowohl dem Miether den Gebrauch des Grundstücks, als dem Vermiether die ihm gegen den Miether obliegenden Handlungen noch so lange zu gestatten, bis nach der an den Miether gerichteten Aufforderung, das Grundstück zu räumen, die gesetzliche oder die kürzere vertragsmäßige Kündigungsfrist verstrichen ist. Die gesetzliche Frist beträgt bei der Pacht 6 Monate (vor dem Ablauf eines Pachtjahres), bei der Grundstücksmiethe regelmäßig 3 Monate (vor dem Ablauf der mit dem 1. Januar, 1. April,

---

[16]) Vgl. Seng S. 117.

1. Juli und 1. October beginnenden Kalenderquartale), und bei monat- bez. wochenweise bemessenem Miethszins einen halben Monat bez. eine Woche (§§ 509, 510, 522, 537). Dem Rechte des Dritten, hiernach Räumung zu erzwingen, steht gegenüber nur das Recht des Miethers, die Vorlegung einer jenes Recht des Dritten ergebenden öffentlichen Urkunde zu verlangen (§ 511), ferner die Befugniß, bei Aufforderung zur Räumung seinerseits von dem Miethsvertrage sofort zurückzutreten (§ 509 Abs. 2), endlich auch das Recht, die von dem Vermiether bei der Veräußerung dem Dritten auferlegte Verpflichtung zur Innehaltung des Miethsvertrages unmittelbar für sich geltend zu machen (§ 512). Dagegen gestattet der Entwurf dem Miether nicht, wie es bisher in den gemeinrechtlichen Gebieten vielfach geschah, sein Miethsrecht durch Eintragung in das Grundbuch dinglich zu machen, oder von dem Erwerber eine sofortige Erklärung über dessen Anspruch auf Räumung zu verlangen oder schon bei der Veräußerung, wenn ihm die Innehaltung des Miethsvertrages durch den Erwerber nicht gesichert wird, zurückzutreten. Endlich die Fälle, in denen der Dritte das vermiethete Grundstück nicht durch Rechtsgeschäft des Vermiethers, sondern aus einem anderen Rechtsgrunde erwirbt (z. B. im Wege der Zwangsversteigerung, oder als Fideikommißfolger), sind vom Entwurf weder den oben erwähnten Vorschriften, noch einer anderen allgemeinen Regel unterworfen worden; in Bezug auf die Zwangsversteigerung ist nur bemerkt, daß ihr die Wirkung, das Recht des Miethers und Pächters vorbehaltlich einer Frist aufzuheben, durch ein Gesetz über die Immobiliar-Execution beizulegen sein werde. Im übrigen gewährt der Entwurf, wie jedem Inhaber, auch dem Miether possessorischen Schutz und zwar nicht bloß gegen Dritte, sondern auch gegen den Vermiether, und er erstreckt diesen Schutz ausdrücklich auch auf den Inhaber eines bloßen Sachtheiles, z. B. abgesonderter Wohnungs- oder Wirthschaftsräume (§§ 814, 816).

Das Ergebniß dieser Bestimmungen ist offenbar, daß die Stellung des Miethers nach dem Entwurf nahezu ebenso unsicher und ungünstig ist, wie nach dem römischen Recht, und erheblich schlechter, als nach den jetzt im weitaus größeren Theile Deutschlands geltenden Rechten. Denn wenn der Vermiether nicht bei der Veräußerung dem Erwerber die Verpflichtung auferlegt hat, die Fortsetzung des Miethsverhältnisses zu gestatten, so ist der Miether dem Dritten gegenüber immer nur auf die kurze Dauer einer Kündigungsfrist (von 3 oder bei der Pacht von 6 Monaten) gesichert. Er hat auch kein Mittel, eine Entscheidung darüber herbeizuführen, ob der Dritte ihn längere Zeit im Gebrauch der Sache belassen will oder nicht, und auch seinerseits kein Recht, zurückzutreten, sondern er muß die Entschlüsse des Dritten abwarten. Ebensowenig kann der Miether vorbeugend den Uebergang des Eigenthums auf den Dritten hindern. Denn da dieser Uebergang nicht mehr durch Tradition, sondern durch Auflassung und Eintragung erfolgt (§§ 828, 868), so bedarf es einer Mitwirkung des Inhabers dazu nicht, und dieser ist daher auch durch seinen possessorischen Schutz zwar gegen eine Besitz-, aber nicht gegen eine dingliche Klage des Dritten gedeckt. Demgegenüber will das dem Miether neu gewährte Recht, nach erhaltener Aufforderung zur Räumung sofort vom Vertrage zurückzutreten, wenig besagen; denn wenn, wie gewöhnlich, das Interesse des Miethers dahin geht, den Gebrauch die ganze vertragsmäßige Zeit hindurch fortzusetzen, so ist der sofortige Auszug für ihn nur noch schlimmer, als der wenigstens bis zum Ende der Kündigungsfrist vertagte! —

Fragt man nun nach den Gründen, durch welche die eine oder die andere Gestaltung des Miethsverhältnisses gerechtfertigt werden kann, so leuchtet ein, daß die im römischen Recht enthaltene zwar juristisch-technisch klar gedacht und folgerichtig durchgeführt ist, wie fast alle Gebilde des römischen Rechts, daß sie aber vom national-öconomischen und praktischen Standpunkt aus betrachtet, ganz bestimmte und eigenthümliche Zustände und Lebensgewohnheiten voraussetzt.

Bei den Römern pflegten bekanntlich die Reichen in eigenen Häusern zu wohnen, seltener ein solches herrschaftliches Haus (domus) zu miethen, alsdann aber auch in seinem ganzen Umfang. Dagegen die mittleren und niederen Stände, und damit die weit überwiegende Masse des Volks hausten in großen Miethskasernen (insulae). Das Verhältniß der domus zu den insulae wird günstigsten Falls auf 1 : 25—30 bestimmt[17]). Die letzteren waren oft 6—7 Stockwerke hoch und mit inquilini, welche die einzelnen kleinen caenacula inne hatten, überfüllt. Sie dürften daher in dieser Beziehung sogar die schlimmsten Menschenställe moderner Großstädte weit überboten haben. Unter solchen Umständen wurden zwar domus gewöhnlich auf die Dauer eines Jahres, vom 1. Juli als dem Hauptumzugstermine ab[18]), allenfalls auch auf mehrere Jahre[19]) ver-

---

[17]) Vgl. darüber Preller, Regionen der Stadt Rom S. 86 ff.; Beckers Gallus Bd. II (Scene II, Exc. 1) und Weiteres bei Behn im Archiv für civ. Pr. 68 S. 61.

[18]) Die Belegstellen für diesen Termin geben am vollständigsten Zangemeister Corp. Inscr. Lat. IV nr. 138 in der Anmerkung und Brissonius, de formulis 2c. VI, 66. Darum sind auch in l. 60 pr. D. loc. 19, 2 die Kalendae Juniae wohl in Juliae umzuwandeln.

[19]) L. 60 pr. D. cit. l. 21 § 2 eod.

miethet. Im Uebrigen aber war der Abschluß eines Miethsvertrages auf kürzere Frist oder sogar ohne feste Zeitbestimmung etwas Alltägliches, und die uns heute geläufige Bestimmung von Kündigungsfristen den Römern, wie es scheint, völlig fremd. Mit der dadurch gegebenen leichten Lösbarkeit des Miethsverhältnisses stehen im besten Einklang die bekannten Sätze, daß auch die relocatio nicht auf feste Zeit bindend wirkt, sondern prout quisque habitaverit, ita et obligatur[20]), daß ferner der Vermiether auch dann die Räumung der Wohnung verlangen kann, si propriis usibus necessariam probaverit[21]) u. dgl. m.

Nach dem Muster der städtischen locatio conductio ist bei den Römern auch die Pacht entwickelt, und daher von jener so mancher Satz auf diese unpassend übertragen worden, so insbesondere der, daß die Leistung des conductor in nichts anderem als in Geld bestehen dürfe[22]). Die Dauer der Zeitpacht pflegte zwar 5 Jahre (ein lustrum) zu betragen[23]). Aber eine festere Stellung als der Miether hat doch auch der Pächter, abgesehen von dem Erbpächter eines Communalguts, nicht erlangt. Daher finden sich Fälle, wo der Pächter von dem neuen Erwerber des Grundstücks ausgetrieben wird, in den Quellen eben nicht selten erwähnt[24]), und ein angesehener Pächterstand hat sich in Rom nicht gebildet.

Nach alledem begreift sich die Geltung des Satzes: „Kauf bricht Miethe" bei den Römern ganz wohl; sie entspricht eben einer gewissen Unbeständigkeit der Miethsverhältnisse und der Anschauung einer fluctuirenden Bevölkerung. Aber es leuchtet zugleich ein, daß sie an Angemessenheit um so mehr verliert, je mehr die Seßhaftigkeit der Miether- und Pächterschaft zunimmt. Und gerade diese Entwicklung zeigt sich in der deutschen Rechtsgeschichte bis auf unsere Tage.

Von den früheren deutschen Zuständen ist schon oben die Rede gewesen. Im heutigen Deutschland aber sind unzweifelhaft Pacht und Miethe Rechtsverhältnisse, die keineswegs nur von kleinen Leuten

---

[20]) L. 13 § 11 D. loc. 19, 2. Gegen die Beziehung dieser Worte auf relocatio freilich Behn a. a. O.

[21]) L. 3 C. de loc. 4, 65. Der Satz, daß erst bei zweijährigem Rückstand der Miethe der Vermiether zur Exmission schreiten dürfe (l. 54 § 1 l. 56 D. loc. 19, 2), beruht anscheinend auf Interpolation und ist jedenfalls erst eine späte Abschwächung des früheren Rechts. Degenkolb, Platzrecht S. 167, 195.

[22]) Vgl. darüber Mommsen, Röm. Geschichte I⁴ Cap. XII S. 842.

[23]) L. 9 § 1 l. 24 § 2 D. loc. 19, 2 l. 49 pr. D. de act. emt. vend. 19, 1.

[24]) L. 32, 33 D. loc. 19, 2. l. 59 § 1 D. de usufr. 7, 1. l. 120 § 2 D. de legat. I. l. 12. 18 D. unde vi 43, 16.

und nur auf kurze Zeit eingegangen werden. In den großen Städten wohnen oft auch die Vornehmsten zur Miethe, und Guts-, zumal Domänenpächter bilden bei uns einen angesehenen Stand. Bei größeren Wohnungen, bei Fabrikräumen und Geschäftslokalen bildet der Abschluß von Miethsverträgen auf eine Reihe von Jahren die überwiegende Regel. Bei Pachten unterscheidet man lange und kurze, zählt aber zu den letzteren alle, die nur 12 Jahre oder weniger umfassen! Bei den preußischen Domänen gilt die Verpachtung auf 18 Jahre als Regel.

Es ist auch zunächst bei Pachtungen unzweifelhaft, daß deren zeitliche Ausdehnung im allgemeinen Kulturinteresse liegt. Das Gut — so lautet ein berühmter Ausspruch Thaers — ist des Eigenthümers Gattin, des Pächters Maitresse, die aber um so mehr der Gattin gleichgestellt wird, je länger die Verbindung mit dem Pächter dauert. — „Nur der Pächter auf längere Zeit" — sagt Blomeyer[25]) — „kann sein Betriebskapital zu Meliorationen und Verwendungen benutzen, die erst mit den Jahren sich bezahlt machen; nur ein solcher kann, wenn es ihm wohl ergeht, das Gut lieb gewinnen, so daß er nicht daran denkt, noch zuletzt, ehe er ihm den Rücken kehren muß, sich aus der Substanz desselben möglichst zu bereichern. Dagegen bei einer Pachtdauer von 3—6 Jahren kann der Pächter nicht auf eine Ausgleichung der Preise rechnen. Er kann auch gute Viehstämme nicht anschaffen, weil, wenn der Nutzen daraus beginnen würde, die Pacht schon zu Ende ist; desgleichen wird das todte Inventar darunter leiden, daß neu beschaffte Maschinen und Geräthe nach kurzem Gebrauch nur um ein bedeutendes wohlfeiler wieder zu veräußern sein würden. Erfahrungsmäßig werden deshalb die auf kurze Zeit verpachteten Güter mit dem schlechtesten Inventar bewirthschaftet." Und die Versuchung, welche, wie Roscher sagt, in den Schlußjahren der Pachtzeit an jeden Pächter herantritt, daß er auf Kosten der Nachhaltigkeit Raubbau treibe, ist natürlich um so gefährlicher, je häufiger sie wegen der Kürze der Pachtperioden sich erneuert!

Aehnliche Erwägungen, wenngleich mit geringerer Dringlichkeit kehren auch bei der Wohnungsmiethe wieder. Auch hier ist eine gewisse Beständigkeit von allgemeinem Nutzen und als Gegengewicht gegen die Hast und Unruhe des Treibens unserer Zeit dringend zu wünschen. Je länger ein Miethsverhältniß dauert, desto mehr ist der Miether geneigt, die Wohnung schonend zu behandeln, ja sogar durch nützliche Verwendungen zu verbessern. Insbesondere aber für Kaufleute und Gewerbtreibende liegt es sowohl in ihrem Interesse, als in dem ihrer Kunden, daß ihr

[25]) Blomeyer, Pachtrecht und Pachtverträge Berlin 1873 S. 123.

Geschäft so lange als möglich von derselben Stelle aus betrieben werde. Dagegen verschlingt jeder Umzug nutzlos Zeit, Kräfte und Geld. Der rasche Wechsel verleitet auch beide Theile zu Speculationen auf Verbesserung und zur Behandlung der Wohnungen gleich einer Handelswaare. An den Hauseigenthümer aber tritt, auch wenn das Miethsverhältniß nur für einen neuen Erwerber unverbindlich ist, noch insbesondere die Versuchung heran, seinen Vortheil durch Verkauf zu suchen und dem Käufer die bessere Ausnutzung des Miethsertrages zu überlassen. Diese Erfahrung hat man ja bereits in der Mitte des vorigen Jahrhunderts in Berlin gemacht, wie das oben mitgetheilte Hofrescript von 1765 ausdrücklich bezeugt, und wer möchte bezweifeln, daß sie sich geeigneten Falls in dem heutigen Berlin mit doppelter Stärke wiederholen würde?

Aus allen diesen Gründen ist es die Aufgabe der modernen Gesetzgebung, die Stellung des Pächters und Miethers möglich fest und sicher zu gestalten. Aber der Lösung gerade dieser Aufgabe entspricht das römische Recht offenbar am wenigsten, da es namentlich durch den Satz: „Kauf bricht Miethe" eine stete Quelle der Beunruhigung und Gefährdung für den Miether schafft. Daraus ist ja gerade jener oben geschilderte mehr als hundertjährige Kampf der Deutschen um das Verständniß und um die Beseitigung dieses Satzes hervorgegangen. In dem Streben, die Stellung des Pächters und des Miethers zu stärken, hat die Praxis in Widerspruch mit dem römischen Recht ihnen zuerst von allen Detentoren Besitzschutz gewährt und zu ihren Gunsten das unrömische ius ad rem erfunden, kraft dessen sie ihr Recht wenigstens dann auch gegen den Dritten geltend machen können, wenn er beim Erwerb der Sache darum wußte. Diese antirömische Bewegung ist dann im preußischen Landrecht am weitesten vorgedrungen, indem sie hier sogar Dinglichkeit des Miethsrechts und damit von selbst Aufstellung des Satzes „Kauf bricht nicht Miethe" erzielte. Nachdem dann auch das französische Recht diesen Satz übernommen hatte, ist derselbe jetzt in etwa zwei Dritteln Deutschlands in Geltung. Auch die wissenschaftliche Kritik des Rechts der Länder, welche noch an dem entgegengesetzten Grundsatz festgehalten haben, war bisher in der Verwerfung desselben fast einstimmig[26]).

Wenn nun trotzdem und in Kenntniß aller dieser Thatsachen der Entwurf des neuen bürgerlichen Gesetzbuchs wieder die rein obligatorische

---

[26]) In Bezug auf das gemeine Recht nenne ich hier nur Ziebarth, Realexecution bes. S. 222 und Degenkolb, Platzrecht bes. S. 153, 169, 170; in Bezug auf das österreichische Geller in Grünhut's Zeitschr. V. S. 348, in Bezug auf das sächsische Blomeyer a. a. O. S. 258.

Natur der Miethe und den Satz, daß der Kauf die Miethe bricht, aufstellt, so ist man doppelt gespannt, die Rechtfertigung dieses Schrittes zu vernehmen.

Die Motive des Entwurfs (II S. 384) erkennen nun auch ihrerseits an, daß das reine römische Recht der Miethe unter den heutigen Verhältnissen zu den größten Unzuträglichkeiten führe und darum abzulehnen sei. Aber indem sie andererseits den Satz „Kauf bricht nicht Miethe" als unvereinbar mit den Principien des Grundbuchsystems ansehen, erklären sie es bereits für einen geeigneten und „den Interessen des Miethers gerecht werdenden Mittelweg" (S. 385), daß die Austreibungsbefugniß des dritten Erwerbers an die gesetzliche Kündigungsfrist von 3 bez. 6 Monaten, oder an die noch kürzere vertragsmäßige gebunden sei. Sie begründen dies damit, daß der Vermiether wegen der ihm drohenden Verantwortung die dringendste Veranlassung habe, nicht ohne Vorbehalt der Rechte des Miethers zu veräußern, und dic Veräußeruag ohne solchen Vorbehalt erfahrungsmäßig nur einen Ausnahmefall bilde. Auch wenn der Erwerber die Räumung verlangen könne, sei es fraglich, ob er dazu schreiten werde, und gegebenen Falls bleibe dem Miether immer noch eine Frist. Genüge ihm dies alles nicht, so könne er ja beim Abschluß des Miethsvertrages sich eine Hypothek für seine aus der Nichterfüllung des Vertrages entspringenden Ansprüche ausbedingen [27]).

Soweit die Motive. Allein diese Rechtfertigung ist durchaus nicht überzeugend. Schon oben ist hervorgehoben worden, daß die Bestimmungen des Entwurfs dem römischen Recht näher stehen, als die Mehrzahl der jetzt in Deutschland geltenden Landesrechte. In Wahrheit dürfte daher der vom Entwurf eingeschlagene Weg kaum als ein Mittelweg, sondern nur als eine geringe Ermäßigung des römischen Rechts zu bezeichnen sein. Daß aber eine solche „den Interessen des Miethers gerecht" werde, müssen wir ganz entschieden bestreiten, wobei wir uns jedoch, da die Frage nur bei Grundstücken praktisch erheblich ist, fortan auf diese beschränken.

Die Begründung des Entwurfs hat ihren Kernpunkt offenbar in der dort ausgesprochenen Zuversicht, der Satz: „Kauf bricht Miethe" werde praktisch überhaupt nicht leicht zur Geltung kommen, und in der Regel vielmehr der Vermiether bei der Veräußerung durch einen Vorbehalt das Recht des Miethers sicherstellen. Aber diese Vertrauensseligkeit entspricht dem wirklichen Leben nicht. Freilich wird recht häufig der veräußernde Vermiether den Erwerber zur Innehaltung der Mieths-

---

[27]) Die Gedanken der Motive führt noch weiter aus der Artikel: „Kauf bricht Miethe" in Nr. 276 der Nationalzeitung vom 10. Mai 1888.

contracte verpflichten, wie dies schon bei den Römern geschah[28]), und dann ist der Miether gedeckt. Aber wie wenig zur Erzwingung solcher Vorsichtsmaßregel die dem Vermiether sonst drohende Regreßklage des Miethers ausreicht, ergiebt sich ja schon daraus, daß trotz dieser auch nach römischem Recht geltenden Klage Austreibungen des Miethers in den Quellen so oft erwähnt werden! In der That kann die Veranlassung, aus der ein solcher Vorbehalt bei der Veräußerung unterbleibt, sehr mannigfach sein. Vor allen Dingen ist es sehr leicht möglich, daß der Vermiether vertraut, der Käufer werde auch ohne Vorbehalt freiwillig die Miether wohnen lassen, oder daß er diesen Punkt zu berücksichtigen überhaupt vergißt. Es kann auch geschehen, daß er absichtlich jenen Vorbehalt vermeidet, weil er dadurch einen höheren Kaufpreis zu erzielen hoffen darf, oder weil er sich für den Inhalt der Miethsverträge, die er dem Käufer günstiger geschildert hat, als sie sind[29]), nicht vertragsmäßig haftbar machen will. Ja, nicht selten verständigen sich auch Vermiether und Käufer mit einander unredlicherweise, um die Miether auf gemeinsame Rechnung auszubeuten, wobei z. B. folgendes Manöver naheliegt. Wenn der Vermiether etwa in ein neugebautes Haus Miether zu billigem Zinse und mit langer Contractsdauer aufgenommen hat, um nur einstweilen die Räume zu füllen und Hauskäufer anzulocken, dann ist er selbst freilich an die Miethsverträge gebunden. Aber er kann nun, nachdem inzwischen die Miether ihren Dienst als Trockenwohner gethan haben, das Haus zu dem Zweck und mit der Abrede veräußern, daß der Käufer die Miether entweder erheblich steigern oder durch neue, mehr Miethszins zahlende ersetzen und den Gewinn mit ihm — dem Vermiether — theilen solle! In allen diesen Fällen muß sich dann der Miether dem Machtgebot des Käufers fügen!

Allerdings droht dem Vermiether dafür die Regreßklage des Miethers. Allein je geriebener und unsolider jener ist, um so weniger ist diese Klage für ihn ein Schrecken und für den Miether ein Trost. Der Miether muß mit dieser Klage warten, bis der Erwerber thatsächlich von ihm eine Leistung verlangt hat, zu welcher jener nach dem Miethsvertrage nicht verpflichtet ist. Bis dann die Klage gegen den Vermiether angestellt und zu einem vollstreckbaren Erkenntniß durchgeführt ist, kann dieser längst mit seinem Kaufgelde verschwunden oder mittellos geworden

---

[28]) L. 25 § 1 D. loc. 19,2.

[29]) Schon Papinian erwähnt in l 49 pr. D. de act. emt. vend. 19 1 = Fr. Vat. § 13 den Fall, daß der venditor per collusionem imaginarium colonum circumveniendi emtoris causa supposuit, und in Berlin ist dieser Fall notorisch ganz gewöhnlich.

sein, und der Miether hat dann vom Prozeß nur die Kosten. Aber gesetzt auch, daß der Vermiether erreichbar und zahlungsfähig bleibt, wie viel Schwierigkeiten kann dem Miether der Nachweis des ihm durch die Austreibung erwachsenen Schadens bereiten! Der Kaufmann, der Handwerker, die ihren Geschäftsbetrieb in eine ganz andere Stadtgegend haben verlegen müssen, der Pächter, der vielleicht erst nach Jahren wieder eine ihm zusagende Pachtung findet, der Gelehrte, der durch den Umzug wochenlang in seinen Arbeiten unterbrochen worden ist, der Kranke, dessen Lebensrettung an dem ruhigen Fortgenuß der gewählten Wohnung hing, — sie alle werden vollkommenen Ersatz ihres Schadens in Gelde kaum je erzielen. Und sind denn etwa die deutschen Gerichte so leicht bereit, einen Schaden, zumal einen immateriellen, auch ohne zwingende Beweisgründe wenigstens approximativ zu schätzen? Bis vor kurzem wenigstens galt das Gegentheil als notorisch, und wenn jetzt wirklich unter dem Einfluß der C. P. O. § 260 die Gerichte zu einer freieren Behandlung der Schadensersatzansprüche übergehen, so ist damit ebenso sehr die Gefahr einer willkürlichen Verurtheilung des Vermiethers verbunden, wie mit der bisherigen Praxis diejenige einer pedantischen Verkürzung des Miethers. Es giebt aber auch Fälle, wo selbst die sichere Aussicht auf die höchste Geldcondemnation weder den Vermiether von seinem Verlangen nach Austreibung des Miethers abbringt, noch diesem die erlittene Austreibung vergütet[30])! Wenn die Motive meinen, die Besorgniß vor solchen Uebelständen werde durch die Erfahrung widerlegt, so übersehen sie m. E., daß gerade um der gemachten schlimmen Erfahrungen willen das Preuß. Landrecht und der code civil den Satz „Kauf bricht Miethe" aufgehoben und damit eben die Quelle weiterer Mißbräuche verstopft haben. Gegenwärtig gilt der Satz in den größten deutschen Handelsstädten (Berlin, Hamburg, Cöln) nicht. Aber man frage nur diejenigen, welche z. B. in Berlin mit der schon jetzt betriebenen Häuserspeculation Bescheid wissen, ob ihnen für den Fall einer Wiedereinführung jenes Satzes die oben gegebenen Schilderungen seiner Folgen als Phantasiestücke erscheinen, oder ob sie nicht eine noch viel umfassendere, gewerbsmäßige Ausbeutung der

[30]) Man denke einestheils an den von Ruhstrat in Iherings Jahrb. für Dogm. 14 S. 341 mitgetheilten Oldenburger Fall, wo der Verpächter, nur um den mit ihm bitter verfeindeten Pächter aus dem Gute zu vertreiben, das letztere an seine Frau verkauft und mittelst const. poss. überträgt und durch diese dann eine rei vind. gegen den Pächter erheben läßt! — Anderntheils ist ohne weiteres klar, daß z. B. wenn der Zustand eines kranken Miethers durch die Austreibung bis zum tödtlichen Ausgang verschlimmert wird, ein Gelderſatz dafür überhaupt unmöglich ist.

Miether durch die Vermiether und Käufer voraussehen! Bei verpachteten Gütern wird zwar ein so rascher Eigenthumswechsel wie bei großstädtischen Miethshäusern nicht zu befürchten sein; dafür ist aber auch der Schade, der einem Pächter durch die Austreibung erwächst, hier um so umfassender und unberechenbarer![31]).

Gegenüber diesen Erwägungen darf man sich auch nicht mit den Motiven des Entwurfs darauf berufen, daß in den Ländern des Satzes: „Kauf bricht Miethe" die Eintragung des Miethsrechts in das Grundbuch auch da, wo sie gestattet sei, notorisch nur wenig benutzt werde. Denn einestheils erklärt sich dies einfach aus der Weitläufigkeit und Kostspieligkeit der Buchung, sowie daraus, daß der Vermiether, der, wie die Motive selbst sehr richtig sagen, in der wirthschaftlich stärkeren Lage ist, seine Zustimmung zur Eintragung in der Regel gar nicht ertheilen würde. Anderntheils kommt da, wo diese Hinderungsgründe wegfallen, eine Buchung in Wahrheit gar nicht selten vor; so läßt z. B. die kaiserl. Postverwaltung in Hannover, wenn sie Gebäude zum Postbetriebe miethet, ihr Recht ganz regelmäßig auch ins Grundbuch eintragen.[32])

Noch weniger aber darf man es gelten lassen, wenn die Motive des Entwurfs den Miether auch darauf verweisen, daß er sich ja beim Abschluß des Miethsvertrages für seine Ansprüche aus dessen Nichterfüllung eine Hypothek vom Vermiether ausbedingen könne. Dieser Rathschlag ist so scharfsinnig erdacht, daß er beinahe schon etwas ungereimt wird. Denn ganz abgesehen von der Künstlichkeit und der Kostspieligkeit dieser Maßregel muß man fragen: glauben die Motive im Ernst, daß der — wie sie selber sagen — „wirthschaftlich stärkere Theil" sich zu einer derartigen Belastung seines Grundstücks mit Cautionshypotheken — vielleicht für eine Mehrzahl von Miethern — jemals verstehen wird? Wir unsererseits sind umgekehrt überzeugt, daß z. B. in Berlin beim ersten Hervortreten solcher Ansprüche der Verein der Hausbesitzer sofort den Beschluß fassen würde, denselben in keinem Falle nachzugeben! Außerdem aber genügt es doch nicht, daß eine Rechtsregel einem gewandten Manne auch die Möglichkeit offen läßt, sich gegen ihre gefährlichen Consequenzen durch Vorsichtsmaßregeln zu decken, sondern sie soll von vornherein den praktischen Bedürfnissen entsprechen.[33]) Und

---

[31]) Vgl. Blomeyer a. a. O. S. 258—260.

[32]) Mittheilung des Justitiarius der Reichspostverwaltung, Wirkl. Geh. Ober-Postrath Prof. Dr. Dambach.

[33]) Dies erinnert mit Recht gegen gewisse andere Rechtsconstructionen Ihering in seinen Jahrb. f. Dogm. VII S. 386.

dies ist es eben, was nach allem Gesagten die Regel: „Kauf bricht Miethe" den Miethern und damit der großen Mehrzahl der Staatsbürger nicht leistet. Sie leistet es auch nicht in der ihr vom Entwurf gegebenen abgeschwächten Gestalt. Denn was will die Galgenfrist von höchstens 3 Monaten bei der Miethe und 6 Monaten bei der Pacht besagen, wenn der Contract des Miethers oder Pächters vielleicht die zehn- bis zwanzigfache Dauer hatte? Es mag sein, daß ähnliche Bestimmungen, wie die des Entwurfs, in einer Reihe neuerer Gesetzgebungswerke Aufnahme gefunden haben. Aber diese waren eben berechnet auf Länder, die bis dahin schon unter dem römischen Recht gelebt und sich allmählich an die Geltung des Satzes „Kauf bricht Miethe" gewöhnt hatten.[34]) Dagegen würde seine Wiederherstellung in Ländern, wo er vor etwa hundert Jahren als unerträglich beseitigt worden ist, einen tiefen Eingriff in die durch Erfahrung gebildeten Rechtsanschauungen und ein gefährliches Experiment der Gesetzgebung bedeuten.

Es fragt sich nur noch, ob nicht andererseits auch der umgekehrte Satz: „Kauf bricht nicht Miethe", allerlei Gefahren und Nachtheile mit sich bringe, welche die aus der römischen Rechtsregel entspringenden mehr oder minder aufwiegen.

In der That wird nun als Hauptbedenken gegen jenen Satz auch von den Motiven geltend gemacht, daß derselbe mit dem Grundbuchsystem unvereinbar sei. Denn entweder müsse die Geltung des Miethsrechtes gegen den dritten Erwerber von der Eintragung in das Grundbuch abhängig gemacht werden; dann ergebe dies eine schwerfällige und kostspielige Vorbedingung, deren Erfüllung der Vermiether meist gar nicht bewilligen werde. Oder der Miether solle auch ohnedies gegen den Sondernachfolger Schutz genießen; dann gehe der Hauptvorzug des Grundbuches, daß es dem Erwerber über die Rechtsverhältnisse des Grundstücks sichern Aufschluß ertheile, unrettbar verloren.

Sodann wird eingewendet, daß wenn der Kauf die Miethe nicht breche, damit dem Vermiether häufig die Gelegenheit zu einer höchst vortheilhaften Veräußerung entwerthet, und ein einzelner Miether zur eigensinnigen Verhinderung einer solchen in den Stand gesetzt werde.

Es wird endlich auch behauptet, daß jener Satz doch nicht durchzuführen sei, da man um des Realcredits willen immer für die Fälle der

---

[34]) Aus solcher Gewöhnung erklärt es sich wohl auch, wenn Miquel in einer am 27. Mai 1888 zu Frankfurt a. M. über den Entwurf zum B. G. B. gehaltenen Rede bemerkt, hier — in den Ländern des gemeinen Rechts — wundere man sich, wenn jemand den Satz: „Kauf bricht Miethe" bestreite (National-Zeitung Nr. 310 v. 30. Mai 1888).

Zwangsversteigerung und der Veräußerung im Concurse Ausnahmen zulassen müsse. Ja, um dieses Grundes willen soll der Entwurf eben nur das im Falle der Subhastation eintretende Recht verallgemeinert und auf die übrigen Fälle einer Veräußerung des vermietheten Grundstücks erstreckt haben. [35])

Allein was zunächst den letzten Grund betrifft, so wird doch die Geltung der Regel: „Kauf bricht Miethe" auch von ihren eifrigsten Vertheidigern immer nur für die Fälle freiwilliger Veräußerung und nicht für die der nothwendigen in Anspruch genommen. Der Fall der Zwangsversteigerung u. s. w. zeigt daher nicht die Undurchführbarkeit dieser Regel und die Nothwendigkeit von Ausnahmen, sondern er liegt gar nicht in der Sphäre der Regel. In der That aber ist dieser Fall dem der freiwilligen Veräußerung so wenig gleichartig, daß es Wunder nehmen muß, wie man den ersteren gleichsam als Musterfall hat hinstellen können. Bei der Subhastation (so ist schon von anderen bemerkt worden [36]), handelt es sich eben um ein Nothrecht zur Sicherstellung der Rechte Dritter, welches tief in Pacht und Miethe eingreifend, vom Subhastaten selbst nach Kräften abgewehrt zu werden pflegt, jedoch den Gläubigern nicht wohl vorenthalten werden kann. Die Behandlung dieses Falles aber analog zu generalisiren, ist doch nicht besser, als wenn man die Verletzung fremder Rechte, die im Nothstand gestattet ist, darum allgemein zulassen wollte!

Nicht viel haltbarer ist der zweite, oben erwähnte Gegengrund, daß der Satz: „Kauf bricht nicht Miethe" den Vermiether in der Veräußerung unbillig beschränke. Freilich kann es für den Vermiether ein Opfer sein, auf eine vortheilhafte Veräußerung verzichten zu müssen, weil der Kauflustige die Miethsfreiheit der Sache verlangt, und der Miether nicht zurücktreten will. Aber welchen Grund hat der Gesetzgeber, dem Vermiether dies Opfer dadurch zu ersparen, daß er dem Miether ein solches an seinem Wohnungsrechte auferlegt? Liegt denn etwa der rasche Wechsel des Grundeigenthums im öffentlichen Interesse? In den Fällen, wo dies wirklich zutrifft, — z. B. wenn das Grundstück für öffentliche Zwecke verwendet werden soll — wird das Expropriationsrecht Abhülfe bieten. Aber in den Fällen, wo es nicht zutrifft, darf man den Vermiether darauf verweisen, daß er, um in der freien Veräußerung unbeschränkt zu sein, sich die Befugniß, den Miethsvertrag darauf hin zu kündigen, ausdrücklich hätte vorbehalten sollen. Hat er dies unterlassen,

---

[35]) So besonders der schon erwähnte, zur Vertheidigung des Entwurfes geschriebene Artikel „Kauf bricht Miethe" in Nr. 276 der „National-Zeitung" vom 10. Mai 1888.

[36]) Blomeyer S. 258.

so darf er nicht verlangen, daß nur zu dem Zweck, damit er selbst den Gewinn aus der Veräußerung einstreichen könne, der Miether genöthigt werde, seine Stellung aufzugeben und dann klagend den Anspruch auf Schadenersatz zu erheben.

Das einzige wirklich erhebliche Bedenken, welches dem Satze: „Kauf bricht nicht Miethe" entgegentritt, liegt in dem Verhältniß desselben zum Grundbuchsystem. Hier ist nun so viel unbedenklich zuzugeben, daß es unzweckmäßig sein würde, den Schutz des Miethers gegen den Dritten von der vorherigen Eintragung des Miethsrechtes in das Grundbuch abhängig zu machen. Die Gründe, welche dies widerrathen, sind in den Motiven des Entwurfes (S. 384) ganz befriedigend entwickelt und brauchen deshalb hier nicht wiederholt zu werden. Aber in Wahrheit kann doch der Satz: „Kauf bricht nicht Miethe" ganz wohl auch unabhängig von der Eintragung bestehen, ohne daß dadurch der öffentliche Glaube des Grundbuches und die Sicherheit des Verkehrs Schiffbruch leiden. Denn sobald man nur die Anwendbarkeit des Satzes an die Voraussetzung knüpft, daß bei Uebergang des Eigenthums das Grundstück dem Miether oder Pächter bereits überlassen war, darf man behaupten, daß der Erwerber nie oder doch nur aus eigener Schuld in Unkenntniß des bestehenden Miethsrechtes sein werde. Der Dritte, der vor dem Erwerb das Grundbuch einsieht, kann sich ebenso wohl auch darüber an Ort und Stelle unterrichten, ob der Veräußerer selbst das Grundstück inne hat, oder ein Pächter bez. Miether. Dies ist der Gedanke, der schon dem preuß. Hofrescript von 1765 und ebenso dem Allg. Landrecht zu Grunde liegt, der aber dann auch die Billigung der Gesetz-Revisoren gefunden und sich in der Praxis durchaus bewährt hat. Außerdem dürfte der Veräußerer, der, wie die Motive des Entwurfes sagen, wenn Kauf Miethe bricht, regelmäßig den Käufer zur Innehaltung des Miethsvertrages verpflichten wird, um sich vor der actio conducti zu schützen, wohl ebenso sicher, wenn Kauf Miethe nicht bricht, den Käufer vorher über die bestehende Miethe unterrichten, um gegen dessen actio emti gedeckt zn sein. So ist denn also bei der Geltung der letzteren Rechtsregel um nichts mehr eine Uebervortheilung des Käufers zu fürchten, als bei Geltung der ersteren eine Uebervortheilung des Miethers. Bis zu einem gewissen Grade setzt sich ja auch schon der Entwurf über das Princip hinweg, daß nur die im Grundbuch eingetragenen Rechte Dritten gegenüber Geltung beanspruchen können, indem er den Miether und Pächter wenigstens bis zum Ablauf der Kündigungsfrist auch gegen den neuen Erwerber schützt. Hiernach ist es eigentlich nur eine quantitative Abweichung vom Entwurf, wenn wir vorschlagen, daß der Kauf die Miethe vielmehr überhaupt nicht brechen, sondern der Erwerber gehalten sein solle, dem Miether die ganze vertragsmäßige Zeit hindurch die Fortsetzung des Gebrauchs zu gestatten.

Freilich ließe sich dagegen noch einwenden, daß eine bedeutende quantitative Steigerung zuletzt in eine qualitative Aenderung übergehe, und daß wenn der Käufer eine Vermiethung oder Verpachtung auf Jahrzehnte hinaus gelten zu lassen genöthigt sei, ihm damit der Erwerb des Grundstücks völlig verkümmert werde. Allein einer solchen übertriebenen Ausnutzung des Satzes: „Kauf bricht nicht Miethe" ließe sich immer noch sehr wohl steuern, wenn man ihm eine Beschränkung dahin beifügte, daß Miths- und Pachtverträge, welche die Durchschnittsdauer überschreiten — etwa Miethsverträge von mehr als fünf- und Pachtverträge von mehr als zwölfjähriger Dauer — für dieses Uebermaß gegen den Erwerber nur dann geltend zu machen sind, wenn sie im Grundbuch eingetragen waren.[37]) Bei Verträgen von solcher Zeitdauer kann man eben der Zumuthung, dieselben in das Grundbuch eintragen zu lassen, die Bedenken nicht mehr entgegenstellen, die wir im Anschluß an die Motive des Entwurfes oben selbst als Hindernisse einer allgemeinen Eintragungspflicht anerkannt haben.

Ist nun nach alledem der Satz: „Kauf bricht nicht Miethe" der entgegengesetzten Regel entschieden vorzuziehen, so läßt sich nur noch über die Rechtsform streiten, in welcher dem Miether gegen den neuen Erwerber Schutz gewährt werden soll, insbesondere darüber, ob sein Recht als ein dingliches oder als ein auch gegen den Dritten wirksames obligatorisches, oder wie es sonst zu gestalten ist. In dieser Beziehung bemerken die Motive des Entwurfes zunächst mit Recht, daß die im A. L. R. angenommene Dinglichkeit des Miethsrechtes mit dem eigenthümlichen Princip dieses Gesetzbuches zusammenhängt, wonach jedes Recht zur Sache überhaupt durch hinzukommenden Besitz dinglich wird. Da der Entwurf dieses Princip aus guten Gründen nicht angenommen, vielmehr für dingliche Rechte an Grundstücken stets Eintragung erfordert hat, so wird man auch für das Miethsrecht Dinglichkeit nicht in Anspruch nehmen können. Es ist aber auch weiter unzweifelhaft, daß, wenn man statt dessen einfach die Obligation des Vermiethers auf den Dritten übergehen, diesen also in die Rechte und in die Pflichten des Vermiethers eintreten läßt, daraus erhebliche Schwierigkeiten erwachsen, so insbesondere die Frage, inwiefern der Dritte Cessionen, die der Vermiether im Voraus

[37]) Eine ähnliche Bestimmung für den Fall einer Vertragsdauer von mehr als 18 Jahren enthält, wie schon oben erwähnt ist, das französische Transscriptionsgesetz v. 23. März 1855.

vorgenommen, Zahlungen die er im Voraus erhoben hat, u. dgl. m. gegen sich gelten lassen müsse. Allein es scheint uns, als ob diese Schwierigkeiten am besten dadurch zu vermeiden sein würden, daß man wieder nur den Rechtszustand, den der Entwurf für die von ihm dem Miether bewilligte kürzere Frist zum Wohnenbleiben vorschlägt, auf die ganze noch übrige Vertragsdauer ausdehnt. Der Entwurf bestimmt in § 509, daß der Erwerber verpflichtet ist, jene Frist hindurch ebenso wie den Gebrauch des Miethers, auch die Vornahme der dem Vermiether vertragsmäßig obliegenden Handlungen zu gestatten, wonach er selbstverständlich auch auf den Miethszins keinerlei Anspruch erhält. Auch hier ist es also nur eine quantitative Abänderung des Entwurfes, wenn man die Beschränkung dieses Verhältnisses auf die Dauer der Kündigungsfrist streicht. Freilich kann dadurch dem Erwerber der Genuß der Sache arg verkümmert werden. Aber er wird dann eben, wenn er, obschon ihm das Recht des Miethers bekannt war oder doch bekannt sein konnte, die Sache erworben hat, ohne den Eintritt in die Rechte und Pflichten des Vermiethers zu vereinbaren, sich mit einem Regreß gegen den Veräußerer begnügen müssen.

Das Ergebniß ist, daß wir den Satz: „Kauf bricht nicht Miethe" zur Aufnahme in das neue deutsche Gesetzbuch empfehlen. Unzweifelhaft hat auch dieser Satz manche Uebelstände im Gefolge. Aber sie erscheinen uns weitaus geringer, als die mit der entgegengesetzten Regel verbundenen. Zugleich fällt schwer in die Wagschale, daß es sich für uns doch nicht um die abstracte Frage handelt, welcher der beiden Sätze an sich den Vorzug verdiene, sondern darum, ob der in zwei Drittheilen Deutschlands seit einem Jahrhundert geltende Satz: „Kauf bricht nicht Miethe" wieder beseitigt und durch den nur in einem Drittheil stehen gebliebenen „Kauf bricht Miethe" ersetzt werden soll. Dieser letztere Theil Deutschlands kennt seit der Reception des röm. Rechts nur den aus dem letzteren überkommenen Satz und hat sich allmählich in denselben eingelebt. Der andere größere Theil aber hat diesen Satz als unerträglich abgestreift und sich seitdem unter der Herrschaft des entgegengesetzten bei weitem wohler befunden als zuvor. Ihm trotzdem denselben wieder zu entreißen, ist ein Vorhaben, vor dem wir nur aufs Dringendste warnen können. Oder sollten wir noch heute nicht über den Standpunkt Westphals hinaus sein, der, wie S. 231 erwähnt ist, lehrte, daß wenn auch die Austreibung des Miethers durch den Käufer nach der Vernunft nicht angehe, doch die Consequenz des Systems dieselbe mit sich bringe? —

XVI.

Gutachten des Herrn Reichsanwalt Stenglein zu Leipzig

über die Frage:

Erscheint es angemessen, die principale Privatklage auf die Körperverletzungen des § 223a St. G. B., sowie auf Sachbeschädigung und Hausfriedensbruch auszudehnen?

Die Frage dürfte so, wie sie gestellt ist, weder zu verneinen noch zu bejahen sein. Dieselbe scheint sich insofern auf den Boden des bestehenden Rechts zu stellen, als sie die Frage nach einer subsidiären Privatklage in weiterem Umfange und damit wohl auch die Beseitigung des allerdings an großen Mängeln leidenden Antrages gemäß § 170 der St. P. O. bei Seite läßt, und nur von einer Ausdehnung der principalen, d. h. von einer vorgängigen Anrufung der Staatsanwaltschaft nicht bedingten Privatklage nach Maßgabe der §§ 414—434 der St. P. O. spricht.

Diese Form der Privatklage steht in einem inneren Zusammenhange mit dem Rechte des Verletzten zur Stellung des Antrags auf Strafverfolgung, indem § 414 Str. P. O. die Privatklage auch bei Beleidigung und Körperverletzung nur insoweit zuläßt, als die Verfolgung nur auf Antrag eintritt. Diese Beschränkung steht aber wieder in einem gewissen inneren Zusammenhang mit der Vorschrift des § 416, nach welchem die Staatsanwaltschaft die öffentliche Klage wegen der im § 414 bezeichneten strafbaren Handlungen nur dann erheben soll, wenn dies im öffentlichen Interesse liegt und es kann wohl nicht verkannt werden, daß ein gewisser Widerspruch darin liegt, daß Fälle gedacht sind, in welchen die Strafverfolgung im öffentlichen Interesse liegt, dennoch aber die Staatsanwaltschaft von der Willkür des Antragsberechtigten soll abgehalten werden können, das öffentliche Interesse zu wahren, nachdem es anerkannten Rechtens ist, daß auch in den durch § 414 bezeichneten Strafsachen die Staatsanwaltschaft nur dann öffentliche Klage erheben kann, wenn der Antragsberechtigte Antrag auf Strafverfolgung gestellt hat.

Vgl. Urth. des R. G. III v. 12. April 1880, Rechtspr. Bd. I S. 601. Goltd. Arch. Bd. 28 S. 439.

Den Versuch, welchen v. Schwarze in seinen Erörterungen praktisch wichtiger Materien aus dem deutschen Strafproceßrechte 1880 S. 41 machte, eine ausdehnende Interpretation bezüglich des Klagerechtes des Staatsanwaltes zur Geltung zu bringen, hatte keinen Erfolg. Die angegebenen Beziehungen lassen es aber unthunlich erscheinen, die gestellte Frage außer Zusammenhang mit den Antragsdelicten überhaupt und mit der Anweisung an den Staatsanwalt, nur dann öffentliche Klage zu erheben, wenn das öffentliche Interesse dies erfordert, zu beantworten.

Hiernach muß vor Allem die Frage erörtert werden, ob es angemessen ist, die principale Privatklage auf § 223a St. G. B., d. h. auf die sog. gefährlichen Körperverletzungen auszudehnen, da von den drei in der Frage bezeichneten Delictsformen diese allein Officialdelikt, nicht bloß auf Antrag zu verfolgendes Delikt ist; wenigstens dürfte anzunehmen sein, daß die Fragestellung nur die Sachbeschädigung gemäß § 303, nicht auch die aus §§ 304, 305 strafbare, und nur den nach § 123 Abs. 1 strafbaren Hausfriedensbruch, nicht auch den nach § 123 Abs. 3 strafbaren im Auge hat, da sonst die Gegenfrage gerechtfertigt wäre, warum man nicht zur Erörterung ziehen wolle, ob die Privatklage nicht auf alle, oder doch wenigstens auf die in Privatrechte eingreifenden Delicte auszudehnen sei. Eine Ausdehnung, welche der Frage eine anscheinend nicht beabsichtigte, tief in das System eingreifende Wichtigkeit geben würde, deren Berechtigung aber mangels jeder Hindeutung auf ein zu Tage getretenes Bedürfniß füglichst bezweifelt werden müßte und welche auch, abgelöst von einer systematischen Revision des gesammten Strafgesetzbuches und der Strafproceß-Ordnung, nicht zur Lösung gebracht werden könnte. Ohne zwingenden Grund kann daher der Frage nicht beigemessen werden, daß sie eine Reform in diesem Umfange, jedoch aus dem Zusammenhange gerissen zur Sprache bringen wollte.

Reducirt man aber die Bedeutung der gestellten Frage auf die jetzt schon nur auf Antrag verfolgbaren Delicte der Sachbeschädigung und des Hausfriedensbruches, so wird die Zusammenstellung mit den, nicht bloß auf Antrag verfolgbaren gefährlichen Körperverletzungen auffallend. Diese durch die Strafgesetz-Novelle vom 26. Februar 1876 geschaffene Delictsform sollte allerdings zunächst die Lücke zwischen § 223 und 224 ausfüllen, welche fühlbar geworden war. Nicht nur in den angedrohten Strafmaßen bestand ein allzu großer Abstand, sondern das Gebiet des § 223 war ein allzu umfassendes, indem es alle Mißhandlungen von den leichtesten, erfolglosesten an, bis zu den schwersten umfaßte, bei welchen nur eben nicht die schweren, durch die geltende Praxis noch eingeengten Folgen [1]) des § 224 eingetreten waren, möglicher Weise aber eine sehr langandauernde Krankheit oder sehr schwerfallende dauernde Folgen für die Gesundheit des Verletzten. Man wollte nach den Motiven hauptsächlich die Rohheitsdelicte in § 223a treffen, eröffnete aber schon hiermit einen Gesichtspunkt, der gegen die Antragstellung als Vorbedingung der Verfolgbarkeit spricht; denn die Erfahrung hat gezeigt, daß der Verletzte häufig den Antrag aus Furcht vor weiterer Gefährdung durch den durch Rohheit und Rauflust sich hervorthuenden Angreifer unterläßt. Zudem war die ganze Tendenz der Novelle von 1876 auf eine Einengung der Antragsdelicte gerichtet, deren zu weite Ausdehnung sich als gefährlich für die öffentliche Sicherheit gezeigt hatte. Dieser Tendenz des Entwurfs stimmte auch der Reichstag zu, indem er die Zahl der Antragsdelicte wesentlich verminderte. Daß § 223a die Strafverfolgung von keinem Antrage abhängig macht, war also wohl beabsichtigt, und damit anerkannt, daß das öffentliche Interesse unbedingt die Strafverfolgung erfordere. Dies vorausgesetzt, besteht auch kein Grund, die Privatklage aus § 223a zuzulassen. Es würde dies nicht nur von dem bisherigen System der Privatklage abweichen, welche nur für Antragsdelicte zugelassen ist; sondern diese Anomalie würde noch gesteigert, wenn § 416 darauf angewendet würde und, während bisher gesetzlich anerkannt war, daß das öffentliche Interesse die Verfolgung fordere, dies künftig der Erwägung des Staatsanwaltes unterstellt sein sollte. Es fehlt hierzu an jedem Grund. Da, wo die Rohheitsdelicte häufig vorkommen, herrscht eine Art Terrorismus, der das Recht der Antragstellung unterdrückt. Dort kann aber auch nicht zweifelhaft sein, daß der Staatsanwalt in

---

[1]) Vgl. hierzu Rechtspr. des R.G. Bd. II. S. 514, 546, Bd. VI S. 102, 189, 551, Bd. V S. 403, Bd. VI 565, Bd. VIII S. 342; Entsch. des R.G. in Straff. Bd. III S. 33, Bd. VI S. 4, 65, 346, Bd. XIV S. 4, 118.

öffentlichem Interesse einzuschreiten hat. Aber auch da, wo die Rohheitsdelikte seltener sind, kann an dem sofortigen Einschreiten des Staatsanwalts ein Zweifel nicht bestehen, bedarf es also keines Surrogats für die öffentliche Klage nnd kann der Verletzte als Nebenkläger seine Interessen genügend geltend machen.

In Bezug auf § 223a ist demnach die gestellte Frage zu verneinen.

Die für diese Verneinung geltend gemachten Gründe lassen sich aber größtentheils auch auf die Sachbeschädigungen und den Hausfriedensbruch, insoweit diese Delicte nicht bloß auf Antrag verfolgbar sind, anwenden. Ein Bedürfniß besteht hierfür nicht bei der Verpflichtung des Staatsanwalts, von Amts wegen einzuschreiten und bei dem Umstande, daß es bedenklich wäre, diese Pflicht in der Weise, wie es § 416 thut, einzuschränken. Andere Gründe dagegen wurden schon oben geltend gemacht.

Anders verhält es sich, wenn man die Frage nur auf den nach Antrag verfolgbaren Hausfriedensbruch und die ebenso verfolgbare Sachbeschädigung bezieht; und bei dieser Betrachtung sollen auch die übrigen Antragsdelicte einbezogen werden.

Man kann drei Klassen von Antragsdelicten unterscheiden:

1. Diejenigen, bei welchen die Einräumung des Antragsrechtes auf dem persönlichen Verhältnisse zwischen Thäter und Verletzten beruht. Es sind dies hauptsächlich Diebstähle, Unterschlagung und Betrug, insofern diese strafbaren Handlungen gegen Angehörige, Vormünder oder Erzieher begangen sind, oder insofern dieselben an Sachen von unbedeutendem Werthe von Lehrlingen oder Dienstboten begangen sind (§§ 247, 263 Abs. 3). Bei Betrug nur bezüglich der ersten Klasse von Personen.

Niemand wird daran denken, die Privatklage auch für solche Verhältnisse geeignet zu finden. Das Antragsrecht ist mehr gegeben, damit der Verletzte der Strafverfolgung in die Arme fallen kann, als um sie wachzurufen. Es soll das Gefühl der Bestohlenen u. s. w. geschont werden, indem man denselben nicht zumuthet, gegen Angehörige u. s. w. als Zeugen aufzutreten. Diesen Personen die Anklagefunctionen übertragen zu wollen, hätte keinen Zweck und den Grund der gesetzlichen Bestimmung gegen sich.

2. Abgesehen von den unter Ziff. 1 angeführten sind folgende Delicte des Strafgesetzbuches [2]) in Betracht zu ziehen:

---

[2]) Die Ermächtigung, welche §§ 99, 101, 197 erwähnt, ist etwas Anderes, als der Antrag auf Strafverfolgung.

a. Die Beleidigung nach §§ 102, 103, 104 St. G. B. [3])
b. Der einfache Hausfriedensbruch (§ 123 Abs. 1 St. G. B.).
c. Eheerschleichung (§ 170).
d. Ehebruch (§ 172).
e. Erlangung des Beischlafes durch Täuschung (§ 179).
f. Verführung (§ 182).
g. Beleidigung Verstorbener (§ 189).
h. Beleidigung (§§ 192—196).
i. Leichte vorsätzliche und fahrlässige Körperverletzungen (§ 232).
k. Entführung (§§ 236, 237).
l. Vereitelung der Zwangsvollstreckung (§ 288).
m. Wegnahme aus fremdem Gewahrsam (§ 289).
n. Jagdvergehen Angehöriger (§ 292).
o. Verletzung fremder Geheimnisse (§§ 299, 300).
p. Eigennütziger Mißbrauch Minderjähriger (§§ 301, 302).
q. Einfache Sachbeschädigung (§ 303).
r. Mundraub (§ 370 Ziff. 5).
s. Wegnahme von Futter (§ 370 Ziff. 6).

Von vorstehenden Delicten dürften jene der §§ 102—104 (oben lit. a) ausscheiden, da sie nach Ansicht der Einen ohnehin unter § 414 St. Pr. O. fallen; wenn aber die Ansicht der Anderen, welche dies verneinen, zur Geltung gelangen sollte, es kaum als zweckmäßig erscheinen dürfte, auswärtige Regierungen oder die in § 104 genannten Personen darauf anzuweisen, unter Umständen vor deutschen Gerichten selbstverfolgend aufzutreten. In der Regel wird auch die Staatsanwaltschaft die Verfolgung übernehmen.

Die Beleidigungen §§ 189, 194—196 und Körperverletzungen § 232 (oben lit. g—i) sind ohnehin zur Verfolgung durch Privatklage zugelassen. Eine Aenderung wurde nirgends angeregt.

Die Jagdvergehen Angehöriger § 292 (lit. n) dürften sich an die unter Ziffer 1 angeführten Delicte anschließen und gleich diesen zu behandeln sein.

---

[3]) Ob der in diesen Paragraphen vorgesehene Strafantrag unter die allgemeinen Bedingungen über Strafantrag § 61 ff. St. G. B. fällt, und deshalb Privatklage nach § 414 St. Pr. O. zuläßt, ist streitig. Allein der Wortlaut der gesetzlichen Bestimmungen ist der gleiche, wie bei anderen Antragsdelicten, und keine Gesetzesbestimmung trifft eine Unterscheidung. Vgl. meinen Commentar zur St. Pr. O. § 414 Nr. 2.

Es bleiben also nur die unter lit. b. c. d. e. f. k. l. m. o. p. q. r. s. aufgeführten Delicte zur Besprechung übrig.

Der Gesichtspunkt, unter welchen bei diesen Delicten der Strafantrag als Voraussetzung der Verfolgbarkeit gefordert wird, ist kein einheitlicher. Bei den Sittlichkeits-Delicten der §§ 170, 172, 179, 182, 236, 237 (denn auch die Entführung nach § 237 ist nicht nur als Eingriff in die elterlichen oder vormundschaftlichen Rechte, sondern gleichzeitig auch als Sittlichkeitsdelict aufzufassen, während das Delict gegen § 236 die Gesichtspunkte der Verletzung der persönlichen Freiheit und jener der Sittlichkeit in sich vereinigt) ist das Maßgebende, daß Verletzungen der Sittlichkeit nicht gegen den Willen der Verletzten an das Tageslicht gezogen und zum Gegenstande öffentlicher Verhandlungen gemacht werden sollen; da diese Besprechung leicht eine größere Verletzung des eigenen sittlichen Gefühls der Betheiligten nach sich ziehen könnte, als die Straflosigkeit des einmal Geschehenen; von den Mißbräuchen, welche gelegentlich der Vertheidigung möglich und nicht völlig hintanzuhalten sind, ganz abgesehen.

Dieser Grund der Antragsberechtigung würde durch die Einräumung der Privatklage zwar nicht beeinträchtigt, dagegen sind solche Processe auch dem Mißbrauche der angeblich Verletzten ausgesetzt; es hat schwere Bedenken gegen sich, gesetzlichen Vertretern die Privatklage einzuräumen, während vielleicht die zunächst Betheiligten die Folgen der strafbaren Handlung durch Ehe oder sonstwie ausgeglichen haben; und endlich kann der Staat nicht gleichgültig die Verfolgung solcher Handlungen, die geeignet sind, die Grundlagen der Sitte, der Familie, der heiligsten Familienrechte zu beeinträchtigen, aus der Hand geben und der Leidenschaft oder der eigennützigen Ausbeutung Betheiligter überlassen. Diese Delicte eignen sich also nicht zur Verfolgung durch Privatklage.

Die hiernach noch verbleibenden Delicte der §§ 123, 288, 289, 299, 300, 301, 302, 303, 370 Ziff. 5, 6 haben das Gemeinschaftliche, daß dieselben lediglich gegen persönliche Rechte gerichtet sind, über welche den Berechtigten die freieste Verfügung zusteht; daß die Strafbarkeit der That häufig eine äußerst geminderte ist und nicht selten nach kurzem eine Verzeihung des Verletzten oder ein Vergleich zwischen den Parteien stattfindet. Das Interesse des Staates an Bestrafung dieser Handlungen ist ein so untergeordnetes, daß er davon häufig ganz Umgang nehmen kann, wenn der Verletzte das Gefühl des in seiner Rechtssphäre Verletztseins nicht dadurch an den Tag legt, daß er mittels eines Strafantrags die Verfolgung hervorruft. In allen diesen Fällen wird der Rechtszustand nicht geschädigt, wenn der Staat noch einen Schritt weiter geht und den Staatsanwalt anweist, nur in dringlichen Fällen die Verfolgung selbst in die Hand zu nehmen, und in den weniger dringlichen dem Verletzten die Erhebung der Privatklage zu überlassen.

Es ist nicht zu verkennen, daß durch eine solche Ausdehnung der Privatklage das sog. Legalitätsprincip in bedeutendem Maße durchlöchert wird, allein an sich ist dieses Princip von geringem Werth, unnöthig für den pflichteifrigen, eine schwache Pression für den seiner Pflicht nicht bewußten Staatsanwalt, dem Auswege in genügender Zahl zur Verfügung stehen, um sich einer unbequemen Pflichterfüllung zu entziehen, ohne daß er dafür zur Rechenschaft gezogen werden kann; und überdies wurde dieses sog. Princip nur aufgestellt als Correctiv für nachtheilige Folgen des sog. Anklagemonopols der Staatsanwaltschaft. Erhält letzteres ein anderes Correctiv, so kann auch von den Anhängern des Princips auf dasselbe bis zu einem gewissen Grade verzichtet werden.

Das Gleiche ist der Fall:

3. Bei der letzten Klasse von Antragsdelicten, denjenigen, welche die Verletzungen des geistigen Eigenthums zum Gegenstand haben, und zwar gemäß:

a) R. Ges. vom 11. Juni 1870, betr. das Urheberrecht an Schriftwerken, Abbildungen, musikalischen Compositionen und dramatischen Werken (G. S. S. 330 ff.);
b) R. Ges. vom 30. November 1874 über Markenschutz (G. S. S. 143 ff.);
c) R. Ges. vom 9. Januar 1876 betr. das Urheberrecht an Werken der bildenden Künste (G. S. S. 4 ff.);
d) R. Ges. vom 10. Januar 1876, betr. den Schutz der Photographien gegen unbefugte Nachbildung (G. S. S. 8 ff.)
e) R. Ges. vom 11. Januar 1876, betr. das Urheberrecht an Mustern und Modellen (G. S. S. 11 ff.), endlich
f) das Reichs-Patent-Gesetz vom 25. Mai 1877 (G. S. S. 501 ff.).

Das Rechtsgut, welches durch diese sämmtlichen Gesetze geschützt wird, hat hauptsächlich einen privatrechtlichen Charakter; sie sollen die ökonomische Ausbeutung der Erzeugnisse geistiger Thätigkeit gewährleisten. Es dürfte unzweifelhaft sein, daß die einigermaßen dem Civilproceß angepaßten Formen des Privatanklageverfahrens für diese Delicte ganz besonders passend erscheinen und der Staat das geringste Interesse hat, in diesen Beziehungen Störungen der Rechtsordnung durch eigene Thätigkeit zur Bestrafung zu bringen, wenn dem Verletzten die Möglichkeit geschaffen ist, die Verfolgung selbst in die Hand zu nehmen.

Faßt man eine solche Ausdehnung des Privatklageverfahrens in das Auge, so kann aber auch nicht unerwähnt bleiben, daß ein dringendes Bedürfniß nach einer Reform des Strafverfahrens in dieser Beziehung nicht besteht, am wenigsten das einer nur auf diese Ausdehnung beschränkten Abänderung der Proceß-Ordnung.

So sehr Verfasser dieses Gutachtens der Ansicht ist, daß die Strafproceß-Ordnung revisionsbedürftig und nach den im Laufe von neun Jahren gesammelten Erfahrungen auch revisionsreif ist, so scheint demselben die Frage einer Ausdehnung des Privatklageverfahrens eine von denjenigen zu sein, welche keiner selbständigen Lösung bedürfen, sondern nur geeignet sind, bei einer allgemeinen Revision in das Augen gefaßt zu werden.

Eine so bedeutende Ausdehnung des Privatklageverfahrens würde sogar nicht gut zur Einführung kommen können, ohne zugleich das Verfahren überhaupt einer vollständigeren Durchbildung zuzuführen. In diesem Fall könnte diese Ausdehnung vielleicht das richtige Compromiß zwischen den Anhängern einer principalen oder subsidiären Popularklage und denjenigen bilden, welche weniger für ein selbständiges Klagerecht des Verletzten eingenommen sind. Zugleich wäre aber ein Ersatz geboten für den Wegfall der §§ 170—175 und 435 Abs. 2 Str. P. O., welche ein höchst unvollkommenes Auskunftsmittel gegenüber dem Anklagemonopol der Staatsanwaltschaft bieten, in ihrer Fassung zu vielen Zweifeln Veranlassung gegeben und practisch nur sehr geringe Wirksamkeit erlangt haben.

Es wird kaum verkannt werden können, daß die Gestaltung des Processes in Folge einer so weitgehenden Ausdehnung des Privatklageverfahrens eine für die Verletzten häufig nicht bequeme werden würde. Zur Zeit bedarf es nur die leicht zu beschaffende Antragstellung, um die pflichtgemäße Verfolgung mittels öffentlicher Klage wachzurufen. Eine Ablehnung der Klage seitens der Verfolgungsbehörde ist gesetzlich nur gerechtfertigt, wenn dieselbe das Vorliegen einer strafbaren Handlung verneint oder annimmt, daß ein die Strafbarkeit oder die Strafverfolgung ausschließender Grund vorliegt. Das Nichtvorliegen genügender Beweise läßt sich meist erst im Laufe des Verfahrens beurtheilen. Jene Ablehnungsgründe zu bekämpfen, ist die Privatklage, falls der Verletzte sich nicht dabei beruhigen will, ein viel natürlicherer Weg, als der Antrag gemäß § 170 ff., der dem Staatsanwalt die Pflicht auferlegt, gegen seine Ueberzeugung die Verfolgung einzuleiten und durchzuführen, eine Anklage zu erheben, gegen die die Vertheidigung ihn selbst als Autorität anführen kann. Wird dagegen die Privatklage als Ausweg geboten, so kann dies nur geschehen in Verbindung mit § 416 Str. Pr. O., weil dann auch die Zweckmäßigkeit ihre volle Geltung gewinnt. Mit anderen Worten: die Ablehnung der Erhebung öffentlicher Klage wird, statt abhängig zu sein von dem sog. Legalitätsprincip in das Ermessen des Staatsanwalts gestellt und dadurch der Verletzte gezwungen, Kosten und Mühen zu übernehmen, die jetzt der Staat aufwenden muß. Die Voraussetzung ist aber, daß der Staat kein zwingendes Interesse hat, diese Kosten und Mühen auf sich zu nehmen. Deshalb ist im Ganzen die Reform wünschenswerth. Ein weniger praktischer als vielmehr doctrineller Nutzen dieser Reform würde aber auch die Beseitigung der §§ 170 ff. Str. Pr. O. sein. Ein praktischer Nutzen deshalb nicht, weil das ganze Institut der Antragstellung zur Erzwingung der öffentlichen Klage sich als ein nicht lebensfähiges erwiesen hat. Die seltenen Fälle, in denen der Antrag gestellt wurde, und die noch selteneren, in denen er Erfolg oder vollends den Erfolg einer Verurtheilung hatte, fallen praktisch nicht in das Gewicht. Dagegen würde doctrinell der Proceß durch die Beseitigung um so mehr gewinnen. Die Unnatur des Instituts wurde oben schon berührt. Faßt man vollends die unlösbaren Controversen in das Auge, welche die gesetzlichen Vorschriften, insbesondere die Abgrenzung der Antragsberechtigten, nach sich gezogen haben, so könnte man sich nur freuen, das ganze Institut fallen zu sehen. Vergleicht man damit die Ausdehnung des Privatanklageverfahrens in dem angeregten Umfang, so ist der Kreis der Berechtigten in beiläufig demselben Umfange bezeichnet, den § 170 mit dem Ausdruck „Verletzten" in sehr unvollkommener Weise bezeichnet hat und der Interpretation frei ließ, zwischen der Antragsberechtigung des in seinen Privatrechten Verletzten und der Popularklage hin und her zu schwanken; durch diese Abgrenzung sind aber auch die Nachtheile vermieden, welche unstreitig die Popularklage nach sich zu ziehen geeignet ist.

Ohne also die Dringlichkeit der Reform behaupten zu wollen, würde nach Ansicht des Unterzeichneten in der Ausdehnung der Privatklage in dem angegebenen Umfang eine Verbesserung des Strafverfahrens liegen.

Aus vorstehenden Gründen ergiebt sich Anlaß, dem deutschen Juristentag folgenden Antrag zur Beschlußfassung zu unterbreiten:

> Der deutsche Juristentag hält es für angemessen, daß bei Gelegenheit einer umfassenden Revision der Reichs-Strafproceß-Ordnung die Ausdehnung des Privatklageverfahrens in seiner jetzigen Form

wenn auch mit systematischerer Durchführung der Einzelbestimmungen in das Auge gefaßt wird und zwar auf folgende Delicte:

1. Hausfriedensbruch, Beleidigung, vorsätzliche und fahrlässige Körperverletzung und Sachbeschädigung, insofern diese Delicte nur auf Antrag verfolgbar sind;
2. ferner die Delicte der §§ 288, 289, 299, 300, 301, 302, 370, Ziffer 5 und 6 des Strafgesetzbuchs, endlich
3. die nach den Reichsgesetzen vom 12. Juni 1870, 30. Nov. 1874, 9, 10. und 11. Januar 1876 und 25. Mai 1877 strafbaren Handlungen.

XVII.

Gutachten des Herrn Geheimen Justizraths Professor Dr. O. Gierke zu Berlin

über die Frage:

„An welche rechtlichen Voraussetzungen kann die freie Corporationsbildung geknüpft werden?“

I.

Die Stellung des Entwurfes eines bürgerlichen Gesetzbuches zu der Frage.

Zu den mancherlei Enttäuschungen, welche die Veröffentlichung des Entwurfes eines bürgerlichen Gesetzbuches für das Deutsche Reich uns gebracht hat, gehört die in § 42 getroffene Bestimmung:

> „Die juristische Persönlichkeit eines Personenvereines und der Verlust dieser Persönlichkeit bestimmen sich in Ermangelung besonderer reichsgesetzlicher Vorschriften nach den Landesgesetzen des Ortes, an welchem der Personenverein seinen Sitz hat.“

Der Entwurf will also die in der Ueberschrift bezeichnete brennende Frage, über welche die ständige Deputation des deutschen Juristentages ein Gutachten von mir eingefordert hat, ungelöst lassen. Das künftige deutsche Gesetzbuch soll darauf verzichten, eine gemeinrechtliche Norm über die Körperschaftsbildung aufzustellen. Soweit nicht bestimmten Gattungen von Personenvereinen durch Specialgesetze eine selbständige Rechtssubjectivität gesichert wird, soll die Entscheidung über Bestand oder Nichtbestand einer gemeinheitlichen Persönlichkeit dem Particularrecht anheimfallen.

Eine auf den ersten Blick erstaunliche Enthaltsamkeit! Wer aber sich näher mit diesem Entwurfe beschäftigt hat und tiefer in seinen Geist eingedrungen ist, wird nichts Auffälliges in ihr finden.

Der Entwurf ist durch und durch individualistisch angelegt. Das Privatrecht erschöpft sich ihm in den gegenseitigen Rechtsbeziehungen isolirter Individuen, welche in mechanischem Stoß und Gegenstoß auf einander wirken. Von einer organischen Verbindung der einzelnen Menschen weiß er nichts. Soweit er Gemeinschaftsverhältnisse behandelt, löst er sie in individualrechtliche Beziehungen getrennter Subjecte auf. Wo er dagegen auf socialrechtliche Gebilde trifft, welche solche Scheidekunst nicht zu zersetzen vermag, verbannt er dieselben aus seinem Horizont. Er will ein Privatrecht schaffen, dessen reine Linien kein Gemeinschaftsgedanke trübt. Natürlich kann er die gewaltige Fülle von socialem deutschen Privatrecht, welches im wirklichen Leben der Gegenwart aus dem Individualrecht emporsteigt und in mannigfachen Zwischengliedern die Verbindung mit dem öffentlichen Recht herstellt, nicht überhaupt beseitigen. Allein in das künftige „gemeine“ bürgerliche Recht verstattet er solchem in seinen Augen mehr oder minder anomalen Recht keinen Eingang, sondern verweist es in das reichs- oder landesgesetzliche „Sonderrecht“. Diese individualistische, gemeinschaftsfeindliche, antisociale Grundrichtung aber ist nicht etwa bloß das zufällige Ergebniß einer dem Entwurfe durch die Umstände aufgenöthigten Selbstbeschränkung. Sie ist vielmehr der Ausdruck seines innersten Wesens. Denn im Grunde seiner Seele ist dieser Entwurf mehr römisch als deutsch! Er ist trotz alles deutschrechtlichen Stoffes, den er seinem kunstvollen Bau einverleibt hat, doch zuletzt ein in Paragraphen gebrachtes Pandectencompendium. Sein gesammtes Gedankengerüst entstammt der romanistischen Doctrin. Was immer er an deutschen und modernen Instituten enthält, zwängt er nach dem Muster des usus modernus pandectarum in die wohlbekannte Schablone des römischen Civilrechts ein. Nun ist aber der tiefste Gegensatz zwischen germanischem und römischem Privatrecht gerade darin begründet, daß dieses den Gedanken einer Verbundenheit der Subjecte ausschließt, jenes von ihm durchdrungen ist. Nothwendig mußte also der Entwurf, sobald er sich dem Geiste des römischen Rechtes ergab, in die Bahn des abstracten Individualismus gedrängt werden. Auch das preußische Landrecht ging, wie dies die Herrschaft der naturrechtlichen Theorie zur Zeit seiner Abfassung bedingte, von individualistischen Voraussetznngen aus: weil es aber den Pulsschlag des nationalen Lebens fühlte, ward es durch den Genius unseres vaterländischen Rechtes über sich selbst emporgehoben und verwirklichte in einem großartigen Aufbau die Gedanken eines vom

Individualrecht zum Socialrecht aufsteigenden Privatrechts. Seitdem hat mit der Wiedergeburt des deutschen Rechts in der Wissenschaft und im Leben sich eine ganze Welt socialer Rechtsbegriffe vor uns aufgethan. Mehr und mehr haben wir den alten germanischen Gedanken der inneren Einheit alles Rechtes wiedergefunden und suchen Privatrecht und öffentliches Recht, ohne ihre scharfe Sonderung zu opfern, zum Ganzen zu verknüpfen. Wir legen von Neuem in das öffentliche Recht die Merkmale des vollen und echten Rechtes hinein, welche lange Zeit hindurch nur noch dem Privatrecht zu eignen schienen. Gleichzeitig aber kehren wir im Privatrecht der Vorstellung einer schrankenlosen Individualsouveränetät den Rücken. Wir begreifen wieder die sociale Bedingtheit aller Institute des Vermögensrechts wie des Familienrechts und gewähren auch hier der Gemeinschaft, was ihr gebührt. Mit dieser ganzen Entwicklung will der Entwurf, soweit sein Reich sich erstreckt, rücksichtslos brechen. Das gemeine deutsche Privatrecht der Zukunft soll lediglich eine Lebensordnung unverbundener, auf sich selbst gestellter, in dieser Sphäre souveräner Individuen sein, während es einer Anzahl besonderer Reichsgesetze und namentlich dem Landesrecht vorbehalten bleibt, die unerläßlichen Correcturen eines derartigen Systems zu vollziehen.

Wenn nun ein Gesetzbuch, welches von einer so individualistischen Grundauffassung ausgeht, sich mit dem Körperschaftsrecht befaßt, so sind ihm die Wege, die es zu wandeln hat, von vornherein vorgezeichnet. Es kann unmöglich dem Beispiele des preußischen Landrechts folgen, in dessen vom Individuum durch die Familie zu den Gemeinheiten aufsteigenden Gedankenbau das Körperschaftsrecht sich zu einer Stufe des Socialrechts gestaltet. Und völlig muß es sich vor dem deutschrechtlichen Genossenschaftsprincip verschließen, wie dasselbe von der germanistischen Theorie unseres Jahrhunderts bewußt entfaltet ist, mehr oder minder verhüllt aber die ganze neuere Gesetzgebung und Praxis durchdringt. Schlechthin vielmehr muß es in den Vorstellungskreis der älteren romanistischen Doctrin mit ihrem die individualistische Structur des Privatrechts unangetastet lassenden Gegensatz von societas und universitas gebannt bleiben. So führt denn in der That der Entwurf das vom lebendigen deutschen Recht der Gegenwart überall durchbrochene Schema der Pandectenlehrbücher folgerichtig durch. Ihm ist jede Personengemeinschaft entweder ein zwischen getrennten Individuen begründetes rein obligationenrechtliches oder sachenrechtliches Verhältniß oder aber ein den natürlichen Individuen zur Seite tretendes künstliches Individuum. Die „Gesellschaft“ behandelt er im „Recht der Schuldverhältnisse“ als ein zwischen die „Einbringnng von Sachen bei Gastwirthen“ und die „Leib rente" placirtes Vertragsverhältniß, welches sich in rein individualistischen Beziehungen erschöpft und irgend eine Personeneinheit der Gesellschafter so wenig wie ein Kauf- oder Miethvertrag hervorzubringen vermag. Insofern aus der Gesellschaft eine „Gemeinschaft" erwächst, unterwirft er dieselbe gleich jeder auf irgend einem anderen Rechtsgrunde beruhenden Gemeinschaft dem Gesichtspunkte der römischen communio. Die gleiche individualistische Auffassung legt er der Construction der einzelnen Gemeinschaftsfälle, der Forderungs- und Schuldgemeinschaft, des Miteigenthums und der gemeinschaftlichen dinglichen Rechte, der Erbengemeinschaft, ja auch der ehelichen und häuslichen Gemeinschaft zu Grunde. Dem deutschrechtlichen Gedanken der „gesammten Hand" geht er — von gewissen ihm bei der ehelichen Gütergemeinschaft gemachten Zugeständnissen abgesehen — überall aus dem Wege. Sein gesammtes Gesellschafts- und Gemeinschaftsrecht hat somit für den Begriff einer personenrechtlichen Verbundenheit, einer durch den Zusammenhang der Subjecte bewirkten Verschmelzung von Einzelsphären in eine einheitliche Gesammtsphäre keinen Raum. Es schneidet jede Möglichkeit ab, im Bereiche des Individualrechtes zu einer wahren Gemeinschaftsbildung aufzusteigen, welche an das Körperschaftsrecht heranführen könnte. Das Körperschaftsrecht selbst aber ist für den Entwurf nicht die Blüthe, sondern die Negation des Gemeinschaftsgedankens. Denn die Körperschaft tritt lediglich als „juristische Person" in seinen Horizont: seine „juristische Person" aber ist nichts anderes als eine künstlich angenommene Einheit, welche kraft einer Fiction insoweit einem Individuum gleichgestellt wird, als dies erforderlich ist, um einen geeigneten Träger für ein der Herrschaft der einzelnen Menschen als solcher entzogenes Vermögen zu gewinnen. Diese Körperschaft hat also, wennschon ihr Substrat ein „Personenverein" ist, doch nichts von einer Gemeinschaft an sich, sondern geht ohne Rückstand in die abstracte Schablone einer individualistischen Lebensordnung auf. Ihren Mitgliedern wie Dritten steht sie als fingirtes Subject nach Art eines beliebigen Einzelwesens gegenüber. Ein Gemeinwesen mit einem rechtlich geordneten Gemeinleben, mit einem im Bereiche dieses Gemeinlebens zur Herrschaft berufenen realen Gemeinwillen und mit einer so ihm selbst entstammenden und vom Rechte nur anerkannten Gesammtpersönlichkeit ist sie nicht! Oder wenn sie dennoch etwas Derartiges sein sollte, so ist dies mindestens für das künftige gemeine deutsche Privatrecht ohne allen Belang!

Daß der Entwurf wirklich das Körperschaftsrecht in diesem und keinem anderen Sinne auffaßt und regelt, offenbaren die wenigen von ihm über Körperschaften aufgestellten Rechtssätze, welche sich, von einigen sehr nebensächlichen späteren Bestimmungen abgesehen, sämmtlich in dem

„Juristische Personen“ überschriebenen dritten Abschnitt des ersten Buches finden. Nach einem allgemeinen Satz über „juristische Persönlichkeit“ überhaupt (§ 41) beschäftigen sich hier die §§ 42—57 mit der „Körperschaft“, während in den §§ 58—62 von Stiftungen und in § 63 vom Fiskus gehandelt wird. Die Körperschaft wird als „ein mit juristischer Persönlichkeit versehener Personenverein“ definirt (§ 43). Der Begriff der juristischen Persönlichkeit wird nicht ausdrücklich formulirt: überall jedoch wird stillschweigend vorausgesetzt, daß die juristische Person ein für Vermögenszwecke als Individuum fingirtes, an sich selbst vollkommen willens- und handlungsunfähiges, im Verkehr durch natürliche Individuen vertretenes Gedankending ist. Demgemäß erschöpft sich die Körperschaftspersönlichkeit in der Fähigkeit, „Vermögensrechte und Vermögenspflichten zu haben“ (§ 41). Ihre „Verfassung“ empfängt die Körperschaft, soweit nicht das Gesetz sie ihr zutheilt, durch einen „Gründungsvertrag“ und etwaigen späteren einstimmigen „Willen der Mitglieder“ (§ 43 u. 48 Abs. 5). Die Körperschaft muß einen Vorstand haben, welcher sie als „gesetzlicher Vertreter“ in ähnlicher Weise wie der Vormund den Mündel vertritt, zugleich aber ihr gegenüber die Rechte und Pflichten eines Mandatars hat (§ 44—47, auch 166). In ihren inneren Angelegenheiten ist „der Wille der Mitglieder“ maßgebend, der regelmäßig durch Mehrheitsbeschluß einer Mitgliederversammlung festgestellt wird, im Falle der Zustimmung Aller aber auch ohne Versammlung ermittelt werden kann (§ 48). Bei ihrem Erlöschen finden auf den Anfall ihres Vermögens an den Fiskus oder einen anderen durch die Verfassung, ein besonderes Reichsgesetz oder das Landesrecht berufenen Anfallsberechtigten die Regeln über erblose Verlassenschaften Anwendung (§ 49). Nur im Falle der Vertheilung ihres Vermögens unter die Mitglieder gelten eigenartige Grundsätze, da dann die „Liquidation“ nach Maßgabe der §§ 50—56 erfolgen muß. Ueber die Liquidation enthält der Entwurf eingehende und zweckmäßige Vorschriften, bei denen er sich endlich vom romanistischen Schema lossagt und aus dem modernen deutschen Genossenschaftsrecht schöpft. Allein hiervon wird ja die Körperschaft erst nach ihrem Untergange betroffen: solange sie besteht, empfängt sie vom Entwurf keine den Gedankenkreis des künstlichen Individuums durchbrechende Norm. Das Körperschaftsrecht des Entwurfes ist also in der That aus dem überlebten romanistischen Dogma der persona ficta herausgesponnen. Könnte man daran zweifeln, so lassen zum Ueberfluß die Motive deutlich erkennen, daß nicht einmal die Möglichkeit einer anderen Auffassung Anerkennung gefunden hat. Denn die Motive meinen zwar, daß die wissenschaftliche Construction und Rechtfertigung des Begriffes der juristischen Person unberührt bleibt. Sie setzen jedoch hierbei als unantastbare und von selbst einleuchtende Wahrheit voraus, daß es sich lediglich um eine „Rechtsfigur" handelt, welche behufs Verselbständigung eines zweckbestimmten Vermögensbereiches eine „Personification" einführt, wie sie der Vorstellung des Lebens entspricht und der Technik des Rechtes sich dienlich erweist; daß somit hier „die an sich (?) nur den natürlichen Personen zustehende Vermögensfähigkeit kraft positiver Satzung (?) einem Personenvereine oder einem Vermögensinbegriffe beigelegt ist"; daß es an einem „natürlichen Träger von Rechten" hier überhaupt fehlt; daß „die Körperschaft als künstliche geschaffene willenlose Trägerin von Rechten" selbst weder wollen noch handeln kann und als „geschäftsunfähige Person" eines gesetzlichen Vertreters bedarf, welcher dem Vormunde des Kindes und des Geisteskranken ähnelt, und so fort (vgl. Motive I S. 78, 80, 94, 97).

Aus der Zugrundelegung einer derartigen Auffassung erklärt sich die außerordentliche Dürftigkeit des Körperschaftsrechtes dieses Entwurfes. Eine gemeinrechtliche Körperschaftstheorie, welche die leitenden Principien für die rechtliche Behandlung des vielverzweigten Körperschaftslebens unserer Tage in sich geschlossen hätte, ließ sich auf solcher Basis nicht aufrichten. Hätte der Entwurf den Versuch gemacht, unter Festhaltung seines dogmatischen Standpunktes ein einigermaßen vollständiges System von Rechtssätzen über körperschaftliche Verhältnisse zu entwickeln, so hätte er an zahlreichen Punkten den Kampf mit unserem Rechtsbewußtsein und mit unseren Lebensbedürfnissen, mit einer Fülle deutscher und moderner Gedanken, die zum Theil in fortbestehenden Specialgesetzen lebendig geblieben wären, aufzunehmen gehabt. Bei allem Vertrauen in die Zauberkraft der Pandectenlogik handelte er jedenfalls vorsichtiger, wenn er einem solchen Conflicte auswich. Auf der anderen Seite aber konnte der Entwurf bei dem großen Gewicht, welches er auf folgerichtige Durchführung seiner Principien legt, nicht zu dem sonst üblichen Auskunftsmittel greifen, der eigenen Grundanschauung bei der Regelung der Einzelheiten untreu zu werden und von dem Gedanken der persona ficta unvermerkt zu der Vorstellung des realen Gemeinwesens hinüberzugleiten. So zieht er es denn vor, sich in Schweigen zu hüllen. Das ganze innere Körperschaftsrecht streift er nur mit einigen spärlichen und farblosen Sätzen über korporative Verfassung. Mit keinem Worte geht er auf die durch das Körperschaftsverhältniß erzeugten eigenartigen Beziehungen zwischen einer Gesammtperson und ihren Gliedpersonen ein. Völlig übergeht er die im Begriff der Körperschaft gegebenen und bei Privatrechtskörperschaften offenbar dem Privatrecht angehörigen gemeinheitlichen Befugnisse und Verbindlichkeiten, die sich zuletzt als Ausflüsse einer personenrechtlichen Körperschaftsgewalt darstellen. Wo sollte er denn auch ein Subject für solche Rechte und Pflichten auffinden? Dem in der Vermögensfähigkeit beschlossenen künstlichen Individuum konnte er sie ja nicht ansinnen! Von Mitgliedschaftsrechten und und Mitgliedschaftspflichten handelt er so wenig, wie von Erwerb und Verlust der Mitgliedschaft. Geflissentlich geht er dem für die Praxis überaus wichtigen Problem der verfassungsmäßig mit der Mitgliedschaft verknüpften Sonderrechte und Sonderpflichten aus dem Wege. Woher sollte er denn auch ein die Eigenart solcher Verhältnisse begründendes Princip nehmen? In seiner Welt isolirter natürlicher und künstlicher Individuen müssen sich ja alle Beziehungen zwischen den Verbandspersonen und den in ihnen verbundenen Einzelpersonen in die Schablone des einfachen Individualrechts pressen lassen! Auch von einem eigenthümlichen Begriff und Recht des körperschaftlichen „Organes" weiß er nichts: für ihn handelt es sich nur um die Uebertragung der in einigen Punkten modificirten Sätze über Stellvertretung und Auftrag, denen dann freilich die Bestimmung des § 46, nach welcher die Körperschaft aus den vom Vorstand innerhalb seiner Vertretungspflicht begangenen widerrechtlichen Handlungen für Schadensersatz haftet, als eine eigentlich principwidrige und nur aus Zweckmäßigkeitserwägungen zugelassene Singularität hinzutritt. Gänzlich sieht der Entwurf von einer Unterscheidung verschiedener Körperschaftsgattungen und von der Verwerthung solcher Unterschiede für die Ausgestaltung eines subsidiären gemeinen Körperschaftsrechtes ab. Und ausdrücklich überweist er die Regelung des Verhältnisses der Körperschaften zum Staat, die etwaige Einschränkung ihrer Erwerbsfähigkeit und die Ordnung der Schicksale ihres Vermögens im Falle ihres Erlöschens, soweit nicht besondere Reichsgesetze eingreifen, dem Landesrecht.

In diesem Zusammenhange wird es nun in der That leicht verständlich, daß der Entwurf insbesondere auch über Begründung und Beendigung der Körperschaften keine eigene Bestimmung trifft. Wenn er vor jeder Frage zurückwich, bei welcher sein konstructiver Grundgedanke mit der Thatsache des körperschaftlichen Gemeinlebens und seiner Einordnung in höheres Gemeinleben zusammengestoßen wäre, so konnte er sich auch an die Vorgänge nicht heranwagen, welche ein Gemeinleben erzeugen oder vernichten!

Wie hätte denn die Entscheidung des Entwurfes hier ausfallen müssen, wenn er seinen dogmatischen Voraussetzungen treu geblieben wäre? Zweifellos im Sinne des Concessionssystems! Beruht das Wesen der Körperschaft auf der Bekleidung eines Personenvereins mit einer „an sich“ nur dem einzelnen Menschen gebührenden Fähigkeit, so liegt in der Anerkennung einer solchen künstlichen Einheit als Rechtsträger stets eine Singularität, die nur durch ein Privileg zu Stande kommen kann. Mithin ist Quelle aller körperschaftlichen Existenz die staatliche Privilegiengewalt. Der Staat mag unter Umständen durch ein Gesetz im Voraus Vereinigungen, welche sich unter Erfüllung gewisser Bedingungen bilden, ein Generalprivilegium ertheilen. Er mag auch im Voraus Thatbestände normiren, mit deren Eintritt das Privileg als erloschen gelten soll. Allein der eigentlich typische Fall bleibt stets die specielle „Verleihung“ und „Entziehung“ der Corporationsrechte durch einen besonderen Act der Staatsgewalt. Diese Art der Begründung und Beendigung körperschaftlicher Existenz erscheint daher begrifflich als die Regel, von welcher nur in neuerer Zeit umfassende Ausnahmen zugelassen sind.

Aus den Motiven erhellt, daß in der That der Entwurf, falls er die Frage gelöst hätte, dem Concessionssystem zugedrängt worden wäre (I S. 88—92). Zugleich aber ergiebt sich aus dem von den Motiven selbst zusammengestellten Material, wie schroff eine solche Entscheidung unserer gesammten modernen Rechtsentwicklung widersprochen hätte. Das Concessionssystem ist durch zahlreiche Reichs- und Landesgesetze dergestalt durchlöchert, daß es überall in Deutschland aus der angeblichen Regel thatsächlich zur Ausnahme verkehrt ist. In einigen Gebieten hat die Landesgesetzgebung principiell mit ihm gebrochen. Auch insoweit aber, als es dem Namen nach noch herrscht, ist es längst seiner ehemaligen Machtfülle beraubt, indem die Praxis mehr und mehr Mittel und Wege gefunden hat, auch unconcessionirte Vereine und Genossenschaften ohne formelle Anerkennung ihrer juristischen Persönlichkeit gleichwohl nach Körperschaftsrecht zu behandeln. Wer die deutsche Rechtsgeschichte des neunzehnten Jahrhunderts mit unbefangenem Blick überschaut, wird nicht daran zweifeln können, daß das Concessionssystem nur noch als eine durch die Ueberlieferungen des Polizeistaates gestützte Ruine aufrecht steht, während seit der Wiederbelebung unseres durch den Staatsabsolutismus zwar eingeschnürten, aber nicht erstickten Körperschaftslebens und seit dem mächtigen Wiederaufschwunge der schöpferischen Kraft des germanischen Associationsgeistes in Wirklichkeit das altnationale Princip der Körperschaftsfreiheit von Sieg zu Sieg vorgeschritten ist. Bei solcher Sachlage mußte der Entwurf denn doch Bedenken tragen, die Verleihung der Körperschaftsrechte durch einen frei versagbaren und widerruflichen staatlichen Gnadenact zur gemeinrechtlichen und sei es auch nur subsidiären Regel zu erheben. Die Verwirklichung der Rechtseinheit hätte ja dann auf diesem Gebiete von vornherein eine gewaltsame Zurückschraubung unseres Rechtslebens bedeutet. Wollte er daher nicht etwa unter Preisgabe seiner Grundanschauung auf einen freieren Standpunkt übertreten, so blieb ihm nur der Verzicht auf jede Entscheidung übrig. Nun mag das Landesrecht sich an der Erledigung der heiklen Frage versuchen!

Die Bestimmung des § 42 wird also aus dem Gesammtverhalten des Entwurfes erklärlich. Keineswegs aber wird sie hierdurch zugleich gerechtfertigt. Dem Entwurf kann vielmehr der Vorwurf nicht erspart werden, daß er durch die Abwälzung dieser Aufgabe auf die Landesgesetzgebung sich in durchaus ungebührlicher Weise der Erfüllung seines Berufes entzieht. Wenn irgendwo, so ist hier die Forderung einer durchgreifenden gemeinrechtlichen Norm begründet! Von Stammeseigenthümlichkeiten oder von eingewurzelten geschichtlichen Besonderheiten, vor denen die Rechtseinheit Halt zu machen hätte, kann hier nicht wohl die Rede sein. Die Verschiedenheiten des publicistischen Vereinsrechtes, auf welche die Motive Bezug nehmen, stehen einer einheitlichen Regelung der privatrechtlichen Seite des Vereinswesens durchaus nicht im Wege. Der fast unerträgliche Zustand des heute geltenden Rechtes mit seiner Unsicherheit und Zerfahrenheit erheischt gebieterisch eine gesetzgeberische That. Auch ist die Richtung, in welcher sich die Gesetzgebung zu bewegen hat, im Allgemeinen durch den Entwicklungsgang des deutschen Rechtes klar vorgezeichnet, und es fehlt keineswegs an bewährten Vorbildern. Kurz, wenn das deutsche Gesetzbuch ein gemeines Körperschaftsrecht herstellen will, ohne die fundamentale Frage nach dem Bestande oder Nichtbestande einer Körperschaft in seinen Bereich zu ziehen, so beweist es hiermit seine Unfähigkeit zu jeder wirklich fruchtbaren Ordnung des Rechtes der Verbände und thäte besser, die juristischen Personen überhaupt aus seinem System zu verbannen.

Wie sich im Falle der unveränderten Annahme des Entwurfes der Rechtszustand practisch gestalten würde, ist vorläufig schwer zu übersehen. Bevor der Entwurf eines Einführungsgesetzes veröffentlicht ist, läßt sich kaum mit Sicherheit sagen, was denn eigentlich vom bisherigen Recht künftig in Kraft bleiben und was wegfallen soll. Jedenfalls aber würde zunächst die gegenwärtig herrschende Verwirrung nur zunehmen. Um dieselbe zu heben, müßte überall die Landesgesetzgebung sofort in Thätigkeit treten und die Lücke des gemeinen Rechts auszufüllen versuchen. Erwiese sich jedoch, wie dies sehr wahrscheinlich der Fall sein würde, die particularrechtliche Regelung einer solchen Grundfrage als unthunlich, so müßte durch besondere Reichsgesetze nachgeholt werden, was das Gesetzbuch versäumt hätte.

Unter allen Umständen enthält die Veröffentlichung des Entwurfes eine dringende Aufforderung, die von der ständigen Deputation des deutschen Juristentages aufgeworfene Frage gerade jetzt zu erörtern. Wir wollen daher in Folgendem zuvörderst einen Blick auf den gegenwärtigen Rechtszustand werfen, um dessen Reformbedürftigkeit festzustellen. Sodann wollen wir prüfen, durch welche Rechtssätze Abhülfe zu schaffen ist. Endlich wollen wir auf die Frage nach der formellen Behandlung der Reform und insbesondere nach der reichs- oder landesgesetzlichen Regelung des Gegenstandes zurückkommen.

II.

Der gegenwärtige Rechtszustand.

Ein Bild des gegenwärtigen Rechtszustandes in Ansehung der Körperschaftsbildung habe ich in meinem Buche „Die Genossenschaftstheorie und die deutsche Rechtsprechung, Berlin 1887", entworfen. Da dieses Bild inzwischen kaum veraltet sein dürfte, kann ich mich hier darauf beschränken, die Ergebnisse kurz zusammenzufassen.

A. In unserem ursprünglichen deutschen Recht galt unbestritten das Recht der freien Körperschaftsbildung. Dasselbe war mit dem von der vollen Freiheit nach germanischer Anschauung untrennbaren Recht der Vereinsfreiheit gegeben. Daß es auch im Mittelalter selbstverständlich Verbotsgesetze wider Vereine mit unerlaubten Zwecken gab, daß manche Verbände (wie z. B. die Zünfte) wegen der von ihnen geübten öffentlichen Rechte einer besonderen Autorisation bedurften, daß vielfach mit der Entwicklung einer Polizeigewalt mancherlei Einschränkungen des Vereinswesens vorübergehend oder auch dauernd eingeführt wurden, änderte nichts an dem Princip als solchem. So weit aber die Macht der freien Association reichte, so weit erstreckte sich auch die Möglichkeit der autonomischen Erzeugung körperschaftlicher Gebilde. Denn jede überhaupt zu Recht bestehende Gemeinde oder Genossenschaft, welche sich im Leben als eine zur Einheit organisirte Gesammtheit und somit als ein selbständiges Gemeinwesen bethätigte, wurde auch vom Recht als ein im Wechsel der Mitglieder beständiges und von den Einzelnen unterschiedenes Subject anerkannt.

Seit der Reception des römischen Rechts gelangte im Kampfe der erstarkten Staatsgewalt wider das übermächtige und nunmehr vielfach entartete Corporationswesen des Mittelalters mehr und mehr die entgegengesetzte Auffassung zur Geltung, welche dem Corpus juris civilis zu Grunde liegt. Das Justinianische Recht kennt keine Vereinsfreiheit. Es kennt jedoch ebenso wenig eine besondere Verleihung von Körperschaftsrechten. Nach der Anschauung der Quellen stammt vielmehr alle Verbandsexistenz sowohl in publicistischer wie in privatrechtlicher Hinsicht vom Staat. Die Begründung jeder Körperschaft erfolgt daher durch einen einheitlichen staatlichen Constitutivact, welcher den rechtlichen Bestand des ohne ihn als collegium illicitum ungültigen Vereins schafft und demselben hiermit zugleich die erforderliche Vermögensfähigkeit beilegt. So richtete denn auch die romanistische Doctrin, so weit sie sich in den Dienst der Tendenzen des absolutistischen Staates stellte, sich gleichmäßig und ungeschieden gegen das Recht der freien Vereinigung und gegen das Recht der autonomen Körperschaftsbildung. Als Hauptsache erschien die Durchsetzung eines polizeilichen Verbotes jeder nicht speciell approbirten Association. Langsam nur wurde dieser Erfolg erreicht. Sobald dies aber geschehen war, verstand es sich von selbst, daß mit der publicistischen Autorisation zugleich die Verleihung der Privatrechtsfähigkeit in der Hand der Staatsgewalt lag. Zu einer Unterscheidung beider Elemente der staatlichen Concession war ein Bedürfniß nicht vorhanden.

Ein solches Bedürfniß regte sich erst, seitdem mit der Wiederauferstehung des Gedankens der Volksfreiheit auch die Vereinsfreiheit von Neuem zum Durchbruch kam. Denn nunmehr forderte die publicistische Frage nach dem Recht der Vereinsbildung eine durch die Rücksichtnahme auf das civilistische Dogma unbeirrte Lösung. Sehen wir von einzelnen im Laufe der Zeit wieder vergessenen älteren Andeutungen ab, so waren es die Naturrechtslehrer, welche im Zusammenhange mit der Anerkennung eines an sich in der menschlichen Freiheit begründeten Associationsrechtes zuerst principiell zwischen der polizeilichen „Genehmigung“ eines Vereins und der „Verleihung der Eigenschaft einer moralischen Person“ unterschieden. Praktisch führte zuerst das preußische Landrecht diese Unterscheidung durch. Dasselbe erkannte ein natürliches Recht der freien Vereinsbildung an. Denn es erklärte Gesellschaften, deren Zweck mit dem gemeinen Wohl bestehen kann, an sich für erlaubt (II, 6 § 2) und legte der „Genehmigung“ solcher Gesellschaften durch die Behörde nicht die Bedeutung eines wesentlichen Erfordernisses ihres Bestandes, sondern nur eine diesen Bestand sichernde Kraft bei (a. a. O. § 22—24). Freilich zog es der Vereinsfreiheit alsbald wiederum enge Grenzen (a. a. O. § 3—5 und 10): allein es verkündigte doch ihr Princip, das erst durch spätere Gesetze wieder in Frage gestellt wurde.

Um so energischer aber wahrte das Gesetzbuch dem Staate die von der polizeilichen Genehmigung scharf gesonderte „Verleihung der Corporationsrechte". Den geduldeten Vereinen wies es die eigenthümliche Rechtsstellung der „erlaubten Privatgesellschaften" zu (a. a. O. § 11—21), aus deren Rahmen auch eine polizeiliche „Genehmigung", soweit nicht mit derselben etwa die Einräumung besonderer Privilegien verknüpft wird, den Verein keineswegs heraushebt (a. a. O. § 22 und 23). Den Erwerb wirklicher Körperschaftsrechte aber machte es von einem besonderen staatlichen Acte abhängig (a. a. O. § 25).

In unserem Jahrhundert ist die Unterscheidung der staatlichen Befugnisse in Ansehung der publicistischen Seite des Vereinswesens und in Ansehung der privatrechtlichen Stellung der Verbände mehr und mehr durchgedrungen. Sie ist nicht nur zum wissenschaftlichen Gemeingut geworden, sondern hat auch den Entwickelungsgang der Gesetzgebung und der Praxis beherrscht.

Im publicistischen Vereinsrechte ist in ganz Deutschland das Princip der Vereinsfreiheit zur Geltung gelangt. Die Vereinsfreiheit ist in den einzelnen Staaten in ungleichem Maße eingeschränkt und unterliegt überdies reichsgesetzlichen Restrictionen von theils dauernder, theils vorübergehender Geltung. Unangetastet aber besteht überall der Rechtssatz, daß an sich in der staatsbürgerlichen Freiheit die Befugniß zur Vereinsbildung für erlaubte Zwecke enthalten ist. Der Staat übt Abwehr und Aufsicht, nimmt aber keinerlei constitutive Mitwirkung bei der Begründung von Vereinsexistenzen für sich in Anspruch. Und er würdigt die unabhängig von seinem Willen ins Leben getretenen Verbände in allen publicistischen Beziehungen als einheitliche Träger verkörperter Gesammtwillen. Selbst bei den behufs Repression von Ueberschreitungen vorgesehenen Maßnahmen und insbesondere in dem zur Durchsetzung einer Vereinsauflösung geordneten Verfahren legt er die Annahme zu Grunde, daß er es bei jedem freien Verein mit einer rechtsbeständigen Verbandsorganisation und folgeweise mit einer im Gebiete des öffentlichen Rechtes handlungsfähigen Gesammtpersönlichkeit zu thun hat.

Dagegen wurde im Gebiete des Privatrechtes keineswegs zugleich mit der Freiheit der Vereinsbildung die Freiheit der Körperschaftsbildung wiederhergestellt. Vielmehr wurde der Satz des preußischen Landrechtes, daß Corporationsrechte lediglich durch besondere staatliche Verleihung erworben werden können, nicht nur von anderen Gesetzen aufgenommen, sondern auch von der romanistischen Doctrin als gemeinrechtliches Princip verfochten. Man berief sich dafür zum Theil auf die römischen Rechtsquellen, in denen man das Erforderniß einer von der polizeilichen Genehmigung begrifflich unterschiedenen Concession der juristischen Persönlichkeit ausgesprochen zu finden glaubte. Vor allem jedoch deducirte man aus dem Begriffe der persona ficta die Nothwendigkeit einer Mitwirkung des Staates, dessen Allmacht allein auszureichen schien, um ein solches künstliches Wesen aus dem Nichts zu schaffen und das zur Durchführung der Fiction erforderliche Ausnahmerecht zu begründen. Eine Zeit lang verhallte fast jeder Widerspruch gegen diese Lehre. Namentlich war es die Autorität v. Savigny's, die ihr mehr und mehr auch Eingang in die Praxis verschaffte.

Den ersten Stoß empfing das so zur Herrschaft emporgestiegene System durch die von Beseler aufgestellte und von Anderen ausgebaute germanistische Genossenschaftstheorie. Dieselbe bekämpfte mit dem Gedanken der persona ficta auch die aus demselben gezogenen Folgerungen und behauptete die Möglichkeit rein autonomer Körperschaftsbildung. Sie huldigte dann mehr und mehr zugleich der practischen Tendenz, die Anerkennung der selbständigen Persönlichkeit aller ihrem thatsächlichen Bestande nach hierzu geeigneten Verbände durchzusetzen und so als Correlat der wiedererrungenen Vereinsfreiheit auch die altgermanische Freiheit der Körperschaftsbildung von Neuem zu verwirklichen.

In dem seither über das Erforderniß staatlicher Mitwirkung bei der Entstehung von Körperschaften geführten Streit haben die wiedergeborenen Gedanken des deutschen Rechtes bis heute keinen vollen Sieg, wohl aber eine Reihe durchschlagender Erfolge erzielt. Und selbst soweit in der Wissenschaft, in der Gesetzgebung und in der Praxis das Concessionssystem noch aufrecht steht, hat dasselbe im Grunde einen veränderten Sinn empfangen. Denn kaum wird heute noch die einst herrschende Lehre vertheidigt, nach welcher aus dem Wesen der juristischen Person das Erforderniß eines specifischen staatlichen Zeugungsactes sich als logisches Postulat ergab. Vielmehr erblicken selbst die Anhänger der Fictionstheorie in der staatlichen Verleihung der Corporationsrechte regelmäßig nur noch eine autoritäre Constatirung des Vorhandenseins desjenigen Thatbestandes, an welchen die Rechtsordnung jene Fiction einer ideellen Rechtssubjectivität knüpft. Entschiedener noch legen die Gegner der Fictionstheorie, insoweit sie eine staatliche Concession fordern, derselben eine bloß declarative Bedeutung bei. Man räumt daher nicht nur allseitig ein, daß die Specialverleihung der Körperschaftsrechte durch einen sie unter gewissen Voraussetzungen allgemein anerkennenden Rechtssatz ersetzt werden kann, sondern verzichtet auch gegenüber der Fülle moderner Gesetze, welche einen solchen Rechtssatz enthalten, auf die Ausdeutung desselben im Sinne eines Generalprivilegiums und begreift ihn fast durchweg als einen normalen Fall der Ordnung des Rechtslebens durch das objective Recht. Auch verschließt man sich nicht mehr der Einsicht, daß an sich ein Satz des Gewohnheitsrechtes genau so gut wie ein Gesetz befähigt ist, einem Verbande die Geltung als Rechtssubject zu verschaffen. Hiermit aber hat zugleich die Specialverleihung der Körperschaftsrechte mehr und mehr den Charakter eines eigentlichen Privilegs eingebüßt. Wenn die Auffassung derselben als einer lex specialis noch mannichfach nachwirkt, so ist doch in Wahrheit heute der Verleihungsact nur noch als Anwendung und nicht zugleich als Schaffung eines Rechtssatzes zu betrachten. Die Körperschaftsbildung vollzieht sich auch hier im Rahmen der bestehenden Rechtsordnung, die nicht erst durch Herstellung eines Ausnahmerechtes erweitert zu werden braucht, um für eine neue Gesammtpersönlichkeit Raum zu bieten. Die Rechtsordnung macht nur eben die Anerkennung des Verbandes als Person von einer besonderen staatlichen Erklärung abhängig, welche auf Grund eines souveränen Ermessens über die Corporationswürdigkeit des fraglichen Socialgebildes frei gewährt oder versagt werden kann.

So sind die principiellen Hindernisse autonomischer Körperschaftsbildung im gegenwärtigen deutschen Rechte überwunden. Täglich findet die Errichtung von Körperschaften durch den freien Willensact einer sich organisirenden Gesammtheit statt, während in zahlreichen anderen Fällen die schöpferische Willensaction der Betheiligten zwar einer Ergänzung durch eine öffentliche Willensthat bedarf, hiermit aber keineswegs zur bloßen Voraussetzung eines staatlichen Creationsactes herabsinkt. Fraglich ist also nur, in welchem Umfange das in Deutschland geltende positive Recht eine freie Körperschaftsbildung anerkennt. Und in der Beantwortung dieser Frage machen sich nun freilich in der Theorie wie in der Praxis erhebliche Meinungsverschiedenheiten und Unsicherheiten bemerklich.

B. Suchen wir zunächst das im Wesentlichen Unbestrittene festzustellen, um sodann das Gebiet der Zweifel zu betreten.

I. Für eine Reihe von Verbandsgattungen ist der Erwerb der Körperschaftsrechte gesetzlich normirt. Ein derartiger Verband erlangt mit der Erfüllung der Voraussetzungen, an welche seine rechtmäßige Entstehung geknüpft ist, zugleich von Rechts wegen die Privatrechtsfähigkeit und somit die Eigenschaft einer Körperschaft. Wenn neuere Reichs- und Landesgesetze vielfach das ausdrückliche Zugeständniß der „Corporationsrechte" oder der „juristischen Persönlichkeit" vermeiden und dafür die umschreibende Formel gebrauchen, daß der Verband als solcher selbständig Rechte und Pflichten haben könne, so ist das in der Hauptsache bedeutungslos. Zu den in dieser Weise durch allgemeine Rechtssätze anerkannten Köperschaftsgattungen gehören sowohl öffentlichrechtliche wie privatrechtliche Gemeinheiten. Bei manchen von ihnen erfolgt daher die Begründung durch einen vom Staate oder einem anderen Träger öffentlicher Willensmacht vollzogenen Errichtungsact, der dann wieder mitunter an eine vorherige Anhörung der Betheiligten, oft aber an die Zustimmung einer Mehrheit der Verbundenen und bisweilen sogar an deren einstimmigen Beschluß gebunden ist. In anderen Fällen bedarf es wenigstens einer staatlichen Genehmigung der im Uebrigen von der vereinigten Gesammtheit selbst ausgehenden Constituirung, wobei dann die Ertheilung oder Versagung der Genehmigung zum Theil in das freie behördliche Ermessen gestellt ist, häufiger aber nach festen gesetzlichen Regeln erfolgen oder unterbleiben muß. Dagegen pflegt die Begründung reiner Privatrechtskörperschaften ausschließlich der Autonomie überlassen zu sein, während die staatliche Mitwirkung sich auf eine öffentliche Constatirung und Kundmachung der gesetzmäßigen Entstehung beschränkt. Eine besondere Verleihung der Körperschaftsrechte findet bei keiner dieser Errichtungsarten statt.

1. Was zunächst das Reichsrecht angeht, so hat dasselbe das System gesetzlicher Normirung der Körperschaftsbildung bei öffentlichrechtlichen wie privatrechtlichen Genossenschaften durchgeführt.

a) Als öffentlichrechtliche Genossenschaften sind unter den nach Reichsrecht lebenden Körperschaften die Innungen, die zur Uebernahme der öffentlichen Krankenversicherung bestimmten Orts-, Betriebs- und Bau-Krankenkassen und die Berufsgenossenschaften für Unfallversicherung zu betrachten, welche sämmtlich die selbständige Persönlichkeit durch die staatliche Genehmigung ihres Statuts erlangen. Die Genehmigung des Statutes einer Krankenkasse kann überhaupt nur versagt werden, wenn dasselbe den gesetzlichen Anforderungen nicht genügt. Auch die Verwerfung des Statuts einer Innung und des Statuts einer Berufsgenossenschaft aber ist nur unter bestimmten gesetzlichen Voraussetzungen, welche das administrative Ermessen in enge Schranken einschließen, statthaft. Bei Innungen und Krankenkassen ist das Recht der freien Körperschaftsbildung innerhalb des gesetzlich festgestellten Rahmens durch die Eröffnung des Verwaltungsrechtsweges gegen unbegründete Versagung der Genehmigung gerichtlich geschützt. Sachlich hat auch bei Berufsgenossenschaften die dem Reichsversicherungsamt und in letzter Instanz dem Bundesrath übertragene Entscheidung zum Theil den Charakter einer Verwaltungsrechtsprechung.

b) Unter den privatrechtlichen Genossenschaften sind die Actiengesellschaften, die eingetragenen Erwerbs- und Wirthschaftsgenossenschaften und die eingeschriebenen Hülfskassen reichsgesetzlich normirt. Actiengesellschaften erlangen durch Eintragung in das Handelsregister, Erwerbs- und Wirhschaftsgenossenschaften durch Eintragung in das Genossenschaftsregister freie Hülfskassen durch die bei Erfüllung der gesetzlichen Bedingungen nicht versagbare „Zulassung" seitens der höheren Verwaltungsbehörde und die demnächstige Eintragung in das Kassenregister die Stellung anerkannter Körperschaften. Dabei besteht jedoch der wichtige Unterschied, daß Actiengesellschaften überhaupt nur in der reichsgesetzlich vorgeschriebenen Form bestehen dürfen, während Erwerbs- und Wirthschaftsgenossenschaften und Hülfskassen sich dem Reichsrecht nicht zu fügen brauchen, sondern die Normativbestimmungen nur dann erfüllen müssen, wenn sie die besonderen Rechte einer „eingetragenen Genossenschaft" oder einer „eingeschriebenen Hülfskasse" erwerben wollen. Daß bei Erwerbs- und Wirthschaftsgenossenschaften zu den Normativbestimmungen bisher die statutarische Einführung einer subsidiären unbeschränkten Haftung der Mitglieder für Genossenschaftsverbindlichkeiten gehört, der dem Bundesrathe vorliegende neue Gesetzentwurf aber die Zulassung von Genossenschaften mit beschränkter Haftung in Aussicht nimmt, ist bekannt.

2. In mannigfach ungleichartiger Weise hat das Landesrecht in Deutschland den Erwerb von Körperschaftsrechten an die Erfüllung allgemeiner gesetzlicher Voraussetzungen geknüpft.

a) Ueberall erlangen gewisse öffentlichrechtliche Körperschaften, sobald sie überhaupt in gesetzmäßiger Weise begründet sind, ohne Weiteres das Recht der Persönlichkeit. Dies gilt ausnahmslos von den Ortsgemeinden und den corporativ angelegten Communalverbänden höherer Ordnung. Es gilt ebenso von den kirchlichen Gemeinden der anerkannten Religionsverbände. Aber auch für Deichverbände, öffentliche Wassergenossenschaften, Fischereigenossenschaften, Waldgenossenschaften 2c., sowie für manche Klassen öffentlicher Versicherungs- und Unterstützungsverbände ist dasselbe Princip in neueren Landesgesetzen durchgeführt. Den Knappschaftsvereinen legt das preußische Allgemeine Berggesetz nebst den meisten ihm nachgebildeten Berggesetzen „die Eigenschaft juristischer Personen" bei, sobald ihre Statuten die nur im Falle der Gesetzwidrigkeit versagbare Bestätigung der Bergbehörde erlangt haben.

b) Als privatrechtliche Körperschaften werden durch die Berggesetze die Gewerkschaften nach erfolgter Genehmigung ihrer Statuten anerkannt. Ohne alle Genehmigung erwerben in Preußen und Elsaß-

Lothringen freie Wassergenossenschaften durch Errichtung und Kundmachung eines den gesetzlichen Bestimmungen entsprechenden Statuts das Recht der Persönlichkeit.

Darüber hinaus ist im Königreich Sachsen jedem Personenvereine, welcher nicht dem öffentlichen Recht angehört oder durch besondere Gesetze geregelt ist, die Möglichkeit eröffnet, durch Eintragung in ein Genossenschaftsregister unter dem Namen „Genossenschaft" in die Reihe der „juristischen Personen" einzutreten. Diese Eintragung muß erfolgen, sobald das Statut den gesetzlichen Anforderungen entspricht. Nur wenn der Zweck des Personenvereines sich auf öffentliche Angelegenheiten bezieht, bedarf die Eintragung einer vorherigen Genehmigung durch das Ministerium des Innern. Das sächsische Gesetz vom 15. Juni 1868, welches in dieser Weise das Princip der freien Körperschaftsbildung allgemein durchgeführt, ist sowohl auf Vereine für ideale Zwecke wie auf wirthschaftliche Genossenschaften berechnet. Unter den letzteren sind jedoch Actiengesellschaften und Erwerbs- und Wirthschaftsgenossenschaften durch Gesetz vom 25. März 1874 mit Rücksicht auf ihre reichsrechtliche Regelung von der Eintragung als landesrechtliche Genossenschaften ausgeschlossen worden.

In Bayern können Vereine, welche den Beitritt statutenmäßig offen halten und nicht auf Erwerb, Gewinn oder eigentlichen Geschäftsbetrieb gerichtet sind, durch gerichtliche Constatirung der Legalität ihrer Statuten die Rechte „anerkannter Vereine" und damit alle Merkmale der eigenen Rechtssubjectivität erlangen. Die mit dem bayr. Ges. v. 29. Apr. 1869 über die privatrechtliche Stellung von Vereinen gleichzeitig ergangenen Gesetze über wirthschaftliche Genossenschaften sind wieder aufgehoben.

II. Soweit es an allgemeinen gesetzlichen Normen fehlt oder ein Verein einer ihm nur facultativ dargebotenen Gesetzesregel sich nicht unterwirft, können zweifellos nach geltendem deutschen Recht die Körperschaftsrechte durch besondere staatliche Verleihung erworben werden.

Die Zuständigkeit zu einer solchen Verleihung ist im Allgemeinen den Einzelstaaten verblieben. In einigen Fällen sind reichsgesetzlich die höheren Verwaltungsbehörden der Einzelstaaten ausdrücklich zur Ertheilung von Corporationsrechten ermächtigt (R. Gew. O. § 94 Abs. 5, § 103a, § 140). Doch kann natürlich das Reich im Wege eines besonderen Reichsgesetzes stets unmittelbar selbst eine juristische Person ins Dasein rufen (vgl. z. B. Reichsbankges. v. 14. März 1875 § 12). Neuerdings ist allgemein dem Bundesrathe die Competenz zur Verleihung des Rechtes der Persönlichkeit an Innungsverbände übertragen (R. Gew. O.

§ 104h nach R. G. v. 23. Apr. 1886). Und in allerneuester Zeit hat der Bundesrath die gleiche Befugniß in Ansehung deutscher Colonialgesellschaften, deren Statut den reichsgesetzlichen Anforderungen entspricht und vom Reichskanzler genehmigt ist, empfangen (R. G. betr. die Rechtsverhältnisse der deutschen Schutzgebiete §§ 8—10 nach R. G. v. 15. März 1888).

Die Verleihung der Körperschaftsrechte gilt überall als Verwaltungshandlung. Sie steht daher, soweit sie nicht durch besondere Gesetze bestimmten Staatsorganen zugewiesen ist, dem Träger der Executivgewalt und somit in den monarchischen Einzelstaaten dem Landesherrn und den von ihm dazu ermächtigten Verwaltungsbehörden zu. Möglich ist stets auch die Vornahme eines solchen Verwaltungsactes in Gesetzesform. Bei Religionsgesellschaften und geistlichen Genossenschaften ist in Preußen und Oldenburg durch die Verfassungsurkunde der Weg der besonderen Gesetzgebung vorgeschrieben.

Es versteht sich von selbst, daß die Verleihung der Körperschaftsrechte an das Vorhandensein eines geeigneten Substrates gebunden ist. Zum Theil treten weitere gesetzlich bestimmte Voraussetzungen hinzu. Dagegen ist ein Recht auf Erwerb der Persönlichkeit hier nicht anerkannt. Ein noch so corporationswürdiger Personenverein hat also niemals einen Anspruch auf Gewährung der seinem Wesen entsprechenden Rechtsstellung. Der Art. 31 der preuß. V. U. verheißt freilich eine Aenderung dieses Zustandes: „Die Bedingungen, unter welchen Corporationsrechte ertheilt oder verweigert werden, bestimmt das Gesetz". Ein solches Gesetz aber ist bisher nicht ergangen.

Ziemlich allgemein wird angenommen, daß die ausdrückliche Verleihung der „Corporationsrechte" oder der „juristischen Persönlichkeit" durch eine „indirecte" oder „stillschweigende" Verleihung ersetzt werden kann. Eine solche wird z. B. in der Gewährung der Zeichen eigener Persönlichkeit, in der Bestätigung eines die Körperschaftsqualität aussprechenden oder voraussetzenden Statuts, in der Mitwirkung bei der Begründung eines corporativ angelegten Verbandes gefunden. Ja zum Theil wird die bloße wissentliche Duldung eines thatsächlich sich als Körperschaft benehmenden Vereines im Sinne einer Concession ausgelegt. So stellt das badische II. Constitutionsedict v. 1. August 1807 über „die Verfassung der Gemeinheiten, Körperschaften und Staatsanstalten", dessen Fortgeltung eine landesherrliche Verordnung v. 17. Nov. 1883 einschärft, der landesherrlichen Bestätigung einer Körperschaft die zehnjährige wissentliche Duldung derselben gleich.

Keinem Zweifel kann es unterliegen, daß bei einem Verbande, dessen

Entstehung sich in das Dunkel der Vorzeit verliert, die Berufung auf Unvordenklichkeit jeden Nachweis eines besonderen Erwerbes der Körperschaftsrechte überflüssig macht.

III. Wie aber steht es nun mit der Persönlichkeit eines Personenvereines, welcher weder durch ein ihn als Körperschaft anerkennendes Gesetz noch durch eine specielle staatliche Gewährung Körperschaftsrechte erworben hat und gleichwohl sich thatsächlich als Körperschaft gerirt? Diese Frage ist nur in geringem Umfange durch unzweideutige Gesetzesregeln entschieden und wird in der Praxis überaus ungleich und schwankend gelöst.

1. Das Reichsrecht greift hier lediglich insoweit durch, als es sich um Vereinigungen in Actiengesellschaftsform handelt. Eine nicht ins Handelsregister eingetragene Actiengesellschaft besteht überhaupt nicht zu Recht; wird in ihrem Namen gehandelt, so haften die Handelnden persönlich und solidarisch. Im Uebrigen schneiden die Reichsgesetze Vereinigungen der von ihnen geregelten Gattung, welche von der ihnen gebotenen Möglichkeit des Erwerbes einer besonderen körperschaftlichen Rechtsstellung durch Erfüllung der hierfür aufgestellten Bedingungen keinen Gebrauch machen, keineswegs den körperschaftlichen Bestand überhaupt ab. Das Genossenschaftsgesetz zwingt sogar durch die Bestimmung des § 71 Abs. 1, nach welcher in dem Vermögensstande einer schon bestehenden Genossenschaft durch deren Eintragung in das Genossenschaftsregister nichts geändert wird, zur Annahme einer bereits unabhängig von der Eintragung vorhandenen Persönlichkeit jeder eintragungsfähigen Genossenschaft (vgl. über die Praxis meine Genossenschaftstheorie S. 76).

2. Mannichfach ungleich liegen auch hier wieder die Dinge nach Landesrecht.

a. In den Ländern des gemeinen Rechtes haben die Gesetze, welche einzelne Körperschaftsgattungen allgemein regeln, keinen exclusiven Charakter. Dagegen soll nach einer verbreiteten Annahme in den meisten Staaten dieses Rechtsgebietes ein particularrechtlicher Satz bestehen, demzufolge eine nicht unter eine gesetzlich normirte Körperschaftsgattung fallende Personenvereinigung ausschließlich durch besondere staatliche Verleihung das Recht der Persönlichkeit zu erwerben vermag. Indeß ist ein solcher Rechtssatz nur in einigen thüringischen Kleinstaaten nachweisbar (in Sachsen-Meiningen nach Verf. Urk. § 23 und in Sachsen-Altenburg nach Verf. Urk. § 99; kaum auch in Sachsen-Coburg-Gotha, da hier der § 46 der Verf. Urk. eine andere Deutung zuläßt). Im Uebrigen steht zwar das Recht der Staatsgewalt zur Ertheilung von Körperschaftsrechten, keineswegs jedoch die Unanwendbarkeit des Körperschaftsrechtes auf ungenehmigte Genossenschaften und Vereine fest. Höchstens läßt sich behaupten, daß vielfach eine mehr oder minder constante Uebung den technischen Begriff der „Corporationsrechte" und der „juristischen Persönlichkeit" im Sinne der älteren Rechtsauffassung, für welche sich damit eine gewisse publicistische Bedeutung und eine Anzahl von Privilegien verknüpft, nur auf concessionirte Verbände anwendet. Hiermit ist jedoch immer noch nicht die Behandlung anderer Verbände nach Körperschaftsrecht ausgeschlossen. Auch in den gemeinrechtlichen Gebieten des preußischen Staates verhält sich die Sache nicht anders.

Muß somit regelmäßig die Entscheidung aus dem gemeinen Rechte geschöpft werden, so ist nun freilich dessen Inhalt in der Theorie äußerst bestritten. Von der einen Seite wird aus den Bestimmungen des römischen Rechtes die Unerläßlichkeit einer staatlichen Concession hergeleitet. Dagegen hat sich in neuerer Zeit die überwiegende Mehrzahl der Schriftsteller, sei es auf Grund einer abweichenden Auslegung der Quellen oder sei es unter Ablehnung der Anwendung des römischen Rechtes überhaupt, für die Ansicht erklärt, daß gemeinrechtlich auch ungenehmigte Personenvereine, insofern sie corporativ gestaltet sind, als juristische Personen anerkannt werden müssen (vgl. die Namen in meiner Genossenschaftstheorie S. 19 Note 3). In der That sind die römischen Sätze in dieser so eng mit den Fundamenten des öffentlichen Rechtes verwachsenen Frage auf unsere gegenwärtigen deutschen Verhältnisse schlechthin nicht übertragbar. Vielmehr kommt es lediglich auf unser einheimisches Recht an. In diesem aber ist das alte Princip der freien Körperschaftsbildung, so sehr es durch das publicistische Vereinsverbot in seiner Entfaltung gehindert war, doch weder durch ein allgemeines Gesetz noch durch ein entgegenstehendes Gewohnheitsrecht abgeschafft und folgeweise mit dem Wegfall des Vereinsverbotes von Neuem lebendig geworden (vgl. a. a. O. S. 79—82).

Die neuere Praxis der deutschen Gerichte hat in dieser Controverse meist eine entschiedene Stellungnahme umgangen. Soweit principielle Aeußerungen deutscher Gerichtshöfe vorliegen, halten dieselben regelmäßig an dem Satze fest, daß die juristische Persönlichkeit von staatlicher Verleihung abhängt. Umgekehrt begegnet nur selten eine directe Verleugnung dieses Satzes. Allein nichtsdestoweniger ist trotz langen Sträubens und mancher Schwankungen mehr und mehr die Anerkennung des körperschaftlichen Wesens ungenehmigter Genossenschaften und Vereine thatsächlich durchgedrungen. Wenn früher die Praxis rücksichtslos die Consequenzen des romanistischen Dogmas zog und damit die volle Rechtlosigkeit nicht bloß der unconcessionirten Verbandsexistenzen, sondern auch ihrer Vertrags- oder Proceßgegner proclamirte (a. a. O. S. 60 Note 1), so haben die Gerichte sich längst darauf besonnen, wie stark eine derartige Rechtsverweigerung den Bedürfnissen des Lebens und den Anforderungen der Gerechtigkeit ins Gesicht schlägt. Sie haben daher allerlei künstliche Mittel gefunden, um wenigstens einigermaßen Abhülfe zu schaffen. Dabei gehen sie aber nicht nur in dem Maße der gemachten Zugeständnisse, sondern auch in der eingeschlagenen Grundrichtung weit auseinander.

Diejenigen Gerichte, welche auf Grund des so verstandenen gemeinen Rechts oder eines wirklichen oder angeblichen Particularrechts den ungenehmigten Genossenschaften und Vereinen die eigene Rechtssubjectivität schlechthin absprechen, wenden auf dieselben nothgedrungen Begriff und Recht der Societät an. Allein sie suchen das Societätsrecht durch Zulassung von Modificationen den Bedürfnissen einer Körperschaft anzupassen. Zu diesem Behuf legen sie in den Gründungsvertrag und in jeden Eintritt oder Austritt eines Mitgliedes ausdrückliche oder stillschweigende Abreden hinein, welche die Unterwerfung der socii unter den statutenmäßig ermittelten Mehrheitswillen und die statutenmäßig geordnete Vorstandsleitung, die gerichtliche und außergerichtliche Vertretung Aller durch den ein für alle Mal bevollmächtigten Vorstand, den Ausschluß der Theilungsklage, den Verzicht auf Geltendmachung der Antheilsrechte beim Ausscheiden aus der Gesellschaft, die Bildung eines den Gläubigern der Gesellschaft als Haftobject dargebotenen Vereinsvermögens unter Befreiung der ausscheidenden und Schuldübernahme der eintretenden Mitglieder, die Fortsetzung der Gesellschaft unter veränderten Theilhabern, den Nichtübergang der Antheilsrechte auf die Erben u. s. w. erwirken sollen. Und indem sie dann bald hinsichtlich aller derartigen Vereinbarungen, bald nur hinsichtlich der einen oder anderen derselben annehmen, daß darin ein kraft modernen Gewohnheitsrechts bindender und im Rahmen der Societätsobligation möglicher Vertragsschluß liegt, gelangen sie schließlich in der That dahin, die angebliche Societät in allen oder doch in einigen Beziehungen dem Erfolge nach als Körperschaft anzuerkennen. In meiner Genossenschaftstheorie S. 57—65 sind Erkenntnisse der Hallenser Juristenfacultät und der höchsten Gerichtshöfe zu Dresden, Stuttgart, Darmstadt, Cassel und Rostock zusammengestellt, welche dieser Richtung huldigen; zugleich ist gezeigt, daß sich das Reichsgericht mehrfach in derselben Bahn bewegt hat. Eine Vergleichung dieser Erkenntnisse ergiebt aber auch, wie willkürlich die Gerichte in der Begrenzung der als zulässig erachteten Modificationen verfahren und wie wenig auf dieser Basis ein gesicherter Rechtszustand herzustellen ist, falls nicht die Begriffe der Societät, des Miteigenthums u. s. w. aller ihrer wesentlichen Merkmale entkleidet und in ihr volles Gegentheil verkehrt werden.

Sachlich angemessener haben andere deutsche Gerichte auf ungenehmigte Genossenschaften und Vereine den Begriff und das Recht der Körperschaft angewandt. Meist haben sie sich hierbei auf die germanistische Genossenschaftstheorie gestützt. Zum Theil behalfen sie sich mit dem älteren Begriff eines Zwischengebildes zwischen Körperschaft und Gesellschaft. Mehr und mehr aber entschlossen sie sich geradezu zur Anerkennung der Genossenschaft als einer deutschrechtlichen Körperschaft und vermieden es nur, ihre Persönlichkeit „juristische Person" und ihre Körperschaftsrechte „Corporationsrechte" zu taufen. In meiner Genossenschaftstheorie S. 66—75 ist der Nachweis einer derartigen Praxis in Thüringen, Braunschweig, Nassau, Hannover und Schleswig-Holstein geführt; zugleich ist gezeigt, daß die gleiche Auffassung vom ehemaligen Berliner Obertribunal (resp. Oberappellationsgericht) in gemeinrechtlichen Sachen und vor allem in sehr entschiedener Weise vom Reichsoberhandelsgericht vertreten worden ist und daß noch jetzt in Bayern eine seit längerer Zeit befestigte Praxis desselben Inhalts vom obersten Landesgericht aufrecht erhalten wird. So berechtigt aber dieses Bestreben, Verbandsgebilde, deren Rechtmäßigkeit an sich nicht bestritten werden kann, auch nach dem ihrem Wesen entsprechenden Princip zu beurtheilen, zweifellos ist, so steht doch diese ganze Praxis auf einem unsicheren und schwankenden Boden. Denn da sie es nicht wagt, offen mit der überlieferten Doctrin zu brechen und das Princip der freien Körperschaftsbildung als geltendes deutsches Recht zu verkündigen, so bleibt sie in Halbheiten stecken und fällt immer wieder in die Annahme eines Zwitterwesens zurück, welches keine Körperschaft ist und gleichwohl alle Merkmale der Körperschaft aufweist.

Die gemeinrechtliche Praxis hat somit zwar dem Zustande der vollkommenen Rechtlosigkeit ungenehmigter Vereine und Genossenschaften ein Ende bereitet. Sie läßt Klagen für und wider sie zu, erkennt ihre Organisation als rechtsbeständig an und neigt namentlich auch zur Behandlung der in ihrem Namen eingegangenen Verbindlichkeiten nach Art von Körperschaftsschulden. Allein sie hat sich nicht aus einem Zustande außerordentlicher Rechtsunsicherheit herauszuarbeiten vermocht. Bei der herrschenden Zerfahrenheit läßt es sich in den Ländern des gemeinen Rechts niemals im Voraus ermessen, ob und inwieweit eine nicht speciell approbirte Körperschaft zu ihrem Rechte gelangen oder ein gegen sie erworbenes Recht durchgesetzt werden wird.

b. Im Gebiet des **preußischen Landrechts** versagt das Gesetz ausdrücklich jedem ungenehmigten Verein die Eigenschaft einer „moralischen Person“ und „die Rechte der Corporationen und Gemeinen“. Dafür normirt aber das Gesetzbuch selbst unter dem Namen der „erlaubten Privatgesellschaft“ eine eigenthümliche Rechtsform, welche auf Verbände mit körperschaftlicher Organisation und Tendenz berechnet ist. Die „erlaubte Privatgesellschaft“ des Landrechts ist nicht bloß eine uneigentliche, sondern eine unvollkommene Körperschaft: sie ist eine „halbe juristische Person“. Denn während sie nach innen „die Rechte der Corporationen und Gemeinen“ genießt, soll sie nach außen „keine moralische Person vorstellen“, sondern nur als ein Inbegriff von „Theilnehmern eines gemeinsamen Rechts oder einer gemeinsamen Verbindlichkeit“ gelten.

Der unhaltbare und unheilbar widerspruchsvolle Zustand, der sich aus der Annahme eines solchen Zwitterwesens ergiebt, hat in neuerer Zeit eine gewisse Correctur durch die Praxis gefunden. Die Gerichte haben mehr und mehr auch nach außen hin die zu einer erlaubten Privatgesellschaft verbundene Personengesammtheit als eine rechts- und parteifähige Einheit behandelt. Doch mußte nicht nur der Erwerb von Grundeigenthum und dinglichen Rechten kraft ausdrücklicher Gesetzesbestimmung der erlaubten Privatgesellschaft versagt bleiben, sondern es wurde auch im Uebrigen ihre Rechtssubjectivität lediglich auf Umwegen und mit mancherlei Einschränkungen anerkannt. Vor allem ist bis heute eine volle Gleichstellung ihrer Verbindlichkeiten mit Körperschaftsverbindlichkeiten nicht erfolgt. Vielmehr wird zwar eine Klage gegen die jeweilige Gesammtheit auf Bezahlung von Gesellschaftsschulden aus dem Gesellschaftsvermögen ziemlich allgemein zugelassen, gleichzeitig jedoch an einer directen, principalen und unbeschränkten, wennschon nur antheiligen und bloß die gegenwärtigen, dafür aber sämmtliche gegenwärtigen Mitglieder treffenden Haftung der Einzelnen festgehalten (vgl. a. a. O. S. 105—108). Immerhin ist auf diese Weise auch im Gebiet des preußischen Landrechts den dringendsten Nothständen im Verkehre mit unconcessionirten Verbänden abgeholfen worden.

Um so bedauerlicher ist es, daß das Reichsgericht im Anschluß an eine früher schon in Preußen vereinzelt durchgeführte und vom Reichsoberhandelsgericht gleichfalls angenommene Praxis, jedoch im Gegensatz zu der richtigen und von der Mehrzahl der preußischen Gerichte gebilligten Auslegung des Gesetzbuches den Begriff der „erlaubten Privatgesellschaften“ auf Vereine für ideale Zwecke einengt, dagegen Genossenschaften für wirthschaftliche Zwecke auch im Falle ausgesprochen körperschaftlicher Gestaltung auf das Recht der individualistischen „Erwerbsgesellschaft“

verweist. Bei dem hiergegen nach dem Vorgange von Rosin und Dernburg in meiner Genossenschaftstheorie (S. 102 ff.) erhobenen Widerspruch lag das Erkenntniß des Reichsgerichts vom 7. April 1886 (E. S. Bd. 16 Nr. 44 S. 189—198), welches eine ausführliche Begründung der angefochtenenen Restriction unternimmt, noch nicht vor. Dieses Erkenntniß hat inzwischen eine eingehende Widerlegung durch Rosin gefunden (Gruchot's Beiträge, Bd. XXXI S. 753 ff.).

Daß somit auch im Gebiet des preußischen Landrechts ein wenig befriedigender und vielfach unsicherer Rechtszustand herrscht, bedarf keines näheren Nachweises.

c. Im Gebiet des rheinisch-französischen Rechtes soll nach einer verbreiteten Annahme, die freilich einer sicheren Grundlage entbehrt, der Erwerb der Körperschaftsrechte ohne staatliche Verleihung gesetzlich ausgeschlossen sein. Gleichwohl hat die Praxis vielfach auch hier unkoncessionirte Vereine nach Körperschaftsrecht behandelt. In der That dürfte das französische Recht einer derartigen Praxis kein Hinderniß entgegensetzen. Will man selbst die „Corporationsrechte" im technischen Sinne den ungenehmigten Vereinen versagen und ihnen eine eigentliche „juristische Persönlichkeit" nicht zuschreiben, so ist doch auch hier die Anerkennung „uneigentlicher" Körperschaften mit einer nur nicht besonders autorisirten und privilegirten Rechtssubjectivität möglich. Dies gilt auch im Gebiet des badischen Rechts, da das oben erwähnte Constitutionsedict von 1807 sich nur auf öffentliche Corporationen bezieht. Doch hat neuerdings das Reichsgericht in einem Erk. v. 3. Juni 1887 (E. S. B. 18 Nr. 74 S. 349) ein Erk. des Oberlandesgerichtes Karlsruhe, welches in diesem Sinne angenommen hatte, der Verein „Eintracht" habe auch ohne Verleihung der Rechte einer juristischen Person im Jahre 1838 als rechtsfähiges Subject ein Darlehen aufnehmen und sein Grundstück verpfänden können, entschieden mißbilligt und vielmehr nach den Principien des französischen Rechtes jede Möglichkeit bestritten, einen solchen Verein als „ein von den physischen Personen der Mitglieder getrenntes Rechtssubject" zu behandeln.

d. Ausdrücklich ist im Gebiet des Sächsischen Gesetzbuches die Anwendung des Körperschaftsrechtes auf die nicht durch allgemeinen Rechtssatz, Eintragung oder Verleihung mit dem Recht der Persönlichkeit begabten Genossenschaften und Vereine abgeschnitten. Hier bleibt daher lediglich die Unterstellung solcher Verbände unter das Gesellschaftsrecht offen. Dabei weist zum Theil das Gesetzbuch selbst die Wege für Modificationen des Societätsrechtes im Sinne einer Annäherung an das Corporationsrecht (meine Genossenschaftstheorie S. 112 Note 1). Darüber hinaus hat neuerdings ein Erk. des O. L. G. Dresden v. 15. April 1887 (Seuff. Arch. Bd. 43 Nr. 19) einer nicht eingetragenen Genossenschaft für gegenseitige Unterstützung in Krankheits- und Sterbefällen Parteifähigkeit zugestanden und hierbei ausgeführt, daß bei einer derartigen „corporativ organisirten Gesellschaft" das sächsische bürgerliche Gesetzbuch so wenig wie das gemeine Recht einer „Fortbildung der Grundsätze des Gesellschaftsvertrages" in der bezeichneten Richtung entgegenstehe.

C. Auf eine Vergleichung des im Deutschen Reiche in Ansehung der Körperschaftsbildung geltenden Rechtes mit dem ausländischen Recht müssen wir hier verzichten, soviel Interesse auch namentlich die Entwickelung des englischen und nordamerikanischen Körperschaftsrechtes mit ihrer dem Princip der freien Körperschaftsbildung in immer wachsendem Maße zugeneigten Tendenz für uns bietet. Nur auf zwei durch ihre Rechtsgeschichte uns besonders nahe verknüpfte auswärtige Rechtsgebiete wollen wir hinweisen.

Im Gebiete des Oesterreichischen Gesetzbuches ist die freie Körperschaftsbildung anerkannt. Das bürgerliche Gesetzbuch gesteht nach der jetzt allgemein angenommenen Auffassung des § 26 jedem an sich erlaubten Verbande, welcher als körperschaftlich organisirtes Ganze besteht, ohne Weiteres die Rechte einer „moralischen Person" zu. Hiermit aber ist seit der Durchführung der Vereinsfreiheit zugleich die Körperschaftsfreiheit verwirklicht. Doch unterwirft das österreichische Recht nicht bloß die Actiengesellschaften, sondern abweichend vom deutschen Reichsrecht auch die Erwerbs- und Wirthschaftsgenossenschaften dem Registerzwange, indem nach § 8 des Ges. v. 9. April 1873 eine solche Genossenschaft vor der Eintragung nicht als Genossenschaft besteht und jede in ihrem Namen vorgenommene Handlung die Handelnden persönlich und solidarisch haftbar macht. Dabei ist natürlich zu beachten, daß das österreichische Genossenschaftsgesetz die Wahl zwischen der Genossenschaftsform mit unbeschränkter und mit beschränkter Haft läßt.

In der Schweiz hat das Bundesgesetz über das Obligationenrecht, während es die Körperschaften des öffentlichen Rechtes, die Allmendgenossenschaften und andere von ihm nicht berührte juristische Personen der Regelung durch die Cantonalrechte überläßt, einheitliche Bestimmungen für die gewillkürten Körperschaften des Privatrechtes getroffen. Es gewährt im ganzen Bundesgebiet sowohl den wirthschaftlichen Vereinen als auch den Vereinen mit idealen Zwecken „das Recht der Persönlichkeit" auf Grund einer Eintragung in das Handelsregister. Die Eintragung muß erfolgen, sobald den gesetzlichen Normativbestimmungen genügt ist. Für wirthschaftliche Vereine nimmt das neue Bundesrecht ausschließliche Geltung in Anspruch. Dabei unterwirft es nicht bloß Actiengesellschaften und Commanditactiengesellschaften, sondern auch alle anderen auf „gemeinsame Zwecke des wirthschaftlichen Verkehrs" gerichteten „Personenverbände" einem Registerzwang. Letztere müssen, um das Recht der Persönlichkeit zu erwerben, ein von mindestens sieben Mitgliedern unterzeichnetes schriftliches Statut, welches die wesentlichen Punkte einer corporativen Verfassung enthält, bei der Registerbehörde einreichen und sich als „Genossenschaften" eintragen lassen. In dem Statut kann jede persönliche Haftbarkeit der einzelnen Mitglieder ausgeschlossen werden. Auch im Uebrigen ist der vom Gesetze vorgezeichnete Rahmen weit genug, um neben den eigentlichen Erwerbs- und Wirthschaftsgenossenschaften, auf welche die Genossenschaftsgesetze des Deutschen Reichs und Oesterreichs berechnet sind, beliebige andere Personenverbände zu umspannen. „Vereinen, welche wohlthätige, gesellige, religiöse, wissenschaftliche, künstlerische oder andere ideale Zwecke verfolgen", sichert das Bundesgesetz einen vom cantonalen Recht unabhängigen Anspruch auf Erwerb des Rechtes der Persönlichkeit durch Eintragung in das Handelsregister. Sie unterliegen jedoch keinem Registerzwang, können vielmehr auch auf dem vom kantonalen Recht hierfür eröffneten Wege Körperschaftsrechte erlangen. Somit können sie zwar in den welschen Cantonen, falls sie sich nicht in das Handelsregister eintragen lassen, nur durch besondere staatliche Verleihung juristische Persönlichkeit erwerben; dagegen werden sie in Zürich, Thurgau, Schaffhausen, Graubünden, Solothurn und vorbehaltlich einer nur aus besonderen Gründen versagbaren behördlichen Genehmigung auch in Glarus nach ausdrücklicher Gesetzesbestimmung und ebenso in den übrigen deutschen Cantonen nach altem deutschem Gewohnheitsrecht schon auf Grund ihres thatsächlichen Bestandes als Körperschaften anerkannt (vgl. Huber, System und Geschichte des schweizer. Privatrechts, Bd. 1 S. 159—160 und 163—164). Wirthschaftlichen Vereinen, welche sich nicht in das Handelsregister haben eintragen lassen, und Vereinen für ideale Zwecke, welche weder nach kantonalem Recht als juristische Person anerkannt sind noch sich in des Handelsregister haben eintragen lassen, wird durch das Bundesgesetz das Recht der Persönlichkeit ausdrücklich abgesprochen. „Wenn im Namen solcher Vereine Rechtshandlungen gegenüber Dritten vorgenommen werden, so sind die Handelnden persönlich und solidarisch den Dritten verantwortlich, mit Vorbehalt ihres Rückgriffes auf die übrigen Vereinsmitglieder." „In allen Fällen bleiben die Vorschriften vorbehalten, welche aus Gründen des öffentlichen Rechtes des Bundes und der Cantone bestimmte Arten von Personenverbänden beschränken oder untersagen." Man sieht, daß durch die neueste Gesetzgebung der Schweiz das Recht der freien Körperschaftsbildung im weitesten Umfange gewährleistet und hiermit zwar in der deutschen Schweiz nur das bisherige Recht fortgebildet, in der welschen Schweiz dagegen der bisherige Rechtszustand gründlich verwandelt ist.

III.

Die erforderlichen Reformen.

Aus der obigen Darlegung ergiebt sich ohne Weiteres die Reformbedürftigkeit des gegenwärtig im Deutschen Reiche herrschenden Rechtszustandes.

Zugleich aber erhellt aus einer unbefangenen Erwägung der Sachlage, daß als Ausgangspunkt jeder Reform die Anerkennung des Princips der freien Körperschaftsbildung anzusehen ist.

Die volle und rückhaltlose Verwirklichung dieses Princips ist nichts als der naturgemäße Abschluß einer in unserer deutschen Rechtsgeschichte begründeten Entwicklung. Die Körperschaftsfreiheit ist uraltes deutsches Recht. Sie ist der nothwendige Ausfluß des germanischen Genossenschaftsgedankens. Was immer die Welt dem schöpferischen Associationstriebe der germanischen Völker verdankt, beruht auf der Voraussetzung des Rechtes und der Fähigkeit freier Menschen zur autonomen Erzeugung genossenschaftlicher Verbände mit einer ihnen selbst entstammenden Gesammtpersönlichkeit. Hier wurzelt jene von innen heraus wirkende Kraft, welche immer von Neuem in weiteren und engeren Volkskreisen die schlummernden socialen Tendenzen weckt, die zersetzenden Mächte des vordringenden Atomismus durch die Wiederverknüpfung der frei gewordenen Elemente zu lebendigen Gemeinwesen überwindet und den alternden Organismus der rastlos fortschreitenden Gesellschaft durch die Einführung frischer organischer Bildungen verjüngt. So zog denn auch der Aufschwung unseres nationalen Lebens die Wiederherstellung der Körperschaftsfreiheit wie von selbst nach sich. Bis zum heutigen Tage hat gerade in diesem Punkte der wiedererstandene deutsche Rechtsgedanke Sieg auf Sieg gefeiert. Die freie Körperschaftsbildung ist gegenwärtig, wie in Oesterreich und in der Schweiz, so in Sachsen und im Wesentlichen auch in Bayern principiell anerkannt, im Uebrigen für eine Fülle besonderer Verbandsgattungen verwirklicht. Geht das Deutsche Reich an eine einheitliche Gesetzgebung auf diesem Gebiete oder schreitet ein einzelner deutscher Staat zu einer gesetzgeberischen Reform, so ist die grundsätzliche und allgemeine Anerkennung der Körperschaftsfreiheit die geschichtlich gegebene Voraussetzung jeder befriedigenden Lösung der Aufgabe. Es müßte denn überhaupt nicht mehr das Postulat gelten, daß unser künftiges Recht deutsch sei! Wenn in jüngster Zeit unser Staat die Organisation genossenschaftlicher Verbände für die Erfüllung socialer Pflichten theils selbst in die Hand genommen, theils unmittelbar oder mittelbar erzwungen hat, so erhoffen wir von solchem Vorgehen die segensreichsten Früchte. Und überall da, wo nur sein starker Arm die entgegenstehenden Hindernisse überwinden und den Streit der selbstsüchtigen Interessen schlichten kann, wird auch fernerhin der Staat zum kräftigen Eingriff in die Genossenschaftsbildung berufen sein. Allein hiermit wird die spontane Vereinigung nicht hinfällig! Hat doch unsere moderne Socialgesetzgebung selbst in weiser Selbstbeschränkung so viel wie möglich dem Gedanken der Autonomie der Betheiligten Rechnung getragen! Die staatliche Aufgabe aber ist hier überhaupt bei aller ihrer hohen Bedeutung nur subsidiärer Natur. Was die freie Körperschaftsbildung zu leisten vermag, das darf ihr nicht verkümmert werden. Es gilt vielmehr, zugleich mit der von oben gestaltenden Organisation die von unten aufbauenden socialen Kräfte zu entfesseln und in geordnete gesetzliche Bahnen zu leiten. Das germanische Gemeinwesen kann nun einmal auf die Dauer nicht gedeihen, wenn nicht die freie germanische Genossenschaft ihm die reichen Schätze an Gemeinsinn und Gemeinwillen entgegenbringt, die sie aus dem Innersten der Volksseele hervorzulocken versteht. Die Körperschaftsfreiheit ist also geradezu das unentbehrliche Correlat unserer organisatorischen Socialgesetzgebung. Der ganze Erfolg der eingeleiteten Bewegung hängt davon ab, daß durch sie der schöpferische Trieb der freien Association nicht erstickt, sondern gekräftigt und belebt wird!

Das Princip der freien Körperschaftsbildung ist aber für uns auch eine in unserem Rechtsbewußtsein enthaltene Forderung. Wir können es nicht verneinen, ohne die Rechtsidee selbst zu verleugnen. Wenn heute Niemand bezweifelt, daß die Rechtsidee, wie wir sie in uns tragen, gebieterisch die Anerkennung jedes menschlichen Individuums als Person verlangt, so ist ja freilich ein gleicher sakrosankter Anspruch der menschlichen Verbände auf Persönlichkeit auch in der modernen Denkweise nicht begründet. Während wir einen Rechtssatz, welcher einem einzelnen Menschen die Persönlichkeit vorenthält, schlechthin nicht mehr ertragen, ist die Weigerung der Rechtsordnung, gewisse Gesammteinheiten als Subjecte hinzunehmen, mit unserem Rechtsgefühl keineswegs unvereinbar. Allein immer scheint uns doch ein besonderer Grund hierfür erforderlich zu sein. Die in den Pandectenlehrbüchern vielfach noch festgehaltene Auffassung, daß „an sich“ nur der einzelne Mensch Person ist und alle Gesammtpersönlichkeit auf einer Ausnahmesatzung beruht, ist uns fremd geworden. Uns erscheint vielmehr die selbständige Rechtssubjectivität der menschlichen Gemeinwesen als ein ursprünglicher und nothwendiger Ausfluß der Rechtsidee, so daß auch die Verbände, falls sie einen einheitlichen Gemeinwillen in sich tragen, „an sich“ zur Persönlichkeit berufen und nur ausnahmsweise von dem Eintritt in die Reihe der Personen ausgeschlossen sind. Somit gestehen wir in der That jedem als Körperschaft gestalteten Verein, sofern er nur überhaupt rechtmäßig entstanden ist, einen Anspruch auf rechtliche Geltung als Körperschaft zu. Wir halten es für ein Postulat der Gerechtigkeit, daß das positive Recht, wenn es einem solchen Verein den rechtlichen Bestand nicht absprechen kann oder will, ihm auch im Privatrechtsverkehr nicht die seinem Wesen angemessene Stellung versage. Und nicht bloß dem Vereine selbst, sondern in noch höherem Maße den mit ihm in Verkehr getretenen Dritten wird nach unserer Meinung ein Unrecht zugefügt, wenn das positive Recht die Anerkennung einer sich frei und ungehindert als Gesammtpersönlichkeit bethätigenden Verbandsexistenz verweigert. Hiergegen wird freilich der billige Einwand erhoben, daß derjenige, welcher sich mit einem nicht zur juristischen Person erhobenen Verein einläßt und hinterher keinen Schuldner aufzufinden vermag, nur seine eigene Unvorsichtigkeit anzuklagen habe. Wenn aber ein legaler und angesehener Verein sich durchweg als selbständiges Wesen giebt und im Verkehr als solches genommen wird, so klingt die Abspeisung der einzelnen Gläubiger mit einem derartigen Vorwurfe fast wie Hohn. Gewerbtreibende, Kaufleute, Handwerker sind oft gar nicht in der Lage, die Creditgewährung an einen solchen Verein zu vermeiden. Auch abgesehen hiervon aber muß jedes gesunde Rechtsgefühl dadurch verletzt werden, wenn ein formalistisches Recht dem im Vertrauen auf allgemeine Verkehrsanschauungen eingegangenen Verhältniß seine naturgemäße Wirkung versagt. Der beste Beweis hierfür liegt in dem Verhalten der deutschen Gerichte, die in ihrer Mehrzahl lieber zu den künstlichsten und widerspruchvollsten Aushülfen greifen, als daß sie die rechtliche Nichtexistenz einer thatsächlich bestehenden Körperschaft ihren Vertrags- und Proceßgegnern gegenüber wirklich durchführen. Will das positive Recht mit der Nichtanerkennung einer geduldeten Verbandsexistenz Ernst machen, ohne in Ungerechtigkeit zu verfallen, so muß es noch einen Schritt weiter gehen und Allen, die im Namen einer nicht anerkannten Körperschaft handeln, eine persönliche und solidarische Haftung auferlegen. Um jedoch zu einem so rigorosen Mittel zu greifen, muß es zuvörderst mit dem Concessionssystem brechen und einen sicheren und gangbaren Weg zur Erlangung der Körperschaftsrechte öffnen. Dies ist denn auch bisher überall geschehen, wo jene Haftung eingeführt ist.

Kaum bedarf es der näheren Darlegung, daß die Verwirklichung der Körperschaftsfreiheit, wie sie von der Gerechtigkeit geboten wird, so auch einem dringenden Bedürfniß des Lebens entspricht. Das Recht hat ja doch die Aufgabe, sich den realen Lebensverhältnissen anzuschmiegen! Eine Rechtsordnung, welche die freie Vereinigung in körperschaftlichen Formen überhaupt für unerlaubt erklärt und demgemäß für und wider jeden nicht privilegirten Verein keinerlei Schutz gewährt, bietet wenigstens ein in sich geschlossenes und festes System. Allein dieses System ist nun einmal zerbrochen und seine Wiederaufrichtung undenkbar. Bleibt aber die Vereinsfreiheit anerkannt und gleichwohl die freie Körperschaftsbildung versagt, so tritt die Rechtsordnung nothwendig in Widerspruch mit dem Leben und kann höchstens durch eine minder engherzige Praxis in unsicherer und tastender Weise der Wirklichkeit einigermaßen angepaßt werden. Denn nun giebt es zahlreiche Socialgebilde, welche Körperschaften sind, ohne als Körperschaften zu gelten. Ihr Bestand ist rechtlich unanfechtbar und wird vom öffentlichen Recht sogar ausdrücklich gewährleistet. Die Privatrechtsordnung aber hat für sie keine Stätte. Irgendwie jedoch müssen sie, sobald sie sich mit dem Privatrecht berühren, auch seinen Kategorien unterstellt werdrn. Es bleibt also nur übrig, sie als Gesellschaften aufzufassen. Wird das römische Societätsrecht auf sie angewandt, so bedeutet dies die vollkommene Verleugnung ihres Wesens und den Mangel alles Rechtsschutzes für und wider ihren thatsächlichen Bestand. Man greift daher zum deutschen Gesellschaftsrecht mit seinem Rechtsprincip der gesammten Hand oder zu dem im Geiste desselben „modificirten“ römischen Societätsrecht. So gelingt es vielleicht, ein künstliches Surrogat des Körperschaftsrechtes zu beschaffen. Allein während zu diesem Behufe der Begriff des Gesellschaftsvertrages bis zur Zertrümmerung gebeugt wird, kommt zuletzt doch nur ein kümmerlicher und unsicherer Nothbehelf zu Stande. Hat eine Rechtsordnung, welche solche Ergebnisse zeitigt, ihre Aufgabe gelöst? Immerhin ist im gegenwärtigen Recht eine freiere Behandlung derartiger Lebensverhältnisse möglich. Gewohnheitsrecht und Gerichtsgebrauch erzeugen schließlich ein dem Lebensbedürfniß entsprechendes Recht, und im Gebiete des preußischen Landrechts gewährt der Begriff der „erlaubten Privatgesellschaft“ einige Abhülfe. Wäre dagegen der Entwurf zum Gesetzbuch erhoben, so läge die Sache erheblich schlimmer. Gewohnheitsrecht und Gerichtsgebrauch wären ja nun abgeschafft! Die gesetzliche Regelung des Gesellschaftsvertrages aber böte in ihrer starren individualistischen Fassung kaum noch die Möglichkeit, das Gesellschaftsrecht zu einem irgend brauchbaren Ersatz des Körperschaftsrechts umzubilden. Wir können uns einer Beweisführung in diesem Punkte enthalten, weil die Motive selbst zugeben, daß das Gesellschaftsrecht des Entwurfes auf Vereine nicht berechnet ist (vgl. III S. 592—593, auch I S. 88). Zur Rechtfertigung dieses Verhaltens führen die Motive aus, daß corporativ angelegte Vereine in Ermangelung der juristischen Persönlichkeit allerdings bei ihrem Auftreten nach außen in mannigfachen Beziehungen gehemmt seien, „jene Schranken jedoch in der That in anderer Weise als durch die Verleihung selbständiger Vermögensfähigkeit nicht gehoben" werden könnten. Mithin müßten solche Vereine „darauf verwiesen werden, selbständige Vermögensfähigkeit nach Maßgabe der Landesgesetze zu erlangen". Soweit sie von erheblicher Bedeutung und auf längere Dauer berechnet sind, werde „ihnen, wenn ein wirkliches Bedürfniß vorliegt, in der Regel gelingen, die juristische Persönlichkeit zu erlangen". Im Uebrigen lehre die Erfahrung, daß unzählige Vereine „ihr Dasein zu führen und zu wirken vermögen, ohne unter dem Mangel der Persönlichkeit erheblich zu leiden". „Es ist sonach auch kein wesentliches Bedürfniß und würde mit dem principiellen Standpunkte des Entwurfes wenig harmoniren, derlei Vereinen auf indirectem Wege eine Creditbasis und Verkehrserleichterungen zu verschaffen." Eine dürftigere Begründung läßt sich nicht wohl denken! Von den Interessen Dritter, die mit den Vereinen in Verkehr treten, ist mit keiner Silbe die Rede. Die Erwerbung der juristischen Persönlichkeit nach Landesrecht wird als ein „in der Regel" für jeden Verein gangbarer Weg bezeichnet, während doch der Fortbestand des bisherigen Concessionssystems in den meisten Staaten vorausgesetzt wird. Das vorhandene „Bedürfniß" wird nicht gerade geleugnet, aber als nicht „wesentlich" bei Seite geschoben. Im Uebrigen muß der „principielle Standpunkt" des Entwurfes diese Bankerotterklärung des künftigen gemeinen Rechts entschuldigen. So viel aber ist gewiß, daß für die nicht als juristische Personen anerkannten Vereine in Zukunft auch die Möglichkeit jener Nothbehelfe wegfallen soll, durch welche jetzt die Praxis einigermaßen dem Lebensbedürfniß gerecht zu werden sucht! Nur den auf Betreibung eines Erwerbsgeschäftes gerichteten Genossenschaften würde unter Umständen die ihnen durch § 659 des Entwurfes gestattete Unterstellung unter das Recht der offenen Handelsgesellschaft einen Ersatz für mangelnde Körperschaftsrechte zu bieten geeignet sein.

Wenn so die stärksten Gründe der Gerechtigkeit und der Zweckmäßigkeit sich vereinigen, um die Anerkennung der freien Körperschaftsbildung durch die Privatrechtsordnung zu empfehlen, so fallen die Bedenken, welche dagegen erhoben zu werden pflegen, nicht erheblich ins Gewicht. Diese Bedenken sind vornehmlich zwiefacher Art.

Vor allem gilt die Körperschaftsfreiheit als politisch gefährlich. Die Erwägungen, welche von diesem Gesichtspunkte aus sich gegen die Freigabe der Körperschaftsbildung richten, beziehen sich hauptsächlich auf die Vereine für ideale Zwecke. Bekanntlich ist wesentlich an derartigen Bedenken das Zustandekommen eines Reichsgesetzes über die privatrechtliche Stellung der Vereine gescheitert. Schon im Jahre 1869 hatte der Reichstag des norddeutschen Bundes den von Schulze-Delitzsch eingebrachten Entwurf eines solchen Gesetzes, welcher im Wesentlichen mit dem ihm nachgebildeten bayrischen Gesetz vom 29. April 1869 übereinstimmte, in dritter Lesung angenommen. Die Zustimmung des Bundesraths blieb indeß aus. Der Entwurf wurde im deutschen Reichstage wieder aufgenommen, jedoch in den Berathungen, die 1871 und 1872 darüber gepflogen wurden, nicht erledigt. Der Vertreter der Regierungen motivirte bei dieser Gelegenheit die ablehnende Haltung des norddeutschen Bundesrathes in erster Linie mit der Bedenklichkeit der Gewährung der Körperschaftsrechte an politische Vereine, religiöse Vereine und Gewerkvereine. Noch weiter gehen jetzt die Motive zum Entwurf des bürgerlichen Gesetzbuchs (I S. 89—90) in der Ausmalung der socialpolitischen Gefahren, welche entstehen müßten, wenn die Anerkennung der Vereine als juristischer Personen nur von der Erfüllung formaler Voraussetzungen abhinge. Denn sie weisen darauf hin, daß die Vereinsbildung überhaupt das Gemeinwohl nicht bloß fördern, sondern auch schädigen könne, und daß es zu jeder Zeit gemeinschädliche Verbindungen, die doch nicht gerade zu den verbotenen gehörten, gegeben habe. Derartige Vereine aber würden durch Gewährung der Körperschaftsrechte gestärkt und zu einer im Voraus nicht absehbaren Machtentfaltung befähigt, die sie bei einem bloß geduldeten Bestande nicht zu bethätigen in der Lage seien. Auch lasse sich nicht durch eine Sonderung der Vereine nach ihren Zwecken und die etwaige Ausscheidung politischer und religiöser Vereine oder die besondere Regelung der Gewerkvereine helfen. Denn der Name und der im Statut bezeichnete Zweck gebe keine Gewähr für das Gebahren eines Vereines. Oft erscheine die gefährlichste Verbindung im unschuldigsten Gewande, und ein ursprünglich harmloser Verein könne unter dem Einflusse politischer Ereignisse in falsche Bahnen gerathen. Die Möglichkeit staatlicher Auflösnng mache den in der vorgängigen Prüfung liegenden Schutz der Gesammtheit nicht überflüssig, da die nachträgliche Repression den einmal angerichteten Schaden nicht zu beseitigen vermöge. Offenbar sind alle diese Argumente in gleichem Maße gegen die Associationsfreiheit überhaupt wie gegen die Körperschaftsfreiheit verwerthbar. Sind sie durchschlagend, so müßten wir lieber heute als morgen die Vereinsbildung von Neuem von einer polizeilichen Vorprüfung abhängig machen. Wollen und können wir dagegen nicht zum System des Polizeistaates zurückkehren, halten wir vielmehr die Vereinsfreiheit, obschon sie gleich jeder Freiheit dem Mißbrauch ausgesetzt ist, für eine unverlierbare Errungenschaft, so dürfen wir auch nicht vom Privatrecht her das große publicistische Princip in Frage stellen. Es versteht sich ja von selbst, daß alle im öffentlichen Recht begründeten dauernden oder vorübergehenden (z. B. im Socialistengesetz enthaltenen) Schranken der Vereinsfreiheit zugleich Schranken der Körperschaftsfreiheit sind. Ein verbotener Verein, ein Verein für unerlaubte Zwecke oder von einer durch die Rechtsordnung mißbilligten Struktur wird nirgend als Gesammtperson anerkannt (vgl. meine Genossenschaftstheorie S. 29 Note 3). Und soweit die staatliche Auflösung eines Vereines eintritt, wird durch sie zugleich die privatrechtliche Existenz desselben beendigt. Allein wenn und solange ein Verein erlaubter Weise und somit rechtmäßig besteht, kann es unmöglich der Beruf der Privatrechtsordung sein, diesem Bestande die ihm allein angemessenen Wirkungen auf dem Gebiete des Vermögensrechtes zu versagen. Die Privatrechtsnormen sind nicht dazu da, der Polizei Handlangerdienste zu leisten und Socialgebilden, denen man vom öffentlichen Recht her nicht beikommen kann oder will, nun wenigstens indirekt das Leben zu erschweren. Das sind kleinliche Chicanen, die noch dazu ihren Zweck regelmäßig verfehlen. Wirklich gefährliche Vereine pflegen die Vermögensfähigkeit nicht zu entbehren und insoweit, als ihnen damit Oeffentlichkeit aufgezwungen wird, nicht einmal zu suchen; erfahrungsmäßig wird die Zusammenbringung großer Fonds für agitatorische Zwecke durch den Mangel eigner Rechtssubjectivität kaum ernstlich gehindert. Die Nachtheile treffen also vornehmlich nützliche oder doch harmlose Vereine und das mit ihnen verkehrende Publikum. Umgekehrt vermag der Staat, wenn er mit der Anerkennung der Persönlichkeit eines Verbandes die Vorschrift einer Publicität des Verbandslebens verknüpft, vermöge seiner Körperschaftshoheit sich eine wirksamere Controle zu sichern, als er sie bloß geduldeten Verbänden gegenüber durchzuführen im Stande ist. Und haben denn da, wo die Freiheit der Körperschaftsbildung besteht, die gefürchteten Uebel sich eingestellt? Weder aus Oesterreich und der Schweiz noch aus Bayern und Sachsen hat man bisher etwas davon gehört. Wenn aber die Bayern und Sachsen sich als reif für die Körperschaftsfreiheit bewährt haben, so werden doch wohl auch die übrigen Deutschen dieselbe ertragen können! Die Motive meinen freilich, in diesen beiden Staaten möge das publicistische Vereinsrecht einen derartigen Schritt gestatten, für eine Uebertragung auf das ganze Reichsgebiet aber fehlte es an den erforderlichen Garantien. Diese Ausführung hätte jedoch irgendwie näher begründet werden müssen, um nicht den Eindruck einer bloßen Verlegenheitsausrede hervorzurufen. So wie sie lautet, ist sie nicht einmal einer Widerlegung fähig. Daß schließlich, wenn man die politischen Bedenken nicht fallen lassen will, durch besondere Bestimmungen über Vereine für politische und religiöse Zwecke und über Gewerkvereine geholfen werden kann, werden wir unten noch sehen. Unter allen Umständen kann die etwaige Schwierigkeit einer festen Abgrenzung dieser als gefährlich erachteten Kategorien nicht, wie dies in den Motiven geschieht, als Rechtfertigungsgrund für die Festhaltung aller Vereine beim Concessionssystem benutzt werden.

Andere Einwände gegen die Körperschaftsfreiheit sind mehr juristisch-technischer Art und beziehen sich gleichmäßig auf Vereine für ideale Zwecke und auf wirthschaftliche Vereine. Man pflegt geltend zu machen, daß die Anerkennung von Körperschaften auf Grund der bloßen Thatsache ihres Bestandes zur mißlichsten Verkehrsunsicherheit führen müsse, mindestens also eine öffentliche Feststellung der Entstehung einer juristischen Person als Voraussetzung ihrer rechtlichen Geltung zu fordern sei. Dann aber bedürfe es eines Systemes von Normativbestimmungen, deren Aufstellung bei der großen Verschiedenheit der Bedürfnisse und Zwecke des Vereinslebens schwer in allgemein zutreffender Weise erfolgen könne. Beschränke man sich hierbei auf rein formale, von jedem Verbande leicht zu erfüllende Anforderungen, so sei keinerlei Gewähr vorhanden, daß nicht ein in Wahrheit lebensunfähiger und vielleicht höchst unsolide angelegter Verein sich den Namen und das Recht einer Körperschaft verschaffe und hierdurch einen unverdienten Credit erlange, dessen Grundlage hinterher sich dem getäuschten Publikum als ein bloßes Phantom enthülle. Die gesetzliche Erzwingung materieller Garantieen dagegen sei nur bei bestimmten Körperschaftsgattungen durchführbar. In dieser Argumentation ist Richtiges und Falsches gemischt. Es ist natürlich richtig, daß insoweit, als ein allgemeiner Rechtssatz jeden Verein, welcher eigene Persönlichkeit haben will und sich in der hierfür geeigneten Weise constituirt und bethätigt, für eine Körperschaft erklärt, Zweifel entstehen können, ob die Merkmale der Körperschaft im einzelnen Falle zutreffen. Allein eine allgemeine Verkehrsunsicherheit ist hiervon keineswegs die Folge. Denn regelmäßig weiß der Verkehr sehr genau, ob er es mit einer Individuensumme oder einer von den Individuen abgelösten Gesammteinheit zu thun hat. In Oesterreich und der deutschen Schweiz wird durchaus nicht über Unsicherheit des Rechtszustandes geklagt (vgl. über die Züricher Praxis Huber a. a. O. S. 164), und bei uns ist die unerträgliche Unsicherheit, welche gerade dem Mangel jenes gefürchteten Rechtssatzes entsprang, durch dessen in der Praxis mehr und mehr durchgedrungene indirecte Anerkennung eher gemildert, als gesteigert worden. Bleibt aber in der That ein Rest von Ungewißheit übrig, so ist darum noch nicht eine Rechtsregel verwerflich, welche ja doch nichts anderes besagt, als daß gewisse rechtmäßig bestehende Lebensgebilde ihrem wahren Wesen gemäß zu behandeln sind. Vielmehr erscheint es nur als wünschenswerth, das Gebiet, auf welchem über Bestand oder Nichtbestand einer Verbandsperson Zweifel walten können, möglichst einzuengen. Dies geschieht durch die allgemeine Durchführung eines Systemes von Normativbestimmungen, durch deren Erfüllung jeder existenzberechtigte Verein eine öffentliche Feststellung seiner Persönlichkeit erlangt. Soweit dann zugleich ein Registerzwang angemessen ist, fällt die Anerkennung nicht eingetragener Körperschaften der betreffenden Gattung überhaupt weg. Im Uebrigen wird der Bestand nicht constatirter Verbandspersonen um so seltener werden, je weniger die Erlangung des öffentlichen Zeugnisses unnöthig erschwert wird. Auch läßt sich der Anreiz zur Erfüllung der Normativbestimmungen dadurch erhöhen, daß von ihr die volle Entfaltung der Persönlichkeit abhängig gemacht wird und insbesondere die Fähigkeit, als Subject im Grundbuch eingetragen zu werden, den eingetragenen Körperschaften vorbehalten bleibt. Schon hieraus aber ergiebt sich, daß die allgemeinen Bedingungen einer öffentlichen Registrirung als Körperschaft nur formaler Natur sein dürfen. Selbstverständlich bleiben die besonderen Normativbestimmungen in Kraft, welche zur Erlangung der Rechte einer besonderen Körperschaftsgattung erfüllt werden müssen und zum Theil, wie bei Actiengesellschaften und Erwerbs- und Wirthschaftsgenossenschaften, das Erforderniß bestimmter materieller Garantieen einschließen. Allein für das gemeine Körperschaftsrecht muß es bei dem Verlangen eines gehörig beurkundeten und die wesentlichen Stücke einer Körperschaftsverfassung enthaltenden Statutes sein Bewenden haben. Natürlich übernimmt der Staat mit der Registrirung und Kundmachung einer solchen corporativen Existenz keinerlei moralische Verantwortlichkeit für die Solidität ihrer Grundlagen. Kann er bei der ausdrücklichen Verleihung von Corporationsrechten eine derartige Verantwortlichkeit nicht ganz ablehnen oder mindestens den Glauben an sie nicht leicht verscheuchen, so wird hier so wenig Jemand aus der bloßen Eintragung eines Vereins auf dessen Creditwürdigkeit schließen, wie man aus der amtlichen Constatirung der Geburt des Individuums im Standesregister dessen staatlich verbürgte Solidität zu folgern pflegt. Wer also mit einem eingetragenen Verein in Verkehr tritt, befindet sich in derselben Lage, wie wenn er sich mit einer Einzelperson einläßt. Aber auch in keiner schlimmeren! Immer ist es Vertrauenssache, inwieweit man auf eine fremde Persönlichkeit baut, und das Vertrauen kann getäuscht werden. Wie jeder Gläubiger einer Einzelperson auf hundertfache Weise um sein Geld kommen kann, so kann auch, wer einer Verbandsperson ohne Realsicherheit creditirt, leer ausgehen, wenn dieselbe verschwindet und kein ausreichendes Vermögen hinterläßt. Hier wie dort ist mit der rechtlichen Existenz einer Person noch nicht ihre Solvenz verbürgt, und die Gesammtperson ist so gut wie die Einzelperson sterblich. Allein Vereine so gut wie Individuen bieten neben den von beiden in gleicher Weise zu erlangenden realen Sicherungen moralische Garantieen, welche oft im Verkehr den Ausschlag geben. Die sociale Zusammensetzung, der traditionelle Geist, die Anhänglichkeit der Mitglieder, der Begriff der Corporationsehre und zahlreiche ähnliche Factoren vermögen den dauernden Bestand und die ausreichende materielle Kraft eines durch keinerlei öffentlichrechtliche Beziehungen gefesteten Vereines gleichwohl dergestalt zu sichern, daß das ihm entgegengebrachte Vertrauen sich als vollberechtigt erweist. Man denke nur an so manche angesehene gesellige, wohlthätige, künstlerische und wissenschaftliche Genossenschaften, an die in ständiger Berufs- oder Interessengemeinschaft wurzelnden Verbände oder an die von einer ausgedehnten Gesammtorganisation umfaßten und getragenen Vereine (wie z. B. die Sectionen des deutsch-österreichischen Alpenvereins). In welchem Maße rein moralische Elemente trotz äußerster rechtlicher Unsicherheit einen Verein creditfähig machen können, zeigt in lehrreicher Weise ein Blick in das Treiben der studentischen Corporationen. Die Gesetzgebung wird durch keine Versagung von Körperschaftsrechten verhindern, daß ein in den Lebensverhältnissen begründetes Vertrauen auf Bestand und Blüthe einer Association sich in Creditgewährungen bethätigt, deren einzige Basis die juristisch noch so zerbrechliche und unfaßbare Vereinsexistenz ist. Sie wird umgekehrt bei der vorsichtigsten Zurückhaltung nicht verhüten, daß auch anerkannte Körperschaften das Vertrauen der Gläubiger täuschen. Gewährt sie ein Mittel zur öffentlichen Constatirung und Kundmachung der Verbandspersönlichkeit, so thut sie nur ihre Schuldigkeit in Bezug auf die formell juristische Behandlung der Lebensverhältnisse, ohne in deren thatsächliche Gestaltung irgendwie einzugreifen. Sie steigert hiermit insbesondere nicht die materielle Sicherheit der Vereinsgläubiger allein, sie macht auch keinerlei zu umfangreicherer Creditgewährung verlockende Verheißungen, sondern verhilft nur einfach den Betheiligten zu ihrem Recht. Anders freilich liegt die Sache, sobald ein Verein dem Publikum gegenüber eine feste rechtliche Creditbasis in Anspruch nimmt. Dann ist die Rechtsordnung berufen, für die Constatirung des wirklichen Vorhandenseins dieser Creditbasis und für deren fernere Sicherung zu sorgen und demgemäß auf die reale Gestaltung der Verhältnisse bestimmend einzuwirken. Diese Aufgabe aber kann nicht durch das gemeine Körperschaftsrecht, sondern nur durch besondere Vorschriften über die einzelnen Gattungen der wirthschaftlichen Genossenschaften gelöst werden.

So ergiebt sich, daß der Ausgangspunkt aller künftigen Gesetzgebung das Princip der freien Körperschaftsbildung sein und bleiben muß, die Verwirklichung dieses Princips aber in einer Stufenreihe verschiedenartiger Rechtsformen erfolgen muß.

Es bedarf zunächst eines allgemeinen Rechtssatzes, welcher ausspricht, daß jeder rechtsbeständige Personenverein mit körperschaftlicher Verfassung, insoweit er Dritten oder seinen Mitgliedern als ein selbständiges Ganze gegenübertritt, die Rechte und Pflichten einer Person hat. Ausdrücklich verbotene Vereine, Vereine für unerlaubte oder unsittliche Zwecke, geheime Verbindungen, Gesellschaften mit unbekannten Oberen oder mit unbedingter Gehorsamspflicht u. s. w. sind nicht „rechtsbeständig" und somit von selbst ausgeschlossen. Ebenso aber ergiebt sich aus dem Erforderniß der Rechtsbeständigkeit die Nichterstreckung jenes Rechtssatzes auf die einem Registerzwang unterworfenen Genossenschaften, welche ja eben vor erfolgter Eintragung nicht zu Recht bestehen. Es bedarf also z. B. keines besonderen Vorbehaltes, um die Fortgeltung der Regel zu sichern, daß Actiengesellschaften vor ihrer Eintragung keine Rechtssubjecte sind, die in ihrem Namen handelnden Personen aber persönlich und solidarisch haften. In gleicher Weise würde die Einführung eines analogen Registerzwanges für andere Klassen von Genossenschaften dieselben von selbst der Anerkennung durch den bezeichneten allgemeinen Rechtssatz entrücken. Doch liegt ein Bedürfniß zur Ausdehnung des Registerzwanges nicht vor. Am wenigsten würde bei Vereinen für ideale Zwecke, falls ihnen die Eintragung in ein Vereinsregister eröffnet wird, ein Eintragungszwang am Platze sein. Ein solcher ist auch in Bayern und in der deutschen Schweiz bei der Neuregelung der privatrechtlichen Stellung der Vereine nicht begründet worden. Vereine dieser Gattung bestehen oft längere Zeit ohne jegliches Bedürfniß der Vermögensfähigkeit und empfinden daher keinen Antrieb, sich die öffentliche Constatirung ihres Daseins zu beschaffen. Treten sie dann gelegentlich gleichwohl in Privatrechtsverhältnisse ein, so fehlt es an jedem vernünftigen Grunde, sie als nicht vorhanden zu behandeln. Aber auch bei wirthschaftlichen Vereinen empfiehlt es sich kaum, die Eintragung uach dem hier von der Schweiz gegebenen Vorbilde durchweg obligatorisch zu machen. Daß der dem Bundesrath vorliegende Entwurf eines neuen Genossenschaftsgesetzes trotz der Zulassung von Genossenschaften mit beschränkter Haft den Erwerb der Rechtsstellung einer „eingetragenen Genossenschaft" nach wie vor in das freie Belieben stellt, ist durchaus zu billigen. Denn der Kreis der eintragungsfähigen Genossenschaften erstreckt sich weiter, als der Kreis derjenigen Genossenschaften, auf welche die Rechtsform des Gesetzes eigentlich zugeschnitten ist. Gleiches versteht sich bei den „freien Hülfskassen" von selbst. Fraglicher könnte es scheinen, ob nicht mit einer Erweiterung der zulässigen Genossenschaftsformen, welche jedem wirthschaftlichen Verein die Möglichkeit böte, sich in einem ihm passenden Rechtsgewand eintragen zu lassen, ein Eintragungszwang zu verbinden wäre. Indeß ist ein triftiger Grund zu solcher Rigorosität kaum aufzufinden. Versäumt es z. B. eine kleine Sterbekasse, eine ländliche Maschinengenossenschaft, ein Lebensmittelverein u. s. w., die Eintragung nachzusuchen, so wäre es eine unbillige Härte, denjenigen, der ausdrücklich nur im Namen des Vereins contrahirt hat, persönlich und solidarisch haften zu lassen. Die sächsische Gesetzgebung vermeidet diese Härte, indem sie sich darauf beschränkt, der nicht eingetragenen Genossenschaft das „Recht der Persönlichkeit" abzusprechen. Wir haben aber oben schon (S. 283) gesehen, wie dies nur dazu geführt hat, daß die Praxis nun unter der Rubrik des „modificirten Gesellschaftsrechtes" dennoch Körperschaftsrecht anwendet! Somit ist auch bei wirthschaftlichen Vereinen das Recht der Persönlichkeit nicht allgemein von einer Eintragung abhängig zu machen.

Durchaus angemessen, leicht durchführbar und keineswegs unbillig wäre dagegen die schon oben angeregte Einschränkung der Privatrechtsfähigkeit aller Personenvereine, deren Persönlichkeit nicht öffentlich constatirt ist. Es wäre also dem vorgeschlagenen allgemeinen Rechtssatze eine Clausel hinzuzufügen, nach welcher Eintragungen in das Grundbuch auf den Namen eines Personenvereines nur erfolgen dürfen, wenn derselbe entweder als solcher in ein öffentliches Register eingetragen oder reichs- oder landesrechtlich als eine Körperschaft des öffentlichen Rechtes anerkannt oder durch besondere staatliche Verleihung mit den Rechten einer Körperschaft begabt ist. Will ein Verein Grundeigenthum oder dingliche Rechte erwerben, so entspricht es der Publicität des Grundbuchwesens, daß er sich beim Grundbuchamt als öffentlich anerkannte Person legitimire und zu diesem Behufe nöthigenfalls seine Registrirung erwirke. Für alle gewillkürten Vereine und Genossenschaften von einiger geschäftlicher Bedeutung wäre hiermit zugleich ein starker Antrieb zur Erfüllung der gesetzlichen Normativvorschriften gegeben. Man könnte daran denken, diesen Antrieb durch die weitere Bestimmung zu erhöhen, daß auch die Erbfähigkeit an die gleichen Voraussetzungen gebunden sei. Doch dürfte im Interesse der Aufrechthaltung so mancher gemeinnützigen Zuwendung von Todes wegen ein solcher Satz sich kaum empfehlen.

Weiter bedarf es nun der Aufstellung von Normativbestimmungen, durch deren Erfüllung Personenvereine das Recht auf öffentliche Feststellung und Kundmachung ihrer Persönlichkeit erlangen.

In dieser Hinsicht bleibt natürlich die Bildung öffentlichrechtlicher Körperschaften, mag sie nun auf freiwilliger oder erzwungener Vereinigung beruhen und mag sie sich durch Selbstsetzung oder durch staatliche oder sonstige höhere Setzung vollziehen, den besonderen Normen des Reichs- und Landesrechtes unterworfen. Das System der Aufstellung allgemeiner Regeln über die Körperschaftsbildung, wie es reichsgesetzlich bei Innungen, Krankenkassen und Berufsgenossenschaften, landesgesetzlich bei communalen Verbänden, Deich-, Wasser-, Wald- und Fischereigenossenschaften, Knappschaften u. s. w. durchgeführt ist, mag hier noch eine mannigfache und reiche Entfaltung finden.

Was aber die Bildung privatrechtlicher Körperschaften betrifft, so sind Vereine für ideale Zwecke und wirthschaftliche Vereine zu unterscheiden.

Bei Vereinen für ideale Zwecke — wie die vielleicht nicht ganz zutreffende, jedoch in neuerer Zeit üblich gewordene zusammenfassende Bezeichnung für alle gewillkürten und nicht dem öffentlichen Rechte angehörigen Genossenschaften lautet, welche nicht auf eine Wirthschafts- oder Erwerbsgemeinschaft gerichtet sind — ist das Bedürfniß einer allgemein zugänglichen Form der Constatirung ihrer Persönlichkeit besonders dringend. Im Ganzen kann hier das bayerische Gesetz vom 29. April 1869 als Vorbild dienen. Doch ist anstatt der hier gewählten Form der Constatirung des Vereinsbestandes durch gerichtlichen Anerkennungsvermerk auf einem dem Vereine zurückgegebenen Statutenexemplar die in Sachsen und der Schweiz gewählte Form der Eintragung des Vereines in ein vom Gericht geführtes Vereinsregister vorzuziehen. Das System der Eintragung harmonirt am besten mit dem sonstigen neueren Genossenschaftsrecht. Die Oeffenlichkeit des Vereinsregisters, die Kundmachung der Eintragung in öffentlichen Blättern und die Aufbewahrung eines Statutenexemplares bei Gericht verstehen sich von selbst. Von der Eintragung ist nach dem oben Ausgeführten zwar nicht das Recht der Persönlichkeit, wohl aber das Recht der öffentlich anerkannten Persönlichkeit abhängig zu machen. Der Verein erwirbt also mit ihr eine neue Rechtsstellung und einen dieselbe bezeichnenden Namen, welcher nach bayerischem Muster „anerkannter Verein" lauten mag, vielleicht aber zur Vermeidung von Mißdeutungen besser „eingetragener Verein" lautet. Solange er eingetragen ist, unterliegt er natürlich auch fernerhin dem Publicitätssystem, so daß insbesondere jede spätere Statutenänderung zu ihrer Wirksamkeit der Eintragung bedarf. Die Eintragung ist in formeller Hinsicht von einer gehörigen Anmeldung unter Einreichung eines schriftlich abgefaßten Statuts und eines Mitgliederverzeichnisses abhängig zu machen. Im Uebrigen muß das Statut den gesetzlichen Normativbestimmungen entprechen, welche wesentlich nur darauf zu sehen haben, daß die Merkmale einer voll entwickelten Körperschaftsverfassung vorhanden sind. Zu fordern ist also: Annahme eines besonderen unpersönlichen Vereinsnamens; Festsetzung des Vereinszweckes und des Sitzes des Vereins; Angabe einer etwaigen beschränkten Zeitdauer; Regelung der Bedingungen des Ein- und Austrits und der Ausschließung von Mitgliedern; Festsetzung der Beitrags- oder Leistungspflichten für den Vereinszweck; Grundzüge einer körperschaftlichen Organisation mit einem nach außen vertretenden und nach innen leitenden Vorstande und einer beschließenden Versammlung (Mitglieder- oder Repräsentantenversammlung); Formen der Legitimation des Vorstandes bei den im Namen des Vereins vollzogenen Rechtshandlungen. Manche im bayr. Ges. Art. 3 an das Statut gestellte Anforderungen wären überflüssig, wenn das bürgerliche Gesetzbuch eine subsidiäre allgemeine Körperschaftstheorie aufstellte, welche dann etwaige Lücken des Statuts (z. B. hinsichtlich des Stimmrechtes, der Zuständigkeit der Organe, der Berufung von Versammlungen, der Beschlußfassung u. s. w.) ausfüllen würde. Zweckmäßig ist, zur Eintragung eines Vereins einen Bestand von mindestens sieben Mitgliedern zu fordern, während die Löschung erst bei der Herabminderung des Mitgliederbestandes unter die Dreizahl zu erfolgen hat.

Daß die Eintragungsfähigkeit jedes Vereines durch seine Rechtsbeständigkeit bedingt ist, bedarf kaum der besonderen Hervorhebung. Das bayr. Gesetz sagt ausdrücklich, daß es nur für „rechtlich bestehende oder rechtlich zulässige Vereinigungen" gelte (Art. 1). Hieraus folgt zugleich, daß ein Verein, welcher nach öffentlichem Recht zu seiner Rechtsbeständigkeit einer staatlichen Genehmigung bedarf, die Ertheilung derselben nachweisen muß, bevor das Gericht ihn eintragen darf (bayr. Ges. Art. 2 Z. 2). Eine andere Frage ist, ob auch in Fällen, in denen der Bestand des Vereins von keiner Genehmigung abhängig ist, doch zur Eintragung desselben eine Genehmigung gefordert werden soll. Dies geschieht im sächsischen Gesetz vom 15. Juni 1868, wie oben erwähnt wurde, bezüglich aller Personenvereine, deren Zweck sich auf „öffentliche Angelegenheiten“ bezieht. An sich ist diese Anordnung wenig empfehlenswerth. Die außerordentliche Unbestimmtheit des Begriffes der öffentlichen Angelegenheiten ließe sich vielleicht durch eine nähere Präcisirung ermäßigen. So würde der Ausdruck „politische Vereine“ immer noch minder vieldeutig sein. Im Uebrigen vermag ein verständiges richterliches Ermessen die Schwierigkeiten derartiger Grenzlinien zu überwinden. Allein nach unserer früher entwickelten Auffassung ist überhaupt die Versagung der Privatrechtsfähigkeit aus politischen Erwägungen nur dann gerechtfertigt, wenn zugleich der publicistische Bestand des Vereins negirt wird. Jedenfalls also würde in eine reichsgesetzliche Regelung des Gegenstandes eine derartige Ausnahmebestimmung nicht aufzunehmen sein. Dagegen läßt sich bei der Ungleichartigkeit des publicistischen Vereinsrechtes in den einzelnen Staaten manches dafür anführen, daß es dem Landesrecht vorbehalten werde, die Eintragung politischer Vereine von einer vorherigen staatlichen Genehmigung abhängig zu machen. Mit den politischen Vereinen wären dann religiöse Vereine auf gleiche Stufe zu stellen. Hinsichtlich der Religionsgesellschaften und geistlichen Genossenschaften aber wäre überhaupt abweichendes Landesrecht zuzulassen, so daß insbesondere in Preußen und Oldenburg der Weg formeller Gesetzgebung erforderlich bliebe, um ihnen die Eigenschaft öffentlich anerkannter Körperschaften zu verschaffen. Was schließlich die Gewerkvereine und ähnliche Associationen zur Vertretung der Arbeiterinteressen angeht, so liegt nicht der mindeste Grund vor, sie anders zu behandeln, als sonstige Vereine zur Vertretung von Standes- oder Berufsinteressen. Wohl aber gehört in den Rahmen unserer Socialgesetzgebung ein besonderes Gewerkvereinsgesetz, das denjenigen Gewerkvereinen, welche bestimmte Garantien bieten und sich einer gewissen Aufsicht unterstellen, eine besondere Rechtsstellung als öffentlich anerkannter Organe des Arbeiterstandes und die hieraus fließenden Befugnisse ertheilt.

Inwieweit mit der Aufstellung von Normativbestimmungen für die Eintragung von Vereinen für ideale Zwecke zugleich eine gesetzliche Regelung der inneren und äußeren Rechtsverhältnisse eingetragener Vereine zu verbinden ist, hängt von dem Zustande des allgemeinen Körperschaftsrechtes ab. Ist dieses ausreichend entwickelt, so bedarf es kaum derartiger Sonderbestimmungen. Denn gerade diese Vereine entsprechen dem einfachsten und ursprünglichsten Typus der Körperschaft und eignen sich daher, soweit nicht ihre Satzung innerhalb des vom Gesetz verstatteten Spielraums Abweichendes festsetzt, zur Anwendung des gemeinen Körperschaftsrechtes. Selbst die spärlichen Bestimmungen des Entwurfes des bürgerlichen Gesetzbuches würden schon eine Reihe besonderer Regeln, wie sie das bayrische Gesetz für anerkannte Vereine aufstellt, überflüssig machen. So z. B. die Vorschriften dieses Gesetzes über Stimmrecht der Mitglieder (Art. 9), Rechtsfähigkeit des Vereins (Art. 10) und ausschließliche Verweisung der Vereinsgläubiger auf das Vereinsvermögen (Art. 11); desgleichen die meisten Bestimmungen über Bestellung und Befugnisse des Vorstandes, insbesondere über seine Vertretungsmacht (Art. 15—16), sowie über die Generalversammlung (Art. 23—24); nicht minder die Regeln über die Folgen der Auflösung des Vereins, die Liquidation und die Gant über das Vereinsvermögen (Art. 27—31). Andere Bestimmungen, wie sie z. B. das bayr. Gesetz über die Befugnisse eines etwa bestellten Aufsichtsrathes oder Ausschusses und sonstiger Organe des Vereins (Art. 20—22), das Recht einer Minderheit auf Berufung einer Versammlung (Art. 23), die Auflösungsgründe (Art. 26) und das Ausscheiden von Mitgliedern (Art. 32—33) trifft, würden ebenso gut in ein allgemeines Körperschaftsrecht hineinpassen. In der Hauptsache bedarf es besonderer Rechtssätze überhaupt nur insoweit, als es sich um die Durchführung des mit dem Eintragungssystem verbundenen Princips der Publicität in Ansehung der einzelnen Vorgänge des Vereinslebens handelt. Die Anmeldung der Vorstandsmitglieder und jeder Aenderung in der Zusammensetzung des Vorstandes, der Statutenänderungen und der Auflösung des Vereins zum Vereinsregister muß gesichert werden (vgl. bayr. Ges. Art. 13, 17 u. 26); der Vorstand muß verpflichtet werden, dem Gericht jährlich ein neues Mitgliederverzeichniß einzureichen (Art. 18); es bedarf der Anordnung einer gehörigen schriftlichen Beurkundung der Vereinsbeschlüsse (Art. 25). Zur Durchsetzung der geforderten Publicität ist hier wie sonst das Gericht mit der nöthigen Controlbefugniß und angemessenen Zwangsrechten auszustatten. Im Uebrigen bleibt für eingetragene Vereine das gewöhnliche Vereinsrecht und somit auch die gesammte im öffentlichen Recht begründete Staatsaufsicht in Kraft. Der eingetragene Verein ist also namentlich in gleicher Weise wie ein gleichartiger nicht eingetragener Verein der polizeilichen oder richterlichen Schließung nach Reichs- oder Landesrecht unterworfen. Erfolgt seine endgültige Schließung, so verliert er zugleich seine privatrechtliche Persönlichkeit und ist im Vereinsregister zu löschen. Doch empfiehlt sich daneben eine allgemeine Bestimmung, nach welcher die Auflösung durch Richterspruch gegen jeden eingetragenen Verein zu verhängen ist, der durch rechtswidrige Handlungen oder Unterlassungen das Gemeinwohl gefährdet. Dieser Auflösungsgrund findet sich bereits im Reichsgenossenschaftsgesetz, an dessen Vorschriften auch bezüglich des dabei zu beobachtenden Verfahrens angeknüpft werden kann. (In der Schweiz ist die Auflösung von Vereinen wie Genossenschaften durch Richterspruch zulässig, wenn sie unerlaubte oder unsittliche Zwecke verfolgen, oder wenn sie unerlaubte oder unsittliche Mittel anwenden; O. R. Artikel 710 Z. 1 und 716 Absatz 4.) Wird dem Landesrecht die Abhängigmachung der Eintragung politischer und religiöser Vereine von staatlicher Genehmigung anheimgegeben, so muß ihm zugleich vorbehalten werden, die Verfolgung politischer oder religiöser Zwecke ohne solche Genehmigung als einen weiteren Grund der Auflösung eingetragener Vereine durch Richterspruch hinzuzufügen.

Mit der Durchführung des Eintragungssystems auf Grund gesetzlicher Normativbestimmungen bei Vereinen für ideale Zwecke wäre dem dringendsten Bedürfniß des Augenblickes genügt. Es bedarf jedoch auch einer Erweiterung dieses Systems im Ansehung *wirthschaftlicher* Vereine. Denn wenngleich für wichtige Klassen derjenigen körperschaftlichen Verbände, welche auf wirthschaftliche Leistungen an ihre Mitglieder gerichtet sind, schon heute der erstrebte Rechtszustand verwirklicht ist, so ist doch der Rahmen der geltenden Specialgesetze zu eng, um alle legitimen und lebensfähigen Genossenschaftsbildungen zu umspannen.

Zuvörderst sind die bestehenden *Specialgesetze* nicht bloß festzuhalten, sondern noch weiter auszubauen.

Unter den *wirthschaftlichen Personalgenossenschaften* (Gegenseitigkeitsverbänden) erfreuen sich die als *„eingeschriebene Hülfskassen“* zugelassenen Krankenversicherungsgenossenschaften (welche zu den privatrechtlichen und nicht mit *Rosin* zu den öffentlichrechtlichen Genossenschaften zu stellen sind) und die als *„eingetragene Genossenschaften“* konstituirten Erwerbs- und Wirthschaftsgenossenschaften einer besonderen reichsgesetzlichen Regelung. Als landesrechtlich normirte Privatrechtskörperschaften für Wirthschaftszwecke treten die *freien Wassergenossenschaften* hinzu. Bekanntlich plant ein dem Bundesrath vorliegender umfassender Gesetzentwurf neben anderen Reformen des Reichsgenossenschaftsgesetzes die wichtige Neuerung, auch *Erwerbs- und Wirthschaftsgenossenschaften mit beschränkter Haftpflicht der Mitglieder* unter bestimmten gesetzlichen Voraussetzungen zum Erwerbe der Rechtsstellung einer „eingetragenen Genossenschaft“ zuzulassen. Da ich diesen Schritt von jeher befürwortet habe, begrüße ich den Entwurf mit Freuden. Auf die Einzelheiten desselben einzugehen, ist hier nicht der Ort. Doch kann ich nicht umhin, an dieser Stelle meiner Zustimmung zu der vorgeschlagenen Reform in allen wesentlichen Punkten und zugleich der Hoffnung Ausdruck zu geben, daß der Entwurf ohne principielle Umgestaltungen recht bald zum Reichsgesetz erhoben werden möge. Hiermit wird dem Grundsatz der freien Körperschaftsbildung ein neues großes Anwendungsgebiet erschlossen und einer Fülle wirthschaftlicher Organisationen die ihrem Wesen entsprechende Rechtsform geboten. Zahlreiche auf „die Förderung des Erwerbes oder der Wirthschaft ihrer Mitglieder mittels gemeinschaftlichen Geschäftsbetriebes" gerichtete Vereine, welche bisher nur die Wahl zwischen einer mehr oder minder prekären Existenz oder der Annahme eines höchst gefährlichen und für ihr oft geringes Creditbedürfniß schlechthin nicht erforderlichen Haftungsprincips hatten, werden in der Lage sein, die gesetzlichen Voraussetzungen der Eintragung als Genossenschaft mit beschränkter Haftpflicht zu erfüllen und so die Vorrechte und den in einem umfassenden System gesetzlicher Garantie- und Controlmaßregeln gegebenen Rückhalt der „eingetragenen Genossenschaften" zu erlangen. Doch wird hiermit das Bedürfniß weiterer Specialgesetze über einzelne Gattungen wirthschaftlicher Personalgenossenschaften keineswegs für immer erlöschen. Schon jetzt ist jedenfalls eine besondere reichsgesetzliche Regelung der Versicherungsgenossenschaften auf Gegenseitigkeit erforderlich, für welche die Rechtsform der „eingetragenen Genossenschaft" zwar nicht unzugänglich, aber erfahrungsmäßig nur in seltenen Fällen geeignet ist. Bekanntlich besteht die Absicht, bei einer künftigen Revision des Handelsgesetzbuches auch das Versicherungsrecht zu codificiren und hierbei zugleich das Recht der Versicherungsgenossenschaften auf Gegenseitigkeit nach dem System der Normativbestimmungen zu ordnen. An sich sind diese Verbände keine handelsrechtlichen Associationen. Doch wird insoweit, als sie einen nach kaufmännischer Art eingerichteten Geschäftsbetrieb führen, ihr Recht sich in ähnlicher Weise an das Handelsrecht anzulehnen haben, wie das Recht der „eingetragenen Genossenschaften". Am zweckmäßigsten wäre daher der Erlaß eines besonderen Reichsgesetzes über Versicherungsgenossenschaften auf Gegenseitigkeit. Ohnehin steht ja die Revision des Handelsgesetzbuches erst in recht ferner Aussicht.

Stellen wir den Personalgenossenschaften für Wirthschaftszwecke die auf Antheile an einem Vermögensobject gebauten und auf Ausnutzung dieses Vermögens für die Mitglieder gerichteten Verbände körperschaftlicher Structur als wirthschaftliche Vermögensgenossenschaften gegenüber, so sind unter ihnen reichsgesetzlich nur die Actiengesellschaften normirt. Landesgesetzlich sind die bergrechtlichen Gewerkschaften geregelt. Zum Theil auch ähnlich gebaute Agrargenossenschaften, wie in Preußen die Haubergsgenossenschaften, die hierbei jedoch ausdrücklich für öffentlichrechtliche Verbände erklärt sind. Ein Gesetz über die Realgemeinden in der Provinz Hannover ist im Werke. In neuerer Zeit hat besonders die Errichtung der deutschen Colonialgesellschaften die Unzulänglichkeit der vom geltenden Recht gebotenen Associationsformen dieser Gattung gezeigt und Wünsche nach Zulassung und Regelung einer neuen Form der Capitalvereinigung hervorgerufen (Vgl. bes. Ring, deutsche Colonialgesellschaften; R. Esser, die Gesellschaft mit beschränkter Haftbarkeit; H. W. Simon, deutsche Colonialgesellschaften, Zeitschr. für das ges. Handelsr., Bd. 34 S. 85 ff.; K. v. Stengel, die deutschen Colonialgesellschaften, Jahrb. f. Gesetzg., Verw. u. Volkswirthsch. des Deutschen Reiches, Jahrg. XII S. 219 ff.). Durch das Reichsgesetz v. 15. März 1888 ist insoweit, als Colonialgesellschaften in Frage kommen, eine sachgemäße Abhülfe geschaffen. Daß man auf die Aufstellung allgemeiner Normativbestimmungen für die überseeischen Genossenschaften verzichtet und vielmehr den Bundesrath im weitesten Rahmen zur Ertheilung der Körperschaftsrechte an das für geeignet befundene einzelne Verbandsgebilde ermächtigt hat, ist durchaus zu billigen. Das Concessionssystem ist vorläufig hier am Platz, weil sich bisher hier noch kein fester und durch längere Dauer erprobter Typus herausgebildet hat, die Colonialgesellschaften auch tief in die öffentlichrechtlichen Verhältnisse des Reiches verflochten sind. Hier bedarf es daher in der That mehr eines Ausnahmerechtes als starrer Regeln, und es ist weder gegen die Verleihung besonderer Privilegien noch gegen die Auferlegung besonderer Beschränkungen etwas einzuwenden. Vielfach aber wird auch abgesehen von den Verhältnissen der Colonialgesellschaften die gesetzliche Ausgestaltung einer neuen Form der Capitalgenossenschaft verlangt. Meist denkt man dabei an eine Verallgemeinerung des in der bergrechtlichen Gewerkschaft verwirklichten Typus. Man führt hierfür an, daß für manche Unternehmungen, bei welchen doch eine auf Antheile gegründete Theilhabergenossenschaft mit beschränkter Haftung sämmtlicher Theilhaber wünschenswerth sei, das Aktiengesellschaftsrecht sich wenig eigne, in solchen Fällen aber schon öfter auf Grund eines unbedeutenden und nur nebenbei verwertheten Bergwerkseigenthums eine Gewerkschaft für einen in Wahrheit ganz anderen Zweck errichtet worden sei. Offenbar indeß ist die ganze Wirksamkeit unserer neuesten scharfen Actiengesellschaftsgesetzgebung durch die Ausschließlichkeit ihrer Geltung für die auf Geschäftsbetrieb gerichteten Capitalassociationen bedingt. Die Gewerkschaft hat nicht nur ihre eigenthümliche historische Berechtigung, sondern ist auch keine reine Capitalassociation, sondern eine auf ein Bergvermögen und somit auf eine bestimmte körperliche Sache mit Zubehör gegründete Genossenschaft. Eine analoge Bildung wäre daher immer nur da gerechtfertigt, wo ein ähnliches sichtbares und greifbares sachliches Substrat den Kern des in Antheile zerlegten Grundvermögens einer Körperschaft bildet, nicht aber ein in einem Geldbetrage von bestimmter Höhe ausgedrücktes abstractes Capital zum Träger des Vereinsorganismus berufen ist. Wird die Form der Gewerkschaft mitunter mißbraucht, wo in Wahrheit das Bergwerkseigenthum nicht die ihm zugedachte Rolle spielt, so sind dies doch nur vereinzelte Erscheinungen, wie sie sich nie ganz vermeiden lassen, bei größerer Ausbreitung aber eine gesetzgeberische Abwehr herausfordern würden. Dagegen ist es allerdings ein Mißstand, daß gegenwärtig auch Vereinigungen in die Actiengesellschaftsform gedrängt werden, welche weder eigentliche Capitalgenossenschaften noch auf kaufmännischen oder gewerblichen Geschäftsbetrieb gerichtet sind. Hier ist jedoch nicht durch Specialgesetze, sondern durch freiere Gestaltung des allgemeinen Körperschaftsrechtes Abhülfe zu schaffen.

Denn wenn wir nun die Frage aufwerfen, ob bei Durchführung des Princips der Körperschaftsfreiheit die Zulassung wirthschaftlicher Vereine zu einer ihre Persönlichkeit konstatirenden öffentlichen Registrirung auf die durch besondere Gesetze geregelten Körperschaftsgattungen zu beschränken ist, so stehen wir nicht an, diese Frage zu verneinen. Der Ausbau der Specialgesetzgebung wird sicherlich auch in Zukunft nicht zum Stillstand kommen, und Niemand kann vorhersehen, welche Genossenschaftstypen sich im Leben fernerhin eigenartig entfalten und sodann ihr Sonderrecht fordern werden. Aber daneben bedarf es einer einfachen und anspruchslosen Form wirthschaftlicher Körperschaftsbildung, welche allgemein zugänglich ist, soweit nicht die Tendenz eines für derartige Socialgebilde vorhandenen Specialgesetzes hierdurch vereitelt würde. Letzteres aber ist nach der gegenwärtigen Lage der Gesetzgebung vornehmlich nur auf dem Gebiete der durch das Handelsrecht oder in Anlehnung an das Handelsrecht geregelten Genossenschaften für kaufmännischen oder gewerblichen Geschäftsbetrieb der Fall.

Somit muß das oben in Vorschlag gebrachte Vereinsregister neben der zur Eintragung der Vereine für ideale Zwecke bestimmten Abtheilung eine zweite Abtheilung enthalten, in welche bei Erfüllung der gesetzlichen Normativbestimmungen wirthschaftliche Vereine einzutragen sind. Zur Eintragung sind hier von vornherein nur solche wirthschaftlichen Vereine zuzulassen, welche nicht auf kaufmännischen oder gewerblichen Geschäftsbetrieb gerichtet sind. Mit der Eintragung erlangen dieselben die öffentliche Anerkennung ihrer Persönlichkeit unter dem Namen und mit den Rechten und Pflichten eines „eingetragenen wirthschaftlichen Vereins“. Passender wäre vielleicht noch die Bezeichnung „eingetragene Genossenschaft des bürgerlichen Rechtes“. Dieselbe käme einer freilich keineswegs festen, jedoch in gewissem Umfange bemerklichen Neigung des neueren Sprachgebrauches entgegen, das Wort „Verein“ auf Vereine für ideale Zwecke zu beschränken. Auch wäre der Gegensatz zu der nun einmal in den Alleinbesitz des Namens „eingetragene Genossenschaft“ gelangten Associationsform wohl deutlich genug ausgedrückt. Welchen Namen man aber auch wählen mag: jedenfalls müßte schon aus ihm sich ergeben, daß diese Genossenschaft keine Kaufmannseigenschaft hat, sondern lediglich eine juristische Person des gemeinen bürgerlichen Rechtes ist. Sie hat daher auch keine Firma, sondern einen bürgerlichen Vereinsnamen zu führen und unterliegt keinerlei handelsrechtlichen oder dem Handelsrecht verwandten Sonderregeln. Die gesetzlichen Voraussetzungen der Eintragung sind bei wirthschaftlichen Vereinen zunächst in gleicher Weise wie bei Vereinen für ideale Zwecke zu fassen, jedoch durch einige Zusatzbestimmungen zu verschärfen. Insbesondere ist hier vom Statut zu verlangen, daß es nicht nur die den Mitgliedern obliegenden Leistungen für den Vereinszweck, sondern auch die wirthschaftlichen Leistungen des Vereins an die Mitglieder genau festsetze. Auch im Uebrigen ist auf solche Vereine das allgemeine Recht der eingetragenen Vereine mit einzelnen Modificationen und Zusätzen anwendbar. Zu den Gründen der Auflösung durch Richterspruch muß hier die statutenwidrige Erstreckung der Wirksamkeit des Vereins auf kaufmännischen oder gewerblichen Geschäftsbetrieb hinzutreten.

Die Vorschriften über die Eintragung wirthschaftlicher Vereine in das Vereinsregister sind zunächst auf wirthschaftliche Personalgenossenschaften einzurichten. Auch wenn die geplante Reform des Reichsgenossenschaftsgesetzes durchdringt, wird die Rechtsstellung einer „eingetragenen Genossenschaft“ keineswegs allen „Gesellschaften von nicht geschlossener Mitgliederzahl, welche die Förderung des Erwerbes oder der Wirthschaft ihrer Mitglieder mittelst gemeinschaftlichen Geschäftsbetriebes bezwecken“, eine angemessene Daseinsform bieten. Der Entwurf selbst will ja einen Zwang nicht ausüben. In der That aber ist für zahlreiche zur Unterstellung unter das Genossenschaftsgesetz befähigte Vereinigungen, welche nichts von kaufmännischen Zügen an sich tragen, das handelsrechtlich zugeschnittene Gewand der „eingetragenen Genossenschaft“ wenig passend. Sie können zwar nunmehr die Haftpflicht der Mitglieder für die Verbindlichkeiten der Genossenschaft auf eine statutarisch fixirte

Haftsumme begrenzen. Allein dafür sind dem geltenden Rechte gegenüber die auf ein kaufmännisches Wesen berechneten Vorschriften vermehrt. Es ist nicht abzusehen, warum solche Vorschriften indirect auch denjenigen Genossenschaften aufgenöthigt werden sollen, welche einen kaufmännischen oder gewerblichen Geschäftsbetrieb gar nicht beabsichtigen und darum weder die hierzu erforderlichen Rechte brauchen, noch die entsprechenden Pflichten zu tragen vermögen. Hierher gehören: das kaufmännische Firmenrecht (Entw. § 3) und die Kaufmannseigenschaft (§ 17 Abs. 2); die Verpflichtung der Vorstands- und Aufsichtsrathsmitglieder zur „Sorgfalt eines ordentlichen Geschäftsmannes" (§§ 31, 32, 38); die Unbeschränkbarkeit der Vertretungsmacht des Vorstandes (§ 26); die Abhängigmachung des Erwerbes und des Verlustes der Mitgliedschaft von der Eintragung in die beim Gericht geführte Mitgliederliste (§ 15); die Behandlung der Mitgliedschaft in einer anderen Genossenschaft mit „gleichartigem Geschäft" als Ausschließungsgrund (§ 63); die Nothwendigkeit der Bestellung eines Aufsichtsrathes (§§ 33 ff.); die gesammten Vorschriften über die Revision der Genossenschaften durch die von Revisionsverbänden oder vom Gericht bestellten Revisoren (§§ 49—59); die Regelung des Anfechtungsrechtes gegenüber gesetz- oder statutenwidrigen Generalversammlungs-Beschlüssen (§§ 47—48); die Bestimmungen über Bilanz und Reservefonds (§§ 7, 19, 30, 45); die obligatorische Bildung und eigenartige Structur der mit der Mitgliedschaft verfassungsmäßig verknüpften „Geschäftsantheile" und der hieraus erwachsenden „Guthaben", mit denen dann im Falle beschränkter Haftpflicht zugleich das Haftungsverhältniß in Verbindung gesetzt ist (§§ 7, 19—21, 61, 68, 70, 86, 113 ff.); die Regelung der Haftpflicht überhaupt, welche auch dann, wenn sie durch eine Haftsumme begrenzt wird, eine directe und erst drei Jahre nach dem Ausscheiden erlöschende Verpflichtung gegen die Vereinsgläubiger begründet (§ 71); die hierauf beruhende Ordnung des Genossenschaftsconcurses (§§ 88—106); die Androhung der Auflösung wegen jeder Verfolgung anderer als der im Gesetz bezeichneten „geschäftlichen" Zwecke, sowie die freilich auch bei der „eingetragenen Genossenschaft" nicht zu billigende Behandlung des Auflösungsverfahrens als einer Verwaltungsstreitsache (§ 76). Dabei handelt es sich fast durchweg um statutarisch unabänderliche Normen, wie denn überhaupt der gesetzlich vorgezeichnete Rahmen künftig für satzungsmäßige Abweichungen nur geringen Spielraum lassen soll (§ 18). Von den im § 1 des Entwurfes namentlich aufgeführten Genossenschaftsgattungen werden nun freilich die unter Ziffer 1—4 genannten „Vorschuß- und Creditvereine", „Rohstoff- und Magazinvereine", „Productivgenossenschaften" und „Consumvereine" nicht leicht ohne einen mehr oder minder kaufmännisch eingerichteten Geschäftsbetrieb bestehen können. Man mag auch diese Kategorien oder doch mindestens die Vorschuß- und Creditvereine von vornherein ausdrücklich von der Eintragung in das Vereinsregister ausschließen. Anders aber liegt die Sache schon bei den unter Ziffer 5 und 6 aufgeführten Werkgenossenschaften („Vereinen zur Beschaffung von Gegenständen des landwirthschaftlichen oder gewerblichen Betriebes und zur Benutzung derselben auf gemeinschaftliche Rechnung") und Wohnungsgenossenschaften („Vereinen zur Herstellung von Wohnungen"). Es ist durchaus nicht thunlich, jede ländliche Dreschmaschinengenossenschaft und jeden Verein zur Beschaffung von Arbeiterwohnungen in die Form der „eingetragenen Genossenschaft" mit ihrem handelsrechtlichen Apparat zu zwängen. Vor allem aber sind die Garantiegenossenschaften oder Versicherungsgenossenschaften im weitesten Wortsinne regelmäßig zur Unterstellung unter das Genossenschaftsgesetz nicht geeignet. Soweit sie auf kaufmännischen Geschäftsbetrieb angelegt sind, bedürfen sie, wie schon erwähnt ist, besonderer Regelung. Im Uebrigen können sie sehr wohl durch Eintragung in das Vereinsregister als einfache Genossenschaften des bürgerlichen Rechtes constituirt werden. Dies gilt z. B. von mancherlei Vereinen zu gegenseitiger Unterstützung in Krankheits- und anderen Nothfällen, von Sterbekassen, von Viehgilden und von sonstigen Hülfsvereinen, welche sich als Versicherungsgenossenschaften auffassen lassen und jedenfalls zu den „wirthschaftlichen" Vereinen gehören. Hier steht auch einer Verbindung idealer Zwecke mit den wirthschaftlichen Zwecken nichts im Wege. Ja zum Theil wird eine solche Verknüpfung überaus wünschenswerth sein.

Das Vereinsregister darf aber auch wirthschaftlichen Vereinen mit dem Typus der Vermögensgenossenschaft nicht verschlossen sein. Capitalassociationen sind freilich auszunehmen. Im Uebrigen aber muß es zulässig sein, daß die Mitgliedschaft in einem eingetragenen wirthschaftlichen Verein auf Antheile an einem gemeinschaftlichen Vermögensobject und insbesondere an einem Grundstück oder einem Complex von Grundstücken mit Zubehör basirt werde. Durch den Ausschluß der Vereine mit kaufmännischem oder gewerblichem Geschäftsbetriebe sind hier die Grenzen von selbst gezogen. Warum aber sollen z. B. nicht Agrargenossenschaften sich eintragen lassen und neue ländliche Genossenschaften zur gemeinschaftlichen Benutzung eines genossenschaftlichen Grundeigenthums sich als eintragungsfähige Genossenschaften bilden? Und warum sollen nicht auch Vereine zur gemeinschaftlichen Errichtung und Benutzung eines Erholungsgebäudes, einer Leseanstalt 2c., welche jetzt mitunter die durchaus unpassende Form der Actiengesellschaft wählen (wie z. B. das Heidelberger Museum), sich in der Form gewöhnlicher Genossenschaften des bürgerlichen Rechts unter Zugrundelegung des Antheilsprincips dergestalt constituiren, daß die Antheile in erster Linie das Recht auf den Mitgenuß der genossenschaftlichen Einrichtungen gewähren? Auch die von Kuntze, Kojengenossenschaften und Geschoßeigenthum (Leipzig 1887), beschriebenen „Kojengenossenschaften" gehören in diese Kategorie. Zu den gesetzlichen Voraussetzungen der Eintragung ist dann hier natürlich die Forderung hinzuzufügen, daß das Statut Bestimmungen über die Zahl und Größe der Antheile, sowie über deren Veräußerung und Vererbung enthalte. Auszuschließen ist die Verkörperung der Antheile in negotiablen Werthpapieren, während die Ausfertigung von Antheilscheinen, welche lediglich zur Legitimation dienen, gestattet bleibt. Bei einer derartigen Einschränkung des Gebietes der auf Antheile gebauten bürgerlichen Genossenschaften ist eine Benutzung dieser Form zur Umgehung des Actiengesellschaftsgesetzes undenkbar. Auch ist eine Schädigung Dritter durch den Rechtssatz, daß für Verbindlichkeiten solcher Genossenschaften den Gläubigern nur das Vereinsvermögen haftet, nicht zu befürchten. Einen irgend erheblichen Credit werden dieselben nur als Realcredit auf das als ihr Substrat vorausgesetzte körperliche Vermögensobject erlangen.

Wird das System der Normativbestimmungen in diesem Umfange durchgeführt, so verengt sich damit der Kreis der Fälle, in denen das Bedürfniß einer besonderen staatlichen Verleihung der Körperschaftsrechte sich fernerhin geltend machen wird. Keineswegs aber wird dieses Bedürfniß ganz erlöschen. Die reichsgesetzliche Ermächtigung des Bundesrathes zur Ertheilung der Körperschaftsrechte an Innungsverbände und Colonialgesellschaften behält ihre volle Bedeutung. Aber auch an den landesgesetzlichen Bestimmungen wird in dieser Hinsicht nichts geändert. Und es wird niemals an geeigneten Fällen mangeln, in denen die landesherrliche Privilegiengewalt auch in dieser Richtung sich wohlthätig entfalten kann.

IV.

Der Weg der Reform.

Kommen wir schließlich auf die Frage zurück, auf welchem Wege die erforderlichen Reformen durchzuführen sind, so ergiebt sich aus den bisherigen Ausführungen von selbst, daß in der Hauptsache die Reichsgesetzgebung durchzugreifen hat, ohne daß eine ergänzende Regelung besonderer Arten der Körperschaftsbildung durch Landesgesetze ausgeschlossen ist.

Die Reichsgesetzgebung aber muß vor allem im künftigen bürgerlichen Gesetzbuch die obersten Prinzipien der Körperschaftsbildung feststellen und die Bildung rein privatrechtlicher Körperschaften insoweit, als es sich nicht um die durch Specialgesetze geregelten Körperschaftsgattungen handelt, im Einzelnen normiren. Im Uebrigen sind besondere Reichsgesetze zur Ausfüllung vorhandener Lücken berufen.

Von diesen Gesichtspunkten aus gelangen wir zu folgenden Ergebnissen:

I. Das bürgerliche Gesetzbuch hat über den Erwerb und Verlust der Körperschaftsrechte Bestimmungen zu treffen. Es hat dabei das Princip der freien Körperschaftsbildung zu Grunde zu legen.

1. An die Spitze ist der allgemeine Rechtssatz zu stellen: Ein rechtsbeständiger Personenverein mit körperschaftlicher Verfassung hat insoweit, als er Dritten oder seinen Mitgliedern als selbständiges Ganze gegenübertritt, die Rechte und Pflichten einer Person. Doch dürfen Eintragungen in das Grundbuch auf den Namen eines Personenvereines nur erfolgen, wenn derselbe entweder als solcher in ein öffentliches Register eingetragen oder reichs- oder landesrechtlich als eine Körperschaft des öffentlichen Rechtes anerkannt oder durch besondere staatliche Verleihung mit den Rechten einer Körperschaft begabt ist.

2. Die Bildung der Körperschaften des öffentlichen Rechts erfolgt nach Maßgabe der darüber erlassenen besonderen Reichsgesetze und in Ermangelung solcher nach Landesrecht.

3. Privatrechtliche Körperschaften erlangen die öffentliche Anerkennung ihrer Persönlichkeit, wenn sie auf Grund eines besonderen Reichs- oder Landesgesetzes in ein für die betreffende Köperschaftsgattung bestimmtes öffentliches Register eingetragen sind.

4. Insoweit nicht ein Specialgesetz entgegensteht, kann ein Personenverein die öffentliche Anerkennung seiner Persönlichkeit durch Eintragung in das allgemeine von den Gerichten geführte Vereinsregister erwerben. Erforderlich ist hierzu die Erfüllung der im bürgerlichen Gesetzbuch selbst normirten Voraussetzungen.

Vereine für ideale Zwecke sind in die erste Abteilung des Vereinsregisters einzutragen und erlangen hiermit die Rechte eines „eingetragenen Vereins“. Die Normativbestimmungen sind für sie im Anschluß an das bayrische Recht zu treffen. Sie haben sich auf die Forderung eines gehörig beurkundeten Statutes zu beschränken, welches die wesentlichen Stücke einer voll entwickelten Körperschaftsverfassung enthält. Dem Landesrecht wird vorbehalten, die Eintragung politischer und religiöser Vereine von einer besonderen staatlichen Genehmigung abhängig zu machen. Auch bleiben die Landesgesetze betreffs der Religionsgesellschaften und geistlichen Genossenschaften unberührt. Für „eingetragene Vereine“ gilt das gemeine Körperschaftsrecht, das jedoch durch eine Reihe besonderer Bestimmungen ergänzt wird, welche die Durchführung des Publicitätssystems hinsichtlich aller Vorgänge des Vereinslebens verbürgen. Der eingetragene Verein ist durch Richterspruch aufzulösen, wenn er durch rechtswidrige Handlungen oder Unterlassungen das Gemeinwohl gefährdet oder ohne die landesrechtlich erforderliche Genehmigung politische oder religiöse Zwecke verfolgt.

Wirthschaftliche Vereine sind in die zweite Abtheilung des Vereinsregisters einzutragen und erlangen hiermit die Rechtsstellung eines „eingetragenen wirthschaftlichen Vereins“ (oder einer „eingetragenen Genossenschaft des bürgerlichen Rechts“). Ihre Eintragung ist jedoch nur zulässig, wenn sie nicht auf einen kaufmännischen oder gewerblichen Geschäftsbetrieb gerichtet sind. Zu den gesetzlichen Voraussetzungen der Eintragung treten hier einige weitere Anforderungen an den Inhalt des Statuts. Für den „eingetragenen wirthschaftlichen Verein“ gilt das Recht der eingetragenen Vereine mit einzelnen Abweichungen. Insbesondere ist ihre Auflösung durch Richterspruch wegen statutenwidriger Erstreckung ihrer Wirksamkeit auf kaufmännischen oder gewerblichen Geschäftsbetrieb möglich.

Einige besondere Bestimmungen gelten für eingetragene wirthschaftliche Vereine, bei denen die Mitgliedschaft auf Antheile an einem gemeinschaftlichen Vermögensobject gebaut ist. Ausgeschlossen von der Eintragung in das Vereinsregister sind Capitalvereine mit einem in Antheile zerlegten Grundcapital. Die Antheile der Mitglieder dürfen bei eingetragenen wirthschaftlichen Vereinen nicht in Werthpapieren verkörpert werden; es ist vielmehr nur die Ausfertigung von Antheilscheinen zur Legitimation zulässig. Im Uebrigen hat das Statut über Zahl und Größe, Erwerb und Verlust, Veräußerung und Vererbung der Antheile Bestimmungen zu treffen.

5. Die besondere staatliche Verleihung der Körperschaftsrechte erfolgt, soweit nicht besondere Reichsgesetze darüber bestimmen, nach Maßgabe des Landesrechts.

II. Durch besondere Reichsgesetze ist die Reform des Rechtes der „eingetragenen Genossenschaften“ in wesentlicher Uebereinstimmung mit dem dem Bundesrathe vorliegenden Entwurf eines Gesetzes über Erwerbs- und Wirthschaftsgenossenschaften zu vollziehen und das Recht der Versicherungsgenossenschaften auf Gegenseitigkeit zu ordnen. Wünschenswerth ist auch ein besonderes Reichsgesetz über Gewerkvereine. Zur Schaffung einer neuen Form der Kapitalgenossenschaft neben der Actiengesellschaft liegt seit der im Reichsgesetz vom 15. März 1888 für Colonialgesellschaften getroffenen Fürsorge zur Zeit ein Bedürfniß nicht vor.

III. Besonderen Landesgesetzen bleibt neben der Regelung der nicht durch Reichsgesetze normirten Körperschaften des öffentlichen Rechts die Aufstellung von Vorschriften für Genossenschaften des Agrarrechts, Wasserrechts, Deichrechts, Forstrechts, Jagdrechts, Fischereirechts und Bergrechts vorbehalten.

IV. Sollte eine Abänderung des Entwurfes des bürgerlichen Gesetzbuchs nicht durchzusetzen sein, so ist der Erlaß eines besonderen Reichsgesetzes über die privatrechtliche Stellung der Vereine im oben dargelegten Sinne dringend erforderlich. Zum Mindesten bedarf es eines solchen Gesetzes für die nicht wirthschaftlichen Vereine.

V. Schlimmstenfalls müßte die Landesgesetzgebung im Sinne der Verwirklichung der Körperschaftsfreiheit nach dem Muster des sächsischen und bayerischen Rechts vorgehen.

XVIII.

Gutachten des Herrn Professor Dr. Otto Fischer zu Greifswald

über die Frage:

Soll der Grundsatz: „Kauf bricht Miethe" oder der entgegengesetzte Grundsatz des deutschen und preußischen Rechts im bürgerlichen Gesetzbuche aufgenommen werden? und mit welchen Modificationen in dem einen oder anderen Falle?

---

§ 1. Römisches Recht.

Der Grundsatz „Kauf bricht Miethe"[1]) besagt seinem Wortsinne nach, daß durch den Verkauf einer Sache die hinsichtlich derselben bestehenden Miethverträge aufgelöst werden, so daß der Miether weder zum weiteren Gebrauch der Sache berechtigt, noch zur Fortsetzung des Miethsverhältnisses verpflichtet ist. Daß dem Miether, welcher demnach sofort zu räumen hat, eine Schadensersatzforderung zustände, folgt aus dem Grundsatze nicht. Vielmehr wird sich als allgemeine Regel der Satz aufstellen lassen, daß, wenn ein Vertrag durch einen Umstand, welcher gesetzlich die Auflösung des Vertragsverhältnisses zur Folge hat, aufgehoben wird, keiner von beiden Contrahenten Schadensersatz verlangen kann.[2])

So verstanden ist der Grundsatz dem reinen römischen Recht fremd, wenigstens in den Zeiten, auf welche sich das vorhandene Quellenmaterial

---

[1]) Ueber die verschiedenen rechtssprichwörtlichen Fassungen dieser und der entgegengesetzten Regel vgl. Graf und Dietherr, Deutsche Rechtssprichwörter S. 280, Hillebrand, Deutsche Rechtssprichwörter S. 105.

[2]) Gesterding, Ausbeute von Nachforschungen III S. 237.

bezieht. Er findet sich gegen Ende des Mittelalters auf deutschem und französischem Rechtsgebiete. Späterhin hat die gemeinrechtliche Doctrin vielfach die römische Lehre über den Einfluß der Veräußerung der Miethssache auf das Miethsverhältniß mit dem Grundsatze „Kauf bricht Miethe" identificirt, und auch, nachdem im Laufe dieses Jahrhunderts das rein römische Recht, trotz nicht unerheblicher Streitfragen über Einzelheiten im Wesentlichen klar und unzweifelhaft erkannt ist, pflegt man immer noch der römischen Lehre den Zusatz zu geben: „Dies ist der wahre Sinn der Rechtsparömie: Kauf bricht Miethe". [3])

Unter diesen Umständen läßt sich ein Rückblick auf die geschichtliche Entwickelung der Lehre schon deshalb nicht vermeiden, weil ohne denselben das geltende Recht, welches doch den Ausgangspunkt für gesetzgeberische Erörterungen bilden muß, nicht verstanden werden kann. Ein solcher Rückblick wird aber den weiteren Vortheil im Gefolge haben, daß die Rechtssätze im Zusammenhange mit den Anschauungen und Bedürfnissen der Zeit ihrer Entstehung und Fortbildung in die Erscheinung treten, und daß so der für die gesetzgeberische Arbeit vorzugsweise wichtige Vergleich dieser historischen Anschauungen und Culturverhältnisse mit dem Rechtsbewußtsein und den wirthschaftlichen Bedürfnissen der Gegenwart angebahnt wird. [4])

Auch auf diesem Gebiete hat „die Befreiung unseres eigenen Rechts aus der Gewalt des römischen zur nothwendigen Voraussetzung die Vertiefung unseres Wissens vom römischen Recht, wie andererseits jede wahre Vertiefung der Art ein Wachsen der Empfindung unserer Emancipationsbedürftigkeit als nothwendige Folge nach sich zieht". [5])

Für das rein *römische* Recht hat man sich davor zu hüten, dasselbe durch die „moderne Brille" zu betrachten. Es verliert damit, „einen Theil seiner Eigenartigkeit, die Unverträglichkeit mit dem heutigen Bestande der Verhältnisse verwischt sich". [6]) Vor allen Dingen kann man, ganz im Gegensatz zu der modernen Auffassung, nicht einfach

---

[3]) *Windscheid*, Pandekten II § 400 Anm. 7, *Vangerow*, Pandekten III § 643 Anm. 2.

[4]) Bei der Kürze der zur Verfügung stehenden Zeit mußten die rechtsgeschichtlichen und rechtsvergleichenden Darlegungen vielfach lückenhaft bleiben. Auch sind in einzelnen besonders angegebenen Fällen hier nicht vorhandene Quellen nach den Citaten in der Literatur angeführt. Herrn Referendar Dr. *Scharff* bin ich für wirksame Unterstützung bei der Durchforschung der älteren gemeinrechtlichen Literatur zu besonderem Dank verpflichtet.

[5]) *Bekker*, Die Actionen des römischen Privatrechts II S. 262.

[6]) *Bekker*, a. a. O. I S. 2.

fragen: Ist der Vermiether oder Miether zu diesem oder jenem berechtigt oder verpflichtet? Die Frage muß vielmehr das einzelne Rechtsmittel ins Auge fassen: Ist in diesem Falle diese oder jene actio, dieses oder jenes interdictum zuständig? Das römische Recht ist kein Privatrechtssystem im modernen Sinne, kein Complex von Privatrechten und Pflichten, zu welchem in dem, vom Privatrecht ganz getrennten Civilproceß ein einheitlicher, gleichmäßiger, auf dem öffentlichen Rechte basirender Rechtsschutz hinzutritt. Das römische Recht — und zwar auch das ius civile — ist gemischter, privatrechtlich-processualischer Natur. Es bildet ein System von Rechtsmitteln, welche, obwohl sie für den Proceß bestimmt waren, doch nur den ihnen eigenthümlichen privatrechtlichen Inhalt erfassen konnten, ohne daß für Angriffs- und Vertheidigungsmittel, welche außerhalb dieses Kreises lagen, Raum gewesen wäre.[7])

Es ist das für den vorliegenden Fall um so mehr zu beachten, als dabei die possessorischen Interdicte, Rechtsmittel von relativer Intensität, mit in Frage kommen.

Nach römischem Recht entsteht aus dem, einer besonderen Form nicht bedürfenden Miethsvertrage gegen den Vermiether die actio conducti. Der Inhalt dieser actio umschließt sämmtliche Verpflichtungen des Vermiethers, also namentlich auch die Verpflichtung, dem Miether bez. Pächter fortdauernd den Gebrauch bez. Genuß der Wohnung oder des Ackers[8]) zu gewähren, ihn nicht zu vertreiben.[9])

Da das classische römische Recht die Verurtheilung und Zwangsvollstreckung stets auf Geld richtet,[10]) so ist eine directe Erzwingung des Sachgebrauchs vermittelst der actio conducti ausgeschlossen. Weigert sich der Vermiether endgültig, so erhält der Miether nicht das, was er gebraucht und was ihm vertragsmäßig zusteht, sondern nur ein Surrogat, sein Interesse in Geld veranschlagt.

Die actio conducti ist auch passiv vererblich.[11]) Die Erben des Vermiethers sind zu fortdauernder Gewährung der Miethssache, zur Verschaffung eines gewissen Besitzes an derselben[12]) verpflichtet. Sie haften in dem-

---

[7]) Fischer, Preußisches Privatrecht S. 40 ff.

[8]) Diese beiden Fälle des loc. cond. rei werden im Folgenden vorzugsweise in's Auge gefaßt.

[9]) c. 3, c. 15 Cod. de loc. et cond. 4, 65, fr. 15 § 1, fr. 24 § 4 D. loc. cond. 19, 2.

[10]) Gajus 4, 48.

[11]) Ursprünglich scheint die active Vererblichkeit gefehlt zu haben, fr. 60 § 1 D. loc. cond. 19, 2 [Labeo].

[12]) fr. 9 pr. D. loc. cond. 19, 2. Bekker, Recht des Besitzes S. 67.

selben Umfange wie ihr Erblasser.[13]) Die actio conducti ist aber eine reine actio in personam, und da bei solchen eine passive Sondernachfolge nach den Grundsätzen des römischen Rechts ausgeschlossen ist, so sind diejenigen, welche, sei es unter Lebenden oder von Todes wegen, ohne Universalsuccessoren des Vermiethers zu werden, das Eigenthum oder den Nießbrauch der vermietheten Sache erwerben, also namentlich Käufer, Vermächtnißnehmer, Beschenkte dem Miether mit der actio conducti nicht verhaftet.[14])

Was die Stellung des Miethers zur Sache selbst anbelangt, so hat er jedenfalls kein eigentliches dingliches Recht. Ihm fehlt, römisch gesprochen, im Gegensatz zum Nießbraucher, Superficiar, Emphyteuta eine actio in rem, mittelst deren er gegen jedermann die Verpflichtung, in seinen Gebrauch oder Genuß der Sache nicht störend einzugreifen, oder ihm die entzogene Sache zurückzugeben, durchsetzen könnte.

Ebenso wenig aber steht ihm der relative Schutz des juristischen Besitzers zur Seite. Wenn Ihering[15]) in dieser Beziehung bemerkt: „Die Erkenntniß der Rechtsstellung des Pächters und Miethers wird durch den kahlen Satz, daß sie keinen juristischen Besitz haben, eher verdunkelt als gefördert", so ist das insofern vollkommen zutreffend, als eben eingehender gefragt werden muß, ob und welche der possessorischen Interdicte dem Miether zustanden oder fehlten. Unzweifelhaft entbehrt er das gegen Störungen gerichtete interdictum uti possidetis, während dasselbe dem Precaristen, dem bösgläubigen Besitzer, selbst dem Diebe zusteht.[16]). Ja es wird juristischer Besitz und Miethersteilung derart als mit einander unverträglich betrachtet, daß die Einräumung eines Precarium an den Miether, um ihn des Besitzesschutzes theilhaftig zu machen, ausgeschlossen ist. Nur so weit ging man, aber anscheinend nur in der Theorie, daß man dem Miether ein precarium zum bloßen in possessione esse, also ohne juristischen Besitz gestattete.[17])

Erst dadurch, daß der Miether rechtswidrig den Eigenthümer oder

---

[13]) Vgl. neben dem allg. fr. 59 D. de R. J. die specielle Ausführung in fr. 32 D. locati cond. 19, 2, fr. 120 § 2 D. de legatis I.

[14]) fr. 25 § 1 D. loc. cond. 19, 2, c. 9 Cod. de loc. et cond. 4, 65, fr. 32 D. loc. cond., fr. 120 § 2 de legatis I, fr. 59 § 1 D. de usufr. 7, 1.

[15]) Rechtsschutz gegen injuriöse Rechtsverletzungen, in den Jahrbüchern für Dogmatik 23 S. 261.

[16]) fr. 6 § 2 D. de precario 43, 26: et fructuarins et colonus et inquilinus sunt in praedio et tamen non possident. § 5 Inst. de interd. 4, 15. Aber auch die iuris quasi possessio wird im Gegensatz zum usufructus bei der Miethe und Pacht nicht anerkannt. Vgl. Savigny, Recht des Besitzes 7. Aufl. S. 283 und 472.

[17]) fr. 10 D. de adq. vel am. poss. 41, 2. Vgl. auch fr. 33 §§ 1, 6 i. f.

einen anderen Besitzer aus dem Besitz setzt, erlangt er selbst den Besitzesschutz. Die Freude ist aber nur von kurzer Dauer, da er nunmehr durch vindicatio bez. interdictum unde vi alsbald entfernt werden kann.[18])

Bezüglich des Schutzes gegen Entsetzung ist so viel sicher, daß, wenn der Miether oder Pächter entsetzt wird, der Eigenthümer das interdictum unde vi hat.[19]) Daß daneben auch dem Miether das interdictum unde vi oder doch das interdictum de vi armata zugestanden habe, wird freilich behauptet. Doch giebt es dafür einerseits keinen zwingenden Quellenbeweis, und andererseits ist die Zuständigkeit des Interdicts mit der sonstigen Auffassung der Miethерstellung seitens des römischen Rechts schwer vereinbar.[20])

Nach einer bestimmten Richtung ist allerdings dem Miether oder Pächter eines Grundstücks ein selbständiger Rechtsschutz gegen Dritte gegeben. Wenn gegen Willen oder Wissen des Grundsstücksinhabers auf einem Grundstücke eine auf das Grundstück einwirkende Handlung (opus in solo factum, Pflügen, Steinwerfen, Beschädigen von Bäumen ꝛc.) vorgenommen wird, so ist damit das interdictum quod vi aut clam begründet und kann sich auch der Miether desselben bedienen.[21]) [22])

Privilegirt ist im fiscalischen Interesse (ad tuenda vectigalia publica) der Pächter eines locus publicus. Er sowohl wie seine etwaigen socii können sich gegen jeden gewaltsamen Eingriff mittelst des interdictum de loco publico fruendo schützen.[23])

D. de usurp. 41, 3. Bekker, Recht des Besitzes S. 68, Degenkolb, Platzrecht und Miethe S. 170 ff., Ziebarth, Realexecution und Obligation S. 156.

[18]) fr. 12, fr. 18 pr. D. de vi 43, 16.

[19]) fr. 1 § 22, 23 u. fr. 20 D. de vi 43, 16.

[20]) In Betracht kommen vornehmlich Cic. pro Tullio 44 mit Cic. pro Caecina 91, 104, fr. 1 § 9, fr. 3 D. de vi 43, 16. Vgl. Keller, Semestria ad Ciceronem I S. 301, 324—341, Savigny a. a. O. S. 424 ff., Meischeider, Besitz und Besitzesschutz S. 121, 452, Bekker, Recht des Besitzes S. 92 ff. — Ihering a. a. O. S. 262 stellt das Gegentheil als ausgemachte Wahrheit hin.

[21]) fr. 11 § 14, fr. 12, fr. 16 pr. D. quod vi aut clam 43, 24, Windscheid a. a. O. II § 465 A. 1, Ziebarth a. a. O. S. 142 ff., Ihering a. a. O. S. 262 ff., Thon, Rechtsnorm und subjectives Recht S. 317.

[22]) Nach Ihering (a. a. O. S. 285 ff.) soll dem Miether ein weiterer Rechtsschutz durch die actio injuriarum gegeben sein. Als Beweis dienen Deductionen aus allgemeinen Sätzen. Daß die Römer diese Folgerungen thatsächlich gemacht haben, ist historisch nicht zu erweisen. Eine Erörterung darüber, inwieweit actio legis Aquiliae, vi bonorum raptorum, ex lege Cornelia, quod metus causa und ad exhibendum in Betracht kommen können (Ziebarth a. a. O. S. 142 ff.), erscheint hier entbehrlich.

[23]) fr. 1 D. de loco publico fruendo 43, 9, Ziebarth a. a. O. S. 157, Degenkolb a. a. O. S. 31, 204.

Man bezeichnet heute die Stellung des römischen Miethers zur Sache als Detention (Innehabung, Gewahrsam).[24]) Bei den römischen Juristen wird das Wort detentio nur sehr selten und „außerhalb der Besitzlehre" gebraucht.[25]) Sehr erklärlich, wenn die Stellung des Miethers zur Sache mehr wie prekär war, wenn mit der Detention im Allgemeinen keine positiven Rechtswirkungen für den Detentor verknüpft sind, wenn in Bezug auf die Ausübung des corpus possessionis für den juristischen Besitzer Miether und Sclave ganz gleichgestellt werden, und wahrscheinlich die Stellvertretung durch Miether aus der Stellvertretung durch Sclaven sich entwickelt hat.[26])

Der Miether hat also zunächst Dritten gegenüber den Schutz seiner Interessen lediglich vom Vermiether zu erwarten. Zeigt sich der Vermiether im Falle einer Störung oder Entsetzung des Miethers säumig oder widerwillig, so ist es um die Stellung des Miethers zur Sache geschehen. Es bleibt ihm freilich die actio conducti gegen den Vermiether, aber doch nur zu dem Ende, um Geldersatz zu erhalten.[27])

Nicht minder prekär steht der Miether gegenüber dem Vermiether selbst. Wirft ihn dieser eines Tages mit Gewalt vor die Thür — und von einer solchen drastischen Behandlung (repellere, expellere, eiicere) ist in den Quellen bedenklich oft die Rede[28]) — so bleibt ihm freilich seine actio conducti, welche ihm, namentlich wenn er sich durch Strafstipulation

---

[24]) Vgl. Ziebarth a. a. O. S. 13 ff.

[25]) Näheres bei Bekker a. a. O. S. 324.

[26]) fr. 25 § 1 D. de acq. vel amitt. poss. 41, 2: nec inter colonum et servum nostrum, per quem possessionem retinemus, quidquam interest. Vgl. fr. 3 §§ 8 u. 12, fr. 45 eod., fr. 1 § 22 D. de vi 43, 16, c. 12 pr. C. de acq. et retin. poss. 7, 32, Kniep, vacua possessio I S. 97 ff. Gegen eine zu weitgehende Durchführung dieser Parallele kämpft Wendt, Das Faustrecht, in den Jahrbüchern für Dogmatik 21 S. 238 ff. Vgl. auch Geller, Die Miethe, in Grünhuts Zeitschr. f. d. Privat- u. öffentliche Recht, V S. 359.

[27]) Es ist daher begreiflich, daß Professoren und Studenten in Bologna die Verordnung Kaiser Barbarossa's v. November 1158 (Auth. Habita, Tit. Cod. ne filius pro patre 4. 13), welche aus Mitleid mit den Universitätsangehörigen [qui amore scientiae facti exules de divitibus pauperes semetipsos exinaniunt, vitam suam multis periculis exponunt] diesen unter Anderem das Privilegium sicheren Aufenthalts am Studienorte verliehen hatte [ut secure habitent], practisch dahin auslegten, daß sie beliebig Miether austreiben könnten, um sich die ihnen genehmen Wohnungen zu verschaffen. 30 Jahre später schritt Papst Clemens III. gegen diesen Unfug, bei dem auch die Wohnungen der Commilitonen nicht geschont wurden, ein, indem er Excommunication androhte. (Cap. 1 X. de loc. et cond. III, 18).

[28]) Wendt a. a. O. S. 249, Ziebarth a. a. O. S. 125.

gesichert hatte[29]), ausreichenden Schadensersatz bringen kann. Aber — darüber besteht nicht der geringste Zweifel — ein Mitttel, den Wiedereinlaß in die Wohnung durchzusetzen, hat er nicht.[30])

Aber darf der Miether sich nicht wehren, so daß er in dem, freilich für römische Verhältnisse durchaus ungewöhnlichen Falle, daß seine Machtmittel die Sclaven und Clienten des Hausherrn niederzuhalten vermögen,[31]) sitzen bleibt? Die jetzt herrschende Ansicht, zuerst von Dernburg und Träger aufgestellt, dann von Ziebarth und Degenkolb näher begründet, versagt dem Miether — wenigstens für die classische Zeit — das Recht zur Vertheidigung. Sie hält gegen jeden Abwehrversuch das interdictum unde vi für begründet und nimmt an, daß der Vermiether auch vor Ablauf des Vertrages mittelst interdictum uti possidetis oder rei vindicatio die Räumung der Miethssache durchsetzen konnte, ohne daß der Miether sein Recht aus dem Miethsvertrage wirksam vorzuschützen im Stande war.[32]) Näher begründeten Widerspruch gegen die herrschende Meinung hat nur Wendt[33]) erhoben, und man wird diesem auch zugeben müssen, daß der directe Beweis der herrschenden Meinung aus den Quellen nicht so zwingend ist, als wie er namentlich von Ziebarth angesehen wird. Gleichwohl ist, wenn man die Gesammtheit der römischen Rechts- und Kulturanschauungen in Bezug auf das Miethsverhältniß, den Be-

---

29) fr. 54 § 1 D. locati 19, 2, c. 15 C. de loc. 4, 65.

30) So auch Wendt a. a. O. S. 243 ff.

31) Wendt, a. a. O. S. 249.

32) Dernburg, Pfandrecht II S. 65, preußisches Privatrecht I § 290 Anm. 4, Pandekten II § 111 S. 293, Träger, Ueber die Rechtsparömie: Kauf bricht Miethe in der Zeitschrift für Civilrecht und Proceß 18 S. 63, Ziebarth a. a. O. S. 10, 124 ff., Degenkolb in der kritischen Vierteljahrsschrift 9 S. 225 ff., sowie Platzrecht und Miethe S. 150, 167, 220. Zustimmend ferner: A. Pernice, Labeo I S. 467, Sohm, Der Begriff des Forderungsrechts in Grünhut's Zeitschrift für das Privat- und öffentliche Recht IV S. 468, Geller, in derselben Zeitschrift V S. 361, Thon, Rechtsnorm und subjectives Recht S. 313, 314, Vangerow, Pandekten III § 643. Anm. 2 a. E., Brinz, Pandekten II § 331 Anm. 39, 45, 48, Windscheid, Pandekten II § 400 Anm. 7. (Windscheid's Vorbehalt für den Fall, daß aus der eigenen Erklärung des Vermiethers in der Klage eine Verpflichtung desselben, die Sache dem Miether zu belassen, hervorgehe, ist inconsequent.)

33) A. a. O. S. 235—251. So auch schon früher Randa, Der Besitz nach österreichischem Recht S. 418 Anm. 19d und Ruhstrat, Ueber das constitutum possessorium in Jhering's Jahrbüchern für Dogmatik 14 S. 372. Vgl. aus der älteren Literatur: Sintenis, Das praktische gemeine Civilrecht II § 118 Anm. 117 Nr. 1 a. E., Glück, Pandektencommentar 18 S. 22, Mühlenbruch, Cession S. 278 Anm. 67.

sitzesschutz und die Detention in Betracht zieht, das Ergebniß der herrschenden Meinung das wahrscheinlichere.[34])

[34]) Die in erster Linie in Betracht kommenden Stellen mögen, da sie auch für die späteren specielleren Erörterungen von großer Bedeutung sind, hier zum Abdruck gebracht werden:

a) fr. 20 D. de adq. vel am. poss. 41, 2. (Marcellus):
Si quis rem, quam utendam dederat, vendiderit emptorique tradi iusserit nec ille tradiderit, alias videbitur possessione dominum intervertisse, alias contra. nam nec tunc quidem semper dominus amittit possessionem, cum reposcenti ei commodatum non redditur: quid enim si alia quaepiam fuit iusta et rationabilis causa non reddendi, non utique ut possessionem eius interverteret?

b) fr. 12 D. de vi. 43. 16 (Marcellus):
Colonus eum, cui locator fundum vendiderat, cum is in possessionem missus esset, non admisit: deinde colonus vi ab alio dejectus est: quaerebatur, quis haberet interdictum unde vi. dixi nihil interesse, colonus dominum ingredi volentem prohibuisset an emptorem, cui iussisset dominus tradi possessionem, non admisit. igitur interdictum unde vi colono competiturum ipsumque simili interdicto locatori obstrictum fore, quem deiecisse tunc videretur, cum emptori possessionem non tradidit, nisi forte propter iustam et probabilem causam id fecisset.

c) fr. 18 pr. D. de vi 43. 16 (Papinianus):
Cum fundum qui locaverat vendidisset, iussit emptorem in vacuam possessionem ire, quem colonus intrare prohibuit: postea emptor vi colonum expulit: de interdictis unde vi quaesitum est. placebat colonum interdicto venditori teneri, quia nihil interesset, ipsum an alium ex voluntate eius missum intrare prohibuerit: neque enim ante omissam possessionem videri, quam si tradita fuisset emptori, quia nemo eo animo esset, ut possessionem omitteret propter emptorem, quam emptor adeptus non fuisset. emptorem quoque, qui postea vim adhibuit, et ipsum interdicto colono teneri: non enim ab ipso, sed a venditore per vim fundum esse possessum, cui possessio esset ablata. quaesitum est, an emptori succurri debeat, si voluntate venditoris colonum postea vi expulisset, dixi non esse iuvandum, qui mandatum illicitum susceperit.

Der Streit dreht sich hauptsächlich darum, ob unter der iusta et probabilis (rationabilis) causa non reddendi, welche Marcellus zweimal als Einwand gegen das Interdict des Eigenthümers zuläßt (fr. 20 D. de acq. vel am. poss. 41, 2, fr. 12 D. de vi 43, 16) nicht das Miethrecht selbst mit einbegriffen sein kann, wie dies die Scholien zu Bas. 60, 17, 18: *ἢ ὡς μήπω τυχὸν πληρωθέντων τῶν τῆς μισθώσεως χρόνων* (Vel si nondum impleta fuerint tempora locationis) wollen. Ziebarth formulirt den Einwand dahin: „der Verpächter kann den Pächter dejiciren, wenn er nicht etwa Pächter ist,“ und findet denselben in dieser Fassung mit Recht lächerlich. Wenn man aber den Satz so faßt: „der Verpächter kann den Pächter, welcher der Uebergabe der Pachtsache an den neuen

Eine eigenthümliche Folgerung aus dieser prekären Stellung des conductor zog das römische Recht für den Fruchterwerb des Pächters. Derselbe erwirbt die von ihm selbst gezogenen Früchte nicht, wie der Eigenthümer oder bonae fidei possessor, gleich bei der Trennung vom Boden, auch nicht, gleich dem Nießbraucher, durch einseitige Besitzergreifung, sondern erst durch Uebergabe der Frucht seitens des Eigenthümers des Bodens und der auf demselben gewachsenen Früchte, welche freilich durch die, übrigens in jedem Augenblicke widerrufliche Erlaubniß zur einseitigen Aneigung ersetzt werden kann.[35])

Weitere Unvollkommenheiten der Rechtsstellung des Miethers bestehen darin, daß er nicht nur im Falle nothwendiger Reparaturen, sondern auch dann ohne Anspruch auf Entschädigung räumen muß, wenn der Vermiether die Sache für sich und die Seinigen nothwendig hat,[36]) daß endlich der Miether unter Umständen die Entschädigung wegen Nichtgewährung der Miethswohnung verliert, wenn er nicht eine andere, vom Vermiether ihm angebotene Wohnung annehmen will.[37])

Nach diesen allgemeinen Erörterungen ist der hier speciell interessirenden Frage nach dem Einflusse einer Veräußerung der vermietheten Sache auf die Rechtsstellung des Miethers näher zu treten.

Wenn namentlich in älterer Zeit vielfach gelehrt wurde, der Eigenthümer und Vermiether sei berechtigt, die vermiethete Sache ohne jede Rücksichtnahme auf die Rechte des Miethers zu veräußern, so ist dieser Satz für das römische Recht mindestens ein schiefer. Richtig ist, daß die Veräußerung selbst in ihrer Gültigkeit durch die Nichtberücksichtigung der Rechte des Miethers nicht beeinträchtigt wird. Wenn aber nun gesagt wird:[38]) Qui fundum fruendum vel habitationem alicui locavit, si aliqua ex causa fundum vel aedes vendat, curare debet, ut apud emptorem quoque eadem pactione et colono frui et inquilino habitare liceat: alioquin prohibitus is aget cum eo ex conducto, so ist das nicht etwa, wie wohl behauptet ist,[39]) ein bloßer guter Rath, sondern

---

Erwerber sich widersetzt, austreiben, es sei denn, daß er die pflichtmäßige Fürsorge für die Fortdauer des Miethsrechts unter dem neuen Erwerber unterlassen hat," so bekommt der Satz einen guten Sinn, ohne aber damit für das römische Recht als zu Recht bestehend erwiesen zu sein.

[35]) fr. 16 pr. D. de praescr. verb. 19, 5, fr. 6 D. de donat. 39, 5, fr. 62 § 8 D. de furtis 47, 2. Thon, Rechtsnorm und subjectives Recht S. 306.

[36]) c. 3 Cod. de loc. et cond. 4, 65. Glück, Pandektencommentar 17 S. 373 ff.

[37]) fr. 9 pr., fr. 60 pr. D. loc. cond. 19, 2.

[38]) fr. 25 § 1 D. loc. cond. 19, 2 (Gajus). Sintenis prakt. gem. Civilrecht II § 118. A. 117.

[39]) Ruhstrat, a. a. O. S. 373, Colberg, Paroemia Kauf bricht Miethe S. 5.

es wird damit schon im Munde des Gajus, ganz gewiß aber im Sinne des Justinianischen Gesetzbuches, der Rechtssatz ausgesprochen, daß der Vermiether im Falle einer Veräußerung dem Miether gegenüber vertragsmäßig verpflichtet ist, dafür zu sorgen, daß dem Miether seine Benutzung auch bei dem neuen Erwerber verbleibt und daß wegen Erfüllung dieser Verpflichtung die actio conducti begründet ist. Der Vermiether handelt rechtswidrig, wenn er die Sache verkauft oder verschenkt, oder zum Vermächtniß aussetzt, ohne für den Miether gesorgt zu haben.

Zur Erfüllung dieser Verbindlichkeit hat der Veräußerer den neuen Erwerber durch Vertrag (bez. Testament) zu verpflichten, daß derselbe den Miether für die Dauer seines Vertrages in der gemietheten Wohnung belassen muß.[40])

Es wird in solchen Fällen vielfach noch die weitere Verabredung getroffen sein, daß künftig der neue Erwerber statt des Vermiethers den Miethszins beziehen solle. Namentlich bei der Vermiethung der ganz oder

---

In der älteren Litteratur tritt diese Stelle durchaus hinter der c. 9 Cod. de loc. 4, 65 zurück.

[40]) c. 9 Cod. de locato 4,65 (Imp. Alexander a. 234): Emptori quidem fundi necesse non est stare colonum, cui prior dominus locavit, nisi ea lege emit. verum si probetur aliquo pacto consensisse, ut in eadem conductione maneat, quamvis sine scripto, bonae fidei iudicio ei quod placuit parere cogitur. — An diese Stelle sind seit den Glossatoren die Erörterungen über die hier behandelte Frage vorzugsweise angeknüpft worden.

In der Krüger'schen Codexausgabe, nach welcher die Stelle hier abgedruckt ist, ist die abweichende Lesart colono nur für den Codex Montispessulanus H. 82 angemerkt.

Dagegen wird in der Literatur von der glossa ordinaria (drei zur Zeit hier von Herrn Professor Pescatore benutzte Codexhandschriften mit voraccursischen Glossen [Ms. Monac. 22, Berol. lat. fol. 275, 408] haben dagegen die Lesart emtori colonum) bis auf die Gegenwart fast durchweg die Lesart Emptorem — colonus zu Grunde gelegt. Erwähnt wird freilich in der accursischen Glosse und später z. B. bei Odofredus die Lesart emptori — colonum; dieselbe wird aber ihres angeblich minder guten Sinnes wegen verworfen.

Nur in dem demnächst zu erwähnenden Zoll-Zaunschliffer'schen Streit suchten Zoll und seine Anhänger die Lesart emptori — colonum für ihre Ansicht zu verwerthen.

Bei der Lesart emptori — colonum ist, wie Mommsen im Anschluß an die Scholien zu den Basiliken (ἐᾶν ἔχειν) vorschlägt, hinter stare ein sinere zu ergänzen bezw. hinzuzudenken. Dann ergeben die beiden Lesarten sachlich dasselbe.

Eine Erörterung über die lex venditionis zu Gunsten der Miether in fr. 53 § 2 D. de action. emti venditi 19, 1. Vgl. auch fr. 13 § 30 eod. u. fr. 1 § 15 D. de dote praelegata 33, 4. — Ziebarth, a. a. O. S. 148.

theilweise zum Vermiethen bestimmten insulae wird das, gleichwie bei den modernen Miethskasernen, die Regel gebildet haben.[41])

Die Eigenthumsübertragung vollzieht sich dadurch, daß der bisherige Eigenthümer dem neuen Erwerber die Sache übergiebt, oder dem Miether den Auftrag ertheilt, die Sache zu übergeben, oder endlich den neuen Erwerber anweist, den Besitz zu ergreifen. Der Miether ist — darüber besteht für den Fall, daß ihm sein Benutzungsrecht gesichert bleibt, kaum ein Zweifel — verpflichtet, die Uebertragung von Besitz und Eigenthum zu dulden, wenn er sich nicht dem interdictum unde vi aussetzen will.[42])

Am klarsten gestaltet sich nun das weitere Verhältniß zwischen dem neuen Erwerber und dem Miether, wenn, wie es die c. 9. cit. in ihrem zweiten Theile voraussetzt,[43]) der neue Erwerber mit dem Miether, wenn auch nur durch formloses pactum, die Abrede getroffen hat, ut in eadem conductione maneat. Es sind dann direct zwischen Miether und Erwerber die Actionen auf Fortsetzung des Verhältnisses gegeben.

Aber auch wenn eine solche Vereinbarung unterblieben ist, treten Unzuträglichkeiten nicht ein, wenn Jeder der Betheiligten seinen vertragsmäßigen Verpflichtungen nachkommt.

---

[41]) Solche Miethskasernen pflegten entweder in der Weise verwaltet zu werden, daß der Eigenthümer einen Vicewirth (insularius, aedificio praepositus) einsetzt, welcher für Rechnung des Principals die Vermiethung der einzelnen coenacula, maeniana, diaetae, cubicula, tabernae, pergulae besorgt und daher rechtlich als institor behandelt wird, (fr. 5 § 1 D. de instit. act. 14 3, fr. 16 § 1. D. de usu et habitatione 7, 8) oder so, daß der Eigenthümer die ganze insula an einen Unternehmer vermiethet (locare per aversionem), welcher seinerseits mit Nutzen, in dem Falle des fr. 30 pr. D. loc. 19, 2 33 1/3 pCt., im Einzelnen weiter vermiethete. Vgl. fr. 35 pr. D. loc. 19, 2. Bei dem Verkauf solcher insulae war die Clausel mercedem insulae accessuram esse emptori, bez. ut emptori mercedes inquilinorum accederent, anscheinend ein stehender Theil des Vertragsformulars (Ziebarth, a. a. O. S. 10 u. 149). Ist die insula aber zur Zeit des Verkaufs uno pretio locata, so hat der Käufer, wie fr. 53 pr. D. d. a. empti venditi 19, 1 und fr. 58 pr. D. loc. 19, 2 (vgl. a. fr. 49 pr. D. d. a. empti venditi 19, 1, fr. 13 D. qui potiores in pignore 20, 4, fr. 1 § 15 D. de dote praelegata 33, 4 und fr. 25 § 4 D. sol. matr. 24, 3) besonders aussprechen, nur die Miethe des Hauptmiethers (conductor), nicht die Leistungen der Untermiether (inquilini) zu beanspruchen. Vgl. Dernburg, der Aeltere, Abhandlungen, Beiträge zur Lehre vom Verhältnisse des Käufers zum Miether, I S. 39, A. Pernice, Labeo I S. 467, Overbeck, Pompeji, 3 Aufl. S. 232, Nissen, Pompejanische Studien S. 379.

[42]) fr. 20 D. de acq. vel am. poss. 41, 2, fr. 12 u. 18 pr. D. de vi 43, 16 (S. o. S. 319 A. 34.)

[43]) Vgl. Brinz, Pandekten II. S. 760 A. 44. Anders Ziebarth a. a. O. S. 150.

Der Miether kann aus dem Verkauf des Hauses einen Grund zum Rücktritt vom Vertrage nicht entnehmen. [44]) Er bleibt zur Zahlung des Miethszinses verpflichtet, freilich, wenn nicht ein neuer Vertragsschluß hinzugekommen ist, nicht gegenüber dem neuen Erwerber, sondern gegenüber seinem Vermiether. Letzterer hat im Falle der Clausel mercedem emptori accessuram den Miethszins an den Käufer abzuführen. [45])

Umgekehrt darf der neue Erwerber den Miether nicht austreiben. Freilich ist die Ansicht, daß der Miether selbst in dieser Beziehung aus der Abrede des Verkäufers mit dem neuen Erwerber eine actio gegen den Letzteren habe, nicht begründet. [46]) Aber da dem Verkäufer auch

---

[44]) Man hat sich dafür auf fr. 32 D. loc. cond. 19, 2 berufen, Dernburg, der Aeltere, Abhandlungen S. 42 ff. Brinz a. a. O. A. 43. Zustimmend anscheinend auch Dernburg, Pandekten II § 111 A. 28. Vgl. auch Glück, Pandekten-Commentar 18. S. 26, Mühlenbruch, Cession. 2. Aufl. S. 312 ff., Gesterding, Ausbeute von Nachforschungen 3 S. 210 A. 4. Dem gegenüber wollen Andere diese Stelle als Ausnahmebestimmung für den Fall der Veräußerung durch Legat betrachten (Sintenis a. a. O. II § 118 A. 117 Z. 2, Unterholzner, Schuldverhältnisse S. 331). Windscheid (Pandekten II § 361 A. 2, § 400 Anm. 7) nimmt als stillschweigende Voraussetzung für den Fall der Stelle an, daß nicht dafür gesorgt ist, daß der Pächter unter dem Legatar in dem Grundstück verbleiben kann. Uebrigens spricht die Stelle dem Erben nur die Forderung gegen den Pächter ab, insoweit sie darauf geht, ut eum fundum coleret, und zwar aus dem thatsächlich offenbar zutreffenden Grunde, quia nihil heredis interesset. Sie macht den Erben ferner gegenüber dem colonus, qui colere vult, sed ab legatario prohibetur. haftbar. Daß aber der Erbe von dem Pächter, solange dieser vom Legatar nicht behindert wird, die Pacht nicht oder doch dann nicht fordern könne, wenn der Pächter auf die Bewirthschaftung des Grundstücks verzichtet, sagt die Stelle nicht. Der Grund, quia nihil heredis interesset, würde hier offenbar nicht zutreffen. Vgl. Vangerow, Pandekten § 643 A. 2 Z. 2, Puchta, Pandekten § 369, Träger a. a. O. S. 72, Ziebarth a. a. O. S. 146 ff., Schmidt a. a. O. S. 362. — Die Stelle würde hier ganz aus der Erörterung ausscheiden, wenn man mit Wendt a. a. O. S. 261 ff. annehmen könnte, daß es sich gar nicht um locatio conductio rei, sondern um locatio conductio operis handele.

[45]) fr. 13 § 11. D. de act. empti venditi 19, 1: Si in locatis ager fuit, pensiones utique ei cedent, qui locaverat; idem et in praediis urbanis, nisi si quid nominatim convenisse proponatur. Vgl. auch fr. 25 § 4. D. Solut. matr. 24, 3. — Sintenis a. a. O. II § 118 A. 111.

[46]) Diese ältere Ansicht (vgl. Glück, Pandekten-Commentar 18 S. 12, Friedlieb über die Dinglichkeitsstiftung des Mieth- und Pachtrechtes, in der Zeitschrift für Civilrecht und -Proceß 19 S. 437, Gesterding a. a. O. 3 S. 244) ist neuerdings von Unger (die Verträge zu Gunsten Dritter in den Jahrbüchern für Dogmatik 10 S. 21 A. 25, vgl. ferner Bähr, Verträge zu Gunsten Dritter das. 6 S. 182, Jhering, passive Wirkungen der Rechte das. 10 S. 568, Busch, Verträge zu Gunsten Dritter S. 66, Schmidt in der Zeitschr. für hannoversches

nach dieser Richtung die actio venditi gegen den Erwerber zusteht, so steht bei allseitiger Pflichterfüllung der Miether gerade so, als wenn er direct dem neuen Erwerber gegenüber zur Fortbenutzung der Wohnung berechtigt wäre.

Kommt aber der Erwerber seiner Verpflichtung, den Miether in der Wohnung zu belassen, gleichwohl nicht nach, so kann sich der Miether zwar mit seiner actio conducti an den Vermiether halten, welcher wiederum aus der actio venditi gegen den neuen Erwerber Regreß nimmt. Es fehlt aber, wenn man in der früher erwähnten Streitfrage hinsichtlich der Erhebung von Einwendungen aus obligatorischen Verhältnissen gegen possessorische Interdicte [47]) der herrschenden Meinung beitritt, an der Möglichkeit, sich gegenüber dem neuen Erwerber in der Sache zu behaupten.

Vom Standpunkte der entgegengesetzten Anschauung würde sich der Miether wenigstens dann wehren können, wenn ihm sein Vermiether die actio venditi abtritt. [48])

Es ist nunmehr der entgegengesetzte Fall zu betrachten, daß der Veräußerer es pflichtwidrig unterlassen hat, die Abrede mit dem Käufer zu treffen, daß der Miether in der Wohnung bleiben könne.

Es entsteht zunächst die Frage: Wie vollzieht sich in diesem Falle die Eigenthumsübertragung an den Erwerber? Seitdem mancipatio und in iure cessio, welche ohne körperliche Einwirkung auf den veräußerten Gegenstand das Eigenthum übertragen konnten, [49]) außer Gebrauch gekommen waren, und der Eigenthumsübergang in Folge einer freiwilligen Veräußerung unter Lebenden nur durch Besitzübertragung vermittelt werden

---

Recht 9 S. 362 ff.) wieder aufgenommen. Sie läßt sich aber für das rein römische Recht weder aus den beiden, den vorliegenden Specialfall betreffenden Stellen (c. 9. Cod. de loc. 4, 65 u. fr. 25 § 1 D. loc. 19, 2, s. o. S. 320 u. 321 A. 40), noch aus allgemeinen Grundsätzen herleiten. Vgl. Brinz, Pandekten II S. 760 A. 44, Windscheid, Pandekten II § 400 A. 7, Vangerow, Pandekten III § 643 A. 2 Z. 1, Sintenis a. a. O. II § 118 A. 117, Träger a. a. O. S. 71 A. 11. Durch Schuldübernahme mit Beitritt bez. Cession können freilich directe Beziehungen zwischen Miether und Erwerber hergestellt werden, Windscheid II § 400 A. 7. Daß aber bei den Römern so verfahren sei, läßt sich nicht erweisen. Ziebarth a. a. O. S. 149ff. weist auf den in fr. 25 § 4 D. Solut. matr. 24, 3 eingeschlagenen Weg hin.

[47]) S. o. S. 318 A. 32.

[48]) Vgl. darüber Glück, Pandekten-Commentar 18 S. 27 mit Anm. 50, Mühlenbruch, Cession S. 312, Vangerow, Pandekten 3 § 643 A. 2 zu Anfang.

[49]) Für das classische Recht ist eben wegen des Bestehens von mancipatio und in iure cessio die Frage von geringer Bedeutung. Wendt a. a. O. S. 254.

konnte, war es allerdings unmöglich, ein Grundstück gegen den Willen des detinirenden Miethers zu tradiren. Auch durch constitutum possessorium oder longa manu traditio läßt sich die Eigenthumsübertragung hinter dem Rücken des Miethers, welcher das corpus possessionis inne hat, nicht bewirken.[50])

Gleichwohl muß man, wenn man in der früher entwickelten Streitfrage über die einredeweise Geltendmachung des Miethsrechtes gegenüber den possessorischen Interdicten der herrschenden, solche Einreden ausschließenden Meinung beitritt, zugeben, daß die Eigenthumsübertragung doch auf die Dauer vom Miether nicht verhindert werden kann. Er hat sich durch seinen Widerstand gegen die Tradition einer Besitzentsetzung des vermiethenden Eigenthümers schuldig gemacht, und kann nun von diesem mittelst des interdictum unde vi entfernt werden, worauf dann die Tradition ohne weiteres Hinderniß vor sich geht.[51])

Duldet dagegen der Miether die Tradition, so ist er dem nunmehr zum Eigenthümer gewordenen Käufer gewissermaßen auf Gnade und Ungnade ergeben. Er kann von diesem jederzeit mittelst Selbsthülfe und eventuell durch interdictum unde vi bez. rei vindicatio entsetzt werden.[52])

Auf sein Miethsrecht kann er sich dem gegenüber nicht berufen. Nach der herrschenden Ansicht schon deshalb nicht, weil er selbst seinem Vermiether gegenüber solche Einwendungen gegen jene Rechtsmittel nicht

---

[50]) Vgl. über diese freilich sehr bestrittene Frage: Savigny, Recht des Besitzes S. 320, Bekker, Recht des Besitzes S. 314, Gesterding, Ausbeute von Nachforschungen 3 S. 223 ff., 260 ff., Dernburg, der Aeltere, a. a. O. S. 6 ff., Träger a. a. O. S. 60 ff., Colberg a. a. O. S. 14, Ziebarth a. a. O. S. 1 ff., 146 ff., Harburger constitutum possessorium S. 25, 58, Ruhstrat, Ueber das constitutum possessorium in Ihering's Jahrbüchern für Dogmatik 14 S. 341 ff. und im Magazin für das deutsche Recht der Gegenwart 3 S. 273 ff., Randa, a. a. O. S. 417 ff., Wendt a. a. O. S. 251 ff., Hauser, Stellvertretung im Besitz S. 53, Exner in den Verhandlungen des 15. deutschen Juristentages I S. 9, Geller, Die Miethe in Grünhut's Zeitschr. f. d. priv. u. öff. R. der Gegenwart V S. 354, Vangerow, Pandekten III § 643 Anm. 2 a. E., Windscheid, Pandekten II § 400 Anm. 7 u. I § 155 Anm. 8c, Brinz, Pandekten II S. 761 Anm. 47. — Ferner R. G. E. 11 S. 53, Seuffert, Archiv 24. 210, 30. 8, 31. 203. — Für die hier vertretene Ansicht fr. 2 § 1 D. de act. empti venditi 19, 1. Nicht dagegen spricht fr. 30 § 6 de acq. vel amitt. poss. 41, 2.

[51]) S. o. S. 319 f. und die dort abgedruckten fr. 20 D. de acq. vel am. poss. 41, 2, fr. 12, 18 D. de vi 43, 16.

[52]) fr. 25 § 1, 32 D. loc. cond. 19, 2, c. 9 Cod. loc. locat. 4, 65 (s. o. S. 320 u. 321 A. 40), Sintenis a. a. O. II § 118 A. 117 Z. 1, Windscheid a. a. O. II § 400 A. 7, Brinz a. a. O. II § 331 A. 44, Degenkolb, Träger, Friedlieb, Geller in den angegebenen Schriften, Schmidt in der Zeitschr. f. hannoversches Recht 9 S. 361.

haben würde.[53]) Aber auch nach der entgegengesetzten Ansicht nicht, weil die Einwendung, ebenso wie die actio conducti nur in personam wirken würde und daher bloßen Singularsuccessoren des Verpflichteten nicht entgegengesetzt werden kann.

Beläßt dagegen der neue Erwerber den Miether in der Wohnung, so kann dieser aus der Thatsache der Veräußerung ein Recht zum Rücktritt nicht entnehmen, sondern erst aus der thatsächlichen Behinderung. Er bleibt daher auch verpflichtet, seinem ursprünglichen Vermiether den Miethszins zu bezahlen.[54])

Für den Fall, daß die Sache nicht verkauft, sondern die Verfügung des Vermiethers bez. seiner Erben dadurch aufgehoben wird, daß die vermiethete Sache legirt oder an derselben ein Nießbrauch bestellt wird, gestalten sich die Verhältnisse in ganz analoger Weise. Da aber in diesen Fällen Eigenthum bez. Nießbrauch auf den neuen Erwerber ohne Tradition übergehen, so fällt jede Möglichkeit für den Miether fort,[55])

---

[53]) In diesem Sinne sagt Ziebarth a. a. O. S. 11: „Nicht der Kauf und nicht das dingliche Recht des Käufers brechen die Detention des Miethers, sondern diese war von vornherein zerbrechlich und konnte von dem Vermiether selbst in jedem Augenblick gebrochen werden.“

[54]) Darüber, daß aus fr. 32 D. loc. cond. 19, 2 das Gegentheil nicht gefolgert werden kann, s. o. S. 323 Anm. 44. Nach allgemeinen Grundsätzen folgt aber aus der pflichtwidrigen Unterlassung der Fürsorge für den Miether seitens des Vermiethers noch nicht ein Rücktrittsrecht des Miethers, solange derselbe thatsächlich nicht behindert wird. Auch von einem Unberechtigten kann man, worauf Sintenis a. a. O. Anm. 117 zu Anfang mit Recht hinweist, gültig miethen und hat man dann die Miethe so lange zu zahlen, als man den Gebrauch der Miethssache hat. fr. 7, fr. 9 pr. u. § 6. D. locati conducti 19, 2. — Ueber das Rücktrittsrecht bei Behinderung fr. 24 § 4 D. loc. cond. 19, 2.

[55]) a) fr. 120 § 2 D. de legatis I: Fructus ex fundo pure legato post aditam hereditatem a legatario perceptos ad ipsum pertinere, colonum autem cum herede ex conducto habere actionem.

b) fr. 32 D. locati conducti 19, 2: Qui fundum colendum in plures annos locaverat, decessit et eum fundum legavit. Cassius negavit posse cogi colonum, ut eum fundum coleret, quia nihil heredis interesset; quod si colonus vellet colere et ab eo, cui legatus esset fundus, prohiberetur, cum herede actionem colonum habere: et hoc detrimentum ad heredem pertinere: sicuti si quis rem, quam vendidisset nec dum tradidisset, alii legasset, heres eius emptori et legatario esset obligatus.

Die Wittwe erhält aber das zur dos generaliter relegata gehörige verpachtete Grundstück erst zurück, nachdem sie zur Duldung des Pächters gegen Fortbezug der Pacht sich verpflichtet hat. fr. 1 § 15 D. de dote praelegata 33, 4.

c) fr. 59 § 1 D. de usufr. 7, 1: Quidquid in fundo nascitur vel quidden Uebergang des dinglichen Rechts auf den neuen Erwerber zu verhindern.

Dagegen sind die creditores in possessionem missi an die nicht fraudulösen Vermiethungen des Schuldners gebunden.[56])

In allen Fällen, in denen der Miether durch die besprochenen Verhältnisse gegen seinen Willen an dem Genuß der Wohnung behindert wird, bleibt ihm seine actio conducti gegen den ursprünglichen Vermiether zur Geltendmachung seines Interesses. Auch die Erben des Vermiethers haften, selbst wenn sie, wie im Falle der Veräußerung der Miethssache durch Legat, ohne alles eigene Verschulden sind.[57])

Nicht selten wurde die Wirkung der actio dadurch verstärkt, daß für den Fall der Vertreibung des Miethers gegen seinen Willen eine Conventionalstrafe stipulirt und vielleicht durch Pfand oder Bürgen gesichert wurde.[58])

Aber auch ohne dieses gewährte die actio conducti, von ethischen Momenten ganz abgesehen, dem Miether einen nicht unwirksamen Schutz. Denn die Römer verstanden bekanntlich bei der Schadensersatzfestsetzung keinen Spaß. Sie legten, auch wenn nicht dem iuramentum in litem des Beschädigten die Festsetzung überlassen war, das Hauptgewicht darauf, daß der Beschädigte vollen Ersatz auch seiner nicht genau in Gelde zu veranschlagenden Schäden und Unbequemlichkeiten erhielt, und griffen deshalb im Zweifel lieber etwas zu hoch als zu niedrig.[59]) Außerdem stand hinter der Schadensersatzpflicht das strenge, auch die Person nicht schonende Executionsrecht, welches auch der vermögenslosen speculativen Unredlichkeit die Lust benehmen mußte, sich der Zahlung zu entziehen. Auf der anderen Seite erhält aber der Miether das nicht, worauf er

---

quid inde percipitur, ad fructuarium pertinet, plusiones quoque iam antea locatorum agrorum, si ipsae quoque specialiter comprehensae sint, sed ad exemplum venditionis, nisi fuerint, specialiter exceptae potest usufructuarius conductorem repellere. Dazu Wendt a. a. O S. 253.

[56]) fr. 8 § 1 D. de rebus auctor. iud. poss. 42, 5.

[57]) fr. 25 § 1, fr. 32 D. loc. cond. 19, 2, fr. 120 § 2 D. de legat. I. Windscheid, Pandekten II § 400 A. 7, Vangerow, Pandekten III § 643 A. 2. Z. 1· Sintenis a. a. O. II § 118 A. 117, Schmidt a. a. O. S. 361. Ebenso wenn in Folge sonstigen Wegfalls des Eigenthums des Vermiethers der Miether vertrieben wird. fr. 25 § 4 Solut. matr. 24. 3.

[58]) fr. 54 § 1 D. loc. cond. 19, 2, c. 15 C. de loc. et cond. 4, 65. Vgl. Brinz, Pandekten II S. 759 Anm. 39, Wendt a. a. O. S. 250, Ziebarth a. a. O. S. 152.

[59]) Vgl. Ziebarth a. a. O. S. 34, 35, 140.

ein Recht hat. Er will nicht Geld, sondern den Genuß einer ihm zusagenden Wohnung.

Wenn im Vorstehenden der Kürze wegen in erster Linie der Miether eines Hauses genannt ist, so beziehen sich doch die dargelegten Rechtsnormen in gleicher Weise auf den Pächter eines fruchttragenden Grundstücks.

Für die Miethe beweglicher Sachen ist zu beachten, daß das interdictum unde vi und das interdictum quod vi aut clam nicht in Betracht kommen, und daß an die Stelle des interdictum uti possidetis das im classischen Recht durchaus abweichende interdictum utrubi tritt.

Eine Ausnahmestellung hatte in Folge eines zweiten in dieser Materie hervortretenden fiscalischen Privilegiums der Pächter eines fiscalischen Grundstückes. Er blieb auch nach der Veräußerung im ungestörten Fruchtgenuß und zahlte seine Pacht an den neuen Erwerber, ohne daß es dieserhalb besonderer Verabredung bedurfte. Der Fiscus sollte eben von der Haftung für verhinderten Fruchtgenuß gegenüber dem Pächter befreit bleiben.[60])

Schließlich ist die Frage aufzuwerfen, ob es nach römischem Recht nicht Mittel gab, dem Miether eine festere Rechtsstellung zu verschaffen, ihn also namentlich einer actio in rem bez. possessorischer Interdicte theilhaftig zu machen.

Man könnte dabei einmal an die Personalservituten, benannte (ususfructus, usus, habitatio) oder unbenannte, denken.[61]) Bei diesen, vorzugsweise im Interesse von Vermächtnissen geschaffenen Gebilden,[62]) erhielt der Bedachte ein selbständiges dingliches Recht. Des Erblassers „wohlthätige Absicht sollte gesichert sein und nicht von dem curare debere desjenigen, auf den das Eigenthum überging, abhängen".[63]) Allein der Gedanke, sich statt des Mieths- oder Pachtrechts solche Servituten bestellen zu lassen, ist offenbar den Römern niemals gekommen.[64])

---

[60]) fr. 50 D. de iure fisci 49, 14. Vgl. Friedlieb a. a. O. S. 437, Vangerow, Pandekten III § 643 A. 2 Z. 1, Glück, Pandektencommentar 18 S. 32, Sintenis a. a. O. II § 118 A. 117, 5, Ziebarth a. a. O. S. 149, Gesterding a. a. O. S. 243, Schmidt a. a. O. S. 366, Träger a. a. O. S. 71, Unger a. a. O. S. 21, Runde, Beiträge zur Erläuterung rechtlicher Gegenstände I S. 44 und aus der älteren Literatur: Lauterbach, Hertius, Berger, Berlich, Cocceji, Hahn, Hellfeld, Ern. Just. Müller, Joh. Ludw. Schmidt.

[61]) So Glück, Pandektencommentar 18 S. 47, 48.

[62]) Windscheid, Pandekten I § 202 a. E.

[63]) Schuppe, Der Begriff des subjectiven Rechts S. 202.

[64]) Vgl. a. Ziebarth a. a. O. S. 156, 157.

Eine noch nähere Verwandtschaft mit der Miethe haben Superficies und Emphyteusis. Beide gewähren die Nutzung von Grundstücken; die erstere in Bezug auf Gebäude, die andere hinsichtlich der fruchttragenden Grundstücke. Sie geben dem Nutzungsberechtigten eine selbstständige dingliche Rechtsstellung, actio in rem und possessorische Interdicte.[65])

Gleichwohl aber waren beide nicht geeignet, an die Stelle der gewöhnlichen Miethe oder Pacht zu treten. Es handelt sich bei ihnen um dauernde, auf Generationen berechnete Verhältnisse. Bei der Superficies wird in der Regel vorausgesetzt, daß der Superficiar auf dem ihm überlassenen Platze das Gebäude selbst errichtet, um dasselbe eigenthumsgleich zu benutzen.[66]) Beide Institute passen nicht für die Verhältnisse, auf welche Zeitpacht und Wohnungsmiethe berechnet sind.

Außerdem ist zu beachten, daß dieselben, vor allem die Emphyteusis erst später sich entwickelt haben, und daß sie sich zunächst nicht auf Privatgrundstücke bezogen.[67])

Als weitere Sicherungsmittel für den Miether sind, aber erst seit den Postglossatoren, vom eidlichen Versprechen ganz abgesehen, empfohlen worden: pactum de non alienando und Pfandbestellung (Generalhypothek, Specialhypothek an der vermietheten Sache, Faustpfand), auch beides vereinigt.[68])

Gewiß sind diese Mittel in Rom niemals zur Anwendung gebracht worden. Sie führen aber auch nicht zum Ziel. Das pactum bewirkt keine Nichtigkeit der Veräußerung. Auch das Pfandrecht, selbst das Faustpfand oder die Specialhypothek an der vermietheten Sache, konnte dem Miether nur den Ersatz des Interesses, nicht aber das Verbleiben in der Wohnung sichern.[69])

---

[65]) Degenkolb a. a. O. S. 55 ff., 92 ff., Geller a. a. O. S. 330 ff.

[66]) Degenkolb a. a. O. S. 46 ff.

[67]) Ziebarth a. a. O. S. 157, Degenkolb a. a. O. S. 103 ff., Keller, Pandekten § 21, Lequesne, du louage à longue durée.

[68]) Vgl. Dionysius Gothofredus zu c. 9 Cod. de loc. et cond. 4, 65 und die dort Citirten: Bartolus, Socinus, Jason de Mayno, Guilielmus Ociacus, Negusantius. Salicetus ad c. 9 Cod. macht hierbei die praktische Bemerkung: Et ideo dixi cautelam esse ut conductor faciat sibi fieri instrumentum locationis, quia in eo continuo reperietur hypotheca bonorum. Das sub hypotheca bonorum war schon damals dieselbe stehende Floskel in jedem Schriftstück, wie noch heute in den gemeinrechtlichen Bezirken ohne Grundbuch.

[69]) Ziebarth a. a. O. S. 152 ff., Glück a. a. O., Dernburg, Pfandrecht 1 S. 514, Sintenis, gem. Civilrecht II S. 674.

Bei den bisherigen Erörterungen ist der Fall unterstellt worden, daß der Vermiether vollberechtigter Eigenthümer war und daß in Folge einer Veräußerung seitens des Vermiethers dem Miether die Miethssache entzogen war. Es bedarf kaum der Bemerkung, daß davon der Fall, daß der Vermiether nur ein beschränktes Recht, z. B. einen Nießbrauch an der Sache hatte, und daß in Folge des Wegfalls dieses Rechts der Miether entsetzt wird, durchaus zu scheiden ist. In diesem letzteren Falle muß mit dem Wegfall des Rechts des Vermiethers auch das Miethsverhältniß fallen. Ein Anspruch auf Schadensersatz ist dem Miether im Allgemeinen nicht gegeben, wenn nicht der Vermiether sich als Eigenthümer gerirt hatte.[70])

Wenn man das Gesammtergebniß dieser Erörterungen über das rein römische Recht überschaut, so zeigt sich, daß Unzuträglichkeiten für den Miether nur dann entstehen, wenn von der anderen Seite rechtswidrig verfahren wird, indem dann dem Miether der ausreichende Schutz fehlt. Da nun heute wie damals weitaus die meisten Rechtsverhältnisse so verlaufen, daß jeder der Betheiligten den Anforderungen des Rechts nachkommt, so ist anzunehmen, daß praktisch in den meisten Fällen einer Veräußerung eine Schädigung des Miethers nicht eingetreten ist.

Da aber eine gute Rechtsordnung nicht bloß Anforderungen an die Betheiligten zu stellen hat, sondern auch die Möglichkeit sichern muß, daß denselben entsprochen wird, und da dieselbe in letzterer Beziehung eben die ausnahmsweisen Fälle des Widerstrebens gegen die Rechtsordnung ins Auge fassen muß, so ist diese Betrachtung keineswegs geeignet, die gegen die Trefflichkeit der römischen Ordnung der vorliegenden Frage zu Tage tretenden Bedenken zu zerstreuen.

§ 2. Werthschätzung des römischen Rechts in der heutigen Wissenschaft. Zusammenhang mit der römischen Cultur.

Solange man das römische Recht als ratio scripta, als das für alle Zeiten bestimmte beste und vernünftigste Recht betrachtete, konnte man folgeweise nicht umhin, auch die römische Gestaltung des Verhältnisses des Miethers zum Erwerber der Miethssache als die allein zweckmäßige und der logisch-juridischen Consequenz entsprechende zu bezeichnen, von der man ohne einen verhängnißvollen Bruch mit fundamentalen Rechtssätzen, insbesondere mit der principalen Unterscheidung von dinglichen und persönlichen Rechten sich nicht entfernen dürfe.

---

[70]) fr. 9 § 1 D. loc. cond. 19, 2, Brinz, Pandekten II § 331 A. 38.

Glück[71]) fand den Satz, daß der Singularsuccessor an den Miethsvertrag nicht gebunden sei, „so auffallend er auch scheint", der Rechtsanalogie vollkommen gemäß, dem Naturrechte nicht zuwider und auch den Verbindlichkeiten der Verträge nicht entgegen, weil dem Conductor in allen Gesetzen die Klage aus dem Contract gegen den Locator gestattet wird.

Nicht viel anders urtheilt Savigny:[72]) „Für eine quasi possessio des Miethers fehlt es an einem selbständigen Rechtsverhältniß, woran diese consequent angeknüpft werden könnte. Hauptsächlich aber ist kein practisches Bedürfniß einer künstlicheren Behandlung vorhanden, da der Miether stets eine Contractsklage hat, wodurch er den Schutz des Vermiethers in Anspruch nehmen kann. Wenn aber der Vermiether durch Veräußerung oder Usucapion das Eigenthum verliert, so hört ohnehin alles Recht des Miethers in Beziehung auf die gemiethete Sache auf; es ist also keine Veranlassung mehr da, einen Besitz für ihn zu schützen, er hat überhaupt nur noch eine Contractsklage auf Entschädigung gegen den Vermiether, die ihm aber auch für jedes wirkliche Interesse hinreicht."

Auch Puchta[73]) nennt die Regel, daß der Käufer nicht in die Obligation des Verkäufers eintritt, eine natürliche.

Friedlieb[74]) meint: „Wie sehr nun auch für den Miether das Interesse an einer für die ganze Dauer der Miethszeit gesicherten Innehabung des Miethsobjects obwaltet, so gewährt doch das rein logisch-juridische Wesen des vom objectiven Recht ohne weiteren normativen Zusatz lediglich in seiner specifischen Natur anerkannten Miethsgeschäfts dem Miether keine solche Garantie."

Gengler[75]) betrachtet ebenfalls das römische Recht „als auf streng logischer Consequenz beruhend, da jeder neue Hauserwerber dem Miether durch keine obligatorische Thatsache verpflichtet und das vom Ersteren acquirirte dingliche Recht, welches jetzt mit dem persönlichen des Miethers collidirt, diesem an Stärke überlegen ist".

Aehnlich sagt Beseler:[76]) „Da durch den Miethvertrag nur ein obligatorisches Rechtsverhältniß begründet wird, so läßt sich dasselbe gegen einen dinglichen Anspruch dritter Personen nicht aufrecht erhalten und daher entspricht die Regel: Kauf bricht Miethe, wenn sie auf die Zeit

---

71) Pandektencommentar 18 S. 14.

72) Recht des Besitzes (7. Aufl.) S. 130.

73) Pandekten § 369 a. E.

74) a. a. O. S. 435.

75) Deutsches Privatrecht. 3. Aufl. S. 415.

76) Deutsches Privatrecht § 108.

nach der Uebertragung des Eigenthums an den Käufer bezogen wird, durchaus den allgemeinen Grundsätzen des gemeinen Rechts."

Kant[77]) hatte schon vordem ausgeführt: „Die Verwechslung des persönlichen Rechts mit dem Sachenrecht ist noch in einem anderen, unter den Verdingungsvertrag gehörigen Falle, nämlich dem der Einmiethung (ius incolatus), ein Stoff zu Streitigkeiten. — Es fragt sich nämlich: ist der Eigenthümer, wenn er sein an Jemand vermiethetes Haus (oder seinen Grund) vor Ablauf der Miethszeit an einen Anderen verkauft, verbunden, die Bedingungen der fortdauernden Miethe dem Kaufcontracte beizufügen, oder kann man sagen: Kauf bricht Miethe (doch in einer durch den Gebrauch bestimmten Zeit der Aufkündigung)? — Im ersteren Falle hätte das Haus wirklich eine Belästigung (onus) auf sich liegend; ein Recht in dieser Sache, das der Miether sich an derselben (dem Hause) erworben hätte, welches auch wohl geschehen kann (durch Ingrossation des Miethscontracts auf das Haus), aber alsdann kein bloßer Miethscontract sein würde, sondern wozu noch ein anderer Vertrag (dazu sich nicht viel Vermiether verstehen würden) hinzukommen müßte. Also gilt der Satz: Kauf bricht Miethe, d. h. das volle Recht in einer Sache (das Eigenthum) überwiegt alles persönliche Recht, was mit ihm nicht zusammen bestehen kann; wobei doch die Klage aus dem Grunde der letzteren dem Miether offen bleibt, ihn wegen des aus der Zerreißung des Contracts entspringenden Nachtheils schadenfrei zu erhalten."

An einer anderen Stelle[78]) sagt Kant dagegen, daß in dem Satze: Kauf bricht Miethe etwas, was der Natur des Vertrages nach, d. i. an sich ein Sachenrecht sei (die Miethe), für ein bloß persönliches gelte, wenn die Frage sei, auf welche Principien ein Gerichtshof im bürgerlichen Zustande anzuweisen sei, um in seinen Aussprüchen, wegen des einem Jeden zustehenden Rechts am sichersten zu gehen.

Das ist offenbar keine Rechtsphilosophie, sondern eine dilettantenhafte Paraphrase der damaligen gemeinrechtlichen Dogmatik. Die heutigen Philosophen wollen denn auch, wie nach dieser Probe begreiflich ist, in Kant's Rechtslehre Spuren von Altersschwäche finden.

Lasalle[79]) meint, es sei richtig, daß der Grundsatz: Kauf bricht Miethe, nicht dem Vermiether, sondern nur dem Käufer das Recht gebe, den Pachter aus Besitz zu setzen. Aber es sei sehr falsch, hieraus zu

---

[77]) Metaphysische Anfangsgründe der Rechtslehre 1797 (Sämmtliche Werke, herausgegeben von Hartenstein. Bd. 7 S. 90).

[78]) S. 103.

[79]) System der erworbenen Rechte, 2. Aufl. I S. 328 ff.

folgern, daß er dem Vermiether gar kein Recht gebe. Er gebe ihm nämlich gerade das Recht, den Käufer mit diesem Recht auszurüsten. Er reservire ihm das Recht, dem Käufer unmittelbar das directe Nutzungsrecht mit Eigenthum zugleich einzuräumen, wenn er auch für sich selbst der directen Form dieses Nutzungsrechts für bestimmte Zeiten entsagt habe.

Durch diese Dialectik ist freilich das nemo plus iuris umgangen. Es ist dabei aber übersehen, daß der römische Vermiether die Pflicht hat, unter allen Umständen dem Miether die Nutzung der Miethssache zu gewähren.

Ganz anders wie Kant steht ein moderner Rechtsphilosoph zu der Frage. Schuppe[80]) betrachtet das Eigenthum als den der natürlichen Einheit des Dinges entsprechenden Inbegriff aller erdenklichen directen wie indirecten „Benützungsrechte" (die Veräußerungsbefugniß mit eingeschlossen). Mit jeder Uebertragung einer Benutzungsbefugniß, also auch mit der Uebertragung des Wohnungsrechts an den Miether, scheide diese aus dem Vermögen des Eigenthümers aus. Es sei ein Theil des Eigenthums weggegeben. Das römische Recht, welches es zulasse, daß Jemand das Benutzungsrecht seines Wohnhauses zunächst durch Vermiethung auf 5 Jahre einem Anderen übertragen könne, gleichwohl ihm aber dieses Benutzungsrecht in der Beziehung belasse, daß der Miether es verliere, sobald der Eigenthümer einem Käufer sein Eigenthum und damit alle denkbaren Benutzungsbefugnisse übertrage, mache das Unmögliche, d. h. daß Jemand etwas noch einmal übertrage, was er bereits weggegeben hatte, möglich.

Der Hinweis auf die rein persönliche Natur des römischen Miethsverhältnisses erkläre den römischen Standpunkt noch nicht. Auch wenn das Recht des Miethers nur das obligatorische Recht auf die Leistung des Wohnenlassens wäre, so wäre doch das Thun des Miethers, das Bewohnen der Wohnung, dasselbe wie bei einem dinglichen Benutzungsrecht. Der Unterschied bestehe nur in denjenigen Consequenzen, welche eben in Frage stehen, und welche durch die Unterscheidung der Rechte, des dinglichen an der Wohnung und des obligatorischen gegen den Vermiether, begründet werden sollen. Vertragsmäßig könne der Miether sich der Exmission durch den neuen Erwerber unterwerfen; das Exmissionsrecht sei aber keine juristisch unvermeidliche Consequenz aus der Natur der Sache. Auch der nur persönlich verpflichtete Vermiether habe, da „ein Recht haben, aber nicht ausüben dürfen" ein Widerspruch in sich selbst sei, für die Dauer des Miethsvertrages das Benutzungsrecht nicht

---

80) Der Begriff des subjectiven Rechts, S. 189—212.

mehr, könne es also auch nicht übertragen. Für den Fall des Eigenthumserwerbs an gestohlenen Werthpapieren nach Art. 307 H. G. B. sei man einig, daß der verkaufende Dieb ein Unrecht begehe, und daß nur aus einem besonderen, keineswegs aus der Natur der Sache folgenden Grunde, nämlich zur Sicherheit des Verkehrs, positiv bestimmt sei, daß die rechtswidrige Handlung Eigenthum übertrage. Bei der Miethe sei ein solcher besonderer Grund entweder nicht vorhanden oder es sei klar, daß es sich nicht um eine Consequenz aus der rechtlichen Natur des Miethsverhältnisses handele.

Der Grund der römischen Auffassung liege darin, daß die Römer, welche im Eigenthum nicht den Inbegriff der Benutzungsrechte gesehen, sondern zu seinem Object direct die körperliche Sache selbst gemacht hätten, es für unmöglich gehalten hätten, bei Uebertragung des Eigenthums einzelne von solchen Benutzungsrechten auszunehmen.

Die von Schuppe erörterte Frage, ob der Nichtübergang der Pflichten aus dem Miethsvertrage auf den Erwerber der Miethssache nicht mit dem Satze, daß Niemand mehr Rechte übertragen könne, als er selbst hat, in Widerspruch stehe, ist übrigens in nachrömischer Zeit schon sehr früh aufgeworfen worden.

Die drei vorerwähnten Handschriften mit voraccursischen Glossen[81]) bemerken sämmtlich als Parallelstelle zur c. 9 C. de loc. et cond. 4, 65 das fr. 54. D. de R. J. 50, 17: Nemo plus iuris ad alium transferre potest, quam ipse habet, und zwar eine mit dem Zusatz: contra. In gleichem Sinne führen sie übereinstimmend an: fr. 67 D. de contrah. empt. 18, 1: Alienatio cum fit, cum sua causa dominium ad alium transferimus, quae esset futura, si apud nos ea res mansisset, idque toto iure civili ita se habet, praeterquam si aliquid nominatim sit constitutum, sowie die Regel des fr. 16 § 1 D. pro socio 17, 2, daß der Käufer eines Gesellschaftsantheils an den von seinem Verkäufer vereinbarten Ausschluß der Theilung gebunden ist.

Nach dem Vorgange von Jacobus Gothofredus[82]) suchte man später der unbequemen Regel dadurch auszuweichen, daß man sagte: „sie geht auf den Erben, nicht auf den successor singularis, den die Handlungen seines Auctors nicht verbinden".[83])

Die Naturrechtslehrer des vorigen Jahrhunderts haben aber ähnliche Bedenken: „Kauf bricht nach dem Naturrecht nicht Miethe". „Denn,

---

[81]) S. oben S. 321. A. 40.

[82]) Commentarius in Tit. Dig. de divers. reg. iur. ad fr. 54. p. 242.

[83]) Glück, Pandekten-Commentar 18 S. 18.

so begründet Gros,[84]) der Verkäufer kann seinem Miethsmanne selbst nicht vor geendigter Miethszeit den Gebrauch der Sache entziehen, mithin die Befugniß dazu auch nicht auf den Käufer übertragen." Hufeland[85]) bemerkt dazu: „Der Staat darf dies bestimmen, denn er sagt hier in der That weiter nichts, als daß jeder Miethscontract im Staate nicht anders geschlossen werden solle, als unter der Bedingung, daß die gemiethete Sache nicht verkauft werde."

Zeiller[86]) meint: „das dem Miether zugestandene Recht ist als ein dingliches Recht zu betrachten, welches gegen Jedermann stattfindet, mithin auch gegen denjenigen, der in der Zwischenzeit das (beschränkte) Eigenthum verkauft hat. Nach dem Naturrecht bricht also der Kauf die Miethe nicht".

Gesterding sagt: „Aber welche Ungerechtigkeit liegt nicht in diesem Satz (Kauf bricht Miethe)!" „Kann ein früherer Vertrag durch einen späteren, können früher erlangte Rechte durch später erworbene vernichtet werden? Kann derjenige, welcher den Vertrag schloß, ihn einseitig selbst wieder aufheben, kann er dem Mitcontrahenten Rechte entziehen, die er ihm einmal eingeräumt hat?" „Schon ältere Rechtsgelehrte — und zwar solche, die sich von dem großen Haufen absonderten — wandten auf dies Verhältniß, wenn man auf die Natur der Sache sieht, mit vollem Recht den Grundsatz an nemo plus iuris in alium transferre potest quam ipse habet". „Unwiderleglich sind alle (Zweifel), welche darauf gerichtet sind, daß nach dem Naturgesetz der Kauf die Miethe nicht bricht." „Nach dem Naturrecht hat der Pächter den Besitz und es kann der Verpächter und sein Nachfolger vor dem Ende der Pachtzeit selbigen nicht entziehen." „Das ius expellendi beruht bloß auf den Ideen der Römer über die Natur des Besitzes".

Auch Dernburg, der Aeltere[87]), erkennt an, daß dem Entgegenhalten des nemo plus iuris ein tieferer Gedanke zu Grunde liegt, als der ist, der sich im ersten Augenblick darbietet.

Dem modernen gemeinrechtlichen Juristen scheint der Einwurf kaum beachtenswerth. Der Satz, daß persönliche Verpflichtungen des Eigenthümers in Bezug auf eine Sache die dingliche Rechtsstellung desselben in keiner Weise beeinträchtigen, und daß deshalb der neue Erwerber nicht hafte, weil er die Sache frei von der persönlichen Verpflichtung des Veräußerers erwerben mußte, ist uns durch unsere Erziehung nach den

[84]) Lehrbuch der philosophischen Rechtswissenschaft, § 234 A. 2 S. 122.

[85]) Lehrsätze des Naturrechts, 2. Aufl. § 641 Anm. 2 S. 339.

[86]) Natürliches Privatrecht § 134.

[87]) Abhandlungen I S. 9.

gängigen Pandektencompendien derart in Fleisch und Blut übergegangen, daß wir ihn als eine Consequenz aus der Natur der Sache betrachten. Und dennoch: wenn auf die Frage: Warum bleibt der neue Erwerber dem Nießbraucher gegenüber verpflichtet, dem Miether gegenüber aber nicht? erwidert wird: weil Ersterer ein dingliches Recht hat, Letzterer aber nicht, so erweist sich das bei näherer Betrachtung nicht als eine Antwort, sondern nur als eine Umschreibung der Frage. Wenn der neue Erwerber den Miethsvertrag nicht auszuhalten braucht, so hat er, wenn man die Sache losgelöst von Fesseln der romanistischen Dogmatik betrachtet, eine günstigere Rechtsstellung erlangt als sein Rechtsurheber. Gewisse Benutzungsbefugnisse, welche bereits dem Miether übertragen waren, werden diesem genommen und auf den neuen Erwerber übertragen.

Es bleibt vor allem die Frage zu lösen: „Warum hat das römische Recht dem Miether dingliches Recht und Besitzesschutz versagt? Handelt es sich dabei um eine nothwendige Consequenz aus der Natur der Sache oder ist es eine Eigenthümlichkeit, welche sich nur aus besonderen römischen Verhältnissen erklären läßt?“

Hören wir zunächst, wie die modernen Dogmatiker das römische Recht nach dieser Richtung hin zu construiren versuchen.

Windscheid[88]) sagt: „Der Pächter will nicht etwa die Sache nur in einzelnen ihrer Beziehungen sich aneignen, er will sie gar nicht sich aneignen. Sein Wille ist nicht auf die Unterwerfung der Sache gerichtet, sondern auf die Unterwerfung des Willens des Verpächters.“

Ziebarth[89]) führt diese Auffassung noch weiter aus: „Der Vermiether übergiebt nicht die Sache ein für allemal zu selbständigem Rechte, denn das hieße ein dingliches Recht constituiren, sondern er gewährt die Sache täglich, stündlich von Neuem; es liegt nicht ein einmaliger Willensact vor, sondern eine ununterbrochene Kette von Willensacten, die in jedem Augenblicke abgerissen werden kann, und deren Abreißen dem Miether den Boden unter den Füßen so lange wegnimmt, bis er durch Richters Macht die Kette wieder angeknüpft hat.“

Die deutlichste und — abschreckendste Ausmalung des Bildes findet sich bei Sohm:[90]) „Der Miether ist nach römischem Recht und ebenso nach heutigem gemeinen Recht nicht berechtigt, in dem gemietheten

---

[88]) Pandekten I § 149 A. 2.

[89]) a. a. O. S. 45.

[90]) Der Begriff des Forderungsrechts in Grünhut's Zeitschr. f. d. private und öffentl. Recht der Gegenwart. 4 S. 459ff.

Hause zu wohnen, daselbst einzuziehen, sich dort aufzuhalten u. s. w. Wäre er dazu berechtigt, so würde er ein dingliches Recht haben." „Weil er aber ein bloßes Forderungsrecht hat, so hat er nur das Recht, daß der Vermiether ihn wohnen lasse." „In jeder Einwirkungshandlung des Miethers auf die Sache sieht das Recht nicht des Miethers Handlung, sondern eine Handlung des Vermiethers." „Der Miether hat als solcher gar nicht den Willen, die Sache zu besitzen, sondern nur den Willen, daß der Vermiether ihn besitzen lasse." „Zwischen dem Miether und der Sache steht die Person des Vermiethers mitten inne, welche die Unterwerfung der Sache unter den Willen des Miethers herbeiführt und fortdauernd vermittelt. Der Vermiether bleibt der Herr der Sache, und (vom Standpunkt des Privatrechts aus gesehen) sein freier Wille ist es, welcher dem Miether in jedem Augenblicke den Nutzen der Sache zuwendet. Ganz das Gleiche bedeutet der bekannte Rechtssatz, daß der Pächter eines Feldgrundstückes die Früchte durch Tradition, nicht wie der Usufructuar durch einseitige Perception zum Eigenthum erwirbt. Aus keinem anderen Grunde, als weil der Pächter kein Recht hat, die Früchte der Sache zu ziehen, sondern nur ein Recht, daß der Verpächter die Fruchtziehung ihm gewähre. Jede Fruchtziehungshandlung des Pächters ist juristisch eine Fruchtziehungshandlung des Verpächters, und aus dessen Hand nimmt er demzufolge durch Besitzübergabe, nicht durch einseitige Besitzergreifung jede einzelne Frucht entgegen."

„Der Pächter, welcher vor Ablauf seiner Pachtperiode sich dem unrechtmäßigen, willkürlichen Expulsionswillen seines Verpächters widersetzt, und sich im Besitze des gepachteten Grundstückes behauptet, ist demnach nicht in Vertheidigung (Ausübung), sondern in Ueberschreitung seines Rechts begriffen. In demselben Moment, in welchem er dem Willen des Verpächters opponirt, vollzieht er einen Act verbotener Selbsthülfe, einen Dejectionsact, d. h. eine unrechtmäßige Gewaltthat, er überwindet die Person des Verpächters, um sich, was bisher nicht der Fall gewesen, in ein unmittelbares Verhältniß zur Sache zu setzen. Ihm steht nur zu, den Nutzen der Sache nicht durch eigene Handlung, sondern durch Gewährung des Verpächters zu empfangen. Jede einseitige Handlung zum Zwecke der „Ausübung" des Forderungsrechts ist nicht Ausübung eines Rechts, sondern Unrecht. Es giebt keine Ausübung des Forderungsrechts durch Handlung des Gläubigers und daher keine berechtigte Eigenmacht, weil dem Gläubiger als solchem keinerlei Handlung zuständig ist."

Gewiß wird Niemand behaupten wollen, daß die hier wiedergegebene römische Anschauung der Natur der Sache und dem heutigen Rechtsbewußtsein entspräche. Man könnte ebenso gut die Existenz eines Rechtsbewußtseins überhaupt leugnen, und es ist hundert gegen eins zu wetten, daß man auch nicht einem einzigen deutschen Bauern oder Handwerksmann diese Anschauung plausibel machen wird, da sie nichts als eine Carricatur der realen Verhältnisse ist. Kartoffeln pflanzt auch der Pächter auf dem Acker und nicht auf dem Willen des Verpächters. Daher bemerkt Geller:[91]) „Diese Theorie mag sehr geistreich sein, aber sie erinnert an die Anekdote, die man sich von einem wissenseifrigen Jünger Aesculaps erzählt, der, als ihm ein früherer Patient, dem er den sicheren Tod prognosticirt hatte, frisch und gesund herumgehend gezeigt wurde, den Spöttern erwiderte: Wissenschaftlich ist und bleibt der Mann todt! So stellt auch die obige Lehre die Zumuthung an uns, daß wir uns den concreten Erscheinungen verschließen, daß wir das thatsächlich bestehende Machtverhältniß des Miethers zur Sache ignoriren, daß wir uns die unmittelbare Fruchtziehung des Pächters als ein Entgegennehmen derselben aus der Hand des Verpächters denken, daß wir das Wohnen der Miethspartei im Hause in ein fortwährendes Anliegen um Gestattung der Wohnung einerseits und ein fortwährendes Gewähren derselben andererseits zerlegen, daß wir mit einem Worte nicht unsere Begriffe den Thatsachen, sondern diese unseren Begriffen accommodiren." [92])

Thon[93]) kritisirt das römische Recht in folgender Weise: „Ob dieser römisch-rechtliche Satz (daß der Fruchterwerb des Pächters auf eine Tradition des Eigenthümers zurückzuführen ist) unserem heutigen Rechtsbewußtsein entspricht, ist eine Frage, die hier nur aufgeworfen sein soll." „Es ist (für das heutige Recht) nicht richtig, daß der Vermiether täglich und stündlich das Haus neu zu gewähren habe. Eine derartige Zumuthung steter Willensanspannung wäre unerträglich und undurchführbar. Würde ein solches Verlangen ernsthaft gestellt, so könnte kein gewissenhafter Mann jemals vermiethen. Nimmt man es aber mit dem Gebote in der Praxis nicht so genau, wozu stellt man es denn theoretisch auf? Ist es doch auch für das Interesse des Miethers völlig müßig. So lange dieser das Haus bewohnt, hat er alles, was er begehren kann. Ob der Vermiether in jedem Augenblicke an das Vertragsverhältniß denkt

---

[91]) a. a. O. S. 357.

[92]) Daß die Theorie vom Standpunkt der römischen Doctrin keineswegs unberechtigt ist, gibt Geller zu.

[93]) Rechtsnorm und subjectives Recht S. 307, 308, 311.

oder ob er Haus und Miethe zeitweilig vergißt, oder willensunfähig wird oder stirbt, ja ob der Vermiether die Ueberlassung des Hauses bereut und sich nach demselben zurücksehnt: dies alles kann dem Miether gleichgültig sein. Er genießt das, was ihm der Vertrag gewähren sollte. Er hat eine Wohnung; was der Vermiether betreffs derselben denkt oder wünscht, kann dem Miether weder helfen noch schaden."

„Kein noch so gewissenhafter Mann wird einem so ungerechtfertigten Ansinnen (mitten in der Miethszeit auszuziehen) weichen. Trotz des Verbots wird er unbedenklich im Gefühl seines guten Rechts in der Wohnung verbleiben. Er wird sich an die Sache halten, die ihm vertragsmäßig überwiesen ist, und wird den ferneren Schritten des Gegners ruhig entgegensehen."

Schloßmann[94]) meint, warum die unmittelbare Beziehung der Person zur Sache bei der Sachmiethe in geringerem Maße vorhanden sein solle, als z. B. beim Nießbrauch, sei schlechterdings nicht zu sagen.

Aehnlich sagt Rückert:[95]) „Diese Verhältnisse (Leihe, Pacht, Miethe) sind an und für sich dinglicher Natur. Es findet hier ganz die nämliche unmittelbare Einwirkung auf die Sache statt, wie bei dinglichen Rechten, und liegt das nämliche, völlig berechtigte Interesse vor, jeden Dritten von einer Einwirkung auf die Sache auszuschließen. Das Recht des Zeitpächters oder Miethers ist einer Emphyteuse oder einem Nießbrauch ganz analog, der Unterschied in Hinsicht des materiellen Gehalts besteht vornehmlich darin, daß jenem regelmäßig nur eine vorübergehende Dauer gesichert sein wird. Wie kann aber, wenn der Usufructus für die Lebenszeit des Berechtigten besteht, das Recht des Miethers dagegen auf eine nach dem Kalender bestimmte und meist kürzere Zeit bestellt wird, dieser Umstand dem Letzteren die dingliche Natur rauben? Man weiß auch dafür, daß diese Verhältnisse nicht dinglicher Natur seien, keinen Grund anzugeben, als daß die dinglichen Klagen fehlen, und wenn man fragt, warum sie nicht gegeben werden, so wird von dem Mangel einer dinglichen Natur gesprochen. Mit solchen Cirkelfolgerungen ist aber der Sache kein Genüge gethan."

Geller[96]) führt aus: „Wir finden also den Miether einerseits in einer unmittelbaren körperlichen Beziehung zur Sache, die er thatsächlich in seiner Gewalt hat und ohne jede Ingerenz des Vermiethers gebraucht, andererseits in einer persönlich idealen Beziehung zum Vermiether. —

---

[94]) Der Vertrag S. 263.

[95]) Untersuchungen über das Sachenrecht der Rechtsbücher S. 63.

[96]) a. a. O. S. 320.

Ihrem stofflichen Inhalte nach und ohne Rücksicht auf das Dogma stellt sich also die Miethe der juristischen Analyse als ein zusammengesetztes Rechtsverhältniß dar, zusammengesetzt aus einem dinglichen Gewaltverhältnisse des Miethers zur Sache und aus einem persönlichen obligatorischen Verhältnisse zum Vermiether."

Meischeider[97]) sagt ähnlich: „Das Problem, eine rechtsdogmatische Erklärung dafür zu geben, daß der Eigenthümer der redliche Besitzer, der Dieb und Räuber, der Pfandgläubiger, der Precarist, der Sequester und der Emphyteuta den animus possidendi und damit Besitz haben, während beides dem Usufructuar, dem Pächter, dem Commodatar und dem Depositar abgesprochen wird, ist ebenso unlöslich wie die Quadratur des Cirkels."

Bekker[98]) stimmt dem zu und bemerkt im Weiteren: „Es mußte (unter gewissen, hier nicht interessirenden Voraussetzungen) das Billigkeitsgefühl verletzen, derartigen (possessorischen) Schutz dem ersichtlichen malae fidei possessor gewährt, höchst gutgläubigen Inhabern von Sachen aber, wie z. B. Pächtern, Commodataren, Mandataren, Depositaren verweigert zu sehen, darum, weil diese offen einräumten, die Stücke von anderen Berechtigten in die Gewalt erhalten zu haben." „Es ist anzunehmen, daß gerade derartige Regungen des allgemeinen Rechtsgefühls zur Entwickelung mancher iura in re aliena und der entsprechenden quasi possessiones geführt haben. Daß gleichwohl eine große Reihe schutzbedürftiger und nach dem modernen Bewußtsein schutzberechtigter Fälle bei den Römern ungeschützt geblieben, ist allbekannt." „Es waren Versehen, derartige Befugnisse (possessorische Interdicte) vielen rechtmäßigen Detentoren (Pächtern, Commodataren u. s. w.) zu versagen, weil diese im regelrechten Verlaufe der Dinge auf eine Vindication sich nicht einzulassen haben." Er betont, daß auf die Erklärung solcher in die Augen fallender Specialitäten des römischen Besitzrechts aus einem philosophischen Grunde von vornherein zu verzichten ist. „Diesem bunten Wechsel der Erscheinungen kann doch nicht eine sich stets gleich bleibende Ursache zu Grunde liegen." Und seine allgemeine Bemerkung: „Die traurige Gestalt, in welcher die Römer die possessio, Recht und Lehre, uns hinterlassen haben, werden wir begreifen und darum verzeihen, aber nicht billigen und noch weniger festhalten dürfen" bezieht sich wohl nicht in letzter Linie gerade auf die vorher erwähnten Punkte.

Ihering[99]) fragt: „Warum sollten nicht diejenigen Personen,

---

97) Besitz und Besitzesschutz S. 19.

98) Recht des Besitzes S. 23, 197, 235, 352, 357.

99) Ueber den Grund des Besitzesschutzes S. 39, 30.

welche, wie der Pächter und Miether, ein auf ihre Erben übergehendes, relativ geschütztes Recht an der Benutzung der Sache haben, für ihren auf das Nutzungsverhältniß gerichteten Willen dieselbe Anerkennung und denselben Schutz begehren dürfen, wie der dem jederzeitigen Widerruf ausgesetzte Precarist, wie der durch ein jederzeit mögliches Zahlungsanerbieten zu entfernende antichretische Pfandgläubiger, wie der sein Recht auf seine Erben nicht transmittirende Usufructuar? Es ist eitel Spitzfindigkeit, wenn man einwendet, sie hätten nicht den Willen, zu besitzen. Regelmäßig haben sie von dem Unterschied zwischen Detention und juristischem Besitz nicht die geringste Vorstellung, ihr Besitzwille ist von dem jener anderen Personen in nichts verschieden. Aber, wird man einwenden: sie dürfen ihn nicht haben. Nun gut, dann liegt der Grund, warum ihnen der Besitz abgesprochen wird, nicht in ihrem Willen, sondern in der Rechtsregel. Nicht darum fehlt ihnen der Besitz, weil ihnen der Wille fehlt, sondern man spricht ihnen den Willen ab, weil das Recht ihnen keinen Besitz einräumt."

Wenn Bruns den Umstand, daß Commodat und Miethe kein dingliches Recht, somit keine unmittelbare Herrschaft über die Sache geben, zur Erklärung zu benutzen sucht, so frage ich: Hat denn der Precarist ein dingliches Recht? Er hat nicht einmal ein relatives, wie es doch dem Pächter zur Seite steht, das Precarium kann ihm jederzeit entzogen werden. Und doch hat er den juristischen Besitz! Man setze einmal den Fall, das römische Recht hätte sich über das Besitzverhältniß beider Personen gar nicht ausgesprochen — und ich möchte wissen, ob irgend Jemand dasselbe aus der Idee der Freiheit und der Unverletzlichkeit des Willens herausdeducirt haben würde. Der Pächter hat nach römischem Recht keinen possessorischen Schutz, und dieser Satz galt in Rom früherhin auch für die Pächter der agri vectigales, — bis sie durch das prätorische Edict petitorischen und possessorischen Schutz erhielten. War diese Neuerung mit ihrem Willen in Zusammenhang, ging mit ihm eine solche Veränderung vor, daß der Pächter sich gedrungen fühlte, dementsprechend sich als Besitzer anzuerkennen? Schwerlich wird doch wohl Jemand glauben, daß der Pächter eines ager vectigalis einen anderen Willen gehabt habe, als ein sonstiger Pächter." [100])

---

[100]) Im Anschluß daran bemerkt Ihering, Rechtsschutz gegen injuriöse Rechtsverletzungen in den Jahrbüchern für Dogmatik 23 S. 260: „Der Auffassung der Römer ist der Gedanke, daß ein abgeleitetes contractliches Verhältniß zur Sache den Besitzesschutz ausschließe, fremd". Das dürfte aber doch für die ältere Anschauung wohl nicht zutreffen.

An einer anderen Stelle[101]) sagt Jhering, welcher der gemeinrechtlichen Lehre vorwirft, die berechtigten Interessen des Pächters und Miethers in empfindlicher Weise preisgegeben zu haben: „So enthält es in der That keine Uebertreibung, wenn der Verfasser der obigen Schrift (Capesius, Erlaubte nächtliche Ruhestörung) von einer Schutz- und Rechtlosigkeit des Miethers spricht."

Dernburg[102]) fragt ebenfalls: „Warum aber hat der Miether und Pächter keinen juristischen Besitz? Warum genügt ihre Absicht des Miethbesitzes nicht, um als animus possidendi zu gelten?

Die neuere, gemeinrechtliche Wissenschaft hat die verhängnißvolle Neigung, derartige Fragen aus allgemeinen theoretischen Principien zu beantworten. Man bezeichnet als Erforderniß des Besitzes den animus domini, und, da diese Absicht dem Miether und dem Pächter fehlt, soll er des Schutzes seines Besitzes durch Interdict entbehren. In Wahrheit ist die Frage des selbständigen Besitzesschutzes des Miethers und Pächters eine wirthschaftliche und sociale, nicht eine logische und dialectische. Die Römer verweigerten den Miethern und Pächtern den Besitzesschutz, weil dieselben durchschnittlich den ärmeren Klassen angehörten, weil das römische Recht durch die Interessen der reicheren Klassen vorzugsweise bestimmt war. Die ganz andere wirthschaftliche und sociale Stellung, welche in Deutschland und in der Jetztzeit Miether und Pächter einnehmen, muß zu einer anderen Behandlung ihres Besitzes und ihres Rechtes führen. Alles spricht dafür, ihren Miethbesitz anzuerkennen und folgerecht auch sie als die Gleichberechtigten anzusehen. Dieser Schritt ist bereits in einem großen Theil von Deutschland, vor allem Preußens, gemacht worden. Es wäre zu beklagen, wenn man versuchen würde, ihn zurückzuthun und, wohin einflußreiche Bestrebungen gehen, die römischen Anschauungen in dem künftigen, deutschen Gesetzbuche zu restauriren. Sollte dies geschehen, so wäre dies ein neuer Beweis dafür, wie befangen wir neueren Juristen oft in Abstractionen sind, die wir aus herkömmlichen Definitionen gewinnen, und wie schwer es uns oft fällt, dem gegenüber mit freiem und offenem Blick die wirthschaftliche und sociale Sachlage, die Bedürfnisse der Zeit und die sich hieraus ergebenden Anforderungen zu würdigen."

An anderen Orten nennt er die römische Auffassung des Miethsverhältnisses eine künstliche. Er spricht von befremdlichen Erscheinungen

---

[101]) Rechtsschutz gegen injuriöse Rechtsverletzungen in den Jahrbüchern für Dogmatik 23 S. 263, 284.

[102]) Entwickelung und Begriff des juristischen Besitzes S. 68 ff.

des römischen Rechtes, von denen es schwer begreiflich sei, daß sie sich bei der Vermiethung von Immobilien und insbesondere bei Pachtverhältnissen entwickelt hätten. [103])

A. Pernice [104]) geht davon aus, daß die ältere römische Zeit sehr geneigt gewesen sei, der speculativen Unredlichkeit weit entgegenzukommen. Miethe und Kauf hätten damals nicht unter der Herrschaft der fides gestanden, so daß sich die Contrahenten besondere Treue und Brüderlichkeit nicht geschuldet hätten. [105]) Nicht bloß die Theologen und Kanonisten des Mittelalters, sondern auch jüngere Praktiker hätten mit Recht darauf hingewiesen, wie unsittlich der Satz und wie schwierig die Grenze zwischen erlaubter Circumscription und verbotenem dolus zu ziehen sei. Er sagt dann speciell in Bezug auf die vorliegende Frage: „Die Gestaltung der Wohnungsmiethe in classischer Zeit, ohne Besitz und dingliches Recht des Inquilinen, ist eine durchaus künstliche und auf Compromissen ruhende. Der Grund, weswegen ihm das dingliche Recht versagt blieb, möchte außer in rein juristischen Erwägungen — dem Widerspruche, den die ältere Wissenschaft in einem ad tempus bestellten dinglichen Rechte fand, und der inneren Bedingtheit des Miethsanspruches überhaupt — doch auch in wirthschaftlichen Verhältnissen zu suchen sein. Zur Miethe wohnen in Rom nur tenuiores, namentlich in den großen Miethskasernen, die erst ein Vicewirth im Ganzen zu pachten pflegt. Ein anständiger, in Rom nicht ansässiger Mann miethet sich ein ganzes Haus für sich. Es lag nicht im Sinne der Juristen, solchen untergeordneten Leuten — Freigelassenen, Dichtern und Clienten — dem Capitale gegenüber einen besonders wirksamen Rechtsschutz angedeihen zu lassen."

Schon Dernburg, der Aeltere, [106]) hatte, allerdings in Bezug auf die Darstellung, welche Gesterding [107]) vom römischen Recht gegeben hatte, bemerkt: „Man sieht es dem ehrlichen deutschen Gesterding an, wie er immer den römischen Mantel vors Gesicht nimmt, um nicht zu erröthen." Er spricht, immer im Sinne der Gesterding'schen Auffassung, von dieser angeblichen „römischen Erzschelmerei", um schließlich auszurufen: „Sollte man, wenn man eine solche Sprache liest, nicht am Rechte verzweifeln, und dasselbe nicht eher für ein Vademecum der Kniffik und Pfiffik, als für die Kunst des Guten und Edlen halten?"

---

[103]) Pfandrecht II S. 65, Pandekten II S. 288.

[104]) Labeo 1. S. 454, 467.

[105]) Nach fr. 22 § 3 D. loc. cond. 19, 2 ist das invicem se circumscribere auch bei der locatio-conductio gestattet.

[106]) a. a. O. S. 9, 21.

[107]) Ausbeute 3 S. 215 ff.

Gemünzt sind diese Bemerkungen, wie gesagt, auf Gesterding's Ausführungen, sie treffen aber auch die römische Lehre selbst.

Träger[108]) bezeichnet die Anschauungsweise der römischen Juristen als eine künstliche und den thatsächlichen Verhältnissen zuwiderlaufende, fremdartige, deren Consequenzen mit den Erscheinungen des täglichen Verkehrs in empfindlichen Conflict gerathen. „Mit den Anforderungen und Bedürfnissen des täglichen Verkehrs standen die römisch-rechtlichen Grundsätze in grellem Widerspruche und versetzten, namentlich in größeren Städten, deren Geschäfts- und Bevölkerungsverhältnisse einen häufigeren Wechsel der Hauseigenthümer mit sich brachten, den Miether in eine prekäre schutzlose Lage."

Ziebarth[109]) nennt das Verfahren eines Hauseigenthümers, der dem Miether die Umzugskosten zahlt und ihn zum Ausziehen auffordert, weil das Haus verkauft sei, ein unehrenhaftes, wortbrüchiges. Er giebt zu, daß die Behauptung, der Vermiether könne mit seinen Interdicten jederzeit den Miether seines vertragsmäßigen Genusses berauben, auch wenn sie noch so sehr dem Wesen des Besitzes entspräche, auch wenn sie noch so deutlich in den Quellen bestätigt würde, doch für unser Rechtsgefühl etwas höchst Befremdendes behält. „Wie könnte man heutzutage," sagt er an einer anderen Stelle in Hinblick auf die Sprache der römischen Juristen, „eine Abhandlung über Miethsverträge schreiben, worin jedes dritte Beispiel von „Herauswerfen", „Nicht wieder hereinlassen" u. dgl. handelte." Gegen Savigny[110]) bemerkt er insbesondere: „Das praktische Bedürfniß nach directem Schutz gegen Dritte hätte der große Rechtslehrer, zumal hinsichtlich unseres selbständig entwickelten Pächterstandes nicht bestreiten sollen. Warum bestand denn bei der superficies die Möglichkeit und das Bedürfniß? Und doch ist die superficies nichts als eine conductio „non ad modicum tempus" und es ist völlig willkürlich, dieses modicum tempus näher zu bestimmen." Der Rechtshistoriker Degenkolb,[111]) stellt ganz in Uebereinstimmung mit dem Philosophen Schuppe, den Satz hin: „Der Identificirung des Eigenthums mit der Sache im Gegensatz der dinglichen Rechte liegt ein logischer Fehler zu Grunde." Im Weiteren bemerkt er: „Der Satz Kauf bricht Miethe ist neuerdings mit großer Schärfe und mit vollem Recht aus der von Anfang an zerbrechlichen Natur der Miethe erklärt worden. Auch der

---

108) a. a. O. S. 59 ff., 77, 78.

109) a. a. O. S. 9, 22. 125, 216.

110) s. o. S. 331.

111) Platzrecht und Miethe S. 150, 152, 169, 170.

unmittelbare Grund jener Zerbrechlichkeit liegt deutlich vor: er besteht in der Eigenschaft des sog. Miethsbesitzes als bloßer Detention." „Allein mit diesem Ergebniß tritt erst die eigentliche Kernfrage in den Vordergrund. Wir fragen: wenn aus der Detention jene absolute Zerbrechlichkeit der Miethe in dinglicher Beziehung folgt, warum gewährt man dem Miether nur Detention? warum nicht Rechtsbesitz und dingliche Klage? Die Frage ist nicht damit beantwortet, daß man die bloß obligatorische Berechtigung des Miethers als seinem Willen entsprechend und dies wieder als etwas Natürliches erklärt. Mit der ersten Behauptung wird die Frage nur anders gestellt. Die zweite Behauptung ist nicht bloß petitio principii, sondern eine der Wirklichkeit, wie uns scheint, geradezu widersprechende Fiction. Die rein obligatorische Miethe ist künstlich". „Der einleuchtendste Beweis gegen die Natürlichkeit der bloß obligatorischen Miethe ist die praktisch vorliegende Probe mit dem dinglichen Miethrecht. Ihr gegenüber die obligatorische Miethe als das schlechterdings Natürliche ausgeben, heißt darauf verzichten, die dinglich geschützte Miethe zu verstehen. Man frage Miether und Vermiether in dem Gebiete des preußischen A. L. R., ob sie den dinglichen Schutz des Miethers als etwas Unnatürliches empfinden. Die einmüthige Antwort wird verneinend lauten. Und das ist sehr natürlich. Ist es wahr, daß die Interessen des Miethers und zwar seine sachlich durchaus begründeten, vernünftigen Interessen in dem Entschädigungsanspruch aufgehen? Wenn dies nicht der Fall ist, so erkläre man, wie es möglich ist, in der rein obligatorischen Miethe ein Stehenbleiben bei der einfachen logisch-juridischen Natur des Miethsvertrags zu erblicken?" [112])

Von blinder Vorliebe für die geschilderten Zustände der Vergangenheit, welche man gelegentlich dem Rechtshistoriker zu imputiren pflegt, war auf diesem Gebiete bei den Romanisten der Gegenwart wenig zu bemerken. Und von einem Gegensatze zwischen Romanisten und Germanisten könnte nur insofern gesprochen werden, als die Germanisten eine bessere Meinung von dem römischen Rechte zeigten, als die Romanisten. [113])

---

[112]) Vgl. über Verträglichkeit der Miethe mit dinglichem Schutz nach römischem Recht S. 31.

[113]) Man vergleiche zu den früher Angeführten noch Heusler, Gewere S. 464 ff., welcher von einer gewissen Schwärmerei für die römische Besitzlehre nicht freizusprechen ist. Seine Bemerkungen richten sich in erster Linie freilich dagegen, dem Miether neben dem Eigenthümer Sachbesitz zu gewähren und so zu einem mehrfachen Sachbesitz an derselben Sache zu gelangen. Sie gehen aber über dieses Ziel hinaus, insofern sie dem Miether überhaupt dingliches Recht und

Doch haben auch noch in neuerer Zeit Romanisten sich des römischen Rechtes und seiner Brauchbarkeit für die Gegenwart angenommen. Wendt[114]) meint: „Unter Laien, zumal wenn sie ihren einseitigen Interessenstandpunkt vertreten, wird ein Hauseigenthümer oft herb als unredlich und wortbrüchig verurtheilt, wenn er sein Haus verkauft und von den Miethern intempestive die Räumung begehrt. Dies Urtheil ist jedenfalls in seiner einseitigen Befangenheit unrichtig. Man stelle sich nur auf den gegnerischen Standpunkt. Soll ein Hauseigenthümer eine günstige Gelegenheit zum langersehnten Verkaufe vorübergehen lassen und auf eine Chance verzichten, die sich ihm zum zweiten Male vielleicht gar nicht wieder bietet? Man thut ihm entschieden Unrecht, wenn man von ihm fordert, daß er die eigenen Interessen gegen die seiner Miether schlechthin zurücksetzen soll. Wohl bleibt eine billige Vereinigung das zu erstrebende. Im Uebrigen wird aber die Entschädigungspflicht m. E. genügen, wenn wirklich einer der Miether in Bedrängniß und Kosten gerathen sollte. Freilich für Unbequemlichkeiten und aufzugebende Affectionsinteressen ist in unserem Rechte noch keine Entschädigungspflicht anerkannt. Um mehr handelt es sich aber bei den Miethern in der Regel gar nicht."

Die zwei Grundgedanken dieser Ausführung sind also:

1. Man darf der speculativen Tendenz des Vermiethers nicht zumuthen, ein Benutzungsrecht, welches er für eine bestimmte Zeit rechtlich bindend garantirt hat, zu respectiren, wenn ihm dadurch ein Gewinn entgeht.
2. Für den Miether genügt die freilich regelmäßig rechtlich factisch oder processualisch gar nicht zu realisirende, Entschädigungspflicht.

Seitdem Georg Heinrich Ayrer,[115]) in seiner Einladungsschrift ad domum propriam, in quam ex conducticia nuperrime migravi, der Freude seines Herzens über sein Ausscheiden aus dem armseligen Stande der Miether Ausdruck gegeben hat, ist allerdings ein so unbedingter Lobspruch der römischen Gestaltung unserer Frage wohl nicht mehr geworden.

---

auch iuris quasi possessio versagen wollen. Daß das Gegentheil in der That nur auf Kosten der juristischen Consequenz sich erreichen lasse, wird aber nur behauptet und dafür, daß die juristische Consequenz beim Nießbraucher Dinglichkeit und Besitz erheische, beim Miether aber nicht, eine Erklärung nicht gegeben.

[114]) a. a. O. S. 237.

[115]) De genere act. adversus conductorem, opuscula I, 6 S. 219 ff.

Von einem anderen Standpunkte aus vertheidigt Kuntze [116]) — ohne übrigens den ganzen Fragencomplex für erledigt ausgeben zu wollen — das römische Recht. Er führt aus, dingliche Miethen und Pacht seien ein schwerer Hemmschuh für die Verkehrsbewegung der Güter selbst. Der moderne Verkehr dränge nach möglichster Freiheit des Umlaufs der Güter, werde der längeren Dauer der Mieth- und Pachtverhältnisse immer abholder, daher die durch Kaufsübertragung gefährdeten Interessen immer weniger belangreich sein dürften.

Auf den ersten Blick könnte auch Bruns [117]) als Vertheidiger der Vortrefflichkeit des römischen Rechtes erscheinen. In Wahrheit handelt es sich aber bei Bruns nur um eine Erklärung der römischen Herausbildung des Miethsrechtes, nicht um den Nachweis seiner Brauchbarkeit für die Gegenwart. Er sagt: „Vom Standpunkte einer objectiv über den Parteien stehenden legislativen Zweckmäßigkeit ist das (die Annahme der „Natürlichkeit eines dinglichen Elementes in der Miethe") gewiß richtig. Wenn man sich aber die erste Entstehung und Bildung des Miethbegriffes im Volksleben vergegenwärtigt, so ist es das Einfachste und insofern auch das Natürlichste, daß der Vermiether dem Miether nicht mehr Recht einräumt, als nothwendig ist, um den Zweck der Miethe, das frui zu erreichen. Dazu reicht aber die römische Obligation des Vermiethers unzweifelhaft aus. Allerdings ist es für den Miether bequemer und vortheilhafter, ein „dingliches Element in seiner Miethe zu haben, allein an sich kann die Miethe auch ohne das sein, wie das römische Recht zeigt". „Daß im modernen Rechtsbewußtsein eine solche Hinneigung zu einer so zu sagen Verdinglichung der Miethe oder Verselbständigung des Miethsrechtes stattfindet, ... ist gar nicht zu läugnen." Und wenn er später gegen Jhering den Satz vertheidigt, daß der Detentor nach der römischen Auffassung gar keinen unmittelbaren Willen in Beziehung auf die Sache habe, so unterläßt er doch nicht zu bemerken, daß die heutige Rechtsanschauung über diesen Standpunkt hinausgehe. Der einzig mögliche Standpunkt, den man für das heutige Recht einnehmen könne, sei der des Quasibesitzes in der Analogie vom Nießbrauch. „Nach römischem Rechte war diese Annahme nicht möglich, weil danach der animus des Miethers direct nur auf die Verpflichtung des Vermiethers gerichtet ist, und er die Sache selber nur indirect aus dessen Person haben und nutzen will, sein Habenwollen der Sache daher für Dritte sowohl als den Vermiether selber gar keinen äußeren Angriffspunkt bietet."

---

[116]) Bei Holzschuher, Theorie und Casuistik des gem. Civilrechts III § 299 S. 882.

[117]) Die Besitzklagen S. 238, 243, 296.

Wenn nach allem diesem die Erforscher des römischen Rechtes zur Zeit fast einig darin sind, daß die römische Gestaltung des Miethsrechtes eine unnatürliche und unzureichende ist, so ist es begreiflich, daß man bemüht gewesen ist, diese Eigenthümlichkeiten, diese merkwürdige Zerbrechlichkeit des Miethsverhältnisses aus besonderen rechtlichen oder wirthschaftlichen Verhältnissen zu erklären. Manche dieser Versuche sind schon in den vorstehend mitgetheilten Aeußerungen der Schriftsteller wiedergegeben.

Träger[118]) findet die Erklärung in dem Princip der möglichst geringen Beschränkung des Eigenthums durch dingliche Rechte, in der regelmäßigen Zulassung nur eines Besitzes an derselben Sache und in der rücksichtslosen Auseinanderhaltung von Eigenthum und Obligation.

Ziebarth[119]) meint ebenfalls, daß das römische Eigenthum absichtlich möglichst frei und uneingeschränkt gehalten wurde.

Degenkolb[120]) findet den Grund dafür, daß die römische Miethe rein obligatorisch geblieben sei, in der zeitlichen Begrenzung, welche der Absolutheit der dinglichen Rechte zuwider sei, und in der inneren Bedingtheit des Miethsrechtes. Wegen beider Eigenschaften habe sich die Miethe nach den Rechtsanschauungen der Römer, namentlich denen der älteren Zeit, nicht zur Constituirung eines civilrechtlichen ius in re aliena geeignet. Daß der Vermiether nur vorbehaltlich seines Besitzrechtes und vorbehaltlich der Räumung des Miethers im Falle eigenen Bedarfs verpflichtet sei, erkläre sich daraus, daß die Miethe ursprünglich ein Realvertrag gewesen sei, bei welchem der Miether ein anderes Recht, als bei Nichterfüllung den Miethszins zurückzufordern, nicht gehabt habe.[121])

Den Ursprung der locatio-conductio verlegt Degenkolb in die römische Verwaltung, „welche in Form und Inhalt ihrer Rechtsgeschäfte nicht schlechterdings an die Schranken des Privatrechts gebunden war.“[122]) Vor allem ist sie ihm eine Form der Verleihung öffentlicher Ländereien, ohne daß er indeß dieser ein höheres Alter als der locatio-conductio operis[123]) zuschreiben will. Locare würde nach seiner Ansicht in der natürlichen Bedeutung des Vergebens eines locus am besten auf die

---

[118]) a. a. O. S. 53—56.

[119]) a. a. O. S. 156.

[120]) Platzrecht und Miethe S. 127—137, 154, 167, 183 ff.

[121]) Zustimmend Pernice, Labeo S. 466. — Bekker, Actionen I S. 159 A. 77: „könnte sich diese Herleitung gefallen lassen, hat aber Zweifel aus der nicht jüngeren locatio conductio operarum. Darüber Pernice a. a. O. I S. 468.

[122]) Dazu Mommsen, römisches Staatsrecht 2, S. 957, Göppert, in der Zeitschr. f. Rechtsgesch. 4, S. 254, Heyrovsky, leges contractus S. 70.

Landpacht passen, conducere, zusammenführen auf Sclaven- und Viehmiethe. Er hält es aber für wahrscheinlicher, daß bei der locatio-conductio diese Worte von vornherein schon die abstractere, auf alle Arten passende Bedeutung „vergeben bezw. davontragen" gehabt hätten.

Dernburg[124]) glaubt, daß die älteste Art der Sachmiethe bei den Latinen, welche ursprünglich sämmtlich Eigenthümer oder Precaristen waren, die Vermiethung von Spannvieh und Sclaven gewesen sei.

Dafür sprächen auch die Ausdrücke locare (Aufstellen), conducere (Wegführen). Dann wäre nicht nur der Mangel gesetzlicher Kündigungsfristen, sondern vor allem das Nichtgebundensein des Käufers an die Vermiethungen des Verkäufers erklärt. Daß sich letzteres bei der Ackerpacht und Wohnungsmiethe entwickelt hätte, wäre schwer begreiflich. Die spätere Uebertragung dieser Sätze auf die späteren Fälle sei dann möglich gewesen, ohne daß man den „blanken Classenegoismus" hätte herauskehren müssen.

In wesentlich anderer Weise und mehr in der Richtung Degenkolbs erklärt Mommsen[125]) die Entwickelung der Miethe. Die locatio-conductio hätte sich ebenso wie die emtio-venditio im Gemeindevermögensrecht entwickelt.[126]) Locare (placiren, unterbringen) passe auf Verdingung von Staatsländereien und öffentlichen Unternehmungen. Bei der Annahme des apparitor (l. operarum) sei dagegen dieser, nicht der Staat, der locator. Conducere (zusammenbringen) beziehe sich in erster Linie auf den Apparitorenvertrag, welcher demnach der älteste sein würde, und sei dann auf die anderen Fälle übertragen, aber so, daß nicht mehr die Gemeinde, sondern der Private der Conducent war. Diese publicistischen Verträge seien später in das Privatrecht übernommen. Bis dahin habe es also für privatrechtliche Miethsverträge überhaupt keinen Rechtsschutz, oder doch keinen unter der Herrschaft der bona fides stehenden Rechtsschutz gegeben.[127])

Es kann nicht die Aufgabe dieses Gutachtens sein, über die mit-

---

[123]) Die l. c. operarum (Sklavenmiethe) ist ihm ursprünglich l. c. rei. Dagegen Mommsen, Die römischen Anfänge von Kauf und Miethe, Zeitschr. der Savignystiftung für Rechtsgeschichte, Rom. Abth. VI, S. 268.

[124]) Pandekten II S. 287, 288.

[125]) a. a. O. S. 266ff. und Staatsrecht 2, S. 441 u. 1, S. 165, Pernice, Labeo I, S. 468, Heyrovský, a. a. O. S. 106.

[126]) Als Anklänge an diese Periode erscheinen ihm das Erforderniß der festen Geldsumme als Gegenleistung und die Pachtremissionen. Vgl. auch Heyrowsky, a. a. O. S. 107.

[127]) Vgl. a. die Ausführungen von Geller a. a. O. S. 324—330.

getheilten Anschauungen und Erklärungsversuche ein abschließendes Urtheil zu geben.

Daß man auf rechtsphilosophische Gründe für die prekäre Gestaltung der römischen Miethe verzichten muß, dürfte evident sein.

Culturhistorisch liegt für die Anfänge der römischen Entwickelung die Erklärung in dem Erfahrungssatze, daß bei primitiver Entwickelung der Ackerpacht und der Wohnungsmiethe die Interessen des mächtigeren Vermiethers gegenüber denen des abhängigen Miethers in den Vordergrund zu treten pflegen. Warum nicht im Laufe der weiteren Entwickelung des Miethswesens und mit dem Fortschreiten der Cultur ein besserer Rechtsschutz sich für den Miether herausgebildet hat, ist damit freilich noch nicht erklärt. [128]) Indeß wenn man sich vergegenwärtigt, daß

---

[128]) Es hat den Anschein, als ob der Pächter- und Miétherstand im römischen Gebiet fortdauernd ein untergeordneter geblieben ist.

Es gab in Italien keinen angesehenen Pächterstand. Nur kleine Leute sind Pächter (Mommsen, römische Geschichte 3. Aufl. 1, S. 828, Pernice, Labeo I, S. 466 unter Berufung auf Columella de re rustica I, 7).

Für das Wohnungswesen haben die pompejanischen Ausgrabungen das Meiste zur Aufklärung beigetragen. In Pompeji haben sich keine eigentlichen Miethscasernen gefunden (Richter, insula, im Hermes 20, S. 98), wohl aber Häuser, in welchen Nebenwohnungen zum Vermiethen eingerichtet sind und welche man hier insulae nennt. So das aus zwei vereinigten Häusern bestehende, jetzt sogenannte Haus des Pansa (Jordan, Topographie der Stadt Rom S. 539, Overbeck, Pompeji, 3. Aufl. S. 291, 309, Guhl und Koner, das Leben der Griechen und Römer 2, S. 81), welches ein ganzes Häuserviertel einnimmt. Das eigentliche Haus bewohnt der angesehene und reiche Eigenthümer. Dasselbe ist aber von tabernae (Läden, z. Theil mit Mühlen- und Bäckereinrichtung) umgeben, welche im Allgemeinen mit dem Haupthause nicht in Verbindung stehen, aber zum Theil mit Hinterzimmern bez. mit Zimmern im oberen Stockwerk (coenacula) versehen sind, zu welchen eine besondere Treppe führt. Zwischen den Läden befinden sich aber auch eine Reihe kleiner Parterrewohnungen ohne Geschäftslocal. Ob aus dem Geschmeide und dem Silbergeld, welches man bei dort entdeckten Frauengerippen vorgefunden hat, auf eine anständige Wohlhabenheit der Bewohnerinnen geschlossen werden muß (so Overbeck a. a. O. S. 292), mag dahingestellt bleiben. Aehnliche Einrichtungen am Hause des Holkonius (Overbeck a. a. O. S. 259), insbesondere für eine Färberei. Es werden aber auch Einzelwohnungen im Obergeschoß vermiethet. In der casa del balcone pensile war eine aus drei erkerartig vorspringenden Zimmern (maenianum) bestehende Miethswohnung, von welcher, obwohl sie den Haupteingang mit dem Eigenthümer gemeinsam hat, die Privatwohnung, welche sich in ihrer äußeren Erscheinung sehr vortheilhaft von diesem unansehnlichen, schmucklosen, nothdürftig beleuchteten Miethsquartier abhebt, vollständig abgeschlossen werden konnte. Ein aufgefundener Helm weist auf einen pensionirten Gladiator als Bewohner hin (Overbeck a. a. O. S. 232).

Auf das Haus des Pansa soll sich eine Vermiethungsanzeige (Corp. Inscr. Lat. IV, 138 Jordan a. a. O. I, 1, S. 539, Nissen, pompejanische

auch heute noch im Gebiete des gemeinen Rechts ähnliche Zustände wie vor zwei Jahrtausenden in Rom bestehen, so wird man dem Beharrungs-

Studien S. 379, 600) beziehen, inhalts deren in der Insula Arriana Polliana von den nächsten Iden des Juli ab Ladenwohnungen (tabernae cum pergulis suis) und herrschaftliche Quartiere (cenacula equestria) zu vermiethen sind. Eine andere Vermiethungsanzeige (im Museum in Neapel, Corp. Inscr. Lat. IV, 1136, Overbeck a. a. O. S. 425 ff., Nissen a. a. O. S. 379, 600) kündigt an, daß eine Vermietherin auf ihren Grundstücken zu vermiethen hat ein elegantes Bad (balneum venereum) und 900 (!) tabernae, pergulae, cenacula. Interessant ist die Zeitangabe, von den Iden des August ab auf 5 Jahre hintereinander. Am Schluß stehen die bis jetzt noch nicht sicher erklärten Zeichen: S. A. D. L. E. N. C. (vgl. Mommsen bei Orelli-Henzen III. S. 469 u. Corp. Inscr. Lat. 1136).

Ueber Wohnungsverhältnisse und Wohnungsnoth in Rom enthält Vorzügliches die Schrift von Pöhlmann, die Uebervölkerung der antiken Großstädte im Zusammenhange mit der Gesammtentwickelung städtischer Civilisation dargestellt, Nr. 24 der Preisschriften der Fürstlich Jablonowski'schen Gesellschaft.

Im Einzelnen ist aber bezüglich des Wohnungswesens in Rom noch Manches dunkel. Vor allem ist der Gegensatz domus und insula, gewöhnlich mit Privathaus für einzelne Familien und Miethshaus für zahlreiche Inquilinen wiedergegeben, ebenso wenig wie die Einrichtung der insulae in sicherer Weise festgestellt. (Vgl. Becker und Marquardt, römische Alterthümer 5, 1, S. 226). Der Name insula (Richter a. a. O. 20, S. 91—100, Jordan, a. a. O. I, S. 541 ff.) rührt offenbar von dem ambitus her, den die einzelnen Gebäude nach Vorschrift der 12 Tafeln nach allen Seiten frei haben mußten. Es wird aber beibehalten, nachdem die Häuser hart aneinandergerückt sind. (Gelegentlich wird der Name insula auch auf das Häuserviertel (vicus) übertragen). Richter sucht unter Berufung auf 2 Inschriften (Orelli 4351 u. Corp. Inscr. Lat. VI, 2 n. 10 248) und eine Reihe von Berechnungen auf Grund des römischen Stadtplans nachzuweisen, daß später diese insulae vielfach unter mehrere Eigenthümer vertikal oder in anderer Weise getheilt gewesen seien, und daß auch die einzelnen Theile den Namen insula geführt hätten.

Die Reste des Stadtplans (vgl. Jordan, forma urbis Romae) können (nach einer Notiz des Herrn Professor Gilbert hier) die Unklarheit betreffs des Verhältnisses zwischen insulae und domus nicht heben, man kann verschiedene domus und lange Reihen von tabernae unterscheiden, während große Miethskasernen schwer nachzuweisen sind.

In Rom sind natürlich viel eher Wohnungen und andere Räume vermiethet worden, als es eigentliche Miethskasernen gab. Es wurden auch, obwohl das nur selten vorgekommen zu sein scheint, ganze domus vermiethet (z. B. Cic. ad Quint. fratrem 2, 3, 7). Dagegen ist es nicht üblich und wohl auch nicht angängig, ein solches Haus an mehrere Miethsparteien zu vermiethen. Daher darf der Nießbraucher die domus nicht durch Theilung in einzelne coenacula zu einer Miethswohnung umgestalten. Er kann sie nur im Ganzen (quasi domus) vermiethen. (fr. 13 § 8. D. de usufr. 7, 1.)

Einer der ältesten Fälle der Lokalmiethe wird die Vermiethung der in Staatseigenthum stehenden tabernae (Verkaufsbuden) gewesen seien, welche sich am Markt,

vermögen gewiß einen erheblichen Antheil daran zuschreiben. Letzterem ist es auch wohl zur Last zu legen, wenn nicht nur für Miethe und

---

unter den Hallen des Erdgeschosses fast aller öffentlichen Gebäude, namentlich der Theater und Circus fanden. (Jordan, Topographie der Stadt Rom I, S. 483.) Die tabernae der Wechsler und Fleischer sind schon im 5. Jahrhundert der Stadt vorhanden (Jordan a. a. O. I, 1, S. 500, Marquardt, Verw. 2. 146). Die Tabernen am forum wurden nach dem Brande vom Jahre 541 d. Stadt wieder aufgebaut (Livius 27, 11 a. E.).

Für die Entwickelung des Miethswesens bei Privathäusern müssen namentlich die in Pompeji gefundenen Verhältnisse den Hauptanhalt geben. Danach ist es wahrscheinlich, daß in Rom, ehe es zur Erbauung eigentlicher Miethskasernen kam, an den domus Räume angebracht gewesen sind, welche nicht mit dem Hauptgebäude in Verbindung standen, sondern ihren besonderen Eingang von der Straße hatten. Sie mögen von Anfang an nicht zur Vermiethung, sondern zur gratuita habitatio für Klienten und Freigelassene gedient haben; allmählich wird man aber zur unentgeltlichen, zunächst natürlich sehr prekären Ueberlassung übergegangen sein. Diese Nebenräume heißen tabernae, wenn sie zur ebenen Erde liegen; coenacula, wenn sie im oberen Stockwerk belegen sind. Im letzteren Falle pflegen sie ihre besondere Treppe zu haben. (Festus p. 54. coenacula, ad quae scalis ascenditur.) Eine derartige Einrichtung hatte, wohl noch nicht zu Miethszwecken, nach Livius 39, 14 schon im Jahre 566 der Stadt das Haus der vornehmen Römerin Aebutia. Um die Angeberin der Bacchanalien, die Dirne Hispala, im coenaculum super aedes sicher unterzubringen, wird die nach der Straße führende besondere Treppe verschlossen und ein besonderer Eingang von dem Haupthause her eingerichtet.

Es scheint nun, wenn ein Nichtfachmann eine Vermuthung äußern darf, als ob die Miethsräume in den insulae nicht nur die gleichen Namen (tabernae oder pergulae und coenacula), sondern auch die gleiche Einrichtung gehabt hätten, wie diese Nebenräume der domus. Daraus dürfte sich schließen lassen, daß das Miethshaus aus der domus herausgewachsen ist. Während auf der einen Seite Bürgerhäuser im alten Stil sich ganz freihalten von solchen Nebenbauten und allmählich zu Palästen für Vornehme und Reiche mit Vorhof und Park werden (Jordan a. a. O. S. 536), rückten andere Häuser näher aneinander, Nachbarhäuser werden dazu gekauft, die Zahl der tabernae und coenacula wird vermehrt (Jordan a. a. O. S. 537). Die eigentliche domus tritt in den Hintergrund, verschwindet vielleicht ganz. Die coenacula werden größer. Mancher miethet nun ein coenaculum, um dasselbe in einzelnen cubicula und exedrae an Aftermiether abzugeben (coenaculariam exercere, (fr. 5 § 1 D. de his qui effud. 9, 3). Einzelne Theile, das medianum (Flur) oder, wenn in fr. 5 cit. menianum zu lesen ist, der Altan können dabei gemeinschaftlich bleiben.

Vor allem aber zwingt schon zu Ende der republikanischen Zeit das Bedürfniß zu immer größeren Dimensionen. Die Häuser thürmen sich in einer bei der damaligen Bauweise (Holz- und Fachwerk) höchst gefährlichen Weise in vier und fünf Stockwerken auf. Man wohnt in Kellerwohnungen und unter dem Dache zusammengepfercht. Einstürze und Brände, bei denen eine Reihe von Miethern ihr Leben verliert, gehören zu den gewöhnlichsten Vorkommnissen. (Bekker-Marquardt, römische Alterthümer 5, 1, S. 226, Friedländer, römische Sittengeschichte I S. 25,

Pacht von unbeweglichen und beweglichen Sachen, sondern auch für Dienstmiethe und Werkverdingung eine gemeinsame Regelung dauernd bei=

Jordan, a. a. O. I S. 535, Pöhlmann, a. a. O. S. 89—99, Brissonius, selectarum ex iure civili antiquitatum lib. I cap. I, fr. 3 § 8 D. de in rem verso 15, 3. c. 1 C. de aedificiis privatis 8,10, Aurel. Victor epit. 13, Strabo 5 p. 235, Plinius 3, 67, Vitruvius 2, 17, Martial., 1, 117. Aber die alte Einrichtung ist in ihren Grundzügen geblieben, ja heute noch aus dem Alterthum herübergenommen, in Rom zu sehen. „Jedem, der zuerst nach Rom kommt, sagt Richter, a. a. O. 97, wird aufgefallen sein, daß der Unterstock der Häuser, selbst da, wo keine Kaufläden sind, in der Regel nicht aus Fenstern, sondern aus Thüren besteht." „Das Haus hat natürlich nur einen Eingang, alle übrigen Thüren führen in Einzelräume, die mit dem Hause in gar keinem Zusammenhang stehen. Gelegentlich führt aus dem unteren Raume eine Treppe in den darüberliegenden Mezzanino und damit ist denn die Wohnung abgeschlossen. Hier wohnen in schlechten Quartieren arme Handwerker und Handelsleute, in besseren werden sie zu Läden benutzt, der darüberliegende Mezzanin zum Lager, zur Werkstatt 2c." (vgl. auch Nissen a. a. O. S. 609). Die Parterrelocale (tabernae) sind nicht immer Läden, sondern auch Wohnungen für geringere Leute (taberna = omne utile ad habitandum aedificium, Ulpian. in fr. 183 D. de V. S. 50, 16, pauperum tabernas, Horat. Oden I 4, 13, Nissen a. a. O. S. 600). „In den tabernae oder pergulae hält der Argentarius seine Wechslerstube (Plin. 21, 8), der Künstler sein Atelier (Plin. 36, 84), der Lehrer seine Schule (Sueton. Aug. 94), der Händler seine Butike (Juvenal. 11, 136), hier nimmt die Meretrix ihre Besuche an (Plaut. Pseudolus 1, 2, 78, 92). (Notiz des Herrn Prof. Gilbert.) Die Straßen wurden in großem Umfange zu gewerblichen Zwecken mitbenutzt und dadurch der Straßenverkehr eingeengt (Martial. VII, 61, Pöhlmann, S. 78).

Auch in der insula werden noch gratuitae habitationes für Freigelassene und Clienten gegeben (fr. 5 § 1 D. de his qui effud. 9, 3. Legat einer taberna cum caenaculo in einer insula nebst Waaren, Werkzeug und Hausrath an den Freigelassenen Pardula nach fr. 7 D. de instructo vel instrum. legato 33, 7. Nissen a. a. O. S. 600). Im Wesentlichen dienen aber die insulae zum Erwerb durch Vermiethen (über die Art und Weise s. o. S. 322 A. 41).

Nach Jordans Ansicht soll insula in der Bedeutung von Miethswohnung vor Cicero nicht nachweisbar sein. Jedenfalls bildet aber, wenn nicht schon zu dieser Zeit, so doch sehr bald darauf der Ertrag der Miethshäuser einen bedeutenden Theil des Vermögens der Wohlhabenden (Jordan a. a. O. S. 537).

Ueber die Miethspreise finden sich folgende Notizen:

Sulla wohnt als junger Mann in knappen Verhältnissen für 3000 Sesterzen jährlich in einem Hause, dessen oberes Stockwerk ein Freigelassener für 2000 Sesterzen inne hat. (Plutarch, Sulla 1, 2, 4, Pernice, Labeo I S. 467, Meierotto, Ueber Sitte und Lebensart der Römer, 2. Aufl. II S. 104, Friedländer, Sittengeschichte III S. 78). — Aemilius Lepidus, der für eine Jahresmiethe von 2400 Sesterzen ein Haus gemiethet hat, wird wegen Verschwendung vor den Censor citirt (Vellejus Paterc. 2, 1 u. 10, Meierotto a. a. O. S. 105). — Coelius läßt auf den Vorwurf, er zahle 12 000 Sesterzen Miethe, entgegnen;

behalten wurde. Es war auch dieser Umstand mit Nothwendigkeit ein gewichtiges Hinderniß, wenn es sich darum handelte, Wohnungsmiethe und Ackerpacht so zu regeln, wie es dem speciellen, durch diese Einrichtungen zu befriedigenden wirthschaftlichen Bedürfnisse entsprach.

---

er gebe nur 4000 Sesterzen für eine Miethswohnung in der insula des P. Clodius (Cicero pro Caelio VII, 17, Meierotto a. a. O. S. 106). — Pomponius, in schlechten Verhältnissen, wohnt zur Miethe in einem Hause an der Tiber für 3000 Sesterzen (Bekker, Gallus I S. 63).

Bis zum Betrage von 2000 Sesterzen (435 M.) gingen die Miethsnachlässe Cäsars. Es ist das also die Wohnungsmiethe für die unteren Klassen (Sueton., Caesar 36, Dio Cassius 42, 51. 48, 9. Pernice a. a. O. I S. 467, Friedländer a. a. O. I S. 21).

Die Miethspreise sind also keineswegs gering. Juvenal klagt III, 166 über die hohen Preise für die armseligsten Wohnungen (vgl. auch Pöhlmann, S. 76, 84).

Für die untergeordnete Stellung des inquilinus spricht noch Folgendes: Der Vicewirth (insularius) bildete nach Richter a. a. O. S. 100 die unterste polizeiliche Instanz. Nach oben war derselbe dem Vicomagister verantwortlich. Der praefectus vigilum kann ihn geißeln lassen, wenn er die Feuerpolizei nicht genügend handhabt. (Rescript der Kaiser Severus und Antoninus nach fr. 5 D. de officio praef. vigilum 1, 15, Jordan, Topographie der Stadt Rom I, 1, S. 541.) Wie mag da erst mit den dem insularius untergebenen Inquilinen verfahren sein? Alles in allem: Zur Miethe wohnen im Wesentlichen die auf Korn- und Brotspenden angewiesenen 200 000 (Richter a. a. O. S. 97), die geringen Handwerker und Gewerbetreibenden, welche besonders zu schützen die herrschende Klasse nicht geneigt war.

Pöhlmann schildert (S. 88 ff. und 106 ff.) die sich üppig entfaltende Baustellenjobberei und das gewerbsmäßige Wohnungsvermietherthum. Das Haus sei zur Waare geworden; dem Eigenthümer sei es nicht um ruhigen Besitz, sondern um möglichst hohen Gewinn zu thun gewesen, sei es durch Vermehrung der daraus zu ziehenden Rente, sei es durch möglichst vortheilhaften und raschen Umsatz. Das Monopol der Hausbesitzer wurde zu Ungunsten der großen Masse der Bevölkerung ausgebeutet. Vermiether und Miether stehen im Verhältniß wie Herr und Höriger. Der Wohnungswechsel ist ein sehr starker. Die allgemeine Unsicherheit des Wohnens war eine der wirksamsten und nachhaltigsten Ursachen der Wohnungsnoth.

Daß zu diesen Zuständen ein Miethsrecht, welches den Miether im Allgemeinen und insbesondere jedem neuen Erwerber des Hauses gegenüber rechtlos machte, vortrefflich paßte, liegt auf der Hand Die römischen Juristen ließen es sich daher auch nicht verdrießen, mit ihren angeblich logischen Folgerungen aus der persönlichen Natur der Miethe und dem dinglichen Recht der Eigenthümer dem Dinge ein ehrbares juristisches Mäntelchen anzuziehen und die für jeden Unbefangenen klar zu Tage liegende Wahrheit zu verschleiern, daß der Verkäufer des vermietheten Hauses auf den Erwerber Rechte überträgt, die er bereits dem Miether eingeräumt hatte.

§ 3. Germanisches Recht.

Im Mittelalter erfolgte die zeitweise Ueberlassung von Ackergrundstücken und Häusern seitens des Eigenthümers an Nichteigenthümer in wesentlich anderen Formen als in denen der römischen oder modernen Miethe. Eine Zeitpacht oder Häusermiethe im heutigen Sinne hat sich erst verhältnißmäßig spät in Deutschland entwickelt. „Eine rein persönliche locatio-conductio nach römischer Weise“ sagt Arnold,[129]) „blieb dem Mittelalter fremd.“

In der älteren Zeit gab es in den Städten neben dem Eigenthum nur Verleihung zu hofrechtlichem Besitz an Unfreie gegen bestimmte Abgaben ohne dingliches Recht. Seit dem 12. Jahrhundert entwickelt sich aber aus dieser hofrechtlichen Verleihung die Häuserleihe an Freie, ebenfalls gegen eine übliche zu entrichtende ewige Rente, aber vererblich, veräußerlich (jedoch nur mit Zustimmung der Leiheherrn) und mit festem dinglichen Recht. Bei der Verleihung ist vielfach nur der Bauplatz vorhanden. Das Haus errichtet der Leiher, welcher häufig einen Theil des Bodens oder Nebengebäude weiter verleiht. Die Leihe steht offenbar der römischen Superficies[130]) oder Emphyteusis näher als der locatio-conductio, weshalb denn auch die geistlichen Gerichte, welche römisches Recht anzuwenden hatten, diese Häuserleihe unter die Grundsätze von der Emphyteusis brachten. Deutschrechtlich ist das Verhältniß als getheilte Gewere, als getheiltes dingliches Recht zu betrachten. Wie sich im weiteren Verlaufe der Entwickelung aus dem Leiherecht Eigenthum mit Zinspflicht und schließlich durch Ablösung des Zinses freies Eigenthum entwickelt hat, interessirt hier nicht.

Obwohl nun die Stadtrechte und Rechtsbücher öfter der Miethe als der Leihe gedenken, während bei den Urkunden das Umgekehrte der Fall ist, hat Arnold die Ueberzeugung gewonnen, daß die Miethe bis zum Ausgange des 14. Jahrhunderts zu den Seltenheiten gehört hat. Es sei auf Probe oder zu vorübergehenden Anlässen (Hoftagen, Messen) an Fremde vermiethet. Als dauerndes Verhältniß habe sie nirgends dem nach festen Verhältnissen strebenden städtischen Leben der älteren Zeit entsprochen. Mit der Beweglichkeit des Lebens gegen Ende des 15. Jahrhunderts in Folge der Vollendung der Geldwirthschaft und des Auf-

---

[129]) Das Folgende beruht auf Arnold, Zur Geschichte des Eigenthums in den deutschen Städten, insbes. S. 34—36, 49, 58, 141 ff., 153, 192, 196, 259, 303. Vgl. Arnold, Studien zur deutschen Culturgeschichte S. 270 ff.

[130]) Ausführung des Vergleichs bei Arnold, Eigenthum S. 196.

kommens von nicht an den Ort gebundenen Berufsständen sei die eigentliche Miethe häufiger geworden. In jüngeren Städten, namentlich Residenzstädten und Universitätsstädten, sei nun gleich damit angefangen. Es sei aber oft schwer, im einzelnen Falle Leihe und Miethe zu unterscheiden.[131])

Auch auf dem Lande[132]) handelt es sich ursprünglich nur um Verleihung an Hörige zu Hofrecht (schlechte Leihe auf Widerruf oder Herrengunst). Der Hörige hat bestimmte Lieferungen an Früchten, Federvieh, Eiern und Käse zu machen und unterliegt dem Besthauptsrecht. Eine weitere Stufe in der Entwickelung bildet die Landsiedelleihe.[133]) Anfangs ist dieselbe der Zeitpacht ähnlich. Durch längere Pachtperioden und regelmäßige Erneuerung wird dieselbe factisch erblich und nimmt den Charakter der Dinglichkeit an. Aus der Leihe zu Landsiedelleihe wird im 14. und 15. Jahrhundert vielfach die Leihe zu Mergelrecht, wenn das dem Landsiedel regelmäßig nicht zustehende Recht der Besserung hinzutritt, wenigstens soweit es auf das Mergeln ankam.[134])

Ueber diese Mittelstufen hinaus entwickelt sich dann die Erbleihe. Namentlich die stets erbliche Leihe zu Waldrecht hat von Klöstern und weltlichen Grundherren geübt ganz wesentlich zur Urbarmachung deutschen Bodens beigetragen.. Der Bauer, welchem gegen eine Jahresrente und mit dem Rechte der Besserung ein Stück Wald übergeben wird, um den Wald auszuroden, Haus und Hof zu errichten und das Uebrige in Ackerland zu verwandeln, erlangt eine Art Nutzeigenthum.

Leihe auf Zeit und Zeitpacht sind freilich ebenfalls schwer zu unterscheiden. Die römischen Fälle der locatio-conductio und Emphyteusis sind nicht ausreichend, um alle Fälle hiernach abzutheilen.[135])

---

[131]) Beispiele von Miethe und Pacht geben: Lörsch und Schröder, Urkunden zur Geschichte des deutschen Privatrechts Nr. 94 v. Jahre 1229 (Vermiethung eines Kellers zu Köln auf 8 Jahre), Nr. 139 v. Jahre 1299 (Vermiethung eines Hauses zu Frankfurt am Main auf Lebenszeit des Miethers), Nr. 158 v. Jahre 1329 (Verpachtung einer Mühle zu Wismar auf 4 Jahre), Nr. 198 v. Jahre 1379 (Verpachtung von Acker auf unbestimmte Zeit zu Wörth am Main).

[132]) Vgl. Arnold, Ansiedelungen und Wanderungen deutscher Stämme namentlich S. 545 ff., 580 ff.; dazu Geschichte des Eigenthums S. 34, 55, 145, 193.

[133]) Reiches Material bei Lennep, Abhandlung von der Leihe zu Landsiedelrecht.

[134]) Unter Besserung, welche beim Abzug vom Grundherrn vertragsmäßig vergütet werden muß, verstand man Mist und Mergel (Oberbesserung) und Gebäude (Besserung). Vgl. Arnold, Ansiedelungen S. 591. — Factisch kommt die Besserung auch bei der Landsiedelleihe in Betracht. Das. S. 583. Vgl. auch Sachsenspiegel II Art. 53.

[135]) Arnold, Eigenthum S. 193.

Das germanische Recht hatte, wie die Geschichte der Leihe zeigt, den Trieb, jede Ueberlassung einer Sache zum Gebrauche an Andere dinglich zu gestalten. Daher kann Heusler[136]) sagen: „Nicht nur die Pachtverhältnisse an Immobilien, sondern auch alle aus Miethe, Leihe, Hinterlegung entstandenen Gewaltverhältnisse über bewegliche Sachen sind im deutschen Recht dinglich gestaltet. Haus- oder Wohnungsmiethe, in der Art der römischen locatio-conductio gedacht und construirt, ist dem alten Recht unbekannt, jede Leihe bringt für den Miether ein dingliches Recht mit sich, und erst unter dem Einfluß des römischen Rechts ist in den Städten neben die dingliche Leihe die rein persönliche locatio-conductio getreten. Bei beweglichen Sachen stehen Vermiethung, Leihe (Commodat), Hinterlegung bezüglich der Beschaffenheit des Rechts des Empfängers der Sache auf gleicher Linie mit der Verpfändung, in allen Fällen erhält der Empfänger die Sache in seine Gewere und damit unter sein dingliches Recht." „Rein obligatorische Pachtverhältnisse im Sinne der römischen locatio-conductio hat das deutsche Recht nicht zur Erscheinung gebracht, denn es kennt eine Detention nur auf Seiten desjenigen, der kein Recht auf Innehaben hat (des Verwalters, Amtmanns), nicht aber auf Seite dessen, der auf Grund eines Rechtes inne hat. Wer die Nutzung des Gutes bezieht, hat die Gewere, und wer in Geweren ist, übt ein dingliches Recht aus. Der Bezug der Nutzung aus dem Gute mußte als Ausdruck einer Herrschaft über die Sache erscheinen, und die knappen obligationenrechtlichen Normen hätten hier in keiner Weise ausgereicht zu einer befriedigenden Gestaltung des Verhältnisses. Rechtlich und wirthschaftlich übrigens (beide Factoren greifen hier zusammen) war die dingliche Gestaltung von Anfang an nothwendig; rechtlich, weil, wo Nutzung war, auch Gewere und dingliches Recht sein mußte, wirthschaftlich, weil mit einer Leihe auf beliebige Kündigung der Ausbau des Landes nicht möglich gewesen wäre. Aus letzterem Grunde ist die ganze geschichtliche Entwickelung der Leihe eine fortlaufende Verstärkung des dinglichen Rechtes des Bebauers am Gute und ein Aufsteigen des ursprünglichen abgeleiteten Besitzrechtes zu vollem Eigenthum".

Nach dieser Darlegung sollte man annehmen, daß es keinem Zweifel unterliege, daß nach deutschem Rechte, ebenso wie bei der Leihe, auch bei Zeitpacht und Miethe dingliches Recht, Gewere an dem Miethsgrundstück vorhanden gewesen wären.[137]) Als feststehend betrachtet man das

---

[136]) Institutionen des deutschen Privatrechts I S. 378, II S. 178.

[137]) Vgl. über diese Frage Albrecht, Gewere S. 118, 278, Bluntschli,

jedoch nur hinsichtlich der Pacht. Es folgt das sowohl aus, freilich nur vereinzelten, Quellenbelegen, [138]) als vor Allem daraus, daß die allgemeine Voraussetzung für die Gewere: de it in nut unde in gelde hebbe [139]) bei der Pacht vollkommen zutrifft. Nach denselben allgemeinen Gesichtspunkten müßte aber auch dem Miether einer unbeweglichen Sache die Gewere zustehen, und wenn ihm dieselbe gleichwohl in den Rechtsquellen abgesprochen würde, so wäre das eine, aus der dargelegten geringen Bedeutung der Miethe und ihrer fast ausschließlichen Verwendung für vorübergehende Verhältnisse zu erklärende Besonderheit. [140]) Gleichwohl wird auch von Heusler dem Miether die Gewere abgesprochen. In Wirklichkeit kann aber die einzige, gegen die Miethsgewere ins Feld geführte [141]) Quelle, das Brünner Schöffenbuch, [142]) aus der Mitte des 14. Jahrhunderts, deshalb gar nicht in Betracht kommen, weil dieses Werk in stärkster Weise von romanistischen Anschauungen beeinflußt ist. [143]) Andernfalls müßte man auch dem germanischen Pächter die Gewere absprechen. Denn auch diesem will sie das Brünner Schöffenbuch nicht gewähren. [144]) Der Miether einer beweglichen Sache hat unzweifelhaft dingliches Recht an der Sache. [145])

In einer anderen Richtung scheint die germanische Pacht und Miethe schwächer zu sein, als die römische locatio-conductio. Nach dem

---

Deutsches Privatrecht § 54, Stobbe, Deutsches Privatrecht II § 72 u. III § 186, Rückert, Untersuchungen über das Sachenrecht der Rechtsbücher S. 131, Laband, Vermögensrechtliche Klagen S. 161 ff., Heusler, Gewere S. 114 ff. und S. 462, v. Brünneck, Zur Geschichte der Miethe und Pacht in der Zeitschr. d. Savignystift. f. Rechtsgeschichte, Germ. Abth. I S. 151 ff.

[138]) Darunter die später zu erwähnende Stelle aus Beaumanoir, les coutumes de Beauvoisis (34, 13).

[139]) Richtsteigs Landrecht, 26 § 6.

[140]) v. Brünneck a. a. O. S. 153.

[141]) Heusler, Gewere S. 119, vgl. S. 465. Institutionen II S. 9 spricht derselbe von späteren „Stadtrechten", jedoch ohne Citate.

[142]) § 284: Emphiteosis differt a locatione — quia iste possidet naturaliter sicut fructuarius sed conductor non. § 340: Rusticis eisdem interrogantibus diffinitive responsum est, quod possidet aliquis hereditatem vel rem aliam non solum, si ipse persona propria possideat, sed etiam, si ejus nomine possessione rei aliquis sit, licet etiam ille ejus juri subjectus non sit, qualis colonus est, vel inquilinus — ipse possidere videtur. Rößler, Die Stadtrechte von Brünn S. 130, 156.

[143]) Stobbe, Geschichte der deutschen Rechtsquellen 1 S. 527, Heusler, selbst a. a. O. S. 462.

[144]) Vgl. v. Brünneck a. a. O. S. 154.

[145]) Heusler, Institutionen II S. 10.

Recht des Sachsenspiegels [146]) sind die Erben des Verpächters an den auf Zeit geschlossenen Pachtvertrag ihres Erblassers nicht gebunden. Doch müssen dem Pächter die Früchte, welche nach deutscher Auffassung dem gebühren, welcher die Bestellung vorgenommen hat, ersetzt werden. [147])

Der Grund dieser Bestimmung [148]) liegt in dem s. g. Beispruchsrecht. Der Eigenthümer bedarf zur Veräußerung eines Grundstückes die Zustimmung der Erben. [149]) Eine Verpachtung ist eine partielle Veräußerung; sie ist daher ohne Zustimmung der Erben nicht wirksam, insoweit sie über den Tod des Verpächters hinaus den Erben den Genuß des Grundstücks entziehen würde. [150])

So ist die Bestimmung auf der anderen Seite geeignet, die germanische Auffassung der Pacht als eines dinglichen Rechtes und der Verpachtung als einer Disposition über das Grundstück ins Licht zu setzen. [151])

Vorstehende Bemerkungen sollen über die wirthschaftliche und juristische Bedeutung von Pacht und Miethe im deutschen Rechte die für den hier verfolgten Zweck erforderliche Orientirung geben.

Was nun die Frage der Einwirkung einer Veräußerung auf den Bestand des Pacht- und Miethsverhältnisses betrifft, so kann es bei der dargelegten späten Entwickelung dieser Institute nicht befremden, daß ältere Rechtsquellen über die Frage, ob Kauf Miethe brechen soll oder nicht, vielfach noch nichts enthalten. So schweigen die Hamburger

---

146) Anders nach altschwedischem Recht, v. Amira, Nordgermanisches Obligationenrecht I S. 625.

147) Sachsenspiegel III Art. 77 § 1: Dut en man sin lant beseiet ut to tinse oder to plege to besceidenen iaren, dat man't ime weder beseiet late; to svelker tiet he binnen den iaren stirft, man sal't den erven beseiet weder laten, wende he is in nicht lenger geweren ne mochte, wen die wile dat he levede. § 2. Die erven solen ok von der sat sogedanen tins oder plege geven jeneme, an den it gut geboret, als man jeneme solde, die it ut dede; wende it sines selves pluch nicht ne beging do he starf.

148) Lewis, Die Succession des Erben in die Obligationen des Erblassers S. 131 ff., Colberg a. a. O. S. 25, v. Brünneck a. a. O. S. 169.

149) Sachsenspiegel I Art. 52, Lewis a. a. O. S. 23.

150) Daher sagt die Glosse zu Sachsensp. III Art. 77: In welkem gude die vormider bedarf siner erven willen und vulbort, oft he dat verkofte, dar bedarf he ok eres willen, oft he dat dede umme bescheit. — Wente met der vormidinge muchte man den erven er egen also vaste entfernen, alse met vorkopende.

151) Auch der Nachfolger in der Pfründe ist an die von seinem Vorgänger geschlossenen Verpachtungen nicht gebunden. Vergl. die Urkunde Nr. 198 bei Lörsch und Schröder, wo für den Fall, daz ein ander cappelân den Pächter abe wolte drîben, Ersatz der Besserung stipulirt wird.

Stadtrechte von 1270 und 1292 über die Frage gänzlich. Auch die Revision von 1497 hat an dem Gesetzbuche in dieser Hinsicht nichts geändert. Dagegen findet sich in der von dem Leiter dieser Revision, dem Bürgermeister Hermann Langenbeck, verfaßten Glosse [152]) die Bemerkung, daß nach Hamburger Gewohnheitsrechte, im Gegensatze zum römischen Rechte, welches bekanntlich in Hamburg schon früh nicht nur studirt, sondern auch in Vorlesungen behandelt wurde, [153]) die Miethe dem Kauf vorgeht: De koper ysz ock plichtich to holdende dat bescheet in dem kope bespraken; so me denne hure moth holden de de vorkoper beschedeth, ut dicta L. Emptor, vele meer de de wonheyt effte recht bestediget; ghelik tho Hamborch schudt, dar hur brickt koep; dat ysz: hur gheyt vor sick al wert dat ghudt vorkofft, so moth de koper de hur dulden.

Das Statut von 1603 dagegen hat den Satz in den Gesetzestext selbst (II, 9, 13) aufgenommen: „Wann einer sein Hauß auff ein oder mehr Jahr verheuret hat, und mitlerweile dasselbige verpfendet, verkaufft oder sonst alienirt; so soll solcher Contract allezeit dem Heurer an seinem habenden Rechte und nach restierender zeit, unvorfenglich sein."

Das Hamburgische Stadtgebiet gehört zu der geringen Zahl gemeinrechtlicher Territorien, welche sich in dieser Beziehung bis auf die Gegenwart vom römischen Rechte frei erhalten haben. [154])

Die nordischen Quellen sprechen sich schon um die Mitte des 13. Jahrhunderts über die Frage aus.

Das jütsche Low von 1240 bestimmt in Buch 2, Cap. 32, Satz 3: [155]) „Hwilc hus ther man loeghoer thet oer hans eghet til leghoemal oer utoe." (Ein gemiethetes Haus wird für die Dauer der Miethe als ein eigenes geachtet.)

Das jütsche Low gilt noch heute in dem größten Theile Schleswigs mit über 360 000 Einwohnern. [156])

Aehnlich verordnet das danske low Christians V. von 1683. (V. 8, Art. 13): „Hvilket Huus mand lejer, det beholder og bruger hand som

---

152) Zu G. XIV, Lappenberg, die ältesten Stadt-, Schiff- und Landrechte Hamburgs S. 244.

153) Stobbe a. a. O. II S. 22.

154) Baumeister, Das Privatrecht der freien und Hansestadt Hamburg I S. 356.

155) Citirt in dem, allein noch vorhandenen, neueren dänischen Text nach Kofod Ancher, den Jydske Lovbog.

156) Roth, System des deutschen Privatrechts I S. 80.

sit eget, indtil Lejemaal er ude, og Leje gaar for Eje, til Fardag er ude, om end skiönt Ejermanden soelger Huset til een anden." (Welches Haus man miethet, das behält und braucht man wie sein eigenes, bis das Miethziel aus ist und Miethe geht vor Eigen, bis der Fahrtag aus ist, wenngleich der Eigner das Haus an einen Andern verkauft.)

Diese Bestimmung gilt im Deutschen Reich in den kleinen durch den Wiener Frieden von 1864 an Schleswig abgetretenen Gebietstheilen.[157])

Das im Jahre 1274 durch König Magnus Hakonarson publicirte Gesetzbuch für Norwegen bestimmte, daß der Pächter für die Dauer seines Vertrages unbeeinflußt durch eine etwaige Veräußerung im Besitz des Grundstücks bleibt. Die Stelle lautet nach v. Brünneck a. a. O. S. 145: Landslög VII, 1 — ef mathr leigir iörth af landz drotne. tha skal hann a theirri iörthu bua sua lengi sem vattar hans vitu at hann tok ser ardar mala. Nu tho at mathr gefi iörth sina etha seli. etha giallde etha skipti. tho skal sa hafa ardar mala sinner tok. (wenn Jemand pachtet Erde vom Landherrn, dann soll er diese Erde so lange bewohnen, als seine Zeugen wissen, daß er Pflugzeiten pachtete. Obgleich nun der Mann verschenkt seine Erde oder verkauft oder in Zahlungsstatt giebt oder theilungshalber überläßt, so soll jener seine Pflugzeiten haben, die er pachtete).

Nach altschwedischem Recht[158]) wird zwar durch den bloßen Eigenthumswechsel der Pachtvertrag nicht gebrochen. Nach Oestgötalagen (nach 1285) kann aber der neue Erwerber den Vertrag auffagen. Der Pächter hat dann nur Ansprüche an seinen Vermiether. Also im Wesentlichen römisches Recht. Uplandslagen (1295) und Westmannalagen (gegen 1320) lassen ein Abtreibungsrecht des neuen Erwerbers zu, wenn dieser das Gut selbst beziehen will. Dagegen bestimmt Södermannalagen (gegen (1325): Nu kan maþer iorþ þe giptaþ oer i skipti eller i köpe fa þa scal þoer gipt fore landboa sta. (Es kann einer Land, welches verpachtet ist, in Tausch oder in Kauf erwerben; dann soll die Pacht vor dem Pächter Bestand haben.)

Bei der Miethe scheint es bei der kurzen Dauer derselben und ihrer leichten allgemeinen Löslichkeit nicht zur Ausbildung von Specialregeln über den Einfluß der Veräußerung auf die Miethe gekommen zu sein.[159])

---

[157]) Roth, Deutsches Privatrecht I S. 84. Vgl. aber § 34 d. preuß. Ges. v. 27. Mai 1873.

[158]) Nach v. Amira a. a. O. S. 625. Für die Rechtsvergleichung ist es auch von Interesse, daß die älteren schwedischen Rechte Miethe und Pacht als Realverträge leicht zerbrechlicher Art auffassen, das. S. 320ff.

[159]) Vgl. über das Miethsrecht v. Amira a. a. O. S. 693ff.

Auch im südfranzösischen Recht findet sich der Satz „Kauf bricht Miethe nicht“ schon im 13. Jahrhundert. Es bestimmen die Coutumes von Toulouse v. 1283, de loc. et cond. Nr. 4:[160]) Est usus seu consuetudo Tolosae, quod si aliquis locaverit alicui domum, operatorium, casalem, vineam terram, seu aliquem alium honorem ad certum tempus quod locator per propriam mansionem vel per aliquod quod iste fecerit, post dictam collocationem sive sit venditio, impigneratio, donatio vel alienatio, vel aliquid aliud non potest ipse collator vel alius pro eo, vel ejus nomine revocare collocationem praedictam quousque tempus collocationis sit finitum.

Bei den deutschen Rechtsquellen des 13. und im Anfang des 14. Jahrhunderts, welche dem Kauf einen Einfluß auf das Gebrauchsrecht absprechen, handelt es sich vielfach noch um die Leihe; oder es bleibt doch zweifelhaft, ob Leihe oder Zeitpacht und Miethe gemeint sind. Dahin gehören:

1. Privilegium Friedrichs II. für Regensburg von 1230, § 14:[161]) Item quicunque civis acquisierit bona vel a monasteriis vel ab aliis quibuslibet personis, vineas, domos vel alias possessiones, ad spacium vitae unius vel plurium personarum, si contingat dominum cuius sunt bona vendere, vel infeudare, vel obligare illa, non minus habebit ille, qui acquisivit bona, in eisdem bonis iuxta quod dictum est ius, quod acquisivit, ei qui tunc bonis dominatur censum soluturus.
2. Handfeste der Stadt Freiburg im Uechtlande (Schweiz) vom 28. Juni 1249 § 69:[162]) Si aliquis burgensis aliquid, quod alter burgensis teneat, ab aliquo emerit, ipse burgensis possessor in eodem iure illud ab emptore tenere debet, quo iure tenebat a venditore.
3. Frankfurter Urkunde vom 18. October 1278 über eine erbliche Verleihung:[163]) Preterea si nos vendere contigerit ipsam pensionem, ius hereditarium apud dictos pensionarios remanebit et erit per omnia eis salvum, venditione huiusmodi non obstante.
4. Oberrheinischer Hoffessenvertrag von 1299:[164]) — mit dirre selben gedinge wird och die hovestat von den hoveherrn wegen ver-

---

160) Nach v. Brünneck a. a. O. S. 183.
161) Gaupp, deutsche Stadtrechte I S. 170.
162) Gaupp a. a. O. II S. 95.
163) Lörsch und Schröder a. a. O. Nr. 123.
164) Nach von Brünneck a. a. O. S. 149.

koft, enweg gegeben, oder swie sie verendert wirt, an swen sie gevellet, der sol den hovesessen diese gedinge stete lan.

5. Handfeste von Burgdorf v. 1316 § 109. Beinahe wörtlich wie die Freiburger Handfeste.[165])

In anderen Quellen ist die Beziehung auf Miethe und Zeitpacht klar:

1. Stadtrecht von Brilon von 1290 Nr. 4 [166]): Item laudamus, arbitramur ac arbitrando statuimus, quod nullus burgensium nostrorum debet alium nostrum burgensem circumvenire vel supplantare emptione vel conductione in agris vel in decimis intra annos quibus conductor aut emptor agrorum vel decimarum debet eorum redditus possidere.
2. Appingadammer Bauernbrief von 1327, § 4 [167]): Item si quis domum vel aream locatam vendiderit, conductor possidebit eam, usque ad terminum anni, quem conduxit.
3. Goslarer Statut aus der Zeit vor 1359 [168]): Sat en en hus ut, — dat ne mach he nicht mer bekomeren, he ne hebbe dat ghelost: he ne mach it ok nicht vormeden, denne bente uppe de tyd dat it up gheboden wert unde des vrede ghewarcht is. — Wanne dat al overgan is, so ne mach is de nicht leng gheweren de dat ut ghesat heft an medinghe oder an anderen dinghen, it ne si de medinghe gheschen — er der sattinghe — dat mot he deme irlekghen deme he de sattinghe ghedan heft.
4. Rechtsbuch nach Distinctionen aus der zweiten Hälfte des 14. Jahrhunderts II, 4, 5 [169]): Had eyn man sin hus adder sin eygen vormid, unde vorkouft daz sint der zeith: der daz gemit hadd, der had sin ingedinge. Wulde on der abetribe, der is gekouft hette, des en sal nicht sin.
5. Ein Bremer Schöffenspruch aus dem Jahre 1375.[170])

Der Fall ist dadurch interessant, daß der Satzungsgläubiger das Grundstück verpachtet hat. Es wird entschieden, daß der Eigen-

---

[165]) Gaupp a. a. O. II S. 131.

[166]) Seibertz, Urkundenbuch zur Land- und Rechtsgeschichte von Westphalen I Nr. 434 S. 526.

[167]) Richthofen, Friesische Rechtsquellen S. 296.

[168]) Stobbe, Geschichte der deutschen Rechtsquellen I S. 518, Göschen, Die Goslarischen Statuten S. 24 Z. 19.

[169]) Stobbe a. a. O. I S. 411, Ortloff, Das Rechtsbuch nach Distinctionen S. 118.

[170]) Oelrichs, Sammlung alter und neuer Gesetzbücher der Stadt Bremen S. 155.

thümer auch nach Einlösung der Pfandschuld gehalten ist, die Verpachtung gelten zu lassen.

Das spätere Bremische Recht ist zu dem Grundsatz „Kauf bricht Miethe" übergegangen. Doch ist der Vermiether im Falle des Verkaufes zur Zahlung der Jahrschaar (Jahresmiethe) als fester Entschädigung verbunden [171]).

6. Vor allem aber verdient bemerkt zu werden, daß das vorerwähnte Brünner Schöffenbuch, obwohl es sich hinsichtlich des Besitzes des Miethers oder Pächters auf den römischen Standpunkt gestellt hat, den Satz „Kauf bricht nicht Miethe" festhält (§ 139) [172]):

Si hospes domum ante finem conventionis commodi inquilini vendiderit, propter hoc inquilinum a commodo, quod convenit, excludere non valebit, sic sententiatum est in consilio civitatis.

Aus der Zeit nach 1400 stammen:

1. Züricher Rathserkenntniß von 1487 [173]): Uff hütt haben sich min herren beid Rät erkennt: von den hüser keller und sölicher gemachen wegen, so man verlicht, also das mit welichen gedingen ouch was zyts und zilen yeman dem anndernn söliche ob gemellte gemach licht, das ouch der so empfacht by sölichen gedingen zilen und zit bliben und Im die also gelassen werden söllen, ungehindert ob die deren sy sind, söliche gemach verkoufften oder selbs dar In ziechen wöllten, dann es nit des minder by der lichung die zil und zit, so einer empfangen hat, an allen abbruch bliben sol.

In späterer Zeit ist in Zürich der Satz „Kauf bricht Miethe" in der Weise durchgedrungen, daß auch das obligatorische Verhältniß zwischen Miether und Vermiether durch den Kauf aufgelöst wurde. [174])

2. Ostfriesisches Landrecht v. 1515, [175]) II. Cap. 270:

„Huera is vaster, den Koep. Wairumme, we den andern Lant verhueret, so mach he em dat nicht nemen, so lange alse syne Jaermaelen dueren; Und de Huermann sall syne Huera wol betaelen. Will he dene dat Lant averst nicht laten, so sall

---

171) Post, Entwurf eines gemeinen deutschen und hansestadtbremischen Privatrechts II S. 139.

172) Rößler a. a. O. S. 71.

173) Bluntschli, Staats- und Rechtsgeschichte der Stadt und Landschaft Zürich 2 S. 271 (279).

174) Bluntschli a. a. O.

175) Stobbe a. a. O. 2 S. 345, Wicht, Das ostfriesische Landrecht S. 588.

he ick eme vor Neye Jaer upseggen, und geven em ein Jaer Huera, indeme he dat einen andern will verhueren. Dan will de Lant-Herr dat sülven bruicken, so mach men dan den Hueman up Meye affdryven, eder mit Rechte affkündigen; is Lant-Recht. Van Huiß-Huera ist oek als vorgeschreven."

Diese Bestimmung verdient besondere Beachtung. Auf der einen Seite statuirt das Ostfriesische Recht eine große Zerbrechlichkeit der Miethe. Der Vermiether kann durch Kündigung vor Neujahr den Heuerling ohne Rücksicht auf die ihm zustehenden Heuerjahre zum nächsten Mai abtreiben, und zwar sowohl dann, wenn er das Land selbst gebrauchen will, als auch dann, wenn er dasselbe an einen Andern zu verheuern wünscht. Der Unterschied zwischen beiden Fällen ist nur der, daß in dem letzteren Falle eines Jahres Heuer als Entschädigung gegeben werden muß. Auf der anderen Seite gilt aber der Grundsatz: Heuer ist fester als Kauf. Kauf und Eigenthumswechsel sind an sich ohne Einfluß auf den Bestand der Heuer. Natürlich ist aber die Stellung des Heuerlings gegenüber dem neuen Erwerber ebenso zerbrechlich, wie sie es gegenüber dem ursprünglichen Vermiether war. Auch der neue Erwerber kann den Miether nach vorgängiger Kündigung zum nächsten Mai mit oder ohne Entschädigung austreiben, wenn er das Grundstück anderweit vermiethen oder selbst benutzen will.

3. Jülichsches Landrecht v. 1537 Art. 14, 2 [176]): wan neir eyner syne Erffschafft zoo zemliche jären zo pacht uys dede, und verkouffde dairnae eyme anderen — dieselvyge Erffschafft, so sal der gelder schuldich syn, die pachtjaren deme pechter zo halden.

4. Das Verdener Statut v. 1582 bestimmt unter der Ueberschrift „Koep breckt Hure" (Stat. 12): So jemand dem anderen sin erve offte huesz verhüret, binnen Verden, betagede he dat erve, also dat he darin hedde rock und kost, de möchte siner hure bruken sine tidt uth, hedde he averst dat erve nicht betaget, und wurde dat erve verkofft, so ginge koep vor hure, men so scholde men dem gennen, de dat erve hüret hedde, de halven hüre wedder keren, do der tidt alse de hure ümme kamen were.

Die Festigkeit der Miethe beginnt hier also erst mit der Einrichtung der Wirthschaft in dem gemietheten Hause.[177])

[176]) Nach v. Brünneck a. a. O. S. 181. Das Gegentheil bestimmt das Jülich-Bergische Landrecht von 1555, s. u. S. 371.

[177]) v. Brünneck a. a. O. S. 144. — Rudorff, Hannoversches Privatrecht S. 364 führt die Vorschrift als noch heute geltendes Recht auf.

5. Statuten von Arnsberg,[178]) erneuert 1608, Nr. 24: Ist bynnen Arnssperg uber lebendiger menschen gedencken herbracht, das kein Burger dem andern, ess sey gleich was ess woll, underkauffen oder underwinnen, sonder wer der erster im Kauf oder etwas im niesslichen gebrauch hatt, das derselb dabei gelassen werden soll, ess were dan sach, das der Keuffer durch des verkeuffers negste Blutzverwandten von dem Kauff, wie sich zu Recht gebürtt, abgetrieben würde.
6. Geldern'sches Landrecht v. 1619, IV, 4 § 1 Nr. 6[179]): Al is dat een Huys verkocht oft anderssints wegh gegeven is, soo moet nochtans den Huerlinck, des niet tegenstaende, sijn Huer gebruycken, soo langh die duert, al waert oock saecke dat het Huys oft Erve by Executie verkocht waere, overmits dat Huere, naer deses Quartier recht, voor Coop gaet.
7. Mainzer Landrecht von 1755, 27 § 3:[180])
„Kein Beständer kan vor der Zeit aus der Possession gesetzet werden, obschon ein Gut oder Hauß wäre verkaufft worden."
8. Die noch jetzt in Kraft befindliche Braunschweigische Landesherrliche Verordnung vom 25. October 1760[181]) bestimmt: „Wenn Jemand sein Haus oder andere Grundstücke mieth- oder pachtweise, auf gewisse Jahre austhut, und einen schriftlichen Contract darüber errichtet hat, so soll dem Conductori insofern ein jus reale dadurch zustatten kommen, daß er, wenn das Haus oder anderes Grundstück während der Zeit verkauft wird, dem Käufer zu weichen nicht schuldig, vielmehr dieser ihm den Contract auszuhalten verpflichtet sein soll; es wäre denn, daß in dem Mieth- oder Pachtcontracte ein anderes ausdrücklich festgesetzt wäre. Wenn aber über die Miethe oder Pacht kein schriftlicher Contract errichtet ist, so ist zwar der Käufer befugt, dem Conductori während der Mieth- und Pachtzeit die Pacht aufzukündigen; jedoch ist er in solchem Fall schuldig, demselben es ein ganzes Jahr vorher wissen zu lassen, wenn er ausziehen oder die Pacht verlassen soll."

---

178) Seibertz a. a. O. III Nr. 1039.

179) Maurenbrecher, Die Rheinpreußischen Landrechte II S. 475, 814.

180) Citirt nach Kraut, Grundriß § 136. Stobbe, Handbuch des deutschen Privatrechts III S. 259 citirt dieses Recht für die entgegengesetzte Regel, ebenso Bertram, Nassauisches Privatrecht S. 368.

181) Fredersdorff, Promtuarium der Fürstlichen Braunschweig-Wolfenbüttelschen Landes-Verordnungen Th. I S. 306.

9. Nach der ebenfalls noch jetzt gültigen Nassau-Usingischen Verordnung vom 16. März 1763 für die altoranischen Theile von Nassau[182]) soll, „wenn Jemand sein Haus oder andere Grundstücke zc. auf gewisse Jahre austhue, und einen schriftlichen Contract errichtet haben werde, dem conductori insoferne ein ius reale dadurch zu statten kommen, daß er, wenn das Haus oder andere Grundstücke zc. während der Zeit vom locatore verkaufet würden, dem Käufer zu weichen nicht schuldig, vielmehr dieser ihm den Contract auszuhalten verpflichtet sein solle, es wäre denn, daß in dem Mieth- oder Pachtvertrag ein anderes ausdrücklich beiderseits beliebet und festgesetzt wäre".

Für das holländisch-belgische Recht theilt v. Brünneck[183]) folgende Quellenstellen mit, welche den Satz „Kauf bricht nicht Miethe" zum Ausdruck bringen:

1. Willkür von Amsterdam vom 28. April 1459: soo wie enig huys verhuert of huert, die huere sal vast moeten staen also lange als dat huys verhuert is, al waer't sake, dat't selve huys na verkoft worde etc.
2. Coutumes de Tournay v. 1522, XXI 1: Tous les louages de maisons ou autres héritages situez en ladite ville et banlieu d'icelle faits et passez par devant Echevins tiennent, et vaillent tellement que durant iceux il n'est en la puissance du seigneur des dits maisons et héritages louez soit par vente ou autre contract faire partir ou vuider les louages.
3. Landrecht von Overyssel (gedruckt 1630) II, 9 Art. 3: Koep of eenige andere alienatie en breeckt geen huyre. Art. 4: Maer gebeuerde het dat een verhuyrt goet by executie verkoft worde, so gaet koop vor huyre.
4. Coustym. ende usantien der stadt van Thienen (Tirlemont) c. VIII art. 15: huere gaet vor koop, inder vuegen dat den kooper den huerlink niet en mach expelleren duerende sijne hueringhe, die hy te voren wettelijck gheduen hoeft.

Ferner citirt von Brünneck die Stadtrechte von Mecheln (1535), Brüssel, Gent, Antwerpen, Brügge und Nieuport, das Landrecht von

---

182) Corp. const. Nassov. S. 171. Nach der Entscheidung des Berliner Obertribunals (Fenner und Mecke, Entscheidungen 8 Nr. 99 S. 263) ist die Vorschrift durch § 8 des Stockbuchgesetzes v. 15. Mai 1851, welches für die Gültigkeit eines Titels zum Erwerbe eines binglichen Rechts an Immobilien Eintragung ins Stockbuch verlangt, nicht aufgehoben. A. M. war Bertram a. a. O. S. 368.

183) a. a. O. S. 143, 146, 157, 186. 185.

Drenthe, die Coutumes de Baillard, de Courtray, van Lyere, van Gheel, mit dem Bemerken, daß diese Rechte zum Theil verlangen, daß der Miethsvertrag vor den Schöffen abgeschlossen wird, daß ferner ein Theil derselben, ähnlich wie der erwähnte Bremer Schöffenspruch, den Eigenthümer verpflichtet, auch die vom Nießbraucher ausgehende Verpachtung oder Vermiethung anzuerkennen, sofern sich dieselbe innerhalb gewisser Grenzen (3—9 Jahre) hält, daß endlich ein Theil derselben im Falle der Zwangsversteigerung den Miether zur Räumung nach bestimmter Frist verpflichtet.

Auch Hugo de Groot[184]) stellt als niederländisches Recht den Satz hin, dat oock den kooper de huyre by synen verkooper ghemaeckt moet laten volghen.

Ebenso bezeugen Simon van Groenewegen[185]) und Simon van Laeuwen[186]) den Satz „Kauf bricht nicht Miethe" für Belgien und Holland, ersterer unter Beschränkung auf gerichtliche Miethverträge und Privatmiethverträge von einer Dauer unter 10 Jahren.

Daneben findet sich nun aber auch in deutschen und verwandten Rechtsquellen der Satz, „Kauf bricht Miethe", und zwar entfernen sich die meisten dieser Quellen insofern inhaltlich vom römischen Recht, als hier der Satz wörtlich genommen wird. Durch die Veräußerung wird das Miethsverhältniß aufgehoben. Von einer Entschädigung wegen Contractbruchs ist, namentlich in den älteren Quellen, nicht immer die Rede. Während die Regel in französischen[187]) Rechtsquellen ebenso wie in den bereits erwähnten schwedischen Gesetzen[188]) bereits gegen Ende

---

[184]) Inleiding tot de Hollandsche Rechts-Geleertheyt III, 19 a. E.

[185]) Tractatus de legibus abrogatis, Nijmegen 1664, zu c. 9 C. 4, 65 S. 160.

[186]) Censura forensis theoretico-practica, Amsterdam 1678.

[187]) Beaumanoir, Coutumes de Beauvoisis XXXIV, 13 für den Fall, daß der Pächter nicht eingewiesen ist par le segneur de qui le terre muet. Der Verfasser fügt dem berichteten Fall hinzu: „Et par cel iugement pot on veir, qu'il a plus de peril en penre autrui terre à ferme, ou à louage, ou à engagement, que moult de gens ne pensent. Er betrachtet also die Entscheidung als etwas Auffälliges. Dazu v. Brünneck a. a. O. S. 153, Heusler, Gewere S. 352. — v. Brünneck S. 173, 175 berichtet ferner über die Assises de Jérusalem, die Coutumes de Limoges und die Coutumes de Bayonne, nach welchen der Vermiether aus dem Umstande, daß er verkaufen will, ähnlich wie aus dem Umstande, daß er das Haus selbst gebraucht, einen Grund zum Rücktritt von dem Vertrage entnehmen kann. Letztere bestimmen (VII. 4): si le locateur met dehors le conducteur avant le terme, le conducteur ne paye rien pour raison du temps, qu'il y a demeuré auparavant. 5. Et s'il avait payé au commencement, luy est rendu par le locateur, pour raison du temps qu'il s'en faut du louage.

[188]) s. o. S. 361.

des 13. Jahrhunderts ausgesprochen ist, sind die bekannten deutschen Quellen, welche den Satz enthalten, erst aus der Zeit von 1400 und später.[189])

Das Nähere ergiebt folgende Zusammenstellung.

1. Das Billwärder Landrecht aus der Zeit um 1400[190]) besagt in Art. 65: Koep de drift hure up, wo de koep schee veer weken vor sunte Peters daghe. Schuet he na der tyd, so mach men der hure bruken beth to deme anderen sunte Peter ad Cathedram.

Also Auflösung des Miethsvertrages mit vierwöchentlicher Kündigung, jedoch nur zu Petri Stuhlfeier.

2. Das Altdithmarser Landrecht von 1447 bestimmt in § 149:[191]) „Vortmer vri kop mach arfhure vp driuen, malk se wes he hure vnde köpe."

Den Satz wiederholt mit einem Zusatz wegen des Antheils des

---

189) v. Brünneck a. a. O. S. 141 findet die Regel schon ausgedrückt in § 40 des Emsinger Pfennigsschuldbuchs (aus dem Anfang des 14. Jahrhunderts). Der Paragraph lautet nach v. Richthofen, Friesische Rechtsquellen S. 209: Her is fester sa thi cap, hit ne se thet ma thet wrcapie ieftha wrwixlie, thach sa sckel thi thet bruke, ther thet herd heth, thet ier wr; anda thi nime tha here, ther hit capad ieftha wixlad heth. Das heißt also wörtlich übersetzt: „Heuer ist fester als der (v. Brünneck läßt den Artikel fort) Kauf, es sei denn, daß man das verkauft oder vertauscht, so soll doch (v. Brünneck übersetzt dann) der es brauchen, der es gepachtet hat, das Jahr über, und der nehme die Heuer, der es gekauft oder eingetauscht hat." — Der Satz „Heuer ist fester als der Kauf, es sei denn, daß man das verkauft" ist offenbar widersinnig. Auch durch den Zusammenhang mit den vorhergehenden Paragraphen wird, wie gegen v. Brünneck anzunehmen ist, dieser Widerspruch nicht beseitigt. Durch denselben kann nur, wie im ostfriesischen Landrecht (s. o. S. 364) die Regel Kauf bricht nicht Miethe, nicht aber die entgegengesetzte bezeichnet werden. Herr Professor Möller in Kopenhagen (Specialist für die friesische Sprache) tritt mir darin völlig bei und bemerkt: „Das ne ist entweder zu streichen oder vielleicht nu statt dessen zu setzen. Vor oder nach dem Zwischensatz hit — wrwixlie kann man Semikolon statt Komma setzen. Das folgende „doch" macht hier auch Streichung des ne notwendig. Also: „Hêr is fester sa thî (dieser Artikel hier dem Sinne nach nicht überflüssig) cap; hit (nu?) sê thet ma thet wrcâpie ieftha wrwixlie; thach u. s. w." „Heuer ist fester als der Kauf; sei es nun, daß man das verkauft oder in Tausch giebt, so soll doch der es brauchen u. s. w." — Meine Bemühungen, von der, angeblich in Leeuwarden befindlichen Handschrift Einsicht zu erlangen, sind bis jetzt erfolglos geblieben. — Hiernach muß die Stelle zu den Belegstellen für die Regel „Kauf bricht nicht Miethe" gerechnet werden.

190) Lappenberg a. a. O. S. CLII, 340.

191) Michelsen, Sammlung altdithmarscher Rechtsquellen S. 50, 125, v. Brünneck a. a. O. S. 141.

Pächters an der Frucht das Landrecht von 1539 Art. 104, ferner das von 1567 in Art. 79 § 5.

3. Das Eisenacher Rechtsbuch[192]) aus der zweiten Hälfte des 15. Jahrhunderts verordnet (III, 31), unter ausdrücklicher Hervorhebung dieser stadtrechtlichen Abweichung von dem Rechtsbuch nach Distinctionen, welches im Uebrigen die Grundlage dieses Rechtsbuches bildet: Hat eyn man sin hucz adir eigin vormit, vorkoift her daz, der kouf tued di mite abe.

4. Das Rechtsbuch Johannes Purgoldt's von 1503 (II, 46)[193]) besagt: Had eyn man sein hues adder sein eigin vormitit, und vorkoufft her das darnoch, der kouff der thud die mithe ab. Auch in den nachfolgenden Bemerkungen stimmt dasselbe fast wörtlich mit dem Eisenacher Rechtsbuch überein.

5. Die Nürnberger Reformation v. 1522, Tit. 25, Ges. 2 sagt:[194]) „Wo aber der Hinlasser eins hawß, oder gemachs daß selb hawß in der zeyt der bestentnuß verkaufte, in fürsatz daßselb durch den Besteer zerawmen, vor außgang der Jare oder zeyt seiner bestentnuß, und so dann der hinlasser söllichen seinen verkauff dem Besteer nach sant Walpurgen tag und vor aller Heyligen tag kundtlich zewissen thut, So soll der Besteer söllichs hawß oder gemach rawmen, und seyner bestentnuß absteen auff den nechsten sant Walpurgen tag darnach volgende, und so er aber söllichs dem Besteer vor erscheinung aller Heyligen tag, alsdann man pfligt hewser ze besteen, nit zü wissen thut, So mag der Besteer den negstnachvolgenden sant Walpurgen tag biß alßdann über ein Jar darinnen bleyben, wo sich anders die bestentnuß so verr oder lenger streckte."

Die erneute Reformation von 1564 (II, 17, 7) hat den Räumungstermin für den Fall der Anzeige vor dem 1. November auf dem nächsten 1. Mai belassen, dagegen für den Fall der Anzeige nach dem 1. November von dem übernächsten 1. Mai auf den nächsten 1. November verlegt und außerdem bestimmt: „und steet dem besteer bevor, seinen schaden, der jme aus solcher verenderung und raumung entstanden, von dem hinlasser zu erfordern und zu erholen."

---

192) Ortloff, Das Rechtsbuch nach Distinctionen S. 711 u. LIV, Stobbe, a. a. O. I S. 416.

193) Ortloff, Das Rechtsbuch Johannes Purgoldt's S. 67, Stobbe, a. a. O. II S. 144.

194) Nach dem Exemplar der hiesigen Universitätsbibliothek.

6. Das Jülich-Bergische Landrecht von 1555,[195]) Cap. 106 Abs. 10 besagt: „Zum vierdten, dieweil die Erbkäuff die Pacht brechen, so ist der Käuffer dem Jahr-Pächter sein Jahrzahl außzuhalten nicht schuldig. Was Schaden aber derwegen dem Pächter darauß entstehen würde, hat er sich an dem Verkäufer zu erholen."

7. Die Neumünsterschen Kirchspielsgebräuche von 1567 Art. 43 bestimmen: „Verkauffte einer ein Gut, darauf der Heuerling gesessen, so ist der Käuffer nicht schuldig, dem Heuerling die Zeit zu halten — denn freyer Kauf treibet Heuer auf, ob auch des Hauses Herr Acker verheuert, und er verkauffte denselben vor Verfließung der Heuerzeit, der Heuerling aber hätte Mist darin und er mußte davon ehe er den Mist ausgebaut hätte, so soll dem Heuermann der Mist bezahlet werden."

Ebenso das Stadtrecht von Grabow.[196])

8. Den Satz enthält ferner das Eiderstädter Landrecht von 1572 Th. III Art. 32 § 5.[197])

9. Ebenso das Hadelner Landrecht von 1583 tit. XVI[198]): „Da einer ein Gut, das zur Häur ausgethan, verkaufte, ist der Verkäufer dem Häuerling die Zeit zu halten nicht schuldig, nach demmahle Kauf Häuer auftreibet, es wäre denn sonst vorher anders beredet und beschieden; da aber einer den Acker, den er zur Häur ausgethan, verkaufte, und der Häuerling Gare darin hätte und vom Acker treten müßte, ehe denn er die Gare daraus gebauet, soll man die Gare dem Häuermann nach Landrechte aufrichten und bezahlen" u. s. w.

10. Das lübische Recht enthält weder in den älteren Fassungen noch in der revidirten Ausgabe von 1586 etwas über die vorliegende Frage. Nur das Rechtbuch des Joachim Kolle,[199]) bekanntlich eine ganz unzuverlässige Arbeit, enthält den Satz: Wol dem anderen acker vorhüret up gewisse jare, unde binnen

---

[195]) Maurenbrecher a. a. O. I S. 297, welcher dabei bezeugt, daß der Pächter die gesäten Früchte ernten darf.

[196]) Beides nach v. Brünneck a. a. O. S. 174, 175.

[197]) Nach v. Brünneck a. a. O. S. 141.

[198]) Rudorff, Hannov. Privatrecht S. 361, v. Brünneck a. a. O. S. 173 bemerkt, dieses Recht sei in den hier fraglichen Partien vom römischen Recht durchaus unberührt. Nach Stobbe, Deutsche Rechtsquellen (II S. 339) enthält dasselbe einzelne römische Sätze.

[199]) Vgl. Hach, Das alte Lübische Recht S. 155, 588.

der tydt densülvigen einem andern vorkofft, so ys de köper nicht schüldich, de hure uth tho warende.

11. Den gleichen Grundsatz hat das Mecklenburgische Stadtrecht von 1589.[200])

12. Ferner die Katzenelnbogener Landesordnung von 1591 I, 6 § 4, 15—17.[201])

13. Das Mindener Statut bestimmt:[202]) „Es gehet nach dem alten Gebrauch Kauff vor Miethe oder Heuer, jedoch soll der Heuerlinge in diesem Fall ein halb Jahr zu vor die Aufkündigung geschehen."

14. Das Wildenburgische Landrecht von 1592/1607 II, 6 § 16 besagt:[203]) „Zum fünften, wenn auch der Verleiher das bestandene Guth in wehrendem Bestandt einem andern erblich überläßt oder verkauft, so hat der Verkäufer Macht den Beständer auszutreiben, und ist an den Bestandt nicht gebunden, es wäre dann im Kauf also ausgedinget.

Die §§ 17 und 18 ordnen die Schadensersatzforderung gegen den Verleiher.

15. Das Württembergische Landrecht v. 1610 II 17 § 5 verordnet: „Wenn aber der Verleiher solches Gut verkauft, oder sonst alienirt und verändert, sind diejenigen, welchen solches Gut verkauft oder sonst zugeeignet worden, nicht schuldig, den Bestand zu vollziehen." Im Weiteren wird das nisi ea lege emit und die Schadensersatzforderung des Vermiethers besprochen. Man giebt in Württemberg auch dem Miether ein Rücktrittsrecht.[204])

16. Das Churcölnische Landrecht, Rechtsordnung von 1663;[205]) XIV, § 6 bestimmt: „Weil vermög der gemeinen Rechten die Erbkäuf die Pfachtungen brechen, so soll auch in diesem Erzstift der Käufer dem Pfächter die Jahrzahl seiner Pfachtung auszuhalten nicht schuldig seyn, sondern in den Städten der Pfächter gleich in drey Monaten nach verkündetem Kauf aus dem Haus: auf dem Land aber von den gepfachteten Gütern auf das nächst-

---

[200]) Nach Stobbe, Deutsches Privatrecht III S. 259.

[201]) Nach Stobbe a. a. O.

[202]) Nach Hertius, opuscula III p. 482.

[203]) Maurenbrecher a. a. O. II S. 401.

[204]) Vgl. Reyscher, Das gem. u. württemb. Privatrecht II S. 300, Wächter, Handbuch des im Königreich Württemberg geltenden Privatrechts II S. 308.

[205]) Maurenbrecher a. a. O. I S. 449.

folgende Fest Cathedrae Petri weichen, jedoch hat er sich des Schadens halber, so ihm daraus entsteht, an dem Verkäufer zu erholen."

Aus der Erläuterung von 1767 ergiebt sich, daß der Miether vor der insinuatio contractus oder der adhaeredatio nicht zu weichen braucht, ferner, daß der Pächter auf dem Lande, wenn der Kauf in den letzten drei Monaten vor Petri Stuhlfeier erfolgt, bis Petri Stuhlfeier im folgenden Jahre bleiben kann.

17. Das Churtriersche Landrecht von 1713 XIX[206]) besagt § 4: „Wiewohlen nach den gemeinen Rechten Kauf Lehnschafft oder Mieth bricht, wobey es auch ordentlich zu halten, so hat solches dennoch unter anderen seine Abfäll; erstlich wann der Beständner zu Besthaltung deß Contracts sich mit einem General- oder Special-Unterpfandt auff dasselb verlehntes Gut versehen hätte; zum andern wann das Gut auf zehen Jahr oder längere Zeit bestanden worden; in welchen beyden Fällen auch der Käuffer den Beständnern in Zeit währender Beständnuß nicht vertreiben mag.

§ 5. Obwohlen nun in denen Fällen, wo Kauff vor Mieth gehet, der Beständner das bestandene Gut zu raumen schuldig, so ist derselb dannoch wohlbefügt den Verpfächtern wegen nicht gehaltenen Contracts ad interesse zu belangen.

§ 6. Dafern aber zwischen Käuffer „und Verkäuffern außtrücklich wäre abgeredt und verglichen worden, daß der Beständner biß zu Außgang der Lehnjahren bey dem bestandenen Gut unvertrungen sollt gelassen werden, oder aber daß der Käuffer nach dem Kauff still geschwiegen und von dem Beständner die Zinß oder Pfacht einmahl hätte angenohmen, so ist Beständner bey dem bestandnen Gut bis zu Außgang der verglichenen Lehnjahren ruhig zu handhaben."

18. Das bayrische Landrecht (Codex Maxim. Bavar. civ.) v. 1756 gewährt dem Pächter den Besitzesschutz (II, 5 § 2).[207]) Die Regel „Kauf bricht Miethe" giebt es in folgender Fassung (IV, 6 § 14): „1mo Wer dem Locator oder Conductor nicht Jure universali et haereditario, sondern nur singulari, wie

---

[206]) Maurenbrecher a. a. O. II S. 170.

[207]) „Possessio civilis, da man die Sache entweder vom Eigenthümer oder wenigstens eines anderen Rechts wegen, z. E. von Pfandschaft, Nutznießung oder Pachtungsweise inne hat." Vgl. Geller a. a. O. S. 366. Roth, Bayerisches Civilrecht II § 130 A. 51.

z. E. ein Käufer, Lehens-Folger, Legatarius, Donatarius, Fidei commissarius particularis in Re locata vel conducta succedirt, der ist auch an dem Contracte seines Vorfahrers weiter nicht mehr gebunden, und hindert 2do nicht, daß gedachter Successor Wissenschaft von dem Contracte gehabt, oder der Locator die Sache nicht veräußern zu wollen versprochen hat. Ein anderes ist 3tio wenn dem Conductor die Sache ausdrücklich zu dem Ende verhypothecirt ist, daß er vor der Zeit nicht daraus vertrieben werde; denn da muß Successor singularis die Zeit gleichfalls abwarten. 4to Wird jener pro Successore nicht geachtet, der weder Eigenthum noch Nutznießung, sondern nur die Verwahrung oder Verwaltung von der Sache erlangt, z. E. ein Depositarius, Pignoratarius, Mandatarius, Administrator. Von jenen, welche gerichtlich immittirt sind, sieh Cod. Jud. cap. 18 § 6 n. 5."

19. Das Rostocker Stadtrecht von 1757[208]) (auf der Grundlage des Lübischen Rechts) verordnet in III, 8 § 20: „Kauf soll Miethe brechen, wo nicht in dem Mieth-Contract die Veräußerung der Sache sub poena nullitatis verbothen oder dem Miethsmann zur Festhaltung des Contracts ein Pfandrecht darin gesetzet worden. Es bleibet aber dem Miethsmann unbenommen, den Locatorem auf alles, so er dadurch, daß ihm der Contract nicht gehalten, an Schaden erweißlich leidet, zu belangen."

Von holländisch-belgischen Rechten, welche die Regel „Kauf bricht Miethe" vertreten, verzeichnet von Brünneck a. a. O. S. 143, 181:

1. Keurboek der stad Leiden v. 1406 I, 12: wie enich huus huert binnen Leiden, wairt sake datt et binnen synre huer verkoft worde, die sollde sijn huer volghen een half jaer na de coop, also verre alst binnen sijnre huer wairt.

2. Lantrecht von Hunsingo, Fyvelingo; ende det Wester Ouartier (Groningen 1664) B. V. Nr. 40. 1, 2: als de heere des goedes dat selve gehuyrde in een erfflycke opdracht, 't sy dan in coop, wissel ofte anders opgedragen ende overgeven heeft — is de heere des goedes schuldig den meyer voor de opruyminge te vernoegen een jaer huyre etc.

Hier findet sich also derselbe feste Entschädigungssatz wie im bremischen und ostfriesischen Recht.

---

[208]) Citirt nach der Originalausgabe.

Auch das Lütticher Gewohnheitsrecht des 16. Jahrhunderts art. 125 ist nach Stobbe, Deutsches Privatrecht III S. 259 hierher zu rechnen.

Unklar ist der Standpunkt zweier noch heute in Geltung stehender, unter starkem römischen Einflusse stehender Stadtrechte. Die Frankfurter Reformation v. 1578 [209]) bestimmt:

„Würde sich auch zutragen, daß der Verleyher, oder seine Erben, inwendig der Zeit der Bestendtnuß, das bestanden Gut andern verkaufften: So sollen sie schuldig seyn, den Bestender dieselbig Zeit über, vollend darinn bleiben zu lassen, Oder aber deß nicht haltens halben, sich nach billichen Dingen mit ihm gütlich zu vergleichen."

Die Lüneburger Reformation von 1577—1583 verordnet in II, 15: [210]) „Verkauft der Hauß-Herr oder seine Erben, in noch währender Zeit der Verheurung das Heur-Hauß einem andern, so seynd sie nichts desto weniger schuldig, den Miethsmann die versprochene Zeit über vollends bleiben zu lassen".

Man könnte in den mitgetheilten Aussprüchen die Regel „Kauf bricht nicht Miethe" finden wollen. Indeß ist, wenigstens in Frankfurt a. M., Theorie und Praxis seit Jahrhunderten davon ausgegangen, daß die angeführte Bestimmung nur die Verpflichtung des Vermiethers zum Ausdruck bringe, dagegen über die Rechte des neuen Eigenthümers nichts sage. Es gilt deshalb in Frankfurt das römische Recht. [211])

v. Brünneck [212]) geht mit Stobbe [213]) davon aus, das unter den deutschen Rechtsquellen, welche den Satz „Kauf bricht Miethe" enthalten, sich solche befinden, „welche zweifellos von jedem Einfluß des fremden Rechts unberührt geblieben sind." Er nimmt an, daß der Miethe, wie im römischen Recht, so auch im älteren deutschen Recht eine gewisse Zerbrechlichkeit eigen gewesen sei. Der Bestand der Miethe sei in gewissem Umfange von der Erlangung der Detention abhängig gewesen, dem Vermiether habe auch nach dem Einzuge unter Um-

---

[209]) II 1 § 1 u. 14 § 11, citirt nach der Ausgabe v. 1611. Vgl. Stobbe a. a. O. II S. 315.

[210]) Citirt nach Kraut a. a. O. Vgl. Stobbe a. a. O. II S. 328. Uebereinstimmend das heute noch gültige Lüneburger Stadtrecht v. 1679. (Rudorff, Hannoversches Privatrecht S. 363.)

[211]) Nach gütiger Auskunft des Herrn Dr. Riesser in Berlin unter Allegirung von Orth, Anmerkungen zur Frankfurter Reformation II S. 456, III, 1. Forts. S. 247, Adlerflycht, Frankfurter Privatrecht S. 908, Souchay, Anmerk. zur F. R. S. 323, Bender, Handbuch des Frankfurter Privatrechts S. 427, Wolff, Hauseigenthümer und Miether S. 89.

[212]) a. a. O. S. 141, 158 ff., 146.

[213]) Handbuch des deutschen Privatrechts III S. 259.

ständen ein Rücktrittsrecht zugestanden, insbesondere wegen eigenen Bedürfnisses, die Vererblichkeit der Miethe sei eine beschränkte gewesen. Da habe es denn nahe gelegen, dem Vermiether dieses Rücktrittsrecht auch dann zu gestatten, wenn er sein Anwesen veräußern wollte. Daher denn auch schon durch den Verkauf selbst der Miethsvertrag hinfällig wurde und von einer Entschädigung nur aus dem Gesichtspunkte der Ackerbestellung, nicht auf Grund eines Vertragsbruchs die Rede sein konnte. Er hält deshalb auch die Regel „Kauf bricht nicht Miethe" für die jüngere. Ihre Geltung sei früher, wenn nicht zu Gunsten des Gegentheils ausgeschlossen, so doch unsicher gewesen.

Diese Erklärung, welche durch die erwähnten, von Brünneck nicht in Betracht gezogenen schwedischen Rechtsquellen nicht unerheblich unterstützt wird, klingt ungemein plausibel. Sie würde trefflich zu der bei der Entwickelung der Leihverhältnisse gemachten Beobachtung passen, daß diese Verhältnisse allmählich eine immer größere Festigkeit erlangten. Auch die Parallele mit dem römischen Recht ist eine durchaus anziehende. Das ursprüngliche Ueberwiegen der Interessen des Vermiethers entspricht durchaus der Bedeutung der Miethe auf niederer Culturstufe.

Dennoch ist zu fragen, ob der Ausgangspunkt der Theorie, der ursprünglich germanische Charakter der Regel „Kauf bricht Miethe" wirklich zweifellos feststeht. In dieser Hinsicht ist zunächst die Vergleichung der chronologisch geordneten Quellenbelege für die Regel „Kauf bricht nicht Miethe" mit denen für die Regel „Kauf bricht Miethe" keineswegs geeignet, die letztere Regel als die ältere erscheinen zu lassen. Wir haben zahlreiche Beispiele dafür, daß die Regel „Kauf bricht Miethe" an die Stelle der Regel „Kauf bricht nicht Miethe" getreten ist. Das Auffälligste bildet wohl das Jülicher Recht, welches 1537 noch an der letzteren Regel festhielt, aber schon 1555 zu dem Satze „Kauf bricht Miethe" übergegangen ist. Eine Entwickelung in entgegengesetzter Richtung tritt uns dagegen nicht vor die Augen. Daraus, daß die Regel „Kauf bricht nicht Miethe" in einigen Quellen des 15. Jahrhunderts auf Willküren zurückgeführt wird, schließt von Brünneck,[214]) daß es sich um eine erst neu geschaffene Satzung handelt. Man kann aber zunächst ebenso gut annehmen, daß erst jetzt Veranlassung gegeben war, das bis dahin ganz unbezweifelte Recht gegenüber dem römischen Recht zum Ausdruck zu bringen.[215])

Daß in Frankreich der Einfluß des römischen Rechts sich viel früher

---

214) a. a. O. S. 146.

215) Vgl. v. Brünneck a. a. O. S. 157.

bemerkbar gemacht hat als in Deutschland, ist bekannt. Von den deutschen Quellen, welche die Regel „Kauf bricht Miethe" enthalten, ist die Mehrzahl ganz gewiß vom römischen Recht beeinflußt. Die Nürnberger Reformation von 1484 enthält unstreitig viele römische Sätze.[216])

Bei dem Eisenacher Rechtsbuch, dem altdithmarser Landrecht und dem Billwärder Landrecht ist römischer Einfluß bisher nicht nachgewiesen. Wenn man sich aber erinnert, daß schon im Jahre 1296 an einem so weltfremden Orte, wie es die Insel Hiddensee bei Rügen war und ist, die operis novi nunciatio (freilich unter Clerikern durch canonici von Roeskilde auf Seeland) vorgenommen wurde,[217]) daß die Verordnung Christophs II. von Dänemark von 1320 als eine Ueberarbeitung der c. 5 C. ad legem Juliam majestatis 9, 8 erscheint,[218]) so wird man auch bezüglich der aufgeführten ältesten deutschen und nordischen Quellen nicht ohne weiteres die Freiheit von römischem Einflusse in Anspruch nehmen können.[219])

Hier ist indeß nicht der Ort, um diese Frage zum Austrage zu bringen. Es sollte nur dargelegt werden, daß es nicht frivol ist, wenn man die Ergebnisse der verdienstvollen Brünneck'schen Untersuchung, so viel Beachtenswerthes auch für dieselben vorgebracht ist und obwohl die dort angenommene Entwickelung eine durchaus naturgemäße sein würde, nicht ohne weiteres als ganz sicher annimmt. Sollte man, derselben beipflichtend, für den rein germanischen Ursprung des Satzes „Kauf bricht Miethe" eintreten, so wird man dennoch, wie es ja auch v. Brünneck thut, zugeben müssen, daß die germanische Rechtsentwickelung eine Verstärkung der Rechtsstellung des Gebrauchers gegenüber dem Eigenthümer erstrebt hat, und daß dem vollkommen entwickelten germanischen Recht nur das dingliche Mieths- und Pachtrecht entspricht, welches, um die Worte des jütischen Low zu wiederholen, dem Miether das Haus gewährt, als ob es sein eigen sei.

Mit Recht betont daher Geller,[220]) daß im deutschen Rechtsleben

---

216) Stobbe, Deutsche Rechtsquellen 2 S. 299.

217) Muther, Zur Geschichte der Rechtswissenschaft; römisches und canonisches Recht im Mittelalter S. 1 ff.

218) Falck, Das jütische Low S. XV.

219) Das Reichsgericht hat freilich die vom Stettiner Oberlandesgericht festgestellte Thatsache, daß im Anfang des 14. Jahrhunderts das römische Recht noch nicht bis an die Küsten der Ostsee vorgedrungen sei (es handelt sich gerade um die Gegend zwischen Stralsund, Rügen und Hiddensee) als irrevisibel bezeichnet (Seuffert, Archiv 38 S. 479).

220) Die Miethe in Grünhut's Zeitschrift für das priv. u. öff. R. d. Gegen-

die Miethe, wenn sie ihrem eigenen Gestaltungstriebe hätte folgen können und nicht durch das später eingedrungene römische Recht denaturirt worden wäre, überall zu einer dinglichen geworden sein würde, daß sie aber, weil es den Deutschen nicht vergönnt gewesen ist, den Bildungsproceß ihres Rechts zu vollenden, durch die Einwirkung des römischen Rechts eine Rückbildung erfahren hat.

In der modernen Literatur und Judicatur wird vielfach die Frage erörtert, ob aus der Geltung des Satzes „Kauf bricht nicht Miethe" die absolute Dinglichkeit der Miethe gefolgert werden könne, oder ob nur ein gegenüber jedem Eigenthümer dinglich wirksames obligatorisches Recht vorliege. Der Unterschied[221]) tritt praktisch namentlich in der Hinsicht hervor, daß im ersteren Falle der Miether sein Recht auch gegen Nichteigenthümer geltend machen kann, und daß auch später aufgelegte dingliche Belastungen den Miether nicht beeinträchtigen dürfen.

Wenn man nun auch den Vertretern der zweiten Alternative[222]) zugeben kann, daß aus dem Satz „Kauf bricht nicht Miethe" noch nicht mit logischer Nothwendigkeit die dingliche Natur der Miethe folgt, so dürfte es andererseits nach dem vorstehend Dargelegten klar sein, daß das germanische Recht die Miethe im Ganzen als dingliches Verhältniß gestaltet hat, und daß die Regel „Kauf bricht nicht Miethe" nur eine Consequenz dieser Dinglichkeit darstellt.

§ 4. Gemeines deutsches Recht.

Die ältere gemeinrechtliche Doctrin ging auch bei der Lehre von der Miethe und Pacht davon aus, daß das römische Recht schlechthin recipirt sei. In Uebereinstimmung damit wurde auch der Satz des Sachsenspiegels von der Unvererblichkeit der Verpflichtungen des Vermiethers für die sächsischen Lande durch eine besondere Constitution außer Kraft gesetzt.[223])

Gleichwohl ist das, was als römisches Recht in Deutschland in der Theorie gelehrt und von der Praxis zur Anwendung gebracht wurde, in manchen Punkten gar sehr verschieden von dem bei den Römern in

---

wart 5 S. 323. Er verweist dabei auf die gerade entgegengesetzte Entwickelung im englischen Recht.

[221]) Vgl. über denselben Stobbe, Deutsches Privatrecht I § 66.

[222]) Stobbe, a. a. O. III S. 257, Beseler, Deutsches Privatrecht I § 108 A. 6 S. 449. Vgl. auch das oben erwähnte Urtheil des Obertribunals bei Fenner und Mecke, 8 Nr. 99 S. 262.

[223]) Benedicti Carpzovii, Iurisprudentia forensis Romano-Saxonica II Const. 37.

Geltung gewesenen Rechte, wie es zu Eingang dieser Arbeit darzustellen versucht ist.

Es ist, wie früher dargelegt ist, für das römische Recht die Annahme höchst wahrscheinlich, daß der Vermiether jederzeit den Miether entsetzen konnte. Wie dem nun aber auch sein möge, in das gemeine deutsche Recht ist dieser Satz nicht übergangen. Dem Vermiether wird nicht nur nicht in irgend einer Weise Gerichtshülfe zur vertragswidrigen Entsetzung gewährt, sondern es wird sogar der Vermiether, welcher den Miether im Wege der Selbsthülfe zum Verlassen der Wohnung wenn auch nur indirect, z. B. durch Aushebung von Thüren und Fenstern, nöthigt, wegen Nöthigung bestraft.[224])

Vor allen Dingen aber hat das gemeine deutsche Recht, obwohl es die Miethe gleich dem römischen Recht den persönlichen Rechtsverhältnissen zurechnete, dem Miether den Besitzesschutz in erheblichem Umfange zugebilligt.

Der Miether kann, wie jeder andere Detentor, im Falle der Entziehung der Innehabung gegen seinen Willen die Wiedereinräumung des Besitzes von jedem Dritten sowohl, wie auch von dem Vermiether fordern nach dem Rechte der s. g. Spolienklage. Es ist in dieser Beziehung offenbar germanisches Recht festgehalten. Der Besitzesschutz des Detentors findet sich schon in der Glosse, bei Bartolus und Durantis. Er hat sich bei den älteren Schriftstellern erhalten. Ebenso hat ihn die ältere Praxis, z. B. ein Urtheil der Helmstädter Facultät von 1727 adoptirt. Es dürften auch noch in der Gegenwart sehr viele der praktisch vorkommenden Spolienklagen von Pächtern herrühren. In neuerer Zeit hatte aber die historische Schule in ihrem Bemühen, das rein römische Recht zur Geltung zu bringen, den nicht mit dem römischen Recht im Einklang stehenden Satz zurückzudrängen gesucht, und damit in der Theorie und hier und da auch in der Praxis Erfolg gehabt. Doch ist die Gegenströmung nicht ausgeblieben. Es ist das Verdienst von Bruns, die gemeinrecht-

---

[224]) Mühlenbruch, Cession S. 279, Glück, Pandektencommentar 17 S. 390, Dernburg, Pandekten II S. 293. Entsch. des Reichsgerichts in Strafsachen 9 S. 58. Mevius, decisiones. I Nr. 54. In der älteren Theorie wird mitunter allerdings der Satz vertreten, daß der Verkäufer den Miether, welcher dem Käufer nicht räumen will, als einen iniustus, violentus possessor mittelst des interdictum unde vi entfernen könne. Vgl. Wernher, Select. observationum forensium P. VII obs. 3, Bodinus, de expellendo conductore thes. 14, G. Henr. Ayrer, de genere actionis adversus conductorem emtori cedere nolenti instituendae p. 238, Ern. Just. Müller, Promptuarium iuris novum sub verbo locatio-conductio Nr. 74 p. 1072.

liche Entwickelung wieder klargelegt zu haben. Man erkannte mit Ziebarth, daß auch in diesem Falle der „Irrthum der älteren Praktiker" die „letzte Zufluchtsstätte eines armen, überall verscheuchten, fast zu Tode gehetzten nationalen Rechtsgedankens war". Und heute wird der Besitzesschutz des Miethers wieder in der Theorie anerkannt und namentlich auch von dem Reichsgericht in die Praxis übersetzt. [225])

Die wichtigste Abweichung vom römischen Recht, welche zeitweilig die gemeinrechtliche Lehre beherrscht hat, betrifft aber einen Kernpunkt der vorliegenden Hauptfrage. Während nach römischem Recht unzweifelhaft der Abschluß des Kaufvertrages die Rechtsstellung des Miethers nicht beeinflußte, sondern nur der Eigenthumserwerb seitens des Käufers, findet sich bei deutschen Rechtslehrern der Satz, daß durch den Abschluß des Kaufvertrages die Miethe aufgehoben würde. Also der Satz „Kauf bricht Miethe" im eigentlichen Sinne.

Nicht selten wird diese Lehre der älteren deutschen Doctrin mit der Lehre der Glossatoren in directe Beziehung gesetzt, indem man behauptet, daß bereits die Glosse die Ansicht gehabt habe, schon der Abschluß des Kaufvertrages, nicht erst der Eigenthumserwerb habe dem Käufer das Recht gegeben, den Pächter auszutreiben. [226]) In dieser Fassung ist aber die Behauptung nicht richtig. Der Satz, daß der Käufer schon vor der Erwerbung des Eigenthums das Recht zur Austreibung des Miethers habe, ist in der accursischen Glosse nicht enthalten. [227]) Auch

---

[225]) Vgl. Entsch. des Reichsgerichts 5 S. 164, ferner Seuffert, Archiv XXIV, 212, XXV, 7. (Für das interdictum quod vi aut clam. [s. o. S. 316] Seuffert, Archiv XII 169, XV 28, XVII 245). Dernburg, Pandekten II S. 430, Eccius, Preuß. Privatrecht II S. 169, Bruns, Besitzklagen S. 226 ff., Ziebarth a. a. O. S. 219, 221, Wendt in Jhering's Jahrbüchern für Dogmatik 21 S. 61 ff., Geller a. a. O. S. 322. In der älteren Literatur gewähren den Besitzesschutz auch gegen den Vermiether: Berger, Oeconomia iuris ad usum hodiernum accomodati, lib. VI tit. 5 § 26 p. 693, Zoll, Refutatio § 5 p. 108, Leyser, Meditationes ad Pandectas VII, spec. 451 p. 118 [welcher zwischen römischem Recht einerseits und kanonischem und Gewohnheitsrecht andererseits unterscheidet], Glück 18 S. 23 § 1062. Dagegen sind zweifelhaft oder versagen den Besitzesschutz: Wernher l. c., Lyncker, consultationes iuris selectae, cons. 91, p. 334, Engelbrecht, selectiores consultationes Gryphiswald. resp. 64, num. 56, 68 p. 315 f. (Die heutige Praxis in Neuvorpommern steht auf dem entgegengesetzten Standpunkte.) Ayrer l. c. p. 237 ff., Müller l. c. nr. 74 p. 1072. Gegen den Besitzesschutz: Seuffert, Archiv I 225, XXII 147, XXVI 11.

[226]) Schmidt in der Zeitschr. f. hannov. Recht 9 S. 360, v. Brünneck a. a. O. S. 177 unter Berufung auf die Glosse zu c. 9 C. de loc. cond. 4, 65.

[227]) Benutzt sind die Ausgaben von Nicolaus Jenson (Hain nro. 9597), Frabin. v. 1519 und Lugduni 1569.

ist derselbe bei einer, freilich sehr beschränkten, Durchmusterung der Glossatoren- und Postglossatoren-Literatur[228]) nicht zu entdecken gewesen.

Richtig ist nur, daß von dem ius expellendi des Käufers gesprochen wird, ohne daß man besonders hervorhebt, daß zum Abschluß des Kaufes erst noch die Eigenthumsübertragung hinzukommen müsse. Darin ist man aber nur den römischen Quellen gefolgt.

Auch die Constitution des Kaisers Alexander Severus vom Jahre 234, an welche die Erörterungen der Glossatoren sich anschließen, spricht nur von dem emtor, ohne des Eigenthumsübergangs zu erwähnen. Daß die Letztere aber den Abschluß des Kaufvertrages, nicht den Eigenthumserwerb als die Grundlage des ius expellendi des Käufers angesehen habe, wird heute Niemand mehr behaupten wollen. Zur Würdigung der Lehre der Glossatoren muß aber vor allem eine Eigenthümlichkeit des damaligen Sachenrechtes in Betracht gezogen werden.

Wie Brunner nachgewiesen hat,[229]) wird im spätrömischen Rechte die schriftliche Urkunde bei entgeltlicher oder unentgeltlicher Veräußerung üblich. Die Uebergabe der carta (auf diese Art der Urkunde kommt es hier allein an) seitens des Ausstellers an den Empfänger gehört zur Perfection des Vertrages. Daher wird in römischen wie lombardischen (abweichend in den fränkischen) Urkunden regelmäßig am Schlusse bezeugt: „post tradita complevi et dedi".[230]) Parallel mit dieser Schriftlichkeit geht das Streben, die körperliche Tradition überflüssig zu machen. Bei Schenkungen fand man das Mittel in dem Vorbehalt eines Nießbrauches auf ganz kurze Zeit, schließlich auf eine Stunde.[231]) Im Weiteren ließ man durch die traditio cartae die missio in vacuam possessionem ersetzen, so daß jedenfalls nur noch einseitige Besitzergreifung nothwendig

---

228) Verglichen wurden Azo, Summa in Codicem, ferner Odofredus, Salicetus, Albericus de Rosciate, Angelus Perusinus, Bartolus und Baldus. Azo (ad tit. C. de loc. et cond. 4, 65, nro. 20) sagt: Item locator vel singularis eius successor (ut emptor cui vendidit) authoritate sua potest expellere conductorem. Nec enim possidet conductor temporalis. immo dominus videtur possidere. — Si tamen conductor interverteret possessionem, non liceret domino, eum repellere, nisi in continenti. Alii vero aiunt, etiam mandato conductoris non licere domino eum repellere, scilicet cui vendidisset, sed nondum tradidisset locator. — Bartolus sagt zu fr. 32 D. loc. cond. 19, 12: Successor singularis non tenetur stare colono nec colonus ei.

229) Zur Rechtsgeschichte der römischen und germanischen Urkunde, insbes. S. 112 ff.

230) Beispiele bei Kohler, Beiträge zur germanischen Privatrechtsgeschichte Heft 1 Nr. 1, 2, 4, 5, Heft 2 Nr. 10, 13, 14, 15.

231) Auf Grund der c. 28 Cod. de donat. 8, 53.

war. In longobardischer Zeit aber ging man dazu über, sowohl von Vorbehalt des Nießbrauches, als von dem Erforderniß der nachherigen Besitzergreifung abzusehen. Die Uebergabe der Urkunde bewirkte zugleich den Uebergang des Eigenthums.

Wenn sonach damals Abschluß des Kaufgeschäftes und Uebergang des Eigenthums zeitlich zusammenfielen, so fehlte es für die Glossatoren und ihre Nachfolger an jedem praktischen Anlasse, das Erforderniß des Eigenthumsübergangs besonders zu betonen, ohne daß aber daraus gefolgert werden dürfte, daß sie den Abschluß des Kaufes als solchen als das den Miether beeinträchtigende Moment angesehen hätten.

Auch ältere deutsche Dogmatiker sprechen sich über die Frage gar nicht oder sehr unbestimmt aus. [232])

Bei der vorgenommenen, freilich nur sehr summarischen und der Nacharbeit dringend bedürftigen Durchsicht gemeinrechtlicher Theoretiker hat sich der Satz als gemeinrechtlicher Lehrsatz erst gegen Ende des 17. Jahrhunderts gefunden. [233]) Seine nächste Quelle werden die früher angeführten deutschen Partikularrechte sein, welche — ob unabhängig vom römischen Rechte oder nicht, blieb dahingestellt — den Satz „Kauf bricht Miethe" in diesem Sinne zum Ausdruck gebracht haben.

Auch in dem ersten Drittel unseres Jahrhunderts wird diese Lehre noch vorgetragen. [234])

Die dem rein römischen Rechte entsprechende Ansicht, daß der Eigen-

---

[232]) Dahin gehören: Wesenbeck, Comment. in Pandectas ad tit. XIX, 2 p. 306 no. 13, Schneidewin, in IV libros Institutionum Commentarius lib. III tit. 25 § ult. p. 546, Moller, Semestrium libri quinque lib. IV cap. XIV p. 453, Besold, thesaurus practicus s. v. Kauffen, addit. p. 455, Berlich, Conclusionum practicabilium concl. 45 p. 319, Bened. Carpzov, Responsa iuris electorali sV, 3 Resp. 17, Lauterbach, Collegii theoretico-practici ad lib. XIX 2 No. 61 p. 1376, Berger l. c. lib. III tit. 5 § 26, Wernher l. c. II obs. 470 p. 471, Lyncker l. c. Cons. 91 p. 334, Engelbrecht l. c., Leyser l. c., Walch, introductio in controversias iuris civilis, Sect. III Cap. 4, 4 § 12.

[233]) Dahin sind zu rechnen: Hertius, de paroemiis iuris germanici libri III, Paroemia 46 (opuscul. III p. 482, 484, 487), Zaunschliffer, Vindiciae § 5 p. 79 ff., Ayrer l. c. p. 228, 241 ff., Struben, rechtliche Bedenken III Bed. 57 S. 210, 212, Müller l. c. Nr. 68 und 70, S. 1068, 1070, anscheinend auch Schilter, Praxis juris Germanici, Exerc. 31 §§ 23, 24 p. 289, Stryk, Specimen usus moderni Pandectarum ad libr. 19, 2 loc. cond. §§ 30, 81 p. 488, 549, Cocceji, ius controversum ad libr. 19, 2 qu. 21 p. 929.

[234]) Vgl. Glück a. a. O. S. 14, 24, J. L. Schmidt, praktisches Lehrbuch von gerichtlichen Klagen und Einreden S. 731, 732. Unbestimmt Göschen, gemeines Civilrecht II § 11, Mackeldey, Pandekten § 379.

thumserwerb das Entscheidende sei, wird aber schon von Mevius[235]) ganz direct ausgesprochen und hat auch in späterer Zeit ihre Anhänger gehabt.[236]) In neuerer Zeit ist sie namentlich von Gesterding[237]) wieder ausführlich begründet, und jetzt ist sie die in Theorie und Praxis unbedingt herrschende.[238])

Im Anschluß daran mag ein Punkt, der freilich jetzt nur dogmenhistorisches Interesse gewährt, wenigstens gestreift werden. Man warf die Frage auf, mit welcher actio kann der Käufer, welcher noch nicht Eigenthümer geworden ist, den Miether vertreiben? Die Frage war sehr überflüssig. Denn da dieses angebliche Austreibungsrecht dem römischen Recht nicht entspringt, so konnte es auch keine römische actio für Geltendmachung desselben geben. Andererseits ist es für das heutige gemeine Recht ganz gleichgültig, ob man für eine vollgültige Forderung eine römische actio aufzufinden vermag oder nicht. Den Rechtsschutz genießt die Forderung auch ohne actio.[239]) Bei Beantwortung der Frage mußte man natürlich auf allerlei Irrwege gerathen. Man debattirte über die rei vindicatio directa und utilis, sowie über die possessorischen Interdicte, welche namentlich im Falle einer Cession seitens des Verkäufers vielfach für anwendbar erachtet wurden. Andere verfielen auf die condictio sine causa. Andere endlich gaben ihre Rathlosigkeit zu erkennen, indem sie auf eine besondere condictio ex lege 9 Cod. de loc. oder auf nuda officii iudicis imploratio verwiesen.[240])

Eine weitere Abweichung vom rein römischen Rechte betraf das

---

[235]) Decisiones I, Pars IV Dec. 90.

[236]) Hellfeld, Jurisprudentia forensis lib. XIX 2 § 1062 (emtor, si res ad usum iam tradita est, potest expellere conductorem), Westphal, Lehre des gemeinen Rechts vom Kauf-, Pacht- und Mieths-Contract §§ 1028, 1034 S. 629, 631. Anscheinend auch Struve, Syntagma Jurisprudentiae, Exerc. 27 Nr. 24, ad libr. 19, 2 p. 1710, Hahn, de conductore expellendo No. 85, 87, Höpfner, theoret.-prakt. Commentar S. 946, Klaproth, Rechtswissenschaft der Verträge und Contracte S. 1000.

[237]) a. a. O. S. 223 ff.

[238]) Vgl. die Pandektenlehrbücher von Mühlenbruch (auch dessen Cession S. 279), Schweppe, Puchta, Vangerow, Wening-Ingenheim, Brinz, Windscheid, Dernburg, sowie Unterholzner, Schuldverhältnisse, Seuffert, Archiv I 19, VI 201, VII 37, VIII 42, XXIII 225, XXIV 210, XXXI 110.

[239]) Fischer, Preußisches Privatrecht S. 41.

[240]) Vgl. Hertius l. c. p. 487, Zaunschliffer l. c., Ayrer l. c. p. 241 fg., Schmidt a. a. O., Streuben a. a. O., Glück a. a. O. S. 21 fg. Letzterer gewährt condictio ex lege 9 Cod. und condictio sine causa, „obwohl theoretisch manches einzuwenden wäre".

Rücktrittsrecht, welches man dem Miether in Folge einer Veräußerung gewährte.

Es ist früher gezeigt worden,[241]) daß nach rein römischem Rechte von einem Rücktritt des Miethers nur die Rede sein konnte, wenn derselbe thatsächlich an der Benutzung der Miethssache gehindert wird. Er bleibt bis zum Ablaufe der contractmäßigen Zeit seinem Vermiether trotz des Verkaufs zur Erfüllung des Miethsvertrages verbunden.

Diese Ansicht findet sich aber bei älteren gemeinrechtlichen Schriftstellern nur vereinzelt.[242]) Durchweg ist die der wörtlichen Auffassung der Regel „Kauf bricht Miethe" entsprechende Ansicht vertreten, daß in Folge des Abschlusses des Kaufvertrages auch der Miether aufhört, gebunden zu sein.[243])

In späterer Zeit wird darin wohl eine Ausnahme gemacht für den Fall, daß der Vermiether dem Käufer seine Rechte aus dem Miethsvertrage cedirt oder sonst ein rechtliches Interesse an der Fortsetzung des Verhältnisses habe.[244])

Auch heute wird das Rücktrittsrecht des Miethers noch hier und da vertreten. Die herrschende Meinung leugnet aber mit dem römischen Recht diese Befugniß.[245])

Nachdem die neuere gemeinrechtliche Doctrin sich wieder mit Entschiedenheit auf den römischen Standpunkt gestellt hatte, nach welchem nicht der Kauf, sondern der Eigenthumsübergang das Recht des Miethers beeinträchtigt, mußte die in der älteren gemeinrechtlichen Literatur begreiflicher Weise ganz vernachlässigte Frage wieder an praktischer Bedeutung gewinnen, ob der Miether nicht den Eigenthumsübergang zu hindern vermag, wenn nicht für sein Verbleiben unter dem neuen Vermiether Sorge getragen ist.

Wenn und insoweit zum Eigenthumsübergang die Uebergabe der Sache erforderlich ist, kann der Eigenthumsübergang gegen den Willen des Miethers nicht bewirkt werden, da, wie bereits früher ausgeführt ist,[246]) ein constitutum possessorium oder eine Uebergabe longa manu unter Widerspruch des Miethers den Eigenthumswechsel nicht herbeiführen.

---

[241]) s. o. S. 323 u. S. 326.

[242]) So bei Moller l. c. IV cap. XIV p. 456.

[243]) So Wesenbeck l. c. p. 306, Mevius I Pars V decis. 29 p. 528, Hertius a. a. O. S. 485, Hellfeld a. a. O. S. 376, Müller a. a. O. S. 1071, Schmidt a. a. O. S. 731.

[244]) Höpfner a. a. O. § 890 Nr. 4 S. 946, Westphal a. a. O. § 1034 S. 631, Glück a. a. O. S. 26 ff.

[245]) Vgl. o. S. 323. Für die herrschende Meinung auch Stobbe, Deutsches Privatrecht III § 186 A. 24.

[246]) s. o. S. 325.

Nach dem modernen Grundbuchrecht kann nun aber der Eigenthumswechsel bei Immobilien ohne Uebergabe durch Auflassung, bez. Eintragung im Grundbuche herbeigeführt werden. Es ist dann diese dem Miether thatsächlich gegebene Möglichkeit, den Eigenthumsübergang zu hindern, für die mit Grundbuch versehenen gemeinrechtlichen Gebietstheile wieder weggefallen.

Schon unter dem früheren Eigenthumserwerbsrecht ist es in der deutschen Praxis für zulässig erachtet, daß der Miether gegen die bevorstehende Eigenthumsübertragung ein gerichtliches Urtheil erwirkt, welches die Veräußerung bei Strafe der Nichtigkeit verbietet.[247])

Diese Maßregel würde die einzige sein, welche eine Auflassung wirksam zu hindern vermöchte. Der Miether könnte dieselbe im Wege des ordentlichen Civilprocesses oder in dem der einstweiligen Verfügung (§ 814 C. P. O.) durchsetzen. Die rechtliche Grundlage derselben beruht darin, daß der Vermiether dem Miether kraft Vertrages verpflichtet ist, eine Veräußerung nicht vorzunehmen, ohne für das Verbleiben des Miethers Fürsorge getroffen zu haben, und daß nach heutigem Recht der Berechtigte in der Lage ist, die Erfüllung von Rechtspflichten in jeder zweckdienlich erscheinenden Weise gerichtlich durchsetzen zu können.[248])

Eine andere Differenz zwischen dem römischen und dem gemeinen deutschen Recht beruht auf der verschiedenen Behandlung der Verträge zu Gunsten Dritter.

Es ist früher dargelegt worden, daß nach rein römischem Recht der Miether nur durch den Abschluß eines neuen Vertrages in ein unmittelbares rechtliches Verhältniß zu dem neuen Erwerber tritt, daß insbesondere die lex venditionis, daß der Miether wohnen bleiben solle, dem Miether eine Forderung gegen den Erwerber nicht gewährt.[249])

Für das heutige gemeine Recht kommt es wesentlich darauf an, wie man sich zu der allgemeinen Frage stellt, ob im modernen Recht die Verträge zu Gunsten Dritter für diese Dritte directe Wirkung haben. Bejaht man dieselbe im Allgemeinen, so wird man sie auch für den vorliegenden Fall nicht verneinen dürfen.

Die Frage ist ebenso wie die allgemeine Frage nach der Wirkung der Verträge zu Gunsten Dritter sehr bestritten. Viele Vertreter der

---

[247]) Urtheil des Oberappellationsgerichts zu Rostock v. 1850 bei Buchka und Budde, Entscheidungen I S. 54.

[248]) Vgl. Friedlieb a. a. O. S. 437 und Wendt a. a. O. S. 257.

[249]) s. o. S. 323.

bejahenden Ansicht stützen sich — wie früher ausgeführt wurde, zu Unrecht — auf das römische Recht.[250])

Eine weitere Modification hat das römische Recht in Deutschland dadurch erfahren, daß der Miether von Immobilien die Einhaltung der ortsüblichen Kündigungsfristen oder, sofern solche nicht bestehen, eine angemessene Frist beanspruchen darf. Der Satz tritt zunächst in den, zum Theil bereits im Laufe dieser Arbeit angeführten particularrechtlichen Quellen hervor.[251]) Er ist aber schon vom hohen Tribunal zu Wismar durch Urtheil vom 8. September 1657 als ein auf der natürlichen Billigkeit beruhender hingestellt worden[252]). Die deutsche Praxis hat denselben festgehalten.[253]) Die älteren Theoretiker lehren auch den Satz als einen gemeinrechtlichen.[254]) In den modernen, lediglich das angeblich rein römische Recht berücksichtigenden Pandektenlehrbüchern findet sich der Satz meistens nicht. Gleichwohl wird mit Recht von Dernburg[255]) für denselben die gemeinrechtliche Gültigkeit in Anspruch genommen. In Bayern hat derselbe einen besonderen gesetzlichen Ausdruck gefunden.[256])

---

[250]) Literatur oben S. 323 A. 46 Vgl. auch Seuffert Archiv XXV 102, XXVIII 22, XXXII 318.

[251]) Andere Particularrechte bei Stobbe, Handbuch des deutschen Privatrechts III § 186, A. 19, Gruchot, Beiträge 17 S. 520.

[252]) Mevius, decisiones V, 339.

[253]) Seuffert, Archiv 8. 42.

[254]) Leyser, l. c. spec. 220 § VII p. 696, Hertius, l. c. p. 485, Müller, l. c. Nr. 73 p. 1071 f. (spatium intra quod fructus colligere, de alia habitatione prospicere et res suas commode transportare possit), Schmidt, l. c. § 1004 p. 731, Engelbrecht, l. c. Nr. 38, p. 314, welcher verlangt, daß „das Hauß gebührlich nach ihres Orts Gewohnheit aufgekündiget worden und die erste ordentliche Zeit des Umziehens vorhanden sey".

[255]) Pandekten II S. 294.

[256]) Das bayerische Gesetz vom 18. Februar 1871 verordnet in § 21 für die gemeinrechtlichen Gebietstheile:

> „Gelangt eine vermiethete Liegenschaft aus besonderen Gründen in das Eigenthum eines Dritten, so geht der von dem früheren Besitzer geschlossene Miethvertrag auf den neuen Erwerber über. Sowohl der neue Erwerber als auch der Miether ist in diesem Falle berechtigt, den Vertrag noch vor Ablauf der festgesetzten Miethzeit aufzukündigen, hat jedoch hierbei die ortsübliche Aufkündigungsfrist zu beobachten, falls eine kürzere Frist nicht vereinbart ist.
>
> Vorauszahlungen auf den Miethzins sind gegenüber dem neuen Erwerber im Falle einer Zwangsveräußerung nur für die Zeit bis zu dem auf den Uebergang folgenden Ziele, andernfalls noch für die Zeit bis zum nächstfolgenden Ziele wirksam.
>
> Hat sich der neue Erwerber dem Miether gegenüber zur Fortsetzung

Hinsichtlich der Schadensersatzpflicht des Vermiethers ist das römische Recht in Deutschland bestehen geblieben. Es ist das für die Gegenwart außer Zweifel.[257]) Auch die ältere Lehre war in diesem Punkte fast einig.[258]) Nur ganz vereinzelt treten Ansichten auf, welche zur Erhebung des Ersatzanspruches eine besondere Protestation bei der Räumung forderten,[259]) oder für den Fall des Verkaufs aus Noth eine Ausnahme machen wollten.[260])

Gleichwohl ist das Schadensersatzrecht des Miethers in Deutschland minder werthvoll geworden, als es in Rom war.

Die wesentlichste Verschlechterung hat ihren Grund nicht in einem Rechtssatz, sondern in einem deutschem Charakterzug. Es ist an sich schon schwierig, für den vorzeitig entsetzten Miether eine Entschädigung auszumessen, welche wirklich einen ausreichenden Ersatz für die ihm dolos zugefügte Unbill gewährt. Die Unannehmlichkeiten und Beschwerden des Umzugs, die Gemüthlichkeit und Behaglichkeit der bewohnten Räume, die Anhänglichkeit an die Wohnung, welche der Familie Freud und Leid gesehen hat, das sind, wie Friedlieb[261]) mit Recht hervorhebt, schwer taxable Dinge. Schwierig steht es auch mit der Ausmessung des Schadens, der dem plötzlich aus seiner Erwerbsstellung verdrängten Gutspächter, Gastwirth, Müller u. s. w. erwächst.[262])

Nun kommt hinzu, daß — wie jeder, welcher sich längere Zeit in der deutschen Praxis befand, zur Genüge erfahren hat — der deutsche Richter bei Schadensfestsetzungen die höchste Gerechtigkeit darin sieht, zu verhüten, daß der dolose Schädiger ja nicht einen Pfennig zu viel zu

---

der Miethe während der übrigen Miethzeit verbindlich gemacht, so kann der Miether die jenem hieraus zustehenden Ansprüche gegen den ersteren geltend machen.

Dem Miether bleibt das Recht auf Entschädigung wegen der durch Uebertragung des Eigenthums einer Liegenschaft auf den Dritten herbeigeführten vorzeitigen Beendigung des Miethverhältnisses vorbehalten."

[257]) Windscheid a. a. O. II § 400 A. 7.

[258]) z. B. Wesenbeck, Moller, Besold, Berlich, Mevius, Carpzow, Lauterbach, Schilter, Berger, Lyncker, Cocceji, Engelbrecht, Ayrer, Hellfeld, Müller, Höpfner, Claproth, Schmidt, Westphal, Glück, Stryck (Dissert. de damno reb. alien. licite illato 1649).

[259]) Struve l. c. Nr. 27 p. 1712, Hahn l. c. Nr. 91 p. 164.

[260]) Hertius l. c. p. 484.

[261]) a. a. O. S. 435.

[262]) Vgl. auch Windscheid, Pandekten II § 400 Anm. 7: „Der Schaden, welchen der Miether dadurch erleidet, daß der Erwerber ihm die Sache nimmt, ist oft schwer nachzuweisen, überdies sind, namentlich bei der Hausmiethe, die Interessen, welche dadurch gekränkt werden, nicht immer bloß Vermögensinteressen."

leisten habe, während ihm der Umstand, daß die getroffene Festsetzung dem Beschädigten eine ausreichende Genugthuung nicht gewährt, weniger Sorge macht. Man müsse, so sagte mir noch kürzlich ein Richter, dem entgegentreten, daß sich die Beschädigten nicht betrüglich bereicherten. Denn dazu benutzten sie gern den angeblich erlittenen Schaden. Für die Festsetzung von Schäden, die sich nicht genau berechnen lassen, sind die Gerichte des gemeinen wie des preußischen Rechtsgebiets nicht zu haben. Daher ist Ziebarth,[263] welcher damals selbst in der Praxis stand, der Ansicht, daß der römische Miether seiner Rechtsstellung vielleicht sicherer war als der heutige. Denn „für Schäden und Unbequemlichkeiten wird der Miether bei unserer grenzenlosen Schwerfälligkeit in Schadensabschätzungen schwerlich rechte Genugthuung erhalten". Freilich hat seitdem die Gesetzgebung die freie Schadensfestsetzung auf das Bestmöglichste zu fördern gesucht. Der Richter ist von einer Begründung seiner Ueberzeugung hinsichtlich des Daseins und der Höhe eines Schadens ganz befreit. Er steht in dieser Hinsicht wie der Geschworene.[264] Daß aber nun eine freiere Praxis in der Festsetzung von Schäden eingetreten sei, habe ich nicht bemerkt. Doch belehren mich vielleicht die Herren Anwälte, welche in jüngerer Zeit häufiger Beschädigte vor Gericht vertreten haben, eines Besseren.

Eine weitere Verschlechterung besteht darin, daß die Schuldhaft als Executionsmittel für Geldforderungen ganz generell beseitigt ist, also auch für die Fälle, in denen es sich um den Ersatz einer vorsätzlich herbeigeführten widerrechtlichen Beschädigung handelt.

Der Miether bekommt von dem vermögenslosen Vermiether keinen Ersatz. Letzterer hat auch sonst nicht die gerechte Unbequemlichkeit von seiner Handlung.

Die speculative Unredlichkeit ist also in dieser Hinsicht entschieden günstiger gestellt als in Rom, wo die Personalhaft ihre Schuldigkeit that.

Für die Zwangsversteigerung gilt im gemeinen Rechtsgebiet dasselbe wie bei Kaufverträgen.[265] Daher hat denn auch hier

[263]) a. a. O. S. 141.

[264]) § 260 C. P. O. im Vergleich zu § 259.

[265]) Krech und Fischer, Commentar zur preuß. Zw. O. S. 284. — Die ältere gemeinrechtliche Lehre hatte hier allerdings einzugreifen gesucht, indem sie den Satz aufstellte, im Falle einer successio necessaria sei der successor gebunden. Man rechnete dahin nicht nur die missio in bona, bei welcher ein Eigenthumswechsel zunächst überhaupt nicht stattfindet (Moller a. a. O. cap. XIV p. 456, Mevius, Decisiones p. VII dec. 69, p. IX dec. 66, Hellfeld l. c. § 1063 p. 376, Claproth l. c. § 305 p. 1000, Schmidt § 1005 p. 733, Glück S. 33f),

die Vorschrift der Reichsconcursordnung, daß die freiwillige Veräußerung durch den Concursverwalter wie eine Zwangsversteigerung wirke,[266]) in dieser Beziehung keine Bedeutung.

Für die Zwangsvollstreckung in vermiethete bewegliche Sachen hat die Reichscivilproceßordnung insofern eingegriffen, als die Pfändung von Sachen welche sich im Gewahrsam des Miethers befinden, ohne Zustimmung des Miethers ausgeschlossen ist. Der Gläubiger kann nur den Anspruch des Vermiethers auf Herausgabe der Sache pfänden lassen, und da diesem die vertragsmäßigen Rechte des Miethers entgegenstehen, so ist der Miether für die Dauer seines Miethsrechts gegen die Zwangsvollstreckung geschützt.[267])

Schon am Schlusse der Darstellung des römischen Rechts wurde darauf hingewiesen, daß in nachrömischer Zeit besondere Mittel aufgesucht wurden, um die Rechtsstellung des Miethers, welche augenscheinlich als eine ungünstige und unbillige empfunden wurde, zu verbessern.[268]) Diese Bestrebungen sind auch in die ältere gemeinrechtliche Doctrin übergegangen. So statuirte man eine Ausnahme für den colonus partiarius.[269]) Man behauptete ferner, daß der Miether, solange ihm gegen den Vermiether die actio spolii zustehe, auch dem neuen Erwerber nicht zu weichen brauche.[270]) Ein eidliches Versprechen, den Miether wohnen zu lassen, hielt man dagegen durchweg für wirkungslos.[271]) Eine Ausnahme, die insofern von Interesse ist, als sie mit einer demnächst zu erwähnenden Vorschrift des französischen Rechts[272]) in Verbindung steht, war die, daß, wenn der Kauf mit einem

---

sondern auch die Nachfolge ex sententia iudicis (Müller a. a. O. Nr. 70 S. 1070, Schmidt a. a. O. § 1005, S. 734) und insbesondere die gerichtliche Subhastation (Carpzow a. a. O. V, 3 Resp. 17 Nr. 19, Struve, Exerc. 24 (XIX, 2) Nr. 27, Klaproth, § 305, Müller, Nr. 70 S. 1070). Vgl. auch Lauterbach, Nr. 66 p. 1380, Berlich, Concl. 45 Nr. 19 p. 319, Berger, III § 26 p. 693, Cocceji, qu. 24 p. 931.

[266]) § 17. Z. 2.

[267]) §§ 713, 739, 745 C. P. O. — Vgl. § 72 der preuß. Geschäftsanw. für Gerichtsvollzieher. — Diese Vorschriften schützen auch den Miether eines möblirten Zimmers gegen Pfändung der ihm mitvermietheten Möbel, ein wenig beachteter, aber praktisch wichtiger Fall.

[268]) s. o. S. 329.

[269]) Hahn, Nr. 88 p. 163. Anderer Ansicht: Lauterbach, Nr. 61 p. 1377 und Hertius p. 486. (§ V Nr. 3.)

[270]) Berger l. c. § 26 p. 693.

[271]) So Lauterbach, Berger, Cocceji, Ayrer, Müller, Glück.

[272]) art. 1751 code civil.

pactum de retrovendendo abgeschlossen war, der Käufer die Miethe gelten lassen mußte.[273])

Im Vordergrund der Erörterungen steht aber die Frage, inwieweit die Bestellung einer Hypothek dem Miether Sicherung gewährt. Die herrschende Meinung der älteren Doctrin ging dahin, daß der Miether durch eine Hypothek verbunden mit einem pactum de non alienando gegen jede Austreibung gesichert sei.[274]) Manche legen schon der bloßen Hypothek die Kraft bei, daß sie den Miether bis zum Ende des Miethsvertrags sichere,[275]) während Andere nur annehmen, daß sie ein Retentionsrecht bis zur Befriedigung des Schadensersatzanspruches gewähre.[276]) Heute hat man sich wieder auf den rein römischen Standpunkt gestellt, nach welchem, wie gezeigt wurde, alle diese Mittel nicht ausreichen, um dem Miether das Verbleiben in der Miethssache unbedingt zu garantiren.

Eine andere erhebliche Abweichung vom römischen Recht hat sich weniger lange erhalten. Die italienischen Juristen[277]) behandelten unter Heranziehung des fr. 1 § 3 D. de superf. 43, 18 jede auf über 9 Jahre geschlossene Pacht oder Miethe unter der Bezeichnung locatio-conductio ad longum tempus der Emphyteusis bezw. Superficies gleich und erhielten ihr so die Wirkung gegen den dritten Erwerber.

Vereinzelt hat diese Ausnahme auch bei deutschen Rechtslehrern[278])

---

[273]) Berlich, Concl. 45 Nr. 21 p. 320, Müller, Nr. 74 p. 1072. Dagegen Cocceji qu. 21 p. 930.

[274]) Schneidewin lib. III, 25 § fin. p. 546, Besold p. 455 (s. v. Kauffen), Engelbrecht l. c. Nr. 60 p. 315, Lauterbach l. c. Nr. 62 p. 1379, Schilter, Exerc. 31 § 25 p. 290, Stryck l. c. § 81 p. 549, Berger III, 5 § 26 p. 692, Ayrer p. 246, Hellfeld l. c. § 1063 p. 376, Claproth § 305 p. 1000, Müller Nr. 69 p. 1070, Höpfner § 890 Nr. 4 p. 946, Schmidt § 1005 p. 733, Glück S. 43 ff.

Das bloße pactum de non alienando genügt nicht. Lauterbach l. c. Nr. 62 p. 1378, Engelbrecht, Resp. 64 Nr. 55, 56, Müller Nr. 69, Glück a. a. O.

[275]) Coler, decis, 8 No. 17 p. 25, Berlich, concl. 45 Nr. 18 p. 319, Carpzow, lib. V tit. 3 respon. 17 Nr. 20, Lyncker, Cons. 91 Nr. 7, Struve, Exerc. 24 ad tit. 19, 2, Nr. 27 p. 1711, Hahn, Nr. 88 p. 163, Cocceji, qu. 21 p. 929. Westphal § 1031 p. 630.

[276]) Lauterbach l. c. Nr. 63, Hertius l. c. § V Nr. 5 p. 486, Berger l. c. § 26 p. 692, Ayrer p. 246, Glück S. 43 ff., Müller Nr. 68 p. 1068.

[277]) Vgl. Dionysius Gothofredus zu c. 9 Cod. de loc. et cond 4, 65 und die dort Citirten, v. Brünneck a. a. O. S. 190, Lequesne, du louage à longue durée. — Auf der anderen Seite wurden für die conductio ad longum tempus besondere Formen verlangt, eine Erscheinung, welche in modernen außerdeutschen Rechten wiederkehrt. Ueber die Berücksichtigung der c. ad longum t. in den älteren Quellen s. o. S. 368.

[278]) Bei Berlich, l. c. Concl. 45 Nr. 15 p. 319 und bei Carpzov, lib. V

und in deutschen Particularrechten, z. B. in dem früher erwähnten Churtrierischen Landrecht Anklang gefunden. Durchweg erkärt sich aber schon die ältere Theorie gegen die Bevorzugung der conductio longi temporis,[279]) und in der heutigen Doctrin ist von dieser Besonderheit vollends nicht mehr die Rede. Daß man aber eine solche Ausnahme zulassen konnte, zeigt deutlich, wie wenig die Nothwendigkeit, die Miethe rein persönlich zu behandeln und den Miether dem Käufer nachzustellen, in der Natur der Sache begründet ist.

Gegen die gemeinrechtliche Lehre ist im Laufe der Entwickelung zweimal ein ernstlicher Angriff unternommen worden, aber beide Male ohne Erfolg.

Im Jahre 1687 veröffentlichte der Rintelner Rechtslehrer Hermann Zoll seine Disput. ad leg. 9 C. de loc. cond. Ihm erwiderte der Marburger Professor Zaunschliffer. Der Streit kam bis zur Triplik. Ein ganzes Dutzend anderer Autoren setzte den Streit fort.[280])

Zoll stützte seine Ansicht, daß Kauf nach gemeinem Rechte nicht Miethe breche,

1. darauf, daß die l. 9 nur vom colonus, nicht vom inquilinus spreche. Der Inquilin habe als naturalis possessor interdictum unde vi und exceptio retinendae possessionis auch gegen den neuen Erwerber.
2. Die l. 9 setze voraus, daß der colonus bereits vertrieben sei. Prozessualische Mittel zur Vertreibung des colonus habe der Käufer nicht:
   a) weil er dem Käufer gegenüber sich zum Räumen nicht verpflichtet hat und dessen vom Verpächter ihm cedirten Rechtsmitteln (rei vindicatio und Interdicte) die exceptio contractus als exceptio rei cohaerens d. h. als nicht höchst-persönliche entgegenstellen kann;
   b) weil er dieselbe Berechtigung zum pachtweisen Behalten der Sache dem Singularsuccessor wie dem Verpächter und dessen Erben gegenüber hat;
   c) weil er, falls er auf Grund seines Contracts („iusta causa") die Räumung verweigert, durch exceptio doli das interdictum

tit. 3. Resp. 17 nr. 9 p. 868; letzterer mit der Begründung, daß die locatio ad longum tempus Besitz und dominium utile übertrage, und daher einem Verkaufe ähnlicher sei als einer einfachen Miethe.

[279]) Lauterbach, l. c. No. 61, Struve, exerc. 24, No. 27, Hertius, p. 486, Hahn, Nr. 88 p. 163, Müller, Nr. 70 p. 1070, Stryk, § 30 p. 488 f.

[280]) Literatur bei Glück, Pandekten-Commentar 18 S. 15.

unde vi des Käufers entkräften und so ein Retentionsrecht an der Pachtsache geltend machen kann; denn

d) niemand kann mehr Recht übertragen als er selber hat; und die Rechtsstellung des Singularsuccessors kann unmöglich eine bessere sein als die seines Autors.

3. Jedenfalls breche nach Einführung der canonischen actio spolii der Kauf in keinem Falle mehr die Miethe.

Zum zweiten Male wurde die herrschende Lehre in neuerer Zeit von Ziebarth angefochten. Der Grundgedanke der Ziebarth'schen Schrift: „Die Realexecution und die Obligation mit besonderer Rücksicht auf die Miethe" geht dahin, daß die gemeinrechtliche Miethe mit Rücksicht auf den als zulässig anerkannten Miethsbesitz und mehr noch wegen der nach deutschem Recht zulässigen Realexecution dingliche Natur habe.

Hier ist nicht der Ort zu einer eingehenden Widerlegung dieser Lehre. Gewiß besteht zwischen dem Besitzesschutz und der bloßen obligatorischen Natur ein Widerspruch. Er vermag aber für das geltende Recht nicht dahin zu führen, daß man der Miethe auch den absoluten dinglichen Schutz angedeihen lassen muß. Auch die Realexecution ist nicht nothwendig das Zeichen eines zu Grunde liegenden dinglichen Rechts.

Jedenfalls hat — und darauf kommt es hier vorzugsweise an — Ziebarth's Lehre in die gemeinrechtliche Theorie und Praxis keinen Eingang gefunden.[381])

Im gemeinrechtlichen Gebiete finden sich, wie schließlich noch zu bemerken ist, nicht unerhebliche particularrechtliche Modificationen der dargestellten Regel.

Zunächst haben eine Reihe von Gebieten an der altdeutschen Regel „Kauf bricht nicht Miethe" einfach festgehalten. In dieser Beziehung ist schon bei der Aufzählung der deutschen Rechtsquellen das Erforderliche gesagt.

Im Weiteren ist die Einführung des Grundbuches vielfach dazu benutzt worden, dem Miether die Eintragung in das Grundbuch zu ermöglichen und dem eingetragenen Recht die Wirksamkeit gegen jeden neuen Erwerber zu sichern.

So haben namentlich die preußischen Gesetze, welche die Grundbuch-

---

381) Das große Verdienst, welches sich Ziebarth durch seine Schrift um die Geschichte und Dogmatik der Miethe erworben hat, wird aber dadurch nicht im Geringsten geschmälert. Auch sind seine Ausführungen wohl mehr auf die Zukunft als auf das geltende Recht berechnet gewesen.

gesetzgebung in den gemeinrechtlichen Provinzen eingeführt haben, vielfach für die Eintragung der Miethe besondere Fürsorge getroffen.

So bestimmt § 14 des Gesetzes für Neuvorpommern und Rügen: „Pächter und Miether, deren Recht eingetragen ist, können von einem späteren Erwerber des Grundstücks die Erfüllung des geschlossenen Vertrages bis zum Ablauf der vollen Vertragszeit beanspruchen, sofern der neue Erwerber nicht in Zwangsversteigerung gekauft, die von einem früher eingetragenen Gläubiger ausgebracht war."

Das Einführungsgesetz für Schleswig-Holstein vom 27. Mai 1873 verordnet in § 34: „Im Gebiete des dänischen Rechts können von dem im § 28 bezeichneten Zeitpunkte ab Mieth- und Pachtrechte die Wirkung dinglicher Rechte nur durch die an die Stelle der Dinglesung tretende Eintragung erhalten."

Für den Bezirk Cassel bestimmt § 3 Abs. 2 des Gesetzes vom 29. Mai 1873: „Verträge über Grundgerechtigkeiten, sowie — im Falle einer darauf gerichteten besonderen Abrede — Mieth- und Pachtverträge erhalten dingliche Wirksamkeit nur durch Eintragung im Grundbuche."

Die übrigen Einführungsgesetze, insbesondere das für Hannover, enthalten keine besonderen Bestimmungen. Es dürfte aber dadurch die Zulässigkeit der Eintragung von Pacht und Miethe nicht ausgeschlossen sein.

Aehnliche Einrichtungen sind für die gemeinrechtlichen Theile des Großherzogthums Hessen (Provinzen Starkenburg und Oberhessen) getroffen.[282]) Der eingetragene Miether braucht auch bei der Zwangsversteigerung nicht zu weichen, wenn der Gläubiger nicht ein älteres dingliches Recht hat. Der nicht eingetragene Miether muß dagegen nach Ablauf einer näher bestimmten Räumungsfrist abziehen. Er ist aber auch seinerseits in der Regel berechtigt zu kündigen.

§ 5. Gesetzgebungen und Gesetzgebungsarbeiten für deutsches Rechtsgebiet seit Ende des vorigen Jahrhunderts.

Von den drei großen Gesetzgebungswerken um 1800, welche für die deutsche Rechtsentwickelung von Bedeutung sind, dem Allgemeinen Landrechte für die preußischen Staaten, dem allgemeinen bürgerlichen Gesetzbuche für die gesammten deutschen Erbländer der österreichischen Monarchie und dem Code civil hat sich das österreichische Gesetzbuch am wenigsten von

---

[282]) Art. 127 in Verb. m. Art. 124, 125, 128, 130 des Ges. das Pfandrecht betreffend v. 15. September 1858.

dem gemeinen Recht entfernt. Aus diesem Grunde soll dasselbe zuerst besprochen werden.

Der Codex Theresianus von 1766[283]) bestimmte (§ VI Nr. 77), daß der Miether nur die „natürliche Innenhaltung", nicht aber ein dingliches Recht bekomme. Er verordnete weiter (§ X Nr. 186—192), daß, wo das Eigenthum oder der Fruchtgenuß eines vermietheten Hauses oder verpachteten Gutes von einem Dritten erworben würde, Kauf vor Miethe gehe, und es sei weder der Dritte noch der Miether schuldig, den Contract fortzusetzen, sondern jedem Theil stehe frei, nach vorläufiger landesbräuchlicher Kündigung die Miethe oder Pachtung abzubrechen. Im Weiteren ist die Schadensersatzforderung des Miethers näher geregelt. Ist das Grundstück unter der Bedingung, daß der Miether wohnen bleiben solle, erworben, oder hat der Erwerber, ohne vorher gekündigt zu haben, den Miethszins angenommen, so dauert die Miethe fort, ebenso bei den kaiserlichen Kammerpächtern.

Auch das bürgerliche Gesetzbuch für Westgalizien vom Jahre[284]) 1797 hatte die Miethe unter das Obligationenrecht gestellt. Mit der neueren gemeinrechtlichen Theorie wird der Miether erst durch die Uebergabe der Sache in die Nothwendigkeit versetzt, dem neuen Erwerber zu weichen. Dem Miether bleibt seine Schadensersatzforderung. Durch Pfandbestellung kann eine stärkere Rechtsstellung des Miethers bewirkt werden. Insbesondere wird durch die Eintragung der Immobiliarmiethe in die öffentlichen Bücher, wie das Gesetz sich ausdrückt, mit der Miethe ein dingliches Recht verbunden. „Das persönliche Recht wird in eine Grundservitut verwandelt."

Ganz ähnlich hat auch das österreichische bürgerliche Gesetzbuch selbst die Materie geordnet.

Die Miethe ist nur ein obligatorisches Recht. Gleichwohl wird für den Miether Rechtsbesitz und Besitzesschutz anerkannt.[285]) Die für die vorliegende Frage wesentliche Vorschrift lautet:

> § 1120. „Hat der Eigenthümer das Bestandstück an einen Anderen veräußert und ihm bereits übergeben, so muß der Bestandinhaber, wenn sein Recht nicht in die öffentlichen Bücher eingetragen ist (§ 1095), nach der gehörigen Aufkündigung dem neuen Besitzer weichen. Er ist aber berechtigt, von dem Be-

[283]) Herausgegeben von Harras, Th. III Cap. 12.

[284]) Insbes. III §§ 231, 253, Geller a. a. O. V S. 340ff.

[285]) Auf Grund der §§ 309—313. Geller a. a. O., insbes. S. 367, Randa a. a. O. S. 101, 505.

> standgeber in Rücksicht auf den erlittenen Schaden und entgangenen Nutzen eine vollkommene Genugthuung zu fordern."

Der Miether hat also in Folge des Eigenthumserwerbs des Käufers oder sonstigen Singularsuccessors[286]) zu weichen. Die im Gesetz nicht entschiedene Frage, ob auch der Miether im Falle der Veräußerung kündigen kann, wird in der Theorie und Praxis meistens gegen das römische Recht bejaht.[287])

Die Kündigungsfristen betragen bei Pachtungen 6 Monate, bei Miethungen von Immobilien 14 Tage, von Mobilien 24 Stunden (§ 1116).

Ausgeschlossen bleibt die vernichtende Kraft der Veräußerung, wenn die Immobilienmiethe eingetragen ist. § 1095: „Wenn der Bestandvertrag in die öffentlichen Bücher eingetragen ist, so ist das Recht des Bestandnehmers als ein dingliches zu betrachten, welches sich auch der nachfolgende Besitzer auf die noch übrige Zeit gefallen lassen muß."

An diese Bestimmung hat sich auch in Oesterreich die Streitfrage angeknüpft,[288]) ob das durch die Eintragung begründete Recht ein wahres dingliches oder nur ein dinglich wirksames obligatorisches Recht sei.

Für den Fall der Zwangsversteigerung hilft die Eintragung nichts.

> § 1121 bestimmt: „Bei einer nothwendigen gerichtlichen Veräußerung muß der Bestandnehmer selbst in dem Falle, daß sein Recht als ein dingliches eingetragen ist, dem neuen Käufer weichen. Nur in Rücksicht auf die Entschädigung bleibt ihm sein Vorzugsrecht vorbehalten.[289])

Während so die österreichische Gesetzgebung sich ganz im Fahrwasser der damaligen römischen Doctrin bewegte, entschloß sich die preußische Gesetzgebung, dem schon in den früher mitgetheilten Mainzer, Braunschweiger und Nassauer Gesetzen gleichzeitig hervortretenden Zuge der Zeit zu folgen und zum nationalen Recht zurückzukehren.[290])

---

[286]) Auch des Beschenkten und des Legatars, Stubenrauch, Commentar. 4. Aufl. S. 451. A. M. Winiwarter, Das österr. bürgerl. Recht 4 S. 339.

[287]) Geller a. a. O. S. 315, 379ff., Stubenrauch a. a. O. III S. 451.

[288]) Unger a. a. O. I S. 519, Randa a. a. O. S. 55, Hasenöhrl a. a. O. S. 19ff., Schiffner a. a. O. S. 92, 97, Geller a. a. O. S. 349, Winiwarter a. a. O. 2 S. 29.

[289]) Dazu Stubenrauch a. a. O. III. S. 451 und Geller a. a. O. S. 304, welchem „in solcher Allgemeinheit dieser offenbar über das Ziel hinausschießende Rechtssatz kaum gerechtfertigt erscheint".

[290]) Literatur: Eccius, Theorie und Praxis des preuß. Privatrechts II § 136 S. 165 und die dort Citirten, Dernburg, Lehrbuch des preuß. Privat-

Den Vorläufer des Landrechts bildet ein Hofrescript Friedrichs des Großen an das Kammergericht wegen des bisher eingerissenen Wuchers mit Häusern und Steurung der Hausmiethe für die Stadt Berlin vom 15. April 1765:[291])

„Wir haben mit dem größten Mißfallen wahrgenommen, daß in Unserer Residenz Berlin, der bisher eingerissene Wucher mit Häusern und die aufs höchste getriebene Steigerung der Haus-Miethen, ungeachtet Unserer dieserhalb immediate erlassenen scharfen Verordnungen, noch bis dato beständig fortdaure, und beydes großen Theils seine Schutzwehre in der gemeinen Rechts-Regul: Kauf bricht Miethe finde, als welche bisher den Käufer berechtiget, den Miether ungeachtet sein mit dem Verkäufer eingegangener Contract noch nicht zum Ende, nach gefallen auszutreiben, oder von ihm ein so hohes Mieths-Quantum durch die Drohung der Austreibung zu erzwingen, daß Käufer sich dadurch entschädiget: ja gewonnen, wenn er auch das Haus weit über seinen wahren Werth verkaufet." — „Von der Publication dieses Rescripti an, soll kein Käufer, Cessionarius, Legatarius, oder ein jeglicher anderer Erwerber eines Hauses, der sein Recht daran nur aus dem Willen des Veräußerers herleitet, die Befugniß haben, die Miether auszutreiben, welche von dem letztern das Haus entweder gantz oder zum Theil gemiethet, und zur Zeit der geschehenen Veräußerung sich schon in dem Besitz ihres Mieths-Rechts befunden." — „Der neue Eigenthümer, welchem die zur Veräußerungs-Zeit sich im Besitz befindenden Miether allemahl bekannt gemacht werden müssen, tritt für die noch übrige Dauer des Mieths-Contracts in die Verbindlichkeiten, aber auch in die Rechte seines Verkäufers oder Veräußerers."

Im weiteren ist noch verordnet, daß der Miether, welcher sich noch nicht im Besitz befindet, nur vom Vermiether sein Interesse fordern kann, daß Pränumerandozahlung der Miethe den onerosen Erwerber nicht beeinträchtigen darf, daß die Vereinbarung, daß der Miether im Falle der Veräußerung weichen wolle, zulässig ist, daß, wenn das Recht des neuen Erwerbers nicht vom Vermiether originirt, Austreibung unter

---

rechts II § 166 ff., Fischer, Lehrbuch des preuß. Privatrechts S. 269 u. 427 Träger a. a. O. S. 78 ff., Geller a. a. O. S. 335, 366, 376, Koch, Commentar zu den betreffenden Paragraphen, insbes. zu § 538 I 21, Gruchot in seinen Beiträgen 17 S. 550 ff.

[291]) Mylius, nov. corp. const. III S. 673.

Wahrung von Räumungsfristen stattfindet und der Miether nur im Falle des dolus sein Interesse liquidiren kann, daß endlich, falls nothwendige Subhastation stattfindet, der Miether nach Ablauf der gesetzlichen Ausziehfristen weichen muß und nur sein Interesse gegen den Vermiether liquidiren kann. Letztere Ausnahme ist gemacht, „um den Verkauf zu erleichtern und die Endschaft der Processe zu befördern; wie denn auch die Gläubiger, welche ohnehin in solchen Fällen gemeiniglich sehr zu kurz kommen, nicht unbillig eine Begünstigung vor anderen freywilligen Veräußerern verdienen".

Dem so eingeschlagenen Wege folgte auch das Allgemeine Landrecht.

Svarez sagt in den Schlußvorträgen:[292]) „Die Parömie „Kauf bricht Miethe" ist zwar in l. 9. C. de loc. et cond. gegründet, aber über die Reception dieser Gesetzesstelle sind die Rechtslehrer so wenig einverstanden, als darüber eine allgemein gültige Observanz bisher stattgefunden hat. Cocceji in jure controv. L. 19 tit. 11 qu. 22. Das Gesetzbuch muß nach seiner Theorie nothwendig das Gegentheil annehmen, da der Conductor, indem ihm auf Grund des Contracts der Besitz der Sache eingeräumt worden, ein wirkliches jus reale übernommen hat, in welchem Falle selbst de iure Romano der Käufer den Conductor sitzen lassen muß. Der Billigkeit und der Analogie ist auch das Principium des G. B. unstreitig angemessener. Der Eigenthümer hat den Gebrauch seiner Sache auf eine gewisse Reihe von Jahren einem Andern eingeräumt, und dadurch sich selbst in der Ausübung seiner Eigenthumsrechte eingeschränkt. Nur mit dieser Einschränkung kann er sein Eigenthum einem Dritten übertragen; er handelt offenbar contra bonam fidem, wenn er das Gegentheil thut; und der Käufer, dem es ohne sein eigenes Verschulden unmöglich verborgen bleiben kann, daß die Sache, die er kaufen will, einem Andern verpachtet oder vermiethet sei, kann durch seinen Kauf denselben seines wohlerworbenen Rechts ohne die größte Unbilligkeit nicht entsetzen."

In Folge dieser Anschauung hat das A. L. R. Miethe und Pacht in dem „von dem Rechte zum Gebrauche oder Nutzung fremden Eigenthums" handelnden 21. Titel des I. Theils abgehandelt. Die wesentlichsten allgemeinen Bestimmungen sind:

§ 2. „Soweit[293]) der Berechtigte sich im wirklichen Besitze der zu

---

[292]) Kamptz, Jahrbücher 41 S. 67.

[293]) Vgl. § 135 I 2. Der Miether hat s. g. unvollständigen Besitz nach §§ 6, 131, 146, 169, I 7. — Strieth., Archiv 91 S. 328, 98 S. 60, 99 S. 176.

gebrauchenden oder zu nutzenden Sache befindet, hat seine Befugniß die Eigenschaft eines dinglichen Rechts.[294])

§ 3. Die Verpflichtung, ihm die Ausübung des dinglichen Rechts zu gestatten, geht also auf jeden neuen Eigenthümer der belasteten Sache, welcher sein Recht von dem Besteller des Gebrauchs- oder Nutzungsrechts herleitet, mit über.

§ 4. Bei Grundstücken und Gerechtigkeiten hat die Eintragung des Rechts in das Hypothekenbuch die Wirkungen des körperlichen Besitzes der Sache."

Die Grundbuchgesetzgebung von 1872 hat hieran, obwohl sie im Allgemeinen die Eintragung als die einzige Art der Begründung dinglicher Rechte an Immobilien hingestellt hat, hinsichtlich der Miethe und Pacht nichts geändert, indem sie von der Regel, daß dingliche Rechte an Grundstücken gegen Dritte nur durch Eintragung Wirksamkeit erlangen, Miethe und Pacht ausdrücklich ausgenommen hat.[295])

Die besondere Anwendung auf den Fall der Veräußerung macht § 358: „Durch einen freiwilligen Verkauf wird in den Rechten und Pflichten des Miethers oder Pächters nichts geändert." Mit jeder Veräußerung der vermietheten Sache werden daher zugleich auf den Erwerber die Rechte und Pflichten des Vermiethers übertragen, ohne daß indeß der ursprüngliche Vermiether befreit würde. Hinsichtlich des Pacht- und Miethszinses ist gesetzlich bestimmt, daß derselbe nach Verhältniß der Besitzzeit getheilt wird. Der Forderung des Erwerbers gegen den Vermiether steht aber dasselbe entgegen, was der Forderung des Veräußerers zur Zeit der Veräußerung entgegen stand. Compensationen läßt indeß die Praxis nicht zu.[296])

Koch[297]) läßt die Begründung der landrechtlichen Normen aus der Regel nemo plus iuris ꝛc. gelten. Im Uebrigen nennt er in seiner bekannten herben Manier die Motivirung des Satzes durch Svarez ein „Zeugniß der Inconsequenz". Er dürfte aber darin ebenso fehl gehen,

---

[294]) Vgl. dazu Ziebarth a. a. O. S. 253 und Gruchot a. a. O. S. 550.

[295]) § 12 des Eigenthumserwerbsges. v. 5. Mai 1872. Die Eintragung ist aber zulässig. A. M. Korb bei Gruchot 25 S. 344 ff.

[296]) § 106 I 11, Eccius a. a. O. S. 179, Entsch. des Obertribunals 25 S. 427, 30 S. 946, 39 S. 158, Strieth., Archiv 50 S. 184, Entsch. des Reichsgerichts 4 Nr. 78, Gruchot a. a. O. S. 552 ff., Hinschius in der preußischen Anwaltszeitung 1862 S. 191, 1866 S. 31, Plathner in der Arnsberger Monatsschrift I S. 643 ff.

[297]) Commentar zu § 358 I 21. Dagegen schon Träger a. a. O. S. 87. Mit der Ansicht, daß das landrechtliche Miethsrecht nicht dinglich sei, steht Koch allein.

wie in der, das Recht der Superficies und der Emphyteusis nicht beachtenden Bemerkung, daß der Fall, daß der Käufer den mit dinglichem Recht versehenen Conductor sitzen lassen müsse, nach römischem Recht gar nicht vorkommen könne.

Da das A. L. R. die Dinglichkeit von der Einräumung des Besitzes abhängig gemacht hat, so hat vor der Uebergabe der Miether nur ein persönliches Recht, aber in der, aus der älteren gemeinrechtlichen Theorie in das Landrecht übergegangenen verstärkten Gestalt des Rechts zur Sache,[298]) so daß er nur dem gutgläubigen Erwerber zu weichen hat. Muß er weichen, so hat er Anspruch auf Schadensersatz. In jedem Falle einer Veräußerung vor der Uebergabe ist er, jedoch ohne Anspruch auf Schadensersatz, zum Rücktritt berechtigt.[299])

Eine Ausnahme besteht für den Fall der Zwangsversteigerung[300]) und des derselben insoweit gleichstehenden freihändigen Verkaufes im Concurse. In diesem Falle bleibt zwar der Pächter oder Miether an seinen Vertrag gebunden. Dagegen können die Gläubiger und der Ersteher unter Innehaltung bestimmter Fristen bei nächster Gelegenheit das Verhältniß aufkündigen. Die Eintragung des Rechts im Grundbuch war dabei insofern von Bedeutung, als die Entschädigungsforderung, welche dem Miether gegen den Vermiether zusteht, dadurch ein Vorrecht im Concurse erhielt, eine Bestimmung, welche gegenwärtig nicht mehr zu Recht besteht.[301])

Die Ausnahme wird in den Materialien mit der Rücksicht auf das Interesse der Gläubiger gerechtfertigt.[302])

Im Falle einer Enteignung der vermietheten Sache wird das Miethsverhältniß ebenfalls zur Beendigung gebracht. Der Miether kann seine Schadensansprüche, soweit sie nicht in der dem Eigenthümer gewährten Entschädigung inbegriffen sind, unmittelbar gegen den Unternehmer der Enteignung geltend machen.[303])

---

[298]) Darüber v. Brünneck, Ueber den Ursprung des sog. ius ad rem. Durch die Grundbuchgesetzgebung ist hieran nichts geändert. Vgl. Eccius a. a. O. S. 168 A. 14 gegen Dernburg a. a. O. I § 185 A. 6. Vgl. auch Achilles, Commentar zu dem Ges. über das Grundeigenthum S. 140.

[299]) §§ 359—362 I 21 in Verbindung mit §§ 3—6 I 19.

[300]) Dieselbe entfällt aber bei der Zwangsversteigerung zum Zwecke der Auseinandersetzung. § 185 Nr. 1 der Zw. O. v. 13. 7. 1883.

[301]) §§ 350—357 I 21, § 22 der Zw. O. v. 13. 7. 1883, § 17 Z. 2 der deutsch. Concursordn., Krech und Fischer, Commentar zur Zw. O. S. 282 ff., Entsch. des Reichsger. 4 S. 285.

[302]) Träger a. a. O. S. 87.

[303]) §§ 11, 45 d. Ges. v. 11. Juni 1874.

Endlich hört bei Gemeinheitstheilungen und Verkoppelungen die Pacht auf, wenn das Pachtobject dem Verpächter durch das Verfahren entzogen wird. Der Pächter hat aber in der Regel die Wahl, ob er das durch das Verfahren gewährte Surrogat in Pacht nehmen oder kündigen will.[304])

Hinsichtlich des Falles, daß das Verfügungsrecht des Vermiethers nur ein beschränktes war, hat sich das A. L. R. im Wesentlichen dem römischen Recht angeschlossen.[305])

Schließlich ist noch zu bemerken, daß die Materialien über die preußische Gesetzesrevision in keiner Weise erkennen lassen, daß die Gesetzesrevisoren hinsichtlich der Beibehaltung der landrechtlichen Regelung der vorliegenden Frage in Zweifel gewesen wären.

Nicht so entschieden wie das preußische Recht ist der Code Napoléon zum römischen Recht in Gegensatz getreten. Er handelt von der Sachmiethe nicht im Sachenrecht, sondern im Obligationenrecht, indem er die römische Eintheilung locatio-conductio rei, operarum und operis beibehält. Die französische Jurisprudenz ist auch überwiegend der Ansicht, daß Miether und Pächter kein dingliches Recht haben und auch des Besitzesschutzes entbehren.[306])

Gleichwohl gilt für Häuser und ländliche Grundstücke, nicht aber für bewegliche Sachen, der Satz „Kauf bricht nicht Miethe"; Art. 1743 bestimmt: Si le bailleur vend la chose louée, l'acquéreur ne peut expulser le fermier ou le locataire qui a un bail authentique ou dont la date est certaine, à moins qu'il ne se soit réservé ce droit par le contrat de bail.

Die Bedingung, daß der Miethsvertrag authentisch oder mit einem gewissen Datum versehen sein muß, gilt auch heute noch in den deutschen Ländern des französischen Rechts. § 14 Nr. 2 des Einführungsgesetzes zur Civilproceßordnung steht nicht entgegen, da es sich nicht um eine bloße Beweisbeschränkung, sondern um eine materielle Voraussetzung dieser besonderen Wirksamkeit des Pachtvertrages handelt.[307])

Wo, wie in Elsaß-Lothringen, das französische Transscriptionsgesetz

---

[304]) §§ 158, 159 der Gemeinheitstheilungsordnung v. 7. Juni 1821, § 7 des Ges. v. 2. April 1872.

[305]) §§ 388—390 I 21.

[306]) Stabel, Institutionen § 202 S. 485, Zachariä, Lehrbuch des französ. Rechts II § 369 A. 30a und I § 190a, Bruns, Besitzklagen S. 227, A. 9, Randa, Besitz § 24 A. 47.

[307]) Doch kommen in processualischer Beziehung die Grundsätze der C. Pr. O. zur Anwendung.

vom 22. März 1855 gilt, müssen Pacht- und Miethsverträge, welche auf eine längere Zeit als auf 18 Jahre abgeschlossen sind, in das Hypothekenbuch eingetragen sein, um gegen Dritte Wirkung zu haben (Art. 2 Abs. 4). Dieses Gesetz (Art. 2 Abs. 5) hat auch für seinen Geltungsbereich die streitige Frage, ob der Erwerber Vorausbezahlungen und Cessionen der auf die Zeit nach dem Erwerbe fallenden Miethe anzuerkennen hat, dahin entschieden, daß sie, sofern sie drei- oder mehrjährige Zinsen betreffen, dem Erwerber nur dann entgegengehalten werden können, wenn sie eingetragen sind.

Im Uebrigen tritt der neue Erwerber in das Verhältniß ein, ohne daß der Veräußerer frei wird. Auch der Miether bleibt gebunden.

Fehlt es an der erforderlichen Beschaffenheit des Miethsvertrages, so kann der Miether, ohne gegen den Erwerber Anspruch auf Entschädigung zu haben, ausgetrieben werden.

Art. 1750. Si le bail n'est pas fait par acte authentique, ou n'a point de date certaine, l'acquéreur n'est tenu d'aucuns dommages et intérêts.[308])

In dem Falle, daß durch den Miethsvertrag die Verpflichtung des Miethers, in Folge einer Veräußerung zu weichen, festgestellt ist, muß gleichwohl der Miether in einer näher geregelten Weise entschädigt werden. Es stehen ihm auch gesetzliche Räumungsfristen offen, und braucht er nicht eher zu ziehen, bis ihm sein Schaden ersetzt ist.[309]) Endlich ist noch verordnet, daß der Erwerber auf Wiederkauf von der Austreibungsbefugniß jedenfalls erst dann Gebrauch machen kann, wenn er unwiderruflicher Eigenthümer geworden ist.[310])

Man nimmt an, daß, wenn der Erwerber von dem Recht zu kündigen nicht sofort Gebrauch macht, dies dem Abschluß eines neuen Miethsvertrages gleichsteht und folgeweise der bisherige Vermiether befreit wird.[311])

Für den Fall der Zwangsversteigerung sind besondere Vorschriften nicht gegeben, und verbleibt es daher hier im allgemeinen bei den für eine freiwillige Veräußerung gegebenen Regeln. Für die französischrechtlichen Theile der preußischen Rheinprovinz bestimmte die Subhastationsordnung vom 1. August 1822 in § 35: „Durch den ihm ertheilten Zuschlag erwirbt der Meistbietende auf die verkauften Immobilien keine

---

[308]) Stabel a. a. § 202 S. 485, Zachariä a. a. O. II § 369 S. 537 u. 538 A. 35.

[309]) Art. 1744—1749, Stabel a. a. O., Zachariä a. a. O. A. 31—33, 55.

[310]) Art. 1751.

[311]) Stabel a. a. O.

größeren Rechte, als der Schuldner zur Zeit des Zuschlags hatte. Seine Rechte gegen die allenfallsigen Miether oder Pächter werden nach den allgemeinen Bestimmungen des Civilgesetzbuchs und mit Berücksichtigung des Umstandes, ob die Mieth= oder Pachtverträge zur Zeit des Zahlungsbefehls ein gewisses Datum hatten, und ob sie für den Fall des Verkaufes besondere Bestimmungen enthalten, beurtheilt."

Dagegen verordnet § 36 des Ges. über das Grundbuchwesen und die Zwangsvollstreckung in das unbewegliche Vermögen im Geltungsbereich des rheinischen Rechts vom 12. April 1888: „Ist im Falle der Zwangsversteigerung das Grundstück verpachtet oder vermiethet, so kann der Ansteigerer den Vertrag aufkündigen. Die Frist oder Zeit für die Kündigung ist, falls eine kürzere Frist oder nähere Zeit nicht bedungen war, die gesetzliche oder ortsübliche (Artikel 1748 des bürgerlichen Gesetzbuchs). Schadensersatzansprüche wegen Aufhebung des Vertrages können nur gegen den Verpächter oder Vermiether geltend gemacht werden."

Die Motive zu diesem Gesetze betonen dabei — und das steht mit dem in den später zu besprechenden Motiven zum deutschen Entwurf Ausgeführten in directem Widerspruch —, daß der Erwerber bei freiwilligen Veräußerungen stets in der Lage sei, sich über die etwa bestehenden Pacht= oder Miethsverträge vor Abschluß des Geschäfts Gewißheit zu verschaffen.

Die Artikel 1743—1751 des code civil sind durch die entsprechenden Nummern des Badischen Landrechts im Wesentlichen sinngemäß wiedergegeben.

Inzwischen haben aber durch § 146 des Badischen Einführungsgesetzes zu den Reichsjustizgesetzen die Art. 1743 und 1750 eine veränderte Fassung erhalten. Sie lauten nunmehr:

1743. „Wenn der Bestandgeber die Bestandsache verkauft, so hat der Käufer kein Recht, den Beständer, dessen Vertrag vor dem Verkauf beurkundet ist, zu vertreiben, wenn nicht dieses Recht im Bestandbrief ausbedungen ist."

1750. „Fehlt dem Bestandvertrag die in L. R. S. 1743 bezeichnete Voraussetzung, so ist der Käufer zur Entschädigung nicht verbunden."

Für Enteignungen (Zwangsabtretungen) bestimmt § 26 des badischen Gesetzes vom 28. August 1835:

„Ist die Liegenschaft verpachtet, so wird bei Ausmittlung des Werths auch auf den bedungenen Pachtzins Rücksicht genommen, die Entschädigung des Pächters aber, wie bei freiwilligen Veräußerungen, nach den Landrechtsätzen 1745—1747 bemessen."

Nach Art. 18 des Gesetzes vom 5. Mai 1856 treten bei Grundstücks-zusammenlegungen die Surrogate an die Stelle des bisherigen Pacht-objects. Doch kann die Zusammenlegungs-Commission auch Entschädigungen und Aufkündigung der Pacht anordnen bezw. zulassen.

Während unter dem Einflusse der preußischen und französischen Gesetzgebung es dahin gekommen ist, daß fast zwei Drittel der Einwohner des deutschen Rechts zu der Regel: „Kauf bricht nicht Miethe" zurückgeführt sind, haben sich die neueren deutschen Gesetzgebungsbestrebungen wieder dem römischen Recht zugewandt. Man wird in der Annahme nicht fehl gehen, daß dabei die historische Schule der deutschen Romanisten, insofern dieselbe das rein römische Recht nicht blos historisch erkennen, sondern demselben auch die bis dahin in vielen wichtigen Punkten noch gar nicht vollzogene Aufnahme in Deutschland nach Möglichkeit zu erwirken suchte, vorzugsweise von Einfluß gewesen ist.

Der hessische Entwurf von 1853 [312]) stellt sich zunächst insoweit ganz auf den Standpunkt des römischen Rechts, als er das Miethsverhältniß rein persönlich construirt, auch dem Miether jeden Besitzesschutz versagt. Der Eigenthümer kann den Miether ohne Weiteres entsetzen. Der Miether hat lediglich einen Schadensersatzanspruch gegen den Vermiether. Dem

---

[312]) Art. 1, 28, 29, 186—188. Die wichtigsten Bestimmungen lauten:

Art. 186. Der Bestandnehmer hat kein Recht vor Ablauf der Bestandzeit von dem Bestandvertrage abzugehen, wenn der Bestandgeber einem Dritten an dem Bestandgegenstande ein, dem Gebrauchsrechte des Bestandnehmers widerstreitendes, dingliches Recht durch ein Rechtsgeschäft unter Lebenden überträgt oder durch ein Vermächtniß zuwendet.

Hat sich der Dritte dem Bestandgeber verpflichtet, während der noch übrigen Bestandzeit den Gebrauch des Bestandgegenstandes dem Bestandnehmer zu gewähren, so kann der letztere zum Schutze in seinem Bestandverhältnisse die aus dieser Verpflichtung dem Bestandgeber gegen den Dritten zustehende Klage für sich geltend machen.

Art. 187. Die Uebernahme einer solchen Verpflichtung des Dritten (Art. 186) wird angenommen, wenn ihm bei der Erwerbung des dinglichen Rechts am Bestandgegenstande das Bestandverhältniß schon bekannt und der Bestandnehmer im Genusse seines Bestandrechts war, es sei denn, daß der Bestandgeber mit dem Dritten etwas Anderes verabredet oder der Bestandnehmer im Bestandvertrage dem dritten Erwerber der Bestandsache zu weichen ausdrücklich sich verpflichtet hätte.

Art. 188. Ist die im Art. 186 gedachte Verpflichtung von dem dritten Erwerber des Bestandgegenstandes weder ausdrücklich übernommen noch gesetzlich anzunehmen (Art. 187), so hat der Bestandnehmer, wenn ihm der Gebrauch der Bestandsache von dem Dritten entzogen wird, gegen den Bestandgeber lediglich einen Schadensersatzanspruch wegen Nichterfüllung des Vertrags.

Miether ist ein Rücktrittsrecht in Folge der Veräußerung nicht gegeben. Dagegen wird insofern vom römischen Recht zu Gunsten des Miethers abgewichen, als dieser die von dem Dritten gegen den Veräußerer eingegangene Verpflichtung, den Miethsvertrag auszuhalten, ohne Weiteres für sich geltend machen kann, und als die Uebernahme einer solchen Verpflichtung schon dann angenommen werden soll, wenn dem Erwerber bei der Erwerbung das Miethsverhältniß bekannt und der Miether im Genusse war, sofern nicht bei der Erwerbung ein Anderes verabredet ist, oder der Miether nur unter der Verpflichtung, einem neuen Erwerber zu weichen, gemiethet hatte.

Der bayerische Entwurf von 1860[313]) hat ebenfalls das Mieths-

---

[313]) Die in Betracht kommenden Bestimmungen lauten:

Th. III. Art. 40, Abs. 1: Der Inhaber, welchem die Sache zur Benützung oder zum Gebrauche von dem Besitzer überlassen ist, sowie der Finder, hat, wenn ihm die Innehabung der Sache gegen seinen Willen entzogen wird, oder wenn sich Jemand eine Verfügung über die Sache anmaßt, wodurch die Innehabung gestört wird, Anspruch auf Beseitigung der Störung oder Zurückgabe der Sache.

Th. II. Art. 444. Hat der Vermiether den Miethgegenstand vor Ablauf der Miethzeit einem Dritten veräußert oder durch Vermächtniß zugewendet, so wird dadurch das Miethverhältniß zwischen dem Miether und Vermiether nicht aufgehoben; der letztere bleibt verpflichtet, dem Miether gegen Fortbezug des Miethzinses den Gebrauch der Sache vertragsgemäß noch ferner zu verschaffen, und hat ihm für die durch die Veräußerung herbeigeführte vorzeitige Beendigung des Miethverhältnisses volle Entschädigung zu leisten.

Art. 445. Der neue Erwerber der Sache ist berechtiget, vom Miether die sofortige Ueberlassung des Miethgegenstandes zu verlangen.

Bei der Miethe von Wohnungen und anderen Liegenschaften ist jedoch der neue Erwerber — vorausgesetzt, daß die Miethzeit vertragsgemäß nicht früher zu Ende geht — von Rechtswegen verpflichtet, dem Miether nach vorgängiger Aufkündigung den dem Miethvertrage gemäßen Gebrauch der Sache bis zum Ende des laufenden, und wenn dieses zur Zeit der Aufkündigung schon zur Hälfte verstrichen ist, des nächsten vertragsmäßigen oder ortsüblichen Zieles, in Ermanglung eines solchen aber noch drei Monate lang zu verstatten.

Art. 446. War zur Zeit der Veräußerung einer unbeweglichen Sache der über dieselbe abgeschlossene Miethvertrag im Grund- und Hypothekenbuche eingetragen, so ist der neue Erwerber verpflichtet, dem Miether den vertragsgemäßen Gebrauch der Sache bis zum Ablaufe der festgesetzten Miethzeit zu belassen.

Im Falle einer auf Anbringen eines Gläubigers richterlich angeordneten Versteigerung kömmt jedoch nur die Bestimmung des Art. 445 Abs. 2 zur Anwendung.

Art. 447. In den Fällen des Art. 445 Abs. 2 und Art. 446 muß der neue Erwerber gestatten, daß der Vermiether oder der Miether jene Ausbesserungen des Miethgegenstandes vornehmen lasse, welche dem einen oder dem anderen in Folge des Miethverhältnisses obliegen.

verhältniß als ein bloß obligatorisches gestaltet. Gleichwohl wird dem Miether wie jedem anderen Inhaber, welchem die Sache zur Benutzung oder zum Gebrauche von dem Besitzer überlassen ist, Anspruch auf Zurückgabe der Sache oder Beseitigung der Störung gegeben, wenn ihm die

---

Art. 448. Hat sich der neue Erwerber dem Vermiether gegenüber zur Fortsetzung der Miethe während der noch übrigen Miethzeit verbindlich gemacht, so kann der Miether die dem Vermiether hieraus zustehenden Klagen für sich gegen den Dritten geltend machen.

Art. 449. Der neue Erwerber ist in den Fällen der Art. 445 Abs. 2, 446 und 448 in Ermangelung einer anderen Verabredung berechtiget, von dem Vermiether die Herausgabe des von dem Zeitpunkte seines Erwerbes anfallenden Miethzinses unter Abzug der von dem Vermiether etwa gemachten Auslagen (Art. 447) zu verlangen.

Art. 450. Hatte der Vermiether bei der Veräußerung der Sache an einen Dritten diesem das Miethverhältniß verschwiegen oder im Falle des Art. 446 zugesichert, daß dasselbe im Grund- und Hypothekenbuche nicht eingetragen sei, so kann der Erwerber wegen des ihm dadurch verursachten Schadens von dem Veräußerer vollen Ersatz fordern.

Art. 451. Die Bestimmungen der Art. 444—450 kommen auch dann zur Anwendung, wenn der Vermiether während der Dauer der Miethe ein anderes Recht an dem Miethgegenstande, dessen Ausübung mit der Fortsetzung der Miethe durch den Miether unvereinbar ist, einem Dritten durch ein Geschäft unter Lebenden oder durch Vermächtniß überträgt.

Art. 452. Auf die Zwangsabtretung für öffentliche Zwecke finden die Vorschriften der Art. 445 Abs. 2 und 446 keine Anwendung.

Der zur Abtretung gezwungene Eigenthümer ist dem Miether für die vorzeitige Beendigung der Miethe zu voller Entschädigung verpflichtet.

Art. 453. Geht aus einem bei dem Abschlusse des Miethvertrages schon vorhandenen Rechtsgrunde das Nutzungsrecht an der Sache auf einen Dritten über, so wird von diesem Zeitpunkte an das Rechtsverhältniß zwischen dem Vermiether und Miether nach den Vorschriften über Vermiethung einer fremden Sache (Art. 406) beurtheilt.

Der Nutzungsberechtigte ist an das bestehende Miethverhältniß nicht gebunden.

Jedoch kommen auch hier die Bestimmungen der Art. 445 Abs. 2, 446 Abs. 1 und 447 zur entsprechenden Anwendung, wenn bei der Miethe von Wohnungen oder anderen Liegenschaften die dem Dritten zustehende Berechtigung dem Miether unbekannt und aus dem Grund- und Hypothekenbuche nicht zu ersehen war.

War beim Abschlusse des Miethvertrages der Zeitpunkt ungewiß, in welchem der Rückfall eintreten werde, so greift die Bestimmung des Art. 445 Abs. 2 jedenfalls Platz.

Die Bestimmung des Art. 449 kömmt in allen diesen Fällen zur Anwendung.

Art. 480. Bei einer Veräußerung des Pachtgegenstandes ist der Erwerber von Rechtswegen verpflichtet, dem Pächter die vertragsgemäße Benützung des Pachtgegenstandes bis zur Beendigung des laufenden Pachtjahres zu gestatten.

Erfolgt die Kündigung des Pachtes von Seite des Erwerbers keinen vollen Monat vor dem Ende des Pachtjahres, so ist derselbe verbunden, dem Pächter noch

Innehabung der Sache gegen seinen Willen entzogen wird, oder wenn Jemand die Innehabung stört.

Die Motive rechtfertigen diese „Neuerung" mit dem praktischen Bedürfniß, es sei wenig entsprechend, daß der Inhaber von der Vermittlung seines Autors abhängig sei. Aehnliche Bestimmungen anderer Gesetzgebungen hätten sich bewährt. Die Motive haben dabei aber in erster Linie den Besitzesschutz des Inhabers gegen Dritte, nicht die Stellung desselben gegenüber seinem Autor im Auge.

Die Einwirkung der Veräußerung der Miethssache oder der Einräumung eines der Miethe entgegenstehenden dinglichen Rechts auf das Miethsverhältniß ist grundsätzlich rein römisch gestaltet. Das Miethsverhältniß wird nicht aufgehoben. Der Vermiether bleibt zur Gewährung der Sache und eventuell zur Leistung der Entschädigung verpflichtet. Der neue Erwerber kann aber von dem Miether die sofortige Räumung der Wohnung verlangen.

Es bestehen jedoch Modificationen dieses Grundsatzes:

1. Bei Wohnungen und anderen Liegenschaften ist dem Miether eine Räumungsfrist nach vorgängiger Kündigung gestattet, welche bei der Pacht bis zum Ende des Pachtjahres läuft.

2. Wenn das Verhältniß in das Grundbuch eingetragen ist, so ist der Singularsuccessor an den Vertrag gebunden.

3. Wenn sich der neue Erwerber dem Vermiether gegenüber zur Fortsetzung des Verhältnisses verpflichtet hat, so wird der Miether daraus unmittelbar berechtigt.

Im Weiteren ist über Reparaturen während des Restes der Miethszeit Verordnung getroffen und bestimmt, daß der neue Erwerber hinsichtlich des auf diese Zeit fallenden Miethspreises nur gegen den Vermiether Ansprüche hat. Auch ist besonders gesagt, daß der Vermiether, welcher das Miethsverhältniß verschwiegen oder dessen Eintragung geleugnet hatte, zum vollen Schadensersatz gegenüber dem neuen Erwerber verpflichtet ist.

---

vierzehn Tage von dem letztbezeichneten Zeitpunkte an zur Räumung des Pachtgegenstandes zu gestatten.

Dieselben Verpflichtungen liegen demjenigen ob, an welchen nach Abschluß des Pachtvertrages das Eigenthum oder Nutzungsrecht an dem Pachtgegenstande aus einem zur Zeit jenes Abschlusses schon vorhandenen Rechtsgrunde übergeht, soferne beim Abschlusse des Pachtvertrages dieser Zeitpunkt ungewiß war.

Art. 481. Im Uebrigen finden die Bestimmungen der Art. 444—453 auch beim Pachte mit der Ausnahme Anwendung, daß an die Stelle des in Art. 445 Abs. 2 bezeichneten Zeitraumes die Zeitbestimmung des Art. 480 zu treten hat.

Wer aus einem bei dem Abschlusse des Miethsvertrages schon vorhandenen Rechtsgrunde das Nutzungsrecht an der Sache erwirbt, ist zwar grundsätzlich an das Miethsverhältniß nicht gebunden. Gleichwohl muß er dem Miether dasselbe gewähren, wie der Singularsuccessor des Vermiethers, wenn bei dem Abschluß der Miethe oder Pacht von Immobilien die Berechtigung dem Miether unbekannt und aus dem Grundbuche nicht ersichtlich war. Die Räumungsfristen muß er auch dann gewähren, wenn zur Zeit des Abschlusses des Miethsvertrages der Zeitpunkt des Rückfalls ungewiß war.

Im Falle der Zwangsversteigerung verliert die Eintragung im Grundbruch ihre Kraft.

Bei Enteignungen für öffentliche Zwecke fallen auch die Kündigungsfristen weg. Der Miether hat nur eine Interesseforderung gegen den Eigenthümer.

Die Motive rechtfertigen den eingenommenen Standpunkt zunächst mit der „strengen Rechtsconsequenz". Sie verkennen nicht, daß derselbe für den Miether und noch mehr für den Pächter, welche in Folge der Wortbrüchigkeit des Vermiethers große Nachtheile erleiden und dafür, ganz abgesehen von der Vermögenslosigkeit der Ersatzpflichtigen, keinen vollständigen Ersatz erhalten könnten, eine große Härte enthalte.

Es sprächen aber auch gegen die dingliche Gestaltung der Miethe erhebliche Bedenken, nicht nur vom theoretischen Standpunkte aus, sondern auch im volkswirthschaftlichen Interesse „der Freiheit und der Sicherheit des Eigenthumsverkehrs". Durch die Gestattung der Eintragung des Verhältnisses und die Normirung der Räumungsfristen seien die Mittel gegeben, Mißstände zu vermeiden, „ohne den allgemeinen Rechtsgrundsätzen zu nahe zu treten". Für Mobilien wird ein besonderer Schutz vornehmlich deshalb für entbehrlich erachtet, weil der neue Erwerber das Eigenthum der Sache nicht erlangen kann, solange der Miether dieselbe in Händen hat. Auch dafür, daß dem neuen Erwerber wegen des Miethsgeldes nur eine Forderung gegen den Vermiether, nicht aber gegen den Miether gegeben ist, wird in erster Linie ins Feld geführt, daß es „principiell unthunlich sei, einem dritten, welcher zu dem Vertrage nicht mitgewirkt hat, das dadurch begründete obligatorische Verhältniß aufzudrängen". Nebenher wird dann noch auf die praktischen Schwierigkeiten hingewiesen, welche hinsichtlich des mitvermietheten, aber nicht mitveräußerten Inventars entstehen könnten. Auf der andern Seite wird zugegeben, daß für den Eintritt des Erwerbers in das Verhältniß sowohl der Umstand spreche, daß die Sache dem Vermiether fremd geworden sei, als, daß die Miethe das Aequivalent für die vom Eigenthümer gewährte Sachbenutzung bilde.

Die Eintragung der Verpflichtung des Vermiethers, einem neuen Erwerber die Erfüllung des Miethsvertrages zur Pflicht zu machen, ist nicht nur zulässig, sondern kann auch vom Miether beansprucht werden, wenn der Vermiether, mit oder ohne Eintragungsbewilligung, eine solche Pflicht vertragsmäßig übernommen hatte. Die Eintragung hat aber für den Fall der Zwangsversteigerung keine Wirkung.

Das sächsische bürgerliche Gesetzbuch vom 2. Januar 1863[314]) gewährt ebenfalls trotz der rein obligatorischen Gestaltung des Miethsverhältnisses dem Miether und dem Pächter den Besitzesschutz wegen Störung und Entziehung.[315]) Gegen den Vermiether läßt aber die Praxis nur die Spolienklage, nicht aber die Besitzstörungsklage zu.[316])

An der Spitze der für den Fall der Veräußerung der Miethssache in Betracht kommenden Bestimmungen[317]) steht der Satz, daß der Ver-

---

314) Vgl. dazu Wengler und Brachmann, Commentar.

315) §§ 208 u. 209.

316) Urtheile bei Wengler, Archiv für civilrechtliche Entsch. der K. S. Justizbehörden III S. 541 ff. und in den Annalen des K. Oberappellationsgerichts zu Dresden, zweite Folge 3 S. 169 ff.

317) § 1222. Geht während der Dauer des Vertrages das Eigenthum oder ein die Benutzung von Seiten des Pachters oder Miethers ausschließendes Recht an der Sache in Folge einer Veräußerung von Seiten des Verpachters oder Vermiethers oder aus einem anderen Rechtsgrunde auf einen Dritten über, welcher in die Verpflichtungen des Verpachters oder Vermiethers nicht eintritt, so kann der Pachter oder Miether von dem Verpachter oder Vermiether Schadenersatz verlangen (§ 764).

§ 1223. Hat der Verpachter oder Vermiether das Eigenthum oder das Recht, in Folge dessen er verpachtete oder vermiethete, an der Sache nur auf Zeit gehabt, so ist im Falle der Erlöschung dieses Rechts während der Dauer des Pacht- oder Miethvertrages der Pachter oder Miether, wenn der Vertrag nicht mit ihm fortgesetzt wird, zu einem Anspruche auf Schadenersatz gegen seinen Verpachter oder Vermiether blos dann berechtigt, wenn er den Zeitpunkt der Erlöschung des Rechtes des Verpachters oder Vermiethers bei Abschluß des Pacht- oder Miethvertrages nicht kannte.

§ 1224. Hat der Verpachter oder Vermiether eines Grundstücks oder einer Gerechtigkeit sich gegen den Pachter oder Miether verpflichtet, im Falle einer Veräußerung der Sache dem Erwerber die Erfüllung des Pacht- oder Miethvertrages zur Bedingung zu machen, so kann der Pachter oder Miether verlangen, daß diese Verpflichtung in dem Grundbuche eingetragen wird. Im Falle der Zwangsversteigerung geht die Verbindlichkeit zur Erfüllung des Pacht- oder Miethvertrages,

miether zum Schadensersatz verpflichtet ist, wenn die Sache auf einen Dritten übergeht, welcher in das Verhältniß nicht eintritt, es sei denn, daß es dem Miether von vornherein bekannt war, daß das Recht des Vermiethers an der vermietheten Sache zu einem bestimmten Zeitpunkt erlöschen würde.

Der dritte Erwerber kann nach erlangter Eintragung den Abzug des Miethers verlangen. Aber es sind dem Miether nicht bloß ziemlich ausgedehnte Räumungsfristen gegeben, sondern es wird auch angenommen, daß der neue Erwerber, wenn er nicht innerhalb bestimmter Zeit kündigt, in das Miethsverhältniß ganz eintritt. Für den auf die Zeit nach der Erwerbung fallenden Miethszins ist der Miether dem neuen Erwerber direct verhaftet, ohne sich, wie die Praxis festhält, auf Vorausbezahlungen an den früheren Eigenthümer berufen zu können.[318]) Die Praxis nimmt auch an, daß die gesetzliche Räumungsfrist grundsätzlich nur die Bedeutung eines dem Miether gewährten modicum tempus habe und für sich allein noch keinen Eintritt des neuen Erwerbers in das Miethsverhältniß begründe. Daher denn der Miether selbst zum sofortigen Abzug berechtigt ist, wie andererseits der Erwerber eine im Miethsvertrage festgesetzte cassatorische Clausel für sich nicht geltend machen kann.[319])

Das Liv-, Est- und Kurländische Privatrecht,[320]) zusammen-

---

selbst wenn eine Eintragung im Grundbuche erfolgt ist, auf den neuen Erwerber nicht über.

§ 1225. Der Dritte, welcher das Eigenthum oder das Benutzungsrecht an der Sache erwirbt, kann nach seiner Eintragung im Grundbuche den Pacht- oder Miethvertrag dergestalt kündigen, daß der Pachtvertrag mit dem Schlusse des laufenden Pachtjahres oder, wenn die Kündigung nicht wenigstens acht Wochen vor dem Ende desselben erfolgt, mit dem Ende des nächsten Pachtjahres, der über Grundstücke geschlossene Miethvertrag, dafern er nicht nach seiner Bestimmung schon früher endigt, nach Ablauf der im § 1215 angegebenen Kündigungsfrist erlöscht. Benutzt der Dritte die erste Kündigungsfrist nicht, so ist es so anzusehen, als sei er in den Vertrag seines Vorgängers getreten.

§ 1226. Hat der Pachter oder Miether während der im § 1225 angegebenen Kündigungsfrist das Pacht- oder Miethverhältniß fortgesetzt, so ist er verpflichtet, dem neuen Erwerber nach Verhältniß der seit der Erwerbung abgelaufenen Pacht- oder Miethzeit den Zins in der Höhe zu bezahlen, wie er beim letzten Zahlungstermin gewesen ist.

[318]) Wengler, Archiv III S. 517, 519, V S. 783.

[319]) Wengler, Archiv I S. 715, 717, V S. 149, 589.

[320]) Art. 4045. Wenn der Pacht- oder Miethvertrag in die öffentlichen Gerichts- oder Hypothekenbücher eingetragen wird, so erhält der Pachter oder Miether dadurch ein dingliches, auch gegen dritte Personen wirksames Recht.

gestellt auf Befehl des Herrn und Kaisers Alexander II., St. Petersburg 1864, bezweckt nur die Wiedergabe des geltenden, im Wesentlichen gemeinen deutschen Rechts. Pachtcontracte über zu einem Landgute gehörige Ländereien können zufolge provinzialrechtlicher Verordnungen von dem Singularsuccessor des Verpächters überhaupt nicht aufgehoben werden. Im Uebrigen kann der Miether durch gerichtliche Eintragung ein dingliches, auch gegen Dritte wirksames Recht erlangen. In diesem Falle ist der Erwerber zur Einhaltung der Miethe verbunden. In anderen Fällen muß der Miether dem neuen Erwerber weichen. Seinerseits darf er aus der Veräußerung nur dann einen Grund zum Rücktritt entnehmen, wenn die Sache einem Dritten ohne die Ansprüche gegen den Miether vermacht ist. Es hat aber der Hausmiether, wie schon das Rigaische Stadtrecht bestimmt hatte, eine von der erfolgten Kündigung ab laufende Räumungsfrist von 6 Wochen.

Concurs und Zwangsversteigerung ändern an dieser Regelung nichts.[321])

Art. 4126. Veräußert der Verpachter oder Vermiether den Pacht- oder Miethgegenstand, sei es durch Verkauf, Pfandbesitzübertragung, Schenkung, Vermächtniß oder auf andere Weise, so ist der Erwerber nur dann verbunden, den Pacht- oder Miethcontract zu halten, wenn derselbe in die Hypothekenbücher eingetragen ist (Art. 4045). Der Verpachter oder Vermiether muß aber dem Pachter oder Miether, wenn der Erwerber ihm kündigt, allen durch die frühere Auflösung des Contracts entspringenden Schaden erstatten. In den Städten hat überdies in solchem Falle bei Hausmiethen der Miether sechs Wochen nach der Kündigung Zeit zum Räumen der Wohnung.

Art. 4127. Pachtcontracte über zu einem Landgute gehörige Bauerländereien dürfen, wenn das Landgut durch Kauf, Tausch, Legat, Geschenk, Arende oder anderweitige Veräußerungen in andere Hände übergeht, vor ihrem regelmäßigen Ablauf, durch einseitiges Verfahren, sei es des Pachters oder des neuen Gutsherrn, welcher in die Rechte des Verpachters getreten, nicht aufgehoben werden.

Art. 4128. Im Falle einer Veräußerung (Art. 4126) ist der Pachter oder Miether nicht befugt, wenn der neue Erwerber beim Vertrage bleiben will, diesem, bloß der Veräußerung wegen, seinerseits zu kündigen: nur wenn die verpachtete oder vermiethete Sache Gegenstand eines Vermächtnisses war und der Erblasser nicht ausdrücklich verordnet hatte, daß die Ansprüche gegen den Pachter oder Miether mit vermacht sein sollen, ist dieser an den Vertrag nicht gebunden.

Art. 4129. Bricht über das Vermögen des Verpachters oder Vermiethers Concurs aus, so müssen die Gläubiger den Pacht- oder Miethcontract anerkennen. Kommt es aber zum Verkauf des Pacht- oder Miethgegenstandes, so kommen die in den Art. 4126—28 enthaltenen Bestimmungen zur Anwendung.

[321]) Die eingetragene Erbpacht ist dinglich und wird von einer Veräußerung in keiner Weise beeinflußt. Art. 4133, 4139.

Das schweizerische Bundesgesetz über das Obligationenrecht vom 14. Brachmonat 1881 [322]) hat ebenfalls nach mehrfachen Debatten [323]) den Standpunkt der neueren gemeinrechtlichen Theorie eingenommen.

Der Miether oder Pächter kann aber von dem neuen Erwerber die Fortsetzung des Miethsvertrages fordern, wenn derselbe die Fortsetzung übernommen hatte. Für Immobilien ist eine von der Kündigung an laufende Räumungsfrist gewährt.

Die besonderen Wirkungen der Eintragung des Miethsvertrages in öffentliche Bücher und der Einfluß einer Enteignung auf das Miethsverhältniß sind dem cantonalen Recht vorbehalten.

Merkwürdig ist, daß in den Commissionen ein später abgelehnter Antrag gestellt war, welcher, ganz im Gegensatze zu dem sonst hervortretenden Streben nach Begünstigung der Freiheit der Zwangsversteigerung, die gemeinrechtliche Regel auf freiwillige Veräußerungen beschränkt wissen wollte. [324])

Der bekanntlich ohne Mitwirkung preußischer Juristen abgefaßte Dresdener Entwurf eines allgemeinen deutschen Gesetzes über die Schuldverhältnisse von 1866 [325]) hat sich ebenfalls — und das sollte,

---

[322]) Es bestimmen:

Art. 281. Wird die vermiethete Sache während der Miethzeit vom Vermiether veräußert oder ihm in Folge Rechtstriebes oder Arrestprozesses oder Concursverfahrens entzogen, so kann der Miether die Fortsetzung des Miethvertrages von dem Dritten nur fordern, wenn dieser sie übernommen hat; dagegen kann er vom Vermiether die Erfüllung des Vertrages oder Schadenersatz verlangen.

Bei unbeweglichen Miethsachen hat jedoch der neue Erwerber, sofern der Vertrag keine frühere Beendigung gestattet, unter Beobachtung der in Art. 290 Ziffer 1 und 2 vorgeschriebenen Fristen dem Miether zu kündigen.

Die besonderen Wirkungen der Eintragung des Miethvertrages in öffentliche Grund-, Hypothekar- oder ähnliche Bücher bleiben nach kantonalem Rechte vorbehalten; ebenso die Bestimmungen der Expropriationsgesetze.

Art. 314. Wird der Pachtgegenstand während der Pachtzeit vom Verpächter veräußert oder ihm in Folge Rechtstriebes oder Arrestprozesses oder Concursverfahrens entzogen, so kann der Pächter die Fortsetzung des Pachtvertrages von dem Dritten nur fordern, wenn dieser sie übernommen hat; dagegen kann er von dem Verpächter die Erfüllung des Vertrages oder Schadenersatz verlangen.

Der neue Erwerber hat jedoch, sofern der Vertrag keine frühere Beendigung der Pacht gestattet, unter Beobachtung der in Artikel 309 vorgeschriebenen sechsmonatlichen Frist zu kündigen.

Der Vorbehalt von Art. 281 Absatz 3 gilt auch rücksichtlich der Pacht.

[323]) Commentar v. Schneider S. 221.

[324]) Schneider a. a. O.

[325]) Die in Betracht kommenden Bestimmungen lauten:

Art. 548. Stand dem Vermiether das Recht an der vermietheten Sache, in

wie sich demnächst zeigen wird, auch für den jetzt vorliegenden deutschen Entwurf verhängnißvoll werden' — von der gangbaren Pandektentheorie nicht frei zu machen gewußt.

Der dritte Erwerber ist zur Einhaltung der Miethe nicht verpflichtet. Er muß aber im Falle der Wohnungsmiethe und der Pacht dem Miether

---

Folge dessen er vermiethete, nur auf Zeit zu, so kann der Miether, falls dieses Rechtwährend der Miethzeit erlischt und der Nachfolger das Miethverhältniß nicht mit ihm fortsetzt, Schadenersatz wegen Nichterfüllung des Vertrages von dem Vermiether nur verlangen, wenn der Miether zur Zeit der Schließung des Vertrages nicht wußte, daß dem Vermiether das Recht an der vermietheten Sache nur auf Zeit zustand.

Art. 549. Geht ein den Gebrauch des Miethers ausschließendes Recht an der gemietheten Sache in Folge einer Veräußerung des Vermiethers oder vermöge eines anderen Rechtsgrundes während der Miethzeit auf einen Dritten über, so kann der Miether nicht von diesem die Fortsetzung des Miethverhältnisses, sondern nur von dem Vermiether Erfüllung des Vertrages oder Schadenersatz wegen Nichterfüllung verlangen.

Art. 550. Hat sich im Falle des Art. 549 der dritte Erwerber dem Vermiether gegenüber verpflichtet, den Gebrauch der Sache dem Miether während der noch übrigen Miethzeit zu gewähren, so finden die Vorschriften der Art. 206, 208 Anwendung.

Der dritte Erwerber kann, wenn er der übernommenen Verbindlichkeit gemäß dem Miether den Gebrauch der Sache überläßt, von dem Zeitpunkte seiner Erwerbung an die Rechte des Vermiethers auf den Miethzins geltend machen.

Art. 551. Bei einer Wohnungsmiethe ist im Falle des Art. 549 der dritte Erwerber, wenn nicht ein Landesgesetz etwas Anderes bestimmt, verpflichtet, dem Miether anzuzeigen, daß er die Wohnung zu räumen habe, und von dieser Anzeige an dem Miether, sofern die Miethe in Gemäßheit des bisherigen Miethvertrages nicht schon früher endigt, den Gebrauch der Sache bis zum nächsten vertragsmäßigen oder ortsgebräuchlichen Ziele und, wenn die Zeit bis zu solchem bereits zur Hälfte abgelaufen ist, bis zu dem darauf folgenden vertragsmäßigen oder ortsgebräuchlichen Ziele, in dessen Ermangelung aber noch drei Monate lang, zu gestatten.

Art. 552. Ist die vermiethete Sache eine unbewegliche und geht ein den Gebrauch des Miethers ausschließendes Recht an derselben auf einen Dritten über, so ist, wenn der Miethvertrag vor dem Uebergang des Rechtes auf den Dritten im öffentlichen Buche eingetragen war, der Dritte verpflichtet, dem Miether den vertragsmäßigen Gebrauch bis zum Ablauf der festgesetzten Miethzeit zu gewähren, und es findet die Vorschrift des Artikels 550 Abs. 2 Anwendung.

Art. 553. Inwiefern die Vorschrift des Artikels 552 auch in dem Falle einer Zwangsversteigerung der vermietheten Sache gelte, ist nach den Landesgesetzen zu beurtheilen.

Art. 580. Geht während der Pachtzeit ein die Fruchtziehung des Pächters ausschließendes Recht an dem verpachteten Gegenstande auf einen Dritten über, so ist dieser, sofern nicht ein Landesgesetz etwas Anderes bestimmt, verpflichtet, dem Pächter anzuzeigen, daß er den Pacht nicht fortsetzen werde, und es endigt der Pacht mit

kündigen, und hat der Miether dann eine für beide Fälle verschieden normirte Räumungsfrist.

Die Eintragung des Miethsverhältnisses schützt aber den Miether unbedingt.

Hat der Erwerber gegenüber dem Vermiether die Verpflichtung übernommen, das Miethsverhältniß auszuhalten, so steht dies einerseits dem Falle der Zahlungsübernahme auch in der Richtung gleich, daß der Miether aus der Verabredung unmittelbar berechtigt wird. Andererseits hat auch der Erwerber directe Ansprüche auf den Miethszins gegen den Miether.

Im Uebrigen verbleibt dem Miether sein Anspruch auf Schadensersatz gegen den Vermiether.

Die Einwirkung der Zwangsversteigerung ist in dem Entwurf nicht geregelt, sondern dem Landesrecht überlassen.

Bei der Berathung in erster Lesung meinte ein Mitglied des vorbereitenden Ausschusses, der von dem Entwurfe eingeschlagene Mittelweg trüge allen gerechten Anforderungen nach den verschiedenen Seiten hin Rechnung. Es sei abzuwarten, ob die Staaten, in welchen die Regel „Kauf bricht nicht Miethe" gelte, sich dem gegentheiligen, obwohl gemilderten Principe anschließen könnten, ohne das eingewurzelte Rechtsbewußt-

---

dem Schlusse des laufenden Pachtjahres, oder, wenn die Anzeige nicht wenigstens acht Wochen vor dem Ende desselben erfolgt, mit dem Ende des nächsten Pachtjahres.

Zur Auffindung der entsprechenden Fassungen der Vorentwürfe diene folgende Tabelle:

2. Lesung	1. Lesung	Redigirte Beschlüsse	Redactionsausschuß	Vorbereitender Ausschuß
548	600	595	565	575
549	601	596	566	576
550	602	597	567	577
551	603	598	568	580
552	604	599	569	578
553	605	600	570	579
580	632	627	597	(fehlt)

Die Ergebnisse der Berathungen sind wiedergegeben in den Protocollen S. 2116—2137, 2193, 2194, 2201—2203, 2219, 3764, 4382.

Die wesentlichsten, im Laufe der Berathung vorgenommenen Aenderungen betreffen den Art. 549, welcher ursprünglich dem § 1222 des Sächsischen bürgerlichen Gesetzbuches fast gleichlautend war, und den Art. 553, in welchem der Hinweis auf Enteignungen gestrichen ist, weil diese Materie dem öffentlichen Recht angehöre. An Stelle des Art. 580 des Ausschußentwurfs, welcher die Bestimmung der Räumungsfristen den Landesgesetzen überlassen wollte, sind die Art. 551 und 580 getreten, welche eine genauere Normirung geben.

sein des Volkes zu verletzen. Einwendungen dieser Art scheinen aber nicht eingegangen zu sein. Wenigstens hat sich über das Princip weder in erster noch in zweiter Lesung ein Streit erhoben. Die Debatte betraf vielmehr nur die Einzelheiten, insbesondere die stillschweigende Fortsetzung des Miethsverhältnisses nach geschehener Veräußerung, die Gewährung und Bestimmung der Räumungsfristen, und die Aufnahme einer Vorschrift über die Wirkungen einer Eintragung des Verhältnisses in das Grundbuch, welche eigentlich Dinglichkeit nicht begründe, und über die Zulassung einer Ausnahme von diesen Wirkungen im Falle der Zwangsversteigerung, welche man mit der sonst eintretenden Herabdrückung der Käuflichkeit des Grundstücks und der dadurch herbeigeführten Beeinträchtigung der bereits vor dem Eintrage des Miethsvertrages erworbenen Rechte der Hypothekengläubiger rechtfertigte.

Die Commission zur Ausarbeitung des Entwurfs eines bürgerlichen Gesetzbuches für das deutsche Reich hatte das Mißgeschick, daß der zum Redactor des Obligationenrechtes berufene Kgl. württembergische Obertribunals-Vicepräsident Dr. von Kübel in Folge einer Erkrankung, welche am 5. Januar 1884 seinen Tod herbeiführte, den Vorentwurf zum Obligationenrecht nicht beendigen konnte. In Folge dessen ist für einen Theil des Obligationenrechtes, zu welchem auch die hier interessirende Materie gehört, der Dresdener Entwurf den Berathungen zu Grunde gelegt worden.

Der deutsche Entwurf [326]) hat sich denn auch mit dem Dresdener Entwurf [327]) für das römisch-gemeinrechtliche Princip entschieden.

Die wichtigste Abweichung vom Dresdener Entwurf besteht darin, daß dem Miether und dem Pächter die Möglichkeit, dem Miethsverhältniß durch Eintragung dingliche Wirkung zu geben, schlechthin genommen, und damit eine auch in großen Theilen des gemeinrechtlichen Gebiets zu Recht bestehende und auch in allen modernen Gesetzen und Entwürfen zugelassene Schutzwehr für den Miether niedergerissen ist. Auf der ande-

---

[326]) §§ 508—512, 537, 1008. Vgl. §§ 1292, 1520, 1815, 1860.

[327]) Zur Vergleichung mit dem Dresdener Entwurf diene folgende Tabelle:

Deutscher Entwurf:	Dresdener Entwurf:
§ 508	548
§ 509, § 510	549, 551
§ 511	fehlt
§ 512	550
§ 537	580
fehlen	552, 553.

ren Seite ist dem neuen Erwerber die Austreibung anscheinend dadurch erschwert, daß er bei der Aufforderung zur Räumung eine seine Berechtigung ergebende öffentliche Urkunde vorlegen muß. Diese formalistische Vorschrift ist aber praktisch dadurch wieder illusorisch gemacht, daß der Mangel nur in Betracht kommt, wenn ihn der Miether, welchem regelmäßig dieses gesetzliche Erforderniß unbekannt sein wird, unverzüglich rügt.

Im weiteren ist mit dem bayerischen Entwurf das Recht zur Vornahme von Ausbesserungen während des Restes der Miethzeit besonders ausgesprochen, auch der in der sächsischen Praxis anerkannte Satz, daß der Miether nach erfolgter Kündigung zurücktreten kann, zum Ausdruck gebracht.

Auch über solche Rechte eines Dritten, welche bloß den Miether beschränken, ist eine besondere Bestimmung getroffen.

Für das Verhältniß zwischen dem Miether und dem Dritten, welcher auf Grund eingegangener Verpflichtung das Miethsverhältniß fortsetzt, sind die Vorschriften über das Versprechen der Leistung an einen Dritten herangezogen. Man hat aber im Gegensatz zum Dresdener Entwurf nicht weniger als zwei Fictionen („als gewollt anzusehen", „als abgetreten anzusehen") für nothwendig erachtet, um dieses Verhältniß zum Ausdruck zu bringen.

Eine Bestimmung, welche besonders ausspricht, daß der Vermiether verpflichtet ist, die Sache nicht anders zu veräußern, als unter Fürsorge für die Vertragsrechte des Miethers, ist nicht aufgenommen. [328]) Die Schadensersatzpflicht des Vermiethers ergiebt sich aus der allgemein für den Fall gegebenen Vorschrift, daß dem Miether durch einen vom Vermiether zu vertretenden Umstand der Gebrauch der vermietheten Sache entzogen wird. [329])

---

[328]) Der Entwurf läßt daher auch zweifelhaft, ob der Miether gegen die Auflassung, durch welche er um sein Recht gebracht wird (§ 868 des Entwurfs), ein gerichtliches Inhibitorium erwirken kann. Für die Bejahung spricht, ebenso wi nach gemeinem Recht, daß der Vermiether, indem er die Auflassung ertheilt, ohne für den Miether gesorgt zu haben, gegen seine vertragsmäßigen Pflichten, also rechtswidrig handelt, und daß der Miether als der andre Contrahent fordern und daher auch mit Gerichtshülfe durchsetzen kann, daß sein Mitcontrahent Handlungen, welche gegen den Vertrag verstoßen, unterläßt.

Bei beweglichen Sachen ist, wie die Motive zutreffend hervorheben, die Stellung des besitzenden Miethers deshalb gesichert, weil gegen seinen Willen die zur Uebertragung des Eigenthums erforderliche Uebergabe der Sache (§ 874 des Entwurfs) nicht ausführbar ist. Man wird dies namentlich auch auf den Fall der Vermiethung möblirter Zimmer anzuwenden haben.

[329]) §§ 508, 503 ff. des Entwurfs.

Die Inconsequenz, dem Miether nur ein persönliches Recht zuzuschreiben, und ihm dennoch Besitzesschutz zu gewähren, hat auch der deutsche Entwurf übernommen. Der Inhaber — und als solcher ist auch der zu betrachten, welcher nur einen Theil einer Sache, insbesondere abgesonderte Wohnungs- oder Wirthschaftsräume inne hat — kann, und zwar auch gegenüber seinem Rechtsurheber, verbotener Eigenmacht sich erwehren und mit gewissen Einschränkungen, auch mit Gewalt die Innehabung sich wiederverschaffen. Er hat Anspruch auf Wiedereinräumung der Sache, bez. Wiederaufhebung der Störung und Unterlassung weiterer Störungen. [330])

Eine Ausnahme von dem eingenommenen Standpunkt ist für den Fall des Vermächtnisses der vermietheten Sache gemacht. Auf den Vermächtnißnehmer gehen die Pflichten des Erblassers gegenüber dem Miether im vollen Umfange über. Warum nicht demjenigen, welcher unter Lebenden unentgeltlich erworben hat, die gleiche Verpflichtung auferlegt ist, läßt sich nicht ersehen.

Die Motive begründen den eingenommenen principiellen Standpunkt in einer überaus kurzen und kühlen Weise. Sie meinen, die strenge Durchführung des römischen Princips würde freilich, zumal in den größeren Städten, wo die Hauptmasse der Bevölkerung bis zu den höchsten und vornehmsten Ständen hinauf zur Miethe wohne, zu den größten Unzuträglichkeiten führen müssen. Der Entwurf werde aber den Interessen des „Grundbuchsystems“ und des Miethers in gleicher Weise gerecht. Daß die aus dem Entwurfe sich ergebenden Abhülfen behufs Beseitigung aller aus dem angenommenen Grundsatze zu besorgenden Uebelstände vollständig ausreichten, lehre die Erfahrung der gemeinrechtlichen Gebiete. Bedenken gegen die Anerkennung der Dinglichkeit der Miethe werden lediglich daraus entnommen, daß dieselbe „mit den Principien des Grundbuchrechtes (§§ 828, 837 des Entwurfes) nicht vereinbar sei“, da der neue Erwerber ein Miethsrecht anerkennen müßte, über welches das Grundbuch keine Auskunft giebt.

Eingehender ist in dem richtigen Gefühl, daß es sich dabei um den bedenklichsten Punkt des Entwurfes handelt, zu rechtfertigen versucht, warum dem Miether auch die Sicherung seines Rechtes durch Eintragung abgeschnitten ist. Die Eintragung hemme die Verfügungsgewalt des Vermiethers in weitem Umfange und sperre gleichsam das Grundbuch auf Zeit in erheblichem Maße. Der Eigenthümer, in der wirthschaftlich stärkeren Lage, würde die Bewilligung nicht ertheilen. Die Umständlich-

[330]) §§ 815, 816, 819, 820 des Entwurfs.

keit und die Kosten der Buchung würden, wie die Erfahrung lehre, dem Gebrauche entgegenstehen. Der allgemeine Gebrauch aber würde zu einer schädlichen Ueberfüllung des Grundbuches führen. Außerdem müßte für die Zwangsversteigerung eine Ausnahme getroffen werden, welche dem dinglichen Rechte in einem Hauptfalle die Wirkung nähme. Endlich würde so ein neues dingliches Recht geschaffen, welches in mancherlei Beziehung der besonderen Normirung bedürfte. Der Miether könne sich vor Abschluß des Miethsvertrages von dem Vermiether eine Hypothek für die aus der Nichterfüllung des Vertrages entstehenden Ansprüche bestellen lassen. Einen besseren Rang, als diese Hypothek, könne auch ein dingliches Recht nicht haben. [331]) Die Zwecke, welchen die Dinglichkeit des Miethrechtes dienen solle, ließen sich in manchen Fällen durch Bestellung eines „Erbbaurechtes" (d. h. superficies) erreichen, da ein solches nach dem Entwurfe auf jede beliebige, längere oder kürzere Zeit bestellt werden könne. [332])

§ 6. Recht des Auslandes.

In Frankreich und Belgien gilt das bereits dargestellte Recht des code civil und damit die Regel „Kauf bricht nicht Miethe".

Vor allem verdient bemerkt zu werden, daß die Heimath des römischen Rechtes, Italien, die römische Regelung, als der Rechtsconsequenz zuwider, als unzweckmäßig und der Landescultur schädlich aufgegeben hat. Der codice civile für Italien von 1865 beruht im Wesentlichen auf dem code Napoléon. Er hat gleich diesem die Regel „Kauf bricht nicht Miethe" angenommen und dabei einen Miethsvertrag mit sicherem Datum erfordert, während es auf Besitz nicht ankommt. Doch ist in Einzelheiten die Normirung des französischen Rechtes nicht unerheblich umgestaltet. [333])

---

[331]) Wenn man sich dabei vergegenwärtigt, daß das dingliche Recht den Miether in der Wohnung erhält, die Hypothek aber nicht, so wird man diese Bemerkung wohl als eine von der überstimmten Minorität ausgegangene versteckte Satire betrachten dürfen.

[332]) Auch diese Bemerkung ist nicht ganz ernst zu nehmen, da das Erbbaurecht des Entwurfs (§ 961) auf einen ganz speciellen Fall zugeschnitten ist.

[333]) Es kommen in erster Linie in Betracht die Art. 1597—1602, welche besagen:

art. 1597. Se il locatore vende la cosa locata, il compratore è tenuto a stare alla locazione quando questa sia anteriore alla vendita e consti da atto pubblico o da scrittura privata di data certa, semprechè il locatore stesso non siasi riservato il diritto di sciogliere la locazione in caso di vendita.

art. 1598. Quantunque il conduttore non abbia un atto pubblico o una scrittura di data certa, se il suo possesso è anteriore alla vendita, il compratore è

In der Hauptbestimmung ist die negative Fassung: l'acquéreur ne peut expulser le fermier durch den positiven Satz: il compra-

---

tenuto a lasciarlo continuare per tutto quel tempo per cui si intendono fatte le locazioni senza determinazione di tempo.

Nel caso che il compratore voglia licenziare il conduttore dopo il detto tempo è inoltre tenuto a renderlo avvertito nel termine stabilito dalla consuetudine del luogo per le denunzie di licenza.

art. 1599. Se nel contratto di locazione si è convenuto, che nel caso di vendita il compratore possa licenziare il conduttore, questi non ha diritto ad alcuna indennità nè verso il locatore nè verso il compratore salvo che siasi pattuito il contrario.

art. 1600. Il compratore che vuole far uso della facoltà riservata nel contratto di licenziare il conduttore in caso di vendita, è tenuto a rendere anticipatamente avvertito il conduttore nel tempo fissato dalla consuetudine del luogo per le denunzie di licenza.

L'affittuario de' beni rustici debb' essere avvertito almeno un anno prima.

art. 1601. Il conduttore licenziato dall' acquirente in mancanza di locazione per atto autentico o per iscrittura avente data certa, ha diritto al risarcimento dei danni verso il locatore.

art. 1602. Il compratore con patto di riscatto non può usare della facoltà di licenziare il conduttore sino a che, collo spirare del termine fissato per il riscatto, non divenga irrevocabilmente proprietario.

Dieselben lauten in der Uebersetzung von Leone Roncali:

Art. 1597. Verkauft der Vermiether die vermiethete Sache, so ist der Käufer verpflichtet, den Miethvertrag zu erfüllen, wenn dieser älter als der Verkauf ist und aus einer öffentlichen oder aus einer Privaturkunde sicheren Datums hervorgeht, vorausgesetzt, daß sich nicht der Vermiether selbst das Recht vorbehalten hat, die Miethe in dem Falle eines Verkaufes aufzulösen.

Art. 1598. Besitzt auch der Miether keine öffentliche oder keine Privaturkunde sicheren Datums, so ist der Käufer, wenn des Ersteren Besitz hinter den Verkauf zurückreicht, verpflichtet, diesen Besitz durch die ganze Zeit fortdauern zu lassen, für welche man die Miethen, deren Dauer eine unbestimmte ist, als vereinbart ansieht.

In dem Falle, als der Käufer nach der erwähnten Zeit dem Miether aufkündigen wollte, ist er überdies verpflichtet, ihn davon innerhalb der durch den Ortsgebrauch für die Aufkündigungen bestimmten Frist zu verständigen.

Art. 1599. Ist in dem Miethvertrage vereinbart worden, daß im Falle des Verkaufs der Käufer dem Miether aufkündigen könne, so hat der letztere keinen Anspruch auf irgend eine Entschädigung, weder gegen den Vermiether noch gegen den Käufer, wenn nicht das Gegentheil verabredet worden ist.

Art. 1600. Der Käufer, welcher von dem im Vertrage vorbehaltenen Rechte, dem Miether im Falle des Verkaufes aufzukündigen, Gebrauch machen will, ist verpflichtet, den Miether davon innerhalb der durch den Ortsgebrauch für die Aufkündigungen bestimmten Frist im Voraus zu verständigen.

Der Pächter von Feldgütern muß wenigstens ein Jahr zuvor verständigt werden.

Art. 1601. Der Miether, dem der Käufer zufolge des Abganges eines Mieth-

tore è tenuto a stare alla locazione ersetzt. Außerdem ist verordnet, daß auch im Falle des Mangels eines formellen Miethsvertrages der Erwerber den Miether so lange im Besitz lassen muß, als dies bei Miethsverträgen von unbestimmter Dauer gesetzlich bestimmt ist. Ferner ist die auch im französischen Rechte geltende Regel, daß der Miether in diesem Falle vom Vermiether Schadensersatz fordern kann, zum positiven Ausdruck gebracht. Endlich ist an Stelle der weitläufigen Bestimmungen des französischen Rechtes über die Bemessung des Schadensersatzes in dem Falle, daß in dem Miethsvertrage die Austreibung des Miethers seitens des Käufers stipulirt war, die offenbar einfachere und zweckmäßigere Bestimmung getreten, daß in diesem Falle überhaupt kein Schadensersatz stattfindet.

Die Regel gilt für Veräußerungen jeder Art, auch für den Fall der gerichtlichen Zwangsversteigerung, vorbehaltlich der Anfechtung fraudulöser Vermiethungen. [334])

Immobiliar-Vermiethungen über neun Jahre (die conductiones longi temporis des alten Rechtes) müssen nach italienischem Rechte eingetragen sein. Andernfalls haben sie dritten Personen gegenüber keine Wirkung. [335]) Doch ist es streitig, ob diese Wirkungslosigkeit nicht auf die neun Jahre übersteigende Dauer des Verhältnisses zu beschränken ist. [336])

---

vertrages, welcher aus einer öffentlichen oder aus einer Privaturkunde sicheren Datums hervorgeht, aufkündigt, hat Anspruch auf Schadensersatz von Seite des Vermiethers.

Art. 1602. Der Käufer, gegen welchen der Wiederkauf vorbehalten wurde, kann von dem Rechte, dem Miether aufzukündigen, insolange keinen Gebrauch machen, als er nicht durch den Ablauf der zum Wiederkaufe bestimmten Zeit unwiderruflicher Eigenthümer geworden ist.

334) art. 687. del Codice di procedura civile.

335) art. 1932. Devono essere resi pubblici col mezzo della trascrizione:
5º. I contratti di locazione d'immobili eccedenti i nove anni.

art. 1942. Le sentenze e gli atti enunciati nell'articolo 1932, sino a che non siano trascritti, non hanno alcun effetto riguardo ai terzi che a qualunque titolo hanno acquistato e legalmente conservato diritti, sull'immobile.

1932. Durch die Transscription müssen zu öffentlichen gemacht werden:
5. Die Verträge über die Vermiethung oder Verpachtung von Liegenschaften von mehr als neunjähriger Dauer.

1942. Abs. 1. Insolange die im Artikel 1932 bezeichneten Urtheile und Rechtsgeschäfte nicht transscribirt worden sind, haben sie dritten Personen gegenüber, welche aus was immer für einem Titel auf die Liegenschaft Rechte erworben und in gesetzlicher Weise gewahrt haben, keine Wirkung.

336) Pacifici-Mazzoni, codice civile commentato IV, Trattato delle Locazioni I, 1. Cap. II, No. 51 S. 77.

Auch die italienische Wissenschaft rechtfertigt die getroffene, vom römischen Rechte abweichende Regelung dieser Materie mit der Berufung auf die Regel nemo plus iuris in alium transferre potest quam ipse habet, mit dem Hinweis auf die Billigkeit und auf das Landesculturinteresse, indem in letzterer Beziehung hervorgehoben wird, daß lange Pachtperioden der Landwirthschaft günstig sind, daß aber der Pächter, wenn er der Gefahr ausgesetzt ist, bei jeder Veräußerung das Gut verlassen zu müssen, sich nicht entschließen wird, erhebliche Verwendungen auf dasselbe zu machen. Zur Sicherung des Erwerbers gegen Betrügereien des Verkäufers diene das Erforderniß des datirten Miethsvertrages.[337])

Auch das holländische Burgerlijk Wetboek vom 1. October 1838 hat die Regel „Kauf bricht nicht Miethe" angenommen.[338]) Seine Bestimmungen sind im Wesentlichen dem Code Napoléon nachgebildet.[339]) Doch findet ebenso wie nach italienischem Recht für den Fall, daß die Austreibung des Miethers vertragsmäßig vorbehalten ist, keine Entschädigung statt. Es muß aber auch in diesem Falle bei Landgütern ein Jahr vorher gekündigt werden und im Uebrigen sind die ortsgebräuchlichen Kündigungsfristen einzuhalten. Ist dem Miether Schadensersatz vertragsmäßig versprochen, so braucht er vor Empfang des Schadensersatzes nicht zu räumen.

---

337) Pacifici-Mazzoni l. c. Cap. VII No. 218—231, p. 320 sg.

338) Herrn Professor M. Conrat in Amsterdam habe ich für die ertheilte, freundliche Auskunft herzlich zu danken.

339) Es bestimmen:

Art. 1612. Door verkoop van het verhuurde wordt eene te voren aangegane huur niet verbroken, ten ware dit bij de verhuring mogt voorbehouden zijn.

Bij zoodanig voorbehoud, kan de huurder, zonder uitdrukkelijk beding, geene aanspraak op vergoeding maken, maar met dat laatste beding is hij niet tot ontruiming van het gehuurde verpligt, zoo lang de verschuldigde vergoeding niet is gekweten.

Art. 1613. De kooper, met beding van wederinkoop, kan geen gebruik maken van de bevoegdheid om den huurder tot ontruiming van het gehuurde te noodzaken, voordat hij, door het verstrijken van den termijn, voor den wederinkoop bepaald, onherroepelijk eigenaar is geworden.

Art. 1614. Een kooper die gebruik wil maken van de bevoegdheid, bij de huur-overeenkomst vorbehouden om, in geval van verkoop, den huurder tot de ontruiming van het gehuurde te noodzaken, is verpligt den huurder zoodanigen tijd te voren te waarschuwen, als het plaatselijk gebruik tot het doen van opzeggingen medebrengt.

Bij huur van landerijen moet de waarschuwing ten minste een jaar aan de ontruiming voorafgaan.

Die zunächst für den Verkauf getroffenen Bestimmungen gelten auch für die Fälle sonstiger Veräußerungen, insbesondere auch für gerichtliche Zwangsversteigerungen.[340])

Ueber den Kauf mit Vorbehalt des Wiederkaufs findet sich dieselbe Bestimmung wie im französischen und italienischen Recht.[341])

Ebenso hat der Codigo civil portuguez, das Gesetzbuch für Portugal vom 1. Juli 1870 mit dem französischen Gesetzbuch die Regel „Kauf bricht nicht Miethe" angenommen.[342]) Im Falle der Zwangsversteigerung

---

[340]) Art. 505 d. wetboek voor burgerlijke regtsvordering.

[341]) Vgl. im Näheren Diephuis, Het Nederlandsch burgerlijk regt Bd. 7 S. 282 ff.

[342]) Das Gesetzbuch verordnet im Näheren:

Art. 1619º. O contracto de arrendamento, cuja data for declarada em titulo authentico ou authenticado, não se rescinde por morte do senhorio nem do arrendatario, nem por transmissão da propriedade, quer por titulo universal, quer por titulo singular, salvo o que vae disposto nos artigos subsequentes.

Art. 1620º. Se a transmissão resultar da expropriação por utilidade publica, será rescindido o contracto, com prévia indemnisação do arrendatario.

Art. 1621º. Se a transmissão proceder de execução observar-se-ha o seguinte:

§ 1º. Os arrendamentos sujeitos ao registo subsistirão, se estiverem registados anteriormente ao registo do acto ou facto de que a execução resultou.

§ 2º. Os arrendamentos não sujeitos a registo subsistirão, apezar da execução, por todo o tempo por que tiverem sido feitos, salvo se outra cousa se houver estipulado.

Art. 1622º. Estão sujeitos a registo os arrendamentos excedentes a um anno, se houver anticipação de renda, e os excedentes a quatro annos, não a havendo.

1619. Der Immobiliarmiethsvertrag, dessen Datum in einer authentischen oder authentisch gemachten Urkunde angegeben ist, wird weder durch den Tod des Vermiethers noch durch den Tod des Miethers aufgelöst, ebenso wenig durch eine Uebertragung des Eigenthums, sei es im Wege der Universal- oder der Singularsuccession, soweit nicht die folgenden Artikel ein Anderes bestimmen.

1620. Bei einer Veräußerung im Wege der Expropriation aus Gründen des öffentlichen Wohls wird der Vertrag nach vorgängiger Entschädigung des Miethers aufgelöst.

1621. Wenn die Veräußerung im Wege der Zwangsvollstreckung erfolgt, so kommen folgende Bestimmungen zur Anwendung:

§ 1. Die der Eintragung in das Register unterworfenen Miethsverträge bleiben bestehen, wenn sie vor dem der Zwangsvollstreckung zu Grunde liegenden Act registrirt waren.

§ 2. Die der Eintragung nicht unterworfenen Miethsverträge bleiben trotz der Zwangsvollstreckung für die ganze Dauer der Zeit, für welche sie geschlossen sind, in Geltung, soweit nicht ein Anderes vereinbart war.

entscheidet bei **eingetragenen** Miethen das Alter der Eintragung, während nicht eingetragene, aber der Eintragung bedürftige Miethen zurücktreten müssen. Eintragungsbedürftig sind aber nur die Immobiliarmiethsverträge, welche auf länger als 4 Jahre und, sofern die Miethe vorausbezahlt wird, auf länger als ein Jahr geschlossen sind.

Bezüglich des geltenden Rechts von **Schweden**, **Norwegen** und **Dänemark** muß ich mich darauf beschränken, eine mir von Herrn Professor **Hagerup** in Kristiania gütigst gemachte Mittheilung zum Abdruck zu bringen. Herr **Hagerup** schreibt:

> „Zunächst sei bemerkt, daß die drei skandinavischen Länder drei verschiedene Rechtsgebiete bilden, daß aber Norwegen und Dänemark in Folge der bis 1814 bestehenden Verbindung der beiden Monarchien noch theilweise Rechtsgemeinschaft haben, daß dagegen solche zwischen Norwegen und Schweden in keiner Beziehung besteht.
>
> Für **Schweden** bestimmt das Gesetz vom 16. Juni 1875 § 39 über Eintragung zc., daß jedes „Gebrauchsrecht", um „Bestand zu haben", eingetragen werden muß, d. h. ohne Eintragung kann das Gebrauchsrecht — darunter selbstverständlich auch Miethe inbegriffen — gegen Dritte nicht geltend gemacht werden. Der Miether kann aber auch ohne Eintragung jedem — auch dem älteren Rechtserwerber gegenüber — beanspruchen, im Besitz des gemietheten Gegenstandes bis zum gesetzlichen Kündigungstermin bleiben zu dürfen (vgl. das allgemeine schwedische Gesetzbuch von 1764, Buch von Grundstücksmiethe §§ 15 bis 16. Gesetz über Zwangsvollstreckung vom 10. Aug. 1877, § 113).
>
> In **Norwegen** und **Dänemark** gelten ähnliche Grundsätze. Nach der königlichen Verordnung vom 4. December 1795 darf der Hausmiether, welcher im Besitze des gemietheten Hauses ist, immer die gesetzliche (oder gewohnheitsmäßige) Kündigungsfrist

---

1622. Der Eintragung in das Register sind Miethsverträge mit Vorausbezahlung des Miethszinses dann unterworfen, wenn sie auf länger als ein Jahr geschlossen sind, Miethsverträge ohne Vorausbezahlung, sofern ihre Dauer vier Jahre überschreitet.

Nach Art. 1634 finden diese Bestimmungen auch auf Mobilien Anwendung, soweit nicht die Natur des Gegenstandes dem widerspricht.

Art. 1601 beschränkt die Gültigkeit der von Nießbrauchern, Fideicommißbesitzern und Ehegutsverwaltern geschlossenen Miethsverträge auf die Dauer des Verfügungsrechts des Vermiethers.

beanspruchen. Für eine längere Miethszeit aber wird Eintragung erfordert. Ueber die Wirkung des Mangels der Eintragung schweigt die Verordnung, und diese Frage wird in den beiden Ländern verschieden beantwortet. In Dänemark nimmt man an, daß der Miether den Gläubigern des Vermiethers gegenüber auch ohne Eintragung in seinem Besitze geschützt wird, und daß somit die Eintragung nur gegenüber den Käufern, Pfanderwerbern und anderen Singularsuccessoren von Bedeutung ist. In Norwegen wird nach der Concursordnung vom 6. Juni 1863 § 128 (vergl. Gesetz vom 12. October 1857 § 6) der nicht eingetragene Miether auch den Gläubigern des Eigenthümers gegenüber nicht geschützt.

Die Verordnung von 1795 spricht nur von Hausmiethe. Indessen gelten in Norwegen nach den zuletzt citirten Gesetzen unzweifelhaft dieselben Grundsätze auch für Pacht. In Dänemark ist dagegen dieses Verhältniß in gewisser Beziehung auch ohne Eintragung gegen Dritte geschützt.

Wenn im Vorstehenden von Eintragung gesprochen ist, so ist zu bemerken, daß diese Bezeichnung zwar für Schweden ganz zutreffend ist (Intekning), daß aber der relevante Act in Norwegen und Dänemark „Thinglesning" (Lesung bei Gericht) genannt wird. Dieser Lesung folgt aber auch in den beiden letztgenannten Ländern eine Eintragung in Realfolien. Die Einrichtung dieser ist in allen drei Ländern — obgleich mit einzelnen Modificationen — in der Hauptsache dieselbe wie nach den neueren deutschen Hypotheken- und Grundbuchordnungen."

Auch nach englischem Recht ist die Regel „Kauf bricht Miethe" ausgeschlossen. Herr Professor König in Bern theilt mir darüber freundlichst Folgendes mit:

„Nach englischem Recht kann der Satz „Kauf bricht Miethe" schon deshalb keine allgemeine Geltung haben, weil der Begriff des Eigenthums in demselben ein ganz anderer ist als der durch das römische Recht überlieferte. Das englische Recht kennt und gewährt nur bestimmte Rechte an einer Sache; wogegen ihm der umfassende Begriff des Eigenthumes nicht bekannt ist. An Rechten aber, welche an Sachen erworben werden können, ist auch Besitz möglich. So kann nach englischem Recht nicht nur das Grundstück besessen werden, sondern auch die superficies und das Gebäude; selbst einzelne Theile eines Gebäudes können selbständig besessen werden, und selbst einzelne Stockwerke oder selbst Zimmer eines Hauses können Gegenstand selbständiger dinglicher Berechtigung und Gegenstand des Besitzes sein. Dies ist z. B. unzweifelhaft der Fall mit Bezug auf die Inns of Court. Es kommt daher nicht darauf an, ob man das ganze Gebäude besitzt oder nur irgend einen Theil desselben, sobald man nur ein Recht an demselben erworben hat, und nicht nur precario besitzt. Wer z. B. einen Mieth- oder Pachtvertrag — lease — für eine Anzahl von Jahren abgeschlossen hat, der hat ein dingliches Recht erworben und es wird dasselbe durch Verkauf nicht hinfällig. In London sind tausende von Häusern auf eine bestimmte Anzahl von Jahren vermiethet, und sowohl der Miether als der Vermiether können die ihnen zustehenden Rechte selbständig und ganz unabhängig von einander veräußern und cediren; jeder hat sein eigenes Recht und kann auch nicht mehr Recht übertragen als er selber hat. Der Eigenthümer eines Hauses kann daher einem Dritten die sofortige Benutzung desselben nicht einräumen, wenn es einem Anderen vermiethet ist. Im einzelnen Falle kommt es aber darauf an, welche Rechte der Eigenthümer dem Miether oder Pächter eingeräumt hat, ob nur eine vorübergehende Benutzung oder ein dingliches Recht, und je nach dem ist der Singularsuccessor gebunden oder nicht. Allein auch bei einer bloßen Miethe einzelner Zimmer, welche durch gegenseitige Kündigung zu Ende gebracht werden kann, erhält der Rechtsnachfolger nur das Recht der Kündigung, wie es dem Verkäufer zugestanden hatte.“ [343])

Während die bisher besprochenen ausländischen Rechte übereinstimmend den Satz „Kauf bricht nicht Miethe“ angenommen, gelten in Spanien, wo es an einer neueren Codification fehlt, die römisch-rechtlichen Grundsätze; doch gestattet eine neuere Hypothekenordnung die Eintragung der Miethsverträge über Immobilien mit Wirkung gegen den neuen Erwerber. Auch im Uebrigen ist der Miether durch einzelne Bestimmungen neuerer Gesetze besser gestellt. Da mir hier nur ein kurzes Compendium des

---

[343]) Vgl. auch Gundermann englisches Privatrecht I § 19 S. 267 ff. Ueber die Häuserleihe auf 99 Jahre vgl. Arnold, Geschichte des Eigenthums in den deutschen Städten S. 199. Neben den eigentlichen Zeitpächtern (leaseholders) hat man die sog. tenants at will, bei denen die Kündigung jederzeit zulässig ist. Doch wirkt nach Roscher (Nationalökonomik des Ackerbaues § 64 S. 215) diese Einrichtung nicht so verderblich, wie man annehmen sollte, weil ein gewisses patriarchalisches Verhältniß zwischen Gutsherrn und Pächtern die Kündigung thatsächlich in Schranken hält.

spanischen Rechtes zu Gebote stand,[344]) so bin ich Herrn Professor Matthias in Rostock für folgende ausführliche Mittheilung zu großem Danke verpflichtet:

„Das gegenwärtig in Spanien bezüglich der Frage: bricht Kauf Miethe? geltende gemeine Recht beruht auf der gesetzlichen Grundlage der ley 19 tit. VIII Part. V: (Gesetzbuch der Partidas entstanden 1256—1263).

Uebersetzung der ley tit. VIII. Part. V:

„Wie die Sache, die vermiethet ist, an einen Anderen veräußert werden kann. — Wenn Jemand einem Anderen ein Haus oder Feldgrundstück auf bestimmte Zeit vermiethet hat, wenn der Eigenthümer diese dann vor Ablauf der Miethzeit veräußert, so kann derjenige, der sie von ihm erwirbt, sicher den, der sie als gemiethet inne hat, aus dem Besitz setzen; aber der Verkäufer ist dem Miether verpflichtet, so viel vom Miethszins zu erstatten, als noch Zeit übrig blieb, in welcher er sie nicht nützen kann. Jedoch giebt es Fälle, in welchen der Miether nicht aus der gemietheten Sache gesetzt werden kann, wiewohl sie verkauft ist. Der erste ist, wenn mit dem Verkäufer ein Vertrag gemacht ist, daß, wenn er sie verkaufe, er den Miether nicht austreiben kann vor Ablauf der bedungenen Miethszeit. Der zweite ist, wenn der Verkäufer sie auf Lebenszeit des Miethers oder auf immer für den Miether und seine Erben vermiethet hat."

Demnach ist der Vermiether (arrendador), falls er vor Ablauf der bedungenen Miethszeit veräußert, verpflichtet, dem ausgetriebenen Miether (arrendatario) den auf die noch restirende Miethszeit entfallenden Miethszins zu erstatten.

S. de Molina Blanco, el derecho civil español en forma de codigo, secunda edicion 1873. § 2089. (S. 456.)

Wissenschaft und Rechtsprechung an das römische Recht sich anschließend geben dem Miether im Falle der Austreibung auch einen Anspruch auf Ersatz allen Schadens (incl. entgangenen Gewinnes), der wie der Ersatzanspruch wegen der Verwendungen durch Retentionsrecht gesichert ist.

Diccionario razonado de legislacion y jurisprudentia por Don Joaquin Escriche, nueva edicion 1875 s. v. arrendamiento de cosas V. 3. 70.

---

[344]) Lehr, Éléments de droit civil Espagnol p. 384.

In zwei Fällen aber kann nach der ley 19 cit. der Erwerber den Miether nicht austreiben:

1. wenn zwischen dem Verkäufer und Erwerber vereinbart ist, daß der Verkauf die Miethe nicht beeinträchtigen solle. Die Partidas hatten hier offenbar die L. 9 C. 4, 65 vor Augen, die sie dahin verstanden, daß die Vereinbarung zwischen Veräußerer und Erwerber directe Wirksamkeit für den Miether habe.
   Diccionario razonado l. c.
   Molina, el derecho etc. § 2089. Z. 1.
2. wenn die Miethe abgeschlossen ist auf das Leben des Miethers oder auf immer für ihn und seine Erben.
   Diccionario razonado l. c.
   Molina, el derecho etc. § 2089. Z. 2.
3. Der Diccionario l. c. führt als dritten Ausnahmefall auf (Uebersetzung):
   „3°. Wenn der Eigenthümer in dem Miethsvertrage, um die Ausübung zu sichern, die vermiethete Sache verpfändet und sich verpflichtet, innerhalb der Zeit seiner Dauer nicht zu veräußern, so erwirbt damit der Miether durch Vermittlung der Hypothek ein sicheres dingliches Recht an der vermietheten Sache zu dem Zwecke, um nicht derselben, bevor die contractmäßige Zeit abläuft, beraubt zu werden, und kraft des Versprechens, nicht veräußern zu wollen, wird die Veräußerung nichtig sein, die gegen seinen Inhalt sich vollzieht, wenigstens in Beziehung auf die Wirkung der Austreibung: Greg. Lopez in der Glosse 4 der ley 6 und in der Glosse 5 der ley 19 tit. VII Part. 5, dessen Entscheidung adoptirt ist von Gomez, Covarrubias und andern Schriftstellern."
4. Molina, el derecho etc. § 2089. Z. 3. (Uebersetzung):
   „Der Erwerber ist aber verpflichtet, die Miethe zu respectiren: 3°. wenn die Miethe, weil sie 6 Jahre übersteigt oder weil der Zins für zwei oder mehr Jahre zuvor empfangen ist, oder auf Grund ausdrücklicher Vereinbarung der Parteien in das Eigenthumsregister eingetragen ist." (ley hipothecaria vom 8. Februar 1861. Art. 2, Nr. 3.)

Von diesen Ausnahmefällen abgesehen ist das Recht des Erwerbers auf Grund der ley 19 cit. weiter erheblich eingeschränkt.

a) durch den Beschluß der Cortes vom 8. Juni 1813 (erneuert am 8. September 1836) Art. 6: Miethen, die nicht auf feste Miethszeit gestellt sind, können von beiden Theilen durch

Kündigung aufgelöst werden. Die Kündigungsfrist beträgt 1 Jahr. — Diese Bestimmung hat nach der Praxis die der ley 19 cit. dahin modificirt, daß der Erwerber sich nicht sofort in den Besitz setzen kann, sondern daß er das Kündigungsjahr abzuwarten hat.

Molina Blanco, Appendice à la primera y segunda edicion del derecho civil español 1873. Note a zur ley 19 (S. 370).

Diccionario razonado l. c.

b) Durch Gesetz vom 9. April 1842 Art. 2 wurde bestimmt, daß der Erwerber von städtischen Grundstücken an die ortsüblichen Kündigungsfristen dem Miether gegenüber gebunden ist.

Molina, derecho civil etc. § 2092. Derselbe, Apendice l. c. Diccionario razonado l. c. (Uebersetzung):

„Obwohl nach dem, was wir gesagt haben, derjenige der die vermiethete Sache durch Singularsuccession erwirbt wie durch Kauf 2c. — — — den Miether, den er in derselben vorfindet und der mit seinem Vorgänger über den Genuß derselben Vereinbarung getroffen hat, vertreiben kann, fordert es nichtsdestoweniger die Billigkeit, daß er ihn nicht austreibe, wenn er nicht bei der Miethe von Landgrundstücken ihn die sämmtlichen Früchte des begonnenen Jahres einernten läßt und ihn bei der Miethe eines Hauses in demselben beläßt für den laufenden Miethsabschnitt oder noch länger nach der Ortsgewohnheit, wofern es nicht leicht ist, früher eine andere Wohnung zu beschaffen. Es würde in der That sehr hart sein, wenn der neue Eigenthümer eines Hauses zu Anfang oder in der Mitte eines Miethsabschnittes austriebe und die Mietherfamilie auf die Straße setzte; und wenn der Eigenthümer der Felder oder des Landsitzes in der Mitte des Jahres den Miether oder Pächter vertriebe, der den größten Theil der Mühe und Arbeit aufgewendet hat auf den Erwerb der Früchte.“

Das Ergebniß dieser Uebersicht über das ausländische Recht ist also: In fast allen westeuropäischen Kulturstaaten hat der Miether und Pächter eine selbständige, gegen den Erwerber der Miethssache gesicherte Rechtsstellung. In keinem dieser Staaten aber hat man, in Uebereinstimmung mit dem auch für ungefähr $^3/_4$ der Bewohner des deutschen

Reichs geltenden Rechte, den Miether und Pächter von Immobilien so schutzlos gelassen, daß er sich nicht wenigstens durch Eintragung in das Grundbuch gegen spätere Erwerber behaupten könnte.

§ 7. Gutachten.

Ein Urtheil über die zweckmäßigste gesetzliche Gestaltung des Miethsverhältnisses und insbesondere über die Regelung des Einflusses einer Veräußerung der Miethssache wird sich jeder Jurist oder Volkswirth, der zur directen oder indirecten gesetzgeberischen Mitarbeit berufen ist, selbständig und vorzugsweise auf Grund der eigenen Erfahrungen und Anschauungen bilden müssen. Die Hauptaufgabe eines vorbereitenden Gutachtens dürfte demnach darin bestehen, den Urtheilenden das etwas weiter abseits liegende Material zur freundlichen Mitberücksichtigung zu unterbreiten. Dieser Aufgabe sind die bisherigen Ausführungen gewidmet gewesen. Sie werden hoffentlich, ganz abgesehen davon, ob man die Anschauungen des Berichterstatters theilt oder nicht, der gesetzgeberischen Arbeit von Nutzen sein können.

Ganz anders verhält es sich mit der nunmehr folgenden Darlegung und Begründung der eigenen Ansicht des Gutachters. Der einzelnen Stimme wird nur scheinbar dadurch eine größere Bedeutung beigelegt, daß es ihr beschieden ist, schon vor der allgemeinen Debatte sich äußern zu dürfen.

Die Meinung des Berichterstatters läßt sich in Kürze etwa so formuliren:

> „Pacht und Miethe sind, ohne daß es der Eintragung bedarf, als dingliche Rechte anzuerkennen. Jeder Rechtsnachfolger des Vermiethers ist demzufolge an das Miethsrecht gebunden (Kauf bricht nicht Miethe). Nur der Ersteher bei der Zwangsversteigerung ist, sofern nicht das eingetragene Miethsrecht dem Rechte des betreibenden Gläubigers vorgeht und deshalb vom Ersteher zu übernehmen ist, berechtigt, das Miethsverhältniß unter Einhaltung der gesetzlichen Kündigungsfristen zu kündigen.
>
> Eine Aufhebung des Miethsrechts in Folge einer Enteignung oder einer im Interesse der Landescultur unternommenen Zusammenlegung ist damit nicht ausgeschlossen."

Die dingliche Gestaltung des Pacht- und Miethsverhältnisses

entspricht am meisten der Natur der Sache und unserem heutigen Rechtsbewußtsein. Sie steht im Einklange mit unserer nationalen Rechtsentwickelung und mit dem Rechte fast aller nichteuropäischen Culturstaaten.

Es wird in dieser Beziehung lediglich auf die bisherigen Ausführungen verwiesen werden können. Die Zeiten, in denen die romanistische Jurisprudenz jeden Satz des römischen Rechts und jede Auffassung des römischen Juristen als das einzig Richtige, allein den Anforderungen der logischen Consequenz wie der Zweckmäßigkeit Entsprechende hinstellte, sind vorüber, heute sieht auch der Romanist in der Versagung des Besitzesschutzes an den Miether eine Inconsequenz, er vermag es nicht mit den Mitteln der Logik zu erklären, warum denn, obgleich bei der Superficies und Emphyteusis dem Miethsverhältnisse dingliche Wirkung gegeben werden konnte, dieses für andere Fälle der Miethe unmöglich sein soll. Er hält die römische Verwechslung von Eigenthum und Sache für etwas Verkehrtes und vermag den allerdings ganz unrömischen Gedanken zu verstehen, daß der Eigenthümer, welcher schon dem Miether sein Benutzungsrecht übertragen hat, dieses selbe Recht nicht noch einmal weggeben kann, daß somit bei dem Satz „Kauf bricht Miethe" der Erwerber mehr Rechte erhält, als sein Vormann hatte. „Durch das römische Recht über dasselbe hinaus" ist gegenwärtig, und wohl mit Recht, der Wahlspruch des Pandektisten. Er bemüht sich, römische Absonderlichkeiten aufzudecken und so weit als möglich aus dem Gange der römischen Rechts- und Culturentwickelung zu erklären; er ist aber weit entfernt davon, ihre Beibehaltung dem modernen Recht zu empfehlen und so künstlich das Gesetzbuch mit dem Rechtsbewußtsein des Volkes, der nationalen Rechtsentwickelung und den Bedürfnissen der heutigen Cultur in Widerspruch zu setzen.

Im Folgenden wird es sich wesentlich noch darum handeln, die verschiedenen bei der Regelung der Frage in Betracht kommenden privaten und öffentlichen Interessen, sowie die Nothwendigkeit und die Art ihrer Berücksichtigung zu prüfen.

Denn in der ausgleichend gerechten und zweckmäßigen Berücksichtigung dieser Interessen liegt die salus rei publicae, welche das letzte Ziel der Gesetzgebung sein muß. So berechtigt das Streben ist, die Gesetzgebung möglichst der Consequenz aus der Natur der Sache und der historischen Entwickelung anzubequemen, auch auf eine Uebereinstimmung des Rechts mit dem Rechte anderer Culturstaaten hinzuarbeiten, so darf doch dieses Streben die Gesetzgebung nicht beherrschen. Sie hat vor Ausnahmen (Inconsequenzen) und auch vor dem Bruch mit der Geschichte nicht zurückzuschrecken, wenn jenes oberste Ziel dieses erheischt.

Es wird zweckmäßig sein, zunächst den Hauptfall, die Veräußerung eines verpachteten Ackers und einer vermietheten Wohnung zu betrachten und die weit weniger wichtige Behandlung der beweglichen Miethsobjecte nachfolgen zu lassen.

Bei der rechtlichen Regelung des Einflusses der Veräußerung auf die Miethe kommen private Interessen vierfacher Art in Betracht, das Interesse des Vermiethers und des Veräußerers, welche im Normalfalle nur eine Person bilden, das Interesse des Miethers, das Interesse des Erwerbers und das Interesse der Realberechtigten, insbesondere der Hypothekengläubiger. Letztere werden aber nur von dem Einflusse der Zwangsversteigerung auf das Miethsverhältniß berührt. Es wird sich daher empfehlen, zunächst die übrigen Fälle der Veräußerung ohne Berücksichtigung der Hypothekengläubiger ins Auge zu fassen, und dann zu prüfen, ob der Berücksichtigung bedürftige Interessen der Letzteren Ausnahmen für den Fall der Zwangsversteigerung erheischen.

Das Interesse des Miethers und Pächters erfordert dringend, daß sein Recht als dingliches mit dem vollen petitorischen und possessorischen Rechtsschutz eines solchen anerkannt werde, und daß eine Veräußerung oder eine Einräumung von Rechten an der vermietheten Sache das Miethsverhältniß in keiner Weise beeinträchtige.

Der Satz ist kaum des Beweises bedürftig. Auch die Vertheidiger des „Kauf bricht Miethe" wagen kaum, ihn zu bestreiten.

Schon der bloße Wohnungsmiether wird dadurch, daß er gezwungen wird, vor dem Ablauf der vertragsmäßigen Zeit die gemiethete Sache zu verlassen, vielfach auf das Empfindlichste berührt. Es wird allerdings, namentlich in der größeren Stadt, meistens für ihn möglich sein, zum nächsten Umzugstermine — und ihn eher auszutreiben, wird heute Niemand mehr vorschlagen — eine anderweite Wohnung zu miethen. Aber es werden Interessen verletzt, welche, wenngleich sie nur schwer in Gelde zu veranschlagen sind, gerade dem Miether am Meisten am Herzen liegen, die Freude an der liebgewonnenen Häuslichkeit, welche, da auf lange Zeit gemiethet war, mit der bei dem Einzuge angeschafften, dem Raume angepaßten Einrichtung versehen war, die Annehmlichkeit, für die Familie einen Garten, für die Kinder einen Spielplatz zur Benutzung zu haben, die Nähe einer Promenade oder eines öffentlichen Platzes, der Arbeitsstelle des Mannes oder der Wohnung von Personen, mit denen aus socialen oder geschäftlichen Gründen eine nähere Verbindung erwünscht ist. Nur der Formaljurist wird diesen Interessen seine Anerkennung versagen. Aber auch ihm wird die Sache verständlich, sobald es sich um einen Gewerbetreibenden handelt, der, nachdem er mit großem

Aufwand von Mühe und Kosten in dem auf lange Zeit ermietheten Ladenlocale (und auf gemiethete Geschäftsräume ist der Kaufmann der Großstadt durchweg angewiesen) ein blühendes Geschäft mit zahlreicher guter Kundschaft ins Leben gerufen hatte, zum nächsten Kündigungstermin vor die Thür gesetzt wird, weil der Vermiether mit Rücksicht auf das vom Miether geschaffene Geschäft das Haus mit großem Nutzen verkauft hat.

Noch empfindlicher ist die Schädigung bei der landwirthschaftlichen Pacht. Der Pächter hat sich auf die, heute durchweg 15—24 Jahre betragende, Pachtdauer eingerichtet. Er hat das lebende und todte Gutsinventar käuflich übernommen und Neues dazu erworben; er hat das Gut in vortreffliche Cultur, insbesondere Düngung gebracht; er hat mit Rücksicht auf die lange Dauer des Verhältnisses Verbesserungen aller Art (Drainagen, Wege, Gebäude, Wiesenbau) vorgenommen, und so vielfach nicht nur das eigene Vermögen in das Gut gesteckt, sondern auch noch fremden Credit in Anspruch genommen. Wird er mit dem Ende des laufenden oder des nächstfolgenden Pachtjahres vertrieben, so steht er ohne Erwerb da. Sein Vermögen ist, wenn der Verpächter zahlungsunfähig ist, verloren. Es fehlt ihm dann an den Mitteln, eine neue Pachtung anzutreten. Die Unmöglichkeit, seinen Verbindlichkeiten mit Ehren gerecht zu werden, seine Familie anständig zu erhalten, bringt ihn zur Verzweiflung. Aus dem intelligenten thatkräftigen Landwirth ist eine verlorene Existenz geworden.

Man wolle dem gegenüber doch nicht ernsthaft den Ersatzanspruch des Miethers und Pächters ins Feld führen. Zunächst will der Miether nicht Geld, sondern Wohnung, Wirthschaftsräume, Acker u. s. w. Das Rechtsgeschäft hat seinen Zweck verfehlt, wenn er statt dessen Geld erhält, und nur der Formaljurist kann in diesem Falle die eigentliche Leistung des Vermiethers und das entsprechende Geldinteresse gleichstellen.

Vor allem aber ist in den meisten Fällen, in denen die Sache veräußert wird, ohne daß für den Miether gesorgt ist, von dem Vermiether Ersatz überhaupt nicht zu haben. Und endlich ist der deutsche Richter nach wie vor nicht geneigt, für nicht genau schätzbare Interessen überhaupt Ersatz zu gewähren und den Ersatz ausreichend zu bemessen. Bei der Gutspacht, bei der Miethe eines Geschäftslocals mag die Zubilligung eines gewissen Ersatzes zu erwarten sein. Aber bei der Wohnungsmiethe?

Selbst wenn der Miether genöthigt gewesen ist, eine theurere Wohnung als Ersatz zu miethen, wird das Gericht sich schwer entschließen, demselben die Differenz zuzubilligen. Denn entweder hat der ausgetriebene Miether zu theuer gemiethet — und dann ist das seine eigene Schuld — oder er hat preiswerth gemiethet — und dann hat er ja keinen Schaden, würde sich vielmehr „betrüglich bereichern", wenn man ihm die Differenz zuspräche. Und an den anderen vorher geschilderten, mehr gemüthlichen Interessen des Miethers geht der Richter ganz gewiß mit demselben kalten Lächeln vorüber, welches uns schon in den früher wiedergegebenen Aeußerungen Wendt's[345]) entgegentrat. Man kann dem Miether nur rathen, für die im Schadensproceß zu riskirenden Kosten Dombauloose zu kaufen. Er hat dann entschieden bessere Chancen, Ersatz zu erhalten.

Aber meistens ist das gar nicht der Verlauf der Sache. Der Miether wird sich vielmehr, lediglich um der vertragswidrigen Austreibung zu entgehen, nicht selten bereit finden lassen, dem Erwerber einen höheren als den ursprünglichen vertragsmäßigen Miethszins zu zahlen. Wird das Gericht geneigt sein, diese ja „freiwillig" zugebilligte Steigerung dem Verkäufer zur Last zu setzen?

Viel werthvoller als jeder Ersatzanspruch ist es, daß in einem großen Theile Deutschlands trotz aller Gesetzesvorschriften Verlaß ist auf die Treue und Ehrlichkeit des Vermiethers oder Verpächters. Es werden daher wohl Stimmen aus gemeinrechtlichen Gebieten laut, welche meinen, daß man sich bei dem Grundsatz „Kauf bricht Miethe", ganz wohl befinde, daß ernstliche Uebelstände nicht hervorgetreten seien, daß die Miether dort eben so ruhig wohnten, wie in anderen Rechtsgebieten. Die Ehrlichkeit der darin ausgesprochenen Ueberzeugung darf nicht bestritten werden. Dieses Wohlbefinden hat seinen Grund eben darin, daß Fälle speculativer Unredlichkeit oder bösartiger Chicane in den gedachten, außerhalb der Verkehrscentren liegenden Gebieten selten sind. Und dasselbe würde ganz gewiß durch die Einführung des entgegengesetzten Princips in keiner Weise gestört werden, da es nicht wegen, sondern trotz des „Kauf bricht Miethe" besteht. Und wenn man die erhebliche Zahl der Eintragung von Miethsverträgen in verkehrsreichen gemeinrechtlichen Orten in Betracht zieht, so scheinen doch die Nachtheile des „Kauf bricht Miethe" nicht unbemerkt geblieben zu sein. Uebrigens sind schon in ganz harmlosen Gegenden Fälle eclatanten Mißbrauchs vorgekommen. So berichtet Ruhstrat[346]) von einem oldenburgischen Verpächter,

---

345) s. o. S. 346.

346) Ueber das constitutum possessorium in Jhering's Jahrbüchern für Dogmatik Bd. 14 (1875) S. 341.

welcher auf Vorschlag seines Anwalts sein Landgut an seine Frau verkaufte, lediglich um den Pächter bald nach Antritt der 10jährigen Pacht zu vertreiben. Der saubere Plan mißlang nur deshalb, weil der Verpächter im Interesse seiner nervenschwachen Frau von der Naturalübergabe Abstand nahm, und das constitutum possessorium, welches er mit derselben abschloß, vom Gericht als Mittel der Eigenthumsübertragung nicht respectirt wurde. Nach dem Rechte des deutschen Entwurfs würden auch die Nerven der Frau ein Hinderniß nicht abgegeben haben.

Das Interesse des Miethers oder Pächters deckt sich in dieser Frage fast ganz mit dem öffentlichen Interesse.

Der Grundsatz „Kauf bricht Miethe" ist culturschädlich.

Am klarsten dürfte dieses in Bezug auf die Gutspacht hervortreten. Eine rationelle Bewirthschaftung ist nicht möglich, wenn der Pächter jederzeit die Gefahr vor sich sieht, am Ende des Wirthschaftsjahres vertrieben zu werden. Daher sagt Roscher:[347])

> „Die Pachtungen bedürfen einer dreifachen Sicherheit gegen willkürliche Zurücknahme von Seiten des Verpächters selbst, oder auch seiner Nachfolger, oder endlich gegen sonstige Zufälle, welche das Verhältniß auflösen könnten. In der ersten Rücksicht ist beliebige Kündbarkeit des Pächters offenbar das größte Hinderniß aller festen Capitalverwendungen .... Gegen die zweite Rücksicht streitet das Recht des Nachfolgers, die von seinem Vorgänger abgeschlossenen Pachtverträge zu widerrufen, welches sich namentlich bei Familienfideicommissen lange erhalten hat, ebenso die Grundsätze: „Kauf oder Concurs brechen Miethe". Wenn auch ein sogenanntes Abstandsgeld in solchen Fällen üblich ist,[348]) so kann doch gerade ein besonders geschickter Pächter für Durchkreuzung seiner besonders wohlberechneten Wirthschaftspläne schwerlich ganz entschädigt werden; und auch insofern hat gerade er am meisten zu fürchten, als sein wohlbestelltes Gut am leichtesten Käufer anzieht."

Was die Wohnungsmiethe anbelangt, so dürfte es auch dem an den Studirtisch oder das Bureau Gefesselten kaum entgangen sein, welch

---

[347]) a. a. O. Bd. 2, die Nationalökonomik des Ackerbaues, § 641.

[348]) Drechsler, der landwirthschaftliche Pachtvertrag I S. 58 hält es für ausreichend, wenn dem Pächter für jedes noch laufende Pachtjahr eine im Voraus bestimmte ausreichende Entschädigung gezahlt wird und der Pächter vor der Auszahlung nicht zu weichen braucht.

eine ungeheuere, die sociale Ordnung gefährdende Ausdehnung die **Wohnungsnoth** in den großen Städten angenommen hat, und wie es die heutigen Nationalökonomen als eine ihrer wichtigsten Aufgaben betrachten, diese Noth und ihre Ursachen zu erkennen und nach Mitteln zu ihrer Abhülfe zu sinnen.[349])

Roscher[350]) sagt in Bezug auf die großstädtischen Wohnungsverhältnisse:

> „Selbst ohne eigentliche Schlechtigkeit der Wohnung hat schon der häufige Wechsel, zu dem man gezwungen ist, diese nomadische Unsicherheit (ohne die Freiheit des Nomaden), da es sich hier um den äußeren Rahmen des Familienlebens handelt, gar leicht den Erfolg, die Gesinnung aus einer bürgerlichen zu einer halb vagabundischen herabzudrücken. . . .
>
> Zu den schlimmsten Seiten der Wohnungsnoth gehört die große Abhängigkeit, in welche sie den Miether gegenüber dem Hausherrn versetzt. Wie oft ist der ganze Erwerb des Ersteren an die Oertlichkeit gebunden. Ja er läuft Gefahr, durch die Kündigung eine Zeitlang obdachlos zu werden. Solcher „Wohnungsfeudalismus" wirkt um so demüthigender, aufreizender, als die Hausherren oft ungebildet, oft nicht einmal wohlhabend sind, auch durch ihren häufigen Wechsel jede persönliche Anhänglichkeit verhindert wird. So kann bei der absolut wie relativ immer wachsenden Bedeutung unserer Großstädte eine wirklich unheilbare Wohnungsnoth derselben zuletzt das ganze Volksleben vergiften. Namentlich gehört sie, ebenso wie die Ausartungen der Großindustrie und des Börsenthums, zu den Hauptbrutstätten socialistischer Irrthümer."

Roscher beklagt, daß bei dem häufigen Wohnungswechsel Millionen an Umzugskosten ganz unproductiv verwandt werden, daß bei dem häufigen Wechsel die Industrie unsolide wird und die Jugenderziehung leidet. Er erinnert an das Sprichwort: „dreimal umgezogen so schlimm, wie einmal abgebrannt". Nicht minder rügt er die Hausherrntyrannei, welche den Ladenmiether, der durch seine Thätigkeit

---

[349]) Vgl. namentlich Nr. 30, 31, 33 der Schriften des Vereins für Socialpolitik, (die Wohnungsnoth der ärmeren Klassen in den deutschen Großstädten Bd. 1 u. 2 und Verhandlungen der am 24. u. 25. September 1886 zu Frankfurt a. M. abgehaltenen Generalversammlung).

[350]) System der Volkswirthschaft Bd. 3 (die Nationalökonomie des Handels- und Gewerbfleißes § 7 A. 8).

den Laden rentabel gemacht habe, in ein viel drückenderes Abhängigkeitsverhältniß bringe, als das der mittelalterlichen Bauern gewesen sei.[351])

Schäffle[352]) führt aus, „daß der Anspruch auf die von der alten europäischen Sitte geforderte Familienwohnung in den Manufacturstädten aufgegeben sei, was in der Wohnungsnoth der kleinen Leute die Quelle furchtbarsten Elends und schändlichsten Wuchers werde. Der Souverän, welcher die dagegen gerichteten Bestrebungen zu verallgemeinern wüßte, würde für die Gesellschaft mehr thun, als der gute König, welcher jedem Unterthan das Huhn im Topf bescheeren wollte, und seine Dynastie vor den Folgen von Umwälzungen in der modernen Gesellschaft am meisten bewahren. In ausreichender, gesunder, jede Familie in sich abschließender und die Glieder nach Alter und Geschlecht trennender Wohnung können allein gute Sitte, Ordnung, Reinlichkeit, Freude am Familienleben, Fürsorge für die Zukunft, Interesse am Gedeihen und Frieden der Gesellschaft, welche diese Güter gewährleistet, sich erzeugen. Das Gesinde, dessen sittliches Verkommen so weit verbreitete Klagen erzeugt, kann nur so in Zucht bleiben und die Angehörigkeit zur Familie empfinden und bethätigen. Eine Familie, lebend wie der Vogel auf dem Zweig, immer wieder ausgetrieben, ohne Licht und Luft für ein frohes Dasein, stets gemischt mit fremden Elementen, kann nur verkommen und proletarisch verthieren, der Sinnenlust des Augenblicks leben. Und dies ist schon jetzt in viel zu großem Umfang bei den Arbeitern und selbst bei dem Kleinhandwerk der großen Städte der Neuzeit der Fall. Die schlechte Miethwohnung ist eine der wesentlichsten Begleiterinnen des modernen Pauperismus. Selbst bei den dirigirenden Klassen ist das Haus nicht, wie in England, bis tief in die Mittelklassen herab, die Burg der Familie,

---

351) Denselben Gedanken hat 200 Jahre vorher schon Abraham von Wesel (vgl. Hertius, opuscula III S. 483) ausgeführt: Ecce infelicitatem conductoris: in aedibus conductoris officinam forte instruxit, ad hanc emtores illectavit, eos ita assuefecit, ut ire et redire soleant, id unicum ejus est aucupium, in eo tota ejus consistit salus; alter ejusdem commercii fortunis hujus invidens, eumque quaestum intercipere studens, dominum, ut aedes sibi vendat, convenit, actionem conducti, quam hic a conductore timet, in se suscipere offert, immodico oblato pretio tandem dominum sua voluntate ad vendendum cogit; emtor mox conductori emigrandi necessitatem denunciat, ut ipse eas inhabitet, decedere jussus injuriam cum domino judicio expostulat, atque ex conducto agit; judex id quod interest, quoniam plerumque difficilis probationis, ad exiguam summam deducit, cum conductore actum atque conclamatum est.

352) Das gesellschaftliche System der menschlichen Wirthschaft S. 369.

es hat nicht den bezaubernden Klang, welchen das Wort home für ein englisches Herz hat".

„Was Wunder, sagt Flesch,[353]) daß bei dieser fortdauernden Wanderschaft, bei diesem steten Zwang zur Befriedigung allzu hoher Forderungen jeder Sinn für Sparsamkeit, häusliches Behagen, Familienleben verloren geht".

Aus dem vorliegenden Einzelmaterial gestatte ich mir nur einzelne Mittheilungen hervorzuheben.

Engel[354]) beklagt für Berlin den häufigen Wohnungswechsel, dessen schlimmste Seite nicht der sehr beträchtliche Kostenpunkt oder die Schädigung des Mobiliars, sondern die anhaltende Störung der häuslichen Ordnung sei.

Stolp[355]) sagt mit besonderer Rücksicht auf die Berliner Verhältnisse:

> „Die Wohnungsinhaber können durch die Willkür Fremder aus ihren Wohnungen beliebig entfernt werden und erleiden dadurch oft in ihren Erwerbs-, wirthschaftlichen, verwandschaftschaftlichen und freundschaftlichen Beziehungen die tiefsten Beschädigungen. Die Ungewißheit des Verbleibens in der Wohnung läßt nicht nur ein wahres Interesse an der behaglichen Einrichtung derselben gar nicht aufkommen, sondern führt auch eine Ungewißheit und ein Schwanken in allen übrigen, mit den Wohnungsverhältnissen meist eng verbundenen sonstigen persönlichen Unternehmungen und Beziehungen herbei. Die Wohnungsinhaber sind der Willkür und Laune der Hausherren schutz- und wehrlos preisgegeben. Bei dem Abschluß und der Aufhebung der Miethverträge sind die Miether oft starken Uebervortheilungen und Prellereien ausgesetzt. Die willkürliche und unberechtigte Steigerung der Miethspreise von im Laufe der Zeit nicht besser, sondern schlechter gewordenen Wohnungen zerrüttet nicht nur bei vielen Familien fortwährend deren Erwerbs- und Nahrungszustände, sondern nöthigt dieselben auch sehr oft zu einem sehr nachtheilige Wirkungen mit sich führenden Verlassen der Wohnungen."

Wien ist hinsichtlich der Wohnungsnoth Berlin vorangegangen.

---

[353]) Schriften des Vereins für Socialpolitik Bd. 30 S. 71.

[354]) a. a. O. S. 3 ff. Vgl. auch Hasse in den Schriften des Vereins für Socialpolitik 31 S. 310.

[355]) Berliner städtisches Jahrbuch für Volkswirthschaft und Statistik. 4. Jahrg.

„Das Gefühl der Seßhaftigkeit, sagt Friedmann[356]) ist dem Wiener gänzlich abhanden gekommen. Kein Bewohner der Vorstädte fühlt sich von einem Quartale zum andern sicher auf seinem „Grund“. Ebenso wenig weiß der Bewohner der inneren Stadt zu sagen, in welcher Entfernung und in welcher bisher ihm unbekannten Gegend der weitgestreckten Hauptstadt er im nächsten Halbjahre seine müden Glieder zur Ruhe bringen werde. So geht ein Zug der Unruhe und Beängstigung durch die ganze Bewohnerschaft Wiens. Ein flüchtiges Nomadenleben tritt an die Stelle einer ruhig angesessenen bürgerlichen Existenz. Die ewig wandernde Bevölkerung, welche voll Mißmuth über die Unsicherheit ihres häuslichen Lebens und über die hohen Preise ihrer zeitlichen Obdache immer mehr das Gefühl der Anhänglichkeit an den heimathlichen Boden, die Theilnahme für die gemeinsamen localen und öffentlichen Interessen verlieren und den gesunden Sinn für die Ordnung und Ruhe einbüßen muß, muß die Aufmerksamkeit der Staatsbehörden auf sich lenken.“

In Straßburg finden sich[357]) ähnliche Zustände wie im alten Rom. In den schlechten Quartieren bestehen die Hauseigenthümer zum Theil aus reichen, dem Capitalisten- und Kleinbürgerstande angehörigen Leuten, die in ganz anderen Quartieren wohnen und nur zum Einstreichen des Miethszinses ihr Eigenthum betreten. Viele finden es noch bequemer, sich gar nicht um das „Lumpenpack“ der Miether bekümmern zu brauchen und verpachten das ganze Haus um eine Pauschalsumme an einen sogenannten „Hauslehner“.

Diesen Uebelständen gegenüber sagt Miquél:[358])

> „Eine Reihe von Gesetzen schützt durch Verbot und Gebot den Schwachen gegenüber dem Arbeitsvertrag und dem Darlehensvertrag und ordnet die Modalitäten desselben, — kein deutsches Gesetz hat bisher gleiche Grundsätze auf den Miethvertrag angewendet, obwohl nach meiner Ueberzeugung hierbei oft ein ebenso schlimmes und dauerndes Abhängigkeitsverhältniß für den unbemittelten Miether entsteht, als dies bei dem Arbeitnehmer- und dem Darlehnsvertrag der Fall sein kann.“

Freilich sind die Maßregeln, welche die heutigen Volkswirthe zur Abhülfe der Wohnungsnoth vorschlagen, weit eingreifender, als die bloße Aufhebung der Regel „Kauf bricht Miethe“ oder eine sonstige Verbesse-

---

356) Nach Engel a. a. O. S. 6.

357) Nach Weill in den Schriften des Vereins für Socialpolitik 30, S. 153 ff.

358) Schriften des Vereins für Socialpolitik 30, S. XV. Aehnlich Flesch, das. S. 83.

rung der rechtlichen Lage des Miethers sein würde. Man verlangt die Durchführung des Dienstwohnungsprincips für die Beamten, die Einführung der Pflicht der Arbeitgeber zur Bequartierung ihrer Arbeiter, die Enteignung städtischen Grundeigenthums u. s. w.

Man wird auch zum Nachweise dafür, daß die Regel „Kauf bricht Miethe“ mit diesen Verhältnissen nichts zu thun habe, darauf hinweisen, daß dieselben in Berlin trotz der Aufhebung dieser Regel ebenso bestehen wie anderswo. Und in der That, solange der von den Volkswirthen so sehr beklagte Gebrauch besteht, Miethsverträge nur auf kurze Kündigung abzuschließen, ist es ganz gleichgültig, ob die eine oder die andere Art der rechtlichen Normirung beliebt wird.

Aber der Unterschied liegt darin: Wenn die Regel „Kauf bricht Miethe“ eingeführt wird, muß das Bestreben, auf den Abschluß längerer Miethsverträge hinzuwirken, als nutzlos aufgegeben werden, da der Miether dennoch keine gesicherte Rechtsstellung erlangt.

Die entgegengesetzte Regel aber läßt wenigstens die rechtliche Grundlage dafür bestehen, daß man allmählich zu festen, ruhigen Miethsverhältnissen gelangt. Jeder Umstand, welcher die Stellung des Miethers schwächt, vermehrt die Wohnungsnoth. Eine Gesetzgebung, welche die wirthschaftliche Freiheit nicht mit dem Bestreben, den wirthschaftlich Schwächeren dem Stärkeren schutzlos auszuliefern, verwechselt, wird dieser Schwächung entgegenzutreten haben.[359])

---

[359]) Organisationen, wie der Berliner Verein der Hausbesitzer, vermögen die Macht der Eigenthümer noch zu verstärken, während entgegengesetzte Organisationen der Miether es nur schwer zu einem maßgebenden Einflusse auf die Gestaltung der Verhältnisse bringen werden. — Die in dem Verein Berliner Wohnungsmiether am 8. Mai 1888 angenommene Resolution lautet nach Zeitungsnachrichten: „Der Verein Berliner Wohnungsmiether wolle beschließen: der im § 509 des bürgerlichen Gesetzbuches für das Deutsche Reich enthaltene Rechtsgrundsatz: „Kauf bricht Miethe“ widerspricht dem bestehenden Rechtsbewußtsein des Volkes und der Sicherheit eines geordneten Verkehrs. Zumal in den großen Städten, wo die Hausgrundstücke nicht zur eigenen Benützung des Eigenthümers, sondern zu Zwecken der Ausnützung als Miethswohnungen erbaut werden und auch dienen, ist dieser, vielleicht im Princip anzuerkennende, Rechtsgrundsatz nicht durchführbar. Die Einführung dieser Norm als Gesetz würde eine dauernde Unstetigkeit und Unsicherheit in den Wohnungsverhältnissen und indirect damit ein ungerechtfertigtes Ausbeutungssystem der großen Masse des Volkes, welches die Miether repräsentirt, zu Gunsten Einzelner im Gefolge haben und der wildesten Speculation mit Grundstücken auf Kosten der Masse der Miether unbeschränkte Freiheit gewähren. Eine durch Jahrhunderte im Bewußtsein des Volkes zur vollständigen Zufriedenheit fest eingewurzelte Rechtsnorm würde einer den heutigen Zeitverhältnissen durchaus widersprechenden Neuerung Platz machen müssen, durch welche z. B. in Berlin ca. 300 000 Miether mit einem

Wenn Friedrich der Große schon das kleine Berlin von 1765 gegen den eingerissenen Häuserwucher und die aufs Höchste getriebene Steigerung der Hausmiethe nur durch die Aufhebung der gemeinen Rechtsregul „Kauf bricht Miethe" zu schützen wußte, wie will man sich da, wenn man heute die so geschaffenen Schranken wiedereinreißt, von der Verantwortung für den Miethsschwindel frei machen, der dann in der Millionenstadt in Aussicht steht. Daß die Presse des Jobberthums sehr voreilig schon heute das Lob des „Kauf bricht Miethe" singt, sollte man sich zur Warnung dienen lassen.

Man muß dabei berücksichtigen, daß sich in der Großstadt sehr viele Häuser in den Händen vermögens- und gewissenloser Speculanten befinden, welche hier spurlos verschwinden, dort nach langer Zeit und in ganz anderen Verhältnissen wieder hervortreten. In Berlin gehört den Hauseigenthümern insgesammt $1/5$ des Grundwerths der Häuser. In einem Jahre wechselten 12,1 bezw. 12,3 Procent der Grundstücke den Eigenthümer. Der Verkauf wird häufig durch Schlußscheine bewirkt.[360])

Schmoller[361]) berichtet in dieser Beziehung:

> „Die alten Vermiethungsgeschäfte kommen nur noch sporadisch in der großen Stadt vor; ein großer Theil der Wohnungen ist in den Händen von Bauspeculanten, von Bauunternehmern, die in erster Linie verkaufen wollen; der einzige Gesichtspunkt ist der, das Haus zu vermiethen, bis es verkauft ist. Sie sind schon deswegen nicht die rechten Leute zum Vermiethergeschäft, weil ihnen das Verkaufen die ganze Sache ist, weil sie die Miether schrauben, um besser zu verkaufen. — Es kommt dazu eine große Anzahl von Hausbesitzern, die selbst so verschuldet sind, daß sie in fortwährender Geldverlegenheit nothwendiger Weise auch mehr oder weniger ihre Miethsleute mißhandeln. Dann kommt eine Zahl kleiner Rentiers, die selbst halb Wucherer sind und in Hausspeculationen und Wohnungsvermiethung ein lucratives Geschäft zu machen suchen."

Anhange von einer Million Angehörigen auf das Empfindlichste geschädigt werden können. Aus allem diesen erachtet der Verein Berliner Wohnungsmiether den vorgeschlagenen Rechtsgrundsatz: „Kauf bricht Miethe" für durchaus schädlich und wird in eine energische und kräftige Agitation eintreten, um bei den gesetzgebenden Factoren auf Ablehnung dieses Gesetzesvorschlages hinzuwirken."

360) Roscher a. a. O. 3 § 7. Vgl. auch Hasse, in den Schriften des Vereins für Socialpolitik 31 S. 313.

361) Schriften des Vereins für Socialpolitik Bd. 33 S. 19.

Miquél[362]) sagt:

„In vielen Städten giebt es eine Klasse von Hausbesitzern, welche die ihnen in der Regel in Folge hypothecarischer Beleihung zugefallenen Häuser für Arbeiterwohnungen einrichten und die Wohnungsnoth in einer bisweilen empörenden Weise durch die geradezu wucherischen Bedingungen des Miethsvertrages ausbeuten."

Und Engel[363]) bemerkt:

„Miethssteigerungen und Häuserschacher bedingen sich, wie Jedermann aus Erfahrung weiß, gegenseitig. Der Bauunternehmer baut, um zu verkaufen. Der gewerbsmäßige Wohnungsvermiether ist jederzeit zum vortheilhaften Verkaufe bereit."

Dem Vermiether, dessen Interessen nunmehr zu prüfen sind, kann es unter Umständen erwünscht sein, den Miethsvertrag jederzeit, wenn sich ihm eine Gelegenheit zum vortheilhaften Verkauf bietet, lösen zu können, und wenn man dieses Interesse als ein berechtigtes anerkennt, so würde man sogar dahin gelangen können, dem Miether jeden Entschädigungsanspruch, wenigstens vom Standpunkte des Contractbruchs aus, zu versagen.

Aber es handelt sich hier um ein Interesse, welches nicht nur nach den dargelegten volkswirthschaftlichen Gesichtspunkten eine Berücksichtigung nicht verdient, sondern das auch das natürliche Gerechtigkeits- und Billigkeitsgefühl nicht auf seiner Seite hat. Wer einem Anderen bindend und gegen Entgelt die Benutzung seiner Sache auf eine bestimmte Zeit eingeräumt hat, kann als ehrlicher Mann nicht verlangen, daß ihm die Möglichkeit gegeben werde, sein ohne Einschränkung gegebenes Wort zu brechen, um einen Gewinn mit dem Verkauf der Sache zu machen, welche doch nicht in erster Linie dazu bestimmt ist, ein Handelsartikel in der Hand des Eigenthümers zu sein. Freilich kann auch der Eigenthümer sich in einer Nothlage befinden, aus welcher ihn der dringend ersehnte Verkauf befreien soll. Es würde sich dabei aber doch nur um eine Abhülfe auf fremde Kosten handeln, welcher nicht die geringste Rechtfertigung nach Billigkeitsrücksichten zur Seite steht.

Dieselben Gesichtspunkte, welche die modernen Codificationen dahin geführt haben, dem römischen Satze, daß der Miether dem Vermiether im Falle eines eigenen dringenden Bedürfnisses weichen müsse, die Anerkennung zu versagen, haben mit Recht bewirkt, daß auch dieses

[362]) Daselbst 30 S. XVI.

[363]) Die moderne Wohnungsnoth S. 7.

Interesse des Vermiethers bei den jetzigen Gesetzgebungsarbeiten unbeachtet geblieben ist.

Trotzdem soll es dem Vermiether unbenommen sein, sich auszubedingen, daß der Miether im Falle des Verkaufes räumen müsse. Dadurch ist für Fälle, in denen schon bei der Vermiethung an den baldigen Verkauf gedacht wird, das Interesse des Vermiethers vollständig gewahrt.

Was das Interesse des neuen Erwerbers anbetrifft, so möchte von vornherein zu betonen sein, daß dasselbe hinter dem des Miethers zurückstehen muß. Haus und Acker sollen, wie gesagt, nicht in erster Linie Handelsartikel sein. Daß eine gesicherte Benutzung derselben durch den Gebrauchsberechtigten stattfinden kann, ist wichtiger, als daß der Umsatz dieser Gegenstände ein gesicherter ist. Daraus folgt natürlich nicht im Geringsten, daß die Sicherheit des Umsatzes nicht erstrebenswerth sei, wohl aber, daß im Collisionsfalle die Rücksicht auf die Sicherheit des Gebrauches vorgehen muß.

Was die Fürsorge für den neuen Erwerber anbetrifft, so wird man zu unterscheiden haben, ob der neue Erwerber bei der Erwerbung wußte oder doch nur in Folge der Unterlassung der nothwendigen und möglichen Erkundigungen nicht wußte, daß die erworbene Sache vermiethet oder verpachtet war, oder ob ihm das Mieths- oder Pachtverhältniß ohne eigenes Verschulden unbekannt bleiben konnte, und ferner, ob der Erwerb ein entgeltlicher oder ein unentgeltlicher war.

Das Interesse des neuen Erwerbers, welchem das Miethsverhältniß bekannt war, verdient noch weniger Berücksichtigung, als das des Veräußerers. Bei letzterem war eine Nothlage denkbar, welche ihm die miethsfreie Veräußerung wünschenswerth machte, bei dem Erwerber kann davon nicht die Rede sein. Wenn man ein allgemeines Interesse des Käufers, den Miether zu vertreiben, rechtfertigen wollte, so könnte man ebenso gut ein allgemeines, jedem Privaten zustehendes Expropriationsrecht proclamiren. In letzterem Falle würde sogar der Vertreibende entschädigungspflichtig sein, während der neue Erwerber, welcher unter Kenntniß von dem Miethsvertrage kaufte, den Miether vertreibt, ohne ihn auch nur im Geringsten schadlos halten zu müssen. In dem angenommenen Falle ist die Austreibungsbefugniß des Erwerbers die empörendste Ungerechtigkeit, der schnödeste Mißbrauch, gegen welche die Gesetzgebung mit allen Mitteln zu kämpfen hat.

Nicht viel anders steht es mit dem neuen Erwerber, welchem nicht ohne eigenes Verschulden das Miethsverhältniß unbekannt geblieben ist. Es ist im Ganzen nicht so schwer, zu erfahren, ob ein Gut oder ein Haus vermiethet ist oder nicht. Jedenfalls wird das Verlangen nicht unbillig sein, daß der Erwerber sich über diesen Punkt, namentlich durch Befragen des Veräußerers, Auskunft zu verschaffen bemüht sein muß, widrigenfalls er eine Schädigung durch die bestehenden Mieths- und Pachtverträge sich selbst zuzuschreiben hat.

Auch der unentgeltliche Erwerber (Vermächtnißnehmer, Beschenkte) kann offenbar nicht beanspruchen, daß er mehr Rechte an der Sache erhalte, als sein Rechtsurheber hatte. Er muß an dessen Miethsverträge schlechthin gebunden sein.

Dagegen verdient das Interesse des gutgläubigen entgeltlichen Erwerbers der Sache, welchem trotz aufgewandter Bemühungen das Miethsverhältniß unbekannt blieb, allerdings die Berücksichtigung der Gesetzgebung. Zwar nicht vom Standpunkte der juristischen Consequenz aus (es sei das denen gegenüber bemerkt, welche aus, wie gezeigt, unbegründeter Consequenzmacherei das „Kauf bricht Miethe" vertheidigen wollen); denn der Erwerber kann nach der Natur der Sache das Eigenthum nur mit den bereits vorliegenden Beschränkungen erwerben. Wohl aber aus Zweckmäßigkeits- und Billigkeitsgründen, und mit Rücksicht auf die Sicherheit des Güterverkehrs, welche auch sonst im modernen Recht vielfach dahin geführt hat, dem gutgläubigen entgeltlichen Erwerber, welcher vom Nichteigenthümer erworben hat, eine gesicherte, vom Rechte seines Autors unabhängige Rechtsstellung zu gewähren.

Die Berücksichtigung dieses Interesses darf aber nicht dazu führen, das im Uebrigen als richtig und zweckmäßig erkannte Princip der Dinglichkeit und Unzerbrechlichkeit der Miethe aufzugeben. Es kann sich nur darum handeln, unter Aufrechthaltung dieses Princips Abhülfe zu schaffen.

In dieser Richtung böte sich zunächst der Weg, die Eintragung des Mieths- oder Pachtverhältnisses in das Grundbuch vorzuschreiben. Auf die Unkenntniß der eingetragenen Miethsverhältnisse könnte sich dann der neue Erwerber nicht berufen. Damit ist zugleich evident dargethan, daß auch vom Standpunkte der Interessen des Käufers aus nicht die Dinglichkeit der Miethe als solche bekämpft zu werden braucht, sondern nur für die Eintragung der Miethe als Voraussetzung ihrer dinglichen Wirksamkeit plädirt werden kann.

Es kann sich deshalb im Weiteren nur um die Alternative handeln, ob die Dinglichkeit der Miethe von der Eintragung abhängig zu machen ist oder nicht.

Gegen die Ausdehnung des formalen Grundbuchprincips auf den Fall der Miethe spricht nun allerdings mancherlei. Es ist zwar keineswegs anzunehmen, daß von der Eintragung fast gar kein Gebrauch gemacht würde. Auch dem in den Motiven des deutschen Entwurfs hervorgehobenen Bedenken, daß der in der wirthschaftlich stärkeren Lage befindliche Eigenthümer die Bewilligung regelmäßig nicht ertheilen würde, könnte man nach dem Vorbilde des bayerischen Entwurfs mit gesetzlichen Bestimmungen begegnen, nach welchen eine besondere Bewilligung nicht nöthig ist.

Gleichwohl ist es richtig, wenn die Motive zum deutschen Entwurf ausführen, daß die Umständlichkeiten und die Kosten der Buchungen dem allgemeinen Gebrauch der Eintragung entgegenwirken würden, und noch richtiger, daß der allgemeine Gebrauch zu einer schädlichen Ueberfüllung des Grundbuchs führen würde. Nur folgt daraus nicht, daß man die Eintragung zu verbieten und die Miethe persönlich zu gestalten hat, sondern etwas ganz Anderes. Man soll zwar die Eintragung zulassen, aber von derselben die dingliche Wirkung der Miethe im Allgemeinen nicht abhängig machen. Man darf die Eintragung nicht obligatorisch machen, weil dabei entweder das Interesse des Miethers und das damit verbundene volkswirthschaftliche Interesse zu kurz kommen würde, oder das Grundbuch seine Bedeutung als übersichtliche und zuverlässige Grundlage des Realcredits einbüßen könnte.

Noch weniger als das Erforderniß der Eintragung würde das im französischen und verwandten Rechten hervorgetretene Erforderniß der Schriftlichkeit zu empfehlen sein, sofern man nämlich — eine hier nicht zu erörternde Frage — im Allgemeinen das Princip der Formlosigkeit der Verträge annimmt.

Denn dasselbe erschwert zwar auf der einen Seite den dem Miether zu gewährenden Rechtsschutz. Es verfehlt aber seinen Zweck, den Erwerber gegen Nachtheile zu sichern, da diesem, wenn ihm überhaupt das Miethsverhältniß unbekannt bleiben kann, auch der schriftliche Vertrag unbekannt bleiben wird.

Die Schriftlichkeit mit dem Erforderniß des Datums hat nur die Bedeutung, daß nicht so leicht nachträglich fingirte Miethsverträge oder fingirte Verlängerungen desselben vorgeschützt werden können. Es erscheint aber fraglich, ob diese Gefahr so dringend ist, daß dagegen eine solche, dem ganzen Miethsverkehr ungemein lästige Abhülfe erforderlich ist.

Dem neuen Erwerber würde jedenfalls ein Evictionsanspruch und, bei doloser Verschweigung des Miethsvertrages auch die aus dem Betruge hervorgehenden Rechte gegen den Veräußerer zustehen, sobald sich Miethsverhältnisse herausstellen, welche ihm unbekannt geblieben sind. Die Vertheidiger des „Kauf bricht Miethe" würden consequenter Weise mit diesem Entschädigungsanspruch zufrieden sein müssen. Ist doch so der Erwerber, welcher sich erst eine Rechtsstellung beschaffen wollte, nicht schlechter gestellt, als der bereits in fester Rechtsstellung befindliche Miether nach ihrer Meinung stehen soll.

Aber man würde auch noch weiter gehen und den Miether, welcher sich nicht im erkennbaren Besitze der Sache befand, zum Auszug verpflichten können, sofern der Erwerber ohne jede Kenntniß des Verhältnisses war, wofern dazu ein praktisches Bedürfniß vorhanden sein sollte. Die Fälle, in denen der neue Erwerber ohne sein Verschulden keine Kenntniß von dem Bestehen des Miethsverhältnisses erhielt, werden jedenfalls zu den größten Seltenheiten gehören.[364])

Eine viel weitergehende Berücksichtigung erheischt das Interesse der Hypothekengläubiger. Diese müssen sich allerdings auf den Inhalt des Grundbuchs verlassen können, wenn von einem gesunden Realcredit die Rede sein soll. Es läßt sich daher für den Fall der Zwangsversteigerung die Ausnahme rechtfertigen, daß der Ersteher nicht eingetragene Miethsund Pachtrechte kündigen kann, und daß er dann nur bis zum Ablaufe der gesetzlichen Kündigung an das Verhältniß gebunden ist.

Diese Wirkung würde aber wegfallen bei denjenigen Arten der Zwangsversteigerung, welche gegen die Realgläubiger nicht wirken; sie würde also, wenn bei der Regelung der Zwangsversteigerung außerhalb des Falles der Zwangsvollstreckung in dieser Hinsicht dem bisherigen preußischen Recht gefolgt wird, bei der Zwangsversteigerung auf Antrag eines Miteigenthümers zum Zwecke der Auseinandersetzung nicht eintreten.[365])

Umgekehrt würde dieselbe auch bei dem freihändigen Verkaufe seitens des Concursverwalters eintreten müssen, wenn die Bestimmung der Concursordnung,[366]) daß ein solcher auf die Zulässigkeit der Kündigung von Miethsund Pachtverträgen, sowie auf die Dauer dieser Verträge wie eine Zwangsversteigerung wirke, beibehalten werden soll.

Hinsichtlich der eingetragenen Pacht- und Miethsrechte wird man dagegen in consequenter Entwickelung des von der neuen preußischen, sächsischen und bayerischen Subhastationsgesetzgebung angenommenen Grundsatzes, daß die Zwangsversteigerung stets nur unter Wahrung der dem betreibenden Gläubiger vorgehenden Realrechte erfolgen darf, unterscheiden müssen. Geht das eingetragene Pacht- oder Miethsrecht dem Rechte des

---

[364]) Vgl. die oben S. 402 erwähnten Motive des Grundbuchgesetzes für die Rheinlande.

[365]) § 185 des preuß. Ges. vom 13. Juli 1883.

[366]) § 17 Z. 2.

betreibenden Gläubigers vor, so ist nach dem Vorbilde der portugiesischen Gesetzgebung die Uebernahme desselben nach Inhalt der Eintragung dem Ersteher zur Pflicht zu machen.

Steht dasselbe dagegen dem Rechte des betreibenden Gläubigers nach, so kann nur an der durch die Eintragung bestimmten Stelle eine Schadensersatzforderung geltend gemacht werden.

Hat die Eintragung des Mieths- und Pachtrechts im Wesentlichen nur diese Bedeutung der Berücksichtigung des Rechts bei der Zwangsversteigerung, so steht eine Ueberfüllung des Grundbuchs mit derartigen Einträgen nicht zu befürchten. Andererseits erscheint es, namentlich im Interesse der Gutspächter, ganz unerläßlich, dem Miether die Möglichkeit zu eröffnen, sich durch die Eintragung gegen die Vertreibung durch Personalgläubiger oder nach der Vermiethung eingetretene Realgläubiger zu sichern.

Keine Ausnahme von dem dargelegten Grundsatze ist es, daß im Falle einer Enteignung, wie das Eigenthumsrecht, so auch das Miethsrecht bezüglich des enteigneten Gegenstandes zum Untergange gebracht werden kann.

Auch bei einer Zusammenlegung im Interesse der Landescultur kann es nothwendig werden, daß die Pacht, sofern sie nicht auf das an die Stelle des Pachtgrundstückes eintretende Surrogat erstreckt werden kann, ganz beendigt wird.

Es handelt sich in beiden Fällen um eine Endigung des Mieths- oder Pachtrechts aus besonderen, im öffentlichen Interesse liegenden Gründen, deren nähere Darlegung an dieser Stelle nicht nothwendig ist.

Die Anwendung der dargelegten Grundsätze auch auf die Miethe beweglicher Sachen dürfte keine besonderen Schwierigkeiten machen. Miethen von Mobilien auf längere Dauer werden hauptsächlich in Bezug auf Möbel (für sich allein oder in Verbindung mit der Wohnungsmiethe), Nähmaschinen, Klaviere und Thiere häufiger vorkommen. Auch in diesen Fällen ist das Interesse des Miethers an der Aufrechterhaltung des Verhältnisses ohne Rücksicht auf Veräußerungen zu schützen. Auch bei Annahme der Grundsätze des gemeinen Rechts ist der besitzende Miether beweglicher Sachen in Folge des mehr zufälligen Umstandes geschützt, daß er den Eigenthumserwerb wirksam zu hindern vermag. Folgerichtiger ist es aber jedenfalls, sein dingliches Recht anzuerkennen, und grundsätzlich dem Eigenthum des neuen Erwerbers die Wirkung gegen den älteren Miether zu versagen.

Wenn man die Gründe prüft, welche für die Beibehaltung des „Kauf bricht Miethe“ ins Feld geführt werden, so darf man füglich davon absehen, daß, durch die Zulassung des „Kauf bricht nicht Miethe", wie die Motive zum deutschen Entwurf sagen, ein neues dingliches Recht geschaffen würde, welches in mancherlei Beziehung der besonderen Normirung bedürfte. Es ist das offenbar keine Einwendung gegen den Grundsatz selbst. Und wenn man die einfache und klare Art vor Augen hat, in welcher das holländische, das italienische und das portugiesische Gesetzbuch die Materie geregelt haben, so wird man die Schwierigkeiten der Formulirung nicht für unüberwindlich halten. Man wird vielleicht am besten thun, gleich jenen Gesetzgebungen die Grundregeln zum präcisen Ausdrucke zu bringen und die weiteren Folgerungen, sowie die juristische Construction der Wissenschaft und der Rechtspflege zu überlassen. Der einzige ernstliche Einwand, welcher im Uebrigen von den Motiven zum deutschen Entwurfe erhoben ist, und der auch ganz allein in der entstandenen Zeitungspolemik für den Grundsatz „Kauf bricht Miethe" geltend gemacht wird, ist der, daß die Anerkennung einer dinglichen Miethe mit den Principien des Grundbuchrechtes nicht vereinbar sei. Höchst merkwürdig! Der Grundsatz „Kauf bricht Miethe nicht" ist lediglich eine Consequenz der national-germanischen Gestaltung dieses Instituts. Das Grundbuch ist ebenfalls eine germanische Einrichtung, und beides soll sich nicht mit einander vertragen?

Aber zuvor wird man noch fragen müssen: Ist denn das deutsche Volk und sein Recht um des Grundbuchs willen da, so daß ein bis auf die äußerste Spitze getriebenes Grundbuchsystem das letzte Ziel der Gesetzgebung sein muß? oder ist das Grundbuch eine Einrichtung, welche den wohlverstandenen Interessen des Volkes *dienen* soll, und welche sich daher in ihrer näheren Regelung diesen Interessen unterzuordnen hat. Man darf nicht „das komische Verlangen stellen, das Leben müsse sich der von den Juristen beliebten Form fügen, das Recht hat sich dem Leben anzuschließen". [367])

Das Grundbuch ist seinem praktischen Zwecke nach in erster Linie dazu da, die Grundlage eines geordneten und gesicherten Realcredits zu bilden. Der Hypothekengläubiger muß dagegen gesichert sein, daß nicht andere als die voreingetragenen Pfandrechte anerkannt werden, daß auch andere, den Verkaufswerth des Grundstücks mindernde, Rechte nicht ohne Eintragung geltend gemacht werden können. Ganz rein hat sich aber selbst nach dieser Hinsicht das Grundbuchsystem nicht durchführen lassen. Nach dem bestehenden preußischen Grundbuch- und Subhastationsrecht gehen eine Reihe von Lasten: Deichlasten, Lohn des Wirthschaftsgesindes, Ab-

---

[367]) *Arnold*, zur Geschichte des Eigenthums in den deutschen Städten S. 147.

gaben und Renten, Gemeine Lasten innerhalb gewisser Grenzen auch ohne Eintragung dem Hypothekengläubiger vor. Nicht minder gehen die nicht eingetragenen Grundgerechtigkeiten auf den Ersteher über.[368]) Und selbst wenn das bürgerliche Gesetzbuch nach dieser Richtung hin Einschränkungen eintreten lassen will, ganz wird man die Berücksichtigung solcher Rechte nicht zu beseitigen vermögen. Liegt doch schon in der Verpflichtung des Erstehers, die Miethsverträge bis zum nächsten Räumungstermin auszuhalten, eine Beachtung des nicht eingetragenen Miethsrechts. Indeß, möge dem sein, wie ihm wolle, eine Pflicht des Erstehers, die Miethsverträge schlechthin auszuhalten, würde den Realcredit allerdings empfindlich treffen, und deshalb muß in dieser Beziehung die Eintragung zur Bedingung gemacht werden.

Ganz anders verhält es sich aber mit der Function des Grundbuchs bei der Grundstücksveräußerung. Auch hier giebt das Grundbuch zunächst die dankenswerthe Möglichkeit, den Eigenthumserwerb zu verzeichnen. Aber es wird keiner Gesetzgebung beikommen können, deshalb jeden Eigenthumserwerb (Erbfall u. s. w.) von der Eintragung ins Grundbuch abhängig zu machen.

Das Grundbuch dient ferner auch dazu, dem neuen Erwerber Auskunft über die Beschaffenheit und die Rechtsverhältnisse des Grundstücks zu geben. Aber es würde zu einem summum ius summa iniuria führen, wenn man in dieser Hinsicht den Inhalt des Grundbuchs als schlechthin maßgebend ansehen und namentlich auf die Kenntniß des Erwerbers von der Unrichtigkeit des Grundbuchs gar keine Rücksicht nehmen wollte.[369]) Ebenso muß es eine offene Frage bleiben, inwieweit nichteingetragene Beschränkungen dem Erwerber entgegenstehen sollen. Die Rücksicht auf den lastenfreien Erwerb des Käufers ist nicht eine solche, daß ihr jedes andere Interesse nachzustehen hätte. Es wird sich um eine Abwägung der verschiedenen Interessen handeln müssen, und wenn sich dabei, wie auszuführen versucht ist, ergiebt, daß das Interesse des Miethers aus Gründen der Gerechtigkeit und des öffentlichen Wohles den Vorzug verdient, so hat man eben davon abzusehen, das formale Grundbuchprincip dem wahren Rechtsbedürfnisse entgegen auf die Spitze zu treiben.

Wenn übrigens von gegnerischer Seite ein besonderes Gewicht auf die wissenschaftliche Gestaltung der Gesetzgebung und die consequente

---

[368]) §§ 22 ff. des G. v. 13. Juli 1883, § 12 des Eigenthumserwerbsgesetzes vom 5. Mai 1872.

[369]) § 837 des deutschen Entwurfs sieht ebenfalls von der Fiction der Richtigkeit des Grundbuchs ab, wenn der Erwerber die Unrichtigkeit gekannt hat.

Durchführung der zu Grunde liegenden Principien gelegt wird, so kann dem gegenüber doch auf eine ganze Reihe von Inconsequenzen hingewiesen werden, welche der Entwurf des bürgerlichen Gesetzbuches in dieser Materie aus dem gemeinen Recht mit herübergenommen hat. Wenn man entgegen der hier vertretenen Anschauung annimmt, daß nur die rein persönliche Auffassung der Miethe der Natur der Sache und dem heutigen Rechtsbewußtsein entspreche, wie kommt man denn dazu, für die der Miethe so nahe verwandte Superficies unter dem Namen Erbbaurecht die dingliche Natur in Anspruch zu nehmen? Und wenn man es principiell für richtig hält, den Miether in allem auf das persönliche Gewähren des Vermiethers zu verweisen, warum stattet man dann sein persönliches Recht mit dem doch nur für sachenrechtliche Verhältnisse bestimmten Besitzesschutz aus? Wenn man ferner das Princip „Kauf bricht Miethe" für richtig hält, wie können sich die Motive darüber freuen, daß der Miether beweglicher Sachen in der Lage ist, den Eigenthumserwerb des Käufers zu hindern? Würde man nicht im Gegentheil auf Mittel und Wege zu sinnen haben, den Eigenthumserwerb gegen den Willen des Miethers möglich zu machen? Wenn man endlich im Allgemeinen den Grundsatz aufstellt, daß der Erwerber eines Grundstückes, soweit seine eigene Kenntniß reicht, durch den unrichtigen oder unvollständigen Inhalt des Grundbuches nicht gedeckt wird, warum läßt man dann die Miethe nicht wenigstens gegen den Erwerber wirken, welcher das Verhältniß gekannt hat? Praktisch würde dadurch für die meisten Fälle schon geholfen sein.

Es ist nach der Lage der Dinge nicht zu erwarten, daß zwei Drittel des deutschen Volkes bereit sein werden, ihr der Natur der Sache, den Anforderungen der Zweckmäßigkeit und der Aufrechterhaltung von Treue und Glauben im Verkehr, der nationalen Entwicklung und der heutigen Cultur allein entsprechendes Recht zu Gunsten römischer, höchst spitzfindiger und gekünstelter, lediglich aus der ursprünglich zerbrechlichen Natur der Miethe zu erklärender und in späterer Zeit nur in Folge des Egoismus der besitzenden Klasse beibehaltener Sätze aufzugeben.

Es wäre doch eine eigenthümliche Ironie des Schicksals, wenn, nachdem der germanische Gedanke der Selbständigkeit und Dinglichkeit der Miethe sich fast die ganze Welt erobert und das römische Recht in seiner Heimath verdrängt hat, wir in Deutschland veralteter Schulweisheit zu Liebe zum römischen Recht zurückgeführt würden.

Die Tendenz, der speculativen Unehrlichkeit vermögensloser Subjecte die freie Bewegung nicht zu erschweren, ist unserer heutigen Gesetzgebung fremd, und Keller[370]) würde seinen, gegen die moderne Gesetzgebung geschleuderten Vorwurf, daß sie „es mitunter wie darauf anlege, ökonomisch ehrlose Gesinnung zu pflanzen", gewiß heute nicht mehr aufrecht erhalten. Auch den früher gegen die deutsche Wissenschaft erhobenen Vorwurf der Rücksichtslosigkeit gegen nationales Recht[371]) wird man hoffentlich gegen die künftige deutsche Gesetzgebung nicht zu richten haben.[372])

Sollte dennoch der entgegengesetzte Grundsatz die Oberhand behalten, so würde man, wenn ein erträglicher Rechtszustand herbeigeführt werden soll, mindestens beanspruchen müssen, daß die Eintragung der Miethe zulässig bleibt, daß die dem Miether und Pächter zu gewährende Entschädigung in ihrem Mindestbetrage gesetzlich bestimmt wird, und daß dem im Besitz befindlichen Miether und Pächter ein Zurückbehaltungsrecht bis zur erfolgten Entschädigung zusteht.

---

370) Römischer Civilproceß (6. Ausgabe von Wach) § 83 A. 1037.

371) Vgl. Heusler, Gewere S. 447.

372) Möge nicht nach dreihundert Jahren der alte Schmerzensschrei wiederholt werden: „In Schweden hats keine doctores oder Rechtsgeleerte (wie man sie pflegt misbrauchlich zu nennen) und sind doch mit guten Justitien versehen" (vgl. Manuscript der Wiener Hof-Bibliothek aus dem 16. Jahrhundert, veröffentlicht von Bruder in der Zeitschrift der Savigny-Stiftung für Rechtsgeschichte, germ. Abth. I S. 245).

XIX.

Antrag
des Herrn Kreisgerichtsrath Dr. Benno Hilse zu Berlin.

Der deutsche Juristentag wolle seine Rechtsüberzeugung dahin aussprechen:

das § 574 des bürgerlichen Gesetzbuches zugestandene Pfandrecht des Werkmeisters an beweglichen Sachen ist auch auf unbewegliche zu erweitern und zwar dergestalt, daß:

a) dem Werkmeister gestattet ist, auch ohne Einwilligung des Bestellers eine Hypothek auf dasjenige Grundstück eintragen zu lassen, in welchem das Werk gefertigt wurde;

b) demselben im Falle des Concurses ein Absonderungsrecht, bezw. ein bevorzugtes Pfandrecht an dem in die Concursmasse gelangten Werke, oder dessen Erwerbspreis zusteht;

c) solches jedoch untergeht, wenn es nicht innerhalb sechs Monaten seit Vollendung des Werkes geltend gemacht wurde.

Begründung:

Der § 574 bricht mit denjenigen Bestimmungen, welche bisher in dem größten Theile des ihm unterstellten Rechtsgebietes gesetzlich anerkannt oder durch Gewohnheit eingeführt waren, indem er das Pfandrecht des Werkmeisters an unbeweglichen Sachen nicht zuläßt. Denn das A. L. R. hatte I, 11, § 971 demselben an unbeweglichen Sachen in Ansehung der darin verwendeten Arbeiten und Materialien ein Vorrecht im Concurse zugestanden und § 972 die Befugniß ertheilt, dasselbe außerhalb des Concurses auf die Sache, auch ohne die besondere Einwilligung des Schuldners eintragen zu lassen. Ebenso hat der Code civil Artikel 2103 in Höhe der auf Grund stattgefundener Expertise durch das gefertigte Werk ermittelten Werthserhöhung ein Pfandrecht zugestanden. Wenngleich nun das Vorrecht des § 971 durch die preußische Concursordnung als gegenstandslos erachtet werden kann, so ist nach dem Einführungsgesetze zu derselben vom 8. Mai 1855 Artikel XI dennoch die Befugniß aus § 972 bestehen geblieben. Demgemäß haben in dem Rechtsgebiete sowohl des Landrechts, als auch des rheinisch-französischen Rechtes die Werkmeister wegen ihres Werklohnes insofern ein Pfandrecht an der von ihnen gefertigten unbeweglichen Sache, als sie ihren Anspruch wenigstens auf Höhe desjenigen Betrages, um welchen durch dieselbe der Werth des Grundstückes erhöht wurde, auf letzteres eintragen lassen können, ohne der Zustimmung des durch dasselbe bereicherten Eigenthümers zu bedürfen. Denn es findet die Ansicht derer, welche auf Grund des Eigenthumserwerbsgesetzes vom 5. Mai 1872 § 19 nur nach vorgängiger rechtskräftiger Verurtheilung eine Eintragung für statthaft erklären, ihre Widerlegung in ebend. § 22, wonach die Vermittelung des Proceßrichters genügt, um eine Vormerkung zur Erhaltung des Hypothekenrechtes eintragen zu lassen. Mithin kann zur Zeit in dem überwiegend größten Theile Deutschlands der Baugewerksmeister sich durch Eintragung seine Ansprüche auf Zahlung des Werklohnes einschließlich des Materialienwerthes sichern. Er bedarf eines derartigen Schutzes aber in Würdigung der Thatsache,

> daß die Natur des Baugeschäftes es erforderlich macht, dem Bauherrn Credit zu gewähren, daß ferner Material und Arbeit dem Grundstücke einverleibt werden müssen, um das Werk fertig stellen zu können,
>
> daß ein Einbehalten desselben bis nach Zahlung des Werklohnes, also eine Uebergabe Zug um Zug mit der Zahlung deshalb ausgeschlossen ist, weil erst durch die Verbindung mit dem Baugrunde das Werk vollendet wird.

Aus letzterem Grunde verbietet sich eine Zurückbehaltung und rechtfertigt sich eine Vorschrift, welche einen Schutz gegen Verluste, mithin eine Gewähr dafür bietet, daß derjenige, welcher Zeit, Arbeitskraft und Geld aufwendete, um dadurch den Werth des Grund und Bodens zu erhöhen, auch Aussicht hat, vor eindringenden Gläubigern wegen dieser Aufwendungen aus dem Erlöse des mit seinem Werke versteigerten Grundstückes befriedigt zu werden, mindestens insoweit, als der Erlös nachweislich den Werth des Werkes bildet. Erfahrungsgemäß ist ein Landgut ohne Wirthschaftsgebäude oder mit ungenügenden oder zerfallenen Baulichkeiten erheblich weniger seinem Zwecke dienend, also minder werth wie ein gut ausgebautes. Noch mehr bestimmt bei einem städtischen Baugrunde das darauf errichtete Bauwerk den Werth des Grundstückes. Deshalb ist das Werk der preisbestimmende Factor. An diesem muß ebenso, wie an einer beweglichen Sache ein Pfandrecht wegen des Werklohnes geltend gemacht werden können. Infolge der Einverleibung in das Grundstück ist aber nur durch Eintragung dasselbe erkennbar zu machen, solange noch nicht der Concurs über das Vermögen des Bestellers eröffnet war, während im Concurse die Anmeldung des Forderungsrechtes zu dem gleichen Ziele führt. Deshalb erscheint eine dementsprechende Vorschrift im Gesetze geboten. Seitens der unmittelbar davon betroffenen Kreise der Gewerbetreibenden ist sowohl auf dem Delegirtentage des Verbandes der deutschen Baugewerksmeister in München im Jahre 1886 das Bedürfniß einer solchen anerkannt, als auch dieser Gegenstand zur Verhandlung auf die Tagesordnung des am 3. September 1888 in Stuttgart zusammentretenden Innungsverbandes derselben gestellt worden. Sie finden nach den erstatteten gutachtlichen Aeußerungen eine Schädigung ihres Standes und der Gesammtheit der Staatsbürger darin, daß das Pfandrecht für Werklohn an der unbeweglichen Sache, statt erweitert zu werden, ganz beseitigt wird. Sie halten dafür, daß nach dem Geschäftsgebrauche die Gewährung eines Credites unvermeidbar, aber die thatsächliche Zurückbehaltung bis nach Zahlung des Werklohnes unausführbar sei, weshalb infolge Wegfalls des Pfandrechtes zu besorgen wäre, daß die Bauten der Zukunft nur mittellosen, ungeübten und unzuverlässigen Unternehmern zufielen, welche auf Kosten ihrerseits angenommener, unbezahlt bleibender Unterwerkmeister sich bereichern, aber auch keine Garantieen für Solidität des Bauwerkes bieten. Abgesehen von dieser Stimme der Werkmeister selbst erscheint dem Rechte und der Billigkeit entsprechend die Ausdehnung des Pfandrechtes auf unbewegliche Sachen geboten. Das bayerische Hypothekengesetz bringt § 12 Ziffer 9 diesen Grundgedanken zum Ausdruck. Ebenso die Reichsconcursordnung § 41 Ziffer 6. Aus dem Grundsatze des bürgerlichen Gesetzbuches § 573, wonach der Besteller erst nach Herstellung des Werkes die ihm obliegende Gegenleistung bei der Abnahme desselben zu bewirken hat, folgt die Pflicht des Uebernehmers (Werkmeisters), bis dahin das Werklohn zu stunden. Wegen solches muß ihm eine Sicherheit geboten werden. § 574 gesteht durch Einbehalten der beweglichen Sache eine Sicherstellung betreffs dieser zu. In logischer Consequenz und Würdigung der thatsächlichen Verhältnisse muß auch bei der unbeweglichen Sache diesem Grundgedanken Rechnung getragen werden. Dies geschieht in zweckentsprechender Weise durch eine dem leitenden Gedanken des A. L. R. I, 11,

§§ 971, 972 und Code civil Artikel 2103 entsprechende Bestimmung, durch welche Niemand geschädigt, wohl aber der durch Gewohnheit geheiligte Rechtszustand in einer allen Betheiligten gleichmäßig Rechnung tragenden Weise erhalten wird. Er findet in den gegenwärtig geltenden Particulargesetzen fast durchgehend Ausdruck, so daß ein Bruch mit allen diesen durch die Vorschrift des § 574 geschaffen wird. Gerechtfertigt ist es dagegen, das Geltendmachen des Pfandrechtes wegen Werklohns an einer unbeweglichen Sache zeitlich einzuschränken und dasselbe infolge Fristablaufes untergehen zu lassen, wenn nicht innerhalb einer kurzbemessenen Zeit seit Fertigstellen des Werkes und damit eingetretener Fälligkeit des Werklohnes solches beansprucht wurde.

Druck von Leonhard Simion in Berlin SW.

Kolibri 360 GmbH
Ferdinand-Jühlke-Straße 7
99095 Erfurt, Deutschland
produktsicherheit@kolibri360.de